**Perthes
Länderprofile**

Geographische Strukturen, Entwicklungen, Probleme
(vormals Klett/Länderprofile)

Herausgeber:
Wolf Dieter Blümel
Hans-Rudolf Bork
Gerhard Fuchs
Frauke Kraas
Detlef Müller-Mahn
Eugen Wirth

Johann-Bernhard Haversath

Griechenland

Raum-zeitlicher Wandel im Süden der Balkanhalbinsel

70 Karten und Abbildungen sowie 39 Übersichten und
74 Tabellen,
im Anhang ein farbiger Bildteil mit Kommentaren

Geographisches Institut
der Universität Kiel

Klett-Perthes Verlag
Gotha und Stuttgart

Bibliografische Information Der Deutschen Bibliothek

Die Deutsche Bibliothek verzeichnet diese Publikation in der Deutschen Nationalbibliografie; detaillierte bibliografische Daten sind im Internet über http://dnb.ddb.de abrufbar.

Anschrift des Autors:
Prof. Dr. Johann-Bernhard Haversath
Adalbert-Stifter-Weg 4
94081 Fürstenzell

Titelfoto:
Caldera von Santorin (Foto: Dr. Harro Hess)

Fotos im Bildanhang:
Prof. Dr. Johann-Bernhard Haversath

Kartographie:
Dipl.-Geogr. Dipl.-Ing. Bernd Goecke, Universität Gießen

Quellennachweis:
Vorderes Vorsatz: TaschenAtlas Erde, Klett-Perthes Verlag GmbH, Gotha 2002
Hinteres Vorsatz: links – TaschenAtlas Weltgeschichte, Klett-Perthes Verlag GmbH, Gotha 2002
rechts – Prof. Dr. Johann-Bernhard Haversath (eigener Entwurf)

Trotz intensiver Recherchen ist es dem Verlag nicht gelungen, für einige Ausstattungselemente dieses Werkes die Rechteinhaber zu ermitteln. Der Verlag bittet um Nachsicht und ggf. um Geltendmachung der Rechte im Nachhinein!

Das Werk und seine Teile sind urheberrechtlich geschützt. Jede Nutzung in anderen als den gesetzlich zugelassenen Fällen bedarf der vorherigen schriftlichen Einwilligung des Verlages. Hinweis zu §52aUrhG: Weder das Werk noch seine Teile dürfen ohne eine solche Einwilligung eingescannt und in ein Netzwerk eingestellt werden. Dies gilt auch für Intranets von Schulen und sonstigen Bildungseinrichtungen.

1. Auflage 2004
© Klett-Perthes Verlag GmbH, Gotha 2004
Alle Rechte vorbehalten.

Druck und buchbinderische Verarbeitung: Salzland Druck und Verlag, Staßfurt
Einbandgestaltung: Grafikdesign Kerstin Brüning, Erfurt

http://www.klett-verlag.de/klett-perthes
ISBN 3-623-00679-3

Inhalt

Vorwort

1	**Einführung: eine aktuelle Standortbestimmung**	**7**
1.1	Griechenland – die Wiege der abendländischen Kultur	7
1.2	Griechenland – auf der Suche nach einer neugriechischen Identität	9
1.3	Griechenland – ein Staat der Balkanhalbinsel	10
1.4	Griechenland – eine geologisch junge Welt aus Halbinseln und Inseln	11
1.5	Griechenland – ein zentralistisch organisiertes Land	14
1.6	Griechenland – ein ideales Urlaubsland	15
1.7	Griechenland – ein Staat an der europäischen Südperipherie	16
1.8	Griechenland – Schnittstelle im Spannungsraum der Ägäis	16
2	**Spurensuche auf geschichtsträchtigem Boden: Das Erbe aus Antike, Mittelalter und Neuzeit**	**18**
2.1	Die archaische Zeit	18
2.2	Von der griechisch-römischen Antike bis zum Fall Konstantinopels (1453)	22
2.3	Die Zeit der Turkokratie (1453–1821)	33
2.4	Die neugriechische Zeit (seit 1821)	44
3	**Die Bewohner: Ethnien, Verteilung und Raumwirksamkeit**	**47**
3.1	Ethnien und Minderheiten: Alte Probleme – Neue Perspektiven?	47
3.1.1	Ethnische Veränderungen bis ca. 1950	48
3.1.2	Minderheiten seit 1950: Räume und Brennpunkte	59
3.2	Bevölkerung: Strukturen und Entwicklungen	64
3.3	Menschliche Gruppen als Umweltgestalter: Erbe und Verpflichtung	78
4	**Der Naturraum: Landschaftsformen und Landschaftshaushalt**	**82**
4.1	Oberflächenformen	83
4.1.1	Ein forschungsgeschichtlicher Überblick	83
4.1.2	Tektonik – ein Schlüssel zum Verständnis der Gebirgsbildung	84
4.1.3	Hazards – natürliche Katastrophen	89
4.1.4	Morphologie – Oberflächenformen und ihre Erklärung	94
4.2	Klima	102
4.3	Gewässer	109
4.4	Böden und Bodenschätze	114
4.5	Vegetation	117
4.6	Naturräumliche Vielfalt	121
5	**Die Landwirtschaft: Von der Tradition zur Moderne**	**123**
5.1	Vieh- und Weidewirtschaft	124
5.1.1	Kalíwiawirtschaft	128
5.1.2	Transhumanz und Nomadismus	132
5.1.3	Formen der heutigen Viehwirtschaft	136
5.2	Ackerbau	144
5.2.1	Traditionelle Wirtschaftsweise: Kombination von Getreide-, Baum- und Strauchkulturen	144

5.2.2	Betriebsgrößen und Eigentumsformen	152
5.2.3	Bodenreform und Intensivierung	156
5.2.4	Bewässerungslandwirtschaft	160
5.3	EU-Agrarpolitik: Vertiefung der Polarisierung oder Kohäsion?	165
6	**Gewerbe, Industrie und Handel: Entwicklung seit dem 19. Jh.**	**171**
6.1	Handwerk und Gewerbe in vorindustrieller Zeit	171
6.2	Die Zeit der Industrialisierung (ab 1870)	172
6.2.1	Unplanmäßige Aufbauphase (1870–1950)	172
6.2.2	Ausbau nach Plan und „Griechisches Wirtschaftswunder" (1950–1990)	181
6.3	Postindustrielle Zeit: Produktion und Handel	189
6.3.1	Das Produktionsprofil	190
6.3.2	Handel	193
6.4	Positionsbestimmung im EU-Vergleich	196
7	**Tourismus und Freizeit**	**200**
7.1	Touristisches Potenzial	202
7.1.1	Natürliche, historische und touristische Attraktionen	202
7.1.2	Präsentation in Reiseführern	203
7.2	Formen des Fremdenverkehrs	206
7.2.1	Klassischer Bildungstourismus	207
7.2.2	Bade- und Erholungstourismus	211
7.2.3	Innergriechischer Reiseverkehr	216
7.3	Tourismus und Umwelt	219
8	**Stadt und Land im Wandel**	**222**
8.1	Städte	222
8.1.1	Die Metropolen Athen und Thessaloníki	224
8.1.2	Mittel- und Kleinstädte	237
8.1.3	Perspektiven	241
8.2	Ländliche Siedlungen	243
8.2.1	Siedlungstypen	243
8.2.2	Beharrung und Fluktuation	244
8.3	Urbaner und ruraler Lebensraum	257
9	**Chancen und Hemmnisse der weiteren Entwicklung**	**259**
Literatur		**264**
Verzeichnis der Abbildungen		**281**
Verzeichnis der Tabellen		**283**
Verzeichnis der Übersichten		**285**
Register		**287**
Anhang		**298**
Bildanhang		**I–VIII**

Vorwort

Für viele seiner ausländischen Urlaubsgäste steht Griechenland als Synonym für die Kombination von Sonne, Erholung und klassischen Ausgrabungsstätten. In keiner geographischen Landeskunde dürfen diese Aspekte fehlen, gleichwohl verkürzen sie in unzulässiger Weise das facettenreiche und vielschichtige Bild dieses Landes im Südosten der EU.

Der Autor setzt es sich daher zum Ziel, seine Leser zu einem tieferen Verstehen der Räume, Strukturen, Eigenheiten und Probleme Griechenlands zu führen. Die natürliche Umwelt, die historischen Epochen, die frühere und heutige Bevölkerung, die Landschaften und ihre Nutzung sowie die Perspektiven einer zukünftigen Entwicklung bilden den Rahmen dieser geographischen Darstellung.

Ein besonderes Problem ergibt sich bei der Übertragung neugriechischer Namen und Begriffe in die lateinische Schrift. Grundsätzlich bieten sich zwei Möglichkeiten an: die buchstabengetreue Transliteration und die an der Aussprache orientierte Transkription. Der Kern des Problems liegt in der heutigen Landessprache, dem Neugriechischen; es enthält trotz aller Sprachreformen und -entwicklungen (RIEDEL 1996) noch viel vom klassischen Erbe. So kennt man z.B. fünf verschiedene Möglichkeiten, den Vokal i zu schreiben: η, ι, υ, ει und οι, eine Vielfalt, die nur sprachgeschichtlich zu erklären ist. Da es keine verbindliche Transkription oder Transliteration für das Neugriechische gibt, stehen die verschiedenen Formen der Übertragung nebeneinander. Das führt mitunter zu Verwirrung.

Die griechischen Bezirke, Νόμοι, erscheinen (phonetisch transkribiert) als Nomi oder (transliteriert) als Nomoi; aus der makedonischen Stadt Βέροια wird in analoger Form Véria oder Véroia, aus Πύργος wird Pírgos oder Pyrgos. Noch komplizierter wird die Sache dadurch, dass gerade bekannte Orts- und Landschaftsnamen in Anlehnung an ihre antike Form schon früh ins Deutsche übernommen wurden. Die Landeshauptstadt Αθήναι (Athiná) heißt Athen, die Insel Εύβοια (Evvia) Euböa oder der Nomos Βοιωτία (Viotía) Böotien. Oft findet man auch verschiedene Formen der Übertragung: Iráklion (Ηράκλειον), die größte Stadt Kretas, läuft – antikisierend – auch unter Herakl[e]ion, Thessaloníki (Θεσσαλονίκη) ist identisch mit Thessalonike oder Saloniki, Komotiní (Κομοτηνή) mit Komotene, Kíthira (Κύθηρα) mit Kythera usw.; zu Pátras gibt es die Formen Πάτρας, Πάτραι und Πάτρα, Eléfsis (Ελεύσις), namensgleich mit dem antiken Eleusis, wird auch Elevsis geschrieben; analog ist es bei Náfplion/Navplion (Ναύπλιον).

In dieser unübersichtlichen Situation will der vorliegende Band nicht für weitere Konfusion sorgen. Deshalb wird der überkommene, eingedeutschte Namensbestand wie Athen, Korinth oder Delos beibehalten, in allen anderen Fällen aber die zumeist phonetisch transkribierte neugriechische Form gewählt, also Véria, Livádia oder Náfpaktos, wie es sich auf vielen Karten und in den meisten Atlanten findet. Auch die Übertragung der Buchstaben ου (u) erfolgt in Anlehnung an die gängige Praxis in der Regel als ou (Alexandroúpolis, Igoumenítsa u.a.). Wenn verschiedene Formen nebeneinander stehen, hat das einen besonderen Grund: so heißt z.B. der antike Hauptort von Lésbos Mytilene, während für die neugriechische Stadt Mitilíni steht.

Dass kein einheitliches Transliteratons- oder Transkriptionssystem dem bis 4000 Jahre alten Namensbestand übergestülpt wurde, liegt also in der Natur der Sache und nicht etwa in den Vorlieben oder der Willkür des Autors.

Um die korrekte Betonung griechischer Namen zu erleichtern, wurden die phonetisch transkribierten Namen zumeist mit Akzenten versehen.

Zum Schluss möchte ich all denen danken, die mich bei der Abfassung des Buches und während der zahlreichen Aufenthalte in Griechenland unterstützten: Prof. Dr. F. SAUERWEIN

(†) (Heidelberg), Prof. Dr. K. Rother (Passau), Prof. Dr. C. Lienau (Münster), Prof. Dr. H. Riedl (Wiener Neustadt), Prof. Dr. H. Weingartner (Salzburg), Prof. Dr. A. Katsikis (Ioánnina), Dr. H. Kanetakis (Athen), Prof. Dr. H. Brückner (Marburg), Prof. Dr. B. Eitel (Heidelberg) und last but not least PD Dr. A. Ratusny (Passau). Ich bedanke mich bei den Gießener Studenten, mit denen ich auf verschiedenen Exkursionen in Griechenland unterwegs war, bei Dr. Thomas Keidel (Salzburg), der mich während längerer Aufenthalte 1988 und 1989 in Arkadien, Epirus und auf Rhódos unterstützte, bei der Deutschen Forschungsgemeinschaft, die diese Aufenthalte finanziell förderte, und bei der Klett-Perthes Verlag GmbH in Gotha (Prof. Dr. G. Fuchs, Dr. K.-P. Herr und Frau S. Einsporn) für die Aufnahme in die Reihe der Perthes Länderprofile. Für die Kartographie bin ich Herrn Dipl.-Geogr. Dipl.-Ing. B. Goecke und Frau Dipl.-Ing. L. Ritter (Gießen) verpflichtet. Ganz besonders danke ich meiner Familie, die mich entweder während vieler Aufenthalte im Land der Hellenen begleitete oder von zu Hause aus unterstützte; ohne diese Hilfe wäre das vorliegende Werk nicht zustande gekommen.

Gießen, im Sommer 2002
Johann-Bernhard Haversath

1 Einführung: eine aktuelle Standortbestimmung

Das Staatsgebiet Griechenlands umfasst die südliche Balkanhalbinsel mit den Ionischen Inseln und dem allergrößten Teil der Ägäischen Inseln. Die Landfläche von rd. 132 000 km^2 entfällt zu 81 % auf das Festland und zu 19 % auf die 3 054 Inseln, von denen nur 169 bewohnt sind. Das meeroffene Land hat eine sehr zerlappte Küstenlinie (über 15 000 km), so dass selbst die meerfernsten Orte in Nordgriechenland nicht weiter als 140 km, auf dem Peloponnes höchstens 45 km von der Küste entfernt sind; keine Insel ist durch eine Distanz von mehr als 40 km von der Nachbarinsel getrennt (SAUERWEIN 1976).

Bereits diese knappen statistischen Angaben lassen ahnen, dass Griechenland nicht nur unter den Mittelmeeranrainern, sondern auch unter den Staaten der EU oder Europas einen besonderen Platz mit ausgeprägter Individualität einnimmt. Es greift allerdings zu kurz, die aktuelle Standortbestimmung allein oder vorwiegend nach statistischen Daten vorzunehmen; der Anteil der Griechen an der Bevölkerung der EU (1999: 2,84 %) kann z.B. unmöglich ein Maß für die Gewichtung gegenwärtiger Raumprobleme sein.

Zu einem Verständnis räumlicher, wirtschaftlicher und gesellschaftlicher Entwicklungen, zu einer Relativierung der mitteleuropäischen Sichtweise und zu einem schrittweisen Abbau von vorschnellen Einschätzungen soll ein „bunter Strauß" von Schlaglichtern beitragen, die das Land im Südosten Europas in einem jeweils anderen Licht erscheinen lassen. Hierdurch wird der (zu) enge Rahmen ausschließlich geographischer, räumlich relevanter Bezüge bewusst gesprengt. Die hochgradige Komplexität räumlicher Erscheinungen kann so zumindest im Ansatz besser wahrgenommen werden. Die Schlaglichter bereiten also Erklärungszusammenhänge vor, auf die in den folgenden Kapiteln genauer eingegangen wird.

1.1 Griechenland – die Wiege der abendländischen Kultur

Die bedeutenden Leistungen der griechischen Antike in den Bereichen Wissenschaft, Kunst und Literatur wurden bereits in der römischen Kaiserzeit und später in der Renaissance des 15./16. Jh. als humanistisches Erbe kanonisiert. Die Impulse, die von dem kulturellen Erbe des „klassischen" Griechenland ausgehen, haben auf spätere Epochen einen solchen Einfluss, dass Griechenland mit Recht als die Wiege der abendländischen Kultur bezeichnet werden kann (vgl. Kap. 2.1 und 2.2). Die rasche Entfaltung der Philosophie, der Naturwissenschaften, der sprachlichen und der künstlerischen Ausdrucksformen verleiht der griechischen Bildung hohes Ansehen, der agonale Geist (BERVE 1966) erregt vielfach Bewunderung. Scharen von Bildungsreisenden besuchen Jahr für Jahr die Stätten der antiken Kultur, um die mental verankerten Symbole der geistigen Blüte mit eigenen Augen zu betrachten (vgl. Kap. 7.2.1).

Die geistigen Leistungen in den Wissenschaften, der Sprache und der Kunst erregen die besondere Aufmerksamkeit des europäischen Bildungsbürgertums. Dabei sind die Verbindungen zwischen Philosophie, Naturwissenschaften, Medizin oder Geographie noch sehr eng und z.T. fließend. Naturphilosophen wie THALES, ANAXIMANDER oder ANAXIMENES sind zugleich bedeutende Mathematiker; HERAKLIT VON EPHESUS erkennt die unablässige Veränderung aller Dinge und vergleicht sie mit einem dahinfließenden Strom (πάντα ῥεῖ: alles fließt). Mit den Sophisten bekommt das Denken anthropozentrische Züge; der Mensch wird nach PROTAGORAS VON ABDERA (dem griechischen Schilda, beim heutigen Avdira im Nomos Xánthi gelegen) zum Maß aller Dinge. Einen Höhepunkt erreicht die Philosophie unter SOKRATES, dem Begründer der nach ihm benannten Dialektik. Als sein Hauptwerk gilt die Schrift über den Staat (Πολιτεῖα), in der die sokratische Ideenlehre zusammengefasst wird. ARISTOTELES aus Stageira (Chalkidikí), der Erzieher ALEXANDERS DES GROẞEN, systematisiert in seinen Schriften über Logik, Metaphysik und Ethik das philosophische Wissen der Zeit.

Die vergleichsweise geringe Spezialisierung auf einzelne Fachgebiete lässt die antiken Wissenschaftler als Universalgelehrte erscheinen. So gilt der Staatstheoretiker HIPPODAMOS VON MILET (5. Jh. v. Chr.) zugleich als bedeutender Architekt und Städtebauer. Auf ihn geht das orthogonale Straßensystem zurück, wie es beim Neubau von Milet und Piräus, in Thurioi (Süditalien) und in Rhódos erstmals zur Anwendung kam. Die auf einer einfach umzusetzenden Raumaufteilung fußende Stadtplanung mit zentralem Tempel und Marktplatz (Agorá) erleichtert die Praxis der Koloniegründungen mit lauter gleichberechtigten Kolonisten erheblich, da *„die Häuserblocks ... nach einfachsten Zahlenverhältnissen proportioniert sind. Damit wird das gleiche ... Bedürfnis nach einer durch die Zahl garantierten gedanklichen Ordnung sichtbar wie im Proportionsgefüge des Tempels, das also stärker war als die Vorteile der sehr viel elastischer dem Gelände sich anpassenden unregelmäßigen Anlage"* (ZIEGLER u.a. 1979, Bd. 5, Sp. 338).

Der Beschreibung der Erde widmen sich die ältesten Geographen. HEKATAIOS VON MILET, ein weitgereister Mann des 6./5. Jh. v. Chr., entwickelt nach den Vorarbeiten seines Lehrers ANAXIMANDER eine verbesserte Karte der damals bekannten Welt (Abb. 1.1). So nahe diese Karte auch der räumlichen Wirklichkeit kommt, ihre mangelnde Brauchbarkeit – eine Folge des sehr kleinen Maßstabs – erkennen bereits die Zeitgenossen (HEIBERG 1960, ZIEGLER u.a. 1979).

Abb. 1.1:
Weltkarte des Hekataios von Milet (6./5. Jh.)
Quelle:
MORKOT 1996, S. 82

Für die Bedürfnisse der praktischen Seefahrt sind die Fahrtenbücher, die sog. Períploi (Περίπλοι, Sing.: Περίπλους) geschrieben. Diese unter künstlerischem Aspekt wenig angesehene Schriftgattung gibt den Wissensstand der Geographie wieder. Der Períplous besteht aus *„der Auflistung von Orts-, Fluß- und Bergnamen sowie Distanzangaben, bereichert durch Angaben über Untiefen, Strömungen, Brandung, Winde und andere klimatische Eigenheiten, Süßwasservorkommen, die Lage von Inseln und Buchten, Ankerplätzen und Häfen sowie andere für die Schiffahrt relevante Details, die ganze Antike hindurch in Gebrauch, ohne daß sich nur ein einziges Exemplar davon erhalten hätte"* (OLSHAUSEN 1991, S. 82).

Zusammenfassend deckt also der Blick in die altgriechische Kulturgeschichte die Wurzeln der Geographie und des abendländischen Kulturverständnisses auf. Es muss jedoch betont werden, dass an der Wiege der abendländischen Kultur heute nur noch museale Reste ohne unmittelbaren Bezug zur Gegenwart die einstige Blüte bezeugen. Der mentalen Verankerung der griechischen Kultur in der europäischen Geisteswelt steht das heutige Griechenland als Land „ohne Säulen" (GAITANIDIS 1962) gegenüber.

1.2 Griechenland – auf der Suche nach einer neugriechischen Identität

Die Frage nach der Identität eines Volkes – ein grundsätzlich sehr problematischer Fragenkreis, bei dem man leicht in unzulässige Pauschalurteile abgleiten kann – soll an dieser Stelle mit Blick auf die Geschichte, die gesellschaftliche Ordnung sowie die näheren und ferneren Nachbarn beantwortet werden (vgl. Kap. 2 und Kap. 3). Wie in anderen Staaten überlagern sich auch in Griechenland die verschiedenen Ebenen der lokalen, regionalen, nationalen und supranationalen Identitäten.

Die auffallend große Einheitlichkeit der Landesbevölkerung (98,8 % Griechen) und der konfessionellen Bindung (97,6 % Griechisch-Orthodoxe) schafft die Basis für eine gemeinsame nationale Identität. Sie gründet in den Auseinandersetzungen um die Entstehung des neugriechischen Staates im 19. und 20. Jh. und kommt seit 1991 bei den politischen Differenzen um den neuen Staat Makedonien (BÜSCHENFELD 1995, WIELAND 1997) wieder deutlich zum Ausdruck. Die Rückbesinnung auf das byzantinische Erbe, getragen und gefördert von der orthodoxen Kirche, verleiht der gesamtgriechischen Identität eine historische Tiefe. Diese wird durch die Einbeziehung der klassischen Antike, wie sie von den Philhellenen Westeuropas im 19. Jh. propagiert wurde, selektiv erweitert.

Mit der nationalen Ebene sind die zahlreichen lokalen und regionalen Identitäten der Epiroten, Mazedonier, Thrakier, Thessalier, Ätolier, Arkadier, Rhodier oder Kreter durchaus vereinbar. Aktuelle räumliche Disparitäten, historische Besonderheiten, aber auch sprachliche Eigenheiten lassen allerdings die Manioten oder Thesproten ebenso wie die Thasier, die Messenier oder andere Gruppen ihre Eigenarten pflegen. Dies kommt neben der traditionellen Hausbauweise z.B. in den verbreiteten Straßennamen zum Ausdruck, die verstorbenen Persönlichkeiten der Lokalpolitik gewidmet sind.

Die Bedeutung dieser verschiedenen Identitäten wird durch die besondere Betonung der Individualität erheblich eingeschränkt, wie bereits BEUERMANN (1987) für Kreta betonte. Als Folge einer starken gesellschaftlichen Zersplitterung, die durch fehlende Integrationspersönlichkeiten, Klientelismus, Nepotismus und Günstlingswirtschaft gekennzeichnet war und ist, hat sich ein (fast) schrankenloser Individualismus (TSAKONAS 1965) breit gemacht. Die Durchsetzung räumlicher Planungen scheitert daher oftmals nicht am Widerstand einer aktiven Bevölkerungsgruppe, sondern an Individualinteressen von politisch Verantwortlichen.

Es ist daher kein Wunder, dass die junge europäische, supranationale Identität anfänglich nur mühsam Raum gewinnen konnte. Sie besteht auf deklamatorischer Ebene durchaus, aber nur vereinzelt im alltäglichen Umweltverhalten. Mit der voranschreitenden Integration innerhalb der EU, insbesondere seit der Einführung des Euro als gesetzliches Zahlungsmittel (2002) findet aber auch die europäische Identität wachsenden Zuspruch. Die besondere Problematik des Selbstverständnisses ethnischer Minderheiten, das nach der Grenzöffnung der nördlichen Nachbarländer (ab 1990) wieder ins allgemeine Bewusstsein rückte, fördert das Zugehörigkeitsgefühl zu EU-Europa eher, als dass es dieses bremst.

Zusammenfassend kann das historische Erbe der antiken und byzantinischen Zeit sowie des Befreiungskampfes im 19. und 20. Jh. als grundlegendes Element der neugriechischen Identität bezeichnet werden; es genießt eine hohe Akzeptanz und stellt die bewusstseinsmäßige Verbindung unter den Griechen her. Daneben bestehen – teils ergänzend, teils konkurrierend – ausgeprägte lokale und regionale Identitäten, welche die erst junge europäische Identität zumeist verdecken. Der starke Individualismus macht deutlich, dass neben den bündelnden Kräften der Identitäten auch auflösende, isolierende und separierende Einflüsse wirksam sind. Noch immer steht allerdings die Gegenwart *„im Schatten der leuchtenden und oft kritiklos idealisierten Vergangenheit"* (TZERMIAS 1993, S. 7).

1.3 Griechenland – ein Staat der Balkanhalbinsel

Auf der östlichen der drei südeuropäischen Halbinseln gelegen, gelten Griechenland, Albanien, Makedonien, Bulgarien und die europäische Türkei, z.T. auch Jugoslawien, Bosnien und Herzegowina, Kroatien und Rumänien als Balkanländer (zum Begriff vgl. PAESLER 1993). Die Bezeichnung Balkan ist türkischen Ursprungs und bedeutet Gebirge; der Name bezeichnet heute das bulgarische Stara Planina, den antiken Haemus. Im weiteren Sinne fasst er auch die Gebirgszüge der gesamten Halbinsel, Dinariden, Helleniden/Pindos, Balkan und Rhodopen, zusammen.

Mit Ausnahme der älteren Gebirge im Bereich der Thrakischen und Kykladischen Masse wird die Balkanhalbinsel vom morphologischen Formenschatz junger Gebirge geprägt, die der alpidischen Orogenese zugerechnet werden (vgl. Kap. 4). Die gebirgige Landesnatur mit schwer zugänglichem Gelände, hoher Reliefenergie, klimatischer und siedlungsräumlicher Ungunst stellt noch heute die West-Ost-Passage vor nicht unbedeutende Schwierigkeiten. Die wegen ihrer Enge auch nicht besser passierbaren „Schluchten des Balkans" verlaufen parallel zur Kammlinie (NNW-SSO); sie sind durch fluviatile Erosion mitunter klammförmig eingeschnitten, so im makedonischen Vardartal (Vardar Klisura). Es ist jedoch weniger die absolute Höhe, die den Durchgangsverkehr erschwert (der Katarapass im Pindosgebirge liegt in 1705 m Höhe), als vielmehr das insgesamt bewegte Relief, das keine tiefgreifende eiszeitliche Überformung kennt. Die über das Kalkgebirge vielfach verteilten intramontanen Becken erschweren die Durchquerung zusätzlich. Sie bilden aber als größere und kleinere Poljen, die auch Seen unterschiedlichen Umfangs Platz bieten, die Ansatzpunkte der wirtschaftlichen Erschließung und beherbergen häufig die Zentren des Siedlungssystems.

Das kleinräumige Völkergemisch mit ethnisch getrennten, aber auch gemeinschaftlichen Siedlungen ist ein weiteres Kennzeichen der Balkanhalbinsel. Bereits in den 20er Jahren des 20. Jh. ist durch einen „Bevölkerungsaustausch" die völkische Vielfalt Griechenlands aufgehoben worden (vgl. Kap. 3.1.1). In den anderen Balkanländern und in griechisch

Thrakien blieb sie jedoch erhalten und gab wiederholt den Anlass zu separatistischen Bestrebungen („Balkanisierung").

Die beiden Balkankriege (1912/13, 1913) belegen, dass die ethnischen Vorbehalte leicht in offene Feindschaft umschlagen können. Die staatlich-territoriale Abgrenzung auf völkischer oder religiöser Grundlage ist für multiethnische Regionen denkbar ungeeignet. Die Territorialansprüche und die wiederholten Grenzverschiebungen der jungen Balkanstaaten sowie die griechischen Ängste wegen makedonischer Flächenansprüche machen deutlich, dass die staatlichen Strukturen mancherorts noch heute wenig gefestigt sind.

Daneben gibt es auch grenzüberschreitende Gemeinsamkeiten zwischen bestimmten Balkanvölkern. Türken, Albaner und Pomaken haben islamisches Bekenntnis, Griechen, Serben, Makedonier und Bulgaren orthodoxes. Dass allerdings auch der gemeinsame Glaube nicht vor Feindschaft schützt, zeigen die Beziehungen Griechenlands zu seinen slawischen Nachbarn Makedonien und Bulgarien (Riedel 1997); letztere haben auch untereinander kein ungetrübtes Verhältnis. Die Konstellation rings um den Binnenstaat Makedonien („zwischen vier Feuern": Serbien, Bulgarien, Griechenland, Albanien) ist problematisch.

Die sportlichen Wettkämpfe der Balkanspiele, der kulturelle Austausch, wissenschaftliche Tagungen, Jugendbegegnungen oder Städtepartnerschaften zwischen den Balkanländern leisten sicher auf lokaler Ebene einen wichtigen Beitrag zum Abbau tatsächlicher oder geglaubter Gegensätze. Eine gemeinsame balkanische Identität ist gleichwohl noch weit entfernt (Tzermias 1995).

Zusammenfassend stellt die Balkanhalbinsel einen wichtigen Bezugspunkt der griechischen Lebenswelt dar. Der ganze Raum, der als Synonym für wenig konsolidierte staatliche Strukturen gilt, ist sowohl durch grenzüberschreitende Gemeinsamkeiten als auch von den Bemühungen um eine gegenseitige Abgrenzung gekennzeichnet. Die Überwindung der als trennend empfundenen Unterscheidungsmerkmale aus den Bereichen Kultur, Wirtschaft, Werte und Normen bzw. die wechselseitige Akzeptanz und Toleranz stellt im Zeitalter der offenen Grenzen die vielleicht größte Herausforderung an die aktuelle Politik dar.

1.4 Griechenland – eine geologisch junge Welt aus Halbinseln und Inseln

Im Rahmen der alpidischen Faltung entstehen an der Wende vom Erdmittelalter zur Erdneuzeit während der Kreide und dem Tertiär die Helleniden; sie sind das Bindeglied zwischen den Dinariden Jugoslawiens und Makedoniens sowie den Tauriden der Türkei. Ihre Faltenstränge ziehen bogenförmig um die metamorphen und kristallinen Rumpfschollen, zu denen die Thrakische Masse mit dem Rhodope-Kristallin und ein medianer Kristallin-Gürtel vom Olymp über Ossa und Pilion bis zu den Kykladen gehören (Jacobshagen 1986). Die auf dem Festland vorherrschende Streichrichtung NNW-SSO schwenkt in der südlichen Ägäis (Kreta) auf W-O-Verlauf um (vgl. Kap. 4.1).

Die vielfältigen Prozesse der Gebirgsbildung kommen im westlichen Griechenland besonders anschaulich zum Vorschein. Der generell häufige petrographische Wechsel von Massenkalken, gebankten Kalken, Hornsteinen, Schiefern oder Serpentiniten (Abb. 1.2) ist hier in parallelen Schichtpaketen ausgebildet, die einheitlich der Streichrichtung folgen (Sauerwein 1976). Die Faltung, die unter großem Druck und z.T. hohen Temperaturen in der Tiefe des Erdinnern erfolgte, ist an oberflächlich austretenden Schichten zu erkennen. Infolge bedeutender Deckenüberschiebungen sind die Lagerungsverhältnisse im Einzelnen aber auch sehr kompliziert und noch nicht endgültig geklärt. Mächtige Flyschbänder, die

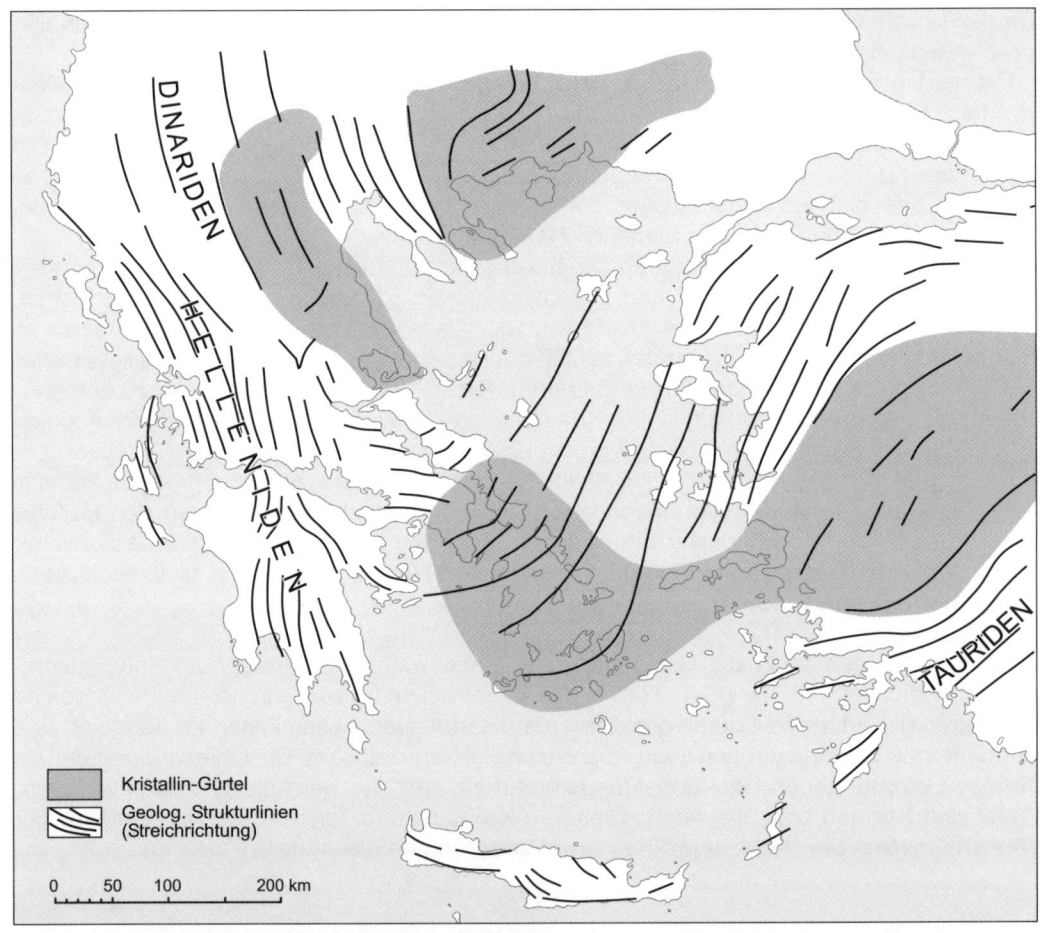

Abb. 1.2: Geologische Strukturen im Hellenidenbogen
Quelle: JACOBSHAGEN 1986, Abb. 100

zwischen den Kalken lagern und aus dem Abtragungsschutt bereits emporgehobener Gebirgsteile bestehen, bilden ein weiteres Element.

Durch ausgeprägte Bruchtektonik, deren Wirken am Ende der Gebirgsbildung zunimmt, kommt es zu Verwerfungen mit z.T. beträchtlicher Sprunghöhe: Gräben und Becken brechen ein, Horste werden herausgehoben. Die Kammerung des Festlands und die enge Verzahnung von Land und Meer sowie der Einbruch des gesamten Ägäis-Beckens, der Golfe von Korinth und Pátras haben hier ihren Ursprung. Die Anordnung der kykladischen Inseln Andros, Tínos, Mýkonos in einer Reihe von NW nach SO spiegelt ebenso die Verwerfungslinien wie die drei parallel angeordneten „Finger" der Halbinsel Chalkidikí (Kassándra, Sithoniá und Athos). Der südägäische Inselbogen mit Kíthira, Kreta, Kárpathos und Rhódos bildet in diesem Sinne den Rest einer teilweise versunkenen Landbrücke zwischen Südgriechenland und der Türkei; er begrenzt zugleich das südägäische Becken, dessen tiefste Stellen (westl. Kap Tänaron: 5 121 m; östl. Rhódos: 4 517 m) sich bezeichnenderweise in Randlage befinden.

Tab. 1.1:
Liste ausgewählter Erdbeben
Quelle:
SAUERWEIN 1976, S. 15
und eig. Erg.

Jahr	Schadensort
464 v. Chr.	Erdbeben im Eurotastal, Zerstörung Spartas
6. Jh. n. Chr.	Zerstörung Olympias
Oktober 1856	schweres Erdbeben auf Kreta
September 1867	schweres Erdbeben in der Mani
August 1886	Zerstörung von 3 Städten und 123 Dörfern Messeniens
Juni 1926	Seebeben östlich von Rhódos
1928	Zerstörung Korinths
Juli 1944	Erdbeben in der westlichen Mani
Juni 1952	schweres Erdbeben im Raum Megalópolis
August 1953	Erdbeben auf den Ionischen Inseln
Silvester 1975	schweres Erdbeben in Ätolien und Akarnanien
September 1986	schweres Erdbeben in Kalamáta
September 1999	mittelschweres Erdbeben in Athen und Attika
Juli 2001	mittelschweres Erdbeben vor Skíros (Sporaden)

Die Erdbebengefährdung ist entlang der Hauptverwerfungslinien besonders groß. Die Spannungen gedehnter, gestauchter oder verkeilter Bruchschollen des Erdinnern werden in seismischen Bewegungen an dafür geeigneten Schwachstellen, den Verwerfungslinien, in großen Energieschüben frei gesetzt. Im Durchschnitt werden über 200 Beben im Jahr registriert, von denen die meisten so schwach sind, dass sie nur seismologisch festgestellt werden.

Auch der Vulkanismus ist an tektonische Schwächelinien geknüpft. Als wahre Naturkatastrophe ist die Explosion auf der Insel Santorin (griech. Thíra) um 1450 v. Chr. bekannt, bei der bis zu 60 m mächtige Bimssteinschichten abgelagert wurden, unter denen die minoische Stadt Akrotiri begraben ist. Weitere vulkanische Ereignisse (197 v. Chr., 1573, 1710, letztmals 1956) zeigen, dass hier wie auf Nísiros (1871, 1888) die Fördertätigkeit noch nicht eingestellt wurde, während an anderen Stellen nur noch postvulkanische Erscheinungen (Solfataren, heiße Quellen usw.) zu beobachten sind.

Der morphologische Formenschatz ist vom Klima und dem Ausgangsgestein abhängig. Die Granite und Gneise Nord- und Inselgriechenlands bilden runde und kuppige Formen. Die Kalkgebirge der Helleniden unterliegen dagegen der Verkarstung. Lösungserscheinungen und ein spezifisches Abflussverhalten kennzeichnen diesen Raum. Die flächenhafte, von der chemischen Verwitterung gesteuerte Einebnung der Tertiärzeit ist an ein tropischfeuchtes Klima gebunden; die mechanische Verwitterung des heutigen Klimas schafft dagegen linienhafte Eintiefungen und fluviatile Aufschüttung (Schwemmfächer an den Gebirgsrändern und Küsten).

Zusammenfassend erklären der geologische Aufbau, die tektonischen Strukturen und der morphologische Formenschatz die Vielgestaltigkeit und den häufigen Wechsel bei den natürlichen Oberflächenformen. Deckenüberschiebungen während der Gebirgsbildung, anschließende bruchtektonische Umgestaltung und karstmorphologische Beeinflussung deuten die Prozesse der im Einzelnen recht komplizierten Entstehung an. Festländischer Sockel und Inselwelt sind in ihrer heutigen Erscheinung Produkte der Erdneuzeit, die durch Erosion und Akkumulation, stellenweise aber auch durch Vulkanismus und Landhebung oder -absenkung ausgestaltet wurden. Auch der Meeresgrund bildet keinen einheitlichen Tiefenraum, sondern ist durch Becken und Schwellen mit z.T. steil abfallenden Rändern gegliedert.

1.5 Griechenland – ein zentralistisch organisiertes Land

Als der neugriechische Staat in den 20er Jahren des 19. Jh. von den damaligen europäischen Großmächten als Königreich etabliert wurde, übertrug man das zentralistische Verwaltungssystem Frankreichs auf das Ägäis-Land. Mit der Ernennung Athens zur Landeshauptstadt (1834) beginnt sein stürmisches Wachstum vom „Provinznest" mit 8000 Einwohnern zur Metropole und Primatstadt mit über 3 Mio. Einwohnern (vgl. Kap. 8.1.1). Die Stadt zieht alle wichtigen Funktionen der Politik, des Handels, der Wirtschaft, des Verkehrs, der Kultur oder der Religion an sich. Straßen, Eisenbahnen, Flugverkehrs- und Schifffahrtslinien treffen im Ballungsraum Athen aufeinander und induzieren weiteres Wachstum.

Die siedlungs- und wirtschaftsräumliche Dynamik des attischen Zentralismus entfaltet schon im 19. Jh. eine solche Kraft, dass die Konkurrenten der neuen Hauptstadt hoffnungslos unterliegen; Ermoúpolis auf Síros, die bedeutendste Stadt der Kykladen, muss seine führende Position unter den Hafenstädten schon bald an Piräus abgeben und stagniert seit dieser Zeit. Das Städtesystem des ganzen Landes wird in seiner Entwicklung durch den „Akropolis-Komplex" gebremst: Die Nomos-Hauptorte kommen bis in die heutige Zeit aus der Kategorie der Mittelstädte (20000–100000 Ew.) nicht heraus, zum großen Teil rangieren sie nach den Einwohnerzahlen sogar in der unteren Hälfte. Die wenigen Großstädte können infolge ihrer funktionalen Defizite die Rolle Athens als Primatstadt mit überproportionaler städtischer, wirtschaftlicher und gesellschaftlicher Bedeutung nicht gefährden.

Die Probleme einer derartigen Ballung von Bevölkerung und Wirtschaft auf kleinem Raum werden nicht nur in den Umweltproblemen des Großraums Athen sichtbar. Die wirtschaftlichen Vorteile der Masse und der Mischung sind längst in Nachteile der Lebensqualität umgeschlagen. Das zentralistische Konzept ist bereits an die Grenzen der Belastbarkeit und des Erträglichen gestoßen.

Die notwendigen Bemühungen um eine Dezentralisierung zeigen aber bislang nur geringen Erfolg. Erst in den 1970er Jahren beginnt man mit dem landesweiten Ausbau der Universitäten; vor allem in den entlegenen Provinzen (z.B. Epirus, Thrakien, Lésbos, Chíos) kommt es zu Neugründungen, doch das Image dieser Hochschulen blieb hinter den Athener Universitäten zurück. Die industriell-gewerbliche Förderung der zurückgebliebenen Regionen setzt nach dem EG-Beitritt Ende der 1980er Jahre verstärkt ein. Sie führt zu einer fraglosen Belebung des Arbeitsmarkts und der regionalen Wirtschaftskraft, kann aber den relativen Bedeutungsverlust nur überdecken (vgl. Kap. 6.2 und Kap. 6.3).

Generelle Veränderungen im zentralistischen System der Landesverwaltung sind jung und sehr zaghaft. Sie streben keine föderalistische Struktur an, sondern kurieren an den Symptomen. So werden seit 1995 die Nomarchen (Präsidenten der Bezirke) nicht mehr von Athen ernannt, sondern in der Region gewählt; die Eigenständigkeit der Nomi (Νόμοι) (mittlere Verwaltungsebene; Sing.: Nomos) wird gestärkt, indem die regionalen Außenstellen der Ministerien dem jeweiligen Nomarchen unterstellt werden. Zusätzlich werden zwei bis fünf Nomi zu einer Periféria (Περιφέρεια) zusammengefasst, in deren Zuständigkeit z.B. die regionale Forstverwaltung und die Verteilung von EU-Fördermitteln fällt. Die zuvor bedeutungslose Ebene des Kreises (Eparchie, griech. Επαρχία) wird zum Gebietsrat (Συμβούλιον Περιοχής) umbenannt, der mit neuen Kompetenzen ausgestattet die untere Verwaltungsebene stärken soll.

Zusammenfassend beeinflussen die zentralistischen Verwaltungsstrukturen die heutigen Raumstrukturen in unübersehbarer Weise. Die Ausbildung des Ballungsraums Athen als „Wasserkopf", in dem alle Fäden des politischen, gesellschaftlichen, wirtschaftlichen, kulturellen und religiösen Lebens zusammenlaufen, ist eine Folge des zentralistischen Konzepts. Es lässt den Rest des Landes, selbst die Großstädte Thessaloníki, Pátras, Lárisa oder Iráklion, im Schatten der Hauptstadt stehen. Die raumordnerischen Probleme, die sich hieraus für das Zentrum und die Peripherie ergeben, sind unübersehbar. Gleichwohl haben die Bemühungen um eine Dezentralisierung bislang nur bescheidenen Erfolg.

1.6 Griechenland – ein ideales Urlaubsland

Mit einer überzeugenden Palette an historischen Stätten, mit seiner bunten Inselwelt, ausgedehnten Sandstränden, weltberühmter Gastlichkeit, mediterranem Flair und sommertrockenen Urlaubsplätzen wirbt das Land erfolgreich um Gäste, die besonders zahlreich aus Mittel-, West- und Nordeuropa sowie den USA ins Land strömen. Geglaubte und tatsächliche Qualitäten gehen in diesem touristischen Profil eine schwer zu entwirrende Verbindung ein (vgl. Kap. 7).

Der von großen Reiseveranstaltern gelenkte Strom der Massentouristen wird von Anfang an zu ausgewählten Zielen „verschoben", die allerdings an den Erwartungen der Touristen und am Zeitgeist orientiert sind. Neben den Inseln der Ägäis sind es auch Bereiche der Halbinsel Chalkidikí, die wegen ihrer Verkehrslage (Flughafen) und ihrer touristischen Infrastruktur bevorzugt aufgesucht werden. Die an den Bedürfnissen der Touristen orientierten Anlagen sind baulich stark konzentriert und verweisen den Massentourismus auf ausgesuchte, jedoch weiter wachsende Bereiche. Andere Formen des Urlauberverhaltens (Bildungs-, Naturtourismus u.a.) verlangen andere räumliche Schwerpunkte. Dabei ist der Individualtourismus, sofern er auf Bungalowsiedlungen oder ähnliche Unterkünfte zielt, besonders flächenintensiv. Vor allem motorisierte Individualtouristen erreichen mit ihrem Auto, Motorrad, Boot oder Mountainbike selbst die entlegensten Stellen. Allein die Mönchsrepublik Athos ist auf Grund ihres besonderen Status' hiervon ausgenommen.

Besonders in den festländischen Urlaubsregionen Mittel- und Südgriechenlands führt die Überlagerung von in- und ausländischem Tourismus, von Feriengästen und Kurzurlaubern des Ballungsraums Athen zu Engpässen in der Hochsaison. Die hohe ökonomische Bedeutung des Urlauberstroms gilt besonders für imageträchtige Peripherräume wie die Mani (Peloponnes); hier wurde z.B. die vom Verfall bedrohte Turmsiedlung Váthia durch den Tourismus reaktiviert. In welchem Maß dabei kulturelles Interesse sowie die Auseinandersetzung mit fremden Traditionen und Lebensweisen eine Rolle spielen, ist auch in diesem Fall schwer zu beurteilen.

Zusammenfassend sind die wirtschaftlichen Interessen an einer Präsentation Griechenlands als ideales Urlaubsziel unübersehbar. An die naturräumliche und kulturelle Ausstattung anknüpfend, werden nur ausgewählte Regionen und Themen ins Visier genommen; dem auf räumliche und mentale Inseln beschränkten Massentourismus schadet die bewusste Ausblendung nicht. Vor herrlicher Fassade (Sonne, Sand, Meer u.a.) geraten die kennzeichnenden Raumstrukturen, deren Darstellung im Zentrum dieses Buches steht, in der Regel erst gar nicht ins Blickfeld. Der Massentourismus spielt folglich wirtschaftlich durchaus eine wichtige Rolle, sein Beitrag zur Völkerverständigung, zum Kennenlernen anderer Lebensweisen und zum Abbau von Vorurteilen ist gering.

1.7 Griechenland – ein Staat an der europäischen Südperipherie

Im europäischen Vergleich wichtiger Sozialindikatoren (Statistisches Bundesamt 1996) liegt Griechenland zumeist deutlich vor den Ländern des ehemaligen Ostblocks, aber zumeist auch im unteren Drittel der EU-Mitglieder. Daher wird es der europäischen Südperipherie zugerechnet und zählt zu den Staaten, welche bei hoher Inflation (1985–1993: 16%) und massiver Auslandsverschuldung (1994: 23,3% des BIP) die Fördermittel der EU stark in Anspruch nehmen. Strukturelle Defizite in der Landwirtschaft (vgl. Kap. 5), in der 1993 noch 21% der Erwerbsbevölkerung tätig sind, eine unausgewogene Industriestruktur (vgl. Kap. 6) sowie ein aufgeblähter Dienstleistungssektor (und eine nicht übersehbare Schattenwirtschaft) prägen das Bild des heutigen Griechenlands „ohne Säulen".

Seine Lage im äußersten Südosten Europas ist politisch und strategisch brisant. Es ist als Stammland der Orthodoxie ein unbestreitbarer Teil des christlich geprägten Europas, zugleich aber auf Grund seiner Historie auch mit den östlichen und südlichen Nachbarn verbunden. Als ausgesprochen ethnisch homogener und politisch gefestigter Staat steht es weiterhin den wenig konsolidierten Nachbarländern an seiner Nordgrenze (Albanien, Mazedonien, Bulgarien) gegenüber. Mit den seit 1990 geöffneten Grenzen wird hier ein Wohlstandsgefälle sichtbar, das sich zunächst in einseitigen Migrationswünschen entlädt und langfristig zu einer Neubewertung der Grenzregionen und des weiteren Hinterlands führt. Die ehemals isolierte Lage Griechenlands im Südosten Europas kann damit als überwunden gelten.

Zusammenfassend zählt das heutige Griechenland zu den wirtschaftlich schwächeren Partnern innerhalb der EU. Ähnlich wie Portugal befindet es sich in extremer Randlage am Mittelmeer und profitiert stark von der Regionalförderung der Union. Landwirtschaft, Industrie und Tourismus verdanken dieser Politik trotz struktureller Defizite eine positive Entwicklung. Dessen ungeachtet bekommen die Probleme mit den nördlichen Nachbarn seit 1990 neue Aktualität.

1.8 Griechenland – Schnittstelle im Spannungsraum der Ägäis

Die ägäische Inselwelt, die heute fast ausnahmslos zu Griechenland gehört, war teilweise noch im 20. Jh. ein Teil des Osmanischen Reiches. Kreta kam erst 1912 an Griechenland, der italienisch besetzte Dodekanes 1947. Die wiederholten und verlustreichen kriegerischen Auseinandersetzungen zwischen beiden Völkern konnten Misstrauen und Vorbehalte nur festigen und keineswegs abbauen. Angst und dadurch zu erklärendes militärisches und politisches Säbelrasseln sind die Konsequenzen (vgl. Kap. 2).

Die immer wieder – z.B. 1976, 1987 und 1996 – aufflammenden Konflikte um kleine, unbewohnte Inseln (KRAFT 1996) sind nur ein Beispiel für schwelende, ungelöste Probleme. Während die Griechen sich auf den Vertrag von Lausanne (1923) berufen und die Ägäis als mare Graecum betrachten, fürchten die Türken ein erneutes Aufflammen griechischer Expansionsbestrebungen. Als 1973 im Thrakischen Meer vor der Insel Thásos Öl erbohrt worden war, wurde die Frage der Hoheitsgewässer in der Ägäis plötzlich aktuell und weitete sich zu einem Konflikt aus. Infolge geringer Ölvorkommen sind die Auseinandersetzungen zwar beigelegt, aber noch nicht gelöst. Es hängt mit der ungeklärten Frage des Schelfsockels (Meeresuntergrund bis −200 m) zusammen: Griechenland beansprucht einen Schelfsockel für jede Insel, während die Türkei den Schelfsockel der östlichen ägäischen Inseln zwischen

Samothráki und Rhódos (mit Verlängerung bis Kastellórizo [29° ö.L.]) als untermeerische Fortsetzung Anatoliens betrachtet (vgl. SAUERWEIN 1980, ÖZGUR 1996). Ähnliche Auseinandersetzungen und Reibereien gibt es bei der Luftraumüberwachung, die von Athen aus gelenkt wird; obwohl sich hieraus keine Rechte der Lufthoheit ableiten lassen, bildet die für die Ägäis zuständige Luftraumkontrolle immer wieder einen Zankapfel (LIENAU 1987 a). Dass die beiden Kontrahenten zugleich NATO-Partner sind, vereinfacht die Sache keineswegs.

Der Zypernkonflikt, der 1974 in der vorläufigen Teilung der Insel in einen türkischen und einen griechischen Bereich eskalierte, verdeutlicht die ungelösten Spannungen zwischen den beiden Völkern. Emotionale und nationale Vorbehalte, die seit dem Zerfall des Osmanischen Reiches zum Repertoire der Identitätsbestimmung gehören, finden hier ihre deutlichste Ausprägung.

Es ist daher nicht verwunderlich, wenn raumwirksame Entscheidungen auch vor einem Hintergrund gefällt werden, der über die eigentlichen Probleme des Landes hinausgreift.

Zusammenfassend befindet sich Griechenland in einer geopolitisch sehr sensiblen Position. Dabei ist die Nahtstelle zwischen Europa und Asien, zwischen der EU und ihren Nachbarn, zwischen christlicher und islamischer Welt keineswegs per se ein Pulverfass, sondern es sind jahrhundertealte Gegensätze, die nach Zeiten relativer Bedeutungslosigkeit aus scheinbar nichtigen Anlässen reaktiviert werden. Machtstreben, Nationalismen, Unsicherheiten und Ängste sind die treibenden Kräfte der griechisch-türkischen Kontroversen um die Ägäis. Glücklicherweise scheinen sich seit dem Jahr 2000 Griechen und Türken auf politischer Ebene wieder näher zu kommen.

2 Spurensuche auf geschichtsträchtigem Boden: Das Erbe aus Antike, Mittelalter und Neuzeit

Die Zeugnisse der langen kulturellen Entwicklung Griechenlands, vor allem aus den Epochen der klassischen Antike und des Byzantinismus, sind Legion. Sie können und sollen im Folgenden nicht aufgelistet oder im Detail beschrieben werden. Im Rahmen einer geographischen Landeskunde wird vielmehr das Ziel verfolgt, die Raumwirksamkeit früherer Gesellschaften an ausgewählten Beispielen aufzuzeigen. Damit wird der Blick auf die Fragestellungen und Befunde der historischen Raum- und Umweltforschung gelenkt.

Auf dem Territorium des heutigen Griechenlands breitet sich bereits um 2000 v. Chr., zu Beginn der mittleren Bronzezeit, die älteste europäische Kultur aus. Kein anderer Teil Europas tritt so früh in die Epoche der schriftlichen Überlieferung und damit von der prähistorischen in die historische Zeit wie dieses Land. Die Hinterlassenschaften der verschiedenen Zeitabschnitte sind in unterschiedlicher Dichte bis heute erhalten. Vor allem die berühmten Ausgrabungsstätten historischer Zentren wie Mykene, Delphi, Athen, Delos, Knossos, Vergína oder Mistras werden jährlich von Hunderttausenden von Touristen aufgesucht (vgl. Kap. 7.2.1).

Unter geographischem Aspekt kommt der langen kulturellen Tradition und der ununterbrochenen raumwirksamen Tätigkeit menschlicher Gruppen, zu der umfangreiches Schrifttum vorliegt (OLSHAUSEN 1991), noch weitere Bedeutung zu. Sie prägt zum Einen die Identität der heutigen Bevölkerung. Auf nationaler Ebene gründet die geistige Verbundenheit aller Griechen ganz wesentlich auf der kulturellen und politisch-staatlichen Ausstrahlung der antiken und byzantinischen Gemeinwesen; doch auch die regionale Identität der Mazedonier, Thessalier, Thrakier, Phoker, Kreter oder Rhodier hat ihre Wurzeln in der Geschichte. Zum Anderen ist die griechische Kulturlandschaft sehr vielschichtig. Infolge der langen Tradition stehen unterschiedlich alte und verschieden geprägte menschliche Lebenswelten nebeneinander; sie sind allerdings nicht immer kontinuierlich gewachsen und überprägt, sondern auch durch Hiate unterbrochen, besonders nachhaltig durch den Kontinuitätsabbruch am Ende des Osmanischen Reiches.

Das aus der genetischen Siedlungsforschung bekannte, von GRADMANN (1901) geschaffene Begriffspaar des alt- und jungbesiedelten Landes, mit dem grundlegende siedlungsräumliche Kategorien Mitteleuropas bezeichnet werden, kann daher auf Griechenland nicht übertragen werden. Der wiederholte Abbruch gesellschaftlicher, wirtschaftlicher und politischer Strukturen führt zu einer vielfach überlagerten, komplizierten Entwicklung von Raum und Umwelt. Die schematische Übertragung mitteleuropäischer Vorstellungen und Begriffe auf einen Raum mit andersartiger Landesnatur, Geschichte, Religion, kulturellen Kontakten, Handelsbeziehungen, gesellschaftlichen und technischen Entwicklungen usw. würde zu einem schiefen Bild führen.

2.1 Die archaische Zeit

Die kulturellen Anfänge Griechenlands während der Bronzezeit (um 2800) werden unter dem Epochennamen Helladikum zusammengefasst. Die Kenntnis der Bronze leitet eine neue Ära ein, deren Anfänge allerdings noch im Dunkeln liegen.

Die minoische Kultur
Um 2000 v. Chr., zu Beginn der Mittleren Bronzezeit, setzt mit dem Bau großer Fürstenpaläste auf Kreta die minoische Kultur ein. Soweit die nicht immer eindeutigen Grabungsbe-

Die archaische Zeit

funde Aussagen zulassen, bildeten die Paläste von Phaistos, Knossos (sagenhafter Sitz des Königs Minos und Ort des vom Minotaurus bewohnten Labyrinths) und Mallia (vgl. Abb. 2.1) die politischen, wirtschaftlichen und kulturellen Zentren. Sie wurden mehrfach zerstört – durch Krieg und Erdbeben, nicht aber durch den Vulkanausbruch auf Thíra (Santorin), der die minoische Stadt Akrotiri (Thíra) begrub (vgl. Kap. 4.1.3). Nach dem Wiederaufbau entwickelte sich Knossos vor allem in der Spätpalastzeit zum bedeutendsten Zentrum der Insel. Im Zuge mehrerer An- und Umbaumaßnahmen entstand auf einer Fläche von über 2 ha ein repräsentativer Palast mit monumentalem Eingang (Propyläen) und großem Innenhof, um den sich herrschaftliche und sakrale Räume gruppierten. Der Ausbau von Knossos unterstreicht die Verlagerung des Machtzentrums und der landschaftsverändernden Eingriffe an die kretische Nordküste, während noch in der Protopalastphase die Anlage von Phaistos an der nach Süden offenen Messará-Ebene wichtigster Ort war.

Kleinere Paläste, die Zweitresidenzen oder Wohnplätze lokaler Herrscher darstellen, verdichten das Netz der Siedlungen, das um die vielen, archäologisch i.d.R. nicht nachweisbaren Bauernstellen des näheren und weiteren Umlands zu ergänzen ist. Sie erschließen – vor allem im Bereich der heutigen Nomi Iráklion und Lassíthi – auch das Binnenland Zentral- und Ostkretas. Die frühe kulturelle Blüte basiert auf materiellem Reichtum, der weniger aus den Erträgen der Landwirtschaft (Getreide, Öl, Wein, Wolle) schöpft, sondern hauptsächlich aus Handelskontakten mit den überseeischen Nachbarn Ägypten, Zypern, Syrien und Kleinasien.

Der Königspalast von Akrotiri (Thíra) zeigt mit seinen Fresken Meisterwerke der minoischen Kunst; auch die dünnwandige Keramik des Mittelminoikums drückt nicht nur ein hohes technisches und künstlerisches Niveau aus, sondern spiegelt gleichzeitig den Lebensstandard der wohlhabenden Oberschicht. Die Stein-, Metall- und Elfenbeinverarbeitung dient ebenfalls den Bedürfnissen eines auf Repräsentation und Luxus ausgelegten Lebens, das nur einer kleinen Gruppe von Reichen vorbehalten war.

Das griechische Alphabet
Eine Folge der weitreichenden Handelsbeziehungen ist die Einführung der Schrift (FÖLDES-PAPP 1966, MAZAL 1997); die Wirtschaftsführung der Paläste ist ein frühes Beispiel für die schriftliche Fixierung von Geschäftsvorgängen. Die zunächst aus Ägypten übernommenen Hieroglyphen werden zur Linear-A- und Linear-B-Schrift weiterentwickelt. Mit dem Übergang von der Bilderschrift der Hieroglyphen auf die neuartige minoische Silbenschrift wird ein entscheidender Schritt zur Vereinfachung des Schreibens und zur Ausbreitung der Schriftsprachlichkeit vollzogen. Doch erst mit der Schaffung der griechischen Schrift, die zwar der phönizischen entlehnt ist, aber das erste vollständige Alphabet (Konsonanten und Vokale) darstellt, wird dieser Prozess um 1000 v. Chr. im festländischen Griechenland abgeschlossen (Übersicht 2.1).

Die mykenische Kultur
Auf dem Peloponnes und in Mittelgriechenland breitet sich etwa ab dem 16. Jh. v. Chr. die mykenische Kultur aus. Sie ist in Vielem der minoischen nahe, nicht zuletzt wegen des spätmykenischen Einflusses auf Kreta. Das Festland ist in verschiedene Herrschaftsbereiche, sog. Fürstentümer, aufgeteilt, wie wir aus HOMERS Ilias (2, 494–759) wissen. Dem König von Mykene fiel die Vorherrschaft über den Peloponnes zu; er residierte im berühmten Palast des Agamemnon, geschützt von einer schweren Mauer, durch die das Löwentor Einlass gewährt. Vom Königreich Pylos (Abb. 2.1) ist bekannt, dass es in 16 Distrikte gegliedert war, die in zwei Provinzen zusammengefasst sind. Quelle des Reichtums und der politischen

Das neugriechische Alphabet
Das griechische Alphabet, das durch Entlehnung und Weiterentwicklung aus der phönizischen Schrift entstand, ist die älteste europäische Einzellaut- oder Buchstabenschrift (MAZAL 1997, S. 171). Im Gegensatz zu den semitischen Schriften, in denen wie im Phönizischen und Hebräischen nur die Konsonanten bezeichnet werden, gibt es im Griechischen erstmals Vokalzeichen. Aus dieser Schrift leiten sich fast alle in Europa seit langem verbreiteten Alphabete ab: das lateinische ABC ebenso wie das in vielen slawischen Sprachen benutzte kyrillische Alphabet.

Die Buchstaben des Neugriechischen sind mit denen des Altgriechischen identisch. Das Neugriechische verzichtet jedoch in seiner heutigen Form auf die diakritischen Zeichen (iota subscriptum, spiritus asper und lenis), vereinfacht die Akzente und spricht etliche Buchstaben und Diphthonge anders aus. An den 24 Buchstaben von A bis Ω hat sich indes nichts geändert.

Buchstabe	Name		Beispiel	
Α, α	άλφα	(álfa)	Αθήναι	(Athínä)
Β, β	βίτα	(wíta)	Βόλος	(Vólos)
Γ, γ	γάμμα	(ghámma)	Γρεβενά	(Grevená)
Δ, δ	δέλτα	(dhélta)	Δωδεκάνησος	(Dhodhekánisos)
Ε, ε	έψιλον	(épsilon)	Ερμούπολις	(Ermoúpolis)
Ζ, ζ	ζήτα	(síta)	Ζάκυνθος	(Sákinthos)
Η, η	ήτα	(íta)	Ηράκλειον	(Iráklion)
Θ, θ	θήτα	(thíta)	Θεσσαλονίκη	(Thessaloníki)
Ι, ι	γιώτα	(jóta)	Ιωάννινα	(Ioánnina)
Κ, κ	κάππα	(káppa)	Καρδίτσα	(Kardhítsa)
Λ, λ	λάμδα	(lámdha)	Λάρισα	(Lárisa)
Μ, μ	μι	(mi)	Μυτιλήνη	(Mitilíni)
Ν, ν	νι	(ni)	Ναύπλιον	(Náfplion)
Ξ, ξ	ξι	(xi)	Ξάνθη	(Xánthi)
Ο, ο	όμικρον	(ómikron)	Ορεστιάς	(Orestiás)
Π, π	πι	(pi)	Πρέβεζα	(Prévesa)
Ρ, ρ	ρο	(ro)	Ρόδος	(Ródhos)
Σ, σ/ς	σίγμα	(βígma)	Σέρρες	(Sérres)
Τ, τ	ταυ	(taf)	Τρίπολις	(Trípolis)
Υ, υ	ύψιλον	(ípsilon)	Ύδρα	(Idra)
Φ, φ	φι	(fi)	Φολέγανδρος	(Folégandros)
Χ, χ	χι	(chi)	Χανιά	(Chaniá)
Ψ, ψ	ψι	(psi)	Ψαρά	(Psará)
Ω, ω	ωμέγα	(oméga)	Ωκεανία	(Okeanía)

Übersicht 2.1: Das neugriechische Alphabet

Macht bildet einerseits der Export von Textilien (Leinen, Konfektion); seine Grundlage hat dieses Gewerbe in der bäuerlichen Landwirtschaft (Schafzucht). Daneben ist der Handel mit Bronze (Waffen, Schmuck), Olivenöl, Parfüms u.a. von Bedeutung.

Ab dem 15. Jh. stoßen die Mykener in den ägäischen Raum vor, den sie bereits im 14. Jh. vollständig kontrollieren. Sie siedeln sogar an den Küsten Anatoliens, Zyperns, Syriens und Süditaliens.

Der weitgehende Untergang der minoischen und mykenischen Kulturen, der archäologisch aus Schichten der Zerstörung und des Niederbrennens nachweisbar ist, datiert in die Zeit von 1225 bis 1100 v. Chr. Er fällt mit der sog. Dorischen Wanderung zusammen, die

Die archaische Zeit 21

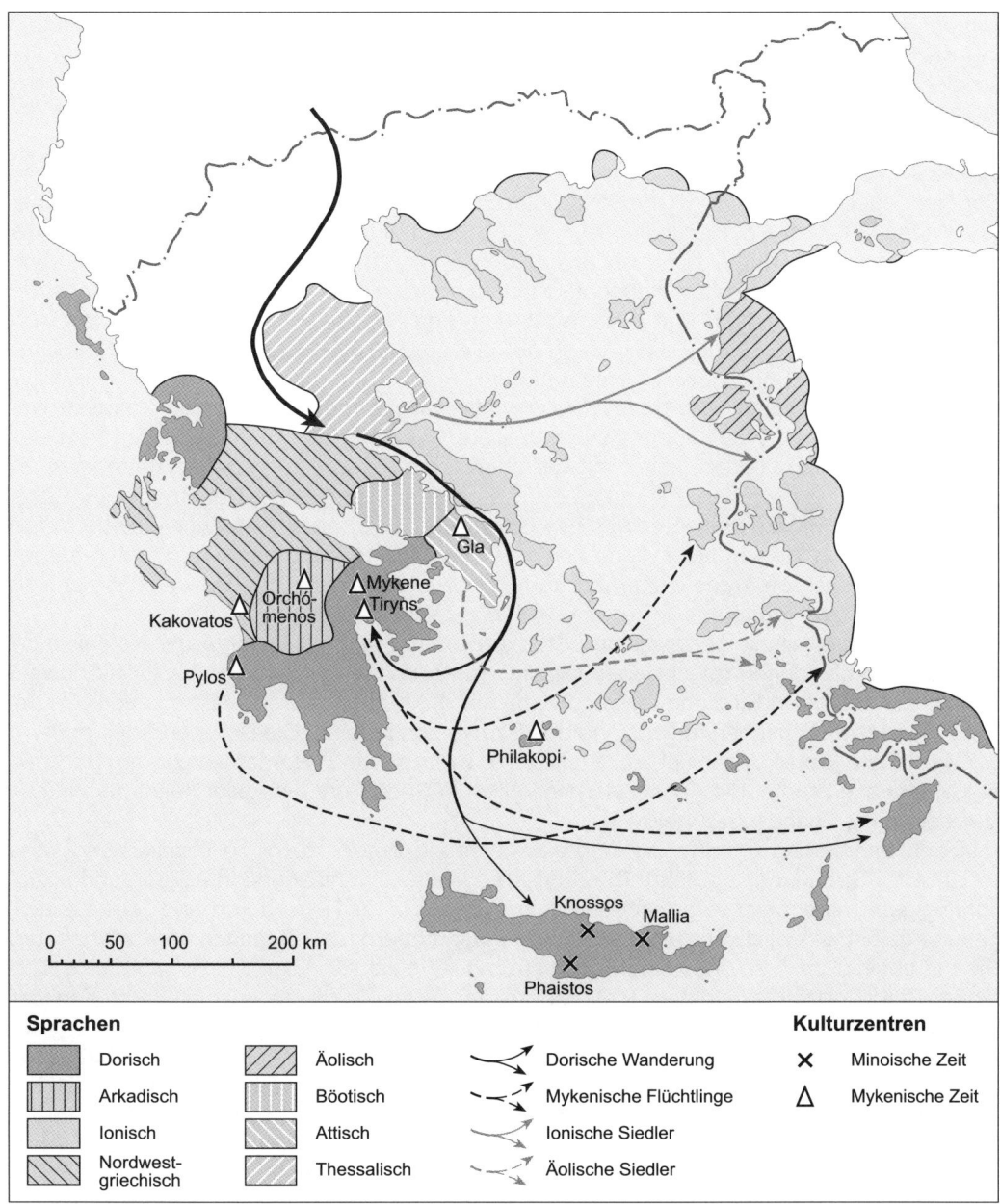

Abb. 2.1: Frühe Kulturen und Sprachen im Ägäischen Raum
Quelle: MORKOT 1996

vom zentralen Balkan aus zum Süden der Halbinsel vorstößt. Sie löst einen wirtschaftlichen Niedergang sowie Rückgang und Vertreibung der Bevölkerung aus, typische Kennzeichen einer Schrumpfungsphase der Kulturlandschaft. Das Absinken des kulturellen Niveaus (Verlust der Schriftsprachlichkeit) führt dazu, dass die anschließende Zeit als „Dunkles Zeitalter" (bis ca. 750 v. Chr.) bezeichnet wird. Ob der Einfluss der Dorischen Wanderung allerdings wirklich einer Katastrophe gleichkam, ist angesichts einer (eingeschränkten) Kontinuität der mykenischen Kultur in zuvor zerstörten Siedlungen fraglich.

Die Zeit der Kolonisation

Der Neubeginn des 11. Jh. v. Chr. setzt ohne Frage mit erheblich reduzierter Bevölkerung und Wirtschaftskraft ein. Bereits im 8. Jh. v. Chr. steigt die Einwohnerzahl so stark an, dass der Siedlungsraum durch Kolonisation ausgeweitet wird (750–550 v. Chr.). Während in der frühen Phase der kulturlandschaftlichen Expansion vornehmlich die kleinasiatische Gegenküste als Siedlungs- und Wirtschaftsraum erschlossen wird (Abb. 2.1), weiten sich die Unternehmungen schon bald danach auf alle ägäischen Küstenbereiche, auf die Ufer des Marmara- und Schwarzen Meeres, auf die türkische Südküste, Zypern, die Cyrenaika, Unteritalien und Sizilien aus. Dass viele der als Hafenstädte gegründeten Kolonien wie z. B. Olynthos auf Chalkidikí oder Amfípoli an der Mündung des Strimon heute hinter der Küste im Binnenland liegen, hängt mit der dauernden Aufschüttung der Küstenebenen in historischer Zeit zusammen, die maßgeblich durch die menschliche Rodetätigkeit im Einzugsbereich der Flüsse gesteuert wird (BRÜCKNER 1986, vgl. Kap. 4.1.4). Auch die ehemalige Verkehrslage von Tiryns und Mykene kommt in der vom Inachos heute weitflächig aufgeschütteten Ebene von Argos nicht mehr zum Ausdruck. Die natürliche Umwelt hat sich seit der Antike vielfach grundlegend gewandelt (KIRSTEN/OPELT 1985).

Analog zur Verteilung der einzelnen Stämme breiten sich im Gefolge der Kolonisation auch die verschiedenen griechischen Dialekte rund um die Ägäis aus (Abb. 2.1). Schwerpunkte der ionischen Siedlungsbewegung bilden die Küstenbereiche Mazedoniens, Thrakiens, des kleinasiatischen Ioniens und des Schwarzen Meeres. Die Dorer gründen entlang der Westküste (Korfu, Albanien), auf Sizilien und Kreta sowie in Nordafrika und am Schwarzen Meer neue Städte, die Achäer hauptsächlich in Süditalien, die Äolier besonders in der kleinasiatischen Landschaft Äolis.

In den Mutterstädten hatte die innere Verdichtung bereits zuvor zu sozialen und wirtschaftlichen Spannungen geführt. Die Konflikte zwischen wohlhabenden Adligen und sozial abhängigen, immer mehr verarmenden Bauern werden in der Regel durch eine neue Gesetzgebung gelöst; sie wird von den städtischen Machthabern, den Tyrannen, in Kraft gesetzt. Hiermit beginnt im 7./6. Jh. v. Chr. das System der Poleis (Singular: Polis), unterschiedlich großer Stadt- oder Kleinstaaten, Platz zu greifen. Es ist für die zahlreichen Territorien der klassischen Zeit grundlegend. Große Stadtstaaten sind Athen (rd. 2500 km^2), zu dem die vollständige Halbinsel Attika gehört, oder Sparta (rd. 8000 km^2), das die Landschaften Lakonien und Messenien mitsamt dem trennenden Taïgetosgebirge einschließt. Die wirtschaftlich und politisch weniger bedeutenden kleinen Poleis wie Mégara bei Athen oder Erétria auf Euböa haben – vergleichbar mit einem heutigen Mittelzentrum und seinem Umland – nur einen eng begrenzten Einflussbereich; in den Gebirgsräumen Mittel- und Südgriechenlands umfasst er oft nur das intramontane Becken, in dessen Mitte die städtische Siedlung liegt.

2.2 Von der griechisch-römischen Antike bis zum Fall Konstantinopels (1453)

Die Ausbildung eines flächendeckenden Systems von Poleis fällt in die Zeit der klassischen Antike. Um 400 sind sie im gesamten küstennahen zirkumägäischen Raum, auf dem Peloponnes, in Attika, Böotien, Phthiotis, Ätolien und auf den Ionischen Inseln verbreitet. Die

Mehrdeutigkeit des Polis-Begriffs (politisch, rechtlich, räumlich) verlangt jedoch die weitere Differenzierung.

Aufstieg und Blüte der Poleis

Ausgangspunkt und charakteristisches Merkmal aller Poleis ist die Lage in einer gesonderten Kleinlandschaft, die zum Ackerbau geeignet ist (KIRSTEN 1956, S. 84). Mustergültige Beispiele für derartige kleinräumige Gebilde finden sich auf dem nordöstlichen Peloponnes (Abb. 2.2) und in der mittelgriechischen Landschaft Phthiotis (um Lamía). In den Kalk- und Karstgebieten des Nordost-Peloponnes liegen sie in den Poljen mit ihren tiefgründigen Böden, im Bereich fruchtbarer Talzüge und auf den Schwemmländern der kleinen Küstenhöfe; in der Antike waren die Alluvialflächen noch stellenweise von Seen oder Sümpfen eingenommen, z.B. in den Becken von Stymphalos – die Stymphalischen Sümpfe wurden nach der Mythologie von HERAKLES trocken gelegt –, Pheneos oder Phlius. Im innerarkadischen Großpolje von Trípolis befinden sich die Poleis Orchómenos, Mantineia, Palládion und Tegéa nebeneinander in mehreren Teilbecken, die nur durch leichte Schwellen getrennt sind. In der Landschaft Othrys in Südost-Thessalien ist die Situation mit den Becken von Xynia, Meliteia sowie Narthakion und den zugeordneten Poleis vergleichbar.

Abb. 2.2:
Poleis der klassischen Antike auf dem Nordost-Peloponnes
Quelle:
KIRSTEN 1956, Abb. 11

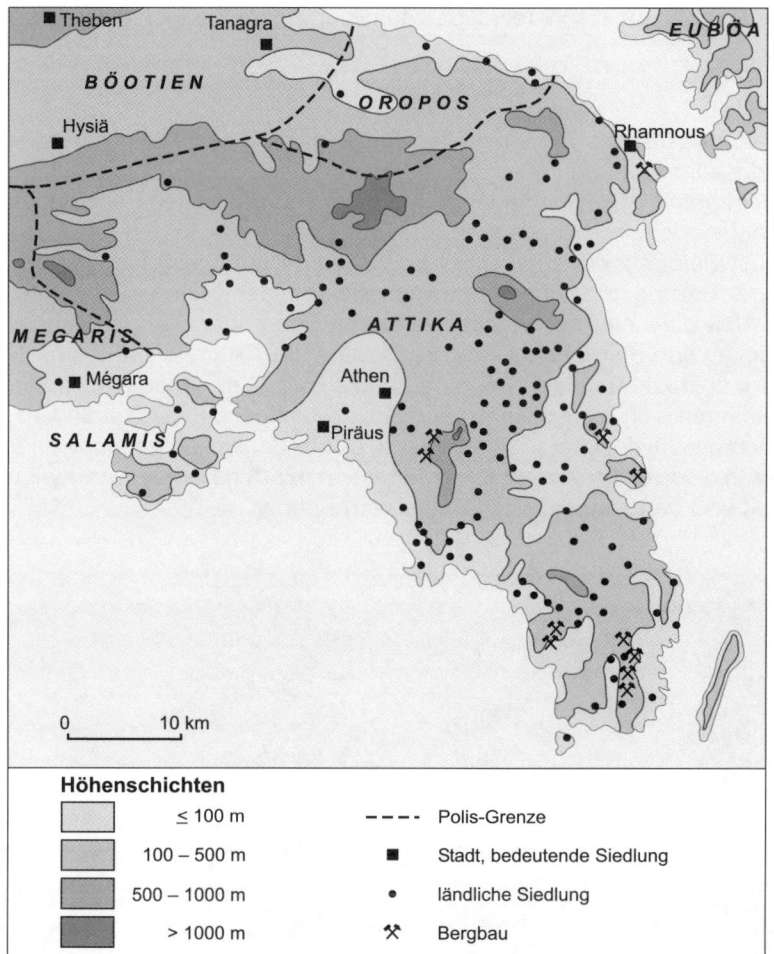

Abb. 2.3:
Siedlungsstruktur Attikas um 490 v. Chr.
Quelle: MORKOT 1996, S. 59

All diesen Kleinlandschaften ordnet KIRSTEN regelhaft bestimmte Elemente des Naturraums (Becken-/Tallage, Schwemmland, Quelle) und der Kulturlandschaft (Schutzlage, anbaufähiges Land) zu, sodass sich die Kennzeichen in der formelhaften Wendung „*Oasencharakter des Fruchtlandes inmitten der anbaufeindlichen Kalklandschaft*" (1956, S. 89) zusammenfassen lassen. Bereits die historische Agrarlandschaft kennt also die Teilung in fruchtbares, bewässerungsfähiges Ackerland in Tallage und trockenes, durch Weidewirtschaft größtenteils degradiertes Waldland der Berge und Hügel.

Durch Eroberungen, aber auch durch Synoikismus, d.h. durch politisch-administrativen Zusammenschluss mehrerer Gemeinden, entstehen Groß-Poleis wie Sparta oder Athen (vgl. Kap. 2.1). Attika wird bereits im 10. Jh. v. Chr. als Zwölf-Städte-Siedlung (Dodekápolis) bezeichnet. Wie im spartanischen Lakedämonien werden auch hier die älteren Klein-Poleis zusammengefasst, bis Attika mit dem Polisgebiet von Athen zusammenfällt (Abb. 2.3). Dass der Synoikismus im Wesentlichen eine Neuordnung der Verwaltung bedeutet und das überkommene Siedlungsnetz mit einer Vielzahl von Dörfern nicht berührt, ist in der agrarisch orientierten Gesellschaft und den Problemen der Raumüberwindung begründet. Während Sparta sich mit dem Machtgewinn begnügt und ein unscheinbares Dorf bleibt, nutzt Athen seine Führungsrolle zum Ausbau zentraler Funktionen; die Akropolis ist das Sinnbild ihrer religiösen, politischen und kulturellen Vorrangstellung. Der Bau öffentlicher Gebäude mit zentralörtlichen Funktionen und die Sicherung der Siedlung durch einen Mauerring verstärken den Zuzug von außerhalb, sodass im Sinne der heutigen geographischen Terminologie eine Stadt, wenn nicht eine Großstadt entsteht.

Unter den griechischen Poleis hat in klassischer Zeit allein Athen den Aufstieg zur funktionalen Stadt geschafft. Gleichwohl löst seine dynamische Entwicklung eine Welle von Nachahmungen aus. Die Idee des Synoikismus verbreitet sich als Innovation in weiten Teilen der griechischen Welt (KIRSTEN 1956). In den verschiedenen Landschaften entstehen die neuartigen Groß-Poleis, so in Elis mit dem gleichnamigen Hauptort, auf Chalkidikí im Umkreis von Olynth; auf Euböa gewinnen Káristos, Erétria, Chalkís und Oreos größere Territorien, der Synoikismus von Magnísia reicht vom Tempetal bis zum heutigen Vólos; Theben erweitert sich in Böotien, Mytilene steigt zur Hauptsiedlung von Lésbos auf, Rhódos erlangt die Vorherrschaft über Kárpathos, Chálki, Tílos und Nísiros; die Siedlungen der Insel Kos werden ebenso zu einer Groß-Polis zusammengefasst wie die der Messará-Ebene auf Kreta.

Erst im Hellenismus erreicht diese Bewegung auch die peripheren Regionen der festländischen Westseite. Jetzt bilden auch die Siedlungen von Ätolien und Epirus je einen Synoikismus.

Abb. 2.4:
Athen in der klassischen Antike
Quelle:
PUTZGER Historischer Weltatlas 1961, S. 17/II

> **Athen in der Antike – Beschreibung aus der Sicht von Zeitgenossen**
>
> 1. HERAKLEIDES, ein Reiseschriftsteller (Perieget) des 3. Jh. n. Chr., schreibt in seinem Werk über die Städte Griechenlands (Περὶ τῶν ἐν τῇ Ἑλλάδι πόλεων) folgendermaßen:
> „Von dort gelangt man zur Stadt der Athener. Der Weg ist sanft, das Land ringsum bebaut, ein freundlicher Anblick. Die Stadt selbst ist durchaus trocken und besitzt keine gute Wasserleitung. Die Straßen sind winklig, da ja die Stadt so alt ist. Die Mehrzahl der Häuser ist ärmlich, nur wenige sind wohnlich. Auf den ersten Blick könnten Fremde bezweifeln, ob dies die gepriesene Stadt der Athener sei; aber bald werden sie es wohl glauben. So ist dort das Schönste der Welt: Das Theater ist bedeutend, groß und schön. Der Tempel der Athene ist prachtvoll, der Welt entrückt und sehr sehenswert; er heißt Parthenon und liegt oberhalb des Theaters; großes Erstaunen löst sein Anblick aus. Das Olympion ist zwar nur halb fertig, doch macht der Plan des Gebäudes tiefen Eindruck; es wäre wohl der großartigste Bau, wenn man ihn vollendet hätte. Drei Gymnasien gibt es: die Akademie, das Lykeion und das Kynosarges, die alle mit Bäumen und Rasenflächen geschmückt sind, allerlei Feste, ferner von den verschiedenen Philosophen viele Zerstreuungen und Erholungen der Seele, viel Zeitvertreib und ständig Theaterspiele. (...)
> Von den Einwohnern sind die einen Attiker, die anderen Athener. Die Attiker sind betriebsam, geschwätzig, heimtückisch, verleumderisch, Beobachter des Lebens der Fremden. Die Athener dagegen sind großmütig, einfach in den Sitten, und wahrhaft treu in der Freundschaft. Es wimmelt aber auch in der Stadt von Winkeladvokaten, welche den vorübergehend dort weilenden reichen Fremden das Geld aus der Tasche ziehen. Wenn sie das Volk erwischt, ist die Bestrafung sehr streng. Die wahren Athener aber sind scharfsinnige Kunstrichter und unentwegte Zuschauer. Kurz gesagt, Athen übertrifft auf dem Gebiete des Genusses und der Lebensgestaltung die übrigen Städte in demselben Maße, wie diese sich vom Dorfe unterscheiden. In acht nehmen muß man sich aber besonders vor den Dirnen, um nicht unversehens in Lüsten zu versinken" (Herakl., Fr. 1,1, 1,4–5; übers. von REUTERN 1969, S. 77, S. 79).
>
> 2. PAUSANIAS, der wohl bekannteste antike Reiseschriftsteller, führt in seiner Beschreibung Griechenlands (Περιήγησις τῆς Ἑλλάδος) aus:
> „Die Akropolis besitzt nur einen Zugang. Einen anderen gibt es nicht, da sie ringsum steil abfällt und eine mächtige Mauer hat. Die Propyläen haben eine Decke von weißem Marmor, sie sind an Schönheit und Größe der Steine bis zu meiner Zeit jedenfalls unerreicht. (...) Zur Rechten der Propyläen steht der Tempel der ungeflügelten Nike. Von dort kann man das Meer sehen, und das ist die Stelle, von der sich Aigeus der Sage nach zu Tode stürzte. (...) Beim Eintritt in den sogenannten Parthenon gewahrt man die Giebelfiguren, die sich alle auf die Geburt der Athene beziehen; im rückwärtigen Giebelfeld ist der Streit Poseidons mit Athene um den Besitz des Landes dargestellt. Das Kultbild ist aus Gold und Elfenbein gearbeitet. (...) Es gibt dort auch noch ein Bauwerk, das den Namen Erechtheion führt" (Pausan., I 22,4–26,5; übers. von REUTERN 1969, S. 79, S. 81)

Übersicht 2.2: Athen in der Antike – Beschreibung aus der Sicht von Zeitgenossen

Die Darstellungen von antiken Reiseschriftstellern (vgl. Kap. 4 und Kap. 7) geben die Umwelt- und Lebensverhältnisse nur verzerrt wieder; mit Superlativen versuchen die Autoren ihr Publikum in Staunen zu versetzen, mit Stereotypen weisen sie die Menschen bestimmten „Schubläden" zu, ohne ihrer Individualität gerecht werden zu wollen, und mit unverhohlener Subjektivität wird der Blick auf das Monumentale und Repräsentative, weniger auf das Alltägliche gerichtet – der Unterschied zu aktuellen Reiseführern (vgl. Kap. 7.1.2) ist nicht groß. Aspekte der Umweltbeeinträchtigung durch Landwirtschaft, städtisches und gewerbliches Wachstum, durch kriegerische Auseinandersetzungen, durch Bergbau oder andere Eingriffe in die Natur finden nur randliche Aufmerksamkeit (WEEBER 1990).

Sozio-ökonomische Entwicklungen

Die Entwicklungen in Politik, Kultur, Wirtschaft und Bevölkerung gehen Hand in Hand. Die unverzichtbaren Nahrungsmittel werden von der Landwirtschaft produziert (BORBEIN 1995).

Die Hauptrolle spielen Getreide, Oliven(öl), Wein, Feigen, Obst und Gemüse sowie die Produkte der Viehwirtschaft (Milch, Käse, Wolle u.a.); Ackerland und Fruchtbaumhaine nehmen daher die größten Areale des kultivierten Landes ein. Dass die Hauptmasse der bäuerlichen Betriebe auf familiärer Basis mit vermutlich gemischter Wirtschaftsweise (Ackerbau und Viehwirtschaft) geführt wurde, lässt sich für die klassische und die hellenistische Zeit aus der hohen Zahl der Hopliten (Bauern als schwerbewaffnete Fußsoldaten) ableiten. Daneben bestehen aber auch große Landgüter, die im Besitz von Adligen und/oder leitenden Beamten sind. Auf diesen wird schon früh aus wirtschaftlichen Erwägungen die Spezialisierung (z.B. auf Dauerkulturen wie Oliven) gefördert. Die Orientierung auf den nahen städtischen Markt wie auch auf den Export ermöglichen in guten Jahren große Gewinne und leiten den lebhaften überregionalen Austausch landwirtschaftlicher Güter ein. Durch ergänzenden Import (aus Euböa und dem Schwarzmeergebiet) wird vor allem der Engpass in der Getreideproduktion überwunden; die ungünstige Landesnatur des antiken Kernraums – die Küstenhöfe und intramontanen Becken Süd- und Mittelgriechenlands bieten keine ausreichenden Ackerflächen – wird durch den Ausbau des (See-)Handels kompensiert.

Auch das Gewerbe produzierte anfänglich zur Selbstversorgung. Die ersten Spezialisten der mykenischen Zeit finden lediglich im Umkreis der Paläste ein Betätigungsfeld, doch mit dem Aufblühen der klassischen Poleis verbessern sich die Lebensmöglichkeiten für Handwerker rasch. Einen herausragenden Platz nimmt das Töpfereigewerbe ein. Wachsende Nachfrage bei der städtischen Bevölkerung und steigende Qualitätsansprüche lassen ein boomendes Gewerbe entstehen, das sowohl von selbständigen Handwerkern als auch von „großen" Betrieben (max. 120 Beschäftigte, sonst 10–30) mit freien und unfreien Lohnarbeitern getragen wird.

In welchem Maß die wirtschaftsräumliche Bedeutung der Töpferei von den Rohstoffen, der technischen Entwicklung und dem Geschmack der Zeit abhängig ist, zeigen die Beispiele Korinth und Athen (BUSCHOR 1969). Mit ausgesprochen feinwandiger Keramik und bestimmten Gefäßformen (wie Aryballos und Kolonettenkrater), die von den Käufern bevorzugt erworben werden, erobert zunächst die korinthische Ware den Markt. Der helle Töpferton bildet den idealen Untergrund für die sog. schwarzfigurige Malweise; im Gegensatz zur frühen athenischen Malweise, die nur die Darstellung des Umrisses erlaubte, besteht nun die Möglichkeit, mit geritzten Linien auch die Binnenstrukturen von Körpern anzudeuten und einen wesentlich plastischeren Eindruck hervorzurufen. In der ersten Hälfte des 6. Jh. v. Chr. beginnt der Höhenflug der attischen Keramik. Sie benutzt als Werkstoff einen rötlichen, stark eisenhaltigen Ton, der eine ganz andere Art der Bemalung erfordert. Durch Aussparung im schwarz abgedeckten Ton werden die Figuren erzeugt, deren Details (Muskeln, Gesichtszüge u.a.) mit dünnen Linien gemalt, nicht mehr geritzt werden. Die neue Technik schafft erst die Voraussetzungen für die künstlerische Vollendung, die an der attischen Keramik so sehr gerühmt wird. Im Kerameikos, dem Töpferviertel Athens, findet diese Entwicklung ihren räumlichen Niederschlag. Durch weitere Innovationen – z.B. Reliefkeramik mit Patrizen-Technik in hellenistischer Zeit – wird die marktbeherrschende Stellung lange gesichert.

Der anhaltende Export hochwertiger Keramik bildet ein wichtiges Standbein des Fernhandels. Er wird überwiegend auf dem Seeweg abgewickelt und verbindet die Hafenstädte im zirkumägäischen Raum. Für den Landverkehr stehen Trassen zur Verfügung, deren Zustand an die späteren Römerstraßen nicht heranreicht. Im Wesentlichen sind es Heeresbewegungen, Fahrten zu den Kultstätten (Delphi, Olympia u.a.) sowie intraregionale Warentransporte, für die das Straßennetz genutzt wird.

Von grundlegender wirtschaftlicher Bedeutung ist der Bergbau. Die attische Silberwährung (1 Talent = 60 Minen zu je 100 Drachmen zu je 6 Obolen) basiert auf den Vorkommen von Lávrion im äußersten Südosten Attikas (vgl. Abb. 2.3). Die Blütezeit des Abbaus liegt im 5. und 4. Jh. v. Chr.; die hier eingesetzten Sklaven arbeiteten unter extrem gesundheitsschädlichen Bedingungen in den Blei- und Silberminen, sie zahlten für die Blüte Athens mit ihrem Leben (ARDAILLON 1897, LAUNEY 1899).

Zentrum und Peripherie im Wandel

Generell ist bereits in der griechischen Antike zu erkennen, dass rohstoffreiche Gebiete wie Thrakien (Gold), Makedonien (Schiffsbauholz) oder die Insel Páros (Marmor) bei bestimmten Machtkonstellationen marginalisiert werden. Hierfür bietet die Inselwelt der Kykladen ein instruktives Beispiel.

Formal scheinen die Kykladen an Zentralität zu gewinnen, seit Delos zum Sitz des bedeutenden Delisch-Attischen Seebunds bestimmt ist. Die hier ansässige Bundeskasse verfügt immerhin über ein Jahresvolumen von 460 Talenten, ca. 12 t Silber! Doch der Glanz währt nur von 478 bis 454 v. Chr., als angesichts der drohenden Persergefahr die Kasse nach Athen verlegt wird und dort auch bleibt. Mit dem Verlust der administrativen Zentralität von Delos versinkt nahezu die komplette kykladische Inselwelt in der Bedeutungslosigkeit (RIEDL 1986 a): Die autochthonen produktiven Kräfte wandern in den attischen Zentralraum ab, die Kykladen werden zum Peripherraum. Damit wird die aus archaischer Zeit ererbte kleinräumige Differenzierung mit aktiv- und passivräumlichen Zellen beseitigt. Die zuvor dynamische Paronaxia (Páros: Steinbrüche, Großhandel, Kriegshafen; Náxos: politische Hegemonie, Bergbau; Sífnos: Hochfinanz) verfällt in wirtschaftliche Namenlosigkeit.

Einen Extremfall bildet die westkykladische Insel Sérifos, in deren antiker mental map die Kennzeichen der Randlage gebündelt enthalten sind (RIEDL 1986 b): Sie gilt als felsig, steinig, unfruchtbar und winzig und bekommt selbst in der Mythologie (Gorgonensage) sowie in der Dichtung (Versteinerung des Polydektes) ein Negativimage. Es steht im Gegensatz zu der tatsächlichen Ausstattung: Mit 73,23 km^2 ist die Insel 21-mal so groß wie Delos; die ungünstige Naturausstattung gilt nur für einen Teil der Insel; die pauschalisierende Wahrnehmung ist selektiv-verfälschend, ein klassisches Stereotyp!

In hellenistischer Zeit gehören die Kykladen zum ägyptischen Ptolemäerreich, an dessen Nordrand sie eine gewisse Bedeutung erlangen. Vor allem das kleine Delos steigt zum überregionalen Großhandelsplatz auf und wird in römischer Zeit durch Funktionsübertragung von Rhódos weiter gestärkt. Der Freihafen zieht Bankiers, Reeder und Kaufleute an, Delos ist der wichtigste Sklavenhandelsplatz im östlichen Mittelmeer. Seine Zerstörung im mithridatischen Krieg (88 v. Chr.) führt in die Bedeutungslosigkeit zurück. In der römischen Kaiserzeit gelten Amorgós, Jaros und Sérifos als Verbannungsinseln – das griechische Obristenregime (1967–1974) fügt im gleichen Raum noch Anáfi und Folégandros hinzu.

Einen semikolonialen Status erhält auch das makedonisch-thrakische Hinterland zwischen den Flüssen Gallikós und Evros. Die zahlreich gegründeten Kolonialstädte – Myrkintos, Amfípoli, Neápoli, Abdéra u.a. – sichern den Zugang zu den begehrten Rohstoffen Gold, Silber und Holz. Vor allem Letzteres gewinnt für Athen, dessen Macht in entscheidendem Maße von der Flotte abhängt, größte Bedeutung. Die als Bauholz besonders begehrte Weißtanne wird in den mittleren Höhenlagen des Rhodopengebirges geschlagen und in Massen nach Athen gebracht, das im 4. Jh. v. Chr. über 3000–4000 Schiffe unterschiedlicher Größe verfügt. Rechnet man die kurze Lebensdauer (durchschnittlich 20 Jahre) und die hohen Verluste in Kriegen ein, dann wird hier eine frühe Phase der Ausbeutung natürlicher Ressourcen greifbar; dass sie trotzdem nicht zu einer flächenhaften Devastierung der Wälder führt, liegt an den begrenzten technischen Möglichkeiten der Zeit (WEEBER 1990).

Von der griechisch-römischen Antike bis zum Fall Konstantinopels (1453) 29

> **Umweltzerstörung durch wirtschaftliche Nutzung – Beobachtungen eines antiken Philosophen**
> „Bei den vielen gewaltigen Überschwemmungen (...) häuft sich die (...) unter diesen Umständen von den Höhen abgleitende Erdschicht nicht wie in anderen Gegenden zu einem irgend nennenswerten Damm auf, sondern wird von der Strömung im Kreise herumgewirbelt und verschwindet in der Tiefe. So ist denn, ähnlich wie bei den kleinen Inseln, jetzt im Vergleiche zu damals wie von einem erkrankten Körper nur das Knochengerüst übrig geblieben, indem alle fette und weiche Erde abgeschwemmt und nur der magere Körper des Landes zurückgeblieben ist. Damals aber, als es noch unversehrt war, hatte es Berge mit hoher Erddecke, wie auch seine Ebenen (...) voll fetter Erde waren. Auch Holz hatte es reichlich auf den Bergen, wovon noch jetzt deutliche Spuren vorhanden sind; denn von den Bergen bieten zwar manche jetzt nur den Bienen Nahrung, doch es ist noch gar nicht lange her, dass das Dachgebälke großer Häuser noch wohlerhalten dastand, das man aus den Bäumen der Berge hergestellt hatte. (...) Ferner erfreute sich das Land durch Zeus eines jährlichen Regengusses, der ihm nicht wie jetzt durch Abfluss über den kahlen Boden weg verloren ging; denn der Boden nahm diese reiche Wasserfülle in sich selbst auf und bewahrte sie in einer schützenden Schicht von Tonerde" (PLATON, Kritias 111a–d, übers. v. REUTERN 1969, S. 57, S. 59).

Übersicht 2.3: Umweltzerstörung durch wirtschaftliche Nutzung – Beobachtungen eines antiken Philosophen

Die bereits von PLATON beklagte Wald- und Bodenzerstörung darf allerdings nicht als exakt beobachtetes umweltgeschichtliches Dokument angesehen werden. Es stellt vielmehr eine allgemeine Umweltbeschreibung dar, die im Rahmen des philosophisch-spekulativen Ansatzes nach Erklärungen und Perspektiven sucht. Es wäre in jedem Fall unangemessen, Platon mit den Maßstäben des heutigen Umweltverständnisses zu beurteilen.

Diskontinuierliche Raumentwicklung
Die Raumentwicklung des antiken Griechenlands kennt – soviel wird bereits jetzt deutlich – nicht die epochenüberschreitende kulturlandschaftliche Entwicklung mit jahrhundertealten, persistenten Raumstrukturen, wie sie für Mitteleuropa nach der Völkerwanderungszeit kennzeichnend sind. Wechselnde Machtkonstellationen führen zu immer neuen Raumstrukturen; der Ausbau neuer siedlungs- und wirtschaftsräumlicher Zentren ist mit der Schrumpfung bzw. dem Wüstfallen alter Akturäume verbunden. Die Diskontinuität ist für die Genese der griechischen Kulturlandschaft ein immer wiederkehrendes Kennzeichen, das auch für die nachantiken Epochen Gültigkeit hat (TSAKONAS 1965). Ein Raum, der so nachhaltig wie die Inseln der Kykladen in und seit klassischer Zeit marginalisiert wird, bildet die Ausnahme.

Die römische Epoche
Die historisch-geographischen Beobachtungen zu den nachfolgenden Epochen bestätigen diese Einschätzung grundsätzlich. Mit der römischen Eroberung – 148 v. Chr. wird Mazedonien Provinz des Imperium Romanum – beginnt die Zeit der Außensteuerung. Von der langen Friedensperiode („pax Romana"), die bis ins 4. Jh. n. Chr. dauert, kann die südliche Balkanhalbinsel daher nur wenig profitieren. Zwar erlebt die griechische Bildung eine erste Renaissance, indem sie einerseits in Rom begierig aufgenommen wird, andererseits römische Bildungsreisende in Scharen ins Land lockt – PAUSANIAS (vgl. S. 26) schreibt um 170 n. Chr. seinen Reiseführer. Für die Raumentwicklung werden aber die Weichen in Rom gestellt. Im Rahmen des römischen Weltreichs verliert Griechenland seine staatlich-territoriale Vielgestaltigkeit. Nach der anfänglichen Zerstörung und wirtschaftlichen Ausschaltung bedeutender Zentren wie Korinth und Rhódos setzt zwar unter den Kaisern AUGUSTUS bis HADRIAN eine Förderung der Städte ein, der jedoch die Entvölkerung und Verödung weiter Landstriche gegenüber steht.

Siedlungen mit glanzvollen Namen (Athen, Sparta), vor allem aber Küsten- und Handelsstädte (Korinth, Pátras, Thessaloníki) wachsen durch Zuzug aus dem weiteren Umland wieder an. Mitunter wird das lückenhafte Siedlungsnetz nach dem Verfall zahlreicher Poleis-Verbände durch Neugründungen ersetzt; nach dem Sieg bei Actium gründet der spätere Kaiser Augustus 31 v. Chr. Nikópolis („Stadt des Sieges") am Ambrakischen Golf, eine große römische Kolonialstadt mit typischem Grundriss, die 375 n. Chr. durch ein Erdbeben zerstört wurde.

Die Byzantinische Zeit

Mit der Gründung Konstantinopels (330) gerät das ganze Land zusehends in eine Randlage. Die Via Egnatia, der römische Hauptverkehrsweg, zieht von Albanien durch Mazedonien und Thrakien nach Osten und berührt nur den Norden des Landes. Die Polis-Urbanität der klassischen Zeit kann nur in wenigen Zentren gehalten werden, zumeist muss sie der Ruralisierung weichen (WEITHMANN 1994). In frühchristlicher Zeit setzt sich der Prozess der Marginalisierung trotz der Teilung des Römischen Reichs fort, da die Kultstätten und geistigen Zentren der heidnischen Zeit (Delphi, Dodona bei Ioánnina, Epidaurus u.a.) abgelehnt werden. In Thessaloníki, der blühenden Stadt an der Via Egnatia, beginnt ab dem 5. Jh. eine rege christlich-sakrale Bautätigkeit.

Von den Wirren der Völkerwanderung wird die beginnende Konsolidierung jäh unterbrochen (MAZAL 1997). Nach den Goten, Vandalen und Hunnen dringen mit den Awaren auch slawische Stämme nach Süden vor. Mit Festungsbauprogrammen versucht man in Kastoría, Lárisa, Tríkala, Pharsalos, Chalkís u.a. Siedlungen die Gefahr abzuwehren; dabei wird deutlich, dass die Städte flächen- und einwohnermässig auf kleine Burgbereiche („Kastra") schrumpfen, während slawische Stammesverbände den Agrarraum erobern. Am Ende des 7. Jh. besteht im Binnenland keine Stadt mehr, nur küstenorientierte Plätze wie Thessaloníki, Chalkís, Athen, Nikópolis, Korinth, Pátras sowie die Neugründungen Monemvasía und Arkadia (Kiparissía) auf dem Peloponnes bleiben in byzantinischer Hand (WEITHMANN 1994). Die lebensräumliche Trennung der griechischen und slawischen Bevölkerung dauert bis zum 9. Jh.

Mit der Pazifizierung der Slawen setzt die Regräzisierung des Landes ein: Kolonisation und Christianisierung gehen Hand in Hand. Durch die Einrichtung von Bischofssitzen erwacht städtisches Leben in Philippi, Sérres, Lárisa, Pátras, Kérkira, Rhódos oder Lésbos. Als geistlich-religiöse Zentren entstehen daneben Klosteranlagen auf dem Berg Athos oder im Helikongebirge (Hosios Loukas) – die Metéora-Klöster in Thessalien sind spätere Gründungen –, die als Orte ausschließlicher Kontemplation sich nicht wie viele Klostergemeinschaften der katholischen Kirche am Landesausbau beteiligen oder ihn sogar tragen. Dennoch bilden sie nicht zu übersehende Elemente der Kulturlandschaft (KODER 1995a): Ein „Durchschnittskloster" mit 50 Mönchen benötigt beispielsweise allein 2000 m^2 Gemüseflächen, die als Bewässerungsareale i.d.R. terrassiert sind. Bei wirtschaftlich ungünstigen Standorten wie den Athos-Klöstern (Abb. 2.5) mit unzureichenden Anbauflächen in Klosternähe sind klostereigene Wirtschaftshöfe (Metochien) erforderlich. Trotz der vielfach markanten siedlungsräumlichen Randlage orthodoxer Klöster ist weiterhin nicht zu übersehen, dass stadtähnliche Großanlagen wie manche Athos-Klöster (Megiste Laura und Batopedi) auch eine beträchtliche ständige Laienbevölkerung einschließen.

Die wirtschaftliche Blüte der spätbyzantinischen Zeit kommt z.B. in der Herbstmesse von Thessaloníki, dem Textilgewerbe von Theben und Pátras, der Glas- und Keramikproduktion Korinths sowie den Maulbeerbaumkulturen des Peloponnes zum Ausdruck.

Das Eindringen Venedigs sowie die Zeiten der fränkischen, d.h. westlich-katholischen Fremdherrschaften (1204–1453) lassen jedoch auch diese Entwicklung wieder abbrechen

Abb. 2.5:
Athos-Kloster Simonos Petra mit terrassierten Anbauflächen 1744
Quelle: KODER 1995 a, Abb. 3

(OSTROGORSKY 1965). Mit einem Netz von Siedlungen in strategisch günstiger Lage fasst die Lagunenstadt auf den Ionischen Inseln (Korfu, Kefallinía, Zákinthos), auf dem Peloponnes (Koróni, Methóni, Náfplion [Napoli di Romania] u.a.) und den Ägäischen Inseln (Kíthira, Euböa, Kykladen, Kreta, Rhódos, Límnos u.a.) Fuß; Chíos, Sámos und Lésbos fallen an Genua. Die Aufteilung Euböas auf drei lombardische Adelsfamilien („Terzieri") ist infolge einer weitgehenden Übernahme der Raumstrukturen in osmanischer und neugriechischer Zeit noch heute zu erkennen (FISCHER 1981). Die Kreuzfahrer errichten auf dem Festland auf erhöhten Stellen Burgen, indem sie die alten hellenistisch-byzantinischen Kastra umgestalten. So werden die Burgen von Akrokorinth, Argos oder Kalávrita reaktiviert, während das Umland nicht nur wegen der Pestzüge Mitte des 14. Jh., sondern auch wegen plündernder

Räuberbanden und allgemeiner Anarchie am Boden liegt. *„Der ‚Schwarze Tod' (die Beulenpest) raffte, so schätzt man, im griechischen Raum die Hälfte der Stadtbewohner und ein Drittel der Landbevölkerung hinweg. Die menschen- und arbeitsintensive Landwirtschaft kam völlig zum Erliegen"* (WEITHMANN 1994, S. 91).

Auch das Despotat von Mistras, einer mittelalterlichen Stadt an den Hängen des Taïgetosgebirges oberhalb des alten Sparta, kann unter der Leitung der Paläologen den wirtschaftlichen Niedergang trotz bedeutender philosophischer Blüte unter den Humanisten von Mistras (TSAKONAS 1965) nicht bremsen. Wenngleich der byzantinischen Despotie ein bescheidener militärischer Erfolg gegen die lateinische Fremdherrschaft auf dem Peloponnes gelingt, so handelt es sich doch nur um die Rückgewinnung der formalen Oberhoheit, von der die venezianischen Festungen ohnehin ausgenommen bleiben. Die Auseinandersetzungen mit den fränkischen Herrschaften werden primär aus religiösen Gründen geführt; das byzantinische Despotat verkörpert die Orthodoxie, welche gegen den Katholizismus verteidigt wird.

Auf die siedlungsräumlichen Prozesse und die gleichzeitigen ethnischen Verschiebungen, die aus der allgemeinen Unsicherheit resultieren und sie bedingen, haben die wechselnden Zugehörigkeiten keinen Einfluss. Der kulturlandschaftliche Verlust geht so weit, dass selbst entlang der Hauptschifffahrtsrouten die Besiedlung der kleineren Inseln auf einen einzigen Ort schrumpft, der sich in der Regel in Schutzlage auf einem Berg befindet. Sogar manche große Insel wie Lésbos ist von einer derartigen Regressions- und Konzentrationsphase betroffen, während Chíos mit seinen über 20 Mastixdörfern im südlichen Inselinnern (Mesta, Pirgion, Kalamoti, Olimpi u.a.), die von den Genuesen als Wehrdörfer mit verwinkeltem Grundriss angelegt wurden, dem sonst erkennbaren schrittweisen Niedergang entgeht (KODER 1995 b).

Begünstigt durch den allgemeinen Verfall der staatlichen Macht sowie durch die Bevölkerungsverluste infolge von Kriegen und Seuchen, dringen im 14. und 15. Jh. verschiedene Völker ins heutige Griechenland ein (MAZAL 1997, WEITHMANN 1994). Zahlenmäßig an erster Stelle stehen die Albaner, die über Epirus, Thessalien, Akarnanien und Ätolien nach Böotien und Attika vorstoßen. Sie siedeln auch auf dem Peloponnes und auf Euböa, sodass fast der gesamte festländische Bereich zu ihrem Siedlungsraum zählt. Die Übernahme des orthodoxen Bekenntnisses rückt sie trotz eigener Sprache in die Nähe der Griechen und erleichtert die Assimilation, die vollständig allerdings erst in unserem Jahrhundert erfolgt. Die Aromunen stammen aus der romanischen Walachei (Rumänien) und werden daher auch als Vlachen bezeichnet. Ihr Lebens- und Wirtschaftsraum sind die Bergländer des Pindos in Epirus, Mazedonien, Thessalien und Böotien, in denen sie als Wanderhirten, später auch als Händler tätig sind. Wie die Albaner haben auch sie ein orthodoxes Bekenntnis; nur an wenigen Stellen – z.B. um Métsovon in Epirus – werden ihre Sprache und ihre Volkskultur heute noch gepflegt.

Vom Nabel der Welt zum Ende der Welt

Funktional sinkt Athen, die einst blühende Metropole, in byzantinischer Zeit in die Bedeutungslosigkeit herab. Mehrfache Bedeutungsverschiebungen, die wiederholte Zuwanderung fremder Völker, Naturkatastrophen, Seuchen, Kriege und die Verlagerung der Aktivräume an den Rand der griechischen Welt bzw. nach außerhalb machen die südliche Balkanhalbinsel und die ägäische Inselwelt zu einer Randprovinz – aus der Sicht von Rom, Konstantinopel, Venedig oder Genua. Nur für jeweils kurze Zeit steigen einzelne Plätze wie Mistras, Pátras oder Thessaloníki zur Semi-Peripherie auf; der schrittweise Niedergang seit nachklassischer Zeit ist die räumliche Folge einer diskontinuierlichen, von außen gesteuerten Entwicklung.

Die Zeit der Turkokratie (1453–1821)

Das flächenhafte Reich, das unter JUSTINIAN (um 565) noch fast den gesamten Mittelmeerraum umschließt und unter BASILEIOS II. VON SLOWENIEN bis zur iranischen Grenze reicht, zerfällt in der Zeit der lateinischen Herrschaften (13. Jh.) zusehends. Verschiedene Lehnstaaten (Königreich Thessalonike, Herzogtum Athen, Fürstentum Achaia), das Reich von Epiros und venezianische Besitzungen verdeutlichen die territoriale Zersplitterung, die bis zum 14. Jh. noch zunimmt (OSTROGORSKY 1965, Karten I, IV, VI, VIII).

2.3 Die Zeit der Turkokratie (1453–1821)

Die Zeit der Zugehörigkeit zum Osmanischen Reich trägt die griechische Bezeichnung Turkokratía (Τουρκοκρατία), was Türkenherrschaft bedeutet. Es ist nicht verwunderlich, dass national eingestellte Griechen diesen Begriff abwertend verstehen und bestrebt sind, diese Phase der Geschichte weitestgehend auszublenden. Dieser Grundsatz kann indes für die folgende Darstellung keine Gültigkeit beanspruchen. Es ist vielmehr das Ziel, die raumzeitlichen Wandlungen der osmanischen Epoche nach dem heutigem Forschungsstand zu präsentieren und anhand erhaltener Relikte ihre aktuelle Bedeutung einzuschätzen.

Das Ende des Byzantinischen Reiches

Bereits die zeitliche Abgrenzung erweist sich als problematisch. 1453, das Jahr der Eroberung Konstantinopels durch die osmanischen Truppen unter Sultan MEHMED II., und 1821, das Jahr des griechischen Aufstands und der ersten Verfassung von Epidavros, stehen nur als markante Wendepunkte der historischen Entwicklung. Beiden Zeitmarken gingen lange Entwicklungen des Umbruchs voraus bzw. folgten ihnen. Die Auflösung des Byzantinischen Reiches zog sich in Mittel- und Südgriechenland über viele Jahrzehnte hin; auch Thessalien, Mazedonien und Thrakien, die bereits 1354 erobert waren, bildeten noch lange kein gesichertes osmanisches Territorium. Rivalisierende Ansprüche von Serben, Bulgaren und Venezianern machen die Territorialgeschichte sehr verzwickt. 1397 schien der Sieg der Osmanen nach der Eroberung Athens, der Überschreitung des Isthmus' von Korinth, der Einnahme von Argos und des Peloponnes bereits bevorzustehen, als plötzlich das osmani-

Übersicht 2.4: Das Türkenjoch: Die Ursache aller Übel

Das Türkenjoch: Die Ursache aller Übel?
„Die Türkenherrschaft (Turkokratía), die in Makedonien, im Nordepiros und in Thrakien bis 1912 währte, ist im neugriechischen Nationalbewußtsein von dichten Nebelschwaden aus Mythen, Legenden und nationaler Ideologie umwabert. Auch die neugriechische Historiographie ist davon nicht frei. Vorherrschend ist das Klischee einer fünf Jahrhunderte langen Unterdrückung („Türkenjoch"), die jegliche gesellschaftliche Entwicklung verhindert habe und die rechtlosen Griechen der Willkür säbelschwingender Paschas ausgeliefert habe. Nicht nur in Griechenland, sondern in allen modernen Balkanstaaten werden die heute dort noch grassierenden Übel – Korruption, Nepotismus, Fanatismus, Rückständigkeit und staatliche Inkompetenz – pauschal einfach und allein der Türkenzeit, der sogenannten ‚Zeit der Finsternis' angelastet. Ein billiges Argument, mit dem man eigene Versäumnisse zu kaschieren sucht! Der geschichtlichen Realität entspricht es keineswegs" (WEITHMANN 1994, S. 104).
Untersuchungen zur wirtschaftlichen und demographischen Entwicklung von Ostlokris in osmanischer Zeit (KIEL/SAUERWEIN 1994) lassen auch für diese Epoche prosperierende Phasen erkennen; sie verbieten die pauschale Abwertung, wie sie in dem Begriff Türkenjoch zum Ausdruck kommt (vgl. Abb. 2.10). „Wer sich um historische Objektivität bemüht, muss deshalb stets darauf bedacht sein, sowohl die Dämonisierung als auch die Idealisierung der Osmanenherrschaft zu vermeiden" (TZERMIAS 1993, S. 64).

sche Heer 1402 von den Mongolen vernichtend geschlagen wurde. Von weiteren türkischen Angriffen verschont, entfaltete das byzantinische Mistras wieder neues Leben, politisch und philosophisch blühte das Griechentum kurzzeitig erneut auf. Doch unter MURAD II. erstarkten die Osmanen rasch und brachten Südgriechenland bereits 1423 wieder unter ihre Macht. Thessaloníki übergab sich im gleichen Jahr den Venezianern, die es 1430 an den Sultan verloren. Als schließlich 1453 die Hauptstadt Konstantinopel, der Mittelpunkt der Orthodoxie, fiel, war das Ende des byzantinischen Kaiserreichs gekommen. Neben Athen (1456) und Morea/Mistras (1460) unterlagen auch das serbische Despotat (1459), das bosnische Königreich (1463), die albanischen und die verbliebenen slawischen Völker den übermächtigen Osmanen (OSTROGORSKY 1965), die von nun an für über 300 Jahre die Macht in ihren Händen hielten. Der Fall der Stadt am Bosporus ist für die Griechen *„bis heute ein Trauma geblieben, was sich schon darin äußert, dass die Stadt in jedem griechischen Atlas, in jeder griechischen Publikation, ungeachtet ihres türkischen Namens Istanbul (der im übrigen auch griechische Wurzeln hat), als Konstantinopel erscheint"* (LIENAU 1989a, S. 59).

Das Osmanische Reich

Die Raumwirksamkeit des osmanischen Staates, ein bislang nur in Ansätzen erforschter Komplex, wird in entscheidendem Maße von den Wertvorstellungen der herrschenden Gesellschaft bestimmt. Die Hierarchie der Territorialverwaltung zeigt nur die vordergründig-formale Ordnung; sie reicht von den Großprovinzen (Wilajets) über die Provinzen (Sancaks/Sandschaks) und Gerichtsbezirke (Kaza) bis zu den Kreisen (Nahiye) (MATUZ 1994, S. 95f.). Nach 1460 bestand das heutige Griechenland aus den acht Sancaks Morea (Peloponnes), Egriboz (Euböa und Attika), Tríkala, Ainebahte (Náfpaktos und Akarnanien), Karleli (Ätolien und Südepirus), Ioánnina, Selanik (Thessaloníki), Kavála und Ägäis (WEITHMANN 1994). Auch der daneben und ergänzend bestehende religiöse Verwaltungsapparat, der von islamischen Theologen (Ulemas) geleitet wurde – sie fungierten vielfach als Vorsteher (Kadi) eines Gerichtsbezirks –, erklärt nicht die spezifischen, kulturlandschaftsrelevanten Entwicklungen.

Die prinzipiellen Unterschiede zu früheren und späteren Systemen sind dagegen im Timarsystem (MATUZ 1994) fassbar, mit dem die Verteilung der landwirtschaftlichen Flächen geregelt ist. Der Begriff führt in direkter Linie zum osmanischen Pfründenfeudalismus, der den Inhabern ursprünglich lediglich die Nutznießung des Bodens, nicht seinen Besitz zugestand. Die Reiter des Provinzialaufgebots, sog. Spahis, wurden als Lohn für ihre Dienste mit Kleinpfründen (Timar) bedacht; im Vergleich zum mittel- und westeuropäischen Lehensfeudalismus, bei dem die Bodenbindung der Bauern bis zur Leibeigenschaft reichte, waren die osmanischen Bauern bis ins 16. Jh. gut gestellt. Als Kennzeichen des Pfründen- oder Präbendalfeudalismus gelten, dass einerseits die Bauern nicht personenrechtlich abhängig sind und andererseits die Feudalherren keine ständischen Privilegien genießen, sie besitzen die Pfründen auf Widerruf.

Solange das Osmanische Reich bis zur Ära SÜLEYMANS DES PRÄCHTIGEN (1520–1566) territorial expandierte, war dieses System effektiv. Die maßvolle und streng überwachte Abgabenpflicht erhielt das Interesse der Kleinpfründner (Timarioten) an der Bearbeitung des Bodens. Erst als die Eroberungen ausblieben und sogar Flächenverluste zu beklagen waren, zeigten sich die Grenzen des Systems. Durch Misswirtschaft, Bestechung, Ämterkauf und hohe Abgabenlast wandelte sich das einst wirkungsvolle System in der osmanischen Spätzeit zur Geißel der Landbevölkerung.

Das Nebeneinander der Religionen im Milletsystem

Eine andere Norm gibt das Milletsystem vor; der Name Millet ist ein Sammelbegriff für nichtmuslimische Religionsgemeinschaften. Hierzu gehören natürlich alle orthodoxen Chris-

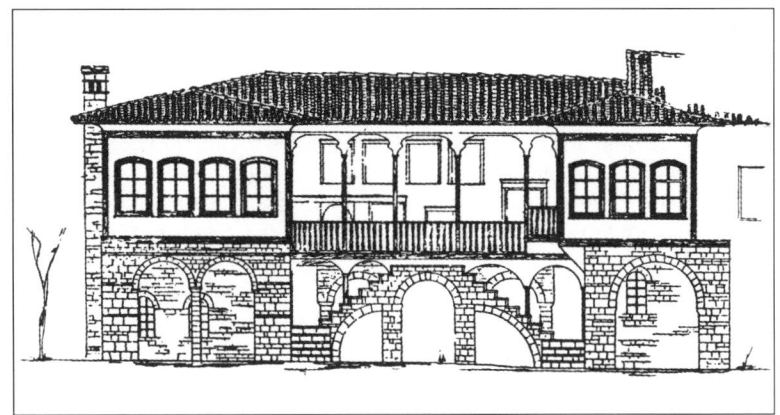

Abb. 2.6:
Archontenhaus vom Beginn des 19. Jh. aus Ioánnina
Quelle:
ROGOTI-KIRIOPOULOU 1988, S. 28

ten, denen im Rahmen dieses Systems das Recht zustand, die inneren Angelegenheiten intern zu regeln. Die eigenständige Existenz der griechischen Christen war damit zumindest grundsätzlich gesichert. Das griechische Patriarchat konnte sogar die Leitung über die bulgarische, serbische und rumänische Nationalkirche durchsetzen; die Gräzisierung der balkanischen Oberschichten kommt in der griechischen „*Kulturhoheit*" (WEITHMANN 1994, S. 107) dieser Länder zum Ausdruck. Andererseits zählten die Griechen aber zur Gruppe der steuerpflichtigen Untertanen (türk.: rayah, d.h. Herde), die aus Bauern, Handwerkern und Händlern aller Konfessionen bestand; dass in spätosmanischer Zeit nur nichtmuslimische Untertanen als Rayah bezeichnet wurden, musste auf die Betroffenen diskriminierend wirken.

Die vielfach betonte, privilegierte Sonderstellung der Griechen im Osmanischen Reich bezieht sich nur auf bestimmte gesellschaftliche Gruppen. Zu ihnen zählen die Fanarioten (nach ihrem Wohnort, dem noblen Istanbuler Stadtteil Fanar/Fener, benannt), eine Gruppe privilegierter Reicher, die in den Dienst der Hohen Pforte, d.h. des Sultans, getreten sind und als Steuer- und Zollpächter zur Geldaristokratie zählen (TSAKONAS 1965); dank ihrer Finanzen können sie sich als Mäzene und Stifter griechischer Schulen hervortun und sich als Bewahrer des Griechentums feiern lassen. Eine andere Gruppe bilden die griechischen, jüdischen und armenischen Kaufmannsfamilien (PANOVA 1997), die den Binnen- und Außenhandel kontrollieren. Auch sie nehmen eine Sonderstellung ein, wenngleich sie allein auf ihrer exponierten Tätigkeit beruht. Dank ihrer Finanzkraft ist die Raumwirksamkeit dieser Gruppe noch heute sichtbar – z.B. in den architektonisch auffallenden, nur z.T. restaurierten Archontenhäusern des Ossa-, Pilion- und Pindosgebirges oder der Insel Idra (Hydra).

Freidörfer – Lebensräume im Gebirge

Die einfache griechische Landbevölkerung genoss die Privilegien der Fanarioten nicht. Sie war kopfsteuerpflichtig, litt unter der türkisch-osmanischen Verwaltung in den agrarischen Gunstgebieten der großen Becken (besonders in Thessalien und Makedonien); daher flüchteten sie wenn möglich in die unwegsamen, klimatisch und edaphisch benachteiligten Bergländer. Im Zagoriágebirge des nördlichen Pindos, am Rande des Pilion- und Ossagebirges Thessaliens entstanden Freidörfer (ελευθεροχωρία), die der bedrängten Volksgruppe eine Nischenexistenz ermöglichten.

Ein Musterbeispiel hierfür ist das thessalische Dorf Ambelákia, oberhalb des Tempetals an der Flanke des Ossagebirges gelegen (RIEDL 1981a). Seit der türkischen Eroberung ist hier der sozialgeographische Gegensatz zwischen präbendalfeudalistischer Gutswirtschaft (Çiftlik) der Osmanen in den Ebenen und kleinlandwirtschaftlich-gewerblicher Nutzung der Griechen im Bergland ausgebildet. Seine naturräumliche Lage an der Grenze der eumediterranen Region (mit zur Macchie degradierten Steineichenwäldern) zur submediterranen Höhenstufe (mit degradiertem Kermeseichen- und Hainbuchenwald) (vgl. Kap. 4.5) lässt bereits erkennen, dass hier ein Standort zweiter Wahl besetzt wurde. Wie in den anderen Gebirgsranddörfern des Ossagebirges befinden sich auch in Ambelákia die kleinparzellierten Ackerflächen in der eumediterranen Zone unterhalb des Dorfes, während die höher gelegenen Flächen von der Weide- und Sammelwirtschaft genutzt werden. Der Status eines Freidorfes, das dem Zugriff der osmanischen Finanzverwaltung weitestgehend entzogen war, wurde mit den schwierigen Lebensbedingungen im Gebirge erkauft. In den ersten Generationen nach der Gründung (im 15. Jh.) gehörte die verminderte materielle Lebensqualität zu den unausweichlichen Konsequenzen dieser Standortentscheidung.

Erst die schwerpunktmäßige gewerbliche Tätigkeit führte zu wirtschaftlicher Prosperität, die im 18. und zu Beginn des 19. Jh. ihren Höhepunkt erreichte (HÖPER 1984). Das Dorf bildet in dieser Zeit den Mittelpunkt einer Genossenschaft (κοινή συντροφιά, d.h. gemeinsame Compagnie), deren über 6000 Mitglieder auf rund 20 Dörfer im Ossa- und Piliongebirge verteilt sind (RIEDL 1981a). Diese haben sich auf die Färbung und den Handel von Baumwollgarn spezialisiert. Allein die 24 Färbereien von Ambelákia hatten in ihrer Blütezeit einen jährlichen Durchsatz von 2500 Ballen Baumwollgarn à 100 kg. Der Handel hiermit galt nicht nur dem Osmanischen Reich, sondern erreichte auch Russland, Österreich-Ungarn, Deutschland, die Niederlande, Frankreich und England. Allein im deutschsprachigen Raum hatte die Compagnie Filialen in Wien, Ansbach, Bayreuth, Dresden, Leipzig und Hamburg.

Die außergewöhnliche Wirtschaftskraft verdankt der Ort, der um 1780 rund 4000 Erwerbstätige beherbergt (1971: 678 Ew.), nur in der Anfangsphase der findigen Nutzung des endogenen Potenzials. *„Für die Färbung des roten Garnes wurde der Krapp (Rubia tinctorum) verwendet, dessen Bestände heute noch in den Ecken der Hausgärten in verwilderter Form anzutreffen sind. Manchmal werden heute Stiegenaufgänge damit noch rot gefärbt"* (RIEDL 1981a, S. 135). Wichtiger sind die organisatorischen Leistungen der Ambelakier; sie fassten die menschliche Arbeitskraft in einer Genossenschaft zusammen, die neben ökonomischen auch soziale und kulturelle Belange verfolgte, und koordinierten den Verkauf.

Die gewerbliche Überprägung findet in der Hausbauweise einen deutlichen Niederschlag. Die heute vielfach verfallenen Gewerbebürgerhäuser weichen in Grund- und Aufriss von landwirtschaftlichen Anwesen deutlich ab. Das nur von kleinen Fensterdurchbrüchen gestaltete, manchmal völlig ungegliederte Untergeschoss, das aus Bruchsteinen errichtet ist, diente gewerblichen Zwecken. Das Obergeschoss mit den Wohnräumen setzt sich durch vorkragende Erker und gefällige Gestaltung hiervon ab. Am deutlichsten fällt dies bei den Häusern einflussreicher Persönlichkeiten ins Auge. Sie ähneln in der Ansicht durchaus dem Archontenhaus von Ioánnina (Abb. 2.6), unterscheiden sich aber im Detail sehr wohl. Beispiel eines sehr gut erhaltenen Geschäftshauses ist das Gebäude des GEORG MAVROS/SCHWARZ, dem Leiter der Niederlassung in Wien. Auch hier ist das aus Bruchsteinen gemauerte Untergeschoss nach außen hin geschlossen, die kleinen Fensteröffnungen sind vergittert; hinter ihnen wurde produziert und gelagert. Die beiden Obergeschosse sind in Stein- und Fachwerkbauweise errichtet; schwibbogenartig angesetzte Erker lockern die Fassade auf. Die prachtvoll ausgestalteten Räume mit bunten Glasfenstern, geschnitzten Zimmerdecken und Wandmalereien mit Motiven aus der Welt der Kaufleute – das Gebäude ist zum Museum ausgebaut – dienten dem Empfang und der Beherbergung von Gästen und Geschäftspartnern sowie der eigenen Familie.

Das Ende der Genossenschaft fällt ins Jahr 1811, also noch in osmanische Zeit, die hier bis 1881 dauerte. Auslösendes Moment war der Konkurs einer österreichischen Bank, bei der die Compagnie einen Großteil ihrer Finanzen angelegt hatte. Betrachtet man jedoch das wirtschaftliche Umfeld der damaligen Zeit genauer, so kommen andere Gründe hinzu. Die sich in West- und Mitteleuropa entfaltende Textilindustrie war der handwerklich-gewerblichen Produktion aus Ambelákia auf fremden Märkten überlegen; der Absatz der heimischen Produktion im Osmanischen Reich wurde durch die Kapitulationen massiv eingeschränkt. Hierbei handelt es sich um Verträge, die seit dem 16. Jh. mit ausländischen Mächten abgeschlossen wurden und diesen Handelsprivilegien einräumten. Insbesondere die industrielle Massenproduktion von Textilien aus England wirkte sich vernichtend auf das heimische Gewerbe des Osmanischen Reiches aus.

Dass es die Bewohner der griechischen Freidörfer verstanden, das begrenzte und zuvor als minderwertig angesehene ökologische Potenzial der Gebirgsräume zu nutzen, zeigen auch andere Beispiele. Im Piliongebirge, das die Halbinsel Magnísia durchzieht, blühte in den Bergdörfern (Makrinitsa, Zagora, Tsangarada, Visitsa oder Trikerion an der Einfahrt in den Pagassitischen Golf) die Seidenweberei und der -handel auf der Grundlage von Maulbeerbaumkulturen. Auch hier künden Gewerbebürger- und Archontenhäuser von dem Fleiß der Einwohner. Als Spezialität kommt noch die Verwertung von Baumfrüchten (hauptsächlich Äpfel, Kirschen, Feigen und Quitten, aber auch Kastanien und Walnüsse) und Honig hinzu. Das stets begrenzte Potenzial der Nischenwirtschaft bedingt ein von Ort zu Ort wechselndes Profil der gewerblichen Produktion. Die heute nur noch teilweise genutzten terrassierten Anbauflächen im Umkreis der Piliondörfer belegen ganz augenscheinlich die intensive historische Nutzung und Besiedlung der Gebirge.

In Gebirgsdörfern, die – wie z.B. auf dem Peloponnes (SAUERWEIN 1969) – keine außerlandwirtschaftliche Einkommensmöglichkeit besaßen, war dagegen nur ein bescheidenes Leben möglich. Weiterhin ist zu bedenken, dass eine Flucht in die Berge nur an jenen Stellen möglich war, wo diese Räume nicht bereits vorher (z.B. durch albanische, aromunische oder sarakatsanische Hirten, aber auch durch Klöster mit zugehörigen landwirtschaftlichen Betrieben) besetzt waren. Der ostthessalische Gebirgszug (Ossa, Mavrovouni, Pilion) bildet mit seinen wenig geeigneten Weidearealen den Sonderfall einer fast konfliktfreien griechischen Siedlungszone der osmanischen Zeit (HÖPER 1984).

Ein drittes Beispiel sind die sog. Zagoriádörfer des nördlichen Epirus. Es handelt sich um ein entlegenes, auch heute nur durch eine Stichstraße zu erreichendes Gebiet zwischen dem Mitsikeligebirge (bei Ioánnina) und dem Massiv des Timfi (2 497 m). Wie in eine natürliche Festung zogen sich griechische und slawische (christliche) Bevölkerungsgruppen in den Gebirgsraum zurück, dessen Einwohnerzahlen in osmanischer Zeit deutlich ansteigen; von den 60 Dörfern, die für 1678 belegt sind, bestehen in der Mitte des 19. Jh. noch 46 und in der Gegenwart 45 (STAMATOPOULOU 1988, S. 12). Wohl der bekannteste Ort ist Monodendrion am Rande der Vikos-Schlucht.

Die Verwendung des heimischen Schiefers als Baumaterial für die Außenwände der Häuser, für Dächer, Umfassungsmauern und innerörtliche Wege gibt der Siedlungsregion auf den ersten Blick einen uniformen, grauen Ausdruck. Hinter der Gleichartigkeit des Baumaterials verbergen sich jedoch wichtige architektonische und funktionale Unterschiede. Die Quelle des wirtschaftlichen Wohlstands bildet der Fernhandel. Er besetzt das Untergeschoss, das infolge des bewegten Reliefs i.d.R. nur auf der hangabwärtigen Seite ausgebildet ist. Darüber liegen die reich ausgeschmückten Wohnräume mit verzierten Stützsäulen, bemalten Wänden, kunstreichen Holzdecken und u.U. einem vorkragenden Erker (Abb. 2.7). Die bäuerliche Bevölkerung sowie die als Schutztruppe in Dienst genommenen

Abb. 2.7: Gewerbebürgerhaus des Zagoriágebirges
Quelle: STAMATOPOULOU 1988, S. 26

Arvaniten und Soulioten bewohnen wesentlich einfachere Quartiere. Die marginalen, wenig beständigen Siedlungen der Zigeuner sowie der Aromunen und Sarakatsanen, die Wanderweidewirtschaft betreiben, sind heute nicht mehr zu erkennen.

Weitere Formen der Nischenwirtschaft stellen die Pelz- und Lederverarbeitung von Kastoría und Siátista (beide in Westmazedonien), der Bergbau auf Chalkidikí, der Mastix-Anbau auf Chíos und der Seehandel dar. Letzterer steht in der Ägäis bei oft ungeklärter Seehoheit (Venezianer, Osmanen, Genuesen, Piraten [VASDRAVELLIS 1970], in spätosmanischer Zeit auch Franzosen, Russen, Engländer) auf besonders tönernen Füßen. So erlebte der Seehandel der Inselbewohner von Spetsä und Idra (Υδρα, Hydra) zu Beginn des 19. Jh. infolge der britischen Blockadepolitik im Napoleonischen Krieg einen boomartigen Anstieg (LIENAU 1989a, S. 62). Dieser kommt u.a. im Bevölkerungswachstum Idras (1813: rd. 22 000 Ew., 1828: rd. 28 000 Ew.) zum Ausdruck, findet aber nach wenigen Jahren bei veränderten Machtkonstellationen sein jähes Ende: Nun boomt Ermoúpolis auf Síros, das ebenfalls nur einige Jahre seine Spitzenposition halten kann.

Es käme einer unrealistischen Raumeinschätzung gleich, die gewerbeorientierten Freidörfer der Insel- und Gebirgsländer als tragende Säulen der Wirtschafts- und Siedlungsstruktur des Landes einzustufen. Gleichwohl spielen sie für die Erhaltung und Pflege der griechisch-orthodoxen Kultur- und Geisteswelt eine wichtige Rolle. Der Rückzug in die Gebirge und auf die Inseln schafft einer kleinen Bevölkerungsgruppe die Möglichkeit zur eigenständigen, akkulturationsfreien Entwicklung im Osmanischen Reich. Die Mehrzahl der Griechen war dagegen in die osmanisch-islamische Alltagswelt mehr oder weniger gut eingegliedert. Die Maultiertreiber, Köhler, Harzzapfer (ρετσινάδες) oder Erntearbeiter hatten zumindest periodisch Kontakt mit den Bewohnern der Ebene, wenngleich sie zumeist am Gebirgsrand lebten. Der zentrale Lebensraum dieser systemtragenden Bevölkerungsgruppen in den Städten und Dörfern der Ebenen und Becken steht daher im Mittelpunkt der folgenden Ausführungen.

Tiefländer und Becken – politische und wirtschaftliche Zentren

Das generelle Vordringen osmanischer Bevölkerungsgruppen steht für diese zentralen Lebensräume außer Frage. Mit welchen räumlichen Verteilungsmustern und raumwirksamen Aktivitäten jedoch im Einzelnen zu rechnen ist, zeigt erst die regionale und lokale Analyse. Aus den unterschiedlich zuverlässigen Bevölkerungszählungen geht ein stark schwankender Anteil der Muslime hervor (WEITHMANN 1994). Auf dem Peloponnes liegen die Werte zwischen 2% (1530), 16% (1680) und 11% (18. Jh.); Kriege, Seuchen, Ansiedlungen neuer Volksgruppen (z.B. Albaner), aber auch Ungenauigkeiten bei der Erhebung erklären den auffallenden Wechsel. In Thessalien, Mazedonien (Provinz Saloniki: 42% im 19. Jh.) und Thrakien werden deutlich höhere Anteile erreicht. Kleinräumig kommen jedoch auch hier erhebliche Abweichungen vor, z.B. in Tírnavos und Vólos (christliche Dominanz) oder Thessaloníki (jüdische Dominanz).

Die Zeit der Turkokratie (1453–1821)

Zur Rekonstruktion der osmanischen Siedlungsgenese ist die in Mitteleuropa so erfolgreiche Methode der Ortsnamentypologie nicht anwendbar. Slawische, türkische oder griechische Toponyme lassen weder den unmittelbaren Schluss auf die siedlungsgründende Ethnie noch auf eine Phase der Kulturlandschaftsentwicklung zu, da die Wiederbesetzung alter Dorfstellen und Umbenennungen nicht selten sind. Dies wird z.B. aus venezianischen Aufzeichnungen deutlich, in denen sprachunkundige Schreiber aus dem Ortsnamen Vlachiótis Villachiotti machen (SAUERWEIN 1969, S. 239). Die bereits in Kapitel 2.1 und 2.2 erkannten Kontinuitätsabbrüche gelten auch für diese Phase.

Einen Eindruck vom äußeren Bild der Städte vermitteln zeitgenössische Darstellungen. Der Kupferstich von JOHN GRIFFIER „Misithra olim Lacedimon" von 1680 (Gennadios-Bibliothek Athen; abgebildet in GEORGIADIS 1989, S. 98 und WEITHMANN 1994, S. 119) zeigt Mistras als islamische Stadt mit zahlreichen Minaretts und einer Zitadelle auf einer Bergkuppe. Aus den Beschreibungen europäischer Forschungsreisender (TSIGAKOU 1982) ist die weite Verbreitung dieser Formalkennzeichen ableitbar. Noch klarer werden die räumlichen Besonderheiten aus dem rekonstruierten Plan der thessalischen Stadt Lárisa (Abb. 2.8). Der kompakte Baukörper ist in der Mitte des 19. Jh. bereits weitgehend von geradlinigen, durchgehenden Straßen erschlossen; es bestehen nur noch wenige verwinkelte Neben-

Abb. 2.8: Lárisa um die Mitte des 19. Jh.
Quelle: HÖPER 1984, S. 84

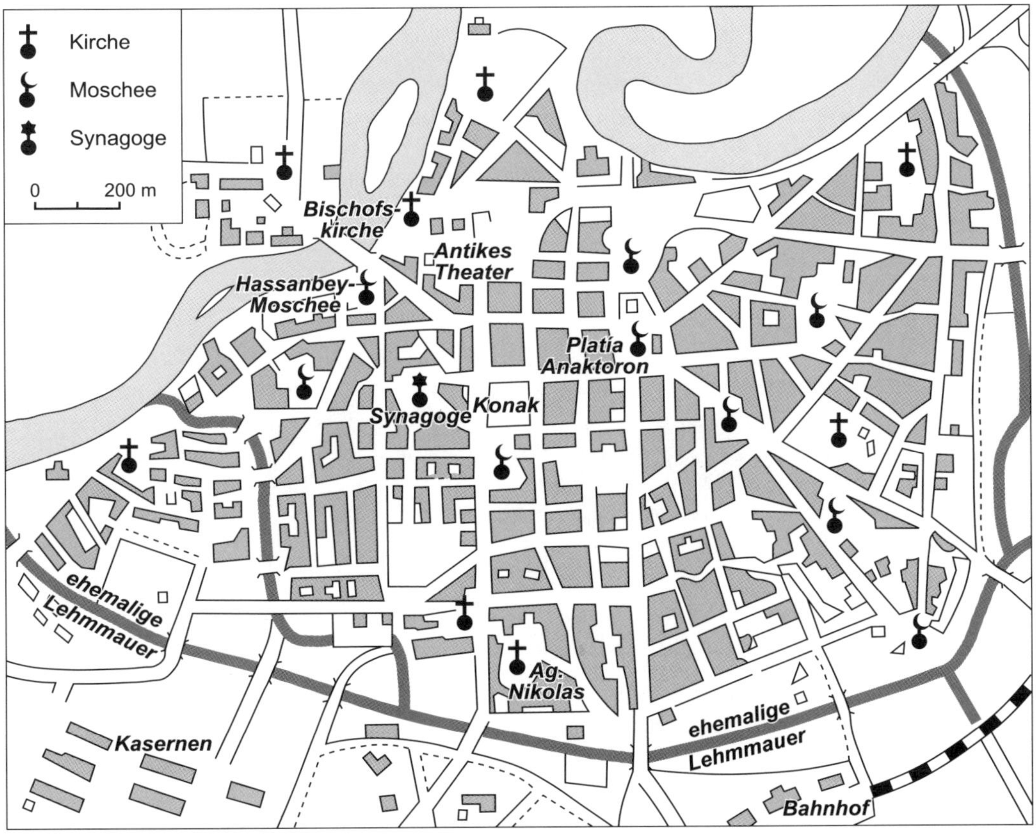

wege und Sackgassen. Die für orientalische Städte typische Differenzierung in ethnisch-religiöse Viertel (muslimisch, christlich, jüdisch) ist nur mit aller Vorsicht aus der Verteilung der Gotteshäuser abzuleiten. (In den thrakischen Städten mit türkischen Wohnvierteln ist dies heute noch zu erkennen [vgl. Kap. 8.1.2, HAVERSATH 1997].) Die Yeneshir (Neustadt) genannte Metropole Thessaliens bildete den administrativen und militärischen Mittelpunkt der Region (HÖPER 1984, S. 79). Ein weiteres Kennzeichen ist der nach Branchen sortierte Bazar, auf den z.B. der überdachte Markt (Bezesteni) von Thessaloníki zurückgeht.

Städtisches Leben
Das ethnische, religiöse und soziale Gemisch, das durch das Milletsystem gefördert wurde und als Grundlage der Viertelsbildung anzusehen ist, kommt in einem Gemälde des Engländers DODWELL (um 1800) klar zum Ausdruck; er stellt eine Szene aus einer Athener Bazarstraße dar, in der Griechen, Türken und Albaner an ihrer Bekleidung zu erkennen sind (LIENAU 1987 b).

Einen anschaulichen Einblick in das städtische Leben der osmanischen Zeit bietet auch der sog. Moscheekomplex (Abb. 2.9), wie er z.B. in Rhódos, Komotiní und Kavála noch weitestgehend, in Arta, Véria oder Réthimnon nur in Resten erhalten ist. Neben dem Gebetshaus mit zugehörigem Reinigungsbrunnen bilden eine Gemeindeküche (Imaret), ein Bad (Hamam), eine Herberge (Han) und eine Koranschule (Medrese) die Anlage. In vielen Städten ist die Hauptmoschee eine umgestaltete christliche Kirche, die baulich und ornamental an die islamischen Bedürfnisse angepasst wurde.

Diese Entwicklung ist auf Kreta besonders gut nachweisbar, weil die Insel erst 1669 nach 22-jähriger Belagerung ihrer Hauptstadt Iráklion an die Osmanen kam, die bis 1889 die Oberhoheit behielten (BEUERMANN 1987). Aus der Gegenüberstellung zweier historischer Karten, der Darstellung WERDMÜLLERS von 1668 und einem Plan der britischen Admiralität von 1843 (KILADI/KOULVAKIS 1994), geht der Wandel von der venezianischen zur osmanischen Stadt hervor: Die Kirchen werden durch Moscheen ersetzt, die Straßenführung wird durch Überbauung

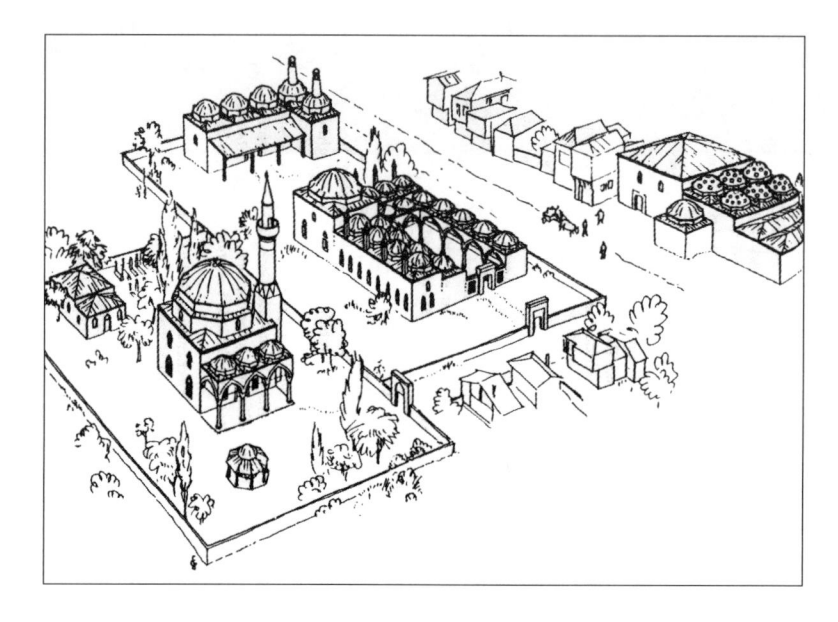

Abb. 2.9:
Rekonstruierter Moscheekomplex des 16. Jh. aus Arta (Südepirus)
Quelle:
WEITHMANN 1994, S. 116

Die Zeit der Turkokratie (1453–1821)

Der ländliche Raum – eine Neubewertung nach schriftlichen Quellen

Den wissenschaftlich wenig erforschten Verhältnissen im ländlichen Raum widmen sich KIEL und SAUERWEIN (1994). Ihre Studien zu Ostlokris (zwischen Lamía und Theben) führen zu völlig neuen Erkenntnissen und zu einer Revision des Stereotyps über die Turkokratía. Die systematische Auswertung der osmanischen Steuerregister erlaubt sehr präzise Aussagen. Die gebirgige Landschaft von Ostlokris war im Gegensatz zu den fruchtbaren Becken und Ebenen stets abgeschieden und unzugänglich. Sie zeigt daher ein großes raumstrukturelles Beharrungsvermögen; zusätzlich erweitert sie das bislang entwickelte Bild der Gebirgsregionen.

Das älteste Register (1466) unterscheidet griechische Dörfer und albanische Katuns, das sind semipermanente Hirtensiedlungen. Die ackerbäuerlichen Dörfer der Griechen haben durchschnittlich 62 Haushalte und beherbergen 56 % der Bevölkerung, in den Katuns mit durchschnittlich 25 Haushalten leben 44 %. Es ist ebenfalls nachweisbar, dass die

Abb. 2.10: Siedlungen in Ostlokris 1466–1642
Quelle: KIEL/SAUERWEIN 1994, Abb. 2, 3, 5–7

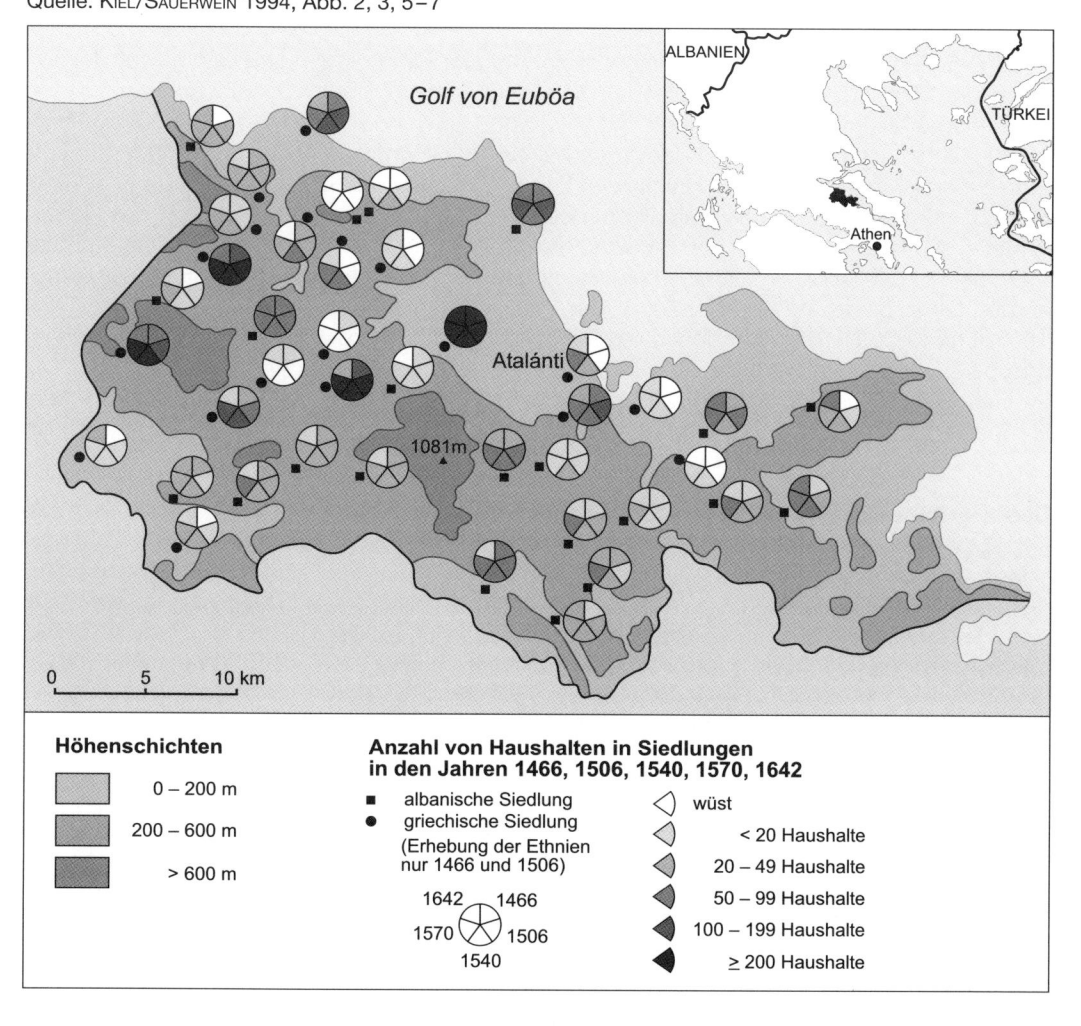

albanische Kolonisation in die Zeit von 1380 bis 1420 fällt und das Ziel hat, die enormen Bevölkerungsverluste durch Kriege und Seuchen in spätbyzantinischer Zeit wettzumachen. Die positive demographische Entwicklung der frühen Turkokratía hält auch in den weiteren Registern bis 1570 an. 13 Neugründungen bis 1540 unterstreichen das Wachstum. Gerade die griechischen Orte verdoppeln fast ihre Einwohnerzahl, da in der Pax Ottomanica die Leibeigenschaft der Frankenzeit aufgehoben und die unsicheren politischen Verhältnisse überwunden werden. Eine Flucht der Griechen ins Gebirge gibt es hier nicht.

Zwischen 1570 und 1616 gehen die Einwohnerzahlen in Ostlokris um 30% zurück (Abb. 2.10). Diese Erscheinung deutet auf eine demographische Krise, die von der Mitte des 17. bis zum 19. Jh. andauert. Schrumpfung der Dörfer und der Verlust ganzer Siedlungsplätze kennzeichnen diese Zeit als Wüstungsphase. Sie hat allerdings ihr Pendant in einer dynamischen Entwicklung der Gutswirtschaften (Çiftliks) der fruchtbaren Ebenen. Verarmte und landlose Bauern aus Ostlokris zogen zu diesen Gutsdörfern ab; dieser als Çiftlikisierung bezeichnete Prozess führt zu massiver Bevölkerungszunahme im Tiefland und zur Islamisierung der zuziehenden Gruppen. Die Vorstellung des demographischen und ökonomischen Niedergangs in osmanischer Zeit ist folglich nicht mehr aufrecht zu erhalten (KIEL/SAUERWEIN 1994, SAUERWEIN 1995).

Die Befunde aus Ostlokris stehen nicht allein. Studien zum Peloponnes (MOSER 1980, MOSER-WEITHMANN 1991, WEITHMANN 1991) belegen die wirtschaftliche Dynamik anhand der regen osmanischen Bautätigkeit. Während Pátras mit etwa 5000 Einwohnern um 1690 in der Folgezeit nur wenig wächst und der Mittelwert der Dörfer bei 70–80 Einwohnern liegt – um 1700 beträgt die Einwohnerdichte der gesamten Halbinsel 9 Ew./km² (heute über 50 Ew./km²) (SAUERWEIN 1969, S. 242) –, wird ab 1780 die zentralpeloponnesische Stadt Trípolis, heute Hauptort des Nomos Arkadia, zum administrativen und wirtschaftlichen Zentrum ausgebaut. Es wird eine ummauerte Festung mit Serail, Hauptmoschee, Bazar und verwinkeltem, unregelmäßigem Grundriss angelegt (PETRONOTIS 1986) (Abb. 2.11). Der englische Forschungsreisende LEAKE zählte hier 1805 rund 2500 Häuser, von denen die Mehrheit (etwa 1500) der türkischen Bevölkerungsgruppe zugeschlagen wird; die Einwohnerzahl lag bei etwa 18000 (WEITHMANN 1991, S. 224). Im Freiheitskrieg der 1820er Jahre wurde diese Stadt als Sinnbild der Turkokratía besonders stark zerstört, wie einem Gemälde des Engländers WORDSWORTH von 1842 zu entnehmen ist.

Übersicht 2.5: Landwirtschaft im Wandel: Vom Bauernhof zum Landgut

Landwirtschaft im Wandel: Vom Bauernhof zum Landgut
Çiftliks sind die Zentren der produktiven Landwirtschaft in osmanischer Zeit. Der über Jahrhunderte gebrauchte Begriff hat jedoch im Lauf der Zeit seine Bedeutung gewandelt. Ursprünglich bezeichnet er einen Bauernhof, in spätosmanischer Zeit bedeutet er Landgut und steht gerade für solche Anwesen, die von ehemaligen Pfründen zu privatem Großgrundbesitz wurden (MATUZ 1994). Zentrum des Çiftliks ist das Konak, ein aus Stein in turmartiger Bauweise errichtetes Haupthaus mit Festungscharakter.

Das Erscheinungsbild der zugehörigen Bauernsiedlungen schildert der renommierte Griechenlandforscher ALFRED PHILIPPSON (1864–1953) am Ende des 19. Jh.: „Das Tschiftlik-Dorf (...) wird überragt von dem großen, mehrstöckigen, mehr oder weniger städtisch gebauten Haus des Großgrundbesitzers; bei diesen klobigen Gebäuden fällt der Mangel jeglichen Schmucks, das Fehlen der Gärten, überhaupt jeden ästhetischen Gefühles auf (...). Das Dorf der ehemals hörigen Bauern befindet sich meist in einem gewissen Abstand vom Herrenhaus und besteht aus einer geradlinigen Zeile von ganz gleichen niedrigen Lehmhütten, die nur ein Erdgeschoß haben und mit den Giebelwänden aneinandergebaut sind, unter einem einzigen fortlaufenden Dach; zwei solcher Reihen stoßen in rechtem Winkel zusammen; manchmal auch drei, so daß das Dorf aus einem langen Gebäude zu bestehen scheint, welches in zwei oder drei Flügeln einen großen, viereckigen offenen Platz umgibt" (HÖPER 1984, S. 80).

Die Zeit der Turkokratie (1453–1821) 43

Abb. 2.11: Trípolis (Arkadien) in osmanischer und neugriechischer Zeit
Quelle: PETRONOTIS 1986, S. 15

stark zerstört, wie einem Gemälde des Engländers WORDSWORTH von 1842 zu entnehmen ist. Doch auch an anderen Stellen (z.B. Korinth, Rion/Antírrion, Pílos, Lárisa) ging man gerade in den ersten Jahren nach den Kämpfen wenig zimperlich mit den osmanischen Bauresten um.

Was ist aus osmanischer Zeit geblieben?

Es ist auf Grund der Diskontinuität zwischen osmanischer und neugriechischer Epoche verständlich, dass die einst so bedeutende osmanische Epoche anhand der baulichen Relikte kaum noch zu erkennen ist. Dies gilt vor allem für den Peloponnes, weil hier im Freiheitskrieg türkische Bauwerke gezielt zerstört wurden. In den nordgriechischen Provinzen Epirus und Mazedonien, die erst im 20. Jh. griechisch wurden, begegnet man dagegen noch fast in jeder Stadt den baulichen Monumenten der Osmanen, in Thrakien gehören sie wegen der islamischen Minderheiten zum Alltag. Nur als geübter „Spurenleser" findet man in den Städten und Dörfern Mittel- und Südgriechenlands die Zeugen dieser Epoche; die modernen Reiseführer (vgl. Kap. 7.1.2) weisen nur vereinzelt auf sie hin.

2.4 Die neugriechische Zeit (seit 1821)

Nach vorausgegangenen, niedergeschlagenen Revolten und Aufständen beginnt 1821 der erfolgreiche Freiheitskampf der Griechen, der zu einer sukzessiven Lösung aus dem Osmanischen Reich führt (Abb. 2.12). Die Kampfhandlungen konzentrieren sich auf den Peloponnes, wo viele Siedlungen zerstört werden. Erst der Seesieg vor der messenischen Küste bei Navarino (1827) bringt eine Entscheidung zu Gunsten der Griechen, die von zahlreichen Freiwilligen aus West- und Mitteleuropa, so genannten Philhellenen, unterstützt werden. 1832 bilden der Peloponnes, Mittelgriechenland zwischen dem Ambrakischen Golf und der Maliakischen Bucht (bei Lamía), Euböa, die Kykladen, die Nördlichen Sporaden sowie Kíthira und Antikíthira das neugriechische Territorium, an dessen Spitze König Otto I. von Bayern (1833–1862) steht.

Tausende von Soldaten, Verwaltungsfachleuten und Wissenschaftlern kommen mit dem König ins Land und leiten seine Europäisierung ein (Ruisinger 1997). Ein Anknüpfen an osmanische Traditionen kommt aus mehreren Gründen nicht in Frage.

Abb. 2.12: Territoriale Entwicklung Neugriechenlands

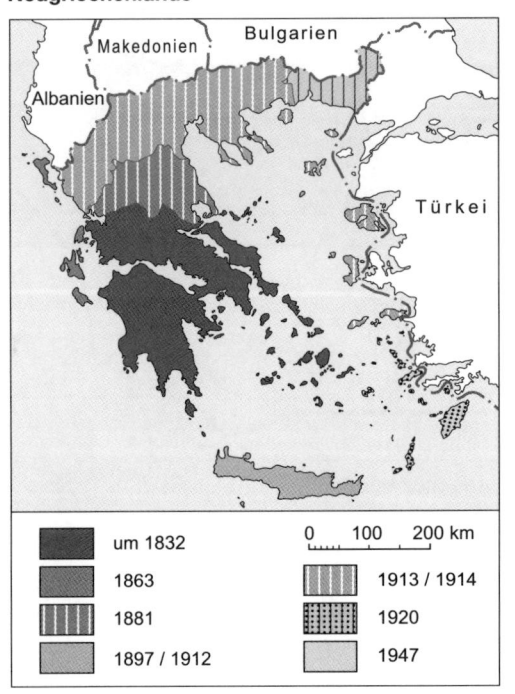

- um 1832
- 1863
- 1881
- 1897 / 1912
- 1913 / 1914
- 1920
- 1947

Athen, die neue Hauptstadt

Bereits 1834 wird Athen – eher aus philhellenischen als aus politischen Erwägungen – zur Hauptstadt bestimmt. Die städtebaulichen Aktivitäten folgen mitteleuropäischen Vorstellungen. Öffentliche Bauten werden in klassizistischem Stil ausgeführt, die Stadtplanung wird von philhellenischem, idealisierendem Gedankengut gelenkt (Kern 1986a). Der erste Stadtentwicklungsplan, eine griechisch-bayerische Coproduktion von Kleanthes und Schaubert (1833), ging noch von der Polarität Akropolis – Schloss (am heutigen Omónia-Platz) aus; seine Revision durch den bayerischen Architekten Leo von Klenze (1834) wurde schließlich im

Die neugriechische Zeit (seit 1821)

Abb. 2.13:
Leo von Klenze (1834): Stadtentwicklungsplan Athen
Quelle:
KERN 1986, S. 68

Wesentlichen umgesetzt (Abb. 2.13). Es ist auf dieses Konzept zurückzuführen, dass das Liniengefüge der türkischen Altstadt (Plaka) im Großen und Ganzen erhalten blieb. Nördlich davon setzt mit der Hermesstraße (Οδος Ερμού) die planmäßige Erweiterung ein; sie hat die Gestalt eines gleichschenkligen Dreiecks, das durch die Straße der Athene (Οδος Αθήνας) geteilt wird. Seine Osthälfte zwischen dem Omónia- und dem Síntagma-Platz (mit Schloss und Parlament) ist besonders regelmäßig ausgebildet. Der Bereich des ganzen Dreiecks bildet die funktionale Keimzelle der heutigen Metropole (HALL 1986).

Im Rahmen seiner Griechenlandstudien beschreibt ALFRED PHILIPPSON am Ende des 19. Jh. die damals 60 Jahre alte Neustadt (BÖHM/MEHMEL 1996, S. 298 ff.): Die Hermesstraße hat sich bereits zur Einkaufsstraße entwickelt, deren Angebot nur im Ostteil hochwertig ist. Weitere Geschäftsstraßen sind die Athena- und die parallele Äolusstraße. Das städtische Kommunikationszentrum mit vielen Cafés ist am Síntagma-Platz, während der heute so laute und quirlige Omónia-Platz als stiller Ort mit wenigen Geschäften beschrieben wird. Die Verbindungsstraßen zwischen beiden Plätzen sind dagegen sehr belebt.

Wiederaufbau auf dem Peloponnes

Den Städten des Peloponnes fehlt der Wachstumsschub der Hauptstadt, doch auch hier wird nach den Zerstörungen des Freiheitskrieges neu gebaut. Trípolis erhält jetzt ein eher geradliniges Straßennetz mit mehreren Plätzen (vgl. Abb. 2.11), die alte Bazarstruktur ist seitdem nicht mehr zu erkennen (BEUERMANN 1957, PETRONOTIS 1986, HAVERSATH 1991); auch der arkadische Bergort Dimitsána wird relativ geräumig wieder aufgebaut. Es ist ein weiteres Kennzeichen der neuen Zeit, dass Gebirgsdörfer, die ehemals Zufluchtstätten vor den Osmanen waren, nun zu schrumpfen beginnen; ein Beispiel hierfür ist Pendavli im Taïgetos (HÖPER 1983), das im 15. Jh. von den Bewohnern Mistras in 700 m ü.N.N. gegründet worden war. Die langsam einsetzende Entleerung der Gebirge führt auch zur allmählichen Erschließung der malariafreien Küstenzone, da im neugriechischen Staat die Piratengefahr gebannt ist.

Zwei Sonderfälle ergänzen die siedlungsräumlichen Prozesse im 19. Jh. Sparta, der Hauptort Lakoniens, wird auf Anweisung der Ratgeber König OTTOS neu gegründet; die Bewohner von Mistras werden deshalb 1834 in die neue Stadt auf dem Gebiet des antiken Sparta umgesiedelt. Der Schachbrettgrundriss der neuen Stadt am Evrótas ist bis heute das herausragende Formalkennzeichen der Siedlung (POTYKA 1981). Delphi, die weltbekannte Orakelstätte der Antike, wird ab 1892 von französischen Archäologen freigelegt. Zu diesem Zweck muss das Dorf Kastrí rund einen Kilometer nach Westen verlagert werden (HÖPER 1983).

Das schrittweise Wachstum des staatlichen Territoriums

In den folgenden Jahrzehnten wächst der neue Staat weiter, indem andere Landschaften aus der osmanischen Erbmasse hinzugewonnen werden (vgl. Abb. 2.12). Zunächst fallen 1863 die Ionischen Inseln an das Königreich, nachdem sie seit 1814 unter britischer Oberhoheit gestanden hatten. 1881 folgen Thessalien und der südliche Epirus. Kreta kommt erst nach langen erbitterten Kämpfen 1912 zum Ägäis-Staat. In Mazedonien, vor allem aber in Thrakien erfolgt die staatliche Zuordnung noch später und erweist sich als sehr problematisch (HAVERSATH 1997). Dass die heutige griechische Nordgrenze eine Linie darstellt, hinter der auch griechische Verluste (so genannter Nordepirus in Südalbanien und Ostthrakien in der europäischen Türkei sowie die Inseln Imvros und Tenedos vor der Einfahrt in die Dardanellen) verborgen sind, geht aus Abbildung 2.12 nicht hervor. Erst nach dem Zweiten Weltkrieg kamen die italienisch verwalteten Inseln des Dodekanes an Griechenland.

Es ist eine Folge des über 100-jährigen territorialen Wachstums, dass die griechischen Kulturlandschaften ein unterschiedliches historisches Erbe einbringen. Der Kontinuitätsabbruch am Ende der Turkokratía erfolgte schrittweise von Süden nach Norden und in uneinheitlicher Form: Wenn er mit militärischen Mitteln durchgesetzt wurde, zielte er auf die rasche Beseitigung bestehender Raumelemente und -strukturen (Strukturbruch); erfolgte dagegen die Loslösung auf diplomatischem Wege, dann bestand in der Regel die Möglichkeit eines gemäßigteren, längerfristigen Übergangs (Strukturwandel). Der neugriechische Staat, die Orthodoxie, die griechische Sprache und Schrift reichen seit dieser Zeit von Korfu bis Kastellórizo (östl. Rhódos) und von Gávdos (südl. von Kreta) bis Orestiás (Thrakien). Der kulturgeographische Wandel mit wiederholten Kontinuitätsabbrüchen ist ebenso wie die räumliche Vielfalt das herausragende Kennzeichen des Landes.

3 Die Bewohner: Ethnien, Verteilung und Raumwirksamkeit

Bei einem Anteil von 98,8 % Griechen an der Landesbevölkerung (1991) erregt ein Kapitel über Ethnien auf den ersten Blick Verwunderung. Begreift man jedoch den heutigen Zustand als das Ergebnis eines Entwicklungsprozesses, wie er in Kapitel 2 skizziert wurde, so wird schon eher verständlich, dass die aktuellen Bevölkerungsdaten bei isolierter Betrachtung nur ein oberflächliches Raumverständnis erlauben. Ein zweiter Aspekt kommt hinzu: Die nichtgriechischen Ethnien machen zwar nur 1,2 % der gesamten Bevölkerung aus, sie leben aber zumeist in einem eng umgrenzten Raum und bilden hier – u.U. bis zur Nomosebene hinauf – die Mehrheit. Zusätzlich spielt die Qualität des Datenmaterials eine Rolle; zum letzten Mal wurde während des Zensus von 1951 die ethnische Zugehörigkeit mit differenzierenden Angaben zu den Minderheiten erhoben (Tab. 3.1). In den späteren Zählungen (2001) taucht dieser Fragenkomplex nicht mehr auf – und die Zahlen der Minderheiten nehmen weiter ab.

3.1 Ethnien und Minderheiten: Alte Probleme – Neue Perspektiven?

Die ideologische Polarisierung auf der südlichen Balkanhalbinsel zwischen 1945 und 1990 tat ein Übriges, um die Minderheiten und ihre grenzübergreifende Problematik zurückzudrängen. Die ethnischen Probleme blieben hinter den politischen und strategischen Fronten zwischen Ost und West, zwischen Warschauer Pakt, NATO und nicht paktgebundenen Staaten verborgen. Erst seit 1990 werden sie allmählich wieder sichtbar.

Bei der Minderheitenproblematik handelt es sich um einen Fragenkomplex, der nur für ausgewählte Räume Griechenlands Relevanz hat. In Süd- und Mittelgriechenland spielt er nahezu keine Rolle, selbst Inselgriechenland weist nur noch wenige Reminiszenzen an das frühere Völkergemisch auf. In Nordgriechenland sind dagegen die verschiedenen Ethnien ein unübersehbarer Teil der Kulturlandschaft, und zwar von Epirus über Mazedonien nach Thrakien mit zunehmender Bedeutung. Die ethnische Vielfalt Thrakiens verleiht der gesamten Provinz ein geradezu multikulturelles Profil.

Thessaloníki, die Kulturhauptstadt Europas für das Jahr 1997, schöpfte gerade aus diesem Repertoire, um ein breites Spektrum aus den Bereichen Literatur, Kunst und Musik zu präsentieren. Griechische, jüdische, slawische und andere Strömungen geben der Kulturszene Nordgriechenlands noch heute eine eigene Prägung.

Die Problematik ethnischer Gruppen spielt auf der gesamten Balkanhalbinsel eine wichtige Rolle (BÖHN/HAVERSATH/SCHÄFER 1995). Im Kontaktbereich von Katholizismus, Orthodoxie und Islam ist nicht nur die alltägliche Lebenswelt der Bewohner in besonderer Weise geprägt, sondern auch das Mit-, Neben- oder Gegeneinander von Staaten folgt weitgehend der kulturräumlichen Zuordnung (NEWIG 1997). Der 1990 einsetzende Zerfall des ehemaligen Jugoslawiens basiert auf ethnisch-kulturellen Differenzen, die in unterschiedlichem Ausmaß für die gesamte Halbinsel Gültigkeit haben.

Tab. 3.1: Muttersprachen in Griechenland 1928–1951 (in %)
Quelle: LIENAU 1989, S. 39

	1928	1940	1951
Griechisch	92,8	92,5	95,6
Türkisch	3,1	3,1	2,1
Pomakisch	0,3	0,2	0,2
Makedoslawisch	1,3	1,2	0,5
Vlachisch	0,3	0,8	0,6
Albanisch	0,3	0,7	0,3
Armenisch	0,5	0,4	0,1
andere	1,2	0,9	0,2

3.1.1 Ethnische Veränderungen bis ca. 1950

Die staatliche Entwicklung Griechenlands geht mit einer ethnischen Gräzisierung einher. Dieser Vorgang zieht sich über Generationen hin und verläuft in unterschiedlichen Formen (kriegerisch-aggressiv bis friedlich-integrativ).

Albaner, Vlachen und Türken

Die schon vor der Turkokratía nach Mittel- und Südgriechenland eingewanderten Albaner (Abb. 3.1) bilden eine Gruppe, die zwar sprachlich bis ins 20. Jh. zu unterscheiden ist, kulturell, religiös und habituell jedoch von den Griechen im Laufe der Zeit assimiliert wird. Die allmähliche Angleichung beider Völker – die Albaner hatten z.B. als orthodoxe Christen den griechischen Freiheitskampf unterstützt – erfolgt durch gegenseitiges Geben und Nehmen (OBERHUMMER 1931, S. 236); so hat beispielsweise die Nationaltracht der Festlandsgriechen,

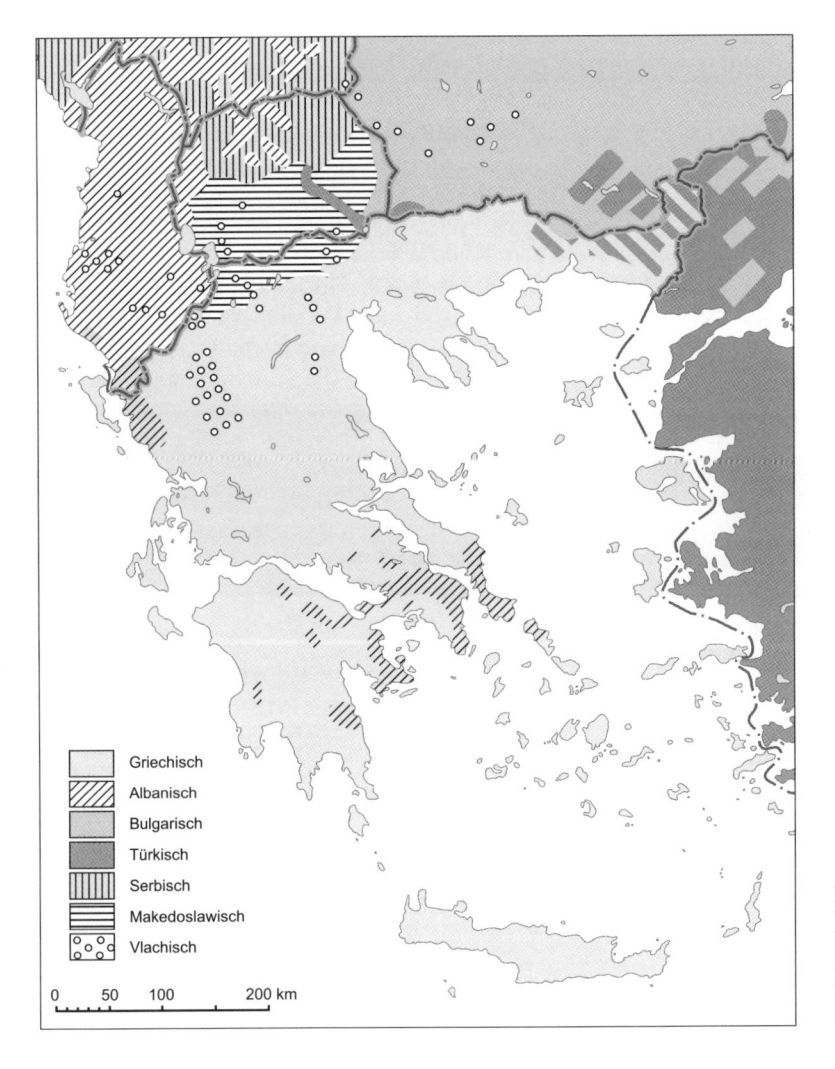

Abb. 3.1:
Sprachen im Ägäisraum um 1930
Quelle:
Naval Intelligence Division 1944, S. 347

die Fustanella, vermutlich albanischen Ursprung. Die bereits im 19. Jh. weit fortgeschrittene Assimilation der albanischen Bevölkerung verbietet es, diese Gruppe zu den Minderheiten zu zählen.

Auch das Verhältnis zu den Türken ist nicht stets und überall von Abgrenzung geprägt. ALFRED PHILIPPSON gibt folgenden Eindruck aus der thessalischen Stadt Fársala wieder, den er während seiner Reise durch Nordgriechenland 1893 gesammelt hatte: *„Im letzteren Städtchen gab es noch eine türkische Gemeinde, sie feierte gerade das Beiram-Fest, und abends war die grosse Moschee festlich illuminiert, in der sonst dunklen Nacht ein zauberhafter Anblick, der fast wie ein Triumph des Islam aussah! Ein Beweis der religiösen Duldsamkeit der Griechen"* (BÖHM/MEHMEL 1996, S. 502). Ob man sich der Interpretation PHILIPPSONS anschließt oder nicht, deutlich wird zumindest soviel, dass auf lokaler Ebene ein Miteinander der Ethnien möglich war.

Die Komplexität der interethnischen Beziehungen ist um noch eine Facette zu erweitern. Nicht nur die albanische Volksgruppe (um 1900 auf dem Peloponnes, in Attika und Böotien, auf Euböa und Andros aus etwa 250000 Mitgliedern bestehend) war seit langer Zeit zweisprachig, sondern auch die romanophone der Vlachen Nordgriechenlands (KAHL 2001). Beide waren aus diesem Grund einem besonders hohen Assimilierungsdruck ausgesetzt. Eine schematische Gleichsetzung von regional begrenzten Sprachen und Minderheiten wird den realen Lebensumständen dieser beiden Gruppen nicht gerecht. Als Ergebnis des Assimilationsprozesses fühlen sich die Vlachen, die überwiegend in Epirus, Thessalien und Makedonien leben, längst als Griechen; gleichwohl haben sie sich ihre vlachische, d.h. aromunische oder sarakatsanische Identität bis in die Gegenwart erhalten.

Nach dem Ersten Weltkrieg: Trennung nach ethnischer Zugehörigkeit

Die Einschnitte des großmaßstäblichen Bevölkerungsaustausches der 1920er Jahre (vgl. S. 49–55) führen allerdings zu einer grundlegenden Änderung, welche in Abbildung 3.1 bereits festgehalten ist. Als ethnische und sprachliche Minderheiten gelten die in Abbildung 3.1 angegebenen Makedoslawen des makedonisch-albanischen Grenzgebiets und die als Türken bezeichneten Bevölkerungsgruppen Thrakiens. Sie sind um die Juden und die Verbände der nicht ortsfesten Zigeuner (Roma) zu ergänzen. Die im Einzelnen sehr verwickelte und längst nicht in allen Aspekten erforschte Entwicklung und räumliche Verbreitung dieser Minderheiten sowie der staatsbildenden Ethnie der Griechen (Tab. 3.2) steht im Mittelpunkt der folgenden Ausführungen.

Griechisch-bulgarischer Bevölkerungsaustausch

Der seit dem 19. Jh. allseits aufkommende bzw. verbreitete Nationalismus stellt Griechenland und seine Nachbarn vor große Probleme. Das Völkergemisch der osmanischen Epoche führt bei nationalstaatlichen Konzeptionen zu vorher unbekannten Konflikten, die ethnisch motivierten Übergriffe nehmen folglich zu. 1913 verlassen z.B. über 15000 Bulgaren die Gegend um Kilkís, im Gegenzug strömen 5000 Griechen aus Bulgarien ins Land. 1916 besetzt Bulgarien Mazedonien und verschleppt rd. 36000 Griechen, von denen 1918 etwa 17000 wieder zurückkehren. Die ererbte ethnische Heterogenität des bulgarisch-griechischen Grenzgebiets ist offenkundig eine denkbar schlechte Voraussetzung zur Erprobung nationalstaatlicher Konzepte.

Das Problem sind dabei keineswegs allein die vielen En- bzw. Exklaven der einzelnen Volksgruppen, welche die nationalstaatliche Grenzziehung erschweren und groß- bzw. kleingriechische oder -bulgarische Lösungen kreieren. Wesentlich gravierender sind die divergierenden Ansichten über das generelle Verbreitungsgebiet der eigenen Ethnie. So

	Mazedonien
1912	10 000 Moslems verlassen das Land
1913	15 000 Bulgaren fliehen aus dem Raum Kilkís
	5 000 Griechen strömen aus Bulgarien ins Land
	5 000 Griechen fliehen aus dem Kaukasus
	5 000 Griechen kommen aus Serbisch-Makedonien
1913–1914	40 000 Griechen werden von den Bulgaren aus Thrakien vertrieben
1914	über 100 000 Moslems siedeln in die Türkei über
	80 000 Griechen kommen aus Ostthrakien und 20 000 aus Kleinasien
1916	36 000 Griechen werden nach Bulgarien verschleppt
1918	17 000 hiervon kehren zurück
1918–1919	etwa 140 000 Griechen aus Mazedonien kehren nach West- und Ostthrakien zurück
1919–1920	55 000 Griechen kommen aus Südrussland und dem Kaukasus
1919	1 000 russische Soldaten erreichen das Land
1919–1924	27 000 Bulgaren folgen dem Bevölkerungsaustausch
1922–1924	über 700 000 Griechen kommen nach der „Kleinasiatischen Katastrophe" aus der Türkei
1923–1924	348 000 Moslems folgen dem griechisch-türkischen Bevölkerungsaustausch und verlassen das Land
	Thrakien
1913	70 000 Griechen werden von Bulgaren aus Thrakien vertrieben
1919	51 000 Griechen kehren zurück
1920–1924	125 000 griechische Flüchtlinge erreichen das Land: 5 000 aus dem Kaukasus, 116 000 aus der Türkei; dazu kommen 4 000 Armenier und Kaukasier
	Ostthrakien
1912	104 000 Moslems fliehen vor der bulgarischen Armee
1913	2 000 Bulgaren werden von der türkischen Armee vertrieben
	49 000 Moslems kommen aus Bulgarien
	47 000 Bulgaren verlassen das Land
1914	115 000 Griechen müssen das Land verlassen
	132 000 Moslems strömen aus Griechenland, Serbien und Bulgarien ins Land
1915–1916	85 000 Griechen und 17 000 Armenier werden vertrieben
1918–1920	133 000 Griechen kommen zurück
1922–1924	186 000 Griechen und 7 000 Armenier werden erneut vertrieben
	70 000 Moslems kehren ins Land zurück

Tab. 3.2: Ausgewählte Wanderungsbewegungen von und nach Mazedonien, Thrakien und Ostthrakien (europäische Türkei) 1912–1924
Quelle: Naval Intelligence Division 1944, S. 351

rechnet beispielsweise der bulgarische Geograph Ischirkoff (1915) einen rund 50 km tief ins heutige Griechenland reichenden Streifen zwischen dem Großen Prespasee und dem Evros zum Verbreitungsgebiet der Bulgaren, das allerdings besonders in Thrakien von türkischem Siedlungsraum zurückgedrängt wird. Der serbische Geograph Cvijić (1913) stuft dagegen – ebenfalls in ethnozentrischer Sichtweise – den Raum zwischen dem Großen Prespasee und Kilkís als makedoslawisches Siedlungsgebiet ein.

Nach den Balkankriegen und dem Ersten Weltkrieg beschreitet man daher bei der Übereinkunft von Neuilly (1919) neue Wege (Naval Intelligence Division 1944, S. 369 ff.). Mit dem bilateralen, freiwilligen Bevölkerungsaustausch der ethnischen, religiösen oder sprachlichen

Minderheiten beider Länder wird ein Weg beschritten, der die leidvollen Erfahrungen aus der Zeit der Staatenbildung beenden soll. Die Freiwilligkeit des Bevölkerungsaustausches gilt jedoch nur für die Anfangsphase. In ihr bemühte sich eine gemeinsame Kommission um eine möglichst konfliktfreie Abwicklung; die Umsiedlung von Bauern erfolgte z.B. bevorzugt nach der Ernte, damit der wirtschaftliche Schaden sich in Grenzen halte. Seit 1923, als bereits aus der Türkei ausgewiesene Griechen ins Land strömten, wird die Situation schwieriger. Man begegnet den Bulgaren feindselig, wenn sie ihre Wohnplätze nicht aufgeben. Durch gewaltsame Übergriffe, Massaker an der Zivilbevölkerung und Bandenunwesen werden beide Volksgruppen derart radikalisiert, dass nun die jeweiligen Minderheiten von der Möglichkeit des „Austauschs" regen Gebrauch machen. Das gemeinsame Bekenntnis beider Völker zur Orthodoxie kann die Gegensätze keineswegs überbrücken, im Gegenteil: Seit 1870 bilden die Bulgaren eine autonome Nationalkirche, die sich vom griechischen Patriarchat gelöst hat. Zwischen Griechen (Patriarchisten) und Bulgaren (Exarchisten) gibt es also auch auf dieser Ebene nur noch eine lose Verbindung (JACOB 1931).

Nachdem bereits vor der Vereinbarung von Neuilly 39 000 Bulgaren Griechenland verlassen hatten, folgen ab 1920 weitere 53 000. Im Gegenzug kommen 46 000 Griechen aus Bulgarien. Die zuvor noch beträchtliche bulgarische Minderheit in Nordgriechenland (1912: 9,9 %) schrumpft hierdurch bis 1926 fast auf die Hälfte (5,1 %). Die grenznahen, gebirgigen ostmazedonischen Regionen des Kerkini- und Falakróngebirges (Rhodopen) in den Nomi Kilkís, Sérres und Dráma sind von diesen Veränderungen am stärksten betroffen.

Siedlungsgeographisch markiert der Abzug der 92 000 Bulgaren aus Mazedonien keineswegs eine Regressionsphase. Die vom Balkan, aus Anatolien und anderen Räumen zuströmenden Griechen (Tab. 3.2) machen die entstandene Bevölkerungslücke mehr als wett. Nur kurzfristig stehen also die bulgarischen Dörfer leer, bevor sie von nachrückenden Griechen in Besitz genommen werden.

Griechisch-türkischer Bevölkerungsaustausch
Mit der schrittweisen Vergrößerung des neugriechischen Staates (vgl. Kap. 2.4) ist ein etappenweiser Abzug der muslimischen Bevölkerung verbunden. Sie strömen als Rückwanderer („Muhacir") vornehmlich nach Westanatolien und in die Maramararegion. Dort forcieren sie in den Küstenebenen, intramontanen Becken und Senken, vor allem aber auf Staatsland zwischen älteren Dörfern die Binnenkolonisation (HÖHFELD 1995, S. 83 ff.). Gleichwohl bleiben in Epirus, Mazedonien und Thrakien auch nach dem Ersten Weltkrieg noch viele Muslime zurück. Auf Druck der siegreichen Türken, die 1922 unter MUSTAFA KEMAL (ATATÜRK), einem Sohn der Stadt Thessaloníki, die griechische Expansion in Kleinasien gestoppt hatten, wird im Friedensvertrag von Lausanne 1923 ein türkisch-griechischer Bevölkerungsaustausch für beide Länder festgelegt. Die Trennung der Völker erfolgt nicht auf sprachlicher, sondern auf konfessioneller Grundlage. Nur die Griechen Istanbuls sind von dem Zwangsaustausch ausgenommen; als Gegenleistung wird auch den muslimischen Gruppen Thrakiens (vgl. Kap. 3.1.2) ein Bleiberecht gewährt.

Die ethnische Vielfalt Nordgriechenlands geht im Gefolge dieses Austausches verloren. Die Zahlen über den Zu- und Abgang (Tab. 3.2 und 3.3) sind umstritten; bei der massenhaften Vertreibung beider Volksgruppen ist das nicht verwunderlich. Nach dem „Desaster von Smyrna" im September 1922 sollen über 800 000 Griechen innerhalb weniger Tage Kleinasien verlassen haben. Griechenland war auf ihre Ankunft nicht vorbereitet, an eine korrekte Erfassung der Flüchtlinge ist nicht zu denken. Nach dem Chaos der ersten Monate gelingt es jedoch bald, die Verteilung der Vertriebenen zu organisieren. Dass Mazedonien die Hauptmasse des Flüchtlingsstroms übernimmt, liegt an den frei gewordenen Kapazitäten dieser Region nach

	Bevölkerung 1920	Bevölkerung 1928	Flüchtlinge 1928	Flüchtlinge (%)
Zentralgriechenland	1136183	1592842	306193	19,0
Thessalien	438408	493213	34659	7,0
Ionische Inseln	198070	213157	3291	1,4
Kykladen	122347	129702	4782	4,0
Peloponnes	934094	1053327	28362	2,7
Mazedonien	1078748	1412477	638253	45,0
Epirus	292954	312634	8179	2,5
Ägäische Inseln	260058	307734	56613	19,0
Kreta	346584	386427	33900	9,0
Thrakien	209443	303171	107607	35,0
Summe	5016889	6204684	1221849	19,7

Tab. 3.3:
Flüchtlingsansiedlungen in den einzelnen Provinzen 1928
Quelle: Naval Intelligence Division 1944, S. 387

der Ausweisung der Muslime; doch auch Zentralgriechenland mit der Hauptstadt Athen und Thrakien müssen einen Großteil der Neuankömmlinge aufnehmen (Tab. 3.3).

Weil dem massiven Zustrom vertriebener Griechen lediglich ein Abzug von weniger als 0,5 Mio. Muslimen gegenüber steht, verändert sich die Bevölkerungsdichte Zentral- und Nordgriechenlands deutlich. Mit Unterstützung des Völkerbunds wird eine Siedlungskommission eingesetzt, unter deren Aufsicht 54 % der Flüchtlinge eine neue Heimat finden.

Trotz lenkender Eingriffe verläuft die Ansetzung der Vertriebenen in den Städten zumeist planlos (SCHULTZE 1934). In Athen und Piräus werden von rd. 300000 Flüchtlingen (PAPENHUSEN 1933, S. 41) nur etwa 50000 von der Kommission in zumeist doppelstöckigen Häusern untergebracht, die anderen leben in selbsterrichteten Notunterkünften, die auf freien Flächen und im Anschluss an bestehende Siedlungskerne gleichsam über Nacht entstehen. Auch in anderen Städten – z.B. in Thessaloníki, Vólos (Néa Ionia), Komotiní und Xánthi – kann nur für einen Teil der Zuwanderer gesorgt werden.

Im ländlichen Raum spielt dagegen die planmäßige Ansiedlung eine wichtige Rolle. In seiner Typologie der ländlichen Siedlungen Griechenlands weist BEUERMANN (1956, S. 282) eigens das Kolonisationsdorf aus und definiert es als planmäßige, schematische Dorfanlage der 1920er Jahre an einem nicht vererbten Siedelplatz. Insgesamt entstehen 432 derartige Siedlungen, die in der Regel bereits an ihrem Ortsnamen zu erkennen sind. Oft wird der Ortsname aus der alten Heimat übernommen und um ein Präfix (Néa, d.h. Neu) erweitert: z.B. Néa Kallikrátia bei Thessaloníki (VIELWEIB 1988, S. 23), Néos Marmarás auf Sithoniá oder Néon Soulion bei Sérres. In manchen Fällen dient auch der Name der Herkunftsregion als neuer Ortsname, z.B. in Kappadokikó bei Karditsa oder in Néa Chíos bei Argos (LEHMANN 1929).

Über die Grundsätze und den Ablauf der ländlichen Kolonisation informiert SCHULTZE (1934) ausführlich. Neben Siedlungen des Néa-Typs, deren Bewohner eine gemeinsame Herkunft haben, gibt es zahlreiche Dörfer mit bunt zusammengewürfelter Bevölkerung. In allen Fällen werden jedoch Gruppensiedlungen errichtet, Einzel- und Streusiedlungen fehlen vollständig. Als Kolonisationsflächen für die Dörfer mit ihren Gemarkungen kommen folgende Gebiete in Frage:

1. von den Muslimen und Bulgaren verlassene Plätze,
2. aufgekaufte, zuvor extensiv genutzte Çiftliks,
3. enteigneter Besitz von Klöstern (Metochien),

Ethnien und Minderheiten: Alte Probleme – Neue Perspektiven? 53

4. große Gemarkungen älterer Dörfer und
5. Ödland (Macchie, Phrygana, Feuchtgebiete).

Die Festlegung des genauen Siedlungsplatzes wird i.d.R. zwischen der Kommission und den Siedlern abgestimmt, nur selten kommt es zu keiner Einigung. „*Östlich von Komotiní z.B. sollte ein Dorf Tichonios an einem bestimmten Platze in seiner neuen Gemarkung angelegt werden – die Kolonisten aber erbauten es an deren nordöstlichem Rande, weil nur dort gutes Wasser vorhanden und Baumaterial leicht zu beschaffen war. So liegt das neue Dorf spiegelbildlich zu dem alten Türkendorf Aratos und wird im Volksmund auch nur Aratos, aber nicht Tichonios benannt*" (SCHULTZE 1934, S. 462). Etwa 5% der ländlichen Wohnplätze werden bis 1927 wieder aufgegeben (BANCO 1976, S. 143).

Für die Wahl der schematischen Ortsanlage, die unter ästhetischem Aspekt vielfach beklagt wurde („*Regelmäßigkeit der Planung bis zur Unerträglichkeit*": PAPENHUSEN 1933,

Abb. 3.2: Flüchtlingssiedlung Néa Chíos
Quelle: LEHMANN 1929, S. 118

S. 39; „*ohne jede Abwechslung, Mangel an Bäumen und Blumen*": SCHULTZE 1937, S. 290), lassen sich gute Gründe anführen. Der Schachbrettgrundriss ist technisch leicht und schnell ausführbar, er ist funktionsneutral und kann mühelos erweitert werden. Der fiederförmigen Anlage von Néa Chíos (Abb. 3.2) liegt ebenfalls ein orthogonales Straßennetz zu Grunde,

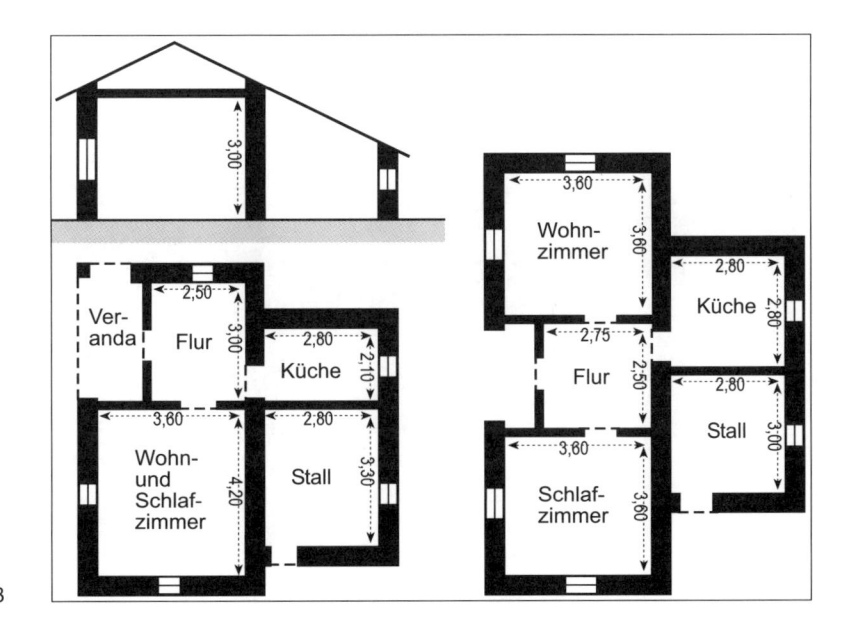

Abb. 3.3:
Grund- und Aufriss zweier Typen von Flüchtlingshäusern
Quelle: PAPENHUSEN 1933, S. 38

das lediglich von der diagonal geführten Hauptstraße unterbrochen ist. Die Einförmigkeit der neuen Siedlungen wird durch den Bau von Einheitshäusern (Abb. 3.3) betont.

Der gleichen Regelhaftigkeit wird die Aufteilung des Nutzlands unterzogen. Je nach Bodengüte schwankt die zugeteilte Fläche zwischen drei und acht Hektar. In der fruchtbaren Argolis werden nur 2–3 ha zugemessen, in den Ebenen Mazedoniens 4–5 ha, in unfruchtbarem Bergland mehr (LEHMANN 1929). Trotz der generellen Anpassung der Landlose an die agrarökologischen Verhältnisse ist die existenzielle Sicherung der Siedler problematisch. Nur ein Teil der Flüchtlingsfamilien sind Landwirte; diese Gruppe fügt sich rasch in das Wirtschaftsleben und ist sogar innovativ tätig, indem sie neue Weinkulturen um Thessaloníki, Véria, Náoussa, Flórina, Kilkís und auf Kreta anlegt (LEHMANN 1929) oder den Baumwollanbau propagiert (PAPENHUSEN 1933). Andere haben dagegen nur geringe landwirtschaftliche Erfahrung mit einem kleinen Stück Wein-, Garten- oder Olivenland, wieder andere sind ohne Kenntnis des Landbaus. Letztere bringen jedoch ihre gewerblichen Erfahrungen ein und machen die Herstellung von Smyrnateppichen in Griechenland heimisch.

War nach dem Abzug der Muslime die Bevölkerungsdichte Mazedoniens (theoretisch) auf 21 Ew./km^2 gesunken, so beträgt sie 1928 43 Ew./km^2. Die Nomi Xánthi, Sérres, Kilkís, Piería (Kateríni) und Athen haben im Zeitraum von 1920 bis 1928 landesweit die größten Zuwächse.

Das Becken von Sérres in Ostmazedonien bildet wohl das größte zusammenhängende Kolonisationsgebiet der 1920er Jahre (YEAGER 1979). Sein starkes Bevölkerungswachstum (1920: 112 135 Ew., 1928: 182 710 Ew.) wird von etwa 80 000 Flüchtlingen getragen (SCHULTZE 1934, S. 463). Die breite Talaue des Strimon bildet den Schwerpunkt der Siedlungsaktivitäten; im Rahmen der Meliorationsarbeiten wird u.a. der damals noch bestehende Achinossee trocken gelegt. Etwa 8 km südöstlich von Sérres entsteht z.B. die planmäßige Siedlung Néa Skopos. Es handelt sich um eine ursprünglich rein bäuerliche Gründung, deren Mitglieder aus dem ostthrakischen Dorf Skopos (bei Adrianopel, türk. Edirne) stammen. Auf dem fruchtbaren Alluvialboden reichen 3,75 ha für den Lebensunterhalt einer vierköpfigen Familie aus.

Abb. 3.4: Flüchtlingssiedlungen in Nordgriechenland 1923–1926
Quelle: Naval Intelligence Division 1994, S. 390

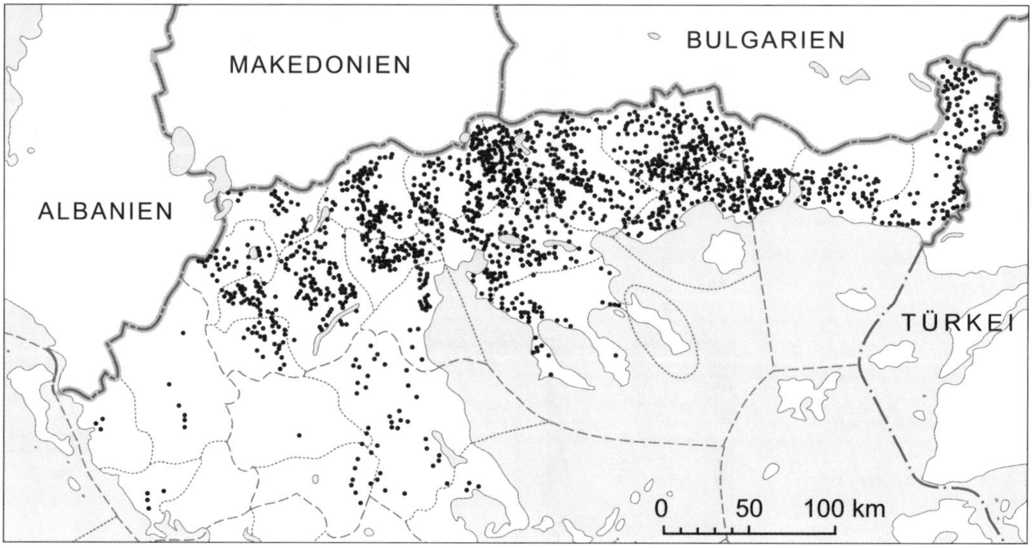

> **Trockenlegung von Feuchtgebieten: Groß- oder Untat?**
> Die Beurteilung der Kolonisationsmaßnahmen, insbesondere der umfangreichen Meliorationsarbeiten, erfolgt stets aus der Perspektive des Zeitgeistes. Mahnen wir heute die behutsame Nutzung, besser die Erhaltung der wenigen verbliebenen Feuchtgebiete an (LIENAU/MATTES 1997), so urteilte man noch vor einem dreiviertel Jahrhundert ganz anders:
> „Noch gibt es meilenweite Gebiete, die bis heute ein ungestörtes Reich der Frösche und Störche, nicht zuletzt auch der Anophelesmücke geblieben sind, so namentlich das jugendliche Schwemmland südlich vom Janicasee (See von Jannitsá [eig. Anm.]) in der Kampania. Ob die vorhandenen Schätzungen zutreffen, daß allein an der Vardar und Struma 200 000 ha versumpfter Niederungsboden der Kultur gewonnen werden kann, soll hier nicht nachgeprüft werden. Aber die Erfolge, welche die Kulturarbeiten der letzten Jahrzehnte in ähnlichen Sumpfgebieten gezeitigt haben (Kopaïssee, Amatovosee usw.) berechtigen zu der Annahme, daß die ausgedehnten Sümpfe Makedoniens und damit die Geißel des Landes, die Malaria, tatsächlich bis auf einen verschwindenden Rest zurückgedrängt werden könnten, ja für die gedeihliche Weiterentwicklung mancher der neuen Kolonien in den gefährdeten Niederungen ist das sogar eine unumgängliche Bedingung. Ein erfreulicher Anfang ist gemacht – abzuwarten bleibt, ob die Energie der Griechen dazu ausreicht, das Werk weiterzuführen" (LEHMANN 1929, S. 120).
> Bis 1939 wurden allein in den Ebenen von Thessaloníki – z.B. See von Jannitsá (310,9 km²), Amatovosee (48,6 km²) –, Sérres und Dráma 617,9 km² Feuchtland trocken gelegt (BANCO 1976, Tab. 52).

Übersicht 3.1: Trockenlegung von Feuchtgebieten: Groß- oder Untat

Außerhalb der Meliorationsgebiete ist in der höher gelegenen, trockenen Randzone des Strimon (50–150 m ü.N.N.) nur wenig Platz für neue Dörfer. Neochoríon (d.h. Neudorf) und Therma (bei Nigríta südl. des Strimon) sind zwei Beispiele aus diesem Raum, in dem sonst die verlassenen bulgarischen und türkischen Tabak-Dörfer wieder besetzt wurden. In Höhenlagen über 250 m ist infolge unzureichender landwirtschaftlicher Basis die Neusiedlung nahezu bedeutungslos (SCHULTZE 1934). Einen Überblick über die siedlungsräumlichen Aktivitäten in Nordgriechenland gibt Abbildung 3.4. Es bleibt als generelles Fazit festzuhalten, dass die Neugründungen stets auf Standorten zweiter oder dritter Wahl vorgenommen wurden. Die besten Plätze waren bereits besetzt und großflächig boten nur die vernässten Flusstäler sowie die Küstenebenen erschließungsfähiges Land.

Der griechisch-türkische Bevölkerungsaustausch markiert insbesondere für Mazedonien, Thrakien und Thessalien, aber auch für den Ballungsraum Athen einen kulturlandschaftsgeschichtlichen Einschnitt. „*Gewaltig in der Zahl der Menschen, welche die Wohnsitze wechseln mußten, gewaltig in der Kürze der Zeit, in der alles vor sich ging, gewaltig in den Wirkungen für Griechenland, das hinsichtlich der Zusammensetzung seiner Bevölkerung und der Struktur seiner Wirtschaft ein vollständig neues Gesicht bekam*" (PAPENHUSEN 1933, S. 34). Unbestritten sind die wirtschaftlichen Impulse (vgl. S. 54), die das Land und seine Bewohner beflügelten, unbestritten sind aber auch das ungeheure Elend, das mit der Umsiedlung verbunden war, und der kulturelle Verlust, welcher der Ausweisung folgte.

Lernt die Menschheit aus der Geschichte?
Im Rückblick auf die Maßnahmen des Bevölkerungsaustausches formulierte der britische Geheimdienst daher 1944: „*If similar exchanges are ever contemplated for other regions, these two examples must inevitably provide useful information about the problems inherent in such radical measures*" (Naval Intelligence Division 1944, S. 368). Die Erfahrungen der 1990er Jahre belegen, dass bei den ethnischen „Säuberungen" in Bosnien-Herzegowina und im Kosovo aus der Geschichte der Balkanländer in diesem Sinne keine Lehren gezogen wurden. Multiethnische und multikulturelle Konstellationen schaffen in Ländern mit nationa-

listischem Selbstverständnis große Reibungsflächen; das kulturelle Potenzial, das auch der „Mazedonische Salat" enthielt, wird nur von einer kleinen Gruppe erkannt und geschätzt.

Makedoslawen
Die Gruppe der slawophonen Mazedonier ist quantitativ schwer zu fassen. Die Bezeichnung ist ein sprachwissenschaftlicher Sammelbegriff für die südliche Dialektgruppe des Makedonischen; die Sprache der zentralen und nördlichen Gruppe wurde 1944 in der damaligen Volksrepublik Makedonien zur Amtssprache (makedonski jazik) erhoben und steht linguistisch zwischen dem Bulgarischen und dem Serbischen, zu denen ohne scharfe Grenzen Übergangsmundarten die Verbindung herstellen (SCHALLER 1998). Die Nähe der drei slawischen Sprachen kommt z.B. in dem Wort ‚weiß' zum Ausdruck: makedonisch und bulgarisch belo, serbisch beo.

Räumlich sind die Makedoslawen auf das griechisch-makedonische Grenzgebiet der Nomi Flórina, Pélla (Edessa) und Kilkís beschränkt (vgl. Abb. 3.1). Als orthodoxe Christen hatten sie sich 1870 nicht dem bulgarischen Exarchat von Sofia (vgl. S. 51) unterstellt, sondern waren unter griechischen Bischöfen verblieben. Beim Zensus von 1928 (vgl. Tab. 3.1) hatten sich noch 81844 Bewohner Nordmazedoniens als Makedoslawen registrieren lassen; bis 1940 hatte sich ihre Zahl nur geringfügig vermindert, 1951 bekennen sich jedoch bedeutend weniger Bewohner zu dieser Volksgruppe.

In dem bunten ethnischen Spektrum der Balkanhalbinsel treffen wir in diesem Fall auf eine Gruppe, die sich seit der Staatenbildung Griechenlands der Gräzisierung öffnete. Die Makedoslawen nutzten deshalb bewusst den griechisch-bulgarischen Austausch von 1919 nicht, weiterhin verzichteten sie auf die Einführung eigener Schulen. In der griechischen Literatur werden sie deshalb zu Recht als slawophone Griechen bezeichnet; sie sind weitestgehend im Griechentum aufgegangen, ohne allerdings ihre historische Identität aufgegeben zu haben. Die Wahl des Studienorts Belgrad, die bis in die 1980er Jahre verbreitet war (LIENAU 1989a, S. 47), deutet die besonderen Möglichkeiten dieser zweisprachigen Region an. Aus den heutigen Siedlungsnamen ist hier wie andernorts in Griechenland die ehemalige ethnische Vielfalt nicht mehr zu erkennen (KRÜGER 1984).

Die Angst der Griechen vor territorialen Ansprüchen des jungen Staates Makedonien, dessen Symbolik (mazedonische Sonne) und Name (identisch mit der nordgriechischen Provinz) die Griechen irritierte, richtet sich nicht gegen die assimilierten slawophonen Griechen, sondern gegen längst überwunden geglaubte Denk- und Handlungsweisen (MACKRIDGE/YANNAKAKIS 1997). Waren es früher die Bulgaren, die die nordgriechische Grenzzone beanspruchten (ISCHIRKOFF 1915), so sieht man sich nun (vermeintlichen oder echten) makedonischen Forderungen gegenüber, die nicht akzeptabel erscheinen (BÜSCHENFELD 1995).

Andere Minderheiten und Bevölkerungsgruppen
Dass die Vlachen (vgl. Abb. 3.1) nach ihrem Selbstverständnis heute nicht mehr zu den Minderheiten zählen, wurde bereits betont. Erst mit dem Aufkommen nationalistischer Strömungen im 19. Jh. gerieten sie vorübergehend ins Rampenlicht, obwohl sie bereits seit dem Mittelalter im südlichen Mazedonien, in Thessalien sowie in Ätolien und Akarnanien nachgewiesen sind. Ihre Anerkennung als eigene Volksgruppe durch den Sultan im Jahre 1905 (BEUERMANN 1967) ist das Ergebnis nationalistisch motivierter Unterstützung aus Rumänien seit etwa 1860. Die Förderung vlachischer Schulen (in Ioánnina und Thessaloníki) und Zeitungen soll die Ethnogenese dieser räumlich über Nord- und Mittelgriechenland verteilten, nur muttersprachlich rumänischen Gruppe beschleunigen, sie erreicht jedoch dieses Ziel nicht. Als in den 1920er Jahren im Rahmen der Ansiedlung von Flüchtlingen aus Kleinasien die Binnenkolonisation

Ethnien und Minderheiten: Alte Probleme – Neue Perspektiven? 57

der Tiefländer vorangetrieben wurde und den fernweidewirtschaftlich ausgerichteten Vlachen eine wichtige Existenzbasis verloren ging, entschließen sich etwa 30000 zur Abwanderung nach Rumänien. Sie finden in der südlichen Dobrudscha bei Constanţa eine neue Heimat.

Die 1928 (vgl. Tab. 3.1) noch gezählten 19703 Vlachen (Naval Intelligence Division 1944, S. 361) bilden über den Pindos verstreute *„ethnographische Inseln"* (JACOB 1931, S. 25) mit mehrsprachiger, gräzisierter Bevölkerung. Wenn die Angaben des Zensus von 1940 und 1951 über denen von 1928 liegen, so kommt darin kein demographischer Wandel zum Ausdruck, sondern eine unterschiedlich starke Ausprägung der vlachischen Identität (KAHL 2001).

Übersicht 3.2: Die Vlachen: Name, Sprache und Lebensweise

Die Vlachen: Name, Sprache und Lebensweise

Die Herkunft der Bezeichnung Vlachen ist schwer zu ermitteln; manche Autoren leiten sie von dem albanischen Wort vlah (Hirte) ab, andere bringen sie mit der rumänischen Landschaft der Walachei in Verbindung. Beide Erklärungszusammenhänge sind plausibel, aber nicht schlüssig. Die Eigenbezeichnung – die Vlachen nennen sich selbst Rumân oder Aramân (CAPIDAN 1941) – führt vielleicht weiter; der heutige Name Aromune, der nur für eine Gruppe der Vlachen gilt, stammt nämlich aus dieser Wurzel. Daneben bestehen aber noch andere Bezeichnungen: Mazedo-Rumänen (um die Nähe, aber auch die Distanz zu den Dako-Rumänen nördlich der Donau zu betonen), Tschoban (türkisch-albanische Bezeichnung für Hirten) sowie die pejorativen Benennungen Kutsovlachen (griech.), d.h. hinkende Vlachen, und Tzintzari (serb.).

Zur Bezeichnung der regionalen Herkunft dien(t)en z.B. die Namen Epirotzi (Pindos), Gramusteni (Grammosgebirge), Farserotzi (Albanien) und Moscopoleni (Mazedonien). Umstritten ist weiterhin, ob es sich bei den Sarakatsanen um früh gräzisierte Aromunen oder um eine andere vlachische Gruppe handelt (LIENAU 1989a, S. 46); wegen ihrer ähnlichen Lebens- und Wirtschaftsweisen erscheinen beide in der Literatur oft nebeneinander.

Die vlachische Sprache ist ein rumänischer Dialekt, der mit Wörtern aus dem Griechischen, Slawischen, Türkischen und Albanischen erweitert ist. Instruktive Beispiele aus der Volksdichtung bietet CAPIDAN (1941). Heute spielt Vlachisch als Muttersprache keine Rolle mehr. Bereits in den 1930er Jahren waren alle Aromunen und Sarakatsanen zweisprachig (Naval Intelligence Division 1944, S. 358). Das aromunische Volkstum ist am deutlichsten in Métsovon (Epirus) erhalten (CHARISIS 1989), doch auch hier wirkt es bereits museal, weil die Gräzisierung weit fortgeschritten ist. In den volkskundlichen Museen der nordgriechischen Nomos-Hauptorte wird die materielle Kultur der Aromunen und Sarakatsanen bewahrt.

Die Lebens- und Wirtschaftsweise der Vlachen basierte ursprünglich auf der Fernweidewirtschaft (BEUERMANN 1967) (vgl. Kap. 5.1). In den Sommermonaten (April bis September/Oktober) zogen sie mit ihren Kleinviehherden (Schafe, Ziegen) über die Weideflächen des Pindos und der Rhodopen, in den Wintermonaten suchten sie die milderen Niederungen der griechischen und albanischen Küstenebenen auf. Den jahreszeitlichen Wechsel der Wohnquartiere beschreibt Ross (1848, S. 210) sehr anschaulich: „Wer in den genannten Monaten ... reist, begegnet ihnen mit Caravanen von fünfzig bis sechzig Lastthieren, Männer, Weiber und Hunde zu Fuß, die jüngeren Kinder nebst den Hühnern und Katzen zu oberst auf dem Gepäcke sitzend".

Im Zuge der Staatenbildung des 20. Jh. und der Binnenkolonisation seit den 1920er Jahren (vgl. S. 49ff.) wurde dieser Lebensform der Boden immer weiter entzogen; gleichwohl gibt es noch heute im Pindos Aromunen und Sarakatsanen, die Fernweidewirtschaft betreiben. Die heutige Selbstidentifikation von Aromunen und Vlachen ist auf Grund ihrer dispersen räumlichen Situation, der individuellen Lebensläufe und der generellen ethnischen Problematik auf der Balkanhalbinsel nicht einheitlich (KAHL 1999, 2001). Der Fernhandel, der bei den Vlachen ebenfalls eine lange Tradition hat, litt unter der politischen Zersplitterung des Balkans nicht minder. Von den handwerklichen Tätigkeiten hat die aromunische Silberschmiedekunst besondere Berühmtheit erlangt. Ihr heutiges Zentrum ist Ioánnina, der Hauptort des Epirus. In der dortigen Avérof-Straße, die nach einer bedeutenden Aromunen-Familie benannt ist, finden sich zahlreiche Silberschmiede.

Der Schwerpunkt vlachischer Siedlungen befindet sich im Pindos. Zwischen der albanischen Grenze und dem Ambrakischen Golf bei Arta liegen die Siedlungsgebiete der Bergländer des Grammos, Smolikas und der Athamanonberge. Vlachische Siedlungsinseln sind bis nach Ätolien und Akarnanien nachweisbar.

In Thessalien ist die aromunische und sarakatsanische Präsenz aus den alten, heute nicht mehr gebräuchlichen vlachischen Ortsnamen zu erschließen: Târcol (Trίkala), Târnova (Tίrnavos), Carḑiṭa (Kardίtsa) oder Lăsun (Elassόn). Das bei LIENAU (1989a, S. 157) ausführlich vorgestellte Beispiel des Ortes Rodiá am Piniόs verdeutlicht die Geschichte und Gegenwart der Vlachen anschaulich: Neben den griechischen Bauern ließen sich am Ende des 19. Jh. Aromunen nieder, um 1950 folgte eine Gruppe von Sarakatsanen. Lebten die drei Gruppen anfänglich in jeweils geschlossenen Quartieren, so ist inzwischen eine gewisse Vermischung eingetreten. Zwar ist man sich nach wie vor der spezifischen Herkunft bewusst und drückt diese auch aus (z.B. in einem je eigenen Kafenίon), doch legen alle Gruppen Wert darauf, als Griechen angesehen zu werden.

Eine sprachliche, kulturelle, religiöse und ethnische Minderheit bilden die Juden, wenngleich sie infolge Deportation und Vernichtung durch die Deutschen im Zweiten Weltkrieg heute bedeutungslos sind. Neben den um 1160 gegründeten jüdischen Kolonien in Theben, Thessalonίki, Almίros, Korinth und Chalkίs wuchs nach dem spanischen Pogrom von 1492 die jüdische Gemeinde von Thessalonίki sprunghaft an. Die religiöse Toleranz der Osmanen ermöglichte eine prosperierende Entwicklung, die bis zum Ende der Osmanenzeit (1913) reichte. Noch 1920, also nach der flächenhaften Brandkatastrophe der heutigen Innenstadt von 1917, bestand die Bevölkerung in diesem Stadtteil zu mehr als 50% aus Juden. Sie waren im Bankwesen, als Ladenbetreiber, als Handwerker, aber auch als Hafenarbeiter und in zahlreichen anderen Berufen tätig. Mit dem Zustrom griechischer Flüchtlinge ab 1923 verringerte sich ihr Anteil auf 16%.

Einen anderen Schwerpunkt jüdischer Bevölkerung bildete die Stadt Rhόdos (EGGELING 1984, S. 48ff.). Als Etappenstation für Palästinareisen nimmt sie eine günstige Lage ein, die auch von jüdischen Händlern (Wein, Kaffee, Seide) und Banken (Handel mit Smyrna/Izmir und Alexandria) genutzt wurde. In osmanischer Zeit (1522–1912) gab die jüdische Gemeinde nicht nur wirtschaftlich auf der Insel den Ton an; 1944 wurden die nicht zuvor ausgewanderten Juden nach Auschwitz deportiert.

Die kleine Gruppe der Armenier hat ebenfalls eine eigene Geschichte. Seit 1915 werden sie aus der Türkei vertrieben und kommen u.a. nach Griechenland. 1925 lag ihre Zahl bei 45000 und verringerte sich seitdem (vgl. Tab. 3.1). Diese heute nicht mehr in Erscheinung tretende Minderheit schrumpfte z.T. durch Assimilierung, stärker aber durch Auswanderung in die ehemalige Sowjetrepublik Armenien, die nach dem Zweiten Weltkrieg nochmals auflebte (STADELBAUER 1996, S. 185f.).

Die ethnischen Veränderungen der ersten Hälfte des 20. Jh. sind für die Zusammensetzung der griechischen Bevölkerung und für das regionale Selbstverständnis grundlegend. Das balkanische Völkergemisch der osmanischen Zeit ist durch die Maßnahmen des Bevölkerungsaustauschs mit Bulgarien und der Türkei weitgehend beseitigt worden. Die Gräzisierung der o.g. Minderheiten und Volksgruppen ist so weit fortgeschritten, dass es bei den bisher genannten Gruppen keine Minderheitenproblematik im strengen Sinne gibt. So können z.B. griechische Nationalität und aromunische Identität widerspruchsfrei nebeneinander bestehen. Flüchtlinge aus Bulgarien und der Türkei, unterschiedlich stark assimilier-

Ethnien und Minderheiten: Alte Probleme – Neue Perspektiven?

te, ehemalige oder noch bestehende Minderheiten und alteingesessene Griechen haben an der Ethnogenese der heutigen Staatsbürger ihren jeweiligen Anteil.

3.1.2 Minderheiten seit 1950: Räume und Brennpunkte

Das Ende des griechischen Bürgerkriegs (1949) stellt eine Zeitmarke dar, von der an die ethnischen Verhältnisse bis 1990 (Ende der West-Ost-Konfrontation) festgeschrieben sind. Die geschlossenen Grenzen zu den Nachbarländern lassen grenzüberschreitende Migrationen in diesem Zeitraum nicht zu.

Ethnische Facetten, vom West-Ost-Gegensatz überdeckt
Als Sonderfall sind die Bürgerkriegsflüchtlinge (Ruwe 1990) einzustufen; es handelt sich bei ihnen um die militärisch geschlagenen Verbände der kommunistischen Partisanen und zugehörige Bevölkerungsgruppen. Im weiteren Sinne gehören sie zu den Minderheiten, wiewohl sie aus verschiedenen Ethnien (Griechen, Makedoslawen, Albaner) zusammengesetzt sind. Es ist mit etwa 60 000 griechischen und 40 000 makedoslawischen Soldaten (Andartes) zu rechnen, die in die sozialistischen Länder flohen. Hinzu kommt eine schwer zu überprüfende Anzahl verschleppter Kinder, die nach Ruwe (1990, S. 23) bei etwa 25 000 liegt.

Das harte Los einer Gemeinde im Grammosmassiv, die zwischen die Fronten des Bürgerkriegs geraten ist, schildert Gage (1987) in seinem Roman *„Eleni"* in aller Eindringlichkeit. Die in Mitteleuropa nur aus der Distanz wahrgenommenen innergriechischen Auseinandersetzungen des Bürgerkriegs bilden dabei nur die Momentaufnahme eines Raumes, der bereits seit dem 19. Jh. als Pulverfass galt.

Albaner und Griechen in Epirus (GR) und Nordepirus (AL)
In diesem Zusammenhang ist auch die Vertreibung der muslimischen Albaner aus den Grenzgebieten Thesprotiens zu sehen, die vom Bevölkerungsaustausch der 1920er Jahre noch ausgenommen waren. Der lange umstrittene Grenzraum, 1919–1921 gehörte das heutige Südalbanien um Gjirokastër (griech.: Argirókastron) und Sarandë (griech.: Ag. Saránda) unter der Bezeichnung Nordepirus (Βορειοήπειρος) zu Griechenland, ist ein Spiegelbild der wechselseitigen Beziehungen (Abb. 3.5). Auf dem Verhandlungsweg wurde der bis heute gültige Grenzverlauf festgelegt, der eher albanischen als griechischen Ansprüchen gerecht wurde. Die unzureichende Berücksichtigung ethnischer Aspekte bleibt für die griechische Seite noch lange ein Stein des Anstoßes, der u.a. am Ende des Bürgerkrieges die Flucht der albanischen Bevölkerung ins Nachbarland auslöst. In der thesprotischen Eparchie Filiátes werden in dieser Zeit zahlreiche grenznahe Bergsiedlungen aufgelassen, in denen teils griechische, teils albanische Bevölkerung lebte. Nach dem Abzug der Albaner werden die grenznahen Siedlungen aus strategischen Gründen in die Ebene verlegt. Sagiáda im äußersten Nordwesten des Festlands ist ein Beispiel für eine derartige Siedlungsverlagerung; der Name wird einfach von der Bergsiedlung übernommen, die jetzt als Wüstung unter dem Namen Alt Sagiáda (Παλαιο Σαγιάδα) firmiert. Auch im Becken von Margarition (bei Párga) bezeugen zerstörte Dörfer die ethnische Entmischung (Banco 1976, S. 73 und S. 148ff.).

Dass gerade mit derart radikalen Maßnahmen die bilateralen Probleme nur zeitweilig verdeckt, nicht aber gelöst werden, zeigen die ab 1990 wieder auflebenden Spannungen zwischen beiden Ländern. Auslösendes Moment sind nun die in Südalbanien verbliebenen griechischen Minderheiten (maximal 120 000 Griechen), deren Aktivitäten von den Albanern als separatistisch eingestuft werden (Clewing 1995).

Abb. 3.5: Entwicklung des griechisch-albanischen Grenzverlaufs

.... Griechischer Vorschlag 1919
– – – – Albanischer Vorschlag 1919
—·—·— Endgültige Grenze, 9. Nov. 1921

Muslime in Thrakien

Die muslimische Bevölkerung Thrakiens, die vom griechisch-türkischen Austausch nicht betroffen war (vgl. S. 49–55), besteht aus verschiedenen Ethnien bzw. ethnischen Gruppen. Diese verteilen sich ungleich auf die Nomi Xánthi, Rhodopi und Evros (Tab. 3.4). Während zur Gesamtbevölkerung zuverlässige Angaben (Zensus von 1991) vorliegen, können zur aktuellen muslimischen Bevölkerung nur geschätzte Werte präsentiert werden; die Angaben zu den Roma sind dabei am wenigsten zuverlässig.

Ein Vergleich mit den Daten von 1951, dem Jahr der letztmaligen Erhebung von ethnischen Gruppen, zeigt die Problematik der o.a. Schätzungen. Die Anzahl der Türken liegt 1951 in den Nomi Xánthi (23 086) und Evros (3 446) z.T. bedeutend höher, im Nomos Rhodopi (40 567) niedriger; Arbeitsmigration nach West- und Mitteleuropa sowie Geburtenüberschüsse könnten diese Verschiebungen erklären. Bei den Pomaken (Xánthi: 18 722, Rhodopi: 7 213, Evros: 647) ergibt sich ebenfalls ein regional uneinheitliches Bild, wenngleich hier die Arbeitsmigration keine Rolle spielt. Die Daten zu den Roma erweisen sich schließlich nach einem Vergleich mit 1951 (Xánthi: 425, Rhodopi: 1860, Evros: 8 331) als sehr ungenaue Schätzungen (KAHL 1995, S. 113). Welche Faktoren auch immer die demographische Entwicklung der verschiedenen Gruppen steuern, zumindest die Türken und Pomaken stellen eine Bevölkerung von erheblicher räumlicher Bedeutung. Im Nomos Rhodopi bilden sie sogar die Mehrheit.

Als Besonderheit der Muslime Thrakiens gilt das Festhalten an den religiösen Traditionen. Die laizistischen Reformen ATATÜRKS, die ab 1924 in der Türkei propagiert wurden (HÖHFELD 1995, S. 62 f.) und nicht nur die strikte Trennung von Kirche und Staat, sondern auch die völlige Neuordnung der Bereiche Schulbildung und Gerichtswesen durchsetzten, gelten für Thrakien nicht. Hier steht in jedem Nomos ein Mufti, der Türke, Pomake oder Roma sein kann, an der Spitze der Gläubigen; von ihm erlassene religiöse Rechtsgutachten sind für alle Muslime verpflichtend (KAHL 1995).

Muslimische Bevölkerung	Nomos Xánthi	Nomos Rhodopi	Nomos Evros
Türken	10 000	42 000	2 000
Pomaken	23 000	11 000	2 000
Roma	9 000	8 000	6 000
Gesamtbevölkerung	91 063	103 190	143 752

Tab. 3.4: Gesamtbevölkerung und Muslime in Thrakien 1991
Quelle: KAHL 1995, National Statistical Service 1996

Türken

Sie stellen die größte Gruppe der thrakischen Muslime. Zur Abgrenzung von den Brüdern und Schwestern in der Türkei werden sie auch als Rumeli-Türken bezeichnet.

Rein formal lassen sich die Wohnplätze der Türken an bestimmten Kennzeichen festmachen, die mit bloßem Auge wahrnehmbar sind:
- Moschee und Minarett, Zentren des religiösen Lebens, sind weithin sichtbare Elemente der sakralen Bauweise;
- Privathäuser sind in den Städten und auf dem Land durch fensterlose Außenseiten oder hohe Mauern gekennzeichnet. Der Einblick in den Privatbereich wird hierdurch erschwert. Die zumeist alten Häuser befinden sich i.d.R. in schlechtem Zustand;
- in den Städten (z.B. Komotiní) ist die Bazarstruktur (schmale Parzellen, ein- bis zweigeschossige Bauweise, kaum Wohnfunktionen) der alten Hauptgeschäftsstraßen noch zu erkennen. Das Nebeneinander von türkischen und griechischen Ladenbesitzern verbietet jedoch eine ethnische Zuordnung dieses Bereichs (HAVERSATH 1997, S. 66).

Es ist ein generelles Kennzeichen thrakischer Siedlungen, dass die Türken, die in den Ebenen und im Bergland leben, nie dispers wohnen, sondern zumindest in ethnisch-religiösen Vierteln. Sie verfügen in diesen über eine eigene schulisch-religiöse und soziale Infrastruktur. 1994 bestanden z.B. 205 Moscheen, 78 Medresen (Koranschulen) und 230 Schulen, es gab einen eigenen Radiosender, 12 Zeitungen und zahlreiche Vereine (KAHL 1995, S. 118). Bei den ländlichen Siedlungen sind rein türkische von gemischt ethnischen Dörfern zu unterscheiden.

Die räumliche Segregation darf nicht vorschnell als sozialer Missstand oder als Bewertung des Zusammenlebens angesehen werden. Ein eigenes Viertel bietet ausgezeichnete Bedingungen zur Erhaltung und Pflege ethnisch-kultureller Besonderheiten. Zudem wird gerade an den Nahtstellen der Viertel von der alteingesessenen Bevölkerung das soziale Miteinander vorgelebt, indem auf persönlicher Ebene z.B. die religiösen Feiertage der jeweils anderen Gemeinschaft respektiert und mitgefeiert werden.

Auf politischer Ebene gilt das *„Prinzip der gegenseitigen Aufrechnung diskriminierender Maßnahmen"* (SARIDES 1989); es fördert nicht nur das Misstrauen, sondern reißt förmlich Gräben zwischen den Ethnien auf. Aus Angst vor dem hohen Geburtenüberschuss der Türken ist man bestrebt, ihnen Anreize zur Übersiedlung in andere Provinzen zu geben, damit sie sich dort assimilieren. Alte Ängste und Vorbehalte werden belebt; Vertreter der Türken verweisen auf behördliche Bestimmungen, *„deren Sinn es ist, das Leben der Muslime in Thrakien zu erschweren und sie zu einer Umsiedlung in Gebiete außerhalb der Region zu veranlassen. Die wichtigsten von ihnen sind nach der turkophonen Zeitung von Komotiní ... die folgenden: Verbot des Hausbaus, Entzug des Eigentumsrechts, Entzug des Rechts auf Verwaltung der Vakufs ... durch Muslime und des Rechts auf Wahl der Muftis"* (SARIDES 1989, S. 59). Dieser Liste der Repressalien wird von griechischer Seite massiv widersprochen.

Die aktuelle Polarisierung, mitunter sogar Radikalisierung der beiden Völker ist unübersehbar. Die demographischen Verschiebungen seit den 1920er Jahren – im osmanischen Sancak Gümülcine (Komotiní) lebten um 1910 noch 80 % Muslime (BANCO 1976, S. 78) – gehen klar zu Lasten der Türken, die trotz hoher Geburtenüberschüsse seit den Flüchtlingsansiedlungen zurückgedrängt wurden und nur im Nomos Rhodopi fast die Hälfte der Gesamtbevölkerung erreichen.

Pomaken

Noch problematischer ist die Situation der Pomaken. Bei ihnen handelt es sich um eine bulgarischsprachige Minderheit, die zu beiden Seiten der Grenze in den Rhodopen lebt, aber auch in einem eigenen Viertel der Stadt Xánthi (Ahrian Mahalla). Ihr Hauptsiedlungsgebiet liegt im sog. Dag Bölge zwischen Koula (1606 m) und Papikion (1502 m) im Umkreis der Orte Echínos, Sminthi, Oräon, Miki, Saträ und Thermä; es ist als dicht besiedelter Gebirgsraum frei von griechischen Flüchtlingssiedlungen (vgl. Abb. 3.4).

Neben der extremen Randlage litt der Raum bis 1996 unter der Zugehörigkeit zum militärischen Sperrgebiet, das nur mit Sondergenehmigung betreten werden durfte. Daher bilden die Pomaken, die ihren Schwerpunkt im Nomos Xánthi haben, eine Minderheit, die von vielen Griechen, vor allem aber von ausländischen Touristen kaum wahrgenommen wird. Infolge der räumlichen und sprachlichen Isolierung hat sich die kulturelle Eigenständigkeit der Pomaken erhalten und kommt z.B. in der traditionellen Kleidung der Frauen und Mädchen zum Ausdruck.

Im Überschneidungsbereich zweier Kulturkreise lebend, ist Mehrsprachigkeit trotz weit fortgeschrittener Segregation für die Pomaken unumgänglich. Doch Bulgarisch als Muttersprache, Türkisch als Schulsprache, Griechisch als Amtssprache und Arabisch als Sprache des Koran (vier Sprachen und vier Schriften!) überfordern das normale Sprachvermögen, führen zu sprachlicher Inkompetenz und erschweren die Schullaufbahn erheblich (LIENAU 1989a, S. 42).

Roma
Die dritte Teilgruppe thrakischer Muslime besteht aus den Mitgliedern der Roma. Sie haben – im Gegensatz zu den Schätzwerten in Tabelle 3.4 – ihren Schwerpunkt im Nomos Evros (KAHL 1995) und leben dort in Zeltstädten, die am Rand größerer Siedlungen (Alexandroúpolis, Didimótichon) liegen und oft über Jahre Bestand haben. Ebenso wie die orthodoxen Roma (griech. Atsíngani) des übrigen Landes sprechen sie Romani und leben in Großfamilien. Handel, Landwirtschaft und Gelegenheitsarbeit sind ihre Einkommensquellen.

Im Großraum Athen gibt es am Rande der westlichen Stadtbezirke, in Agia Varvára und Ano Liosía, nennenswerte Konzentrationen von Roma (TRUBETA 1996). In Agia Varvára leben etwa 4 500 Atsíngani, die als Ladeninhaber (Lederwaren, Kleider, Kurzwaren u.a.), aber auch als ambulante Händler, als Saison- und Gelegenheitsarbeiter tätig sind. Die Roma von Ano Liosía sind gesellschaftlich stark marginalisiert. Sie leben in Hütten, Zelten, Häusern oder abgestellten Fahrzeugen; ihre Anzahl ist schwer zu erfassen, da ein Teil der Sippen stets unterwegs ist. Durch behördliche Maßnahmen (Abriss der illegal errichteten Unterkünfte) gerät diese Gruppe immer wieder in die Schlagzeilen.

Der Kenntnisstand über diese Ethnie ist äußerst lückenhaft (GRONEMEYER 1983, GRONEMEYER/RAKELMANN 1988, TONG 1995). Seit den 1970er Jahren besteht eine gesamtgriechische Organisation aller Roma; sie bemüht sich um die Verbesserung der Lebensverhältnisse ihrer Mitglieder (DJURIĆ/BECKEN/BENGSCH 1996), die bis 1955 als staatenlos galten und erst seit 1979 ein Recht auf Einbürgerung haben (TRUBETA 1996).

Sudanesen und andere lokale Minderheiten
Eine letzte muslimische Gruppe bilden dunkelhäutige Sudanesen, die als Nachfahren von Sklaven aus osmanischer Zeit angesehen werden. Sie leben ausschließlich in den beiden Dörfern Avaton und Evlalon des östlichen Néstosdeltas. Formal unterscheiden sich diese beiden Siedlungen nicht von den griechisch-türkischen Dörfern Thrakiens.

Außerhalb Thrakiens gibt es gegenwärtig nur auf den Inseln des Dodekanes, die erst 1947 an Griechenland kamen, kleine türkische Minderheiten. Sie leben z.B. in der Altstadt von Rhódos (Abb. 3.6), die im Grundriss als traditionelle orientalische Stadt mit regelloser Straßenführung, platzartigen Erweiterungen und Sackgassen erhalten blieb (EGGELING 1984).

Ethnien und Minderheiten: Alte Probleme – Neue Perspektiven? 63

Abb. 3.6:
Grundriss der türkischen Altstadt von Rhódos
Quelle:
EGGELING 1984, Karte 9

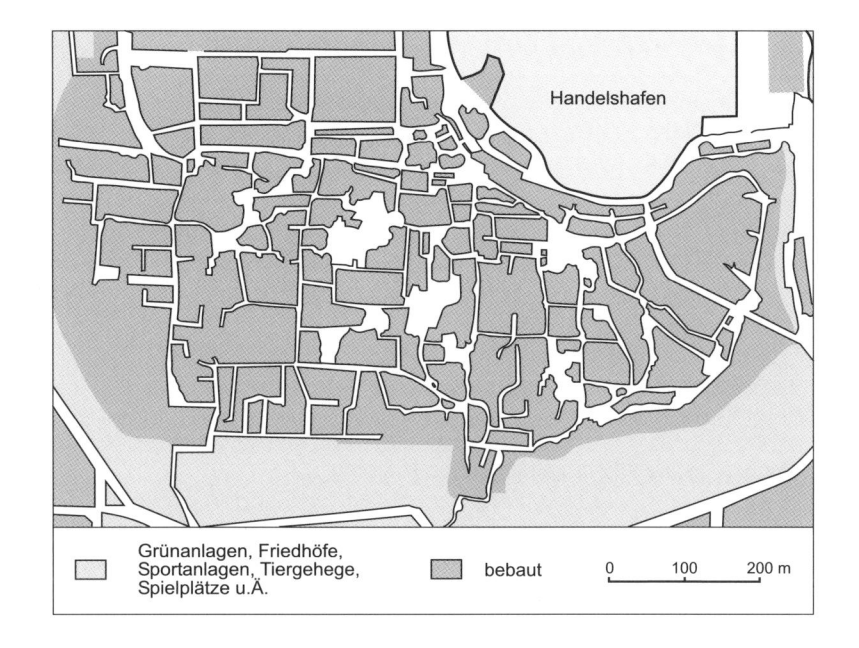

Noch im vorigen Jahrhundert hatten auch Mírina auf Límnos, Mitilíni und Míthimna auf Lésbos, Chaniá, Réthimnon, Iráklion und Ierápetra auf Kreta sowie Kos, Hauptort der gleichnamigen Insel, und manche ländliche Bereiche dieser Inseln türkische Mehrheiten (KOLODNY 1974, Karten F 4–9).

Seit 1990: Zustrom illegaler Einwanderer
Neben den bislang vorgestellten Minderheiten, die alle ein Erbe der osmanischen Zeit sind, strömen seit der Grenzöffnung von 1990 aus allen Nachbarländern (und darüber hinaus) illegale Arbeitssuchende ins Land. Ihre Zahl ist nicht bekannt; man schätzte in den ersten Jahren allein die illegal in der Landwirtschaft und in Dienstleistungsberufen beschäftigten Albaner auf rund 200 000 (BARATTA 1995, Sp. 297). Sie finden ebenso wie die Bulgaren bevorzugt in den nordgriechischen Nomi eine Beschäftigung, sind aber auch in den großen Städten des Landes anzutreffen, v.a. in Athen, dessen Schiffs- und Flughafen die bedeutendste Drehscheibe des Landes mit direktem Zugang zu einem vermeintlich großen, in jedem Fall aber attraktiven Arbeitsmarkt darstellt.

Wie in anderen Ländern der EU führt diese Situation auch in Griechenland nicht nur zu einer Verschlechterung der ohnehin belasteten Beziehungen zu den Herkunftsländern (besonders Albanien, Bulgarien, Türkei), sondern auch zu innenpolitischen Differenzen. In den ländlichen nordgriechischen Grenzgebieten, aber auch in der Landeshauptstadt finden nationale Abgrenzungsbemühungen unterschiedlich große Resonanz.

Bei den legal in Griechenland tätigen Ausländern – 42 724 aus EU-Ländern, hauptsächlich Großbritannien und Deutschland, 20 980 aus Amerika, vorwiegend USA, 29 563 aus Asien, insbesondere Irak und Libanon (National Statistical Service 1996, S. 88) – handelt es sich überwiegend um Botschaftsangehörige und Mitarbeiter internationaler Firmen, die im Zuge der Globalisierung der Weltwirtschaft bevorzugt im Großraum Athen ansässig sind. Auf Grund ihrer wirtschaftlichen Absicherung und des vorübergehenden Aufenthalts, der nur für einige Jahre geplant ist, bilden sie eine unproblematische Gruppe.

3.2 Bevölkerung: Strukturen und Entwicklungen

Die zahlreichen kriegerischen Auseinandersetzungen (Freiheits-, Balkan- und Weltkriege), von denen die Bevölkerung Griechenlands seit dem 19. Jh. heimgesucht wurde (vgl. Kap. 2.4), stellen die markantesten Einschnitte in der jüngeren Bevölkerungsentwicklung dar. Sie verursachten Flüchtlingsbewegungen und Zwangsumsiedlungen großen Ausmaßes (vgl. Kap. 3.1.1) und waren der Auslöser für Bodenreformen (vgl. Kap. 5.2.3), industriellen Aufbau (vgl. Kap. 6.2) und flächenhaftes Wachstum der Siedlungen (vgl. Kap. 8). Die hierdurch initiierten Binnen- und Außenwanderungen treten förmlich eine Lawine demographischer Erscheinungen los, die den Mittelpunkt der folgenden Abhandlungen bilden. Die Auswertung des umfangreichen statistischen Materials verliert schnell alles Trockene, wenn es im naturräumlichen, wirtschaftlichen oder sozialen Zusammenhang gesehen wird.

Demographische und räumliche Differenzierung

Die Bevölkerungsentwicklung des gesamten Landes zwischen 1821 und 2001 (Tab. 3.5) spiegelt die vielfältig miteinander verknüpften territorialen und sozio-ökonomischen, aber auch medizinischen Veränderungen der Zeit. Kriegsbedingte Schrumpfungen bzw. verlangsamtes Wachstum ist bis 1907 wiederholt zu erkennen (1828, 1838, 1842: Freiheitskriege; 1907: Balkankriege; 1940–1951: Zweiter Weltkrieg und Bürgerkrieg). Ebenso markant sind die progressiven Phasen, die auf Gebietszuwächse (1870, 1889, 1920 u.a.) und/oder Flüchtlingsströme zurückzuführen sind. Die gesamte Entwicklung verläuft ausgesprochen diskontinuierlich; als Ursachen lassen sich (aus den Angaben zur Staatsfläche) vornehmlich

Jahr	Einwohner	Veränderung	Fläche (km^2)	Dichte (Ew./km^2)
1821	938765	–	47516	19,76
1828	753400	–185365	47516	15,86
1838	752077	–1323	47516	15,83
1839	823773	71696	47516	17,34
1841	861019	37243	47516	18,12
1842	853005	–8014	47516	17,95
1853	1035527	182522	47516	21,79
1861	1096810	61283	47516	23,08
1870	1457894	361084	50211	29,04
1879	1679470	221576	50211	33,45
1889	2187208	507738	63606	34,39
1896	2433806	246598	63606	38,26
1907	2631952	198146	63211	41,64
1920	5016889	2384937	127000	39,50
1928	6204684	1187795	129281	47,99
1940	7344860	1140176	129281	56,81
1951	7632801	287941	131957	57,84
1961	8388553	755752	131957	63,57
1971	8768641	380088	131957	66,45
1981	9740417	971776	131957	73,82
1991	10259900	519483	131957	77,75
2001	10939771	679871	131957	82,90

Tab. 3.5: Entwicklung von Bevölkerung, Fläche und Bevölkerungsdichte 1821–2001
Quelle: National Statistical Service, versch. Jg.

Bevölkerung: Strukturen und Entwicklungen 65

politische Ereignisse ausmachen, die Bedeutung der natürlichen Bevölkerungsentwicklung, wie sie sich aus der Bilanz von Geburten und Sterbefällen ergibt, ist aus Tabelle 3.5 nur ansatzweise zu erahnen. Welchen Anteil die einzelnen Regionen am generellen Bevölkerungswachstum haben, bleibt vollends unklar.

Der demographischen und räumlichen Differenzierung der Bevölkerungsdaten bis 1951 wird an dieser Stelle nicht weiter nachgegangen; sie kann mit ihren unterschiedlichen Aspekten den Kapiteln 2.4, 3.1, z.T. auch 8.1 und 8.2 entnommen werden. Im Mittelpunkt des Interesses stehen die aktuellen Wandlungen ab 1961, welche die heutigen Raumstrukturen erklären bzw. von ihnen beeinflusst werden (Die folgenden Daten wurden, soweit nicht anders vermerkt, den Publikationen des Griechischen Statistischen Landesamts [National Statistical Service of Greece] und des Statistischen Bundesamts [Statistisches Bundesamt 1996] entnommen).

Während die Geschlechterproportionen (Männer je 100 Frauen 1961: 95,2; 1971: 95,7; 1981: 96,4; 1991: 97,1; 1993: 97,5) immer ausgeglichener werden, sind andere demographische Daten desselben Zeitraums auffallend ungleichförmig. Die durchschnittliche jährliche Wachstumsrate z.B. setzt auf niedrigem Niveau ein (1961–1971: +0,44‰), erreicht im folgenden Dezennium den Höhepunkt (1971–1981: +1,06‰) und liegt seitdem (1981–1993: +0,52‰) nur noch halb so hoch. Da die Häufigkeit der Geburten (1970: 16,5‰; 1980: 15,4‰; 1990: 10,1‰; 1993: 9,8‰) abnimmt und die Anzahl der Sterbefälle (1970: 8,4‰; 1980: 9,1‰; 1990: 9,3‰; 1993: 9,4‰) steigt, wird das natürliche Bevölkerungswachstum (Anzahl der Geburten abzüglich der Anzahl der Sterbefälle) immer geringer; 1993 beträgt es nur noch 0,4‰. Damit sinkt auch die sog. Nettoreproduktionsziffer (Zahl der Mädchengeburten von Frauen eines bestimmten Geburtenjahrgangs am Ende ihrer Fruchtbarkeitsperiode) von 1,06 (1970) auf 0,7 (1995).

Der Altersaufbau der Bevölkerung (Abb. 3.7) lässt den demographischen Wandel sichtbar werden. Die Geburtenrückgänge, deren Anstieg seit den 1970er Jahren zu verfolgen ist, verringern den Anteil der unter 15-Jährigen erheblich (1971: 25,4‰; 1993: 17,9‰). Die Erfolge bei der Bekämpfung der Säuglingssterblichkeit (1971: 26,9‰; 1994: 7,93‰) sind deshalb nicht zu erkennen; gleichwohl sind sie eine offenkundige Folge des flächenhaften

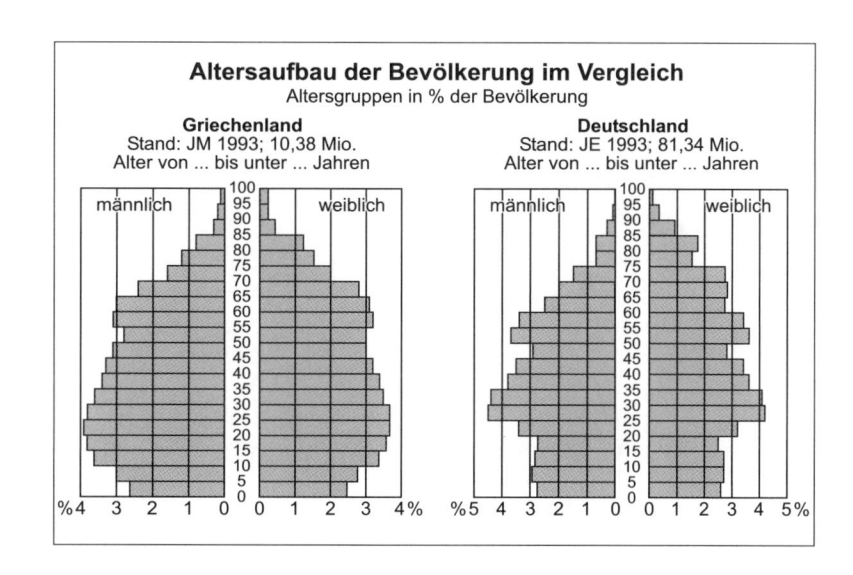

Abb. 3.7:
Altersaufbau der Bevölkerung Griechenlands und Deutschlands 1993 im Vergleich
Quelle: Statistisches Bundesamt 1996, S. 32

Ausbaus der öffentlichen Gesundheitsbetreuung (Krankenkassen, Krankenhäuser, medizinisches Personal), von dem vor allem die zuvor unterversorgten peripheren Regionen profitieren.

Gleichzeitig bewirken die steigende durchschnittliche Lebenserwartung (Männer 1970–1995: von 70,6 auf 74,9 Jahre; Frauen 1970–1995: von 74,2 auf 80,2 Jahre) und das anwachsende Durchschnittsalter (1970: 33,4 Jahre, 1995: 37,7 Jahre) eine Zunahme der über 65-Jährigen (1971: 10,9%, 1993: 14,9%). Das aktuelle Bild der Altersgruppen hat sich daher von der Pyramidenform mit breiter Basis und schmaler Spitze zur Glockenform gewandelt. Betrachtet man diese Entwicklung als Spiegelbild eines allgemeinen Wandels auf dem Weg zur Dienstleistungsgesellschaft, der zeitversetzt auch in anderen Ländern nachweisbar ist, so lehrt der Vergleich mit Deutschland (Abb. 3.7), dass die stark zurückgehenden Anteile der Jugendlichen und Kinder mittelfristig erhalten bleiben. Dass dies die staatliche Planung der Bereiche Kindergärten, Schulen, Altersversorgung und jeglicher Art von Solidarversicherung beeinflusst, liegt auf der Hand. Im gleichen Atemzug sind auch andere Parameter des gesellschaftlichen Wandels wie relative Abnahme von Single-Haushalten (1971: 40,1%: 1991: 35,7%) oder wachsende Scheidungsraten (1971: 0,9%; 1991: 1,7%) zu berücksichtigen, welche den schleichenden Prozess der Änderung im Altersaufbau beeinflussen.

Regionale Differenzierung
Doch erst die Regionalisierung der Bevölkerungsdaten führt zu einem besseren Verständnis aktueller Strukturen und Entwicklungen. Die Bildung landesweiter Mittelwerte verdeckt generell die Gegensätzlichkeit von Wachstums-, Stagnations- sowie Schrumpfungsregionen und blendet die wichtige räumliche Differenzierung aus.

Aus der Fülle der theoretischen Regionalisierungsmöglichkeiten lassen sich nur diejenigen berücksichtigen, welche mit statistischen Raumeinheiten zusammenfallen. Eine sicherlich sehr aussagekräftige Aufschlüsselung analog zur naturräumlichen Gliederung kann aus diesem Grund nicht vorgelegt werden. Es können folglich nur solche Raumeinteilungen diskutiert werden, die auf unterschiedlich aggregierten Zähleinheiten beruhen.

Die Aufgliederung der Bevölkerung nach verschiedenen Höhenstufen kommt jedoch einer Gruppenbildung, die naturräumliche Einheiten berücksichtigt, nahe. Die griechische Statistik (National Statistical Service 1996, S. 38) unterscheidet zwischen folgenden Gruppen:
- Bevölkerung der ebenen Gebiete; hierzu zählen Gemeinden, die sich ganz oder zum größten Teil in ebenem oder leicht geneigtem Gelände befinden; kein Teil der Gemarkung liegt höher als 800 m ü.N.N.;
- Bevölkerung des Hügellands; diese Gruppe bilden Gemeinden, die am Fuß von Bergländern liegen, die zusätzlich durchaus Anteil an ebenen Arealen haben können, deren Fläche aber zum größten Teil unterhalb 800 m ü.N.N. liegt;
- Bevölkerung des Berglands; Gemeinden in stark reliefiertem Gelände, das z.B. von markanten Geländeeinschnitten unterbrochen oder von hoch aufsteigenden Gipfeln überragt wird, bilden zusammen mit Höhensiedlungen oberhalb 800 m diese Gruppe.

Nach dieser Zuordnung leben in den Ebenen 69% der Landesbevölkerung, im Hügelland 21,8% und im Bergland 9,2%. Wie die aussagekräftigere Regionalisierung auf Nomos-Ebene (vgl. Anhang, Tab. A 4.1) verdeutlicht, spiegeln sich hierin die Bevölkerungsballungen des Großraums Athen, in dem bei 6724 Ew./km^2 rund 30% der gesamten Bevölkerung konzentriert ist, der festländischen und insularen Küstenebenen (Ätolien und Akarnanien, Böotien, Euböa, Phthiotis, Argolis, Achaïa, Ilía, Korinth, Zákinthos, Korfu, Kefallinía, Arta,

Bevölkerung: Strukturen und Entwicklungen

	Siedlungskategorie			Orographische Lage		
	Städtisch	Halb-städtisch	Ländlich	Ebene	Hügelland	Bergland
Griechenland	58,8	12,8	28,4	69,0	21,8	9,2
Groß-Athen	100,0	–	–	79,2	20,8	–
Restliches Zentralgriechenland	35,0	31,1	33,9	48,5	39,7	11,8
Peloponnes	35,9	14,6	49,5	64,3	19,6	16,1
Ionische Inseln	26,2	11,2	62,6	74,1	19,7	6,2
Epirus	30,8	9,8	59,4	47,1	19,5	33,4
Thessalien	43,6	16,4	40,0	72,8	12,3	14,9
Mazedonien	51,7	16,7	31,6	74,7	17,8	7,5
Thrakien	38,6	14,8	46,6	66,2	22,6	11,2
Ägäische Inseln	31,8	21,2	47,0	57,2	24,5	18,3
Kreta	41,5	12,3	46,2	64,2	18,7	17,1

Tab. 3.6: Regionale Bevölkerungsverteilung nach Siedlungskategorien und orographischer Lage 1995 (in %)
Quelle: National Statistical Service 1996, S. 48f.

Préveza, Dodekanes und drei kretische Nomi) sowie der großen Ebenen Thessaliens und Mazedoniens. Das Hügelland beherbergt nur in wenigen Nomi (Attika außerhalb von Groß-Athen, Grevená, Kavála, Kastoría und Athos) über 50% der Bevölkerung, mehrfach (z.B. Phokís, Lakonien, Messenien, Thesprotien, Kykladen oder Lassíthi) bildet es jedoch einen wichtigen Siedlungsraum. Das Bergland schließlich hat den geringsten Bevölkerungsanteil. Allein der Nomos Evritanien liegt vollständig in dieser Höhenstufe; Phokís, Arkadien, Lefkás, die epirotischen Nomi, Kardítsa, Magnísia, Tríkala, Grevená, Sámos und Réthimnon haben hier den einen oder einen Schwerpunkt.

Mit den drei Siedlungskategorien der amtlichen Statistik (Tab. 3.6) ist eine weitere Differenzierung der Bevölkerungsverteilung möglich:
- als städtische Bevölkerung gelten die Einwohner von Gemeinden mit 10000 und mehr Bewohnern;
- zur halbstädtischen Bevölkerung zählen alle Siedlungen mit 2000–9999 Einwohner. Bilden sie jedoch zusammen mit anderen Gemeinden eine Agglomeration, werden sie zur Kategorie der städtischen Bevölkerung geschlagen;
- als ländliche Bevölkerung wird folglich jene Gruppe bezeichnet, die in Gemeinden lebt, deren größte Ortschaft – in allen Fällen unter Ausschluss der (seltenen) Streusiedlungen – weniger als 2000 Einwohner hat, es sei denn, diese gehört zu einer Agglomeration.

Regionale Besonderheiten
Allein in Zentralgriechenland ohne Groß-Athen (und hier am deutlichsten in Böotien: vgl. Anhang, Tab. A 4.1) sind die drei Kategorien fast gleich bedeutend. In allen anderen Regionen haben sie unterschiedliches Gewicht. Die Dominanz der ländlichen Bevölkerung – sieht man vom Sonderfall der Mönchsrepublik Athos ab – fällt im gebirgigen Evritanien und im nördlichen Pindos (Epirus und Nomos Grevená) ebenso ins Auge wie in Phokís, Arkadien, Lakonien, den Ionischen und den meisten Ägäischen Inseln sowie in Teilen Kretas. Dass die Gruppe der halbstädtischen Siedlungen die landesweit geringste Bevölkerung auf sich vereinigt, scheint ihre Bedeutungslosigkeit zu erweisen. Die genauere Analyse der

Daten führt allerdings zu dem Ergebnis, dass sie in mehreren peripheren Nomi (Evritanien, Phokís, Kefallinía, Lefkás, Thesprotien, Grevená u.a.) wichtige zentralörtliche Funktionen auf sich vereinigt, da größere Siedlungen fehlen. Die generell erkennbare Polarisierung der Bevölkerung auf städtische Siedlungen in ebenen, zumeist meernahen Lagen und ländliche Siedlungen in stärker reliefiertem Gelände bei peripherer Lage, wie es im Nomos Chíos gut zum Ausdruck kommt, ist für die aktuelle Bevölkerungsverteilung kennzeichnend.

Diese wird durch eine vergleichende Betrachtung auf Nomos-Ebene vertieft. Der landesweite Durchschnitt von 77,8 Ew./km^2 (1991) wird nur in wenigen Nomi (Piería: 77,0; Zákinthos: 80,2; Kavála: 64,4) getroffen. In Mazedonien, dessen weite Ebenen und intramontane Becken zahlreiche Mittelstädte einschließen, werden ohne Thessaloníki nur 42,2 Ew./km^2 erreicht, doch auch mit der nordgriechischen Metropole bleibt die Region bei 65,4 Ew./km^2 ebenso unter dem Landesdurchschnitt wie Kreta (64,8 Ew./km^2). Epirus (36,9 Ew./km^2) und Thrakien (39,4 Ew./km^2) bilden die Schlusslichter, knapp hinter den Ägäischen Inseln (50,1 Ew./km^2), dem Peloponnes (50,8 Ew./km^2) und Zentralgriechenland ohne Groß-Athen (51,8 Ew./km^2).

Die geringe Repräsentativität der mittleren Einwohnerdichte bildet damit ein weiteres bevölkerungsgeographisches Kennzeichen. Sie ist eine Folge der Konzentration von rd. 30% der gesamten Bevölkerung auf 3,5% der Landesfläche. Der Gegensatz von extrem dicht und extrem dünn besiedelten Gebieten ist für das Land charakteristisch (KAYSER 1971).

Nur Studien, welche die Nomos-Ebene unterschreiten, führen zu detaillierteren Erkenntnissen. So kann z.B. LIENAU (1976) mit einer Fallstudie aus dem Umkreis von Pírgos auf dem westlichen Peloponnes die generelle und schematische Bindung der Bevölkerungsverteilung und -entwicklung an die Höhenstufen zurückweisen. Mit Nachdruck betont er, dass die spezifische Wahrnehmung und Bewertung des menschlichen Aktionsraums auch von nicht ökonomischen Faktoren abhängig ist, sodass in Einzelfällen durchaus Entwicklungen Platz greifen, die dem allgemeinen Trend entgegengesetzt sind bzw. ihn modifizieren. In den kykladischen Eparchien Síros und Náxos kommt STIBOREK (1990) in Fortführung der Studien von KOLODNY (1974) dagegen zu Ergebnissen, die das Gewicht des hypsographischen Erklärungsansatzes untermauern.

Eine weitere bevölkerungsgeographische Facette wird durch die Gegenüberstellung von Festland und Inselwelt gewonnen. Von den 3054 Inseln des Ionischen, Ägäischen und Libyschen Meeres sind lediglich 169 bewohnt; 114 von ihnen sind in der Statistik als eigene Einheiten erfasst. Ihre Einwohnerdichte liegt dank der relativ bevölkerungsreichen Ionischen Inseln, besonders Korfu, bei 59,6 Ew./km^2 (1991). Damit werden Werte erreicht, die zwischen denen von Thessalien und Mazedonien liegen. Die besondere demographische Situation der Inselwelt wird erst im Zeitreihenvergleich und bei räumlicher Begrenzung auf die Ägäischen Inseln (ohne Kreta) klar (Tab. 3.7).

In den Dekaden zwischen 1971 und 1991 hat allein der Dodekanes ein bemerkenswertes Wachstum; dieses wird fast ausschließlich von der expandierenden Stadt Rhódos getragen, sodass die Verluste der ländlichen Gemeinden kompensiert werden. Die Entwicklung der Kykladen ist ähnlich, wenn auch auf niedrigerem Niveau. Lésbos, Sámos und Chíos kennzeichnen dagegen in der Bilanz Stagnation und Regression. Im

Tab. 3.7: Bevölkerungsentwicklung in den Nomi der Ägäischen Inseln zwischen 1971 und 1991 (in %)
Quelle: LIENAU 1992, Tab. 2

	1971–1981	1981–1991	1971–1991
Dodekanes	19,9	12,0	34,2
Kykladen	2,4	7,5	10,2
Lésbos	–8,6	–0,9	–9,4
Sámos	–2,3	3,2	0,5
Chíos	–7,4	5,7	–2,2

Bevölkerung: Strukturen und Entwicklungen 69

Vergleich mit den beiden früheren Dezennien (1951, 1961) – die Werte der Inseln sind durchgehend negativ und liegen zwischen –0,4% (Rhódos) und –47,3% (Kea) (Social Sciences Centre 1964, Karte 2.06) – wird deutlich, dass die lang anhaltende Schrumpfungsphase nur auf bestimmten Inseln überwunden ist.

Wanderungsbewegungen: Binnenmigration

Aus dem Zeitreihenvergleich wird die regionale Bevölkerungsentwicklung (Abb. 3.8) ersichtlich. Ihr wichtigster Motor sind Wanderungsvorgänge, wie sie bereits bei der hypsometrischen Differenzierung angedeutet wurden. An dieser Stelle zeigt sich, dass neben der Höhenflucht, die bezeichnenderweise im gebirgigen Evritanien (1981–1991: –10,1%)

Abb. 3.8: Bevölkerungsentwicklung in den Nomi 1971–1981
Quelle: LIENAU 1992, Abb. 2

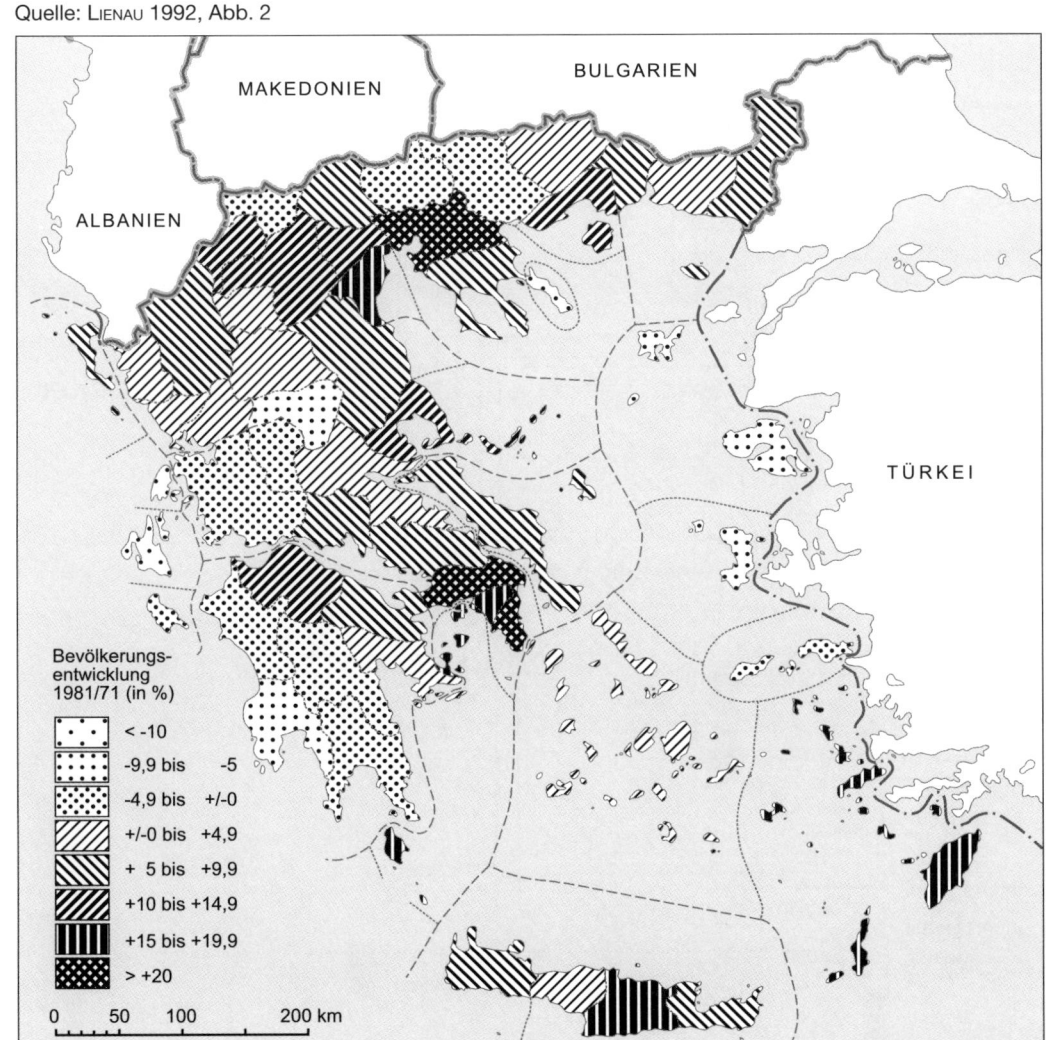

am deutlichsten ausgeprägt ist, und der Inselflucht (vor allem auf den nordöstlichen Ägäischen Inseln) die Landflucht aus den peripheren und wirtschaftlich marginalen Regionen die Wanderungsbewegungen steuern. Die vielfach beschriebenen Konsequenzen der Abwanderung (z.B. BANCO 1976, LIENAU 1976) gliedert RIEDL (1980) in innerörtliche Verfallserscheinungen und Auflassungsphänomene in der Flur, die vom Brachfallen des Kulturlands,

Abb. 3.9: Binnenwanderungen 1961
Quelle: Social Sciences Centre 1964, Karte 2.18
Die Binnenmigration erlebte ihren Höhepunkt in den ersten beiden Jahrzehnten nach dem Zweiten Weltkrieg sowie dem anschließenden Bürgerkrieg. Vor allem in den nordgriechischen Gebirgen hatten sich die rivalisierenden Parteien verschanzt, aber auch viele Bewohner der städtischen Zentren zogen sich in die peripheren Bergländer zurück. Als sich die politischen Verhältnisse in den 1950er Jahren wieder stabilisiert hatten, setzte die massive festländische Höhen- bzw. die Inselflucht ein. Interregionale Wanderungen sind angesichts des überwältigenden Wandererstroms nach Athen („Akropolis-Komplex") fast bedeutungslos.

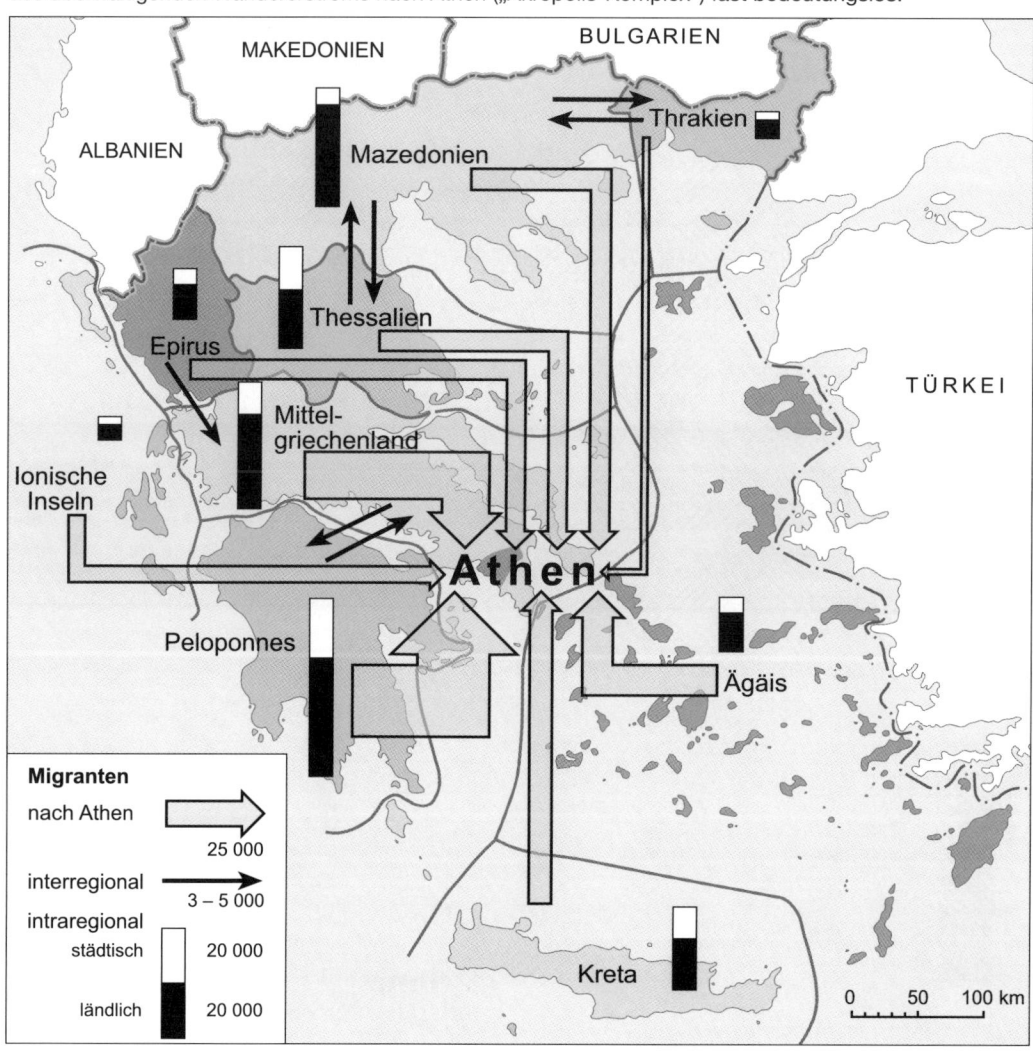

dem Verbuschen des Offenlands und dem Verfall der Trockenmauern bis zu beschleunigter Bodenerosion reichen.

Weiten Entleerungsräumen steht eine S-förmige festländische Wachstumszone mit großem Wanderungsgewinn gegenüber, die von Kavála über Thessaloníki, Lárisa, Vólos, Athen und Korinth bis nach Pátras reicht. Sie kulminiert in dem Agglomerationszentrum um Athen. Die dort verzeichneten Wachstumsraten erreichen inzwischen die Grenzen der Aufnahmefähigkeit, die der Umweltverträglichkeit sind bereits überschritten. Die Wanderungsströme in den Großraum Athen sind bereits in den 1960er Jahren (Abb. 3.9) so ausgeprägt, dass SAUERWEIN (1976, S. 41) zu Recht vom Akropolis-Komplex spricht; er bildet das Pendant zur Land-, Höhen- und Inselflucht. Abgesehen von den Regionen Mazedonien und Thessalien sind die nach Athen gerichteten Wanderungsströme stets größer als die intraregionalen Wanderungen; diejenigen interregionalen Bevölkerungsbewegungen, die an Athen vorbei gehen, spielen keine nennenswerte Rolle. In den Dekaden von 1961 bis 1981 steigert sich der Wanderungsgewinn Groß-Athens dramatisch und ist für die demographische Entwicklung des Landes bestimmend. Die in der Dekade 1951–1961 erfolgte Bevölkerungszunahme in vielen ländlichen Bezirken Nordgriechenlands erweist sich damit als kurzfristige Episode, die vorwiegend aus der Rückwanderung von Flüchtlingen resultiert, die vor den Schauplätzen des Bürgerkriegs geflohen waren.

Die rasche Entleerung der peripheren Regionen kommt bei Höhensiedlungen mit periodisch bewohnten Hirtenunterkünften besonders deutlich zum Ausdruck. Umstellungen in der Wirtschaftsweise lösen den Rückzug aus der Bergregion aus. BANCO (1976, S. 194) belegt mit Beispielen aus dem Pindos die extreme Schrumpfung der Höhensiedlungen; den Gemeinden am Gebirgsrand kommt der Exodus aus dem Bergland jedoch nur teilweise zugute.

Ein großer Teil wandert in den jeweiligen Nomos-Hauptort. Hier wirken ein städtisches Umfeld, Arbeitsplätze und eine bessere medizinische und kulturelle Infrastruktur vor allem

Übersicht 3.3: Bevölkerungsbewegungen – historische Wurzeln und aktuelle Ausprägung

Bevölkerungsbewegungen – historische Wurzeln und aktuelle Ausprägung
Die Land-, Höhen- und Inselflucht bildet einen Problemkreis, der mit der historischen Raumstruktur zusammenhängt. In Osmanischer Zeit hatten sich viele Inseln, die den Venezianern oder Genuesen unterstanden bzw. einen privilegierten Status hatten wie Chíos, Síros, Idra (Hydra) und Spetsä, zu Zentren der griechischen Bevölkerung entwickelt. Ermoúpolis auf Síros verdankt nur einer besonderen politischen Konstellation im 19. Jh. seine vorübergehende Anziehungskraft. Die hier kurzfristig konzentrierte Bevölkerung löste zwar eine blühende städtische und wirtschaftliche Entwicklung aus, einer längerfristigen Entwicklung wurde jedoch schon bald die Basis entzogen; die Bevölkerung war daher wieder zur Abwanderung gezwungen.

In ähnlicher Form bildeten auch die Bergdörfer des Pindos und des Pilion (vgl. Kap. 2.3) Siedlungskonzentrationen, die an die Raumstrukturen des Osmanischen Reiches gebunden waren. Seit der Zugehörigkeit dieser Gebiete zu Griechenland sind die Höhensiedlungen im Grunde überholt (HEMPEL 1992). Dass sie trotzdem nicht sofort aufgegeben wurden, hängt mit der politischen Instabilität auf der südlichen Balkanhalbinsel zusammen. Erst nach dem Bürgerkrieg (1949) tritt die bis heute andauernde Phase der politischen Konsolidierung ein.

Die Abwanderung aus den natur- und wirtschaftsräumlichen Ungunstregionen stellt deshalb einen Vorgang dar, der längst überfällig war. Die Attraktivität des städtischen Lebens und neu definierte Lebensqualitäten führen zwangsläufig zu einer schlechteren Bewertung der einstigen Refugien in den Bergen und auf den Inseln. Wenn jedoch die Wanderungsverluste in völliger Überschätzung der Leistungsfähigkeit des Migrationsziels Athen zu beinahe unkontrollierter Aufgabe der Heimatdörfer führen, dann sind lenkende Eingriffe der Regionalplanung erforderlich.

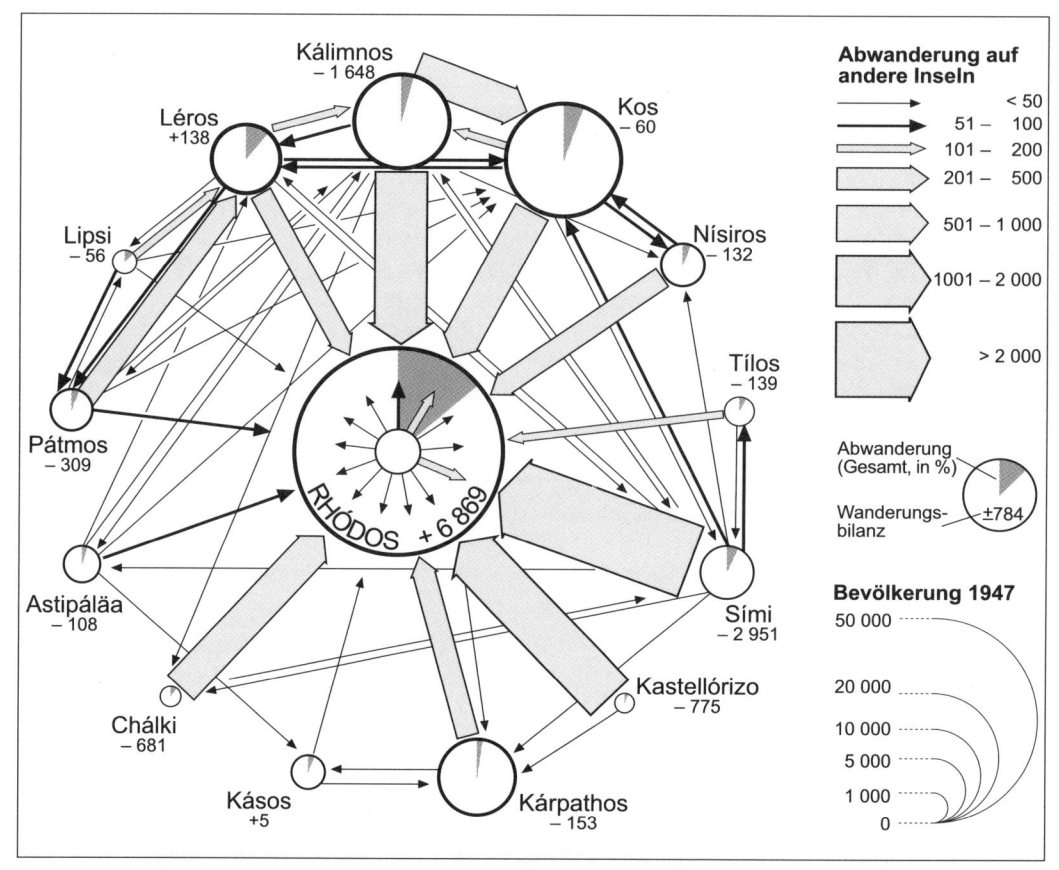

Abb. 3.10: Wanderungsströme zwischen den Inseln des Dodekanes 1947
Quelle: KOLODNY 1974, Karte J 15

Die massiven Wanderungsströme der Inseln des Dodekanes richten sich am Ende der italienischen Zeit auf die Hauptinsel Rhódos. Die kleinen Inseln verlieren in wenigen Jahren einen großen Teil der Bewohner; Siedlungen verfallen, Nutzländer wurden aufgegeben. Rhódos ist im ersten Schritt (1947) der große Gewinner. Doch schon bald erweist es sich, dass im Zuge der Etappenwanderung der Sog des attischen Zentralraums auch die südöstliche Ägäis erreicht. Erst ab den 1980er Jahren stabilisiert sich die Situation auf Rhódos und einigen anderen Inseln (Kárpathos, Kos) wieder: Der Tourismus schafft in den Küstenzonen neue Lebensmöglichkeiten.

auf unverheiratete Frauen und Männer unter 35 Jahren verlockend (SAUERWEIN 1976). Dass anfänglich das Tourismusgewerbe keinen Einfluss auf diese Entwicklung hatte, zeigen die Wanderungsströme des Dodekanes vom Jahre 1947 (Abb. 3.10).

Die Attraktivität dieser Mittelstädte verhindert auch in Nomi mit deutlich negativem Wanderungssaldo der 1970er und 1980er Jahre die Schrumpfung der städtischen Zentren; so können z.B. Pírgos in Elis (LIENAU 1976) und Trípolis in Arkadien (HAVERSATH 1989), umgeben von schrumpfenden Gemeinden, ihre Einwohnerzahlen halten. Auf der südpeloponnesischen Halbinsel Mani fehlen dagegen solche städtischen Mittelpunkte. Die in traditionellen Sozialstrukturen erstarrten, malerischen Turmsiedlungen (SAÏTAS 1987) werden von der Bevölkerung zum größten Teil verlassen. Auch von den Kykladen, von Kíthira und Antikíthira sowie den kleineren Argosaronischen Inseln (Poros, Idra, Spetsä) geht der Wandererstrom direkt in die Hauptstadt (KOLODNY 1974, Karte D 19).

Die seit den 1950er Jahren anhaltende Binnenmigration läuft vorwiegend nach dem Modell der Etappenwanderung ab. Dabei nehmen zunächst die nahen Mittel- und Kleinstädte der Inseln und Ebenen die abgewanderte Bevölkerung auf, bevor diese in einem zweiten Schritt in den Großraum Athen weiter wandert. Erst durch dieses jahrzehntelange Wachstum der städtischen Bevölkerung ist die gegenwärtige Verteilung (zwei Metropolen, einige Groß- und viele Mittelstädte in den Ebenen und Becken, dünn besiedelte Bergländer und (kleine) Inseln) zu erklären. Seit 1991 ist eine Verlangsamung des ländlichen Exodus zu erkennen, die möglicherweise auf ein baldiges Ende dieser Entwicklung deutet.

Es bleibt ein Spezifikum der griechischen Migranten, dass sich viele von ihnen bei Volkszählungen aus alter heimatlicher Verbundenheit – selbst wenn sie schon seit Jahrzehnten in Athen wohnen – am Herkunftsort registrieren lassen. In der nationalen Statistik kommt dies in der De-iure- und De-facto-Bevölkerung zum Ausdruck (vgl. Tab. 8.3). In Athen liegt die De-iure-Bevölkerung 1991 18% unter der tatsächlichen, in den Abwanderungsregionen ist es umgekehrt (Peloponnes: +12,4%; Epirus: +22,5%; Thrakien: +6,6%; Ägäische Inseln: +5,4%).

Wanderungsbewegungen: Auswanderung
Die Binnenwanderung wird in allen Regionen von der Auswanderung in fremde Länder begleitet. Um der wirtschaftlichen Not, aber auch den sozialen Zwängen der ländlichen Regionen zu entgehen, setzt bereits im ausgehenden 19. Jh. der Emigrantenstrom nach Übersee ein. Die USA, Kanada, Kuba, Brasilien, Australien und Südafrika sind die Zielländer. Ab 1890 treten die Auswanderer des Peloponnes in Erscheinung, um 1900 greift die Bewegung auf den Pindos über, und ab 1905 erreicht sie auch Mittelgriechenland und Thessalien. Bis zum Auswanderungsverbot des Jahres 1917 steigt die durchschnittliche Zahl der Emigranten von 1000 auf über 20000. Bis zum Ersten Weltkrieg liegt der Anteil der weiblichen Auswanderer unter 10%; der typische Emigrant dieser Zeit ist männlich und entstammt der Altersgruppe der 15- bis 45-Jährigen (BANCO 1976, S. 116). Die Quellgebiete der Auswanderung – besonders die „Seefahrerinseln" des Ionischen Meeres und des Saronischen Golfs – sind daher von einem phasenweisen extremen Frauenüberschuss gekennzeichnet, der durch die Verluste des Ersten Weltkriegs noch gesteigert wird. Nach Berufsgruppen tragen außer den Seeleuten vorwiegend Bauern, Landarbeiter und Handwerker, aber auch Arbeiter und Berufslose diese erste Welle der Auswanderung.

Sie begeben sich hauptsächlich als Einzelwanderer in die Neue Welt, dort allerdings finden sie sich – z.B. in den industriellen Ballungsräumen der USA – rasch zu landsmannschaftlichen Gruppen zusammen. Die geschlossene Auswanderung von 2000 Schwammfischern aus der Argolis und von Trikerion am Südende der Halbinsel Magnísia (1906) bildet die Ausnahme. Sie lassen sich in Tarpon Springs (Florida) nieder und gründen ihre neue Existenz auf den alten Berufen, die z.T. bis heute beibehalten wurden; allein die orthodoxe Kirche erinnert heute in der neuen Heimat an die Herkunft der ersten Bewohner.

Nach dem Zweiten Weltkrieg kommt die Auswanderung erneut in Gang. Die alten Zielländer USA, Kanada und Australien werden zu Anfang vermehrt aufgesucht. In Australien strömen die Griechen und Angehörige anderer mittelmeerischer Völker in dieser Phase bevorzugt in die Bewässerungsgebiete mit mediterranem Anbau, wo sie ihre landwirtschaftlichen Kenntnisse z.B. beim Wein- oder Tabakanbau einbringen können (ROTHER 1989).

Gastarbeiterwanderung

Ab 1960 treten die Länder Westeuropas, vor allem die Bundesrepublik Deutschland, in den Vordergrund (FAKIOLAS/VOSS 1989). Der Abzug der Gastarbeiter ist bis in die 1980er Jahre vor allem in den Nomi Xánthi, Rhodopi, Kastoría, Flórina, Arkadien und Lakonien sowie auf den Inseln vor der kleinasiatischen Küste unübersehbar (HAVERSATH 1991). Als Push-Faktoren zählen die unverändert schwierigen Lebens- und Arbeitsbedingungen in den ländlichen Peripherräumen, als Pull-Faktoren die attraktiven Löhne und sozialen Leistungen in West- und Mitteleuropa (Social Sciences Centre 1967). In den nordgriechischen „Tabak"-Nomi, die von einer schweren Absatzkrise betroffen sind, wird von der Möglichkeit, als Gastarbeiter in Deutschland zu arbeiten, ausgiebig Gebrauch gemacht (vgl. Kap. 5.2.1). In den 1960er und 1970er Jahren ist für viele Griechen der mehrjährige, oft jahrzehntelange Aufenthalt in einem fremden Land ein wichtiger Teil der eigenen Lebensplanung. Die Gastarbeiterwanderung folgt weniger dem Muster der Etappenwanderung; vielmehr sind die Migrantenströme aus den ländlichen Gemeinden Nordgriechenlands unmittelbar auf West- und Mitteleuropa gerichtet. Auch die türkische Bevölkerung Thrakiens ist in den Migrationsprozess einbezogen, während die isoliert lebenden Pomaken (vgl. Kap. 3.1.2) keinen Anteil haben.

Am Beispiel von Samothráki auf der gleichnamigen Insel lassen sich die demographischen Auswirkungen der massenhaften Aus- und Abwanderung der mittleren Altersklassen veranschaulichen (Abb. 3.11). Die starke Beteiligung von Frauen der demographisch aktiven Jahrgänge an der Gastarbeitermigration bildet das eigentliche Novum; es führt Zug um Zug zur Anerkennung der Frauen als Mitverdiener und zur Steigerung ihres Sozialprestiges (BANCO 1976, S. 170f.).

Viele Gastarbeiter unterstützen mit regelmäßigen Geldüberweisungen, die sie in die Heimat schicken (Rimessen), die Zurückgebliebenen. Der Lebensstandard wird auf diese

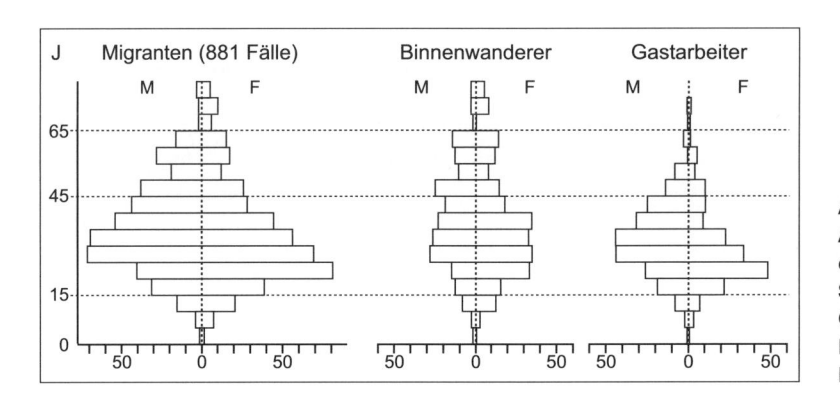

Abb. 3.11: Alterspyramiden der Migranten aus Samothráki 1961
Quelle: KOLODNY 1974, Karte J 23

Abb. 3.12: Regionale Wanderungsbilanz 1960–1971
Quelle: KOLODNY 1974, Karte H 3

Im Dezennium 1960–1971 sind die unterschiedlichen Migrationsformen fast lehrbuchartig einzelnen Regionen zugeordnet: Nur der attische Zentralraum weist eine positive Bilanz auf, alle anderen Regionen schrumpfen demographisch. Nordgriechenland entwickelt sich zum klassischen Quellgebiet der Gastarbeitermigration nach Mittel- und Westeuropa, Zentral- und Südgriechenland sowie die Ägäischen und Ionischen Inseln sind Räume überwiegender Binnenwanderung. Bis zum Ende der 1980er Jahre hat diese sachliche und räumliche Typisierung Bestand. Sie ist die Ursache der aktuellen Überalterung im Bereich des „Großen U", das von den Ionischen Inseln über die Kykladen bis zu den Inseln der Nordost-Ägäis reicht (vgl. Abb. 9.1).

Bevölkerung: Strukturen und Entwicklungen

Wanderungsbilanz (in 1000)

- −500
- −200
- −100
- −50
- −20
- −10
- −0

Positive Bilanz

Negative Bilanz
- Auswanderer
- Binnenwanderer

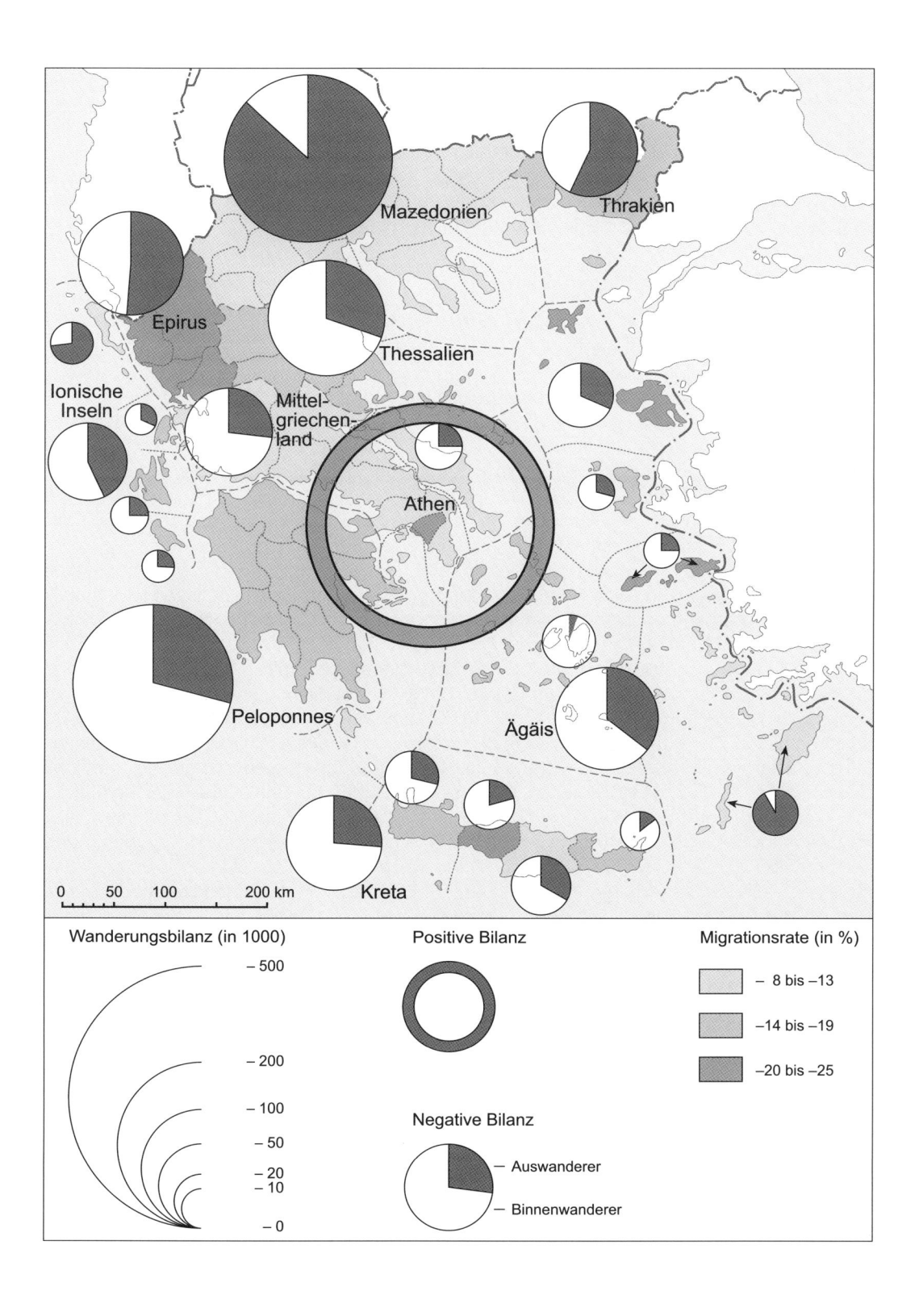

Migrationsrate (in %)
- −8 bis −13
- −14 bis −19
- −20 bis −25

Weise angehoben, bauliche Verbesserungen können ausgeführt und Investitionen in Landwirtschaft oder Gewerbe getätigt werden. Bei den hohen Gastarbeiterquoten Nordgriechenlands (Abb. 3.12) spielen die Überweisungen aus dem Ausland vor allem in der Hauptphase der Wanderungen (bis Anfang der 1980er Jahre) eine wichtige Rolle; sie leisten einen Beitrag zur ökonomischen Besserstellung der Bewohner, spiegeln jedoch nicht das regionale Leistungsvermögen. Dass bei ausbleibenden Rimessen strukturelle Probleme auftreten können, zeigt LIENAU (1987 c) am Beispiel von Margarition in Thesprotien.

Remigration – was steckt dahinter?
Zwischen 1971 und 1985 kehren über 600 000 sog. Remigranten, die sich überwiegend 6–10 Jahre in Deutschland aufgehalten hatten, in die Heimat zurück. Nur etwa 10 % von ihnen ziehen in die Metropolen Athen und Thessaloníki, die große Mehrheit bleibt dem heimatlichen Nomos treu; den stärksten Zuspruch unter den Remigranten finden allerdings nicht die Heimatdörfer, sondern die städtischen Hauptorte (LIENAU 1983).

70 % aller Rückwanderer der Jahre 1971 bis 1985 ziehen in Städte über 10 000 Einwohner, nur 22 % bevorzugen ihre Heimatdörfer. Die Rückkehr in das Heimatland ist familienintern dann ein besonderes Problem, wenn die in Deutschland geborenen Kinder nun vor neue Probleme gestellt werden.

Ob die Zielgebiete von den Rückwanderern verstärkte Entwicklungsimpulse (Know-how, Kapital, Innovationsbereitschaft u.a.) erhalten, ist eine in der Remigrationsforschung intensiv diskutierte Frage (BÜRKNER/HELLER/UNRAU 1988), die von den Befunden vor Ort vielfach negativ beantwortet wird (UNGER 1982). Neben bürokratischen Erschwernissen wirken sich bei den Remigranten besonders die fehlenden, jedoch in der Klientelgesellschaft so wichtigen persönlichen Kontakte zu führenden Persönlichkeiten negativ aus. Wichtige Positionen sind i.d.R. längst besetzt, die in der Fremde erworbenen Kenntnisse und Fähigkeiten sind in der Heimat scheinbar nicht gefragt (LIENAU 1983, 1987 c). Remigranten investieren daher vornehmlich in Konsumgüter und Immobilien mit hohem Prestigewert, aber geringer volkswirtschaftlicher Bedeutung. Dass sie die ökonomische Handlungs- und Denkweise, die sie in den Zielländern erlebt haben, nicht auf ihr Heimatland übertragen, hat gesellschaftliche und sozialisationsbezogene Ursachen. Es entspräche nicht den Denkweisen der Remigranten, hierin eine Form der Verweigerung zu sehen. Weithin erkennbar ist der Wunsch, sich im „*Heimatdorf mit dem im Ausland erwirtschafteten Geld in das vertraute Wirtschafts- und Sozialgefüge ein[zu]gliedern und dort zur Ruhe setzen [zu] wollen, jetzt aber unter individuell verbesserten Bedingungen*" (LIENAU 1983, S. 69). Trotz eines starken Überbesatzes im Bereich der privaten Dienstleistungen erscheinen z.B. der Erwerb eines Taxis oder eines Kafeníons wie auch der Aufbau einer Kfz-Werkstatt attraktiv.

Selbstverständlich gibt es auch Beispiele für produktive Investitionen durch Rückwanderer. LIENAU (1983, 1987 c) führt hier die Betriebe der wirtschaftlich mit deutschen Unternehmen eng verbundenen thrakischen Bekleidungsindustrie an (vgl. Kap. 6.2.2 und 6.3), die auf Grund der besonderen Ansprüche (Pünktlichkeit der Lieferung, Qualität der Ausführung) und Fähigkeiten (Kenntnis der deutschen Sprache) auf Remigranten zugeschnitten sind. Ein anderes Beispiel bildet der Ausbau von Paralía Katerínis (= Strand von Kateríni) zum Badeort in den 1980er Jahren, der zu einem erheblichen Anteil (ca. $1/_3$) von Remigranten getragen wird (vgl. Kap. 7.2.2).

Migration: nicht nur demographisch wichtig
Die drei Formen der Wanderung (Binnen-, Außen- und Rückwanderung) bestimmen bei abnehmender natürlicher Bevölkerungsentwicklung die Demographie des Landes. Sie tragen

> **Gastarbeiter: Rückkehr nach Hause oder Verbleib in der Fremde?**
> In der geographischen Remigrationsforschung ist die typologische Unterscheidung zwischen erfolgreich-innovativen und erfolglos-konservativen Rückkehrern verbreitet. BÜRKNER/HELLER/UNRAU (1988) betonen die Vordergründigkeit dieser Klassifizierung. Sie sei realitätsfern, da sie allein die ökonomische Sicht der Zielländer wiedergebe, strukturelle Rückkehrzwänge sowie die spezifischen sozialen Rahmenbedingungen des Gast- und Herkunftslandes aber außer Acht lasse.
> Der hohe Anteil der Rückwanderer weist fraglos auf einen bedeutsamen Themenkreis hin, dessen menschlich-existenzielle Aspekte oft den Schlüssel zum Verständnis individueller Entscheidungen bieten. An zwei bekannten Beispielen aus der neugriechischen Literatur soll diesem Thema weiter nachgegangen werden.
> Die Legende des ANDREAS KORDOPÁTIS von VALTINÓS (1982) schildert das individuelle Schicksal eines arkadischen Auswanderers der Jahrhundertwende nach Übersee. Dabei werden die schwierigen Lebensumstände, die den Auswanderungswunsch Hunderttausender stimulieren, an dem Einzelschicksal sichtbar: die Entbehrungen einer harten Jugendzeit, der Wunsch, anderen Auswanderern zu folgen, die mehrmaligen vergeblichen Auswanderungsversuche, die gefährliche Schiffsüberfahrt 1907, die illegale Einreise in die USA, die Suche nach seinen Geschwistern, die Ausübung von Gelegenheitsarbeiten und die Abschiebung in die Heimat – ein extremes, aber keineswegs ungewöhnliches Schicksal.
> Das doppelte Buch von CHATZIS (1983) thematisiert die Biographie eines nordgriechischen Gastarbeiters, der seine Heimat im nördlichen Pindos verlässt, um einen industriellen Arbeitsplatz in Deutschland anzunehmen. Bei seiner Rückkehr findet er eine veränderte Welt vor; er kann nicht an der Stelle wieder eintauchen, wo er Jahre zuvor ausgestiegen war. Die persönlichen Hoffnungen, die mit der Arbeitsmigration verbunden waren, gehen nicht in Erfüllung – nicht zuletzt, weil er sich ebenso wie seine Heimat gewandelt hat.
> Die schwierigen Lebensumstände einer griechischen Gemeinde in Deutschland stellt schließlich MÜLLER-BALLIN (1996) in ihrem Werk Ξενιτιά – Fremde dar. Auf Interviews basierend, werden die Lebens- und Arbeitsbedingungen sowie die Probleme der zweiten Generation („Zwischen Techno und Sirtaki – mit Homer, aber ohne Ausbildungsplatz") aufgedeckt.

Übersicht 3.4: Gastarbeiter: Rückkehr nach Hause oder Verbleib in der Fremde

darüber hinaus durch intensive interkulturelle Kontakte zu einem Wandel der Einstellungen bei, die u.U. die weitere Entwicklung steuern.

Am Beispiel der Ionischen Insel Kefallinía analysiert BANCO (1976, S. 162) bereits in den 1970er Jahren die Ursachen und beschreibt die Konsequenzen: *„Mit den neuen Lebensmaßstäben, die die Auswanderer aus den Gastländern mitbrachten, wuchs die Unzufriedenheit mit dem kargen ländlichen Leben und den unzureichenden Beschäftigungs- und Verdienstmöglichkeiten im Heimatland. Ein zweijähriger Deutschlandaufenthalt eines Familienvaters aus Skinea (1964–1966) hat die Bereitwilligkeit zur Auswanderung bei allen Familienmitgliedern gefördert. Die Familie will nicht mehr nach Kephallenia zurückkommen oder zumindest solange fortbleiben, bis das Weiterkommen der Kinder gesichert ist. Sichtbare Zeugen der Abwanderung (...) sind (...) die verfallenen Fluren (...) und die vielen verfallenen Rohbauten. (...) Dagegen sind die Häuser in den Livatho-Dörfern, Besitzungen der Amerika-Heimkehrer, sehr gut in Stand."*

Ebenso deutlich formuliert SAUERWEIN (1985, S. 137): *„Griechenland zeigt (...) ein Bild des Umbruchs. Über Jahrhunderte gültige Vorstellungen, zementiert in Sitte und ländlichem Brauchtum, werden in Frage gestellt. Die Berührung mit dem zunehmenden Tourismus und die Rückkehr von Gastarbeitern tragen neue Lebensbilder in ein konservativ geprägtes Schema des Lebensablaufes hinein. Alte Familienstrukturen beginnen aufzuweichen (...) es erfolgt eine Lösung von traditionellen Bindungen."*

Konsequenzen des steigenden Lebensstandards
In der sinkenden durchschnittlichen Haushaltsgröße (1951: 4,1; 1961: 3,8; 1971: 3,4; 1981: 3,1; 1991: 3,0 Mitglieder) werden die demographischen Konsequenzen der geänderten Lebensweisen fassbar. Der grundsätzlich für das ganze Land geltende Wandel wird von den beiden Metropolen Athen und Thessaloníki, die fast 40% der Landesbevölkerung auf sich vereinigen, mit unterdurchschnittlichen Haushaltsgrößen (Groß-Athen: 2,8; Nomos Thessaloníki: 2,9) getragen. Die bevölkerungsschwachen, ländlich geprägten Nomi Zákinthos (3,4), Ätolien und Akarnanien (3,4), Flórina (3,4), Thesprotien (3,3) und Kastoría (3,2) hinken nach; damit spiegelt sich die Bevölkerungsdynamik („tote" Mitte, Schrumpfung im Bereich des „*Ionischen Bogens*": DESLONDES 1995) in auffallender Weise.

Seit dem erkennbaren Ende des Arbeitskräftebedarfs in den west- und mitteleuropäischen Staaten zu Beginn der 1980er Jahre geht die Bedeutung der Gastarbeiterwanderungen zurück; der gleichzeitig einsetzende Strom von Remigranten belegt diese neue Entwicklung ausdrücklich. Auf diesen Eckwerten der Bevölkerungsentwicklung aufbauend, ist für die nahe und mittlere Zukunft nur ein ganz geringes Bevölkerungswachstum anzunehmen, das spätestens nach 2015 in eine Bevölkerungsabnahme umschlagen wird (Tab. 3.8). Dass im Rahmen der Integration in die EU die alten Muster der Abwanderung nicht nur gestoppt, sondern eventuell sogar umgedreht werden (Zuwanderung von außerhalb der EU), darauf deutet z.B. der starke Zuwanderungsdruck aus Albanien hin.

Über Jahrhunderte war griechische Migration gleichbedeutend mit Auswanderung (KONSTANTINOU 2000). Ins westliche, mittlere und östliche Europa, nach Afrika, Asien, Amerika und Australien gingen die Ströme der Migranten. Zumeist war es wirtschaftliche Not, die zu diesem Schritt veranlasste, phasenweise (z.B. nach dem Bürgerkrieg) kamen auch politische Motive hinzu. Das hat sich zu Beginn des neuen Jahrtausends geändert. Jetzt steht die Zuwanderung im Zentrum der Aufmerksamkeit. Hierin kommt jedoch keineswegs ein landesspezifischer demographischer Sonderfall zum Ausdruck, sondern vielmehr die Position Griechenlands als Mitglied der EU. Es handelt sich also bei der Immigration um eine Erscheinung, die in neuen großräumigen Migrationsmustern und EU-weiten Rahmenbedingungen eine Erklärung findet.

3.3 Menschliche Gruppen als Umweltgestalter: Erbe und Verpflichtung

Die statistisch-demographischen und ethnographischen Aspekte der vorangehenden Abschnitte erklären die aktuelle räumliche Verteilung der Bevölkerung und manche der Probleme, die sich daraus ergeben. Um hierüber hinausgehend auch die umfassendere Raumwirksamkeit menschlicher Gruppen wahrzunehmen, wird im Folgenden die Aufmerksamkeit auf die landschafts- und umweltverändernden menschlichen Aktivitäten gelenkt.

Uralte Kulturlandschaften – Archive menschlicher Eingriffe
Wie die anderen Mediterranländer blickt auch Griechenland auf eine jahrtausendelange Kulturlandschaftsgeschichte zurück. In allen Epochen haben sich die Menschen bemüht, ihre Existenz durch eine möglichst intensive und effektive Inwertsetzung der natürlichen

	2005	2010	2015	2025	2030
Vereinte Nationen	10 577 000	10 458 000	10 284 000	9 868 000	9 637 000
Weltbank		10 753 000	10 748 000	10 696 000	10 536 000	10 442 000

Tab. 3.8: Prognose zur Bevölkerungsentwicklung 2005–2030
Quelle: Statistisches Bundesamt 1996

Menschliche Gruppen als Umweltgestalter: Erbe und Verpflichtung 79

Umwelt zu sichern. Das Relief, der Boden, die Vegetation, der Wasserhaushalt und das Klima wurden hierdurch unterschiedlich stark verändert. Eine Naturlandschaft im eigentlichen Sinne des Wortes gibt es daher heute nicht mehr, lediglich mehr oder weniger naturnahe Landschaften.

Mit den technischen Möglichkeiten der Gegenwart können landschaftsverändernde Eingriffe in zuvor unbekannter Größenordnung vorgenommen werden. Die vernässten Küstenebenen, die sumpfigen Talauen der großen Flüsse, die mit den Jahreszeiten in ihrem Umfang schwankenden Binnenseen oder der tiefe, steilwandige Taleinschnitt im Gebirge bedeuteten seit der Zeit der antiken Kulturen eine nicht zu bewältigende Herausforderung – und blieben deshalb wie der Kanalbau von Korinth oder die Trockenlegung der Kopaïs-Senke zunächst unvollendet. Heute jedoch verfügen wir über das Know-how und die technischen Geräte, um gewaltige umweltverändernde Projekte umzusetzen, sofern dies auch finanzierbar ist. Das bedeutende technische Potenzial der Gegenwart macht aber auch die Grenzen menschlicher Eingriffe absehbar, wenngleich diese nur schwer zu definieren sind.

Mit den begrenzten Ressourcen Boden, Wasser und Luft muss daher sorgsam umgegangen werden, frühere umweltschädigende Eingriffe, sog. Altlasten, haben heute und in Zukunft als Summationsschäden Bestand. Mit den Schlagworten der Umweltverträglichkeit menschlicher Eingriffe, der nachhaltigen und zukunftsfähigen Entwicklung werden die Rahmenbedingungen des heutigen Umweltverhaltens, das die Bewahrung stärker akzentuiert, umrissen.

Nachhaltigkeit und Zukunftsfähigkeit

Anspruch und Wirklichkeit klaffen jedoch weit auseinander. Der Großraum Athen z.B. bedeckt eine dicht bebaute, weitgehend versiegelte Fläche von ca. 15 x 30 km, die längst die Flanken der umgebenden Gebirge (Ägáleon, Párnis, Imíttos und Pentéli) erreicht hat (HOSTERT/HILL 1997, HILL 1998). Sie setzt sich bandartig in der Bucht von Eléfsis, auf Salamis und entlang der Küstenstraße nach Südosten (Kap Sounion) fort; sie strahlt bereits in die Ebene der Mesógia, des östlichen Hinterlands von Athen, aus und setzt sich in der dichten Ferienhausbebauung an der Küste des Petalischen Golfes zwischen Lávrion und Marathon fort. Die hier miteinander konkurrierenden Funktionen Wohnen, Arbeiten, Verkehr und Erholung sind nicht unter einen Hut zu bringen und lösen Nutzungskonflikte aus (vgl. Kap. 7.3).

- Luft- und Wasserverschmutzung sowie Lärmbelästigung treten im Saronischen Golf massiert auf und beeinträchtigen die Erholungsfunktionen der „Attischen Riviera" und Athens beträchtlich (PAPANASTASSOPOULOS 1989, SIFAKIS 1991, TSELEPIDAKI/ASIMAKOPOULOS/MELITSIOTIS 1991, HILL 1998, für den Raum Pátras: SKARLATOS/DRAKATOS 1988).
- Der hohe Wasserbedarf der Agglomeration kann aus der Region nicht gedeckt werden. Große Stauseen bei Marathon, Theben (Ilikisee) und Amfissa (Mornossee) stellen die benötigten Wassermassen über Kanalsysteme (Mornoskanal: 180 km Länge, davon 62 km als Druckstollen!) bereit (SAUERWEIN 1988).
- Die Entsorgung (Abwässer und Abfälle) weist große Defizite auf. Das unvollständig ausgebaute Kanalisationssystem und fehlende Kläranlagen schaffen an anderen Stellen neue Probleme; die stark belastete Bucht von Faliron ist ein zweifelhaftes Aushängeschild der Hauptstadt (SAUERWEIN 1985). Die Trennung der Abfälle und ihre Entsorgung – vielfach auf ungeordneten Deponien – lassen zu wünschen übrig.

Umweltbewusstsein

Das ungestüme Bevölkerungswachstum der städtischen Vorzugsregionen zeigt schwerwiegende ökologische Schädigungen, die auch eine Folge des manchmal gedankenlosen Umgangs mit der natürlichen Umwelt sind. So werden zur Ausbeutung von Marmorvorkommen in stark reliefiertem Gelände Steinbrüche angelegt, die mit planlos aufgeschütteten Abraumhalden ein Vielfaches der eigentlichen Arbeitsfläche bedecken und das langsame Vorrücken der Vegetation erst nach etlichen Jahren ermöglichen; allein im Großraum Athen sind aus Gründen des Umweltschutzes Steinbrüche geschlossen worden, neue Standorte werden nur unter strengen Auflagen genehmigt. Ungeregelte Hausmülldeponien werden an Stellen errichtet, die im Bereich periodischer Seen liegen und jahreszeitlich mit dem Grundwasserspiegel Kontakt haben oder sich in sommertrockenen Flussbetten (χείμαρροι, chímarri) befinden. Die verheerenden Waldbrände, die in jedem Sommer weite Flächen zerstören, haben nicht immer natürliche Ursachen; wurden sie früher von Hirten gelegt, die damit die natürliche Verbuschung der Weideareale im Gebirge bekämpften, so erfolgen sie heute – zumeist nicht nachweisbar – aus Gründen der Bodenspekulation.

Auch im ländlichen Bereich ist ein nur wenig ausgeprägtes Umweltbewusstsein zu erkennen, wie verschiedene Fallstudien belegen (HARTLEB 1989, SCHRADER 1995, JERRENTRUP 1997). Die Natur wird überwiegend als Grundlage der Nahrungsmittelproduktion gesehen; sie wird nicht als „wilde Natur" im Sinne der mitteleuropäischen Aufklärung und Romantik geschätzt, indem sie als Quelle der Erbauung oder Rekreation betrachtet wird. Als Erholungsgebiete „in der Natur" gelten vielmehr nach bestimmten Vorstellungen angelegte Waldgebiete, die mit Spielplätzen, Bänken, Pavillons u.a. durchsetzt sind, wie KANDLER (1997) am Beispiel des Stadtwalds von Komotiní zeigt. So zielt auch die Redewendung „πάμε μια βόλτα" („Machen wir einen Spaziergang") nicht auf einen Gang durch die Natur, sondern auf nachmittägliches oder abendliches Flanieren in der Stadt. Ausgedehnte Wanderungen oder Fahrradtouren durch die griechische Gebirgswelt sind eine Domäne von ausländischen Touristen.

Die spezifische Einstellung zur Natur ist noch wenig erforscht und nur in einem weiteren kulturgeschichtlichen Zusammenhang zu erklären. Dass man sich auch hier vor Verallgemeinerungen hüten muss, zeigt KANDLER (1997) am Beispiel der Griechen und Türken Thrakiens mit durchaus unterschiedlich ausgebildetem Naturverständnis. Aus dem besonderen kulturgeschichtlichen Kontext erklärt sich möglicherweise auch das wenig ausgeprägte Umweltverständnis.

Kulturlandschaftspflege
Der in den peripheren Regionen auf Schritt und Tritt erkennbare Verfall der Kulturlandschaft – eine Folge der Land-, Höhen- und Inselflucht – wird von den wenigsten Griechen als Verlust empfunden. Kulturlandschaftspflege im Sinne einer teilweisen Bewahrung von Altlandschaften spielte bis vor wenigen Jahren noch gar keine Rolle. Erst in den 1990er Jahren setzt zunächst in den Städten die Wertschätzung der historischen Bausubstanz neue Zeichen: Die Oberstadt von Thessaloníki wird beispielsweise großflächig restauriert, in Véria erstrahlt die zuvor verfallene Bazarstraße in neuem Glanz usw.; die Altstadt von Ioánnina, das Kastro, wird als ein Zentrum des innergriechischen Städtetourismus bereits in den 1980er Jahren denkmalpflegerisch erhalten.

Impulsgeber für den erkennbaren Einstellungswandel sind möglicherweise die Inseln. In Rhódos wird bereits in italienischer Zeit (1912–1947) die Stadt der Kreuzritter wiederhergestellt. Auf Kreta bilden die venezianisch-türkischen Städte eine wichtige touristische Attraktion, auf Síros das klassizistische Ermoúpolis; Kérkira, der Hauptort Korfus, betont seine venezianische Vergangenheit (HAVERSATH 2002).

In der Bilanz bleibt ein im Vergleich zu Mitteleuropa geringes Interesse an der eigenen Kulturlandschaftsgeschichte. Auf den ersten Blick verwundert dies angesichts der langen historischen Entwicklung. Ihre Erklärung findet diese Einstellung in den zahlreichen Kontinuitätsbrüchen und der daraus folgenden selektiven Akzeptanz der verschiedenen Epochen.

So findet die Bewahrung osmanisch-islamischer Bauten und Kulturlandschaften allgemein nur geringe Resonanz, während sich die Epochen der Antike und der byzantinischen Zeit besonderer Wertschätzung erfreuen. Die Ausgrabungsstätten der klassischen Antike gelten als nationale Kulturgüter, die schützenswert sind, eine Quellfassung aus osmanischer Zeit dagegen als weniger wertvolles Erbe.

Die in den einzelnen Epochen (Antike, byzantinische und osmanische Zeit) entstandenen Altlandschaften mit ihren räumlichen Spezifika (vgl. Kap. 2.1–2.3) lassen infolge der diskontinuierlichen Entwicklung keinen unmittelbaren Bezug zur Gegenwart erkennen; von den überkommenen Kirchenbauten abgesehen, handelt es sich in allen anderen Fällen um heute funktionslose, museale Relikte früherer Epochen.

„Fehlende historische Tiefe" als Erklärung?

Die kontinuierliche eigene Geschichte beschränkt sich auf die neugriechische Zeit; in diesem Sinne erklärt eine fehlende historische Tiefe, die LIENAU (1987b) bereits in anderem Zusammenhang erkannte, das defizitäre kulturlandschafts- und umweltgeschichtliche Verständnis. Im Gegensatz zu den mitteleuropäischen Regionen, in denen das Erbe der verschiedenen Epochen eine kennzeichnende polygenetische, funktional fortdauernde Struktur geschaffen hat, ist die neugriechische Kulturlandschaft beinahe wurzellos.

Es sind folglich wenigstens drei Problemkreise, welche das Verhältnis der menschlichen Gruppen zu ihrer Umwelt ausdrücken:

- Die Auseinandersetzung mit den überkommenen Kulturlandschaftsmonumenten steht vor der Alternative des Verfalls oder der pfleglichen Bewahrung. Ihre Akzeptanz hat nicht nur antiquarischen Charakter, sondern auch identitätsstiftende Bedeutung.
- Die Zukunft der Kulturlandschaft hängt von der Einstellung, den Werten und Normen der heutigen Gesellschaft ab. Unter Anerkennung kulturgeschichtlicher Besonderheiten stehen die Fragen der Umweltverträglichkeit, Nachhaltigkeit und Zukunftsfähigkeit heutiger landschaftsverändernder Eingriffe im Mittelpunkt. Die zunehmende Sensibilisierung für ökologische Aspekte ist eine notwendige Entwicklung.
- Die Einstellung zur mehr oder weniger ausgeprägten natürlichen Umwelt bildet den dritten Problemkreis. Hier ist zu erwarten, dass die engen Kontakte innerhalb der Europäischen Union zu einem Wertewandel führen, wie er auf anderen Ebenen bereits durch die Gastarbeitermigration eingeleitet wurde. Wenn es z.B. über die schulische Umwelterziehung, die es auch in Griechenland gibt, über die Nationalparks oder über Interessenverbände zu einem allmählichen Wandel der Einstellungen kommen sollte, wird dies auch Konsequenzen für den Erhalt der natürlichen und der gebauten Umwelt haben.

4 Der Naturraum: Landschaftsformen und Landschaftshaushalt

Die Palette der Oberflächenformen auf der südlichen Balkanhalbinsel reicht von steil aufragenden Gebirgen über tiefe Taleinschnitte, unterschiedlich große intramontane Becken und Steilküsten bis zu aufgeschütteten Schwemmlandebenen in oft enger räumlicher Nachbarschaft; hinzu kommt der Gegensatz zwischen dem Festland und einer ausgedehnten Inselwelt. Diese Formen und ihre besondere räumliche Verteilung bilden die Naturausstattung und das natürliche Potenzial Griechenlands.

Im größeren Rahmen handelt es sich um einen Teil des mediterranen Faltengürtels (ROTHER 1993) oder des alpinen Mediterrangürtels (FRISCH/LOESCHKE 1986), der auf die alpidische Gebirgsbildung zurückgeht. Die Dinariden der nördlichen und die Helleniden der südlichen Balkanhalbinsel (vgl. Abb. 1.2) bilden folglich mit den Tauriden der Türkei sowie den Alpen und Pyrenäen ein System, das genetisch zusammenhängt.

Die im Einzelnen sehr unterschiedlichen und längst nicht in allen Punkten geklärten Etappen und Verlaufsformen der Gebirgsbildung (Orogenese) beschäftigen die Menschheit seit langem – aus Wissensdurst und aus Gründen der ingenieurtechnischen Anwendung. Bereits im 1. Jh. v. Chr. zieht STRABON VON AMASEIA, ein bedeutender antiker Geograph (ZIEGLER u.a. 1979, Bd. 5, Sp. 381–385), aus Geländebeobachtungen und eigenem Erleben von Erdbeben den Schluss, dass die Gestalt der Erdoberfläche zumindest teilweise aus

Übersicht 4.1: Antiker Deutungsversuch zur Morphogenese Thessaliens

Antiker Deutungsversuch zur Morphogenese Thessaliens

HERODOT aus Halikarnass, ein Historiker des 5. Jh. v. Chr., fügt in sein Werk mehrfach geographisch-ethnographische Exkurse ein; im vorliegenden Fall versucht er sich an einer genetischen Erklärung der Oberflächenformen Thessaliens:

„Von Thessalien erzählt man, es sei in alten Zeiten ein See gewesen, ringsum mit himmelhohen Bergen eingeschlossen. Seine Ostseite wird vom Pelion und Ossa begrenzt, die ein gemeinsames Vorland haben, der Norden vom Olympos, der Westen vom Pindos, der Mittag und Süden vom Othrys. Der Kessel inmitten dieser genannten Berge ist Thessalien. Noch eine Menge anderer Flüsse strömen ebenfalls zu ihm hinab; die fünf bedeutendsten aber sind folgende: Peneios, Apidanos, Onochonos, Enipeus und Pamisos. Diese Flüsse sammeln sich in der Ebene aus den genannten, Thessalien umschließenden Gebirgen und fließen durch eine einzige, dazu noch enge Schlucht heraus ins Meer, nachdem sie sich vorher zu einem Strom vereinigt haben. Von der Stelle ihres Zusammenflusses an gilt nur noch der Name des Peneios für alle gemeinsam, die andern verlieren ihren Namen. In alten Zeiten – so wird erzählt – gab es diese Schlucht und diese Ausflußstelle noch nicht. Jene Flüsse aber und außerdem noch der boibeische See trugen zwar noch nicht ihre heutigen Namen, strömten aber trotzdem nicht weniger als heute und machten durch ihre Flut ganz Thessalien zu einem Meer. Die Thessaler selbst erzählen, Poseidon habe die Schlucht geschaffen, die der Peneios durchfließt, und damit sind sie wohl auch im Recht. Wer nämlich annimmt, daß die Erdbeben und die durch Erdbeben entstehenden Schlünde das Werk dieses Gottes sind, der kann wohl behaupten – wenn er jene Schlucht sieht –, Poseidon habe auch sie gemacht. Dieses Auseinanderklaffen der Berge ist, wie mir erscheint, die Wirkung eines Erdbebens" (HERODOT VII, 129, übers. v. REUTERN 1969, S. 255 und S. 257).

Die Verquickung von Beobachtung und mythologisch motivierter Erklärung kann man bei HERODOT hinnehmen, sie erfolgt aus seiner Zeit heraus; sogar dass das antezedente Durchbruchstal des Piniós, das Tempetal, nicht auf ein Erdbeben, sondern auf tektonische Bewegungen und fluviatile Erosion zurückzuführen ist, muss man ihm nicht in voller Schärfe als Fehler anrechnen. Wenn aber in heutigen Reiseführern markante, gut erforschte Reliefformen wie z.B. die ebenfalls thessalischen Metéorafelsen immer noch spekulativ, monokausal und damit sachlich äußerst fehlerhaft erklärt werden (so z.B. bei SENNE 1990), gibt es dafür kein Pardon.

Hebungs- und Senkungsvorgängen abzuleiten sei. Gleichwohl bleiben die Erklärungsversuche dieser frühen Zeit noch ausgesprochen dürftig und auf punkthafte Erscheinungen beschränkt.

4.1 Oberflächenformen

4.1.1 Ein forschungsgeschichtlicher Überblick

Die morphologisch-geologische Erforschung Griechenlands setzt erst am Ende des 19. Jh. ein. Von deutscher Seite aus wird sie mit größtem Nachdruck durch den Geographen ALFRED PHILIPPSON (z.B. 1895–1897, 1898) betrieben, dessen Lebenswerk (PHILIPPSON 1950–1952, PHILIPPSON/KIRSTEN 1956–1959) z.T. posthum erschienen ist.

Bereits auf seinen Reisen 1888 und 1889 (BÖHM/MEHMEL 1996), auf denen er sich mit der morphologischen und geologischen Struktur des Peloponnes beschäftigte, erkannte er die grundlegende Abfolge der geologischen Schichten und leitete aus vergleichenden Untersuchungen der Teilräume die Grundzüge der tektonischen Gliederung ab. Auf der folgenden Forschungsreise durch Mittel- und Nordgriechenland (1890) gelingt es ihm, die Befunde der südgriechischen Untersuchungen mit den mittel- und nordgriechischen zu verknüpfen. Er entwickelt so ein grundlegendes Konzept über den Deckenbau der festländischen Gebirge.

Auf diesen Studien aufbauend, erstellt der Schweizer Geologe RENZ (1955) eine verbesserte Stratigraphie der vorneogenen Zeitstufen. Nach dem Zweiten Weltkrieg leisten neben den Studien französischer und deutscher Wissenschaftler auch die Arbeiten griechischer Geologen – KTENAS, TRIKKALINOS, GEORGALAS und MITZOPOULOS (JACOBSHAGEN 1986, S. 4) – wertvolle Beiträge zur Stratigraphie, Petrographie und Tektonik. Der Aufbau eines landesweiten geologischen Dienstes (I.G.M.E., Ινστιτούτο Γεωλογικών και Μεταλλευτικών Ερευνών) mit Zweigstellen in den Nomos-Hauptorten intensiviert die Forschungen in allen Landesteilen.

Übersicht 4.2: Alfred Philippson: Geographische Forschung trotz rassistischer Unterdrückung

ALFRED PHILIPPSON (1864–1953): Geographische Forschung trotz rassistischer Unterdrückung
Als jüdischer Mitbürger kann PHILIPPSON schon zu Anfang des 20. Jh. seine wissenschaftliche Laufbahn nur unter erschwerten Bedingungen realisieren. Dank seiner überzeugenden Leistungen gelingt es ihm jedoch, zunächst einen Ruf nach Bern (1904), später nach Halle (1906) und schließlich in seine Heimatstadt Bonn (1911) zu bekommen. Für seine Forschungen über Griechenland wird er besonders von der Universität Athen (Dr. h.c.) und von der Archäologischen Gesellschaft Athen (Ehrenmitglied) ausgezeichnet, doch auch drei deutsche Gesellschaften (in Frankfurt/M., Halle/S. und Berlin) würdigen seine Verdienste.

In der Zeit des Nationalsozialismus ist er als Jude der rassistischen Unterdrückung ausgesetzt. Die Emigration in die Schweiz scheitert ebenso wie der Versuch, in die USA zu gehen; der seit 1929 Emeritierte findet keine Zuflucht. 1938 wird ihm der Reisepass entzogen, von 1942 bis 1945 ist er im Konzentrationslager Theresienstadt interniert. Die dort in aussichtsloser Lage und dennoch nicht als Invektive gegen den Unterdrückungsapparat niedergeschriebene Biographie „Wie ich zum Geographen wurde" (BÖHM/MEHMEL 1996) ist ein eindrucksvolles und zugleich mahnendes zeitgeschichtliches Dokument: eindrucksvoll, weil es den wachen Geist, das große Können und das unermüdliche Interesse PHILIPPSONS zeigt, mahnend, weil es die kriminelle Energie des menschenverachtenden Regimes sichtbar macht.

Von den Zeitgenossen trotz seiner Leistungen in schwieriger Zeit oft übergangen, stirbt ALFRED PHILIPPSON 1953 im Alter von 90 Jahren. Seine Heimatstadt ehrt ihn erst nach dem Krieg (Dr. h.c., Ehrenbürger).

Mit dem plattentektonischen Ansatz (FRISCH/LOESCHKE 1986), der sich ab den 1970er Jahren rasch durchsetzt, werden die alten Themen wie Gebirgsbildung, Vulkanismus und Erdbeben in einem neuen, globalen Zusammenhang gesehen. Wenngleich nach wie vor viele Fragen unbeantwortet bleiben bzw. kontrovers diskutiert werden, eröffnen doch die geodynamischen Zusammenhänge eine neue Perspektive. Unter diesem erweiterten geowissenschaftlichen Blickwinkel gewinnen auch die jüngeren, postorogenen Phasen erhöhte Aufmerksamkeit. Der rezente und subrezente Vulkanismus gehört ebenso wie die Küstenmorphologie und die Erforschung des Meeresbodens zu den aktuellen geowissenschaftlichen Forschungsfeldern.

Die jüngste zusammenfassende Darstellung zur Geologie in deutscher Sprache stammt von JACOBSHAGEN (1986), während die morphologischen Studien neben den Münsteraner Arbeiten (HEMPEL 1997) mit besonderem Nachdruck von Salzburger Forschern im Umkreis von H. RIEDL (RIEDL 1993a und 2000a, KATSIKIS 1992, WEINGARTNER 1994) betrieben werden.

4.1.2 Tektonik – ein Schlüssel zum Verständnis der Gebirgsbildung

Die ausgesprochen vielfältige Gestaltung der Landoberfläche und des Meeresbodens gilt als ein Kennzeichen Griechenlands (vgl. Kap. 1.4). Es fallen nicht nur die starken hypsographischen Gegensätze auf – der Olymp, mit 2917 m höchster Berg des Landes, liegt ebenso wie der Psiloritis (2456 m) im kretischen Idagebirge oder der Profitis Ilias (2407 m) im Taïgetos keine 20 km von der Küste entfernt – und die enge Verzahnung von Land und Meer, sondern auch die Kammerung der gebirgigen Landschaft durch intramontane Becken, der plötzliche Wechsel in der Kammlinie hoher Gebirge oder der jähe Abbruch markanter Oberflächenstrukturen (z.B. des Pindos am Golf von Korinth). Eine Erklärung für die unterschiedlichen, oft gegensätzlichen physischen Gestaltelemente ist auf den ersten Blick nicht leicht zu finden. Erst die Betrachtung des räumlichen Nebeneinanders im zeitlichen Nacheinander vermag eine erkennbare Ordnung in die verwirrende Vielfalt der Formen zu bringen.

Die vorwiegend aus dem Erdmittelalter (Mesozoikum, 225–65 Mio. Jahre) stammenden Gesteine wurden im Rahmen der Gebirgsbildung (Orogenese) in ihrer Lage zueinander derart verschoben, dass der ursprüngliche räumliche Zusammenhang nicht mehr erhalten ist. Den Grund hierfür muss man in globalen Plattenverschiebungen suchen, die im Bereich der Helleniden zur Kollision Afrikas und Eurasiens führten. In groben Zügen lassen sich folgende Stadien unterscheiden (vgl. Alexander-Weltatlas, S. 97):

- Vor rund 200 Mio. Jahren, in der Triaszeit, waren noch sämtliche Kontinente zu einer großen Landmasse, der Pangäa, verbunden. Der weltumspannende Ozean, die Panthalassa, besaß in dieser Zeit ein weites, nach Osten offenes Randmeer, die Tethys. Sie bildet den Vorgänger des heutigen Mittelmeers.
- Bereits in der Unterkreide, vor rund 135 Mio. Jahren, sind die Kontinente so weit auseinandergedriftet, dass ein Nordkontinent (Laurasia) und ein schon aufgeteilter Südkontinent (Gondwana) einander gegenüberstehen. Durch das Tethysmeer zieht ein Tiefseegraben, in dem die Kruste des afrikanischen Kontinents nach unten abtaucht (Subduktion). Das zuvor weite Tethysmeer wird durch das Vorrücken Afrikas schlauchförmig eingeengt.
- Zu Beginn der Erdneuzeit, am Übergang von der Kreide zum Tertiär, also vor rund 65 Mio. Jahren, ist im Bereich des Mittelmeeres die heutige Land-Meer-Verteilung bereits gut zu erkennen. Die relativen Positionen der drei Kontinente Europa, Asien und Afrika entsprechen weitgehend den heutigen.

Durch zwischengeschaltete Mikroplatten (Iberia, Apulia, Moesia nach Jacobshagen 1986) gestaltet sich die Orogenese im alpidischen mediterranen Gebirgsgürtel (Pyrenäen, Alpen, Karpaten, Dinariden, Helleniden) besonders kompliziert (Frisch/Loeschke 1986, S. 129). Die Kollision führt gerade in der östlichen Mediterraneïs zu starken Überschiebungen, zu intensiver Deformation, zur Metamorphose des Gesteins sowie zur Anatexis, d.h. zur Schmelzbildung im Wärmestau der Hauptschubflächen.

Als Folge dieser Plattenkollision sind die festländischen Helleniden im Wesentlichen streifenförmig (von NNW nach SSO) gegliedert. Der Gebirgszug besteht daher aus Decken, die in parallelen Streifen aneinander gefügt sind.

Will man das heutige Relief erklären, so muss man in detektivischer Kleinarbeit das stark komprimierte, in sich verdrehte und verschobene Gebirgsland entzerren und versuchen, das Rad der Zeit zurückzudrehen. Der Querschnitt durch Nordgriechenland von der Insel Paxí bis zum Berg Athos (Abb. 4.1) zeigt im geologischen Profil die ineinander geschobenen, mal gestapelten, mal zerrissenen Decken. Sie sind mitunter so stark aus ihrem Entstehungszusammenhang gerissen, dass es kaum autochthone Decken gibt. Jüngere Schichten liegen unter (!) älteren, gleich alte sind bisweilen mehr als 100 km in der Horizontalen getrennt (Jacobshagen 1986, S. 258). Geologen sprechen von einer „tektonischen Mélange". Die Entschlüsselung dieses komplizierten Deckenstapels folgt dem Modell der Plattentektonik und untergliedert die Orogenese in vier Zyklen, in denen Dehnung und Stauchung, Hebung und Senkung, Verbiegung und Zerstückelung, marine und terrestrische Phasen nebeneinander stehen.

Vor der Gebirgsbildung besteht ein Land-Meer-Komplex, der vielfach gegliedert ist. Marine Schichten tauchen im Zuge der Kompression ab, werden in der Tiefe verformt und umgestaltet, bis sie am Ende der Orogenese wieder emporgehoben werden (Peterek/Schwarze

Abb. 4.1: Schematischer Querschnitt durch Nordgriechenland vor der Aufwölbung der Helleniden und aktuelles geologisches Profil
Quelle: Higgins, M.D./Higgins, R. 1996, S. 22 und Jacobshagen 1986, S. 6

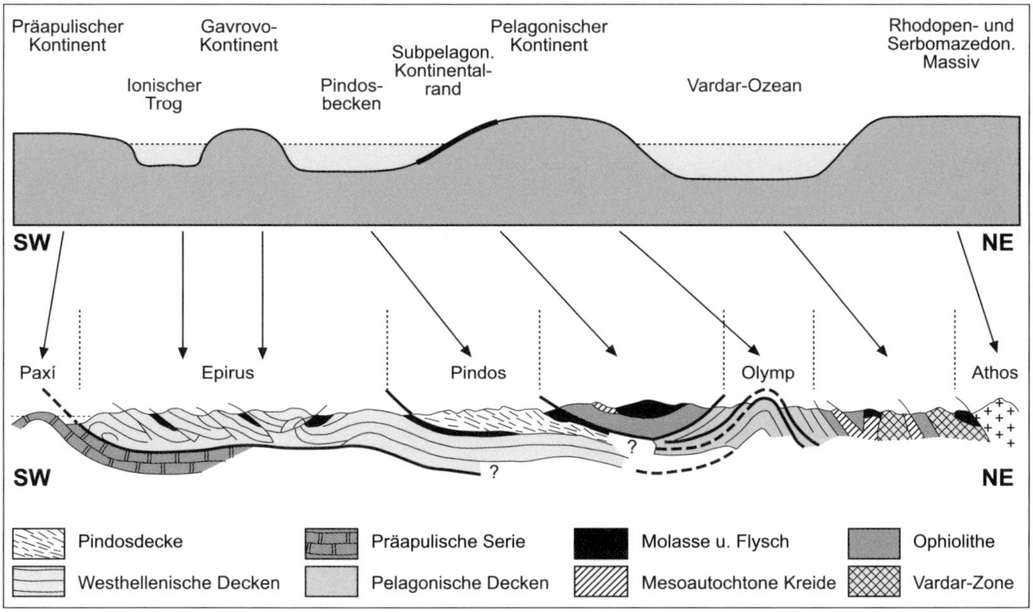

Geologie der Kykladen – tertiäre Metamorphose und quartärer Vulkanismus
Das attisch-kykladische Kristallin bildet einen Ausschnitt aus dem medianen ägäischen Kristallingürtel. Im Gegensatz zu der älteren Meinung, die zumindest seinen Sockel als prämesozoisch einstuft, wird dieser Bereich heute als Teil eines kompliziert gebauten alpidischen Deckengebildes angesehen, das durch Dehnungstektonik (vgl. S. 87) und metamorphe Ereignisse des Tertiärs gekennzeichnet ist. Die alpidische Metamorphose ist auf zwei Ereignisse zurückzuführen. Im Eozän (50–40 Mio. Jahre) herrscht Hochdruck-/Niedrigtemperatur-Metamorphose (14–18 kbar, 450–500°C), die so genannte Blauschiefer-Metamorphose. Sie lässt sich auf einen kontinentalen Kollisionsvorgang zurückführen, den Vorstoß der apulischen Mikroplatte gegen den eurasischen Kontinent. An der Wende vom Oligozän zum Miozän (25–20 Mio. Jahre) folgt Mitteldruckmetamorphose, aus der bestimmte Grünschiefer-Vergesellschaftungen hervorgehen (Epidot, Chlorit, Albit u.a.). Die vereinfachte geologische Darstellung (Abb. 4.2) macht deutlich, dass erst die Abfolge beider Phasen die Genese dieses Kristallinkomplexes erklärt. Der Nachweis einer polymetamorphen Entwicklung während der Orogenese stellt diesen Erklärungsansatz auf eine gesicherte Basis (BRÖCKER 1990). Die Einbindung der ägäischen Vulkanite in die spätorogene Phase ist umstritten. Es ist nämlich eine zyklusübergreifende, kontinuierliche Verlagerung des Vulkanismus von Nordosten nach Südwesten zu erkennen. In der nördlichen und zentralen Ägäis (Límnos, Lésbos, Chíos, Euböa) werden zwischen 23 und 13 Mio. Jahre alte Vulkanite gefördert, in der Südost-Ägäis (Sámos, Kos) zwischen 11 und 6 Mio. Jahre und im ägäischen Inselbogen (Kos, Santorin, Mílos, Ägina, Vólos, Edessa) zwischen 5 und 0 Mio. Jahre (JACOBSHAGEN 1986, S. 268).

Übersicht 4.3: Geologie der Kykladen – tertiäre Metamorphose und quartärer Vulkanismus

2002). Im Bereich der „tektonischen Mélange" entspricht daher die stockwerksweise Abfolge der Decken nicht ihrer zeitlichen Stellung. Die tiefgreifende Zerscherung der Erdkruste (Lithosphäre) führt zu erheblichen Krustenverdickungen während der Überschiebungsphasen, die allerdings durch spätere Dehnungen z.T. wieder ausgeglichen werden können.

Die polygenetische, multizyklische Entstehung der Helleniden schematisiert Abbildung 4.3. Von der ältesten Phase (Dogger: 175–155 Mio. Jahre) bis zur jüngsten (Miozän: 22,5–5 Mio. Jahre) erfolgt die generelle Einengung mit Schubrichtung aus WSW. Ab dem Miozän bestimmt die „tektonische Mélange" das Bild: Der Ionische Trog wird auf die Apulische Tafel

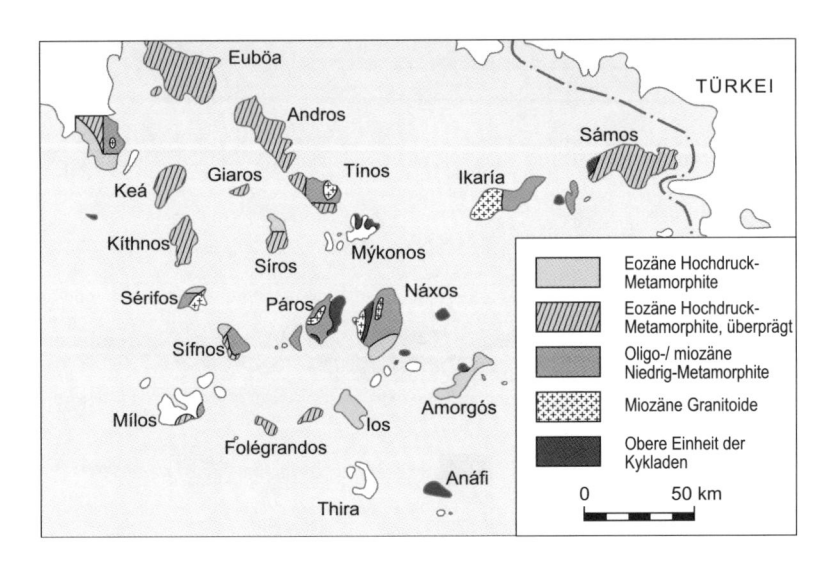

Abb. 4.2:
Geologische
Übersichtskarte
der Kykladen
Quelle:
BRÖCKER 1990, Abb. 1

Oberflächenformen 87

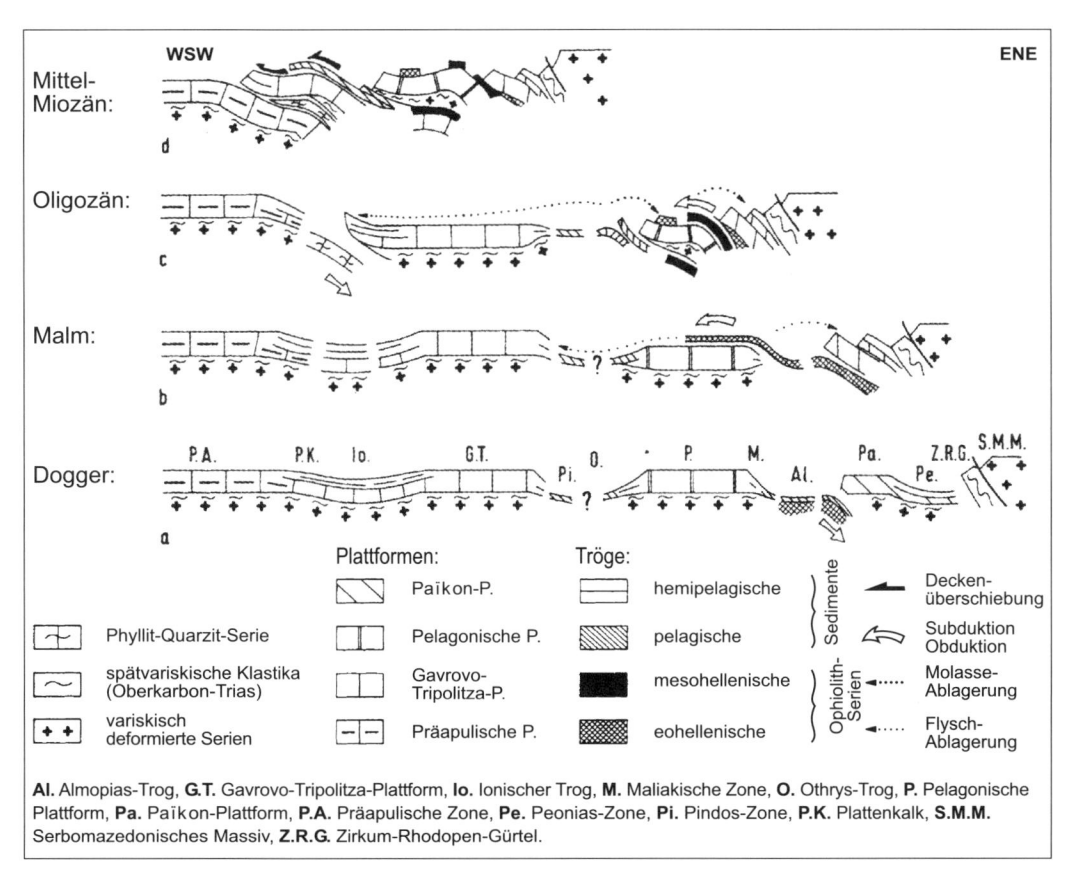

Abb. 4.3: Geotektonisches Schema der Helleniden Nordgriechenlands
Quelle: JACOBSHAGEN 1986, S. 276

überschoben. Die Pindosdecke wird über die westhellenischen Einheiten geschoben, andere Partien tauchen ab. In den äußeren und zentralen Helleniden wölben sich Deckensättel auf (JACOBSHAGEN 1986, S. 276). Die schwere Passierbarkeit des Pindos, in dem sich Erhebungen und intramontane Becken so häufig abwechseln, findet so eine nachvollziehbare Erklärung.

Am Ende der Orogenese sinkt infolge regionaler Dehnungen das Ägäische Becken ein. Die Helleniden verwandeln sich in ein Mosaik aus Bruchschollen, dessen Horste und Gräben vertikale Versatzbeträge bis zu 5000 m erkennen lassen. Die so genannte Sperchiós-Transversale, die den Unterlauf des gleichnamigen Flusses (bei Lamía) bis in den Maliakischen Golf sowie die Grenze zwischen Pilion und Nord-Euböa nachzeichnet, wird als neotektonische Dehnung auf dem Festland gedeutet; in der Ägäis rechnet man mit einem Streckungsfaktor von 2, im nordägäischen Graben sogar von 3,5. Die extreme Krümmung des Hellenidenbogens in der Ägäis (vgl. Abb. 1.2) ist ebenfalls ein geologisch junges Phänomen, das erst im Tertiär zur Ausbildung kam. Ausgelöst von den Driftmustern der Megaplatten, wird die ägäische Mikroplatte nicht nur extrem gedehnt, sondern zusätzlich um nahezu 50° gedreht (JACOBSHAGEN 1986, S. 264). Erst die Kombination dieser beiden Bewegungen vermag es, tektonische „Großereignisse" wie die Krümmung des Gebirgsbogens oder den Einbruch der Golfe von Pátras und Korinth hinreichend zu erklären (PIPER/STAMATOPOULOS u.a. 1990).

Die postorogene, plutonisch-metamorphe und vulkanische Tätigkeit machen WACHENDORF/ GRALLA u.a. (1980) für die Tektogenese Kretas verantwortlich. Neben der Subduktion ozeanischer Kruste weisen sie mit Nachdruck auf die regionale Bedeutung des zentralägäischen Manteldiapirs hin, dessen thermisch gesteuerte Ausbreitung für die Überschiebungen der Deckenstapel verantwortlich sei.

Die aktuelle geodynamisch-tektonische Situation Griechenlands (Abb. 4.4) ist nach JACOBSHAGEN (1986, S. 269 ff.) von folgenden Spezifika gekennzeichnet:
- Die Krustenmächtigkeit ist im Bereich des Pindos besonders stark, in der zentralen Ägäis ausgesprochen gering.
- Die für den Verkehr so hinderlichen Transversale und Grabenbrüche finden in der Rotation der Helleniden ihre Erklärung.

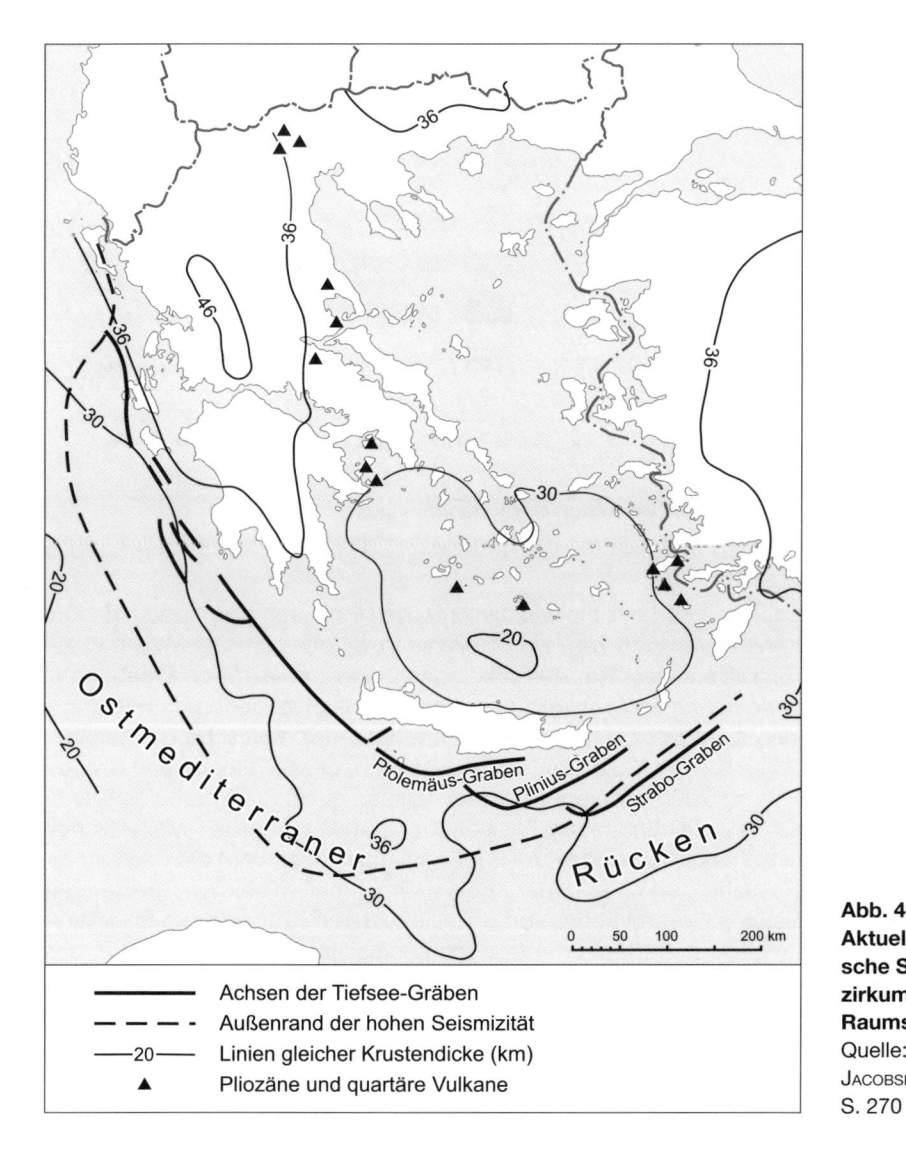

Abb. 4.4:
Aktuelle geodynamische Situation des zirkumägäischen Raums
Quelle: JACOBSHAGEN 1986, S. 270

- Als Folge der Plattenkollision ist dem Hellenidenbogen ein System kurzer Tiefseegräben (bis −5090 m) vorgelagert. Südlich von Kreta und Rhódos sind die Gräben fiederförmig angeordnet; sie tragen die Namen antiker Geographen.
- Hier erreichen auch die Geoid-Undulationen, d.h. die Abweichungen von der geometrischen Idealform des Rotations-Ellipsoids, die höchsten Werte. Dies erklärt die erhöhte Seismizität.

Der plattentektonische Erklärungsansatz leistet es beim gegenwärtigen Kenntnisstand am ehesten, die z.T. gegenläufigen Prozesse wie z.B. Kompression und Dehnung, Aufwölbung und Absenkung zu erklären. Der komplizierte, mitunter chaotische Deckenbau der Helleniden findet ebenso wie die Tektogenese der Ägäis eine nachvollziehbare, wenn auch in etlichen Spezialfällen noch umstrittene Erklärung.

Die aktuelle geotektonische Dynamik des Ägäisraums gilt als noch nicht abgeschlossen (PETEREK/SCHWARZE 2002); ob die rezenten tektonischen Prozesse einen neuen orogenen Zyklus einleiten oder den neohellenischen ausklingen lassen, kann nicht entschieden werden. Die generelle Erkenntnis, dass Südosteuropa südlich des Karpatenbogens und der Dinariden mit der Abfolge der alpidischen Orogenesen von innen nach außen gewachsen ist und die jungtertiäre Orogenese hieran größten Anteil hat, ist unumstritten (JACOBSHAGEN 1986, S. 272ff.).

4.1.3 Hazards – natürliche Katastrophen

Die plattentektonischen Bewegungen, verursacht durch Konvektionsströme im Erdmantel, lösen gewaltige Veränderungen auf der Erdoberfläche aus: Ozeane und Kontinente entstehen und vergehen, Gebirge steigen auf, Gräben sinken ab, Lagebeziehungen und Größenverhältnisse wandeln sich. Da all diese Prozesse auch in der Gegenwart ablaufen, wissen wir aus eigener Erfahrung, dass sie größtenteils nahezu unmerklich vor sich gehen. Die normale Hebungsrate alpinotyper Gebirge, also auch der Helleniden, liegt in einer Größenordnung von mehreren Zehntelmillimetern pro Jahr (FRISCH/LOESCHKE 1986, S. 130); sie geht folglich sehr langsam, eben in geologischen Zeiträumen voran. Nur wenn sich bei Kollisionen und Subduktionen die angestaute Druckspannung entladen kann, kommt es zu katastrophalen Ereignissen – natural hazards, die in der Regel lokal wirksam werden.

Infolge der frühen kulturellen Entwicklung und der langen Schriftsprachlichkeit Griechenlands reichen die Aufzeichnungen über Naturkatastrophen sehr weit zurück. Sie umfassen jedoch nur spektakuläre Ereignisse (vgl. Tab. 1.1) wie explosionsartige Vulkanausbrüche, verheerende Beben und gewaltige Flutwellen (GALANOPOULOS 1955 und 1981). Ein kretisches Beben der Zeit um 2100 v. Chr. steht am Beginn solcher Aufzeichnungen, die nach subjektiven Kriterien erfolgten und von Zufälligkeiten (z.B. Nähe der Epizentren zu bewohnten Gebieten) abhängig waren. Eine Karte der Erdbeben zwischen 1501 und 1929, die vorwiegend auf italienischen Aufzeichnungen basiert (Naval Intelligence Division 1944, S. 8), zeigt z.B. besonders viele Beben im ehemals venezianischen Einflussbereich und macht die Problematik der vorinstrumentellen Epoche sichtbar. Die vielen kleinen Beben – durchschnittlich über 200 pro Jahr –, die nur geringen Schaden anrichten und sich vielfach allein seismologisch nachweisen lassen, blieben in den alten Listen unbeachtet.

Erdbeben
1911 wurde der seismologische Dienst in Griechenland mit einer Messstelle in Athen (Staatliches Observatorium) gegründet, ab 1965 setzt der Ausbau zu einem landesweiten Netz (Abb. 4.5) ein. Die nach einheitlichem Standard gewonnenen Daten erfassen nicht nur die

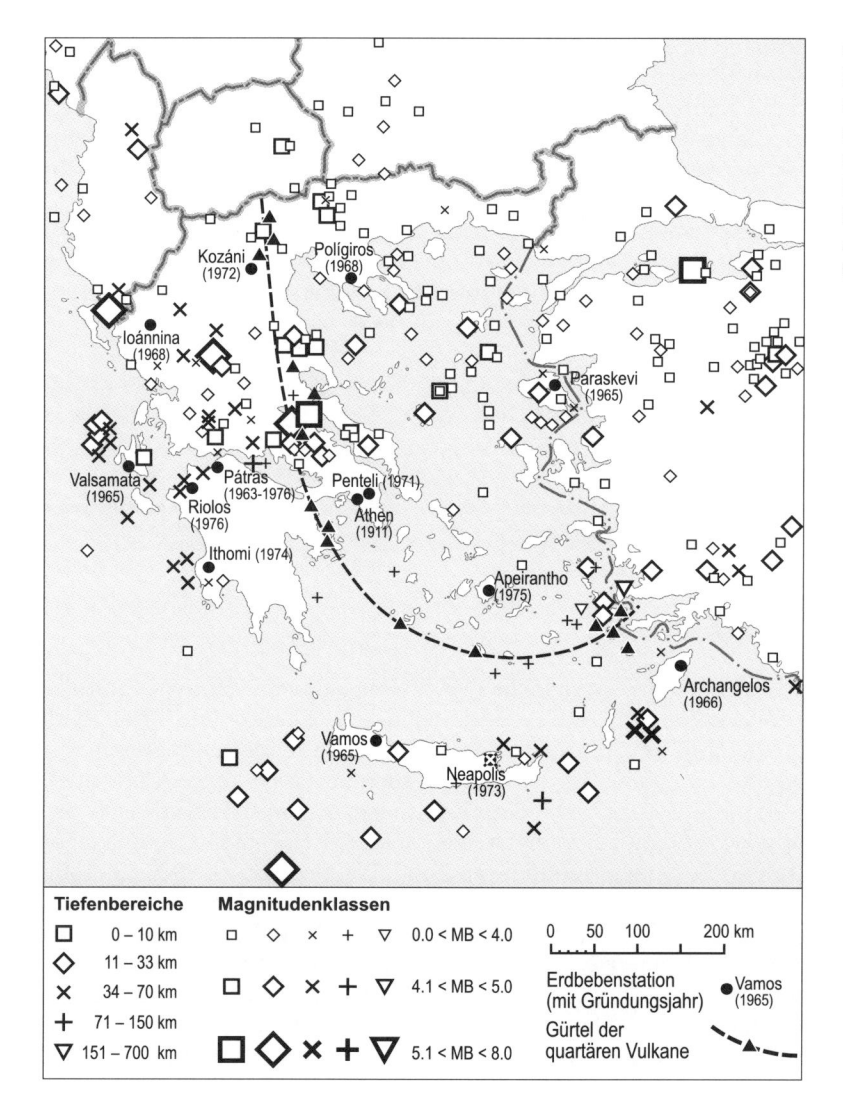

Abb. 4.5:
Erdbeben, Vulkanismus und Stationen des griechischen seismologischen Dienstes
Quelle: JACOBSHAGEN 1986, S. 251

Tiefenbereiche
- ☐ 0 – 10 km
- ◇ 11 – 33 km
- × 34 – 70 km
- + 71 – 150 km
- ▽ 151 – 700 km

Magnitudenklassen
- ☐ ◇ × + ▽ 0.0 < MB < 4.0
- ☐ ◇ × + ▽ 4.1 < MB < 5.0
- ☐ ◇ × + ▽ 5.1 < MB < 8.0

Erdbebenstation (mit Gründungsjahr) ● Vamos (1965)
Gürtel der quartären Vulkane

Stärke der Beben (Magnitude), sondern ermöglichen auch die Bestimmung von Herdtiefe und -ort. Da der zirkumägäische Raum die seismisch aktivste Zone Europas bildet – auf etwa 0,09 % der Erdoberfläche werden rund 2 % der weltweiten Erdbebenenergie freigesetzt (JACOBSHAGEN 1986, S. 252) –, ist die Forschungssituation hier besonders günstig.

Die Verteilung der Hypozentren, d.h. der im Erdinnern gelegenen Entstehungsorte der tektonischen Beben (Erdbebenherde), folgt im Wesentlichen den Hauptlinien der Tektonik. Parallel zur Achse der Tiefseegräben (vgl. Abb. 4.4) häuft sich die seismische Aktivität in einem Bogen, der von den Ionischen Inseln (besonders Kefallinía und Zákinthos) über den südwestlichen Peloponnes und die Inseln Kreta, Kárpathos und Rhódos zur südwesttürkischen Küste reicht (Abb. 4.5). Das nordwestliche und das südöstliche Ende dieses Bogens werden von besonders vielen seismischen Ereignissen heimgesucht.

Dabei nimmt generell die Tiefe der Hypozentren zu, je näher sie bei den Tiefseegräben liegen. Dies entspricht grundsätzlich den Vorstellungen so genannter Benioffzonen; es handelt sich hierbei um die seismisch aktiven Bereiche von Subduktionszonen, die bis maximal 700 km in die Tiefe reichen. In ihnen wird *„abgekühltes, starres Material mit großer Geschwindigkeit (3 cm/a) in die Tiefe verfrachtet. Es kann durch Beanspruchung und thermische Beeinflussung Spannungen aufbauen, die es durch bruchhafte Verformung spontan in Erdbebenenergie umwandelt. Spannungen entstehen aber auch durch metamorphe Umwandlung und damit einhergehende Dichte- und Volumenänderungen in der subduzierenden Platte ... (Die) Aufheizung der in die heiße Asthenosphäre abtauchenden kühlen Platte (nimmt) einen Zeitraum von ungefähr 10 Millionen Jahren in Anspruch"* (FRISCH/LOESCHKE 1986, S. 90f.). Im Bereich des beschriebenen Bogens werden maximale Tiefen von 180–190 km, im Umkreis der Insel Kos 150 km erreicht; dies fügt sich gut in die Vorstellung einer Benioffzone, wenngleich die zahlreichen flacheren Beben sich momentan noch nicht bestimmten Störungszonen zuordnen lassen (JACOBSHAGEN 1986, S. 253). Aus der Analyse so genannter Herdflächenlösungen (FRISCH/LOESCHKE 1986, S. 26) geht indes die klare Parallelität der seismischen Ereignisse mit den tektonischen Bewegungen hervor. Die aus der Seismizität abgeleiteten Spannungsverhältnisse stimmen mit den großräumigen tektonischen Gegebenheiten überein.

Neben dem südägäischen Bogen liegt in der nördlichen Ägäis ein zweiter seismisch aktiver Bereich. Er erstreckt sich von den Sporaden nordöstlich in Richtung Samothráki und ist großräumig mit dem Nordanatolischen Lineament in Verbindung zu bringen. Die dazwischen liegende zentrale Ägäis bildet ebenso wie bestimmte festländische Regionen (z.B. Teile des Peloponnes und Westmazedoniens) einen nahezu aseismischen Bereich (JACOBSHAGEN 1986, S. 252).

Vulkanismus

Die enge Verknüpfung von Erdbeben und Vulkanismus zeigen die Abbildungen 4.5 und 4.6: Der Gürtel der quartären Vulkane verläuft im Abstand von rund 200 km parallel zur Plattengrenze entlang der Subduktionszone. Er bildet den so genannten Magmatischen Bogen, d.h. die Zone mit dem höchsten geothermischen Gradienten (35–40°C/km); sie liegt typischerweise 125–250 km von der Plattengrenze entfernt (FRISCH/LOESCHKE 1986, S. 101ff.). Dabei bilden sich bei der Subduktion Magmatite, die den komplizierten Ein- und Aufschmelzvorgang widerspiegeln und Teile der subduzierenden Platte wie auch der darüber liegenden Asthenosphäre sowie der tieferen Kruste enthalten. Beim Aufstieg des Magmas kommt es infolge der Abkühlung zur Veränderung (Differentiation) der Zusammensetzung, zur Volumenvergrößerung der Asthenosphäre und zur Anhebung der Oberfläche.

Abb. 4.6: Tektonische Situation der südlichen und zentralen Ägäis
Quelle: JACOBSHAGEN 1986, S. 147

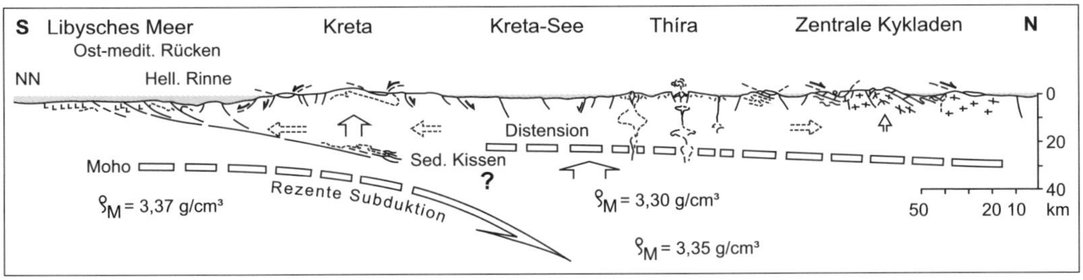

Wiederholt entstehen in der Kruste Magmenkammern (Intrusionen). Ein Teil der Magmen bleibt als Tiefengestein (Diorit, Tonalit, Granodiorit, Granit) in der Kruste stecken, andere ergießen sich als Laven über die Oberfläche; für Magmen, die durch Subduktionsprozesse entstanden, sind Andesite, Basalte, Dazite, Rhyodazite und Rhyolithe typisch.

Unter den Vulkaninseln der Ägäis ist Santorin (Thíra) ohne Zweifel die bekannteste. Sie stellt den einzigen noch tätigen Vulkan der östlichen Ägäis und ist gut erforscht (LIENAU 1989a, S. 99 ff.). Die ringförmig angeordnete Inselgruppe (Abb. 4.7) besteht aus Thíra, Thirassia, Aspronisi, der außen liegenden Kolumbo-Bank sowie den innen liegenden Inseln Paläa und Nea Kameni. Der Ring bildet die über 300 m hohe Innenwand einer Caldera, eines kesselartigen Einsturztrichters über der Magmenkammer, der im 15. Jh. v. Chr. entstanden ist. Die gewaltige Sprengkraft der damaligen Eruption ist auf Meerwasser zurückzuführen, das durch Spaltensysteme in die oberflächennahen Magmenkammern gelangte, einen hohen Gasdruck aufbaute und explosive Eruptionen auslöste. So bestand bereits im Altquartär ein Vorläufer der heutigen Caldera, nachdem die obere Magmenkammer eingesackt war. Außer den katastrophalen Explosionen von 1480–1450 v. Chr. – vermutlich stärkere Explosionen als beim Krakatau-Ausbruch 1883 – sind weitere Ausbrüche für 726 n. Chr., 1457, 1570, 1707–1711, 1866–1870, 1925–1928, 1939/40, 1950 und 1956 belegt. Als Zeichen eines neuen Vulkankegels sind seit 1570 die beiden Inseln Paläa und Nea Kameni emporgewachsen, deren Fläche nach den Lavaergüssen von 1866 (SEEBACH 1867), 1925–1928 und 1939/40 nochmals beträchtlich gewachsen ist.

Quartärer Vulkanismus kennzeichnet auch die Karischen Inseln (Kos, Nísiros und Gyali/Jali) in der östlichen Ägäis; sie befinden sich an Kreuzungsstellen tektonischer Linien, die den Magmaaufstieg erleichtern. Teilweise vulkanischen Ursprungs sind ebenfalls die Kykladeninsel Mílos sowie die Saronischen Inseln Ägina, Hydra/Idra, Poros und die Halbinsel Methana.

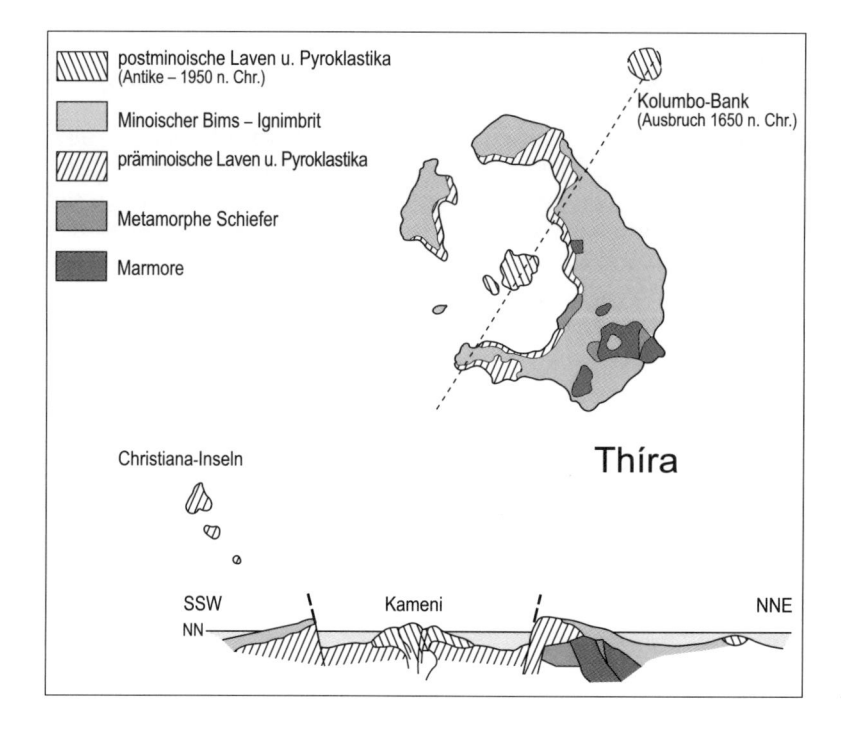

Abb. 4.7:
Geologie von Santorin (Thíra)
Quelle: JACOBSHAGEN 1986, Abb. 65

Oberflächenformen

> **Die Katastrophe, die zum Mythos wurde: Hot Spot Santorin (?)**
> So titelt Nadolny (1995) im Merian. Als Romanautor, dessen Werke z.T. auf Santorin spielen („Ein Gott der Frechheit"), präsentiert (und frisiert) er geowissenschaftliche Fakten, reichert seine Darstellung mit Fachbegriffen an, stellt globale Zusammenhänge her, fügt dem Text Skizzen bei – und erreicht ein interessiertes Publikum. Drei Beispiele seien herausgegriffen:
> - Hot Spots sind als wissenschaftlicher Terminus „Manteldiapire, die von Magmen meist alkalischer Zusammensetzung aus großer Manteltiefe gespeist werden" (Frisch/Loeschke 1986, S. 6); die tektonische Position Santorins auf einem magmatischen Bogen oberhalb einer Subduktionszone (Schmincke 2000, S. 101) passt damit nicht zusammen.
> - Es herrscht Klarheit darüber, dass die „furchtbare Explosion" nicht, wie Nadolny behauptet, um 1600 v. Chr. stattfand, sondern zwischen 1480 und 1450. Dabei wurden Kreta, Rhódos, Kos und andere Inseln auch nicht mit einer zwei Zentimeter dicken Schicht aus Asche bedeckt, sondern bei einem Aschenauswurf von 10 km³ nur von einer fünf Millimeter dünnen (Embleton/Embleton-Hamann 1997, S. 221)!
> - Der Hinweis auf einen gleichzeitigen starken Kälteeinbruch in Kalifornien klingt spektakulär, ist aber unseriös. Weder ist die Gleichzeitigkeit beider Ereignisse nachweisbar noch bestünde schon hierdurch ein Kausalzusammenhang, wie er von Nadolny allerdings in den Raum gestellt wird.
>
> Der unbekümmerte Umgang mit geowissenschaftlichen Erkenntnissen bzw. ihre Nichtbeachtung verwundert angesichts der leichten Verfügbarkeit seriöser und verständlicher Literatur (z.B. Peterek/Schwarze 2002). Zur Verdeutlichung wird die entsprechende Passage aus Lienau (1989a, S. 102f.) zitiert:
> „Das Ereignis, das zur Zerstörung der Strongyli genannten, etwa kreisrunden Insel führte (...), hat vermutlich, nachdem mehrere schwere Beben vorausgegangen waren, um 1470 v. Chr. stattgefunden. Die Verfrachtung der Aschen in südöstliche Richtung deutet bei den herrschenden Windverhältnissen darauf hin, daß das Ereignis im Sommer eintrat. (...) Durch mehrere kleinere, sich gegenseitig überlagernde Eruptionen (...) kam es zum Aufreißen einer oder mehrerer Förderspalten. In sie eindringendes Meerwasser geriet in Kontakt mit der glühenden Magmamasse, was heftige Ausbrüche bewirkte. (...) Die Druckentlastung im Vulkaninneren führte zu einem sukzessiven Einstürzen des Vulkangebäudes. (...)
> (Der) von Archäologen behauptete Zusammenhang zwischen dem Vulkanausbruch und dem Untergang der minoischen Kultur auf Kreta wird neuerdings mit gewichtigen Argumenten bestritten. (...) Da sich der Calderaeinbruch ratenweise vollzog und die ausgeworfene Aschen- und Schlackenmenge mit 10 Kubikkilometern nicht übergroß war, ist es sehr unwahrscheinlich, daß diese die Zerstörung der minoischen Kultur auf Kreta herbeiführen konnte. (...) Sicher ist jedoch, daß der Vulkan blühende minoische Siedlungen auf Santorin verschüttete, die allerdings (...) zum Zeitpunkt der Katastrophe aufgrund vorhergehender Beben von den Bewohnern verlassen waren."

Übersicht 4.4: Die Katastrophe, die zum Mythos wurde: Hot Spot Santorin

Tsunamis

Durch Erdbeben, explosionsartige Vulkanausbrüche und untermeerische Rutschungen werden u.U. starke Flutwellen (Tsunamis) ausgelöst. Diese können lokal bedeutende Höhen erreichen (Tab. 4.1), sodass küstennahe Siedlungen besonders gefährdet sind. Nach heutigem Kenntnisstand schätzt man die Flutwelle an der Nordküste Kretas, die von dem

Tab. 4.1: Durch Erdbeben ausgelöste Flutwellen (Tsunamis)
Quelle: Embleton/Embleton-Hamann 1997, S. 220

Jahr	Ereignis	Flutwelle
1650	Seebeben bei Santorin	bis 16 m auf Insel Ios
1861	Erdbeben am Golf von Korinth	5 Flutwellen, 15–60 m
1886	Erdbeben in Messenien	10–15 m an der messenischen Küste
1956	Erdbeben bei Amorgós	20–25 m auf umliegenden kykladischen Inseln

Ausbruch des Santorin-Vulkans in minoischer Zeit ausgelöst wurde, auf 7–8 m; weitere 41 Tsunami-Ereignisse sind seit 479 v. Chr. aufgezeichnet worden, von denen die jüngeren in Tabelle 4.1 enthalten sind.

4.1.4 Morphologie – Oberflächenformen und ihre Erklärung

Die Morphologie, die Gestalt der Erdoberfläche, hängt von der Tektonik ebenso wie vom Gestein und den sich wandelnden klimatischen Verhältnissen ab. Der menschliche Einfluss betrifft nur den jüngsten Abschnitt des Holozäns, der geologischen Gegenwart; die zeitliche Dauer allein ist jedoch kein Maß für die morphologische Prägekraft.

Die Gewichtung der einzelnen Geofaktoren unterliegt im Laufe der Disziplingeschichte der Geographie einem erkennbaren Wandel. PHILIPPSON vertrat noch die Ansicht, dass sich nach der Orogenese als Endprodukt der fluviatilen Abtragung entsprechend der Zyklenlehre von W.M. DAVIS (1850–1935) eine große, eingeebnete Rumpffläche bilden werde. Die jüngere klimamorphologische Forschung betont dagegen die wechselnde Bedeutung der einzelnen Geofaktoren, wobei dem unterschiedlichen Klima eine steuernde Funktion zugewiesen wird (WEINGARTNER 1994, S. 141).

Die Vielgestaltigkeit der griechischen Landschaftsformen reicht von der Individualität der größeren und kleineren Inseln über die mal schmaleren, mal breiteren Küstenzonen, die zumeist relativ engen Flusstäler und die flächenhaften intramontanen Becken bis zu den unterschiedlich geformten Hügel- und Bergländern. Obwohl zu allen größeren Regionen morphologische Studien und auch zusammenfassende State-of-the-art-Publikationen (besonders RIEDL 1990, 1991, 1993 a) vorliegen, bleiben noch viele Fragen offen.

Struktur- und Skulpturformen im nördlichen Pindos
Die Nomi Ioánnina und Thesprotien im Nordwesten von Epirus können als morphologisch gut erforscht gelten (HAGEDORN/LEONTARIS 1979, KATSIKIS 1992, ältere Arbeiten von PHILIPPSON 1897, MAULL 1942, KOSACK 1949, FELS 1957). Sie liegen im Bereich der Ionischen Zone der Helleniden und spiegeln mit ihren langgestreckten Antiklinalen und Synklinalen die regel-

---

Übersicht 4.5: Die Vikos-Schlucht: Das tiefste Durchbruchstal des Epirus

> **Die Vikos-Schlucht: Das tiefste Durchbruchstal des Epirus**
> Besonders spektakulär ist die nordepirotische Vikos-Schlucht im Zagoriágebirge zwischen Ioánnina und Kónitsa (Abb. 4.8, Nr. 2). Der Vidomátis, ein Zufluss des Aóos, der in Albanien als Vjosa ins Meer mündet, hat ein auffallendes Durchbruchstal geschaffen, „das mit steilen Hängen 1100 m tief in die flach lagernden Kalke, die hier vom Eozän bis zum oberen Jura (Vigla-Kalk) durchsunken werden, eingeschnitten ist. Die mächtige Kalkscholle (…) hat eine relative Hebung von mindestens 500 m erfahren. Obwohl auf dieser Scholle noch Flyschreste über dem Eozänkalk vorhanden sind, muß bei dieser Sprunghöhe und der kurzen Zeit, die für die gewaltigen Ausräumungsbeträge in den tief liegenden Flyschgebieten verfügbar war, eine rein epigenetische Entstehung der Vikosschlucht (…) bezweifelt und Antezedenz in Rechnung gestellt werden. Das bedeutet zugleich, daß seit Beginn der Talbildung hier noch erhebliche Hebungen stattgefunden haben. Sie haben das Talnetz insofern verändert, als auf den gehobenen Schollen bereits angelegte, ehemals dem Vidomatis tributäre Täler von der oberirdischen Entwässerung abgeschnitten und damit zu Karsttälern wurden" (HAGEDORN/LEONTARIS 1979, S. 170).
>
> 1973 wurde dieses Gebiet wegen seiner morphologischen und biologischen Besonderheiten zum Vikos-Aóos-Nationalpark erklärt. Dank seiner peripheren Lage wird es nur von relativ wenigen Touristen aufgesucht.

Oberflächenformen 95

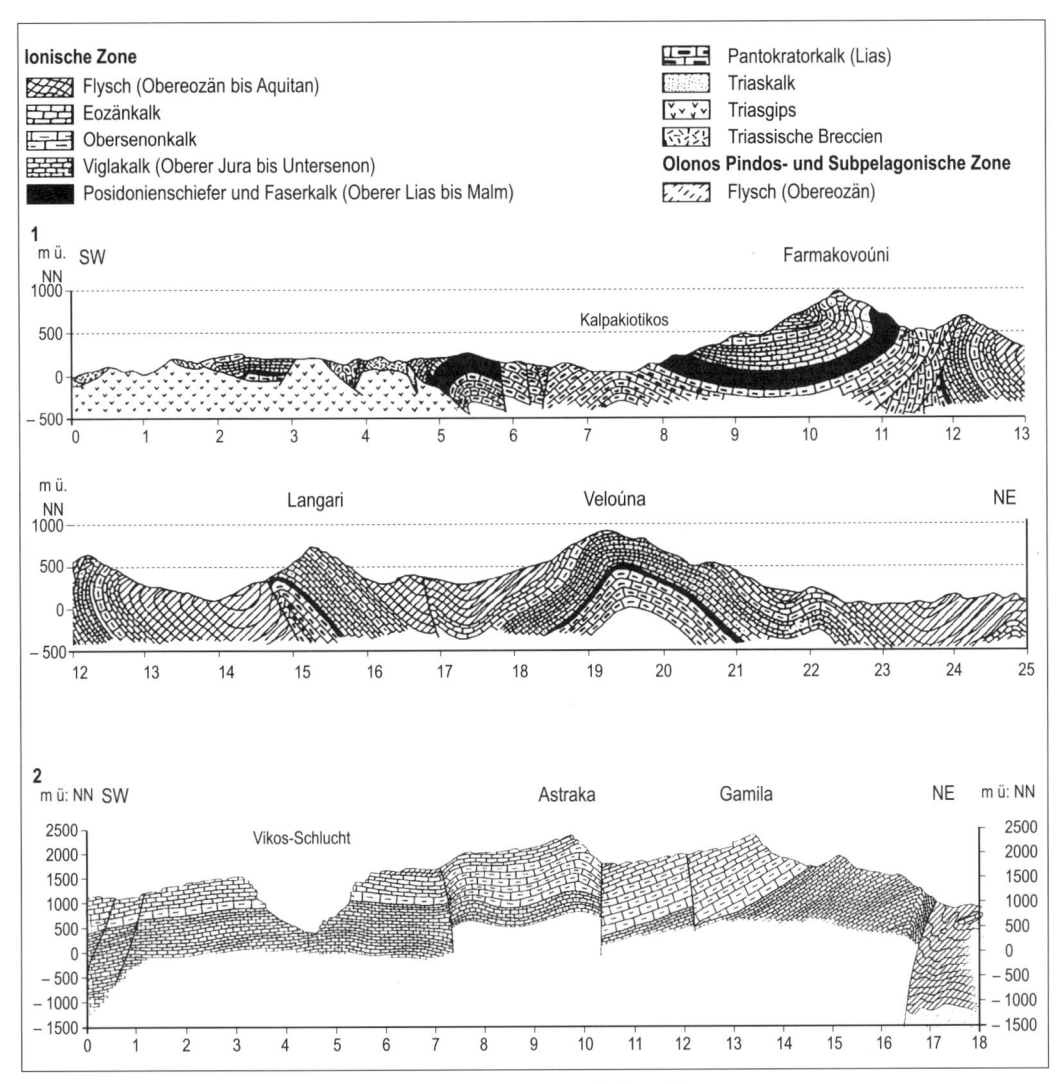

Abb. 4.8: Geologische Profile durch Thesprotien (1) und Epirus (2)
Quelle: HAGEDORN/LEONTARIS 1979, Abb. 12

hafte Abfolge des Faltenbaus mit seinen lithologischen Unterschieden von Kalksteinen und Flysch. Die NW-SO-streichenden Höhenzüge (Mitsikéli, Veloúna, Farmakovoúni u.a.) bilden die Leitlinien des Großreliefs. Gleichwohl sind sie keineswegs reine Strukturformen, sondern Skulptur-, d.h. Abtragungsformen. Resistente, dickbankige Schichten (Pantokrator- und Obersenonkalke) bilden als Strukturkämme die Firste der Antiklinalen; in den leicht erodierbaren Flyschgebieten mit ihren tief eingeschnittenen Tälern gibt es daneben auch strukturunabhängige Kämme (Abb. 4.8).

Das Talnetz ist den tektonischen Strukturen und dem Gesteinsuntergrund in unterschiedlicher Form angepasst. Das Becken von Ioánnina, ein großes Polje (KATSIKIS 1992), ist als Gebiet der (endorheïschen) Binnenentwässerung auf den zentralen Pamvotis-See ausgerichtet; die Flüsse Kalamás (Thíamis), Aóos und Arachthos entwässern exorheïsch. Vor allem der Kalamás schneidet wiederholt die tektonischen Strukturen und verläuft quer bzw. diagonal zum Streichen der geologischen Achsen. HAGEDORN und LEONTARIS (1979, S. 168 f.) erklären dies aus der Morphogenese: Das Talnetz wurde auf der obermiozänen Rumpffläche angelegt; spätere tektonische Bewegungen (Halotektonik und Diapirismus) und klimatischer Wandel führen zur antezedenten Einschneidung und lassen – z.B. im Bereich des Diapirs von Filiátes – Durchbruchstäler entstehen.

Einfluss von Klima und Mensch: Ein Streit unter Wissenschaftlern

Der morphologisch wichtige Themenbereich talgeschichtlicher Studien ist besonders eng mit Untersuchungen zu Kreta verknüpft. Hier ist es vor allem HEMPEL (1984 a, 1984 b), der Fragen der pleistozänen und holozänen Talgenese nachgegangen ist. Im Mittelpunkt einer kontrovers geführten Diskussion stehen dabei die quartären (pleistozänen und holozänen) Talverfüllungen, kurz mediterrane Alluvionen genannt. Dabei ist es besonders die Problematik der jüngeren, holozänen Talsedimente („Younger fills"): Wurden die Akkumulationsvorgänge vom mittelalterlichen Menschen ausgelöst oder nicht? Die zentrale Frage zielt also darauf, ob die mediterrane Talbildung und -verfüllung ein primär natürlicher oder vom Menschen induzierter Vorgang ist.

Untersuchungen in den kretischen Hochgebirgen (Dikti-, Ida- und Lefkagebirge) und ihrem Vorland (HEMPEL 1984 a, 1984 b) bestätigen einerseits die unumstrittene Einordnung der älteren Talsedimente („Older fills") in die Würmeiszeit; sie machen aber andererseits eine Differenzierung bei den „Younger/Historical fills" notwendig. Für diese nacheiszeitlichen Talverfüllungen weist HEMPEL (1984 a, S. 21) zwei Perioden starker Ablagerungen nach, *„von denen die älteste zwischen 5500 und 3500 v. Chr. vor die geschichtliche Zeit fällt. Ihr würde die jüngere fluvial gebildete Roterde-Schutt-Akkumulation im Gebirge entsprechen. Sie würde belegen, daß bereits vor einem breit angelegten Eingriff des Menschen in die Naturlandschaft Kretas Abtragungsvorgänge abgelaufen waren, die von einem mediterranen, also periodischen Niederschlagsrhythmus bestimmt wurden."*

Die auf Kreta gewonnenen Befunde sind kein lokales oder regionales Spezifikum, wie Untersuchungen aus dem festländischen Griechenland zeigen. Im Becken von Sparta, dessen Zuflüsse aus dem Taïgetos- und Parnongebirge stammen, sind analoge Sedimentationsprozesse bekannt (HEMPEL 1984 b, RIEDL 1976, SCHNEIDER, C. 1987), ebenso von zwei Buchten des Argolischen Golfs und aus dem Epirus (THIEM 1981). Es kann daher als gesichert gelten, dass die markanten nacheiszeitlichen Talverfüllungen nicht allein eine Folge umweltschädigender und -zerstörender menschlicher Eingriffe sind, wie es z.B. der Einschätzung PLATONS (vgl. Kap. 2.2) zu entnehmen ist. Es sind auch nacheiszeitliche, holozäne Sedimentationen in Rechnung zu stellen, die ausschließlich natürlich induziert wurden.

Gleichwohl sind auch mächtige Talverfüllungen nachweisbar, die durch landschaftsverändernde menschliche Eingriffe ausgelöst wurden. So beschrieb bereits BÜDEL (1965) die „Historical fills" des Alfiós, unter denen das antike Olympia begraben war; zahlreiche weitere antike Ausgrabungsstätten befinden sich in einer ähnlichen Position, bedeckt von Sedimenten der historischen Zeit (BINTLIFF 1977). Vor allem die Untersuchungen von BRÜCKNER (1986, 1996, BRÜCKNER/HOFFMANN 1992) zu Süditalien, zu Attika und zur türkischen Ägäisküste belegen lokal und regional außerordentlich mächtige Sedimentpakete, die auf Landschaftseingriffe durch den Menschen zurückzuführen sind; in seinen Untersuchungsräumen stellen die historischen Ablagerungen die pleistozänen vor allem hinsichtlich der Sedimentationsraten in den Schatten.

Die großen Differenzen innerhalb des abtragungslabilen Mediterranraums, aber auch innerhalb Griechenlands sind offensichtlich. Die Unterschiede zwischen morphologisch weichem Flyschgestein und widerstandsfähigen kristallinen Partien bzw. standfesten Kalken erklären dies ebenso wie der variierende kulturlandschaftliche Einfluss des Menschen. Wenn sich trotzdem SCHNEIDER (1987, S. 195) noch deutlicher als HEMPEL (1984a, 1984b) auch bei den jüngsten, mittelalterlichen Auelehmakkumulationen für eine rein klimatische Verursachung von Erosion und Akkumulation ausspricht, dann wird hier der Bogen überspannt. Die diskontinuierliche Entwicklung der Kulturlandschaft (vgl. Kap. 2.1–2.4) darf nämlich nicht zur Negierung menschlicher Einflüsse führen. Dass kulturräumliche Schrumpfungen – wie z.B. die Veröung Spartas Ende des 14. Jh. – mit der Verlagerung siedlungsräumlicher Aktivitäten in die Gebirge verbunden sind, konnte bereits gezeigt werden (vgl. Kap. 2.3). Da weiterhin die sog. Turkokratía erst punktuell erforscht ist (KIEL/SAUERWEIN 1994), darf nicht ex silentio in der Frage Mensch und/oder Klima zu Gunsten des letzteren entschieden werden; bislang vorliegende Befunde deuten genau in die entgegengesetzte Richtung.

Als Ergebnis der kontroversen Diskussion um die jüngeren Talverfüllungen Griechenlands bleibt folgendes festzuhalten: Die natürlich verursachten Erosions- und Akkumulationsvorgänge beschränken sich nicht auf das Pleistozän (Kaltzeiten), sondern reichen auch in das Holozän hinein. Es entspricht dabei vollkommen der gesellschaftlichen und technischen Entwicklung, wenn der menschliche Einfluss (z.B. Rodung mit anschließender Erosion und späterer Akkumulation) nur allmählich zunimmt und unterschiedliche petrographische Situationen nach wie vor modifizierend wirken. Dass aber auch in Griechenland nennenswerte Materialtransporte in historischer Zeit stattfanden und auf menschliche Einflüsse zurückzuführen sind, belegen die vielen verschütteten archäologischen Stätten.

Die vom Menschen ausgelösten quasinatürlichen Prozesse sind ein wichtiger Faktor der aktuellen Morphodynamik, wie RIEDL (1995, S. 71) am Beispiel der Kykladen-Insel Tínos belegt. *„Die geringste Extensivierung mediterraner Kulturterrassen bringt ein künstlich im Gleichgewicht gehaltenes landschaftsökologisches System unweigerlich zum Kippen. (...) Gerade der quasinatürliche, sehr junge Formenschatz der Mediterraneis beweist die enorme Empfindlichkeit gegenüber der initialen linearen Fluvialerosion."* Die von früheren und heutigen Gesellschaften – u.a. infolge wiederholter Kontinuitätsabbrüche – ausgelösten Prozesse der Bodenerosion haben in den wechselfeuchten Subtropen eine Bedeutung, die weit über das Maß der humiden Mittelbreiten hinausgeht. Der anthropogene Einfluss auf die aktuellen Oberflächenformen ist unübersehbar.

Markante Einzelformen: Metéora-Felsen, Kopaïs-Senke, Viviis-See und Athener Akropolis
Die thessalischen Metéora-Felsen sind eine auffallende morphologische Erscheinung, die wegen der sakralen, kunstgeschichtlichen und touristischen Bedeutung seiner Klöster weites Interesse findet (vgl. Kap. 7.1.2). Schon ALFRED PHILIPPSON (BÖHM/MEHMEL 1996, S. 503f.) beschreibt und erklärt ihre Form in groben Zügen, MAULL (1942) beschränkt sich auf die formale Deskription: schroffer, von Karrenrinnen zerschnittener Wandabfall, bastionsartiges Vorspringen der Kuppen, welche die Klöster tragen, den Schichten untergeordnete Kerbung und Wabenskulptur an den Wänden, Schuttkegel und Blöcke weiter unterhalb.

Doch mit einer einfachen Zuordnung zu den karstkorrosiven Prozessen kann die Entstehung dieser Felsen nicht erklärt werden. Es ist von einer polygenetischen Erklärung auszugehen, die nach RIEDL (1993a, 1993b) aus folgenden Schritten besteht:
1. Die aus frühmiozänen Konglomeraten bestehenden Felsen schließen nach oben mit so genannten Helmbergen ab, die als Reste tertiärer Rumpfflächen zu deuten sind.

2. Die Isolierung der Felstürme ist eine Folge der tiefgreifenden chemischen Verwitterung des frühen Miozäns.
3. Die entstandenen Freiräume werden bereits im anschließenden Burdigal durch abgelagerte Mergel verfüllt („plombiert").
4. Erst die quartäre Erosion und Denudation legen in einem letzten Schritt die Karstformen wieder frei, sodass die heutigen Klöster auf den ringsum ausgeräumten Helmbergen förmlich zwischen Himmel und Erde zu schweben scheinen.

Auch bei der Kopaïs-Senke handelt es sich um ein Karstphänomen, jedoch steht in diesem Fall die Hohlform, ein Polje, im Vordergrund. Die tektonisch angelegte, durch Kalklösung ausgeweitete Senke befindet sich in der Landschaft Böotien, zwischen Levádia im Westen und dem Ilíkisee im Osten. Auch hier greift nur eine polygenetische Erklärung: Die Hauptverkarstung fällt ins Endmio-/Unterpliozän; die fluvial-limnischen Ablagerungen des Pliozän werden plio-/pleistozän wieder abgetragen; parallel dazu entstehen Schwellenzonen, welche in den Teilbecken eine jeweils eigene Entwicklung einleiten (RIEDL 1993b).

Das von Natur aus nur über Katavothren (Schlucklöcher) unterirdisch in den Paralímni und Ilíkisee entwässernde Gebiet stand bei Verstopfung der Abflüsse unterschiedlich hoch unter Wasser und bildete einen See (JUX/ZYGOJANNIS 1986). Es reizte wegen seines fruchtbaren Bodens schon in vorantiker Zeit zu landschaftsverändernden Eingriffen. Minyische und antike Wasserbaumaßnahmen sind archäologisch nachweisbar, die technischen Probleme konnten jedoch erst ab den 1930er Jahren einer umfassenden Lösung zugeführt werden (HÖPER 1987, LIENAU 1989a).

Der thessalische Viviis-See (auch Karla- oder Ostthessalischer See genannt) besteht seit den Meliorationsmaßnahmen der 1960er Jahre nicht mehr. Er befand sich in einer von Natur aus abflusslosen Senke im südöstlichen Thessalischen Becken am Rande der Mavrovoúni und des Piliongebirges. Er ist in historischer Zeit ein Beispiel für jahreszeitlich ausgebildete Winterseen und unter diesem Aspekt z.B. mit dem arkadischen Taka-See (bei Trípolis) vergleichbar.

In der Jungsteinzeit nahm der seichte Binnensee eine Fläche von etwa 30x5 km ein (HÖPER 1987). Seine Fläche war in der Nacheiszeit erheblichen Veränderungen ausgesetzt, welche die regionale tektonische sowie paläoklimatische Entwicklung spiegeln. Seine Wasserzufuhr ist auf atmosphärischen Niederschlag, aber auch auf den Piniós, den Hauptvorfluter des thessalischen Beckens, zurückzuführen. Zu Beginn des 20. Jh. wurde bei Lárisa bei einer Wasserführung des Piniós von mehr als 450 m^3/s das Becken des tiefer liegenden Sees geflutet (HÖPER 1987, S. 176). Durch Eindeichung des Piniós sowie durch Ausbau des Asmaki als Entwässerungsgraben wurde die Trockenlegung erreicht, die sich zuvor schon durch schrittweises Schrumpfen der Seefläche angekündigt hatte.

Der Fels der Athener Akropolis ragt aus der pleistozän verfüllten Senke des Kifíssos und Ilíssos als rund 150 m hoher Block heraus. Zwischen den westlichen Kalkgebirgen (Ägáleos, Párnis) und den östlichen Marmorhöhen (Pentéli, Imíttos) stellt er in dem weiten Athener Becken einen markanten Punkt dar, dessen Besiedlung bereits für das Neolithikum nachgewiesen ist.

Der Felsblock (Abb. 4.9) besteht aus schwach metamorphisiertem kreidezeitlichen Kalk. Die obere Schicht ist durch Karstkorrosion bereits angegriffen und von Kluftkarren, die im Nordwesten 35 m tief reichen, gezeichnet. Das Niederschlagswasser versickert durch diese Klüfte, bis es auf den weniger durchlässigen Athener Schiefer stößt; er bildet einen Quellhorizont mit mehreren Wasseraustritten rings um den Fels. Der optische Eindruck eines tafelförmigen Kalkklotzes wird erst durch die Auffüllungen, die bis 14 m mächtig sind und von einer Mauer gestützt werden, hervorgerufen (HIGGINS/HIGGINS 1996).

**Abb. 4.9:
Profil der Athener
Akropolis**
Quelle:
HIGGINS/HIGGINS 1996,
S. 29

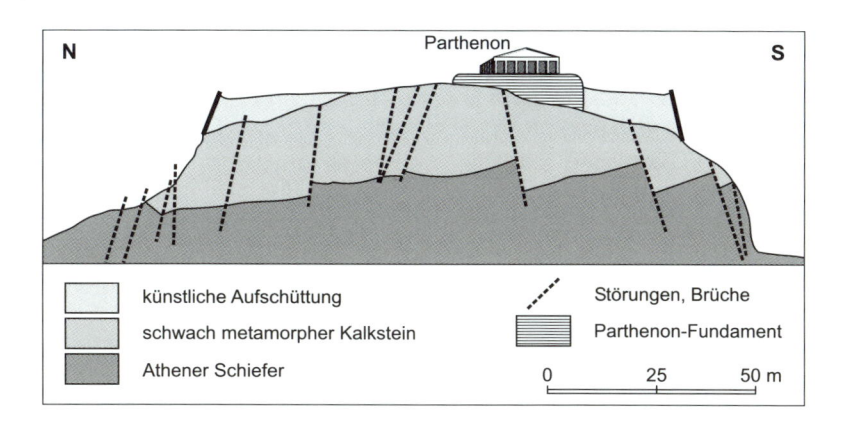

Der morphologische Formenschatz

Exzessive Bodenerosion und mächtige Akkumulation kennzeichnen nach GIESSNER (1995) die morphodynamische Sonderstellung des Mediterranraums. Beide werden von einem komplexen Niederschlags- und Abflussregime (vgl. Kap. 4.2 und 4.3) gesteuert, dessen saisonale Rhythmik für das Holozän weithin bestimmend ist. In dem überwiegend semihumiden Klima regeln daher torrentielle Abflusstypen mit hoher Erosionskraft den Materialtransport, allerdings spielt die klimatische Höhengliederung in dem gebirgigen Land zu allen Zeiten eine wichtige Rolle.

Relief, Klima, Boden, Vegetation und menschlicher Einfluss sind – in den einzelnen Phasen mit unterschiedlicher Ausprägung – die wichtigsten Steuerungsfaktoren der vielfältigen morphodynamischen Prozesse. In ihrem Zusammenwirken gestalten sie den morphologischen Formenschatz. Es lassen sich unter dem Aspekt der Relief- oder Formungsphasen nach RIEDL (1993a) fünf Formengruppen ausweisen; sie sind nach klimamorphologischen und morphotektonischen Aspekten zusammengestellt und ermöglichen auf der Ebene der Großformen einen kategorisierenden Überblick.

Rumpfflächen

Es handelt sich bei ihnen um mehr oder weniger ausgeprägte Kappungsflächen, die zumindest zum Teil das Ergebnis einer subkutanen, tiefgründigen chemischen Verwitterung sind. RIEDL (1993a, S. 367) gibt für das Unterpliozän ein sommerliches Lufttemperaturmittel von 30–32°C an und weist auf die hygrische Saisonalität hin, welche sich seit dem Endmiozän verstärkte. Massiver chemischer Zersatz des anstehenden Gesteins – die kristallinen Massengesteine des festländischen Nordens und Ostens sowie der Ägäischen Inseln sind unter feuchttropischen Klimabedingungen morphologisch weich – ermöglicht die diskordante Kappung des geologischen Untergrunds. Zusammen mit den flächenhaften Abspülungsvorgängen entstehen weite Ebenheiten. Stark verebnete, „eingerumpfte" Flächen, kaum erkennbare Täler und immer wieder davon abgesetzte Erhebungen bilden den einheitlichen Formenschatz einer früheren Zeit mit eigener Morphodynamik: eine Reliefgeneration.

Mit den klimatischen Wandlungen und der tektonischen Entwicklung ist es zu erklären, dass von den Rumpfflächen verschiedene Systeme in unterschiedlichen Höhen entstanden sind. So kommt es zur kleinräumigen, gestaffelten Anordnung isolierter, verschieden alter Rumpfflächengenerationen, deren einzelne Ebenen in der Zeitspanne Endmio-/Unterpliozän entstanden sind. Auf zahlreichen morphologischen Detailstudien in Insel- und Festlandsgriechenland aufbauend, stellt RIEDL (1990) drei Niveaus dar, die zwar in unterschiedlicher absoluter Höhe liegen, aber in annähernd gleicher Distanz zueinander. Auf Náxos z.B. befindet sich diese „Treppe" in 1000–800 m, 600–450 m und um 230 m, auf Páros in 650 m, 400 m und 250 m (RIEDL 1993a, S. 367).

Die Rumpftreppen sind ein markantes physiognomisches Kennzeichen der morphologischen Großformen Griechenlands; sie sind für zahlreiche Räume beschrieben (z.B. Ossamassiv: RIEDL 1981a, Insel Thásos: WEINGARTNER 1994), ihre genetische Interpretation ist jedoch keineswegs völlig geklärt. Die Eintiefung der niedrigeren in die höheren Flächensysteme deutet das zeitliche Nacheinander von oben nach unten an.

Fußflächen
Hierbei handelt es sich um eine Formengruppe, deren Elemente Pediment und Glacis z.B. am Rand der intramontanen Becken zu beobachten sind. Am Übergang von Hebungs- zu Senkungsgebieten gelegen, sind sie heute mit Verwitterungsmaterial bedeckt. Zum Beckeninneren hin verliert ihre Oberfläche rasch an Neigung.

Die Ablagerungen sind häufig von unterschiedlich alten Böden bedeckt; sie bestehen aus verfestigten klastischen Sedimenten, die bereits von Lösungsprozessen (Karrenbildung) angegriffen sind, und aus zwei bis drei Meter mächtigen rötlichen Böden, die z.T. in die Karstklüfte verschwemmt wurden und diese plombieren.

Aus diesem Befund ergibt sich nach RIEDL (1990, 1993a) folgende Genese: Generell erfolgte die Flächenbildung an den Gebirgsrändern unter tropischem Klima. Die kräftige Sedimentation im Bereich der Fußflächen ist eine Folge absinkender sommerlicher Lufttemperaturen (Endmio-/Unterpliozän: ca. 25°C), sodass die Flüsse bei verminderter Verdunstung größere Sedimentfrachten in die intramontanen Becken befördern können. Bei weiter abnehmenden Temperaturen (Plio-/Pleistozän: ca. 22°C) und einem sich ändernden Niederschlags- und Abflussregime beginnt die fluviale Linearerosion, die zur Zerschneidung der Fuß- und Rumpfflächen führt.

Paläokarst
Mit diesem Begriff werden die vorzeitlichen natürlichen Prozesse der Lösung von Kalkgesteinen zusammengefasst. Entsprechend der differenzierten paläoklimatischen Entwicklung gibt es zwischen der Oberkreide und dem Pleistozän mehrere Abschnitte mit Karstbildungen.

Weite Verbreitung hat der miozäne Karst, der z.B. in Thessalien, Arkadien, Lakonien oder auf Sámos und Chíos nachgewiesen ist (RIEDL 1993a, 1993b, 2000b; HEJL/RIEDL/WEINGARTNER 1999; RIEDL/PAPADOPOULOU-VRYNIOTI 2001). In wechselfeucht-tropischem, savannenartigem Klima schuf eine kräftige Tiefenkorrosion Karstgassen, die dekametertief in den umgebenden Marmor eingelassen sind; die Lösungsprodukte finden sich als mehrere Meter hohe Rotlehme (Terra rossa) in tieferen Lagen. Am Ende des Lösungsprozesses stehen übrig gebliebene Konglomeratpfeiler des tropischen Kegelkarstes mit „Helmbergmorphologie" (vgl. S. 97), Humgruppen mit steilen Hängen infolge seitlicher Korrosion und Großpoljen. Sie alle gehen zwar in ihrer heutigen Gestalt auf die mio-/pliozäne Reliefgeneration zurück, sind aber als polygenetische Formen anzusprechen (KATSIKIS 1992), die in den anschließenden klimamorphologischen Epochen unter veränderten Bedingungen weitergebildet wurden. Muldenförmige Kehltäler wurden durch Uvalas, Karstwannen und kleine Poljen umgestaltet und erhielten so Schritt für Schritt ihre heutige elliptische oder langgezogene Form, wie sie für die Becken von Ioánnina, Trípolis, Sparta oder die kretische Lassíthi-Ebene typisch ist.

Glazialerscheinungen
Zeugnisse pleistozäner, würmzeitlicher Vergletscherungen treten nur in den Hochlagen der Gebirge auf. Während des Würmhochglazials befand sich die Schneegrenze in Nordgriechenland in 1700 m, nach Süden zu steigt sie pro Breitengrad ca. 100 m an (BOENZI/PALMENTOLA 1997; Abb. 4.10). Besonders in den südgriechischen Hochgebirgen beschränken sich die Glazialformen (z.B. Kare, Moränen, Gletscherschliffe) auf die höchsten Lagen; sie sind nur schwach ausgebildet, ihre Identifizierung bereitet mitunter Mühe (KLEBELSBERG 1931). Für Kreta lassen sich auch in den Hochlagen nur Nivationsvorgänge nachweisen (HEMPEL 1997).

Periglaziale Hangschuttdecken des Jungpleistozäns sind dagegen in den festländischen Hochgebirgen zwischen Grammos, Parnassos und Taïgetos verbreitet. Nach Untersuchungen von WEINGARTNER (1994) betrug die mittlere hochwürmzeitliche Januartemperatur auf Thásos −3,5°C, d.h. es herrschte in Nordgriechenland ein trocken-kaltes Steppenklima. Die würmzeitliche Schuttproduktion umrahmt im Gebirge die frostdynamisch geschaffenen, glatten Felshänge des anstehenden Gesteins. Infolge flächenhafter Abtragung, Solifluktion, Rutschung und Murenbildung entstehen vornehmlich im jüngeren Würm-Interstadial (Neotyrrhen) Schwemmschutte, die als Terrassen akkumuliert werden. Die von HEMPEL (z.B. 1984a, 1984b) beschriebenen pleistozänen Talsedimente (vgl. S. 96) haben hier ihren Platz.

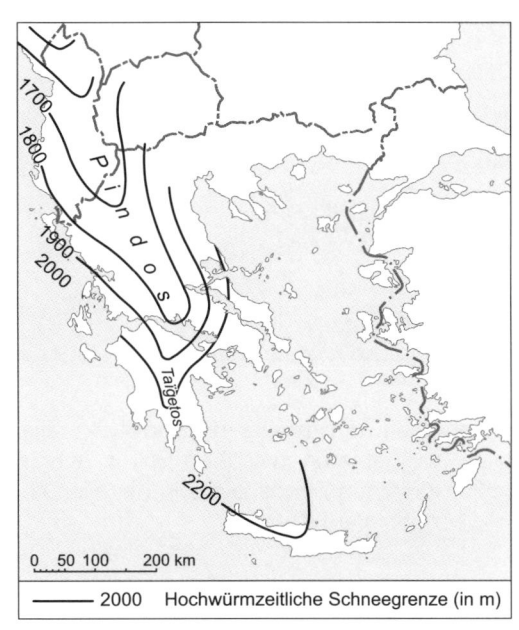

Abb. 4.10: Hochwürmzeitliche Schneegrenze in Griechenland
Quelle: BOENZI/PALMENTOLA 1997, Abb. 1

Aktuelle Prozesse
Eine wichtige Entwicklung im Bereich der Kleinformen ist die Tafonierung (Hohlblockbildung) von Massengesteinen. Sie entsteht durch allmähliche Abschieferung und Abgrusung, die auf den mikroklimatisch verursachten, tageszeitlichen Wechsel von Hydratation und Dehydrierung zurückzuführen ist. Die paläoklimatisch angelegten Formen der Wollsackverwitterung werden unter aktuellen Klimabedingungen zu scharfkantigen Hohlblockscherben umgeformt; es entstehen Reliefformen, wie sie in Abbildung 4.11 im Rahmen eines Profilschnitts zusammengestellt sind. An die Felsburgen, deren unterschiedlich erhaltene Reste den Wackelsteinen der humiden Mittelbreiten ähnlich sind, schließen glatte Felshänge an, denen – oft erst weiter unterhalb – flache Täler mit pleisto- und holozänen Verfüllungen folgen.

Durch Weiterbildung früher angelegter Formen werden die älteren Bildungen subrezent und rezent umgestaltet. Im Rahmen der Höhendifferenzierung des Mediterranklimas spielt im Tiefland die chemische Verwitterung eine größere Rolle, in den Höhenlagen überwiegt die mechanische Verwitterung. Hier sind die frostdynamischen Prozesse auch heute noch von Bedeutung, während in mittleren und tiefen Lagen die Karstlösung weiterhin wirkt, wie SAUERWEIN (1987) mit einem Beispiel aus dem antiken Heiligtum von Delphi belegt. Tropf-

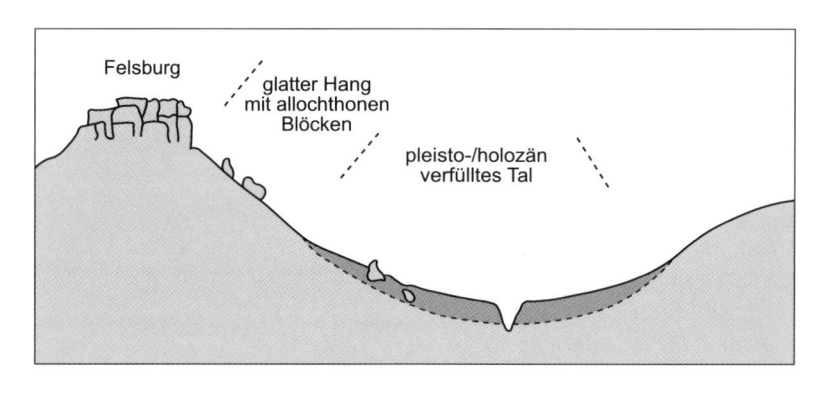

**Abb. 4.11:
Morphologisches
Profil mit der
Formenfolge Felsburg – glatter Hang
– Flachmulde**
Quelle:
WEINGARTNER 1980,
S. 128

steinhöhlen, die frühere und/oder aktuelle Karstphänomene sein können, finden sich in allen Kalkgebieten zwischen Epirus (z.B. Höhle von Pérama bei Ioánnina) und Lakonien (z.B. Höhle von Pírgos Diroú in der Mani) oder auf den Inseln (z.B. Kamáres-, Idéon- oder Diktéonhöhle auf Kreta).

4.2 Klima

Nahezu ganz Griechenland liegt im Bereich eines wechselfeuchten Klimas mit winterlichem Regen und sommerlicher Trockenheit. Der jahreszeitlich wechselnde Einfluss der subtropischen Hochdruckzone (Sommer) und der außertropischen Westwindzone (Winter) steuert den Ablauf des Witterungsgeschehens. Getrennte Temperatur- und Nie-

Abb. 4.12: Verbreitung des Mediterranklimas im Mittelmeerraum
Quelle: ROTHER 1993, S. 17; WAGNER 2001, S. 216

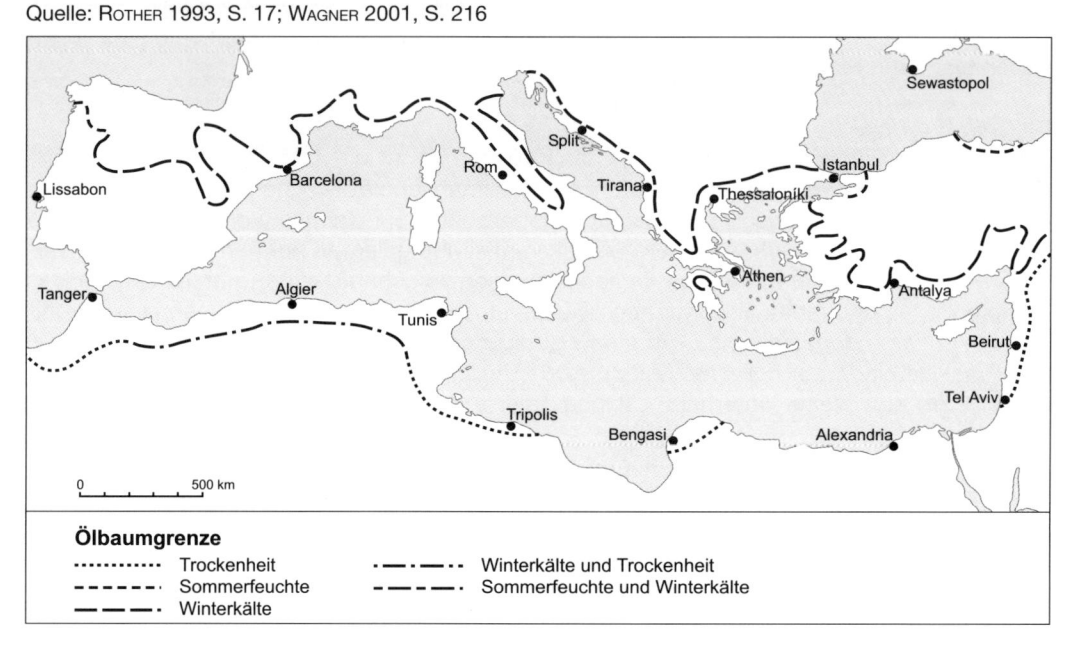

derschlagsmaxima sind folglich die Hauptmerkmale des Mittelmeer- oder Etesienklimas; es ist für die mediterranen Küstengebiete zwischen der Straße von Gibraltar und der Levanteküste kennzeichnend. Seine Verbreitung stimmt weitestgehend mit dem Areal des Ölbaums überein (Abb. 4.12). Weltweit ist dieser Klimatyp als so genanntes Westseitenklima auch in Kalifornien, in Zentralchile, im Kapland, in Südwest- und Südaustralien anzutreffen (ROTHER 1984).

Etesienklima

Der Name betont ein Spezifikum des Ägäisraums: die sommerlichen, beständig wehenden trockenen Winde aus nördlichen Richtungen. Bereits THALES VON MILET (1. Hälfte 6. Jh. v. Chr.), der Begründer der ionischen Naturphilosophie, bezeichnet sie als Etesien, heute tragen sie auch in Griechenland den türkischen Namen Meltémi. Klimatologisch sind die Etesien ein Sommermonsum, der von der Ukraine über die Ägäis bis nach Nordafrika reicht (TOLLNER 1981).

Die generelle Gleichartigkeit des hygrischen und thermischen Jahresgangs (WEISCHET/ ENDLICHER 2000) ist aus Abbildung 4.13 zu entnehmen. Der saisonale Rhythmus des Niederschlags gilt auf dem Festland und auf den Inseln; er steuert mit der sommerlichen Trockenheit das natürliche Wachstum der Vegetation und hat auch auf die landwirtschaftliche Produktion Einfluss. Allein die Station Flórina im gebirgigen Nordwesten Mazedoniens zählt nach der Klassifikation von KÖPPEN zu den dauerfeuchten Cf-Klimaten, während alle anderen Stationen dem mediterranen Cs-Klima zugeordnet sind (MÜLLER 1996).

Die weitgehende Einheitlichkeit im Bereich der südlichen Balkanhalbinsel ist auf folgende Ursachen zurückzuführen:
- Die großräumige, einheitliche Luftdruckverteilung ist eine Folge der planetarischen Position. Im Sommerhalbjahr verlaufen die Isobaren meridional, da sich Griechenland im Gebiet des Druckausgleichs zwischen dem Azorenhoch und dem Mesopotamientief befindet. Dies erklärt die Niederschlagsarmut, die weitgehende Wolkenfreiheit, die warmen Temperaturen und die vorherrschend nördliche Windrichtung. Im Winterhalbjahr ist die Situation anders: Entlang einer west-östlichen Tiefdruckrinne bestimmen die Zyklonen der außertropischen Westwinddrift, die in dieser Jahreszeit nach Süden vorstoßen, das Witterungsgeschehen und bescheren dem Land Niederschläge, westliche Winde und milde Temperaturen.
- Die weit ins Mittelmeer ragende Lage ist ein zusätzlicher Faktor, der egalisierend wirkt. Die großflächige ionische und ägäische Inselwelt sowie tief ins Land reichende Buchten, vor allem die Golfe von Pátras und Korinth, begünstigen den maritimen Klimaeinfluss.
- Die Oberflächengestalt, besonders das nordwest-südöstlich streichende Pindosgebirge, hat – abgesehen vom thermischen Höhengradienten – auf das sommerliche Witterungsgeschehen keinen steuernden Einfluss. Für die winterlichen Westwinde ist sie allerdings ein wichtiger „Regenfänger"; die Gebirgsbarriere ist damit zugleich ein Raumelement, das zur klimatischen Regionalisierung überleitet (WEISCHET/ENDLICHER 2000).

Sommer und Winter

Der Gegensatz von Sommer- und Winterhalbjahr ist prägend, während Frühling und Herbst nur als kürzere Übergangsjahreszeiten in Erscheinung treten. Sie sind von einem häufigen Wechsel der Temperaturverhältnisse geprägt, wie man ihn zu anderen Jahreszeiten im Bereich des Mittelmeerklimas nicht kennt. Der spezielle Reiz des Frühjahrs liegt in seiner Blütenpracht, die sich in besonderem Maße auf der feuchteren Westseite entfaltet. Dem Ablauf des saisonalen Witterungsgeschehens entsprechend, schlägt MARIOLOPOULOS (1961)

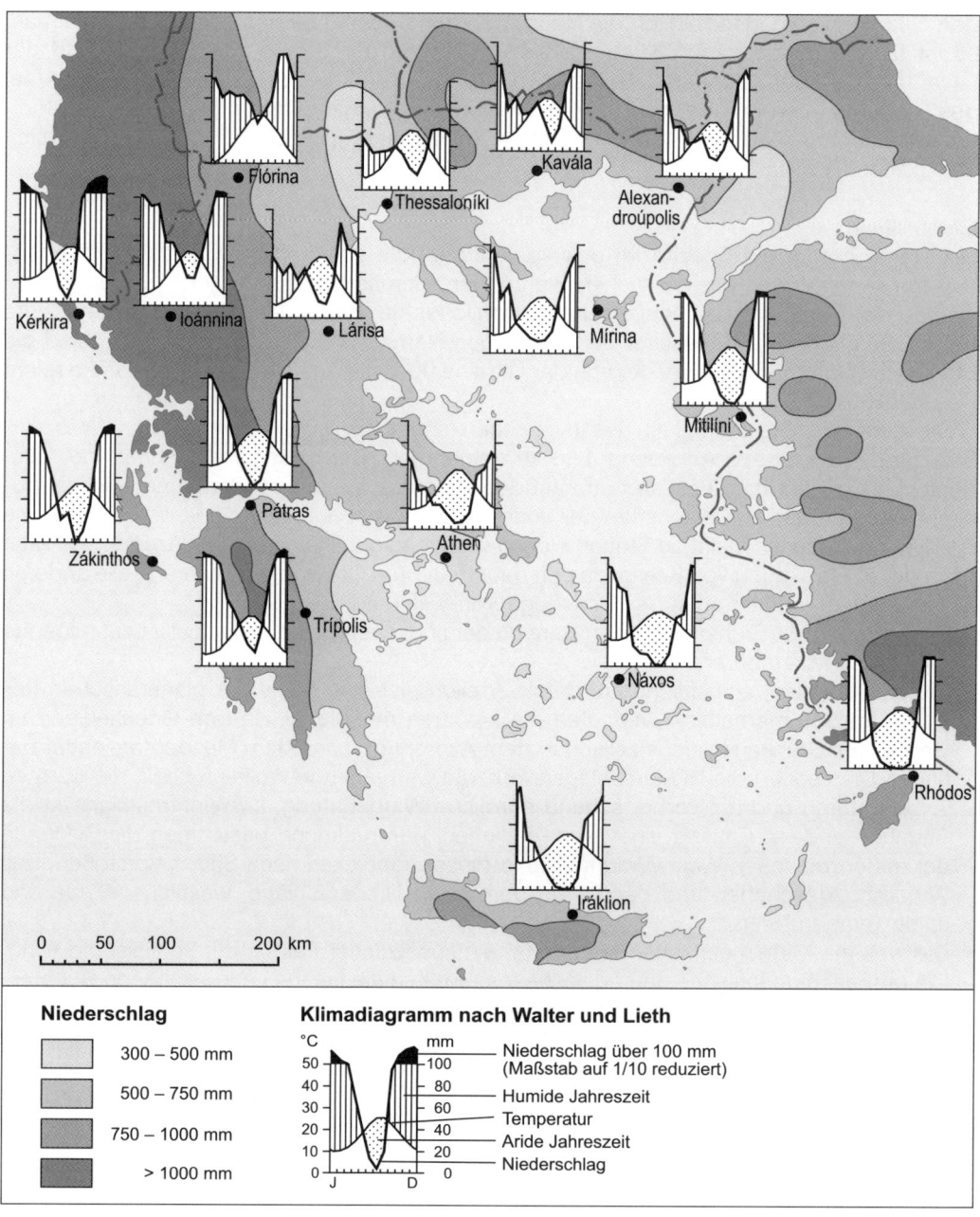

Abb. 4.13: Niederschlags- und Temperaturverteilung in Griechenland
Quelle: MÜLLER 1996, National Statistical Service 1996

folgende Einteilung der Jahreszeiten vor: Blüte- und Reifezeit (März–Juni), Trockenzeit (Juni–Oktober) und Regenzeit (Oktober–März). Je nach Lage im Gradnetz und/oder Höhenlage sind allerdings zeitliche Modifikationen notwendig.

Als kältester Monat gilt in allen Landesteilen der Januar. Da sich jedoch mit Ausnahme von Flórina, Ioánnina und Trípolis sämtliche Stationen in Küstennähe und in Lagen unter 100 m ü.N.N. befinden, sind die mittleren Januartemperaturen (Kérkira, Mitilíni, Pátras, Zákinthos, Náxos, Rhódos und Iráklion: um 10 °C) nicht wirklich niedrig. Auch in Flórina (684 m ü.N.N.) liegt das Januarmittel noch über 0 °C. Die festländischen Stationen des Nordostens und der Mitte (Thessaloníki, Kavála, Alexandroúpolis, Lárisa) lassen mit Januarwerten, die um 5 °C liegen, den kontinentalen Einfluss erkennen, der ebenfalls im peloponnesischen Trípolis (661 m ü.N.N.) nachweisbar ist. Der Gegensatz zwischen der West- und der Ostseite, Ausdruck eines maritimeren oder kontinentaleren Jahresgangs der Witterung, findet in den absoluten Februarminima (Kérkira: −3,3 °C; Flórina: −20,6 °C; Kavála: −23,5 °C) eine Bestätigung.

Die winterlichen Niederschläge erreichen ihr Maximum bei den meisten Stationen in den Monaten November und Dezember, nur in Límnos und Iráklion ist der Januar regenreichster Monat. Generell sind dabei die Niederschlagsereignisse kürzer, aber auch ergiebiger als in den gemäßigten Breiten; Dauerregen ist sehr selten. Allgemein lässt sich aus Abbildung 4.13 ableiten, dass kontinental gefärbte Stationen ein in die Herbstmonate (Oktober, November) vorgezogenes Maximum haben und ganzjährig bedeutend weniger Niederschlag empfangen als die Stationen der Westseite und der Gebirge. Am stärksten ist der Gegensatz zwischen Kérkira (1352 mm) im maritimen Nordwesten und Athen (402 mm) im festländischen Südosten.

Analog ist der sommerliche Witterungsverlauf. Die Anzahl der ariden Monate nimmt von Nordwesten nach Südosten zu, unterbrochen von den Stationen auf der Westseite der Gebirge. Athen, Náxos, Rhódos und Iráklion haben die meisten ariden Monate, obwohl ihre Julimittel (27,6 °C; 24,8 °C; 26,7 °C; 25,4 °C) z.T. hinter den kontinentalen Stationen des Festlands (Thessaloníki: 27,3 °C; Lárisa: 28,0 °C) zurückbleiben. Für letztere ist die größere Amplitude der Jahrestemperatur ein wichtiges Merkmal; die Differenz zwischen dem mittleren Juli-Maximum und dem mittleren Januar-Minimum liegt bei den Stationen des Südostens

Übersicht 4.6: Hochsommer in Attika

Hochsommer in Attika
Im festländischen Südosten, in Attika, sind die sommerlichen Temperaturen trotz maritimen Einflusses fast so hoch wie im binnenländischen thessalischen Becken. OBERHUMMER (1931, S. 227) beschreibt diese Situation, indem er die klassische Darstellung von PHILIPPSON zitiert: „Tag für Tag sendet die Sonne ihre glühenden Strahlen auf die dürstende Erde herab, von einem tiefblauen Himmel, an dem sich nur hier und da im Laufe des Tages eine kleine weiße Haufenwolke zeigt. (...) In stillen Stunden vibriert die erhitzte Luft über dem glühenden Boden; in anderen jagt der Nordwind dichte Staubwolken (...) und wirbelt sie in großen Tromben auf. Luftspiegelungen lassen ferne Inseln und Vorgebirge über der Meeresfläche schwebend erscheinen. Die meisten Flüsse und Bäche sind versiegt, Gräser und Kräuter verdorrt, das Getreide abgeerntet. Von Trockenrissen zerspalten liegt der Boden kahl und nackt da unter der schimmernden Sonnenglut; wüstenhaft, in grelle Farben getaucht, erscheint jetzt dieselbe Landschaft, die im Frühjahr von wogenden Kornfeldern oder vom grünen Schimmer der sprossenden Kräuter bedeckt war. Nur die Wein- und Maisfelder und die bewässerten Gärten bewahren sich ihr frisches Grün. – Die Hitze ist glühend, aber nicht schwül. Viel drückender als an den Küsten ist die Hitze in geschützten Tälern und Becken des Innern oder in künstlich bewässerten feuchten Gartenlandschaften. – Des Nachts findet zwar eine verhältnismäßig starke Ausstrahlung statt, trotzdem bleibt aber die Temperatur immer noch reichlich warm; nur selten kommt es zur Taubildung. Nichts ist herrlicher als eine Sommernacht an griechischer Küste, wenn der Landwind leise fächelnd balsamisch linde Luft heranweht und die Sterne mit einem in unseren Breiten nie gesehenen Feuer erstrahlen."

(Athen: 26,8°C; Iráklion: 20,5°C; Náxos: 17,4°C) deutlich niedriger als bei den kontinentalen Messstellen (Kavála: 28,5°C; Alexandroúpolis: 29,0°C; Trípolis: 29,0°C; Thessaloníki: 30,5°C; Flórina: 32,4°C; Lárisa: 33,9°C). In den intramontanen Becken Thessaliens, Mazedoniens und Thrakiens verstärken die Lage im Lee hoher Gebirge und die Ansammlung winterlicher Kaltluftseen die Kontinentalität.

Der kontinentalen Färbung seines Klimas verdankt Thessaloníki trotz der nördlichen Lage eine Globalstrahlung, die sowohl im Juli, dem strahlungsreichsten Monat, als auch in der Jahresbilanz (7,39 bzw. 55,79 kWh/m^2) über der von Pátras (6,51 bzw. 46,75 kWh/m^2) oder Athen (6,88 bzw. 52,02 kWh/m^2) liegt – und fast doppelt so hoch wie in Freiburg, der strahlungsreichsten deutschen Station, ist (MÜLLER 1996). Dass die Hauptstadt auch vor ihrem rasanten städtischen und industriellen Wachstum nur eine durchschnittliche Anzahl der Sonnenscheindauer aufzuweisen hatte, belegen Aufzeichnungen vom Beginn des 20. Jh. (Naval Intelligence Division 1944).

Windverhältnisse

Dass die Winde in Griechenland eine besondere Rolle spielen, legt schon die Bezeichnung Etesienklima nahe. Kenner des antiken Athen verweisen zusätzlich auf den Turm der Winde, ein achteckiges Bauwerk der römischen Agorá, auf dessen umlaufendem Fries die acht Himmelsrichtungen mit den zugehörigen Winden dargestellt sind; es handelt sich in diesem Fall (von Osten ausgehend und entgegen dem Uhrzeiger verlaufend) um Apeliotes, Boreas, Aparktías, Kauros, Zephyros, Libs, Notos und Euros (ZIEGLER u.a. 1979, Bd. 5, Sp. 1380). Von diesen kennt das Neugriechische die beiden Nordwinde Voréas (Βορέας) und Aparktías (Απαρκτίας), den Westwind Zéfiros (Ζέφυρος), den Südwestwind Lívas (Λίβας) und Notiás (Νοτιάς), den Südwind.

Die seit der Antike tradierten Namen für bestimmte Windrichtungen belegen die alltagsweltliche Bedeutung dieses Phänomens, besonders im Bereich der Seefahrt. Wenn dabei beispielsweise die starke Differenzierung der Windrichtungen dem generellen Vorherrschen nördlicher Winde im Sommer (ROTHER 1993, S. 30) zu widersprechen scheint, so findet dies seine Erklärung im Einfluss des Reliefs auf die bodennahen Luftbewegungen. Die Inselkette von Euböa über Andros und Tínos nach Mýkonos mit ihren z.T. über 1000 m aufragenden Bergen steht den von Norden wehenden Etesien (Meltémi) im Weg und öffnet nur zwischen den Inseln einen Durchlass; reliefbedingt nimmt hierdurch die Windstärke zu (Düseneffekt), gleichzeitig wird die Richtung auf Nordost geändert. In ähnlicher Weise entstehen auch im Bereich der Sporaden und der anderen Ägäischen Inseln zahlreiche Abänderungen der Winde, die in der Höhe generell aus Norden wehen, in Richtungen zwischen Nordwest und Nordost. Ungeschützte, nordexponierte Häfen können wegen der Etesien in der Ägäis oft nicht angelaufen werden.

Der Umlenkungs- und Düseneffekt tritt auch auf dem Land auf. Am Nordrand der Lassíthi-Ebene, einem 815 m hohen Polje zu Füßen des kretischen Diktigebirges, wurde der starke und regelmäßige Wind früher von Getreidewindmühlen genutzt, die in geschlossener Reihe mit einem Abstand von nur wenigen Dekametern errichtet waren. Im Polje selber dienen die tuchbespannten Windräder zur Hebung des Grundwassers. Mit weniger als 200 funktionsfähigen Rädern (1997) spielt jedoch die Windkraft hier keine bedeutende Rolle mehr; die zahlreichen verfallenen Anlagen – mehr als das Fünffache der arbeitenden Räder – bezeugen nicht nur den strukturellen Wandel in der Landwirtschaft, sondern auch die Verdrängung der alten Technik durch Motorpumpen. Doch dank guter natürlicher Voraussetzungen für die lokale Nutzung der Windkraft, die besonders auf den entlegenen, wenig bevölkerten Inseln der Ägäis einen Beitrag zur regenerativen Energieversorgung

(Reduzierung der Erdölbasis) leisten kann, arbeiten seit der Jahrtausendwende zahlreiche Windparks (z.B. auf Kárpathos, Kíthnos, Mýkonos, Euböa, Lésbos oder Chíos); der weitere Ausbau geht momentan zügig voran.

Relief und Land-Meer-Verteilung sind zusätzlich für lokale Winde verantwortlich, die aus dem Druckgefälle und der unterschiedlichen Erwärmung der Oberfläche resultieren und nicht an die großräumige Lage innerhalb einer Klimazone gebunden sind. Als kalte winterliche Fallwinde treten solche Erscheinungen z.B. in der Ebene von Sparta, an der Südseite des Golfes von Korinth (Lienau 1986) und bevorzugt auf der Südseite west-östlich streichender Gebirge auf, als warme Föhnwinde in den intramontanen Becken Mittel- und Nordgriechenlands sowie als tageszeitlich wechselnde See- und Land- bzw. Berg- und Talwinde.

Gewitter, die als lokale Wärmegewitter und als überregionale Frontgewitter vorkommen, treten besonders im feuchteren Winterhalbjahr auf. Sie häufen sich in den feuchtesten Landesteilen (Ionische Inseln, Epirus, ostägäische Inseln und Westkreta). Die mit ihnen verbundenen Winterstürme können Orkanstärke erreichen. Sommerliche Wärmegewitter kommen im kontinentalen Nordgriechenland am häufigsten vor.

Ein kalter winterlicher Nordwind ist der Vardarac. Er hat seinen Namen vom makedonischen Fluss Vardar, der in der griechischen Provinz Mazedonien als Axios in den Thermaïschen Golf mündet. Es handelt sich um einen Fallwind, der – vergleichbar mit dem Mistral des Rhônetals – durch das Vardar-/Axiostal zieht und sehr kalte Luft vom Binnenland in die Küstenregion bringt.

Schnee
An den Küsten und in den Niederungen ist Schneefall selten und stets von kurzer Dauer. In den Hochlagen der Gebirge kann der Schnee dagegen monatelang bis ins Frühjahr überdauern. In den Rhodopen (Orvilos- und Falakróngebirge) und im nördlichen Pindos (Grammos, Smolikas, Timfi u.a.) sind die Höhen regelmäßig bis Mai schneebedeckt, doch auch die wichtige West-Ost-Verbindung (E 92: Ioánnina-Kalampáka) kann im Bereich des Katárapasses (1705 m) nur vom Winterdienst offen gehalten werden. An den Hängen des Olymp, des Parnassos (bei Delphi) und des Mänalon sind sogar Skigebiete mit Liften erschlossen. Von Nordwest- nach Südgriechenland verschiebt sich die winterliche Schneefallgrenze von 600 auf 900 m. Daher tragen auch das thessalische Piliongebirge, der Taïgetos auf dem Peloponnes oder die Gebirge Kretas (Lefka-, Ida- und Diktigebirge) eine allwinterliche Schneedecke.

Nach den Untersuchungen von Hempel (1997) bilden sich in den kretischen Gebirgen Schneemächtigkeiten, die z.T. 3 m überschreiten. Mit den ergiebigsten Schneefällen ist im Januar und Februar zu rechnen. Es ist eine Besonderheit der Insel, dass unregelmäßige Warmlufteinbrüche, die 1–3 Tage andauern, zu einem raschen Abtauen der Schneemassen führen. Der Notos, ein warmer Südwind aus der libyschen Cyrenaika – dort Ghibli genannt –, wärmt sich beim Abstieg in das nördliche Gebirgsvorland trocken-adiabatisch nochmals kräftig auf (Föhneffekt). Infolge des verstärkten Temperatursprungs von rund 10°C sind selbst in 2000 m die Nachttemperaturen noch positiv. In 24–36 h verliert die Schneedecke etwa 15–20 cm Höhe: Der Notos erweist sich als „Schneefresser". Die flächenhaft ablaufenden Schmelzwässer leiten Abtragungsprozesse ein, die größer sind als bei Starkregen (Hempel 1997, S. 30).

Regionalisierung
Die unterschiedliche Ausprägung der einzelnen Klimaelemente macht innerhalb des Mediterranklimas eine Regionalisierung erforderlich. Trotz des häufigen kleinräumigen Wechsels, der eine Folge der Oberflächengliederung und der starken Kammerung ist und bereits von Philippson (1947a) herausgestellt wird, lassen sich drei große Klimaprovinzen unterscheiden.

1. Die voll- oder eumediterrane Klimaprovinz der Westseite umfasst in Höhenlagen bis etwa 400 m die Ionischen Inseln zwischen Korfu und Zákinthos sowie die festländische Westküste von Epirus über Ätolien und Akarnanien, Achaïa, Elis und Messenien bis nach Südwest-Lakonien (Mani). Es handelt sich um jene Räume, die bei maritimer Färbung sich durch milde Wintertemperaturen, reichlichen, nach Süden hin abnehmenden Niederschlag und hohe Globalstrahlung auszeichnen. Die Maritimität verzögert zwar den Einzug des Sommers, vermindert aber auch die Frostgefahr. *„Es ist eine der auffallendsten und glücklichsten Erscheinungen, daß in Westgriechenland, in Vergleich zum O, größere Regenmenge und größere Luftfeuchtigkeit verbunden sind mit geringerer Bewölkung und längerer Sonnenscheindauer, besonders im Winter und Frühling"* (PHILIPPSON 1947, S. 154).
Eine Studie zum Epirus (KOSACK 1949) untermauert die Begrenzung dieser Klimaprovinz auf die küstennahen, niedrigen Abschnitte. Erst im Umkreis des Ambrakischen Golfs, an der Grenze zu Ätolien und Akarnanien, dringt der „Ionische Klimatyp" entlang der Schwemmländer von Loúros und Arachthos weiter ins Binnenland vor. Ihm folgen nach Osten der epirotische und der Gebirgstyp, die bereits zur folgenden Gruppe gehören.

2. Die submediterranen oder mediterran getönten Gebirgsländer (LIENAU 1989a, S. 88) bilden die zweite Klimaprovinz. Zu ihr zählen die Höhenzüge des Pindos zwischen Grammos/Vermion im Norden und Panätolikon/Elikon in Mittelgriechenland sowie die Gebirge des Peloponnes (Erímanthos, Killíni, Mänalon, Parnon, Taïgetos) und Kretas (Lefka, Ida, Dikti). Die Gebirgsräume sind einerseits thermisch schlechter gestellt als die Tiefländer, andererseits empfangen sie im Sommer höhere Niederschläge. Die nördlichen Gebirge gehören dabei bereits einem dauerfeuchten Regime an (vgl. Station Flórina Abb. 4.13). Kleinräumig sind die Unterschiede zwischen sonnenexponierten und -abgewandten Seiten beträchtlich. Auch in Südgriechenland ist die sommerliche Aridität in den Hochlagen deutlich reduziert. Von den Bergländern eingeschlossene intramontane Becken (Thessalisches Becken, Becken von Ioánnina, von Trípolis u.a.) bilden den Sammelpunkt der winterlichen Kaltluft, die von den Höhen abfließt. Die absoluten Minima von Lárisa (–11,8°C), Tríkala (–11,8°C) und Trípolis (–16,4°C) sind mit solchen Ereignissen zu erklären.

3. Die kontinental-mediterranen Inseln und Küstenbereiche der Osthälfte (LIENAU 1989a, S. 88) formen die dritte Klimaprovinz, die in sich sehr vielfältig ist. Sie fasst den Nordosten und Osten des Festlands sowie die ägäische Inselwelt zusammen. Die Sommertrockenheit ist – mit Ausnahme des Nordostens – sehr deutlich ausgeprägt, die winterlichen Niederschläge liegen unter denen der westlichen Klimaprovinz.
Besonders die Inseln zeigen von Fall zu Fall erhebliche Abweichungen von der schematischen Zuordnung. Von Tínos, Sámos, Ikaría, Mýkonos, Santorin oder Kárpathos liegen Fallstudien vor (z.B. RIEDL 1989, 1995), welche die relative Ozeanität des Inselklimas herausstellen: Die thermische Abflachung des Sommers, die Verschiebung der winterlichen und sommerlichen Maxima um rund einen Monat nach hinten sind typische Kennzeichen der Kappung und Verschleppung, wie sie bei den kontinentaleren Stationen der Osthälfte nicht anzutreffen sind. Unter hygrischem Aspekt ist z.B. Sámos im Mittel um fast 400 mm feuchter als der zentrale Kykladenbereich und erhält nur 250–300 mm weniger Niederschlag als Korfu, Arta oder Zákinthos (RIEDL 1989, S. 151).
Die stark variierende Land-Meer-Verteilung, die Lage zu den Hauptwindrichtungen und lokale Spezifika modifizieren in der Ägäis den Witterungsablauf erheblich. So sind Südeuböa, Andros, Tínos und Mýkonos im Frühjahr kühler als die westlichen Kykladen, im Sommer dagegen wärmer (RIEDL 1995, S. 20). Dass sich auch die Windverhältnisse z.T. deutlich unterscheiden, ist auf die Exposition, die großräumige Lage und das Relief zurückzuführen.

Allein für die Küsten- und Beckenländer Thrakiens, Mazedoniens und Thessaliens ist die kontinentale Färbung des thermischen und hygrischen Jahresgangs einheitlich. Bereits die mittelgriechische Osthälfte ist aber über die Golfe von Pátras, Korinth und Ägina für maritime Klimaeinflüsse geöffnet, die gerade mit den winterlichen Westwinden wirksam werden.

4.3 Gewässer

Das Gewässernetz und die festländische Hydrographie sind ohne Kenntnis des Klimas, des Gesteinsuntergrunds, der Morphologie und der Vegetation nur unzureichend zu verstehen. Als Teil eines komplexen naturräumlichen Systems wird die gesamte Hydrosphäre einerseits von den anderen landschaftsökologischen Partialkomplexen beeinflusst, andererseits übt sie selber steuernde Wirkung aus (FINKE 1996).

Flüsse

Nicht nur für die Inseln, sondern auch für das Festland sind – wie im gesamten Mittelmeerraum (ROTHER 1993, S. 38) – relativ kurze Flussläufe typisch. Sie streben bei starkem Gefälle und zumeist geradlinigem Verlauf direkt dem Meer zu, wie es z.B. an der Nordseite des Peloponnes zwischen Pátras und Korinth oder am Thermaïschen Golf zwischen Kateríni und der Halbinsel Magnísia mustergültig zum Ausdruck kommt. Von den Flüssen aus Tabelle 4.2 münden nur der Enipéfs, ein Nebenfluss des thessalischen Piniós, und der Ladon, ein Zufluss des Alfiós, nicht direkt ins Meer. Die Einzugsgebiete sind daher verhältnismäßig klein, moderne Flussschifffahrt ist nirgendwo möglich. Auch die größeren Inseln wie Kreta und Euböa kennen schon wegen ihres länglichen Umrisses nur kurze Flussläufe.

Die auffallende Länge der nordgriechischen Flüsse hängt mit ihrem Einzugsgebiet zusammen, das die innere Balkanhalbinsel umfasst. Der Evros entspringt als Mariza auf der Nordostseite des bulgarischen Rilagebirges, der Axios als Vardar im nordwestlichen Makedonien; der Néstos nimmt seinen Lauf aus den Rhodopen Bulgariens, der Strimon vom Fuß des Vitoša unweit Sofia. Mit einer Länge von 297 km hat der Aliákmon den längsten Lauf innerhalb Griechenlands.

Abflusstypen

Nach dem Jahresgang der Wasserführung (Tab. 4.3) ist der torrentielle Abflusstyp am meisten verbreitet, besonders unter den kleineren Flüssen der Mitte, der Inseln und des Südens. Er ist durch eine eingipfige Abflusskurve mit großen jahreszeitlichen Schwankungen in der Was-

Tab. 4.2:
Die längsten Flüsse Griechenlands
Quelle:
National Statistical Service 1996, S. 31 u.a.
[1] Länge auf griechischem Territorium

Fluss	Länge (km)	Fluss	Länge (km)
Mariza/Evros	514/204[1]	Arachthos	110
Struma/Strimon	392/118[1]	Enipéfs	84
Vardar/Axios	368/70[1]	Evrótas	82
Aliákmon	297	Assopós	80
Mesta/Néstos	130[1]	Loúros	80
Vjosa/Aóos	238/70[1]	Sperchiós	80
Acheloós	220	Mégdovas	78
Piniós	205	Gallikós	70
Kalamás (Thíamis)	115	Ladon	70
Alfiós	110	Mornos	70

	J	F	M	A	M	J	J	A	S	O	N	D	Ø	Amplitude
Axios	165	200	278	279	200	160	75	49	51	75	115	173	151	6:1
Aliákmon	116	121	137	102	77	47	29	21	22	26	62	113	73	7:1
Piniós	161	160	115	93	71	32	12	11	25	59	61	171	81	16:1
Sperchiós	110	102	98	89	55	35	22	12	18	43	64	96	62	10:1
Arachthos	143	125	93	80	63	31	10	4	8	20	94	167	70	42:1
Loúros	31	31	28	23	19	16	13	12	11	10	14	23	19	3:1

Tab. 4.3: **Monatliche Wasserführung ausgewählter größerer Flüsse (in m^3/s)**
Quelle: POULOS/COLLINS/EVANS 1996, Tab. 6 und eig. Berechn.

serführung, in der Regel größer als 10:1, gekennzeichnet. Arachthos und Piniós zeigen dieses Profil in Tabelle 4.3 am deutlichsten. Während der sommerlichen Ariditätsphase sind gerade die kleineren Flüsse oft monatelang ohne Wasser, nur im regenreichen Winterhalbjahr sind ihre Betten gefüllt; sie werden deshalb als Winterflüsse (Chímarri, χείμαρροι) bezeichnet.

Das unterschiedliche Abflussverhalten von Arachthos und Loúros verwundert auf den ersten Blick. Beide Flüsse münden, von Norden kommend und parallel durch Epirus fließend, in den Ambrakischen Golf. Die geringe Amplitude der Wasserführung des Loúros kann folglich nicht klimatisch erklärt werden, auch nivaler Einfluss scheidet aus. Letzterer gilt nur für manche Gewässer des Pindos, er bestimmt allerdings in keinem Fall den Abflusstyp. Die Erklärung liegt vielmehr in der karsthydrographischen Prägung seines Einzugsgebiets; diese sorgt für eine ausgeglichenere Schüttung der Quellen, die weniger vom direkten Niederschlag als vielmehr vom unterirdischen Karstwasserstand gesteuert wird und das sommerliche Minimum abfängt (karstischer Abflusstyp).

Erosion und Akkumulation

Als Folge der hohen Reliefenergie, der spärlichen Vegetationsbedeckung und der vielfach geringen Widerstandsfähigkeit des Gesteins ist die erosive Kraft der Flüsse groß. Selbst kleinere Gebirgsflüsse, die keine 100 km Länge erreichen, transportieren Sedimentfrachten (150–4150 t/km^2), die z.T. beträchtlich über denen der großen Weltströme (Nil, Mississippi, Amazonas, Donau u.a.) liegen (POULOS/COLLINS/EVANS 1996). Kalamás, Loúros, Arachthos, Sperchiós, Piniós, Aliákmon, Axios, Strimon, Néstos, Evros, Alfiós u.a. schütten daher große Mündungsdeltas auf. Dabei ist die saisonale Aridität mit stark schrumpfender Wasserführung ein Faktor, der vernachlässigt werden kann. Die Masse der Sedimente wird vielmehr bei den einsetzenden starken Regenfällen in den Monaten November bis Februar transportiert (Abb. 4.14). 50–95% der Sedimentfracht entfallen sogar auf wenige Starkregentage, an denen der Boden kaum Wasser aufnehmen kann und eine schützende Vegetationsdecke nicht ausreichend entwickelt ist. Einzelne Starkregenereignisse können

	Einzugsgebiet (km^2)	Sedimentlast (10^6 t)	Sedimentlast (t/km^2)	Delta (km^2)
Axios	23 747	10,69	583	1500
Aliákmon	9 455	5,35	461	
Piniós	10 850	5,93	641	80
Sperchiós	1 664	1,45	805	155
Arachthos	1 894	7,36	3 033	350
Loúros	785	0,83	879	

Tab. 4.4: **Sedimenttransport und Deltabildung ausgewählter Flüsse**
Quelle: POULOS/COLLINS/EVANS 1996, Tab. 2 und 4

einen Sedimenttransport in Gang setzen, der den Monatsdurchschnitt um das Zwölffache übertrifft (POULOS/COLLINS/EVANS 1996).

Die regelmäßig transportierten Sedimentfrachten sind so groß, dass die Spitzen der Deltas in historischer Zeit Hunderte von Metern ins Meer gewachsen sind. An den Deltas des Ambrakischen und Thermaïschen Golfs rechnet man mit einem Vorrücken der Küstenlinie von 3 m in 1000 Jahren. Die Mündung des Thíamis/Kalamás im nördlichen Thesprotien musste bereits verlegt werden, weil sie den Fährhafen von Igoumenítsa abzuschnüren drohte. Der Lauf des Axios wurde ebenfalls umgeleitet, damit der Golf von Thessaloníki auch weiterhin für Schiffe mit großem Tiefgang befahrbar ist.

Flussverbauung und Flächenversiegelung
Wasserbautechnische Maßnahmen beeinflussen den Transport und die Sedimentation erheblich. So bestehen am Vardar/Axios 12 Staudämme zur Versorgung von Bewässerungsgebieten und zur Gewinnung von Hydroelektrizität – der letzte ist nur 28 km von der Mündung entfernt. In den Stauseen setzt sich die Hauptmasse der Sedimentfracht ab

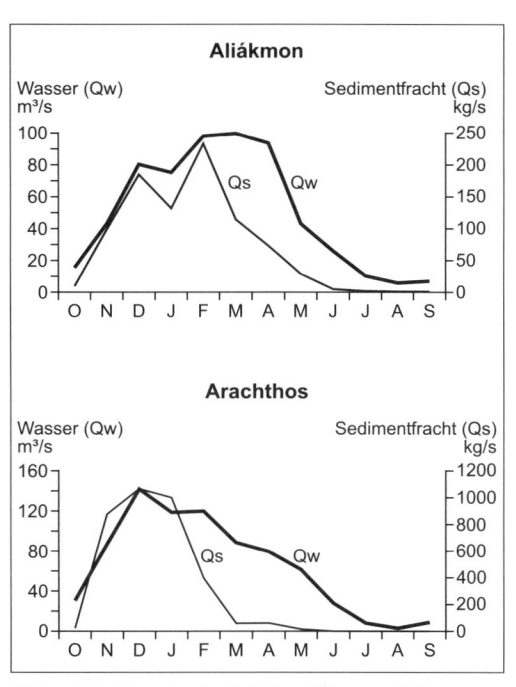

Abb. 4.14: **Durchschnittlicher Wasserabfluss (Qw) und Sedimenttransport (Qs) von Aliákmon und Arachthos**
Quelle: POULOS/COLLINS/EVANS 1996

und erreicht die Mündung nicht mehr. Am unteren Kalamás, an Loúros oder Arachthos ist die Situation ähnlich; erst Ende der 1990er Jahre begann der Aufstau des unteren Néstos. Da die Sedimentfracht generell bereits seit rund vier Jahrzehnten stark vermindert ist, wachsen die Deltas heute nicht mehr bzw. in stark reduziertem Tempo. Mit der Veränderung des natürlichen Gleichgewichts wandeln sich auch die Ökosysteme der Deltas (FILGES/HATTWIG 1993, FILGES/KATSAROS 1995, MATTES/LIENAU 1996, SZIJJ/DETSIS/WÜST/WAGNER 1997).

Dass auch die starke städtische Überbauung und flächenhafte Versiegelung den Abfluss von Gewässern und Niederschlagswasser steuert, zeigt die Analyse von Hochwassersituationen in Athen (ECHTINGER 1995). Die Häufung katastrophenartiger Überflutungen in den letzten Jahrzehnten ist hier auf die räumliche Einengung der Vorfluter, die ungeregelte Überbauung sowie die vollkommen unzureichende Kanalisation zurückzuführen. Städte- und wasserbauliche Defizite lösen Überflutungsschäden in dicht bewohnten Gebieten aus, während das umliegende Offen- und Waldland verschont bleibt.

Wasserversorgung
Grundsätzlich sind die tertiären Hügelländer, die schottergefüllten Flussbetten und die küstennahen Schwemmländer der wichtigste Grundwasserspeicher. Da jedoch die lokalen Vorkommen zur Versorgung der großen Bevölkerungsballungen (vor allem im Großraum Athen) nicht ausreichen, ist die Fernwasserversorgung aus Speicherseen und über ein ausgedehntes Leitungsnetz unumgänglich (SAUERWEIN 1988). Dass in ländlichen Räumen die Wasserversorgung z.T. noch heute über die Qanatsysteme der Osmanischen Zeit erfolgt,

zeigen VAVLIAKIS und SOTIRIADIS (1993) an Beispielen aus dem Nomos Sérres. Ländliche Einzelsiedlungen, die oft auch touristisch genutzt werden, sind häufig nicht an die gemeindliche Wasserversorgung angeschlossen, sondern auf eigene Tiefbrunnen angewiesen; im ariden Sommer ist die Versorgung nicht sicher gestellt (HARTLEB 1989, S. 49 ff.).

Seen
Der Reichtum an natürlichen Seen (Tab. 4.5) ist nicht groß. Er konzentriert sich auf die Deltabereiche mit vom Meer abgeschnürten Lagunen (v.a. in Ätolien und Thrakien) und die intramontanen Becken. Aus morphologischen und hydrographischen Gründen weist das nördliche Griechenland die meisten Seen auf. Durch Meliorationsarbeiten sind jedoch viele ursprünglich endorheïsche Gebiete (Kopaïs-See, Viviis-See; vgl. Kap. 4.1.4) oder der Achinos-See am unteren Strimon trocken gelegt worden. Wieder andere Gewässer wie der Taka-See im Becken von Trípolis oder die Seen in kretischen Poljen (BARTELS 1991) sind analog zum schwankenden Karstwasserspiegel nur jahreszeitlich ausgebildet.

Die kleineren Poljeseen wie der See von Ioánnina oder Kastoría sind flachgründig (< 20 m), eutroph und fischreich. Der zunehmende Eintrag von Dünger, Pflanzenschutzmitteln und städtischen Abwässern macht jedoch Schutzmaßnahmen nötig (Kläranlagen, Wasserschutzgebiete u.a.), wenn eine Hypertrophierung verhindert werden soll (KOUSSOURIS u.a. 1991). Dagegen bildet der griechisch-makedonisch-albanische Große Prespasee im spärlich bevölkerten Grenzgebiet dank seiner lange unzugänglichen Lage ein floristisches und faunistisches Refugium; die Schwarzkehlchen, Störche, Kormorane, Krauskopf-Pelikane oder Braunbären seiner Umgebung sind eine Besonderheit (HAVERSATH 1997).

Weiterhin bestehen neben den erwähnten aufgestauten Flüssen zahlreiche Stauseen, die zum größten Teil erst in den letzten Dekaden errichtet wurden. Der Stausee von Tavropos (westl. Kardítsa) oder der Trikerion-See (westl. Karpenísi) sind Beispiele aus dem Pindos, der Piniós- und der Ladon-See vom Peloponnes.

Ägäis und Ionisches Meer
Auch das Meer gehört zur Hydrosphäre. Über Strömungen und Wellengang, aber auch über den wechselnden Meeresspiegel hat es Einfluss auf den Küstenverlauf und seine Form.

Die Ägäis ist ein sog. Epikontinentalmeer mit stark differenzierter Morphologie (IBBEKEN/SCHLEYER 1979); die Flachwasseranteile (bis 100 fm = 183 m) nehmen 40 % ein, Tiefseeanteile gibt es nicht. Die starke untermeerische Hangneigung ist eine Folge der plattentektonischen Position (vgl. Kap. 4.1.2). Analog sind die Verhältnisse des küstennahen Ionischen Meeres; hier wird jedoch in der vorgelagerten Subduktionszone eine Tiefe von 5090 m (68 Meilen westl. Kap Tänaron) erreicht.

Die Gezeiten sind in Griechenland wie im gesamten Mittelmeer nur schwach ausgebildet, sie betragen i.d.R. nur wenige Zentimeter. Seit dem Altertum zieht das so genannte Euripusproblem die Aufmerksamkeit auf sich (ENDRÖS 1914, 1915). Es handelt

Tab. 4.5: Die größten natürlichen Seen Griechenlands
Quelle: National Statistical Service 1996
[1] auf griechischem Territorium

Name	Lage (Nomos)	Größe (km²)
Trichonís	Ätolien	95,8
Vólvi	Thessaloníki	70,4
Vegorítis	Pélla	54,3
Vistonís	Rhodopi	45,0
Korónia	Thessaloníki	42,8
Großer Prespasee	Flórina	288/39,0[1]
Kleiner Prespasee	Flórina	42,5
Kerkinítis	Sérres	37,7
See von Kastoría	Kastoría	28,7
See von Ioánnina	Ioánnina	19,5
Ilíki	Böotien	19,1
Doïráni	Kilkís	15,4[1]

sich hierbei um die besonderen Strömungsverhältnisse zwischen Euböa und dem Festland. Im Stadtgebiet von Chalkís verengt sich der Meeresdurchlass auf 35 m Breite und 6,4 m Tiefe. In dem schlauchartigen, mal engeren, mal weiteren Nördlichen und Südlichen Golf von Euböa werden die Gezeiten so modifiziert, dass an der engsten Stelle die Strömung nicht nur düsenartig verstärkt wird, sondern auch mehrmals täglich (vier- bis sechsmal) die Richtung wechselt. Dieses Phänomen ist mit dem Druckausgleich zwischen den verschiedenen Gezeitenwellen, die durch Brechung an den Küsten erzeugt werden, zu erklären. Die Höhendifferenz erreicht an der alten Brücke von Chalkís mit 50 cm ihr Maximum (ENDRÖS 1914, S. 126 f.). Im Golf von Pátras beträgt selbst der Springtidenhub nur 45 cm (PIPER/PANAGOS/KONTOPOULOS/SPILIOTOPOULOU 1982).

Küsten
Die moderne Küstenmorphologie geht den Fragen des Materialtransports, des unterschiedlichen Meeresniveaus und der marinen Abrasions- und Akkumulationsformen nach. Dabei werden natur- und geisteswissenschaftliche Methoden und Ergebnisse zu einander in Beziehung gesetzt, um zu abgesicherten Ergebnissen zu gelangen.

Die formale Klassifizierung der nord- und mittelgriechischen Festlandsküste in Längs- und Querküsten (auf der West- bzw. Teilen der Ostseite) oder kleinräumig wechselnde Steil- und Flachküsten, Abrasions- und Akkumulationsküsten ist für sich allein wenig aussagekräftig. Lokale und regionale Studien, welche schwerpunktmäßig für den Peloponnes und Kreta vorliegen (KELLETAT 1974, 1996; KELLETAT/GASSERT 1975), führen zu genauerer Kenntnis.

Von Korinth über Pátras und Pírgos bis Kiparissía in Messenien reicht der nord- und westpeloponnesische Abschnitt. Er hat relativ glatte Konturen, die im Norden durch fluviale Akkumulationsformen, hauptsächlich Schwemmfächer, geschaffen wurden. Infolge pleisto- und holozäner Landhebung wuchsen hier einerseits Reliefenergie und Sedimentfracht der akkumulierenden Flüsse, andererseits dokumentiert eine gestaffelte Reihe mariner Terrassen den früheren Küstenverlauf (KERAUDREN/SOREL 1987, PIPER/STAMATOPOULOS u.a. 1990). Im Westen der Halbinsel schuf der küstenparallele Materialversatz eine Ausgleichsküste, die nur von wenigen Vorsprüngen (Kap Araxos, Kap Kyllíni, Kap Katákolon) unterbrochen ist. Langgezogene Nehrungen und Lagunen oder Sümpfe im Hinterland sind für Elis typisch.

In Messenien beginnt der zweite Abschnitt, der den Süden und Osten umfasst. Hier dominiert die Steilküste, die jedoch immer wieder von flachen Passagen unterbrochen ist. Das Ausgangsgestein wechselt wiederholt: Tal- und Hangschutt im östlichen Arkadien, Mergelsande in Lakonien und Messenien, Flysch und Schiefer in der Argolis und dazwischen immer wieder massige Kalke. Die petrographische Vielfalt erklärt die unterschiedlich hohe Kliffküste. In der westlichen Mani kommt eine quartäre Landhebung hinzu, so dass ehemalige Meeresterrassen in über 200 m ü.N.N. liegen können (KELLETAT 1974, KELLETAT/GASSERT 1975).

Was KELLETAT (1974) für den Peloponnes formulierte, gilt auf Grund des geologisch jungen Alters der griechischen Küsten für das ganze Land: Küstentyp und rezente Dynamik stimmen im Wesentlichen überein, sodass Akkumulationsküsten weiter aufgebaut und Abrasionsküsten weiter zerstört werden. Allein an den Stellen mit spürbarem menschlichen Einfluss – z.B. in den Deltas – kommt es zu einer markanten Umkehrung der natürlichen Prozesse.

Meeresspiegelschwankungen
Die Frage der holozänen und historischen Meeresspiegelschwankungen ist für die Küstenmorphologie von großer Bedeutung. Verschüttete oder versunkene Siedlungen – aus helladischer Zeit in −3 m, aus klassischer Zeit in −2,8 bis −2 m, aus römischer Zeit in −2 bis −1,5 m

– lenkten schon früh die interdisziplinäre Aufmerksamkeit auf diesen Themenbereich. Während ältere Studien die archäologischen Beobachtungen mit dem eustatischen Meeresspiegelanstieg erklärten (HAFEMANN 1960, 1965), vertritt man heute eine differenziertere Ansicht. Tektonische Hebungen und Senkungen, Meeresspiegelschwankungen und Akkumulationsprozesse überlagern einander und haben von Fall zu Fall anderes Gewicht.

In der südpeloponnesischen Mani lag z.B. der Meeresspiegel im Atlantikum, dem nacheiszeitlichen Klimaoptimum, nur wenig über dem heutigen, in der griechischen Frühantike bei −3 m, seitdem erfolgt ein Wiederanstieg, der bis heute andauert (KELLETAT/GASSERT 1975). Jüngere Studien zu Kreta (THOMMERET u.a. 1981, KELLETAT 1996) betonen vor allem tektonische Aspekte: In der Mitte des 4. Jh. n.Chr. wurde der äußerste Südwesten Kretas in einem einzigen, plötzlichen Vorgang 9 m angehoben, in der Schlucht von Samariá wurden etwa 5 m und bei Chaniá immerhin noch 2 m erreicht! Eine Serie kurzfristiger Absenkungen ging diesem Ereignis voraus.

Ein anschauliches Beispiel für den komplexen Ablauf von Akkumulationsprozessen bieten die antiken Hafenanlagen von Abdera (neugr. Avdira) in Thrakien (PSILOVIKOS 1993). In einer flachen, gegen das offene Meer geschützten Bucht am Ostrand des Néstosdeltas bauen die Abderiten im 8./7. Jh. v.Chr. einen Hafen, die Quelle ihres Wohlstands. Bereits im 6. Jh. v.Chr. werden die alten Anlagen verschüttet. Andauernder küstenparalleler Materialversatz führt zum Aufbau einer 12 km langen Nehrung, die schließlich das Hafengebiet in eine Lagune verwandelt. Im Zuge weiterer Anlandungen wächst die Nehrung über den Meeresspiegel, das Hinterland wird zur Salzmarsch und die Stadt bereits in hellenistischer Zeit bedeutungslos.

Die komplexen fluviatilen, limnischen und marinen Prozesse führen also in Griechenland wiederholt zu einer plötzlichen Änderung der natürlichen Umwelt. Durch tektonische Einflüsse, globale Klimaänderung (eustatischer Meeresspiegelanstieg) und menschliche Eingriffe in die Hydrosphäre werden die Prozesse teils beschleunigt, teils gebremst.

4.4   Böden und Bodenschätze

Böden gehen aus dem Verwitterungsprodukt der Erdkruste hervor. Sie entstehen im Überschneidungsbereich des festen Gesteins (Lithosphäre), der Luft (Atmosphäre) und des Wassers (Hydrosphäre). Zusätzlich beeinflussen die Vegetation (Biosphäre) und der Mensch (Anthroposphäre) den komplexen Prozess der Bodenbildung, der nicht nur räumlich (besonders meridional und hypsometrisch), sondern auch zeitlich (genetisch) zu differenzieren ist.

Infolge der sommerlichen Trockenheit ist die Bodenbildung (Pedogenese) jahreszeitlich unterbrochen bzw. stark eingeschränkt. Im Vergleich zu Mitteleuropa erfolgt die Pedogenese sehr langsam, weil sie im Wesentlichen an die feuchte Jahreszeit gebunden ist. Das gebirgige, stark erosionsanfällige Relief ist ein weiterer Faktor, welcher einem kontinuierlichen, tiefgründigen Aufbau der Böden im Wege steht. *„So ist die Bodenbildung langsam, die Zerstörung lebhaft"*, wie bereits PHILIPPSON (1947 b, S. 16) resümierte.

In den Gebirgen wechseln die Bodentypen je nach Ausgangsgestein, Exposition oder Wasserversorgung kleinräumig. Zum überwiegenden Teil handelt es sich um junge und jüngste Bodenbildungen (NESTROY 1995). Flachgründige, oft skelettartige Böden sind in den steileren Partien verbreitet. Als Rohböden sind sie steinig oder haben vielfach ein gekapptes Profil. Nur in den Senken und auf weniger geneigten Abschnitten sowie bei rutschfestem Untergrund können sich – vor allem im nördlichen Pindos und in den Rhodopen – braune Gebirgswaldböden mit A-B-C- bzw. A-C-Profil (Podsole bzw. Rendzinen) entwickeln. Generell begünstigt die starke sommerliche Trockenheit des Mediterranklimas die Rubefizierung, d.h. Rotfärbung der Böden – im Kalkstein enthaltenes Siderit ($FeCO_3$) wird zu Hämatit (Fe_2O_3) umgewandelt. Vor allem auf Kreta und dem Peloponnes sind aber auch mächtige Staubeinträge aus der Sahara hierfür verantwortlich (EITEL 1998).

Vorherrschender Bodentyp sind die braunen mediterranen Böden (Terra fusca), die in Akarnanien, auf dem Peloponnes, auf der festländischen Ostseite und auf den Inseln verbreitet sind. Sie haben eine braungelbe bis rotbraune Farbe und sind sehr tonreich. Ausgangsgestein sind die örtlichen Kalke und Dolomite. Die weitgehend entkalkten Böden sind nährstoffarm, haben einen dünnen A- und einen tieferen B-Horizont. An vielen Stellen bildet Mataderozersatz, ein zum Cm-Horizont verfestigter, mit dem Messer schneidbarer jungtertiärer Braun- oder Rotlehm, den Ausgangspunkt erneuter Bodenbildung (RIEDL 1986c).

In den Becken und größeren Tälern ist das akkumulierte Material durch die Bodenbildung verändert; hier ist die aus den Mittelbreiten bekannte Verbraunung wichtiger als die Rubefizierung. In den Talauen trifft man auf nährstoffreiche Fluvisole aus feinerem oder gröberem Material, z.T. mit hydromorpher Prägung. In den mergelreichen Hügelländern sind die Böden reich an Feinmaterial und Nährstoffen, aber auch stark erosions- und rutschungsanfällig (EITEL 1998).

Die in vielen Punkten noch ungeklärte quartäre Pedogenese stellt sich besonders kompliziert dar. Einerseits greifen Überlagerungen und Einschwemmungen immer wieder in die Bodenbildung ein; so sind die Böden vielfach aus Deckschichten hervorgegangen, die nicht mit dem unterlagernden Material identisch sind. Andererseits spielen fossile Böden eine Rolle (BRUNNACKER/ALTEMÜLLER/BEUG 1969); sie sind unter anderen Klimaten entstanden und nur in bestimmten Positionen, z.B. in Gesteinsklüften oder Dolinen, reliktisch erhalten. Ausgangsgestein, Hangneigung, Wasserdurchlässigkeit und Vegetation sind die wichtigsten Faktoren, welche die Bodenbildung steuern (YASSOGLOU/KOSMAS/MOUSTAKAS 1997).

Der kleinräumige Wechsel der Bodentypen ist das markanteste Kennzeichen, die zonale Einordnung der Böden bleibt dagegen umstritten (ROTHER 1993, S. 52; YAALON 1997). Es ist bei allen Systematisierungsversuchen zu berücksichtigen, dass sich die jungquartäre Bodengeschichte der südlichen Balkanhalbinsel von der Mitteleuropas grundlegend unterscheidet.

Nicht nur aus physisch-geographischen Gründen, sondern auch als Folge menschlicher Eingriffe in die Natur spielt die Bodenerosion eine wichtige Rolle. In geneigtem Gelände wird bei fehlender oder aufgelockerter Vegetationsdecke zunächst der Oberboden gekappt, anschließend kann er durch Starkregen oder bei der Schneeschmelze vollständig abgetragen werden. Mit instruktiven Beispielen aus Kreta zeigt HEMPEL (1997), wie plötzlich eintretendes Tauwetter (mit Föhneffekten bei Südwetterlagen; vgl. Kap. 4.2) im Gebirge so viel Schmelz- und Retentionswasser freisetzt, dass flächenhafte Hangabspülung ausgelöst wird. Die bodennachschaffende Kraft der Verwitterung ist unter aktuellen klimatischen Bedingungen zu schwach, um den Bodenabtrag zu egalisieren. Selbst auf nur mäßig geneigten Hängen gestalten sich Maßnahmen zur Regenerierung der Bodenkrume (z.B. Wiederaufforstungen) schwierig.

Der Schwerkraft folgend, sammelt sich der abgetragene Boden in Flusstälern, intramontanen Becken und Küstenhöfen. Die so entstandenen Alluvialböden sind sehr mächtig. Viele der trocken gelegten Binnenseen (Kopaïs-, Viviis-See, See von Jannitsá u.a.) stellen brauchbare, z.T. sogar gute Böden, sofern sie dräniert und die Oberböden gut gelockert sind. Die porenarmen, strukturlosen Tonböden (z.B. des ehemaligen Taka-Sees bei Trípolis) sind dagegen für den Ackerbau ungeeignet. Auch die hydromorphen, z.T. salzhaltigen Böden der Küstenhöfe – z.B. des Ambrakischen Golfs, des Tieflands der Argolis oder Messeniens – schränken die Landwirtschaft erheblich ein.

Bodenschätze
Die vielen, wenn auch nach heutigen Maßstäben nur selten ergiebigen Lagerstätten des Landes erklären seine lange bergbauliche Tradition (WIEDENBEIN 1993). Phönizier, Griechen und Römer zeigten ihr Interesse an den Bodenschätzen. Die Stadt Chalkís auf Euböa nimmt mit ihrem Namen unmittelbaren Bezug auf den Bergbau (altgr. χαλκός: Erz, Bronze, Kupfer), die Silbergruben von Lávrion, bereits in der Antike ausgebeutet, wurden 1860 reaktiviert. Der heutige Bergbau ist auf etwa 25 verschiedene Rohstoffe gerichtet, unter denen Bauxit, Nickel, Magnesit und Perlit auf dem Markt der EU nur begrenzt angeboten werden.

Die Verteilung der Lagerstätten orientiert sich an der Geologie und Tektonik. Ohne bei den Vorkommen auch nur eine annähernde Vollständigkeit anstreben zu wollen, lassen sich folgende regional zuzuordnende Gruppen unterscheiden (JACOBSHAGEN 1986, S. 281 ff.):

1. An Ophiolith-Komplexe sind die Vorkommen von Chromit, Kupferkiesen, Magnesit und Eisen-Nickel-Lagerstätten gebunden. Als konzentrierte Erzlinsen, aber auch in feiner Verteilung entlang so genannter Schlierenplatten sind sie besonders im Serbomakedonischen Massiv zwischen Athos und Orvilosgebirge, in Thrakien, im Umkreis des Vourinosgebirges zwischen Kozáni und Grevená, im mittelgriechischen Othrisgebirge, auf Euböa und auf Lésbos anzutreffen.
   Nur in wenigen Fällen sind allerdings die Vorkommen so ergiebig, dass sie den Abbau lohnen. Dies liegt nicht allein an der Mächtigkeit der Linsen, die mehrere tausend Tonnen Gewicht haben können, sondern vor allem am Erzgehalt und der Reinheit der Lagerstätten. Im Abbaugebiet von Zentraleuböa, das seit 1969 erschlossen ist, haben z.B. die lateritischen Eisen-Nickel-Lagerstätten eine Mächtigkeit von 3 bis 50 m. Der durchschnittliche Ni-Anteil liegt bei 1,1–1,3 %, die Vorräte beziffern sich auf 200 Mio. t (JACOBSHAGEN 1986, S. 289).
2. Smirgel, Mangan, Phosphat und Bauxit sind Lagerstätten der Karbonat-Plattform. Das wirtschaftlich bedeutende Bauxit, das Rohmaterial für Aluminium (Al_2O_3), lagert vor allem in Mittelgriechenland. Die Vorkommen im Parnass- und Elikongebirge, in Attika (Becken von Eléfsis) und auf Zentraleuböa gliedern sich in drei Haupthorizonte unterschiedlicher Mächtigkeit. In Karsttaschen können sie 25 m Tiefe erreichen. Die Vorkommen sind das Produkt der tropischen Bodenbildung des Tertiärs. Die Lateritisierung, mit der bestimmte Abläufe des chemischen Zersatzes bezeichnet werden, erklärt aber nur einen Teil der Entstehung. Die Lagerung in Karsttaschen, die Form der seitlich auskeilenden Bauxitlinsen und die Abnahme des Al-Gehalts der mittelgriechischen Vorkommen von NO nach SW machen zusätzlich den Transport des Zersatzes – etwa durch langsames Strömen von Lösungen oder Feinschlamm – zu den heutigen Lagerstätten notwendig (JACOBSHAGEN 1986, S. 293).
3. Die Manganvorkommen (MnO_2) des Peloponnes (Pátras, Kalávrita, Koróni u.a.) sowie die Phospate (P_2O_5) des Epirus sind rein sedimentäre Lagerstätten. Sie treten sowohl in Nestern und Linsen als auch in durchgehenden Horizonten auf. Wirtschaftlich spielen sie (bislang) keine Rolle.
4. Die hydrothermalen Lagerstätten des Kristallins sind beim tertiären Aufstieg mineralisierter Lösungen entstanden. Die Plutonite der Rhodopen, die vulkanischen Intrusionen Mazedoniens und der Vulkanismus der Ägäis bilden ihre Voraussetzung. In Mazedonien (Ost-Chalkidikí) und Thrakien (Xánthi, Alexandroúpolis) sind es Kupfer- und Molybdänerze, die trotz geringer Goldanteile (Ost-Chalkidikí: 3,5 g/t) nicht abbauwürdig sind. Im nahen Olimpias wird dagegen seit 1970 gefördert; die hier gehobenen Erze enthalten u.a. Blei (3,6 %), Zink (4,5 %), Schwefel (17 %), Arsen (2,4 %), Silber (130 g/t) und Gold (7 g/t). In die gleiche Kategorie fällt das attische Lávrion, dessen Vorräte heute als erschöpft gelten. Im Kontaktbereich des Intrusivkörpers lagern hauptsächlich Zinkblende (ZnS), Bleiglanz (PbS) und Pyrit (FeS_2). Das gewonnene Blei hat einen Silberanteil, der bei 130–180 g/t liegt.

5. An den jungen Vulkanismus der zentralen Ägäis sind die Schwerspatvorkommen (BaSO$_4$) von Mílos, Mýkonos und Kos gekoppelt, die für die Erdölindustrie als Bohrspat wichtig sind. Hinzu kommen die Perlite von Mílos, Kos, Nísiros und Lésbos, auf die die Gusseisenproduktion zurückgreift, sowie Bimsstein und Bimstuff (Pozzuolan) von Santorin (Thíra), Jali und Nísiros.
6. Die Gewinnung von Bausteinen ist über das ganze Land verteilt. In der adriatisch-ionischen Einheit (Kérkira, Igoumenítsa, Préveza, Agrínio), auf Kreta (Chaniá) und an weiteren Stellen wird Gips abgebaut. Die Zementherstellung ist auf die großen Kalkvorkommen Attikas, Böotiens, von Pátras, Vólos oder Thessaloníki orientiert.
Berühmtestes Baumaterial ist der Marmor: Weißer Marmor des Pentelikon oder grüner Marmor von Páros fanden bereits für antike Bauwerke und Skulpturen Verwendung. Echte Marmore gibt es in den Kristallingebieten (Rhodopen, Euböa, Attika, Kykladen u.a.). An zahlreichen Stellen werden polierbare Kalksteine abgebaut, die im Handel ebenfalls als Marmore firmieren.
7. Die Energierohstoffe des Landes finden sich zum größten Teil in neogenen und quartären Lagerstätten. Braunkohle gibt es in mehr als 60 der postorogenen intramontanen Becken. Die Flöze sind jedoch tektonisch zerstückelt und zumeist geringmächtig. Die bedeutendsten Vorkommen lagern in den Becken Mazedoniens (Flórina, Ptolemaïda und Kozáni) und Thrakiens (Kotili, Orestiás); hier werden Gesamtmächtigkeiten von 80–120 m erreicht. Nur die Gaskohle von Kotili hat einen hohen Heizwert (7 500 kcal/kg), in Mazedonien liegt er zwischen 3 000 und 2 000 kcal/kg, bei den Ligniten von Megalópolis (Arkadien) nur bei 1 700–1 400 kcal/kg. Die Braunkohle- und Torflagerstätten von Philippi im Becken von Dráma erzielen wegen ihres hohen Wassergehalts nur rund 1 350 kcal/kg.
Hinzu kommen die untermeerischen Erdöl- und -gasvorkommen des Prinosfeldes westlich der Insel Thásos. Sie decken aktuell rund 5 % des Bedarfs.

Trotz einer breiten Palette an Bodenschätzen kann das Land seinen „natürlichen Reichtum" kaum nutzen. Das liegt weniger an der langen bergbaulichen Geschichte und der bereits historischen Erschöpfung mancher Lagerstätte, sondern vorwiegend an den komplizierten Lagerungsverhältnissen, die den Abbau erschweren. Die starke tektonische Zerstückelung bereitet selbst bei Großvorkommen (Bauxit, Braunkohle) Schwierigkeiten, sodass die Grenzen des rentablen Abbaus rasch erreicht sind.

4.5 Vegetation

In enger Wechselbeziehung zu Gestein, Boden, Klima und Feuchtigkeit steht die Pflanzenwelt. Sie spiegelt einerseits die großräumigen Naturbedingungen des Mediterranraums und gilt daher als zuverlässiger Indikator der natürlichen Verhältnisse, andererseits ist sie den landschaftsverändernden Eingriffen des Menschen ausgesetzt. Seit Jahrtausenden wird die Natur vom wirtschaftenden Menschen genutzt und verändert. Epochen mit rücksichtsloser Ausbeutung und unbedachten Eingriffen (WEEBER 1990) hinterließen vielfach irreparable Schäden. Die heutige Vegetation ist ohne massive menschliche Eingriffe nicht zu erklären; die Geschichte des Waldes in historischer Zeit ist eine Geschichte seiner Zerstörung.

Hart- und Weichlaubgewächse
Die ursprüngliche Waldbedeckung ist ein Spiegelbild der klimatischen Differenzierung. Die sommerliche Trockenheit und die milden winterlichen Temperaturen erfordern einerseits xeromorphe Pflanzen und ermöglichen andererseits ein immergrünes Laubkleid (ROTHER

1993, S. 55). Die Hartlaubgewächse (Sklerophylle) sind auf die klimatischen Bedingungen optimal eingestellt. Die Blätter von Stein- und Kermeseichen (Quercus ilex und Quercus coccifera), Johannisbrotbaum (Ceratonia siliqua) oder wildem Ölbaum (Olea oleaster) sind klein und teilweise behaart, haben auf der Oberseite eine verdunstungshemmende Schicht und können die Spaltöffnungen der Unterseite schließen. Ihr Wurzelwerk reicht sehr tief. So überstehen sie das sommerliche Feuchtigkeitsdefizit, ohne die Blätter abwerfen zu müssen. Auf sandigen Standorten sind ihnen Aleppokiefer (Pinus halepensis), Pinie (Pinus pinea) und Zypresse (Cupressus sempervirens) überlegen, die als Forste auch auf anderen Böden stocken.

Die ebenfalls immergrünen Weichlaubgewächse (Malakophylle) schützen sich durch Schuppenblätter oder Dornen vor zu starker Verdunstung. Zu dieser Gruppe zählen z.B. die Ericaceen: Baumheide (Erica arborea), quirlblättrige Heide (Erica manipuliflora) u.a. Ihre Wurzeln reichen weniger tief, so dass sie bei extremem Wassermangel zu welken beginnen und die Blätter abwerfen müssen.

Die heutige Rückdrängung und Degradierung der Wälder ist eine Folge der jahrtausendelangen Nutzung. Rodung, Weidegang, Holzeinschlag, Harz- und Brennholzgewinnung haben vor allem im Umkreis der dicht besiedelten und gut zugänglichen Küstengebiete die Wälder beseitigt oder stark degradiert. Allein in den entlegenen und zerklüfteten Gebirgen des Landesinnern, der Halbinsel Athos und mancher Inseln findet man noch ausgedehnte und hochstämmige Wälder, die allerdings nicht mehr jenen Umfang haben, den noch PHILIPPSON (1890) beschrieb.

Degradation des Waldes

Die ursprünglichen Hartlaubwälder der eumediterranen Zone mit Stein- und Kermeseichen als charakteristische Bäume sind durch Strauch-, Zwergstrauch- und Krautgesellschaften ersetzt. Die artenreiche Macchie (Abb. 4.15) bildet eine zwei bis vier Meter hohe Strauchge-

Übersicht 4.7: Entwaldung und Wiederaufforstung: Schädigung und Wiedergutmachung

Entwaldung und Wiederaufforstung: Schädigung und Wiedergutmachung?
Zákinthos, die südlichste der Ionischen Inseln, trägt in HOMERS Odyssee (1,246, 16,123, 19,131) den festen Beinamen ὑλήεις, d.h. bewaldet. In Vergils Aeneis (3,270) wird sie sogar als nemorosa, d.h. waldreich, bezeichnet. Heute ist die Insel nahezu waldlos. „Jahrtausende haben an dem Wald nicht nur durch rücksichtslose Ausbeutung der Holzbestände, sondern auch durch mutwillige Zerstörung gesündigt. Abbrennen durch Hirten, um mit Asche gedüngte Weideplätze zu erhalten, und Anbohren der Bäume zur Harzgewinnung sind verhängnisvolle, aber eingewurzelte Gewohnheiten. Was der Mensch übriggelassen, zerstört das verbreitetste Weidetier, die Ziege, durch Abnagen der Knospen und jungen Zweige" (OBERHUMMER 1931, S. 229f.).
Die Etappen der Waldvernichtung verlaufen parallel zur Geschichte der Kulturlandschaft (vgl. Kap. 2). Sie beginnen in der Antike und setzen sich mit Unterbrechungen über das Mittelalter und die Neuzeit bis in die Gegenwart fort. Für den Anfang des 20. Jh. schätzt OBERHUMMER (1931, S. 231) die Waldfläche auf 12–13% des Bodens; in der modernen griechischen Statistik (National Statistical Service of Greece 1996, S. 192) nehmen die Forste (Δάση) sogar 22% ein, wobei allerdings Macchie, Phrygana und Triften eingeschlossen sind. Für die Entwicklung des Waldbestands spielt es eine wichtige Rolle, dass im labilen mediterranen Ökosystem die Regenerationsfähigkeit stark reduziert ist. „Die Wiederbewaldung ist (...) nur über einen langen Zeitraum und unter Mithilfe des Menschen möglich" (ROTHER 1993, S. 69), sofern nicht die Bodenschicht bereits komplett abgetragen ist. So genannte Protektionsaufforstungen schaffen keinen Ausgleich für die großen Waldverluste, deren schädliche Auswirkungen auf Boden, Luft, Grundwasser und Tierwelt sich seit der Antike addieren.

Vegetation

> **Macchie und Phrygana im Wechsel der Jahreszeiten**
> „Ein besonderer Reiz (...) entsteht durch die Vielzahl verschiedenster Blumen, die im Frühjahr zwischen den Sträuchern blühen. (...) An erster Stelle sind die verschiedenen Knollen- und Zwiebelpflanzen zu nennen. Die größte Faszination geht dabei wohl von den Orchideen aus, die in Griechenland in großer Zahl vorkommen. (...) Neben verschiedenen Wildtulpen, z.B. der gelben Tulipa sylvestris oder der roten Tulipa boeotica, fallen vor allem die zirka 50 verschiedenen Laucharten auf. (...) Nicht unerwähnt bleiben dürfen hier auch die Affodill-Arten. Der Weiße Affodill Asphodelus albus mit seinen aschgrauen Blüten ist die Totenblume der alten Griechen. Über einer Affodill-Wiese trafen sich die Geister der vor Troja gefallenen Helden" (KRETZSCHMAR 1994, S. 33).
> In der sommerlichen Hitze vergeht dieser Blütenteppich schnell. Erst im Herbst wird es wieder bunter, wenn die weiß-gelb blühende Meerzwiebel, verschiedene Arten von Herbstzeitlosen, Krokusse und die Gewitterblume aufgehen. Die aromatischen Pflanzen werden von den Hirten gesammelt; sie dienen als Heilmittel und getrocknet als Gewürz oder als Tee (τσάϊ του βουνού, d.h. Berg- oder Kräutertee).

Übersicht 4.8: Macchie und Phrygana im Wechsel der Jahreszeiten

sellschaft auf ehemaligen Waldstandorten. Verschiedene Eichenarten, Pistazien, Erdbeer- und Lorbeerbaum, aber auch stachelige Pflanzen (Mäusedorn, Stechwinde, Christusdorn u.a.) sowie Sträucher des Unterholzes (z.B. Mastixstrauch) bilden ein dichtes, immergrünes Hartlaubgebüsch. Bei stärkerer Degradation durch Feuer und/oder weidendes Kleinvieh bleibt hiervon nur eine kniehohe Zwergstrauchgesellschaft erhalten, die nach der griechischen Bezeichnung den Namen Phrygana (φρύγανον, Plural φρύγανα, d.h. Reisig, Gestrüpp) trägt. Durch Viehverbiss erhalten die stacheligen und dornigen Sträucher häufig eine kugelförmige Gestalt (Darstellung von Verbissformen bei HEMPEL 1995). Zwischen den Zwergsträuchern ist Platz für verschiedene ein- oder zweijährige Pflanzen wie Iris, Wolfsmilch, Bibernelle, Orchideen, Wildtulpen oder Affodill; wo Letzterer flächenhaft auftritt, zeigt er Überweidung an. Hinzu kommen viele duftende Kräuter (Thymian, Lavendel, Salbei, Rosmarin u.a.), die zum Schutz vor überhöhter Verdunstung ätherische Öle absondern. Die Triften und vegetationsarmen Felsfluren tragen nur noch ein schütteres Pflanzenkleid, das aus verschiedenen Rasengesellschaften und Felsheiden besteht. Von diesem fortgeschrittenen Degradationsstadium ist eine Regeneration nur selten möglich. Die sehr stark gekappten Böden sind geringmächtig, hängen oft nicht mehr großflächig zusammen und unterliegen der intensiven Bodenerosion.

Abb. 4.15: Degradations- und Regenerationsstadien mediterraner Wälder
Quelle: MÜLLER-HOHENSTEIN 1991, S. 413

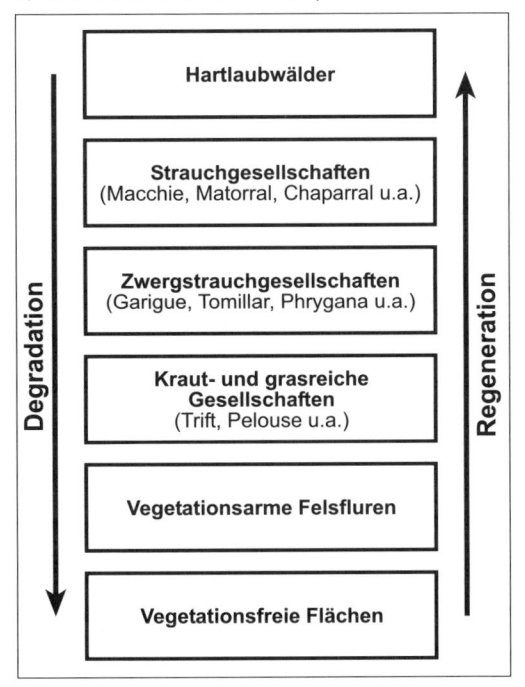

Degradation → / ← Regeneration

- Hartlaubwälder
- Strauchgesellschaften (Macchie, Matorral, Chaparral u.a.)
- Zwergstrauchgesellschaften (Garigue, Tomillar, Phrygana u.a.)
- Kraut- und grasreiche Gesellschaften (Trift, Pelouse u.a.)
- Vegetationsarme Felsfluren
- Vegetationsfreie Flächen

Kultur- und Nutzpflanzen
Der häufigste (Kultur-)Baum des mediterranen Griechenlands ist der Ölbaum (Olea europaea). Er ist langsam im Wuchs, immer-

grün, erhält im Alter einen kräftigen, knorrigen Stamm, wird bis 15 m hoch und liefert die so begehrte Olive. Er wird in großen Kulturen angebaut und gilt als Leitpflanze des Mittelmeerklimas, das durch die Olivengrenze (vgl. Abb. 4.12) definiert ist. Da er an die Trockenheit angepasst ist, findet er sowohl in den Ebenen als auch im Hügel- und Bergland gute Wachstumsbedingungen; erst die Frostempfindlichkeit begrenzt sein Areal.

Manch andere Kultur- und Gartenpflanze ist dagegen im Mittelmeerraum nicht heimisch. Viele dieser Neophyten stammen aus Amerika, so die Agave und die violett oder blau blühende Drillingsblume (Bougainvillea glabra). Die verschiedenen Arten des Feigenkaktus (Opuntia ficus) kommen ebenfalls aus der Neuen Welt. In alten bäuerlichen Kulturlandschaften, z.B. in der südpeloponnesischen Mani, dienen sie als lebende Hecke. Die feinen, mit Widerhaken besetzten Stacheln halten Mensch und Tier fern. Der schnellwüchsige Eukalyptus, in Sumpfgebieten und an Straßenrändern angepflanzt, stammt aus Australien.

Die Agrumen (Zitronen, Apfelsinen, Mandarinen usw.) sind – wie der Name z.T. schon sagt – in Ostasien zu Hause. Sie können nur mit ausreichender Bewässerung die sommerliche Trockenheit überstehen. Auch Tomate, Paprika oder Aubergine, die sich in jedem griechischen Speiselokal auf der Karte finden, sind keine einheimischen Arten. Palmen und Bananen schließlich dienen – mit Ausnahme von wenigen Kulturen auf Kreta – nur als Zierpflanzen.

Zonierung

Der meridionale und der hypsometrische Klimawandel bildet die Ursache der verschiedenen Vegetationszonen (LIENAU 1989a, S. 123 ff. und Karte 6). Die mediterranen Hartlaubgewächse haben ihren Platz in den sommertrockenen und wintermilden Küstenbereichen; in Nordostgriechenland nehmen sie nur einen schmalen Küstenstreifen (<200 m ü.N.N.) ein, in Mittelgriechenland reichen sie bis in 600 m, in Südgriechenland und auf den Inseln bis in 1000 m hinauf. Die submediterrane, winterkahle Laubmischwaldzone nimmt das westliche Vorland des Pindosgebirges sowie die Ebenen und Becken des östlichen Zentral- und Nordgriechenlands ein; winterkahle Eichen, Hainbuchen und Eschen sowie die Degradationsformen der Macchie und Phrygana bilden die Bestände. Kontinentale Laubmisch- und Steppenwälder (und ihre Degradationsformen) sind für die festländischen Helleniden und das Rhodopengebirge prägend. Nur in den höchsten Lagen von Kreta, dem Peloponnes und Mittelgriechenland, jedoch mit größeren Flächenanteilen in Nordgriechenland wird die montane Buchen- und Tannenwaldzone erreicht, an die nur punkthaft Bereiche mit subalpiner bis alpiner Vegetation anschließen.

Ausdruck der kleinräumigen Differenzierung sind die Höhenstufen einzelner Gebirge. Im zentralgriechischen Ossagebirge (RIEDL 1981a) und auf der Insel Thásos (ROITHINGER/SPRINGER/WEINGARTNER 1989) sind die vegetationsgeographischen Unterschiede zwischen der SW- und der NO-Seite besonders auffallend. Im Ossagebirge (Abb. 4.16) bewirken die Luv-Lee-Effekte auf der Nordostseite z.B. eine ausgeprägte montane Buchenstufe, der eine weniger große montane Tannenwaldstufe auf der Südwestseite entspricht.

Abb. 4.16: Höhenstufung der Vegetation im Ossagebirge
Quelle: RIEDL 1981, S. 116

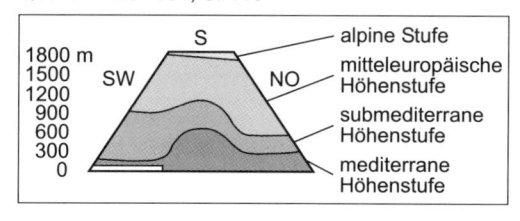

Die vegetationsgeographische Forschung zu Griechenland ist in den letzten Jahren deutlich intensiviert worden. Dies ist nicht primär die Folge eines allmählich sich ausbildenden Umweltbewusstseins vor Ort, sondern es hängt mit den Fragestellungen und -horizonten außergriechischer Forscher zusammen. In einem knappen, unvollständigen Überblick sollen ausgewählte Themen und Räume vorgestellt werden.

Die Problematik der Degradationsformen der Vegetation (Macchie und Phrygana) wird in Fallstudien (Heiselmayer/Grabner/Griehser 1995, Grabner/Griehser/Heiselmayer 1995) vertieft; ergänzend werden spezifische Formen der Zerstörung, vor allem durch Feuer, und der anschließenden Regeneration untersucht (Böhling/Gerold 1995, Griehser/Grabner/Heiselmayer 1995).

Die verschiedenen Ökosysteme Nordgriechenlands sind mit systematischen Untersuchungen und Fallstudien außerordentlich breit repräsentiert (Filges/Hattwig 1993, Filges/Katsaros 1995, Lienau 1989b, Lienau/Mattes 1997). Die Palette der Themen reicht von Urwaldresten über Forstwirtschaft und ökologischen Reisanbau bis zu Naturschutzprojekten; gerade Letztere erfordern infolge immer größerer Eingriffe in die Natur (z.B. Aufstau des Néstos) grundlegende Studien, um im Sinne einer Aktivitätsfolgenabschätzung und einer Prüfung der Umweltverträglichkeit die aktuelle Situation zu bilanzieren sowie positive und negative Wirkungen zu beurteilen (Mattes/Lienau 1996, Szijj/Detsis/Wüst/Wagner 1997).

4.6 Naturräumliche Vielfalt

Oberflächenformen, Böden, Wasserhaushalt, Klima, Vegetation und Tierwelt bilden die miteinander vielfältig verbundenen Teilgebiete der natürlichen Umwelt (Finke 1996). Auf diese im Landschaftshaushalt zusammengefassten Komplexe üben verschiedene Faktoren steuernden Einfluss aus. Tektonische Entwicklungen und Klimaänderungen sind Phänomene, die in säkularen bis geologischen Zeitdimensionen ablaufen. Sie steuern den Boden- und Wasserhaushalt und beeinflussen die Pflanzen- und Tierwelt. Im Vergleich hierzu ist der Einfluss des Menschen grundsätzlich klein. In labilen Ökosystemen haben jedoch bereits geringe Eingriffe oft eine große Wirkung. Das gilt insbesondere für die sehr alte Kulturlandschaft Griechenlands.

Der klimazonalen Einheitlichkeit der mediterranen Subtropen (Rother 1984) steht auf mittlerer Maßstabsebene eine naturräumliche Vielfalt gegenüber, die durch drei Gegensatzpaare gekennzeichnet ist. Infolge ihrer Überlagerung entsteht ein buntes Mosaik von Naturräumen.
- Der West-Ost-Gegensatz hat verschiedene Gesichter. Er kommt einerseits tektonisch-morphologisch in einer unterschiedlich gegliederten Küste zum Ausdruck (durch Golfe und Buchten stark aufgelöste Ostküste, stärker durch küstenparallele Gebirgszüge gestaltete Westküste) und wird andererseits durch den klimatischen Luv-Lee-Gegensatz (thermisch und hygrisch) betont. Philippson (1947a) nahm diese Situation zum Anlass, um von Griechenlands zwei Seiten zu sprechen, wobei er den räumlichen Kontrast keineswegs auf naturgeographische Aspekte beschränkte.
- Der Nord-Süd-Gegensatz spiegelt den planetarischen Formenwandel. Er erklärt z.B. die geringere sommerliche Aridität der Nordhälfte und ihre Konsequenzen für Wasserhaushalt, Bodenbildung und Vegetationsbedeckung.
- Der hypsometrische Wandel ist für das gebirgige Land in besonderem Maße kennzeichnend. Nicht nur im festländischen West-Ost-Profil tritt die Barriere der Helleniden hervor, auch auf den größeren Inseln (Kefallinía, Thásos, Euböa, Chíos, Sámos, Náxos, Rhódos, Kreta) werden Höhen über 1000 m erreicht. Die kretischen Gebirge (Lefka, Ida und Dikti) erreichen sogar über 2000 m. In den Höhen des Diktigebirges liegt bei fast 35° n.Br. das Monatsmittel von November bis März unter 0°C (Hempel 1997, S. 18).

Der über Jahrtausende währende Einfluss des Menschen hat die Naturräume erheblich umgestaltet. Bodenerosion, Degradierung der Vegetation und Eingriffe in den Wasserhaushalt haben vielfältige Konsequenzen, die bis zur Tierwelt reichen. Löwen, die als Reliefbild den Eingang zur Burg des Agamemnon in Mykene zieren, wurden bereits in der Antike ausgerottet, Bären und Wölfe gibt es nur noch in den Hochlagen des nördlichen Pindos. Selbst die Rastplätze für durchziehende Wandervögel, die Feuchtgebiete Nordgriechenlands, sind durch immer weiter gehende Meliorationsmaßnahmen heute erheblich eingeschränkt. Naturnahe Regionen gibt es nur noch in den Grenzgebieten, die über vier Jahrzehnte gesperrt waren.

Untersuchungen zur Kalklösung im nordgriechischen Marmor (Vavliakis/Haristos/Balafoutis 1990) belegen, dass die Korrosion nicht nur lokal-klimatisch, sondern auch durch anthropogene Einflüsse gesteuert wird. So liegt die aktuelle Lösungsrate in Thessaloníki doppelt so hoch wie in einem 20 km entfernten Dorf.

Bei der auffallenden ökologischen Labilität mediterraner Landschaften sorgen auch die zahlreichen Hiate in der Entwicklung der Kulturlandschaft nicht für eine ausreichende „Verschnaufpause". Vegetation und Böden regenerieren sich zwar, jedoch in wesentlich langsamerem Tempo als in Mitteleuropa. Vor allem der dauernde Viehverbiss verhindert eine Umkehrung der Degradationserscheinungen.

Die Wirkung der Brände, die als spektakuläre Ereignisse über die Medien in alle Welt ausgestrahlt werden, wird dagegen häufig überschätzt. Der momentane Verlust ist zwar besonders bei Forsten ohne Frage groß; eine abgebrannte Phryganafläche erreicht aber bereits nach vier bis fünf Jahren wieder den Ausgangszustand (Griehser/Grabner/Heiselmayer 1995). Das ist mit der hohen Feuertoleranz der Pflanzengesellschaft zu erklären, deren Austreiben z.T. sogar durch das Feuer stimuliert wird. Wenn das umweltbeeinträchtigende Abbrennen von Wäldern jedoch immer weiter um sich greift, kommt hierin auch das politisch motivierte Vollzugsdefizit des griechischen Staates zum Ausdruck.

Maßnahmen des Umweltschutzes, die – wie auf Náxos (Schrader 1995) – mit Mitteln der EU gefördert werden, haben nicht immer den gewünschten Erfolg. Dies liegt einerseits an der örtlichen Vetternwirtschaft, die ein Unterlaufen des rechtlichen Rahmens deckt, andererseits an der völligen Überforderung ländlicher Gemeindeverwaltungen; die von mitteleuropäischen Experten gesetzten Ziele sind für die einheimische Bevölkerung nicht immer nachvollziehbar und werden „schubladisiert". Über ähnliche Erfahrungen am unteren Néstos berichtet Jerrentrup (1997).

5 Die Landwirtschaft: Von der Tradition zur Moderne

Die Entwicklung von der Agrar- über die Industrie- zur Dienstleistungsgesellschaft ist eine globale Erscheinung. In den Staaten der EU ist auf Grund der gemeinsamen Agrarpolitik der zusammengeschlossenen Länder davon auszugehen, dass sich die politischen und ökonomischen Rahmenbedingungen im primären Wirtschaftssektor der Länder und Regionen schrittweise angleichen, sodass konvergierende räumliche Entwicklungen zu erwarten sind. Der niedrige Anteil landwirtschaftlich Erwerbstätiger (D: 2,9%; DK: 3,7%; GB: 1,5%; NL: 3,6%) und ihr geringer Beitrag zum Bruttosozialprodukt (D: 1%; DK: 3,7%; GB: 1,5%; NL: 3,2% [alle Daten für 1998]) verleiten leicht dazu, einem Kapitel über die Landwirtschaft nur wenig Raum zuzugestehen.

Doch trotz der ungünstigen statistischen Daten spielte und spielt die Landwirtschaft im Rahmen der europäischen Integration eine herausragende Rolle. Vor allem die Auseinandersetzungen um Fördermittel und um die Neuordnung der Agrarpolitik sorgen für politischen Zündstoff.

Eine Perspektive, die ausschließlich wirtschaftswissenschaftliche Denkansätze aufnimmt, greift daher zu kurz. Sie übersieht, dass die landwirtschaftlich genutzte Fläche fast 70% Griechenlands umfasst und dass die Landwirtschaft eine wichtige Gestalterin der Kulturlandschaft ist. Dass darüber hinaus die Besonderheiten der griechischen Landwirtschaft eine breitere Zugangsweise verlangen, sollen die folgenden Ausführungen deutlich machen.

Landwirtschaft als räumlicher Faktor
In einer geographischen Landeskunde spielen daher neben wirtschaftlich-funktionalen auch räumliche und genetische Aspekte eine Rolle. Gerade Letztere erklären viele regionale und wirtschaftliche Besonderheiten, die bei einer ahistorischen Sichtweise rein beschreibend z.B. als Entwicklungsrückstand bezeichnet werden. Dass Griechenland (zusammen mit Portugal, Südspanien und Süditalien) auf Grund seiner niedrigen Wirtschaftskraft zur EU-Peripherie gehört, kann bei rein aktualistischer Betrachtung nur oberflächlich verstanden werden.

Unter den Ländern der EU erreichte Griechenland noch Ende der 1990er Jahre mit 21% landwirtschaftlich Erwerbstätigen, 33% landwirtschaftlichem Exportanteil und fast 13% Anteil der Landwirtschaft am Bruttosozialprodukt extrem hohe Werte. Obwohl diese Anteile in den letzten Jahrzehnten bereits beständig gesunken sind und eine verzögerte Anpassung an EU-weite Entwicklungen in der Landwirtschaft unübersehbar ist, darf der Blick auf spezifisch griechische Komponenten nicht verstellt werden. Hierzu gehört neben den Besonderheiten des Klimas und dem knappen Gut brauchbarer Böden vor allem der Einfluss gesellschaftlicher Traditionen und parteipolitischer Gruppierungen. Sie gelten als Träger und in jeweils unterschiedlichem Maße auch als Bewahrer oder Veränderer bestehender Strukturen und Einstellungen.

Lokale, regionale und globale Einflüsse
Es müssen folglich verschiedene Einflussebenen beachtet werden: Globalisierung und Integration in die EU spielen bei der Entwicklung der Landwirtschaft ebenso eine Rolle wie regionale und lokale Besonderheiten. Anbau, Verarbeitung, Vermarktung und Konsum der Agrarprodukte unterliegen den Steuerungseinflüssen der verschiedenen Ebenen (global, international, national, regional und lokal). Der gegenwärtige wirtschaftliche, soziale und politische Transformationsprozess ist primär eine Folge der weltweiten Liberalisierung des

Handels und der europäischen Agrarpolitik. Diese haben einerseits Einfluss auf die Handlungsebene der Agrarproduzenten, andererseits werden in den Regionen wirtschaftliche Forderungen formuliert, die u.U. auf politischer Ebene Berücksichtigung finden.

Konzeptioneller Zugang
Bereits die Gliederung dieses Kapitels deutet an, dass mit der scharfen Trennung von Vieh- und Weidewirtschaft einerseits und ackerbäuerlicher Landwirtschaft andererseits Betriebsformen in den Vordergrund gestellt werden, welche auf die Eigenheiten der mediterranen Landwirtschaft eingehen. Der Zusatz „Von der Tradition zur Moderne" macht die Schwerpunktsetzung deutlich. Es bleibt dabei ein generelles Problem, dass für einen landesweiten Überblick nur ausnahmsweise zusammenfassende Arbeiten vorliegen. Die meisten Untersuchungen widmen sich einzelnen Bezirken (Nomi) oder größeren Regionen. Daher stehen im Folgenden immer wieder Regionalbeispiele im Vordergrund.

Die Jahrtausende umfassende Geschichte der Landwirtschaft auf der südlichen Balkanhalbinsel kann in diesem Kapitel nicht dargestellt werden. Kursorisch wurde hierauf bereits in Kapitel 2 eingegangen, für eine ausführlichere Darstellung muss auf die entsprechende Fachliteratur verwiesen werden (z.B. Pounds 1973, Koder 1984). Die Ausführungen beschränken sich daher auf die neugriechische Zeit seit dem 19. Jh. mit einem Schwerpunkt in der Gegenwart. Die Erklärung der heutigen räumlichen Strukturen bildet das Ziel.

5.1 Vieh- und Weidewirtschaft

Dass in Griechenland die verschiedenen Formen der Vieh- und Weidewirtschaft eine ganz andere Bedeutung als in Mitteleuropa haben, liegt einerseits an den klimatischen Verhältnissen, die z.B. den üppigen Graswuchs des atlantischen Klimas nicht kennen, andererseits an bestimmten gesellschaftlichen und wirtschaftlichen Entwicklungen. So tritt die Großviehhaltung auf der Basis von Rindern hier zurück, Schafe und Ziegen (Kleinvieh) sind die traditionell dominierenden Nutzviecharten.

Nutztierbestände, Weideareale und wirtschaftliche Bedeutung
Mitte der 1990er Jahre belief sich der Bestand an Schafen auf fast 10 Mio. Tiere, die Anzahl der Ziegen lag bei gut 5 Mio. (Tab. 5.1). Die Haltung des Kleinviehs erfolgt heute vorwiegend in den Berg- und Gebirgsländern. Die in Herden gehaltenen Bestände weiden in den z.T. stark degradierten Wald- und Macchieformationen, sodass durch den weiteren selektiven Viehverbiss die Vegetation zusehends verkümmert. Die untere und obere Waldgrenze sind daher an vielen Stellen anthropozoogen zu erklären, d.h. durch weidendes Kleinvieh auf die heutige Lage verschoben. Verbissformen, die den Büschen manchmal figurenähnliche Gestalt geben und den Eindruck einer künstlichen Schur erwecken, sind ein zuverlässiger Indikator für die massive Überbeschickung der Weidegründe (Hempel 1995, S. 221).

Flächenmäßig nimmt das Weideareal einen großen Umfang (40%) ein. Der Ertrag der Viehwirtschaft beläuft sich jedoch lediglich auf ein Drittel der gesamten landwirtschaftlichen Wertschöpfung (Statistisches Bundesamt 1996, S. 62).

Die Rinderhaltung ist nach wie vor unbedeutend. Dies liegt nicht nur daran, dass sie auf Grasland und Grünfutteranbau angewiesen ist – beide sind nur auf bewässertem Gelände möglich und konkurrieren mit hochwertigeren Feldfrüchten und Dauerkulturen –, sondern auch an traditionellen Wirtschaftsformen und am Konsumverhalten.

Vieh- und Weidewirtschaft

Tab. 5.1:
Entwicklung ausgewählter Groß- und Kleinviehbestände 1928–1993 (in 1000)
Quelle: Statistisches Bundesamt 1996, S. 63; HEMPEL 1995; OBERHUMMER 1931, S. 288

Viehart	1965	1971	1981	1991	1993	1928 zum Vergleich:
Schafe	7819	7678	8554	8660	9659	6442
Ziegen	3895	4236	4742	5334	5449	4579
Rinder			929	624	631	947
davon: Milchkühe			357	307	350	200
Esel			241	127	110	328
Maultiere			117	60	50	k. A.
Pferde			115	45	40	211
Hühner			30	27	27	k. A.

Vielfach beobachtet man auch einzeln am Straßen- oder Wegesrand oder auf dem Stoppelfeld weidende Tiere (Groß- und Kleinvieh), die an einen Pflock gebunden sind. Sie fallen dem Mitteleuropäer besonders dadurch auf, dass sie (vor allem beim Großvieh) infolge spärlicher Nahrungsgrundlage ausgesprochen magere Vertreter ihrer Spezies sind. Als sehr anpassungsfähig und gewandt, aber auch als enorm gefräßig erweisen sich die Ziegen. Sie verschlingen nahezu alles, was verdaut werden kann, und lassen nur giftige und stachelige Pflanzen stehen; sie stellen sich auf die Hinterbeine, um die jungen Triebe von Sträuchern und Bäumen zu erreichen, und sind sogar in der Lage, auf Bäume zu klettern und Hausdächer zu besteigen, um auch die letzten Nahrungsressourcen zu erschließen. Diese einzeln gehaltenen Tiere spielen wirtschaftlich eine ganz und gar untergeordnete Rolle, weil sie stets zu kleinen, auf Selbstversorgung ausgerichteten Wirtschaften gehören.

Bewegt man sich abseits der Hauptverkehrswege und der landwirtschaftlichen Gunstgebiete der großen Ebenen und intramontanen Becken, so trifft die Darstellung von OBERHUMMER (1931, S. 233) noch heute zu: *"Von Nutztieren überwiegt, wie in den südlichen Ländern überhaupt, das Kleinvieh. Die im Vergleich zu unseren Alpenmatten mageren Weiden sind nur der Haltung von Schafen (...) und Ziegen (...) günstig. Auf ihnen beruht die Milchwirtschaft und Käsebereitung, der Fleischbedarf wird hauptsächlich durch die Schafe gedeckt. Das Rind tritt daneben ganz zurück und dient vorwiegend als Zugvieh. Ebenso der Büffel, der sich in den sumpfigen Niederungen vorfindet und von dem auch die Milch benützt wird. Die Pferdezucht, für welche seit dem Altertum die Ebenen Thessaliens den günstigsten Boden bieten, ist ebenfalls beschränkt, mehr verbreitet der Gebrauch von Eseln und Maultieren. (...) Kaum ein anderes Tier wird dem Wanderer in Griechenland in so lebhafter Erinnerung bleiben als die halbwilden, mächtigen Hirtenhunde, die in der Nähe von Herden und Siedelungen oft in ganzen Rudeln losfahren und für den einzelnen eine wirkliche Gefahr bilden können. Steinwürfe sind dagegen das landesübliche Schutzmittel."*

Im dreibändigen Geographischen Handbuch des britischen Geheimdienstes (Naval Intelligence Divison 1944, S. 77 ff.) nimmt die Weidewirtschaft keine vier Seiten ein. Dieser Umfang spiegelt das geringe militärische Gewicht einer flächenextensiven Wirtschaftsform. Gleichwohl fehlt nicht der Hinweis, dass die Griechen bei der Milchproduktion in bemerkenswerter Weise von den Schafen und Ziegen abhängig seien: Drei Fünftel der Frischmilch, über zwei Drittel der – allerdings bescheidenen – Butterproduktion (von damals etwa 600 t) und 97 % der Käseherstellung verdanke man dem Kleinvieh. Als Schwerpunkte der Schaf- und Ziegenhaltung werden bestimmte Nomi des Gebirgslandes (Tríkala, Lárisa, Ätolien und Akarnanien, Ioánnina, Kozáni, Phthiotis und Phokís sowie Arkadien) genannt. Dass trotz der bekannten Wald- und Vegetationsschäden, die vor allem durch Ziegen hervorgerufen werden, der Kleinviehbestand eher ansteige als zurückgehe, erklärt das Handbuch mit der wichtigen Milchproduktion, aber auch mit einem pauschalen Bezug auf den Eigensinn der Viehhalter, die als halbnomadische Herdenbesitzer in traditionellen Lebens- und Wirtschaftsformen verhaftet seien.

Formen der mediterranen Fernweidewirtschaft

Als Fernweidewirtschaft definiert BEUERMANN (1967, S. 17) eine Form der Viehwirtschaft, bei der – im Gegensatz zur ortsfesten Herdenviehzucht – das Vieh meist periodisch zu bestimmten Jahreszeiten zu Weidegebieten getrieben wird, die von dem sonstigen Aufenthaltsort weit entfernt liegen und mit den Wohn- und Anbaugebieten in keinem räumlichen Zusammenhang stehen bzw. häufig mit ihnen auch keinen zusammenhängenden Wirtschaftskomplex bilden. Im Bereich der Dinariden und Helleniden zwischen Kroatien und Griechenland hat diese Wirtschaftsform erkennbare naturräumliche Grundlagen. Orographie, Klima- und Vegetationszonen legen eine differenzierte Nutzung des kleinräumig gekammerten Berglandes und seiner Vorländer nahe: Das mediterrane, sommertrockene Klima des Tieflands kontrastiert mit dem kühl-gemäßigten, dauerfeuchten Höhenklima. Der orographische Wandel bildet die Ursache eines unterschiedlichen natürlichen Futterangebots in den einzelnen Höhenstufen der Vegetation. Die mediterrane Fußzone, der Macchiengürtel, trägt immergrüne Hartlaubgewächse (z.B. Kermeseichen, Stauden, Kräuter und Gräser). Die kühlere mediterrane Bergstufe, ehemals eine Zone ausgedehnter Bergwälder, ist hauptsächlich infolge bäuerlicher Rodungen und des ausgeprägten Viehverbisses heute waldarm. Nach oben zu geht sie in die subalpine und alpine Höhenstufe über. „Zu den kargen, aber blütenreichen Felstriften gesellen sich niedrige, kriechende Holzpflanzen und Graspolster, die sich auf eine kurze sommerliche Vegetationszeit eingestellt haben. Im ganzen trägt diese Flora die Physiognomie der Hochalpenpflanzen. Stauden- und Kräutertriften bilden hier häufig die Grundlage für den sommerlichen Weidegang der umfangreichen Kleintierherden" (BEUERMANN 1967, S. 37).

Es sind aber ebenso kulturräumliche Besonderheiten, welche über Jahrhunderte hinweg weiträumige Herdenwanderungen ermöglichten. Im großflächigen Osmanischen Reich

Übersicht 5.1: Nationalstaaten leiten den Untergang der Fernweidewirtschaft ein

Nationalstaaten leiten den Untergang der Fernweidewirtschaft ein
Ein sehr anschauliches Beispiel für den negativen Einfluss der Nationalstaaten des 19. Jh. auf die Fernweidewirtschaft ist das Schicksal der Viehhirten des Prokletije im montenegrinisch-albanischen Grenzgebiet (BEUERMANN 1967, S. 73f.). Die Wanderungsbeschränkungen durch staatliche Grenzziehungen verursachten eine schrittweise Behinderung der Weidegänge. Die ursprüngliche Winterweide in der Save-Donau-Niederung bei Belgrad musste aufgegeben und durch andere Gebiete ersetzt werden. Folgende Etappen führten von der wiederholten räumlichen Neuorientierung bis zur völligen Aufgabe der Fernweidewirtschaft: 1. Das eigenständige Serbien (1812) unterbindet die alten Wanderwege. Als neue Winterweide suchen die Hirten nun die Drina-Save-Niederung in Bosnien auf. 2. Nach der Okkupation Bosniens durch Österreich (1878) ist auch dieser Weg versperrt. Im zerfallenden Osmanischen Reich wird der Platz bereits eng. Ein Teil der Hirten zieht in das Kosovopolje, ein anderer in die Küstenebenen Nordalbaniens, ein dritter in die mazedonische Kampania um Thessaloníki. 3. Die Grenzziehungen der Balkankriege (1912–1913) machen die Winterweide der beiden letzten Gruppen unmöglich, da Albanien und Griechenland den periodischen Grenzübertritt verwehren. Die Hirten suchen nun innerhalb Serbiens das Tal der Morava als Winterweide auf. 4. Weil ab 1920 durch die Intensivierung des Anbaus die Winterweiden immer weiter beschnitten werden, erlischt die Fernweidewirtschaft in den folgenden Jahren. Als Ackerbauern wohnen die ehemaligen Hirten nun ganzjährig im Moravagebiet.

existierten die Grenzen der späteren Nationalstaaten Südosteuropas noch nicht. Bis ins 19. Jh. war auf der südlichen Balkanhalbinsel die ungehinderte Ausübung der Fernweidewirtschaft möglich.

Den weitgefassten Begriff der Fernweidewirtschaft differenziert BEUERMANN (1967) mehrfach, um so die Besonderheiten dieser Wirtschaftsform in Südosteuropa und in Griechenland genauer zu fassen. Er zeichnet damit ein buntes Bild weidewirtschaftlicher Betriebsformen, welche in allen Fällen auf eine optimale Nutzung unterschiedlicher Naturräume zielen. Infolge der agrarstrukturellen Wandlungen der letzten Jahrzehnte sind diese relativ extensiven Nutzungen auf dem europäischen Agrarmarkt kaum noch konkurrenzfähig, sie besetzen nur noch einzelne Nischen. Wenn dennoch die Formenvielfalt vorgestellt wird, wie BEUERMANN sie noch in den 1950er und 1960er Jahren erlebte, dann dient dies dem tieferen Verständnis der Sache und bildet zugleich die Basis zur Beurteilung ihrer Entwicklungsperspektiven.

Kalíwiawirtschaft
Als Almwirtschaft mediterranen Typs definiert BEUERMANN eine erste Untergruppe. Bei dieser bilden, wie bei der alpinen Almwirtschaft, die Heimsiedlungen einer sesshaften, Ackerbau treibenden Bevölkerung und die ergänzende Nutzung entfernter Weiden eine betriebliche und organisatorische Einheit. Konstituierende Kennzeichen des mediterranen Typs sind die saisonale Nutzung von Sommer- und Winterweiden sowie die wirtschaftliche Einheit von ackerbaulicher Heimsiedlung und Almen. Nach der griechischen Bezeichnung καλύβια oder καλύβα, d.h. Hütte, ist auch der Name Kalíwiawirtschaft gebräuchlich, den LIENAU (1976, S. 40) wegen des erkennbaren Bezugs auf griechische Verhältnisse bevorzugt.

Transhumanz
Eine ganz andere Form der Fernweidewirtschaft ist die Transhumanz. Der Name kommt aus dem Französischen (transhumance). Er bezeichnet den jahreszeitlichen Wechsel zwischen Weidegründen, die sich nach Klima und Vegetation ergänzen. Im Gegensatz zur Kalíwiawirtschaft wird jedoch das weidende Vieh gedungenen Hirten anvertraut, welche die Tiere nach vertraglicher Festlegung für eine bestimmte Zeit betreuen und pflegen. Da die Weiden – im Tempo der Herdenwanderungen – zwei bis drei, aber auch mehr als 14 Tageswanderungen entfernt liegen, leuchtet die Zuordnung zur Fernweidewirtschaft unmittelbar ein. Es entspricht weiterhin der Natur der mitgeführten Tiere, dass es nur Schafe und Ziegen sind, die solche Wanderungen mitmachen können. In dem schwierigen und abschüssigen Gelände der Dinariden und Helleniden bewegen sie sich sicher und begnügen sich mit einem bescheidenen Pflanzenangebot.

Nomadismus
Die dritte Untergruppe der Fernweidewirtschaft bildet der Nomadismus. Hierbei handelt es sich um eine Wirtschaftsform, die ganz auf der Viehwirtschaft (Klein- und/oder Großvieh) fußt. Die Viehzüchter sind immer auch Eigentümer der Herden, welche sie auf ständiger oder periodischer Wanderung im Verband ihrer Familien und mit ihrer Habe von Weideplatz zu Weideplatz begleiten. Bodenvage Zelte und Hütten sind die bevorzugten Behausungen, doch kommen auch bodenstete Unterkünfte vor.

In der jahreszeitlichen Wanderungsrichtung unterscheidet sich diese Gruppe nicht von den anderen: Sie alle bewegen sich – entsprechend dem wechselnden natürlichen Futterangebot – zwischen den Sommerweiden des Hochlands und den Winterweiden der Niederungen. Die differenzierenden Kriterien werden vielmehr aus den Eigentumsformen und der betriebswirtschaftlichen Organisation abgeleitet. Gleichwohl bilden die wissenschaftlichen Termini immer nur den Versuch, die komplexe Realität begrifflich zu ordnen. Zahlreiche Zwischen- und Übergangsformen, die in Bezeichnungen wie Seminomadismus, Almnomadismus o.Ä. zum Ausdruck kommen, machen deutlich, dass einerseits die Kategorien der Begriffsbildung mit der Lebenswirklichkeit der Viehhirten und Bauern nicht übereinstimmen und andererseits strukturelle Wandlungen immer wieder neue Formen hervorbringen.

5.1.1 Kalíwiawirtschaft

„Die eigentliche Kalíwiawirtschaft mit intensiver Viehzucht als wichtigste Wirtschaftsbasis besteht seit langem nicht mehr", wie DUTTLINGER (1977, S. 65) und in ähnlicher Form bereits früher BEUERMANN (1967) konstatierten. Dennoch sind beide darin einer Meinung, dass sie eine wichtige Rolle bei der Formung der bäuerlichen Kulturlandschaft bildet. Die Geschichte ihres Verfalls erklärt die unterschiedlichen Strukturen und Perspektiven, die sich heute für die griechische Landwirtschaft in den verschiedenen Höhenlagen, in Gunst- und Ungunstgebieten, in peripheren und dynamischen Regionen ergeben.

Bis zum Zweiten Weltkrieg war vor allem auf der südgriechischen Halbinsel Peloponnes die Kalíwiawirtschaft weit verbreitet, sie kam aber ebenfalls in Mittelgriechenland und in Mazedonien vor. Von den permanenten Stammdörfern in 800–1000 m Höhe mit umgebenden kleinen, zumeist terrassierten Feldfluren wurden im Sommer die Hochweiden, im Winter die Niederungsweiden – beide mit periodisch genutzten Hütten – aufgesucht. Während die Nutzungsrechte an den Gebirgsweiden nur eine Absprache zwischen den einzelnen Herdenbesitzern verlangte, waren die Weiden des Tieflands, namentlich der fruchtbaren Küstenebenen, erst nach Zahlung eines Pachtzinses an den Landeigentümer zugänglich.

Kalíwiawirtschaft in Achaïa und Elis
Aus orographischen Gründen sind die Spuren der Kalíwiawirtschaft im nördlichen Peloponnes besonders intensiv. Große, weidewirtschaftlich nutzbare Küstenebenen (vor allem im Nordwesten zwischen Pírgos und Pátras) und mächtige Gebirge (Erímanthos: 2224 m; Chélmos: 2341 m; Killíni: 2376 m) liegen nah beieinander. Den Übergang bilden gewellte Hügelländer, sodass auch für Frühjahr und Herbst die notwendigen Zwischenweidegebiete vorhanden sind.

In den Nomi Achaïa und Ilia (Elis) sind die natürlichen Voraussetzungen auffallend günstig. Um Káto Achaïa, ca. 20 km südwestlich von Pátras, sind nach BEUERMANN (1967, S. 101) nahezu 80% der ländlichen Siedlungen in den ersten Jahrzehnten des 20. Jh. aus ehemaligen Kalíwiadörfern hervorgegangen, während sie zuvor nur periodisch in den Wintermonaten bewohnt waren (Abb. 5.1). Aus den Hüttenbezirken sind feste, dauerhaft bewohnte Siedlungen geworden; nur die alten Namen verraten noch die frühere Kalíwiawirtschaft. Kennzeichnend sind die vorangestellten Ortsnamenteile Káto (Κάτω, d.h. Unter-...) und Ano (Ανω, d.h. Ober-...), aber auch die Suffixe -ítika und -éika, die in der Regel die Zuordnung zu einem Familiennamen kenntlich machen.

Letzteres Suffix ist allein um Káto Achaïa mit folgenden Beispielen vertreten (nach BEUERMANN 1967, S. 104): Vernardéika, Vrachnéika, Miréika, Veskukéika, Lambréika, Mikruléika, Karéika, Karamensinéika, Vlachéika, Butéika, Ägiréika, Thoméika, Bunturéika, Spaliaréika, Sakaléika usw. Zahlreich sind auch die Umbenennungen, welche den Wandel in der Viehwirtschaft verdecken: Gunarianíka heißt heute Agios Vasílios, Gerbeséika wurde (seit 1955) zu Stefáni, Kasneséika zu Kariá, Charbaléika zu Kalamákion und Stringléika zu Limnochórion,

Vieh- und Weidewirtschaft

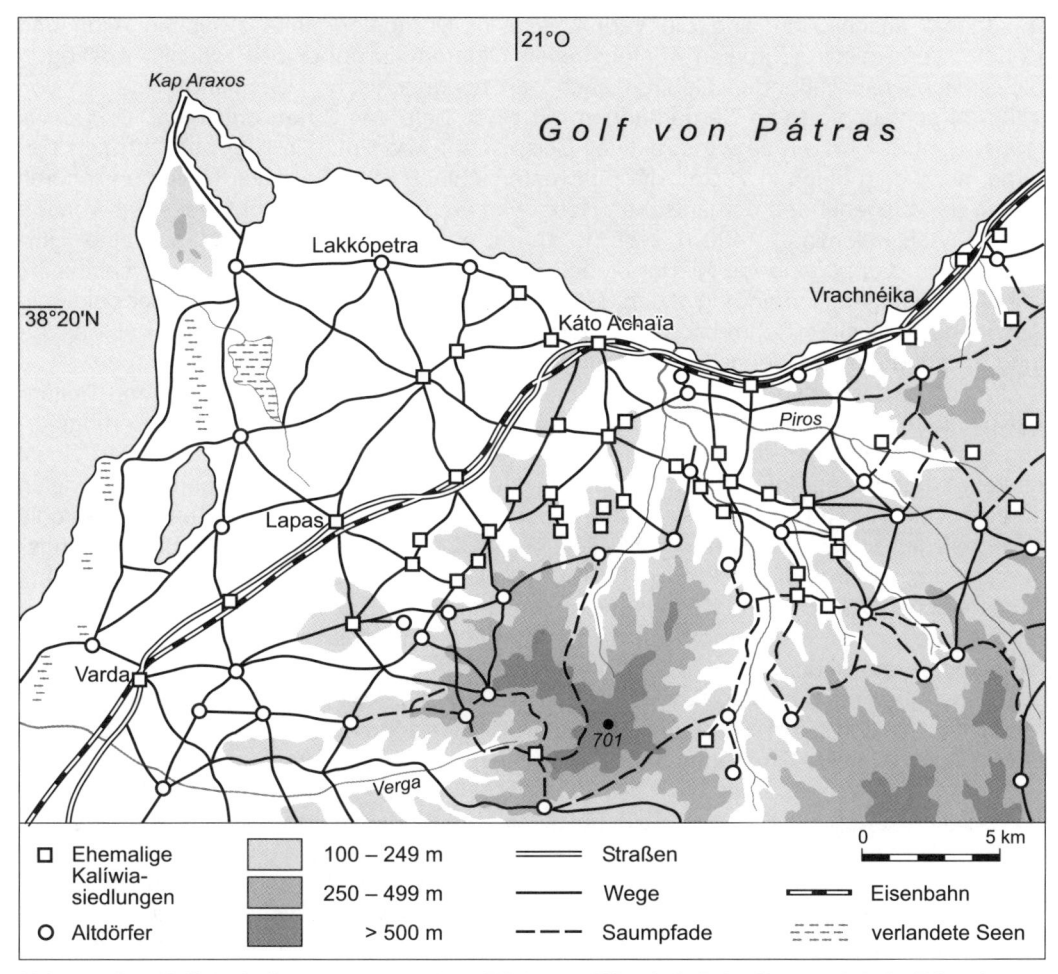

Abb. 5.1: Aus Kalíwiasiedlungen entstandene Dörfer um Káto Achaïa im Nomos Achaïa (Pátras)
Quelle: BEUERMANN 1967, S. 110

d.h. Seedorf. Wiederholt begegnen auch Ortsnamen wie Neochórion (Νεοχώριον, d.h. Neudorf), Leventochórion (Λεβεντοχώριον, d.h. Schöndorf) oder Levkochórion (Λευκοχώριον, d.h. Weißdorf). Sie alle haben anmutig klingende, aber wenig aussagekräftige Namen und spiegeln die administrative Praxis einer geradezu euphemistischen Neubenennung vieler Dorfnamen, auf die man auch in anderen Zusammenhängen und in anderen Landesteilen trifft (KIEL/SAUERWEIN 1994, HAVERSATH 1997). Fragt man jedoch bei der einheimischen Bevölkerung nach, so sind die alten Namen nicht nur präsent, sondern nach wie vor gebräuchlich.

Die vorangestellten Ortsbezeichnungen Káto und Ano bildeten stets Ortsnamenpaare, um wirtschaftlich und bevölkerungsmäßig zusammengehörige Höhen- und Niederungssiedlungen zu bezeichnen; in Einzelfällen werden sie auch um eine Siedlung in mittlerer Lage (Mési ...) ergänzt. Ano und Káto Vlasía, Ano und Káto Lusí oder Ano und Káto Alíosos sind Beispiele aus dem westlichen Nomos Achaïa, Ano und Káto Panajía oder Ano und Káto Kertetzéika aus dem Nomos Elis, Ano und Káto Dolianá aus dem Nomos Arkadien.

Besonders anschaulich sind die Verhältnisse im Nordpeloponnes zwischen Äjion und Korinth. Vom relativ schmalen Küstenstreifen bildeten sich über den raschen Anstieg in die südlich anschließenden Gebirge nach den neugriechischen Gemeindegesetzen von 1833/34 schlauchförmige Gemarkungen mit einer Tiefe von 20 km und mehr. BEUERMANN (1967, S. 108) führt ein sehr instruktives Beispiel an: Ano Potamiá liegt auf 920 m im Gebirge, nur wenig tiefer, in 720 m, die Schwestersiedlung Káto Potamiá. In den unsicheren Zeiten der ausgehenden osmanischen Herrschaft wagte man sich nicht weiter ins Vorland als bis nach Kalamiás in 420 m; erst im 20. Jh. entstand in 30 m ü.N.N. aus einer Hüttensiedlung das zugehörige Niederungsdorf Potamítikos-Jalós am Ende einer schmalen, handtuchförmigen Gemarkung. Auch das unweit hiervon gelegene Diakoptó, der bekannte Ausgangspunkt einer Schmalspur-Zahnradbahn nach Kalávrita, ist aus einer Kalíwiasiedlung mit zugehöriger Höhensiedlung (Ano Diakoptó) hervorgegangen.

Der aus beiden Beispielen erkennbare Umzug in die naturräumlich begünstigten Tiefländer bildet den Anfang einer allmählichen Bevölkerungsverlagerung. Vom Bevölkerungsabzug sind die Hochlagen der Gebirge aus nahe liegenden Gründen als erste betroffen. So ist es kein Wunder, dass das in 920 m ü.N.N. gelegene Ano Potamiá (s.o.) bereits seit vielen Jahrzehnten, vermutlich sogar seit Anfang des 20. Jh. wüst gefallen ist. Aus der Eparchie Äjion belegen zahlreiche weitere aufgelassene Siedlungen den Prozess der Bevölkerungsverlagerung: Dúsia (800 m), Ptéri (1150 m), Ano Mavríkion (950 m), Kamaróvrisi (1200 m), Sarantápichon (1350 m) und Kariá (1150 m). Volkstümliche Bezeichnungen wie Paläochórion (Παλαιοχώριον, d.h. Altdorf) für die schrumpfenden Höhensiedlungen gehen mit den wirtschafts- und siedlungsräumlichen Verschiebungen parallel.

Seliána, Stammdorf einer Kalíwiawirtschaft in 720 m, und Selianítika, die zugehörige ehemalige Hüttensiedlung in 5 m ü.N.N., zeigen diesen über Jahrzehnte sich hinziehenden Prozess im Detail (Tab. 5.2). Beide Orte liegen westlich von Äjion, sind jedoch 38 km (Luftlinie) voneinander getrennt. Die Einwohnerzahlen von 1920 und 1928 belegen eine noch intakte Kalíwiawirtschaft: Im Winter (1920) lebt die Bevölkerung hauptsächlich im Niederungsdorf Selianítika, im Frühjahr (1928) ist bereits ein großer Teil wieder in die Höhensiedlung Seliána umgezogen. Nach dem Ende des Zweiten Weltkriegs kommt es zur dauerhaften Bevölkerungsverschiebung in die Küstenebene. Dies ist ein Beleg für das Ausklingen der Kalíwiawirtschaft.

Im Bereich der Schnellstraße Korinth–Pátras sind die aus Kalíwien entstandenen Siedlungen dicht gereiht. Wie um Äjion oder Diakoptó fügen sich auch um Xilókastron kleine Siedlungen in fast ununterbrochenem Band kilometerlang aneinander, nur durch immer neue Ortsschilder sichtbar unterbrochen. Ortsnamen wie Káto Liminió, Káto Lutró oder Káto Pitsá sind sprechende Zeugen einer kulturlandschaftlichen Entwicklung. Ein analoges Bild liefert die ins Binnenland führende Straße von Xilókastron nach Tríkala (Nomos Korinth): Im küstennahen, unter 200 m ü.N.N. gelegenen Abschnitt stößt man rechts und links der Straße auf 19, heute permanent bewohnte ehemalige Kalíwiasiedlungen, die mit ihren alten Namen zum größten Teil auf -éika enden (BEUERMANN 1967, S. 113).

Kalíwiawirtschaft in Arkadien und Lakonien

Dass auch der zentrale und südliche Peloponnes von der gleichen Entwicklung erfasst wurde, belegen weitere Fallstudien.

Tab. 5.2: Bevölkerungsverlagerung im Nomos Achaïa infolge erlöschender Kalíwiawirtschaft 1920–1981
Quelle: BEUERMANN 1967, S. 111; National Statistical Service 1980, 1982

	1920 (Dez.)	1928 (Mai)	1951 (April)	1971 (März)	1981 (April)
Selianítika (5 m ü.N.N.)	780	547	839	855	814
Seliána (720 m ü.N.N.)	113	468	299	140	131

Tab. 5.3:
Bevölkerungsentwicklung in ausgewählten Höhensiedlungen des Mänalongebirges (Arkadien) 1920–1981
Quelle:
BEUERMANN 1967, S. 114;
National Statistical Service 1980, 1982

	1920 (Dez.)	1928 (Mai)	1951 (April)	1971 (März)	1981 (April)
Alonístena (690 m ü.N.N.)	319	409	237	114	137
Valtétsion (1050 m ü.N.N.)	78	678	124	39	103
Kardarás (950 m ü.N.N.)	19	137	35	21	5
Piána (1050 m ü.N.N.)	344	709	528	262	174
Roïnón (1080 m ü.N.N.)	231	702	416	169	205
Chrisovítsion (1150 m ü.N.N.)	260	428	314	218	142

Die Höhensiedlungen des Mänalongebirges, dessen südliche Ausläufer bis zur Stadt Trípolis reichen, schrumpften seit dem Ende des Zweiten Weltkriegs beträchtlich (Tab. 5.3). Von hier zogen ganze viehwirtschaftlich orientierte Familienverbände in die Niederungsorte der Argolis. Hier wurden aus 21 zuvor periodisch genutzten Hüttensiedlungen, die mit Ausnahme von Kalívia Merkuri alle mit dem Suffix -éika endeten (z.B. Arastasopuléika, Jannuléika, Katzijanéika, Stefanéika oder Tsapraléika), dauernd bewohnte Dörfer. Rein statistisch ist die Gebirgsbevölkerung der Mänalondörfer zwischen 1920 und 1981 auf die Hälfte geschrumpft. Dass nach dem Ende der Kalíwiawirtschaft in den Höhensiedlungen andere Schwerpunkte gesetzt wurden, die eine weitere Existenz bei geringerer Bevölkerung ermöglichten, deutet Tabelle 5.3 bereits an.

Die ostarkadische Eparchie Kinuría gilt als Peripherraum par excellence. Der Raum wird weder von Fernstraßen berührt noch kennt er Städte, die die unterste Zentralitätsstufe überträfen. Das schwer passierbare Parnongebirge schließt den Kreis einerseits vom restlichen Arkadien und von Lakonien ab, andererseits verhindert die unzugängliche Steilküste – nur bei Astros und Leonídi gibt es kleinere Küstenhöfe – eine Erschließung von der Seeseite. Auch die Bahnlinie Korinth–Trípolis–Kalamáta, die auf wenigen Kilometern den Norden des Kreises berührt, kann diese Situation nicht ändern. Die Kinuría nimmt unter den Kreisen des Peloponnes mit der stärksten kontinuierlichen Bevölkerungsabnahme seit 1928 hinter der Eparchie Itilon (lakonische Mani, Südspitze des Peloponnes) den zweiten Platz ein (DUTTLINGER 1977, S. 22).

Die Kalíwiawirtschaft hat hier eine sehr lange Tradition. Der Siedlungsname (Ano und Káto) Dolianá soll sogar auf die slawische Bezeichnung Dóljana, d.h. Talbewohner, zurückgehen; die Einwohner seien *„seit eh und je als Viehzüchter im Westpeloponnes bekannt"* (BEUERMANN 1967, S. 117). Für die Mitte der 1950er Jahre gibt BEUERMANN zehn bis zwölf wandernde Viehzüchterfamilien an, wobei die Familienmitglieder schwerpunktmäßig das Winterdorf Káto Dolianá bewohnen. Als ich im Oktober 1988 den Gebirgsort Ano Dolianá (950 m) aufsuchte, fand ich eine sehr gepflegte, intakte Siedlung vor: Eine befestigte Stichstraße führte bis ins Dorf, die Straßenbeleuchtung erhellte den gesamten Ort, doch die Blendläden der Natursteinhäuser waren bereits verschlossen. Lediglich eine Taverne war noch geöffnet – hier hatten sich die wenigen älteren Männer versammelt, die über den Winter das Dorf bewachten. Auch DUTTLINGER (1977) bestätigt die generelle Existenz der Kalíwiawirtschaft in der Kinuría bis in die Zeit ihrer Erhebungen, wenngleich auch hier der Rückgang unübersehbar ist.

Gründe des Verfalls

Die Etappen und Ursachen des Verfalls dieser alten Wirtschaftsform können in Räumen mit verzögerter Entwicklung leichter erkannt, in Einzelfällen sogar unmittelbar erlebt werden. Der schrittweise Schrumpfungsprozess setzt bereits im frühen 20. Jh. ein, wie aus zahlreichen Fallbeispielen hervorgeht. Noch im Jahrhundert zuvor führten allerdings die unsicheren Zustände des Unabhängigkeitskriegs (1821–1829) zu einem Anstieg der Viehwirtschaft. Als IBRAHIM PASCHAS Truppen auf dem Peloponnes einfielen und u.a. die Dauerkulturen (Ölbäume, Kastanien, Obst- und Maulbeerbäume) zu Zehntausenden zerstörten, nahmen sie der ländlichen Bevölkerung die wichtigste Wirtschaftsgrundlage. Man zog sich daher in die Sicherheit der entlegenen Bergregionen zurück (organisierte von hier aus den Widerstand) und intensivierte die Viehwirtschaft.

Mit der Konsolidierung der Machtverhältnisse in neugriechischer Zeit erfolgte eine allmähliche Verlagerung der Siedlungen in die fruchtbaren Niederungen. Die erst im Rahmen der Gemeindegesetze 1833/34 zuerkannten schlauchförmigen Gemarkungen, die z.T. von der Ebene bis ins Gebirge reichten, erleichterten diesen Prozess maßgeblich. Mit voranschreitender Intensivierung der Tiefländer wird im 20. Jh. die disparitäre Entwicklung der Gebirge offenkundig. Dies führt zur Abwanderung vor allem nach Athen, aber auch zur Auswanderung nach Übersee.

Als Sonderfall mit typisch griechischem Profil nennt BEUERMANN (1967, S. 108) den Ort Drúva im Nomos Elis. *„Das bald stärker einsetzende Interesse an den Heiligtümern von Olympia ließ diese Hüttensiedlung sehr schnell permanent werden. Die bodensteten Hütten bzw. Hausneubauten boten den Reisenden für gutes Geld bescheidene Unterkünfte. Baedeckers Griechenland von 1888 nennt Drúwa einen kleinen wohlhabenden Ort, in dem auch die deutsche Ausgrabungsleitung einige Jahre wohnte. Viele der früher im Winter hier hausenden Hirten wurden Grabungsleiter in Olympia. Mit dem Erlös für die verkauften Herden konnten feste Häuser errichtet werden. (...) Viele Familien aus Drúwa sind nach Olympia abgewandert und haben hier seither für Ausgräber und Touristen gearbeitet und Unterkünfte bereit gestellt."*

Höhenflucht im Zweiten Weltkrieg

Der Zweite Weltkrieg bildet eine neuerliche Zäsur. Das Bergland ist Partisanenland, das erbittert umkämpft ist. Das „Massaker von Kalávrita", am Rande der Sommerweiden des Chélmos in Achaïa gelegen, bei dem am 13.12.1943 über 1300 Männer von deutschen Soldaten umgebracht wurden, wirft ein erschütterndes Schlaglicht auf diese Zeit. Infolge der kriegerischen Ereignisse nehmen die Land- und Höhenflucht massiv zu, die Gebirgsregionen veröden.

Nach dem Zweiten Weltkrieg bleibt die Rückwanderung in die Höhe aus, weil sich die Entwicklungsschere zu Ungunsten der Gebirge weiter öffnet. Die Kalíwiawirtschaft, die als typische Nischenwirtschaft einander ergänzende Naturräume hauptsächlich weidewirtschaftlich nutzte, unterliegt der Konkurrenz anderer einträglicher Wirtschaftsformen. Geblieben sind die kulturlandschaftlichen Spuren: teilweise verfallene und verlassene Bergdörfer, aufgelassene Ackerterrassen im Umkreis der Stammdörfer, Steinpyramiden zur Begrenzung von Gebirgsweiden und Ortsnamen, die die Wanderungen zwischen Ober- und Unterdorf spiegeln.

5.1.2 Transhumanz und Nomadismus

Wenn in diesem Kapitel zwei unterschiedliche Formen der Fernweidewirtschaft zusammengefasst werden, so geschieht das in Anbetracht ihrer aktuellen wirtschaftlichen Bedeutung. Die heutigen politischen und wirtschaftlichen Rahmenbedingungen haben zu

> **Kalávrita – Mahn- und Gedenkstätte für den Frieden**
> Während des Zweiten Weltkriegs war das Bergland Rückzugs- und Rekrutierungsgebiet der Partisanen. Das Los der Zivilbevölkerung war hier besonders schlimm, weil man zwischen den Fronten lebte. Das Blutbad, das hier von deutschen Truppen im Dezember 1943 unter den Einwohnern angerichtet wurde, findet in Ausmaß und Durchführung keine griechische Parallele.
> Im Nachwort des Augenzeugenberichts „Kalavrita 1943" (NIKA 1999, S. 78f.) heißt es: „Ein Großteil der peloponnesischen Dörfer war bereits von den Italienern verwüstet worden, bevor die Deutschen das Gebiet übernahmen. Die Bevölkerung litt schon lange Zeit Hunger und Not. Vor der Katastrophe hatten die Stadtältesten von Kalavrita wiederholt mit den Partisanen verhandelt und sie aufgefordert, sich aus der Region zurückzuziehen; man ahnte, dass an der Zivilbevölkerung Rache genommen würde. Was niemand auch nur vermuten konnte, war die nahezu industrielle Durchführung des Zerstörungs- und Mordplanes, mit dem die SS betraut war. (...) Befehl war, zweitausend griechische Männer zu erschießen. So wurden auch noch die umliegenden Dörfer verwüstet und die Männer von dort getötet. (...)
> Nach offiziellen Angaben zählte die Stadt Kalavrita vor der Zerstörung siebenhundert Häuser. Davon wurden sechshundertvierzig ganz und zehn teilweise zerstört. (...)
> An dem Ort, wo die Männer getötet wurden, steht heute das Mahnmal. Alle Namen sind eingraviert. Es herrscht eine gespenstische Stille dort. Heute führt eine Straße hinauf, und man kann sich schwer vorstellen, wie es früher aussah.
> Kalavrita selbst ist wieder lebendig: eine freundliche peloponnesische Kleinstadt; die Zahnradbahn zieht viele Touristen an. Auch viele Deutsche kommen jedes Jahr dorthin, möchten wissen, was geschehen ist, und wollen es nicht glauben."

Übersicht 5.2: Kalávrita – Mahn- und Gedenkstätte für den Frieden

vielfachen Überschneidungen und zu einer Neuorientierung geführt. Transhumanz und Nomadismus sind mit der definitorischen Schärfe, die noch BEUERMANN (1967) anwandte, nur noch in der Vergangenheit zu fassen. Gleichwohl hat die Beschäftigung mit beiden Formen der Fernweidewirtschaft großen heuristischen Wert. Sie erklärt den Wandel der Kulturlandschaft, leitet zur Systematisierung unterschiedlicher räumlicher Entwicklungen über und lenkt den Blickwinkel auf die regionale und/oder ethnische Identität der Bevölkerungsgruppen, die bis vor kurzem mit diesen Wirtschaftsformen ausschließlich ihre Existenz sicherten.

Bei Transhumanz und Nomadismus handelt es sich um Formen der Fernweidewirtschaft, die ursprünglich keinen Ackerbau einschlossen. Transhumante Hirten suchten im jahreszeitlichen Wechsel mit fremdem Vieh bestimmte Weidegründe auf, während nomadische Gruppen eigene Viehbestände hüteten. In beiden Fällen wurden sowohl Groß- als auch Kleinviehbestände über die Weiden geführt, wenngleich das Kleinvieh zahlenmäßig immer deutlich überwog. Der Rückgang beider Wirtschaftsformen verlief parallel zum Verfall der Kalíwiawirtschaft.

Vlachen: Organisatoren der Fernweidewirtschaft

Träger der nomadisierenden und transhumanten Fernweidewirtschaft waren die Aromunen und Sarakatsanen, die von den Griechen trotz unterschiedlicher Herkunft als Vlachen zusammengefasst werden (vgl. Kap. 3.1.1). BEUERMANN (1967) beschäftigt sich ausführlich mit ihrer (unsicheren) Herkunft und ihren kulturellen und sozialen Besonderheiten. Ihre aromunische oder sarakatsanische Identität haben sich die Nachfahren der ehemaligen Berghirten bis heute bewahrt. Ihr Selbstverständnis gründet weniger auf einer regionalen Identität als vielmehr einem sippenmäßigen Zusammengehörigkeitsgefühl; da beide Gruppen auch seit langem eine gemeinsame griechische Identität besitzen, die sie z.B. bei den Kämpfen um

> **Aromunen ziehen zu den Winterweiden**
> Nach einer Beschreibung des Jahres 1924 schildert BEUERMANN (1967, S. 163) die Wanderung der Aromunen mit ihrer gesamten Habe zu den Winterweiden. „Es muss (...) ein buntes und bewegtes Bild gewesen sein, wenn sich die Wandergruppen zum Aufbruch formierten, oder wenn man einer Karawane eines Sippenverbandes begegnete. Auf den zum Teil recht schmalen Saumpfaden erstreckte sich ein Wanderzug der schwerbeladenen Pferde, der mitwandernden Menschen und der vieltausend Schafe und Ziegen oft Kilometer weit. Frauen und Kinder saßen oft bequem in dem aufgetürmten Bettzeug auf den langsam aber sicher schreitenden Pferden und Maultieren. Männer und halbwüchsige Burschen schritten nebenher. Die Herden zogen gesondert und gut bewacht von Männern und bösartigen, kräftigen Hunden. War die Raststätte für die Nacht erreicht, dann entwickelte sich unter viel Geschrei beim Abladen der Lasten und Aufbau der Zelte ein buntes Leben und Treiben um die Feuer- und Kochstellen. Tagelang dauerte die Wanderung, bis die Winterquartiere erreicht waren."

Übersicht 5.3: Aromunen ziehen zu den Winterweiden

die Staatenbildung im 19. und 20. Jh. unter Beweis stellten, bereitete ihre Integration in den griechischen Nationalstaat nie Schwierigkeiten. Man ist mühelos Aromune oder Sarakatsane und zugleich Grieche.

Die Möglichkeiten der Fernweidewirtschaft wurden jedoch durch die Staatenbildung auf das jeweilige Territorium eingeengt. Hierdurch kam es in einer ersten Phase zu einer erheblichen Veränderung der Wanderungsbewegungen. Nach den Balkankriegen (1912/13) zogen z.B. Aromunen aus dem zentralen Pindosgebirge in andere Regionen Mazedoniens, die von slawischer, türkischer oder bulgarischer Bevölkerung verlassen worden waren. Hiermit wurde ihnen jedoch die traditionelle Lebensgrundlage nicht entzogen. Noch für 1960 listet BEU-

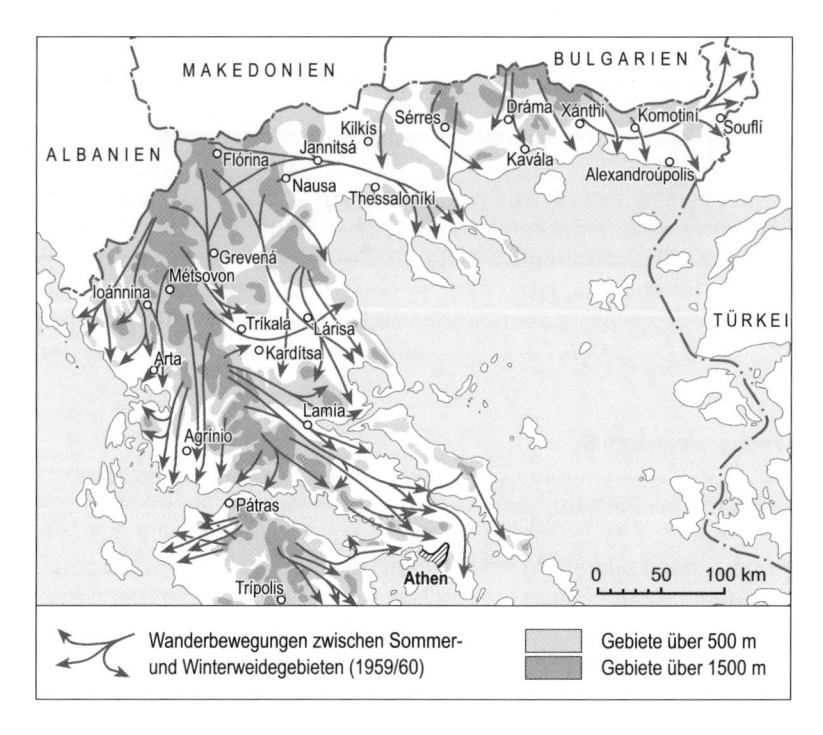

Abb. 5.2: Jahreszeitliche Wanderungen der Aromunen 1959/60
Quelle: BEUERMANN 1967, S. 165

Mit seinen Studien in den 1950er und 1960er Jahren erfasste BEUERMANN die Wanderwege zwischen den Sommer- und Winterweiden in der Zeit des Niedergangs der Fernweidewirtschaft. Ohne diese Untersuchungen ließen sich viele kulturlandschaftliche Spezifika der Gegenwart nur unzureichend erklären.

ERMANN (1967, S. 129 und S. 134) allein im nördlichen Pindos zwischen Ioánnina und Grevená 51 Sommersiedlungen der Aromunen in den Eparchien Kastoría, Kónitsa und Métsovon auf. Diese können jedoch nur als Spiegel einer eingeschränkten Fernweidewirtschaft gelten, weil der Anteil der periodischen Bewohner im Laufe der Jahrzehnte abnahm.

Dass der Wirtschaftsraum der Aromunen und Sarakatsanen die Gebirge und die jeweiligen Vorländer Nord- und Mittelgriechenlands, ja sogar noch die Nordhälfte des Peloponnes umfasste, zeigt Abbildung 5.2. Nicht nur der Hauptstrang der Helleniden, das Pindosgebirge, und die mazedonisch-thrakischen Rhodopen, sondern auch Vermion, Olymp, Ossa, Parnassos und Elikon sowie Erímanthos und Chélmos auf dem Peloponnes bilden Regionen der Sommerweiden, von denen aus im Winter die Küstenländer oder die intramontanen Becken aufgesucht wurden.

Die Weidegründe werden knapp, die Hirten bekommen Probleme

Im Zuge eines allmählichen Wandels, der bereits am Ende des 19. Jh. einsetzte, ging die Zahl der bodenvagen Viehzüchter Schritt für Schritt zurück. Mehrere Faktoren kommen hier zusammen, welche die Fernweidewirtschaft erschweren bzw. unterbanden.

- Die Staatenbildung wurde bereits an früherer Stelle (vgl. Kap. 5.1) angesprochen. Zwar gab es bis 1940 für Wanderhirten die Möglichkeit des zollfreien Grenzübertritts zwischen Jugoslawien und Griechenland, doch wurde dieser durch bestimmte Auflagen sehr stark eingeengt.
- Die Flüchtlingsbewegungen der 1920er Jahre führten zu einer Aufsiedlung der mazedonischen und thrakischen Küstenebenen und Ödländer, die zuvor ein wichtiges Zielgebiet der Winterwanderungen waren. Intensivierter Anbau, Einschränkung der Brachländer und Bodenreformen griffen in die Existenzgrundlagen der Wanderhirten massiv ein.
- Das griechische Eisenbahnnetz konnte die entstandenen Defizite nicht kompensieren, indem z.B. neue, entferntere Winterweiden aufgesucht wurden. Einerseits ist es nicht auf eine flächige Erschließung des Landes angelegt, sodass es nur selten Ausgangs- und Zielorte der Fernweidewirtschaft verbindet, andererseits verfügten die Hirtenfamilien nicht über eine ausreichende Finanzkraft.
- Während der Kriege (Balkankrieg, Erster Weltkrieg, Zweiter Weltkrieg und anschließender Bürgerkrieg bis 1950) wurden die Viehbestände der Aromunen und Sarakatsanen stark dezimiert. *„Es dauerte oft viele Jahrzehnte, bis die Herden wieder einen solchen Umfang angenommen haben, daß eine Viehwirtschaft auf nomadischer Grundlage rentabel und gewinnbringend ist"* (BEUERMANN 1967, S. 202).

Die Hirten werden sesshaft

Infolge dieser Veränderungen wurden immer mehr Hirtenfamilien sesshaft. Dabei fällt auf, dass die Sarakatsanen nahezu ausschließlich als Viehzüchterbauern in den Gebieten der ehemaligen Winterweiden eine neue Existenz gründen, sodass man in den Niederungen zwischen Ostthrakien und Elis auf sie treffen kann.

Die Aromunen gehen dagegen verschiedenen gewerblichen Tätigkeiten nach, die sie bereits als Wanderhirten im Nebenerwerb ausgeübt hatten. Anfänglich finden sie im Saumhandel eine einträgliche Beschäftigung. Äußerst geschäftstüchtig nutzten sie ihren Bestand an Pferden und Maultieren, der sonst nur in den jahreszeitlichen Wanderungen zum Einsatz kam. Bereits in osmanischer Zeit waren ihre Karawanen auf der gesamten Balkanhalbinsel unterwegs.

Andere errichten Karawansereien (türk. Hane/Chane) an den Fernhandelsstraßen und wurden daher als Chanschi bezeichnet. Wieder andere machen Karriere als Kaufleute, de-

> **Zwischen Dichtung und Wahrheit: Arkadien als Topos und Realität**
> Das Hirtentum der Balkanhalbinsel hat eine lange Tradition. Die Freiheit der Berghirten, die sich fremden Obrigkeiten immer entzogen, bildet einen Topos, der durch die Literatur seit der Antike zu verfolgen ist. Doch das Leben der Berghirten wird damit idealisiert: Sie kannten Freiheit und Wildheit, aber auch Unterdrückung, Elend und Vertreibung. Es ist die Sicht der Fremden, die ihr Leben mal verklärt und mal verdammt.
> Seit der klassischen Antike gibt es die Gattungen des Hirtenromans („Daphnis und Chloë" von Longus) und der Hirtengedichte. Letztere werden als Bukolik (altgr. βουκόλος: Rinderhirt) bezeichnet (ZIEGLER 1979, Bd. 1, Sp. 964f.). Ihr erster nachweisbarer Vertreter ist THEOKRIT (3. Jh. v. Chr.), der in griechischer Sprache eine frische, ungeschminkte Darstellung des Hirtenlebens verfasste. An ihn lehnt sich der lateinische Dichter VERGIL (1. Jh. v. Chr.) an, der auch die Gestalt des Hirten DAPHNIS übernimmt. Die Lebenswelt der Hirten verliert allerdings die realen Bezüge und wird sentimental idealisiert. Wirklichkeit und Wunschvorstellung verfließen ineinander. Das Ergebnis ist die bukolische Landschaft Arkadien, in der die Hirten VERGILS zu Hause sind. „In ihrem ländlichen Idyll herrscht die Ruhe des Feierabends über die harte tägliche Arbeit, der kühle Schatten tritt mehr hervor als die Unbilden des Wetters (...) Die Hirten spielen länger Flöte und singen, als daß sie Molke seihen und Käse rühren" (SNELL 1946, S. 239). In der Bukolik des 1. Jh. n. Chr. bildet schließlich der Wunsch nach der Wiederkehr des Goldenen Zeitalters die zentrale Aussage.
> Die Realität der Berghirten war zu allen Zeiten vielfältig. Hier seien nur einige Facetten nachgetragen, die in der bisherigen Darstellung nicht angesprochen wurden. Als kampfeslustige und kriegstüchtige Männer spielten sie z.B. bei der Befreiung von der osmanischen Herrschaft eine wichtige Rolle; nach dem Ende der Kämpfe stellten sie ihre Aktivitäten jedoch nicht ein, „so daß hernach dieses Klephten- und Haidukentum zu einer wahren Landplage wurde und die Überfälle sich gegen jeden Warentransport und Reisetroß richteten" (BEUERMANN 1967, S. 193). Auch bei den Partisanenkämpfen des Zweiten Weltkriegs stellten die Hirten viele Kämpfer. Als geländekundige Gruppe bewegten sie sich durch die Schluchten des Balkangebirges, ohne von der Gegenseite wahrgenommen zu werden. Mal weilten sie als harmlose Hirten in den Dörfern, dann wieder griffen sie aus dem Hinterhalt im Gebirge den Gegner an.
> Von der dichterischen Verklärung der Bukolik bis zu den sog. Klephtenliedern reicht das Spektrum, innerhalb dessen sich das Leben der Berghirten bewegte.

Übersicht 5.4: Zwischen Dichtung und Wahrheit: Arkadien als Topos und Realität

ren Kontakte bis nach Moskau und in den Kaukasus reichen, oder gründen ihre Existenz auf einem Handwerk. Holzschnitzer, Schneider und Schuhmacher sind häufige Berufe, der besondere Ruhm des aromunischen Handwerks ruht aber auf der Silberschmiedekunst. Noch heute ist Ioánnina, die Hauptstadt des Epirus, das Zentrum der aromunischen Silberschmiedekunst. Als Volkskunst aus Ioánnina (Γιαννιωτική λαϊκή τέχνη) finden die landesweit bekannten Produkte (Ringe, Broschen, Ketten, Schalen usw.) mit typischer Filigranverzierung guten Absatz.

Im Vergleich der beiden Volksgruppen schaffen die Sarakatsanen den Sprung in die am materiellen Wohlstand orientierte Welt schlechter. Ein starker Hang zum Viehzüchterbauerntum und eine oft mangelhafte wirtschaftliche Flexibilität erschweren die sozio-kulturelle Umstellung und führen in vielen Fällen zur Verarmung (BEUERMANN 1967, S. 203).

5.1.3 Formen der heutigen Viehwirtschaft

Noch heute werden viele Schaf- und Ziegenherden in den griechischen Bergländern gehalten, hier haben auch landesweit agierende Firmen der Schaf- und Ziegenmilchverarbeitung ihren Stammsitz. Die Formen der gegenwärtigen Wanderviehhaltung gehören nur noch teil-

Vieh- und Weidewirtschaft

weise zur Fernweidewirtschaft, obwohl sie alle aus der Kalíwiawirtschaft, der Transhumanz oder dem Nomadismus hervorgingen. Die ungebremst hohe Nachfrage nach Milchprodukten von Ziegen und Schafen eröffnet der Kleinviehhaltung auf dem griechischen und europäischen Markt eine sichere Perspektive für die Zukunft.

„Mehr als nur Tiere hüten": Neue Formen der Wanderviehhaltung
An ausgewählten Beispielen werden die heutigen Formen der Wanderviehhaltung vorgestellt. Die Fallbeispiele können nicht die regionale Vielfalt belegen, wohl aber das Spektrum der Möglichkeiten aufzeigen, die für die Kleinviehhaltung bestehen.

Ortsgebundene Kleinviehhaltung
Auf dem Peloponnes dominieren bereits in der Mitte der 1970er Jahre Formen der ortsgebundenen Kleinviehhaltung (LIENAU 1976, S. 49). Die Tiere werden in Herden gehalten und weiden hauptsächlich in den Hügel- und Bergländern; im Hügelland der Eparchie Olympia z.B. nimmt nach LIENAU (1976) die Viehhaltung rd. 60 % der Arbeitskraft der Betriebe in Anspruch. Von den Bauern angestellte Schäfer beweiden mit zusammengestellten Herden (meist zwischen 50 und 200 Tiere, hauptsächlich Schafe) das Gemeindeland. Da die Wanderungen jedoch nur wenige Kilometer (maximal 15 km) betragen, kehren die Tiere am Abend zu den Besitzern zurück, im Winter sind sie zumeist eingestallt.

Die ostarkadische Siedlung Kastrí im Parnongebirge macht den Strukturwandel sichtbar (DUTTLINGER 1977). Von der Kalíwiawirtschaft hat man auf Stallfütterung umgestellt. Im ganzen Ort werden nur noch gut 100 Schafe und 200 Ziegen gehalten, die von Frühjahr bis Herbst mit Frisch-, im Winter mit Trockenfutter versorgt werden. Klee, Luzerne und Futter-

Übersicht 5.5: Weidewirtschaftliche Nebennutzungen – eine Nische mit Zukunft

„Weidewirtschaftliche Nebennutzungen" – eine Nische mit Zukunft?
Als Raum der sog. weidewirtschaftlichen Nebennutzungen finden die Bergländer nach wie vor großen Zuspruch. Die Honigproduktion verschafft der Bevölkerung die Möglichkeit eines Zuverdienstes. Von den Rhodopen bis zum Taïgetos, aber auch im Binnenland vieler Inseln sieht man farbig angestrichene Bienenkästen in der Allmende stehen. Die Produktion – in ganz Griechenland werden jährlich rd. 14 000 t erzeugt (National Statistical Service 1998) – wird in den Gebirgen zum großen Teil über Stände am Straßenrand direkt vermarktet. Auf Chalkidikí und dem Peloponnes (HARTLEB 1989) spielt die Imkerei eine ebenso wichtige Rolle wie auf Kreta. Es sind allein auf dieser südägäischen Insel etwa 4 500 Imker, die rd. 90 000 Bienenstöcke halten (HEMPEL 1995, S. 218); sie erzeugen fast 10 % der landesweiten Produktion.

Die verschiedenen Formen der Sammelwirtschaft fallen dem Durchreisenden weniger auf. In erster Linie handelt es sich um Kräuter der Phrygana, die getrocknet als Tee auf den lokalen Märkten verkauft werden. Heilkräuter, die ätherische Öle enthalten, erfreuen sich in den touristischen Zentren steigender Nachfrage.

Die Harzgewinnung ist eng an den Weinbau gebunden – die Fässer werden mit Harz (Rezína, griech. ρετσίνα) innen abgedichtet. Als reicher Harzspender gilt die Aleppokiefer, deren Bestände – z.B. auf Euböa (FISCHER 1981) – regelmäßig angezapft werden. Die gesamte Jahresproduktion liegt bei 12 000 t (National Statistical Service 1989).

Das Sammeln von Dung (Ziegen- und Schafküttel) in den Gebirgsweiden ist eine mühsame und wenig angesehene Tätigkeit. Einzelne Zigeunerverbände haben sich hierauf spezialisiert und verkaufen ihre Produkte, die zuvor noch aufbereitet und in Tüten abgepackt werden, als Blumenerde in Athen.

Insgesamt kann man erkennen, dass Bienenweide und Sammelwirtschaft nur ein begrenztes Potenzial bieten. Es ist stark an die natürlichen Voraussetzungen gebunden und zugleich – mit Ausnahme des Honigs – auf eine schmale Zielgruppe zugeschnitten.

getreide, aber auch Weinblätter, kleine Kartoffeln oder – als besondere Delikatesse – Blätter von Maulbeerbäumen dienen als Nahrung. Die Beweidung des Gemeindelands ist seitdem stark zurückgegangen, der kulturlandschaftliche Verfall in den Außenbereichen der Gemarkung ist unübersehbar.

Ergänzende gewerbliche Tätigkeiten verselbständigen sich
Eine andere Entwicklung nahm die Kalíwiawirtschaft im mittelgriechischen Parnassosgebirge. Das ehemalige Stammdorf Aráchova (LIENAU 1989a, S. 154), nur 12 km östlich von Delphi gelegen, nutzte auf der Basis seiner weidewirtschaftlichen Tradition das touristische Potenzial der Gegend: die von Athen nach Delphi reisenden Sommertouristen und die in den Skigebieten des Parnassos weilenden Winterurlauber. Die Wollweberei (Teppiche, Taschen, Kleidung) hat ihre Wurzeln in der Schafhaltung. Sie ging aus der Handweberei hervor, wird aber heute nur noch maschinell betrieben. Bei der großen Nachfrage ist sie längst zum Haupterwerb mit zugekaufter Wolle geworden. Auch die Nachfrage nach Milchprodukten (Käse, Joghurt) ist sehr groß. Das Sortiment der Geschäfte, die sich an der Durchgangsstraße aufreihen, umfasst seit einigen Jahren sogar selbstgemachte Nudeln.

Die Physiognomie dieses Bergdorfes, das mit seinen engen, steilen Gassen an die Hänge des Parnassos gebaut ist, verrät noch seine Ursprünge als Stammdorf der Kalíwiawirtschaft. Die Untergeschosse – einst landwirtschaftlich genutzt – stehen heute entweder leer oder sind zu Ferienwohnungen umgebaut. Die Fernweidewirtschaft wurde von der ortsgebundenen Kleinviehhaltung abgelöst. Dass diese ein bedeutender Wirtschaftsfaktor in Aráchova ist, belegen die Geschäfte mit landwirtschaftlichem Bedarf und die ambulanten Händler, die auf der Platía regelmäßig Station machen. Sie bieten Handwaagen, Schneitelmesser, Sägen, Beile, Ketten, Hämmer und andere Geräte feil, die besonders in der Viehwirtschaft benötigt werden.

Aus nomadischen Viehzüchtern werden Hirtenbauern
Etwa 10 km westlich der Stadt Livádia und der Kopaïs-Senke liegt an den südlichen Ausläufern des Parnassos Tsukaládes. Der Ort wurde nach BEUERMANN (1967, S. 205) als Dauersiedlung erst 1960 gegründet. Ihm gingen Hüttensiedlungen von etwa 50 Sarakatsanenfamilien voraus, die von ihren Sommerweiden im südlichen Pindos um Karpenísi im Winter regelmäßig diese Gegend aufsuchten. Als nach dem Bau der Straße Livádia–Delphi (1957–1959) ein 10 ha großes Lagergelände neben der Straße zum Verkauf stand, griffen die Sarakatsanen zu und errichteten eine Dauersiedlung mit gemauerten Häusern. Aus der losen Häusergruppe, die BEUERMANN (1967, Abb. 30) zeigt, ist längst ein geschlossenes Dorf mit zentralem Platz geworden. Aus der Fernweidewirtschaft entwickelte sich die vornehmlich ortsgebundene Kleinviehhaltung, ergänzt durch ein wenig Ackerbau; aus nomadischen Viehzüchtern wurden Hirtenbauern (griech. γεωργοκτηνοτρόφοι). Die Umstellung auf außerlandwirtschaftliche Gewerbe erfolgte an keiner Stelle, obwohl das gleiche Potenzial wie im 35 km entfernten Aráchova zu aktivieren wäre.

Die Angliederung von Aromunen- und Sarakatsanenhäusern an Bauerndörfer ist mehrfach in der Literatur beschrieben worden. Es liegt auf der Hand, dass mit dem Bezug permanenter Talsiedlungen eine wirtschaftliche Umorientierung Hand in Hand geht. BEUERMANN (1967, S. 211 ff.) erläutert die Genese des ostmazedonischen Ortes Néa Kerdília an der Mündung des Strimon: Die planmäßige Gründung von 1947 nimmt zunächst nur die bäuerliche Bevölkerung der 1940 im Krieg zerstörten Orte Ano und Káto Kerdília auf; in einem zweiten Schritt folgen seit den 1950er Jahren Sarakatsanen, die sich am Ortsrand sowohl in regelloser Anordnung als auch auf gekauften Parzellen niederlassen.

Rodiá: Aromunen und Sarakatsanen leben nebeneinander
Der thessalische Ort Rodiá, eine Talsiedlung in der Nähe des Piniós am Fuße des Olymps, ist kein Dorf wie jedes andere. In der Siedlung leben neben alteingesessenen Ackerbauern größere Familienverbände von Aromunen und Sarakatsanen. Letztere haben sich erst nach dem Ende des Bürgerkriegs hier niedergelassen (LIENAU 1989a, S. 157). Die drei Gruppen haben ein jeweils spezifisches Selbstverständnis, gehen z.T. unterschiedlichen Tätigkeiten nach, wohnen aber gemeinsam in einem Dorf, ohne dass es zu ernsten sozialen Spannungen kommt.

Die Sarakatsanen suchen mit ihren Kleinviehherden in den Sommermonaten geschlossen die etwa 200 km entfernten Hochweiden des Pindos (Grammos, Vermion) auf. Mit eigenen Lastkraftwagen überwinden die Hirten mit ihren Tieren rasch diese Distanz. In den Sommerferien werden die Frauen und Kinder nachgeholt, sodass die alte Wirtschaftsweise weitgehend erhalten blieb.

Bei den Aromunen, die schon seit dem 19. Jh. in Rodiá wohnen, geht nur noch ein Teil der Fernweidewirtschaft im Pindos nach, während sonst eine ortsfeste Kleintierhaltung betrieben wird. Die Bergländer des südlichen Olympmassivs sowie der breite Talzug des mäandrierenden Piniós, der wenige Kilometer östlich im engen Tempetal zur Ägäis hinabstürzt, bilden die ortsnahen Weidegründe. Ganzjährig genutzte Ställe an den Häusern sind der Beleg für die wirtschaftliche Umstellung.

Kreta: Anpassung an EU-Rahmenbedingungen
Mit einer Studie über Veränderungen in der Wanderviehhaltung Kretas bilanziert HEMPEL (1995) den aktuellen Strukturwandel in der südlichen Ägäis. Seine Ausführungen belegen, dass auch auf den größeren und großen Inseln Transformationsprozesse ablaufen, die mit den festländischen prinzipiell vergleichbar sind. Dadurch erhält die vier Nomi umfassende Untersuchung auch für andere Räume Aussagekraft.

Mit einem Anteil von 53% an der landwirtschaftlich nutzbaren Fläche liegt das Weideareal Kretas über dem griechischen Durchschnitt (40%). Die drei von Hochgebirgen geprägten Nomi Chaniá (60,6%), Réthimnon (59,3%) und Lassíthi (57,0%) übertreffen den kretischen Durchschnitt teilweise deutlich, während der Nomos Iráklion (38%) darunter liegt. Die hohen Flächenanteile täuschen darüber hinweg, dass die Gebirgsweiden auf Grund der Höhenlage, der Exposition und der Böden jeweils unterschiedliche Futterbasen darstellen. Der diachrone Vergleich der Ziegen- und Schafbestände seit 1936 (Tab. 5.4) unterstreicht die regionale Differenzierung.

Die in den Nomi Iráklion, Réthimnon und Lassíthi parallele Bestandsentwicklung zeigt einen nahezu ausnahmslosen Anstieg der Tierzahlen, wobei allerdings das Verhältnis der

Tab. 5.4: Bestandsentwicklung der kretischen Ziegen und Schafe 1936–1986 (in 1000 Tieren)
Quelle: HEMPEL 1995, S. 226

	1936/38		1971		1981		1986	
	Ziegen	Schafe	Ziegen	Schafe	Ziegen	Schafe	Ziegen	Schafe
Iráklion	92	137	87	143	112	251	139	275
Réthimnon	55	116	59	169	78	272	69	227
Chaniá	83	146	103	199	120	262	128	305
Lassíthi	64	47	58	61	59	101	73	88
Kreta insgesamt	294	446	307	572	369	886	409	895

	Stall		Herde		nomadisch		Summe
	(1000)	(%)	(1000)	(%)	(1000)	(%)	(1000)
Schafe:							
Iráklion	33	8	203	80	39	12	275
Réthimnon	48	23	164	70	15	7	227
Chaniá	79	25	199	66	28	9	306
Lassíthi	7	6	66	80	15	14	88
Kreta insgesamt	167	20	632	70	97	10	896
Ziegen:							
Iráklion	56	40	69	50	14	10	139
Réthimnon	28	40	37	55	4	5	69
Chaniá	41	32	81	66	6	2	128
Lassíthi	22	29	43	57	8	14	73
Kreta insgesamt	147	40	230	52	32	8	409

Tab. 5.5:
Formen der Schaf- und Ziegenhaltung 1986 (in 1000 Tieren)
Quelle: HEMPEL 1995, S. 229

Tierarten zueinander fast konstant bleibt. Allein im Nomos Lassíthi überwiegen 1936/38 die Ziegen deutlich, ab 1981 hat sich jedoch auch hier die Relation an die allgemeine Entwicklung angepasst.

Die Ursache hierfür liegt im agrarischen Strukturwandel, der bei zunehmender Bedeutung des Marktes und einheitlichen Strategien innerhalb der EU zu konvergierenden Entwicklungen in den Landesteilen führt. Ziegen gelten als Tiere zur täglichen Versorgung der ländlichen Familien, während Schafe von landwirtschaftlichen Betrieben als lebendes Kapital gehalten werden. So findet die durchschnittliche Herdengröße bei Schafen und Ziegen (Schafe: 35, Ziegen: 7 [1981]) eine wirtschaftliche Erklärung.

Die Haltungsformen (Tab. 5.5) zeigen den zunehmenden Einfluss des Marktes in aller Deutlichkeit. Die nomadische Wanderviehhaltung, früher dominierend, hat bereits ein sehr niedriges Niveau erreicht; der Rückgang ist Jahr für Jahr zu konstatieren und betrug z.B. von 1985 auf 1986 bei Schafen 8% (HEMPEL 1995, S. 229). Dass die Stallhaltung bei Ziegen besonders verbreitet ist, ist kein Zeichen des landwirtschaftlichen Fortschritts, sondern der geringen Stückzahl pro Halter: Die 81 Ziegen des Dorfes Ajios Palinis finden daher mühelos in den Ställen ihrer 49 Besitzer Platz (HEMPEL 1995, S. 226).

Quasistationäre Formen der Kleinviehhaltung
Moderne Formen der Wanderviehhaltung sind der Motor des Wandels. Mit dem Ausbau des Straßen- und Wegenetzes seit den 1970er Jahren und der Motorisierung der Hirten veränderte sich die Organisation der Weidehaltung grundlegend. Die Zwischenstationen des Auf- und Abtriebs sind überflüssig geworden, nur noch ein kleiner Teil der Hirten bleibt über Nacht bei den Tieren im Gelände. Der Einsatz von Zusatzfutter (Mais, Kartoffelkraut, Futtergetreide) verlängert den Aufenthalt der Tiere an einem Platz. Die frühere Fernweidewirtschaft hat sich auch auf Kreta zu einer Wanderweidewirtschaft gewandelt. Die Tendenz zu einem immer eingeschränkteren Weideareal, zu beinahe stationären Haltungsformen wird immer deutlicher.

Dies führt zu Umweltbelastungen, die bereits erkennbar sind. Die Vegetation im Umkreis der Weidestationen wird bis auf das letzte Kraut abgefressen, nachdem infolge der Zusatzfütterung die Bestoßdichte zuvor derart erhöht worden war, *„dass keine echte Relation von physiogeographischen Voraussetzungen zu Schaf- und Ziegenhaltung* *mehr besteht"* (HEMPEL 1995, S. 236). Auch andernorts führt der erhöhte Weidedruck zu einer spürbaren flächenhaften Abtragung. Das Netz der Viehtriftwege verdichtet sich zusehends, die Qualität der Weiden verschlechtert sich von Jahr zu Jahr (RIEDL 1997, S. 142).

Gesellschaftlicher und wirtschaftlicher Wandel
Die erläuterten Fallbeispiele stellen die Wanderweidewirtschaft in den Kontext gesamtgesellschaftlicher Veränderungen. Folgende Leitlinien der Entwicklung sind zu erkennen:
- Fernweidewirtschaft gibt es nur noch in Ausnahmefällen. Doch auch bei so traditionell eingestellten Gruppen wie den Sarakatsanen (von Rodiá oder Tsukaládes) ist ein allmählicher Übergang zur Wanderweidewirtschaft und zu ortsgebundenen Haltungsformen zu erkennen.
- Die Aromunen haben infolge langer gewerblicher Erfahrungen bereits seit Generationen die Abkehr von der Weidewirtschaft als alleinige Existenzgrundlage eingeleitet. Sofern sie jedoch weiterhin der Viehwirtschaft verbunden blieben, leiteten sie Intensivierungen ein. Von der Wanderweidewirtschaft und der ortsgebundenen Herdenhaltung bis zur touristisch orientierten Vermarktung der Milchprodukte, der Wolle usw. reicht die Palette der Betätigungen.
- Die Umstellung von der Kalíwiawirtschaft zur ortsgebundenen oder ortsfesten Viehhaltung ist besonders deutlich. Die Zunahme der Stallviehhaltung führt zur starken Betonung des Pflanzenbaus, ehemalige Weideareale im Gebirge verfallen.
- Verschiedene weidewirtschaftliche Nebennutzungen, die schon immer ihren Platz in der Macchie und Phrygana hatten, konnten von dieser Entwicklung nicht profitieren. Die mühselige Sammelwirtschaft erreicht selbst bei Heilkräutern nur lokale Bedeutung. Allein die Bienenweide behauptet ihre Position.
- Maßnahmen des Infrastrukturausbaus, der Mechanisierung der Landwirtschaft und der Technisierung des Verkehrs beschleunigen die Abkehr von den alten Wirtschaftsformen. Mit steigendem Lebensstandard nimmt die Bereitschaft zu beschwerlicher körperlicher Arbeit, zu dem entbehrungsreichen, wenig komfortablen Leben der Fernweidewirtschaft schnell ab. Im Zuge des Generationenwechsels geht der Anteil der mobilen Weidewirtschaftsformen weiter zurück.
- Auf Grund der Konsumgewohnheiten der griechischen Bevölkerung und der EU-rechtlich geschützten Feta-Herstellung wird die Nachfrage nach Produkten aus Schaf- und Ziegenmilch auch in der Zukunft anhalten. Die weitere Existenz der typisch mediterranen Viehwirtschaft scheint damit gesichert zu sein.
- Der Übergang zu immer mehr Stallviehhaltung bzw. Weidehaltung mit Zusatzfütterung wird den kulturlandschaftlichen Gegensatz zwischen Berg- und Tiefland verändern. Die Hochlagen der Gebirge werden – bei Anhalten des gegenwärtigen Trends – immer weiter aus der landwirtschaftlichen Nutzung ausscheiden, wie es selbst in der äußerst peripheren südpeloponnesischen Mani (HARTLEB 1989) festzustellen ist. Ob touristische und forstwirtschaftliche Nutzungen hier weiter ausgreifen werden, bleibt abzuwarten.

Stationäre Großviehhaltung
Dass der Rindfleisch- und Kuhmilchbedarf aus einheimischer Produktion nicht gedeckt werden kann, hat primär klimatische Ursachen. Die sommerliche Trockenheit der Tiefländer schränkt den Graswuchs stark ein, die Gebirgsweiden sind nach ihrem Biomassenangebot und den Geländeverhältnissen für Großvieh nicht optimal. Während am Küstensaum von Atlantik und Nordsee (besonders in Irland, Dänemark, Nordwestdeutschland und den

Milchkuhleistung (kg/a)	1975	1980	1985	1990	1997
Griechenland			2 969	3 162	4 083
zum Vergleich:					
Italien	3 084	3 405	3 571	3 788	4 951
Irland	2 513	3 075	3 771	4 009	4 122
Dänemark	4 447	4 873	5 580	6 229	6 688
Niederlande	4 579	4 963	5 232	5 825	6 722
Großbritannien	4 224	4 874	5 010	5 297	5 961
Milchproduktion (1 000 t)	1975	1980	1985	1990	1997
Griechenland	710	668	663	714	750
zum Vergleich:					
Italien	8 960	10 335	10 753	10 663	10 414
Irland	3 591	4 709	5 823	5 396	5 330
Dänemark	4 918	5 117	5 099	4 742	4 568
Niederlande	10 221	11 785	12 550	11 285	11 000
Großbritannien	13 856	15 945	16 117	15 251	14 852

Tab. 5.6:
Jährliche Milchkuhleistung und Kuhmilchproduktion in ausgewählten EU-Ländern 1975–1997
Quelle: KLOHN/WINDHORST 1999, S. 75 f.

Niederlanden) die Milchkuh- und Rinderbestände auf Grund des mild-gemäßigten, dauerfeuchten Klimas höchste Bestandsdichten aufweisen, rangieren die Mittelmeerländer, insbesondere Griechenland und Italien, am Ende der EU-Skala. Die Milchwirtschaft, die das wichtigste Segment der Großviehhaltung bildet, zeigt sehr deutlich, dass sowohl EU-weite Entwicklungen als auch landesspezifische Besonderheiten bzw. traditionelle Produktions- und Konsummuster diese Situation erklären (Tab. 5.6).

Die deutliche Steigerung der Milchleistung pro Kuh ist ein großer züchterischer Erfolg, der im Wesentlichen der Einkreuzung fremder Rassen zu verdanken ist. Gleichwohl ist die Milchleistung pro Kuh immer noch relativ niedrig. Dies hat einerseits klimatische Ursachen, kann aber auch aus den verbreiteten kleinen Bestandszahlen pro Halter erklärt werden. Nur die wenigen stationären Großviehbetriebe, die vor allem in den feuchten Tiefländern Mazedoniens anzutreffen sind, können die Leistungspotenziale der Tiere ausschöpfen; sie liegen mit ihren Kennziffern deutlich über dem griechischen Durchschnitt, während die Kleinbestände in Kosten und Leistung wesentlich schlechter abschneiden.

Wenn trotz steigender Nachfrage nach Milchprodukten (vor allem Butter, Joghurt, Quark) die landesweite Milchproduktion seit 1975 nahezu stagniert, dann ist dies eine Entwicklung, die auch in den anderen EU-Ländern durchscheint. Seit Anfang der 1980er Jahre gibt es eine europäische Milchmarktordnung mit mehrfach gekürzten Quotenregelungen. Dabei war es auch im Sinne der Hauptmilchproduzenten, dass die Anzahl der griechischen Rinder nicht weiter ansteigt.

Strukturelle Defizite
Die ökonomisch weniger effiziente Haltung von kleinen Beständen korreliert mit der geringen Bedeutung dieses Wirtschaftszweiges in Griechenland. Es ist daher nur folgerichtig, wenn auch die vor- und nachgelagerten Einrichtungen (Beratung, Verarbeitung, Tiermedizin usw.) die strukturellen Defizite in der Großviehhaltung deutlich machen; die große Zahl der Molkereiunternehmen z.B. (Tab. 5.7) ist bei extrem niedriger Milchanlieferung infolge geringer durchschnittlicher Bestandsgrößen kein Zeichen von besonderer Kundenfreund-

lichkeit, sondern von wirtschaftlicher und technischer Rückständigkeit. Die Lieferung großer Stückzahlen in einheitlicher, garantierter Qualität bereitet den kleinen Molkereien auch bei Spezialisierung auf bestimmte Produkte große Probleme. Daher können finanzstarke Einzelhandelsketten als Geschäftspartner nur in wenigen Fällen gewonnen werden. Eine Konzentration im Molkereiwesen auf wenige transportgünstige Standorte ist daher absehbar.

Analog zur regionalen Verteilung der Milchkühe wird hierbei der bereits bestehende Schwerpunkt in Mazedonien weiter gestärkt. Allein in dieser Region werden (1991) 51% aller Kühe gehalten, wobei die Nomí Thessaloníki, Sérres, Kilkís und Dráma entlang der Flüsse Axios, Gallikós, Strimon und Angitis die höchsten Werte aufweisen. Nennenswerte Milchkuhbestände haben sonst nur noch Thessalien (14%) und Thrakien (11%) (National Statistical Service 1998, S. 200). Hier sind es die weiten Flussauen des thessalischen Beckens zwischen Lárisa und Kardítsa bzw. die feuchten Küstengebiete Thrakiens am Néstos- und Evrosdelta sowie im Umkreis des Vistonís-Sees, welche für Rinderbestände die besten Voraussetzungen bieten. Auf diese drei Regionen konzentriert sich mit 76% aller Kühe die bescheidene stationäre Großviehhaltung. Landschaften wie das Pindosgebirge, der Peloponnes, die Ionischen oder die Ägäischen Inseln, aber auch Attika mit dem Hauptabsatzmarkt Athen spielen eine ganz untergeordnete Rolle.

Stiefkind Milchviehhaltung

Im Rahmen der Tierhaltung und der gesamten Landwirtschaft nimmt also die Milchkuhhaltung nur eine marginale Position ein. Auch die rapide Zunahme des Futteranbaus, die seit Mitte der 1990er Jahre zu beobachten ist und auf Förderprogramme der EU zurückzuführen ist, dient nicht der Steigerung des Großviehbestands (RIEDL 1997). Obwohl die Butter als Brotaufstrich längst das Olivenöl verdrängt hat, obwohl sich die Konsumgewohnheiten hin zu einem steigenden Milchverbrauch geändert haben, stagnieren die Großviehbestände. Die fehlenden Milchprodukte und das fehlende Rindfleisch (Selbstversorgungsrate: 24% [1997]) werden aus Deutschland, den Niederlanden und anderen EU-Staaten importiert. Die für Mitteleuropäer ungewohnte Rolle der Rinder in der Landwirtschaft charakterisiert nichts treffender als der Ausspruch FÜLDNERS (1967, S. 60): *"Das Schaf ist die Kuh des griechischen Landwirts!"*

Tab. 5.7: Durchschnittliche Bestandsgrößen in der Milchkuhhaltung und Molkereistruktur in ausgewählten EU-Ländern 1997
Quelle: KLOHN/WINDHORST 1999, S. 74 und S. 77

Bestandsgröße	Griechenland	Italien	Irland	Dänemark	Deutschland	Niederlande	Großbritannien
Zahl der Kühe (ø)	8	20	32	51	28	44	69
Milchleistung (kg/Kuh)	3600	5050	4440	6750	5575	6867	5964
Molkereistruktur	Griechenland	Italien	Irland	Dänemark	Deutschland	Niederlande	Großbritannien
Anzahl	1010	2182	71	42	284	19	323
Milchanlieferung (1000 t)	1242	9710	5271	4429	26047	10496	14610
Milchanlieferung pro Molkerei (1000 t)	1	4	74	105	92	552	45

5.2 Ackerbau

Nach dem Produktionswert liegt der Schwerpunkt der griechischen Landwirtschaft bei den Feld- und Baumfrüchten, die 1997 rd. 60% der landwirtschaftlich genutzten Fläche einnahmen (KLOHN/WINDHORST 1999, S. 56). Die Kombination von Getreideanbau, Ölbäumen und Weinstöcken zur sog. mediterranen Trias (ROTHER 1993, S. 130) bildet die Grundlage der bäuerlichen Landwirtschaft, wobei der Weinanbau innerhalb Griechenlands die geringste Bedeutung hat. Die Kombination von einjährigen Kulturen (z.B. Getreide) und mehrjährigen (Sträucher, Bäume) erfolgt stets in Anpassung an die klimatischen Verhältnisse. Die sommerliche Trockenheit des Mittelmeerklimas schränkt dabei den Anbau spürbar ein, großflächige Bewässerung kann das Niederschlagsdefizit nicht überall kompensieren. Die Ionischen Inseln zwischen Korfu und Zákinthos sowie der festländische Westen sind unter thermischen und hygrischen Aspekten am meisten begünstigt. In den Gebirgen wird die hygrische Besserstellung jedoch durch die thermische Benachteiligung ab einer bestimmten Höhe wieder aufgehoben. Auf dem Peloponnes z.B. sind die hochgelegenen, winterkalten intramontanen Becken (Becken von Trípolis: 660 m ü.N.N.) für Olivenanbau nicht mehr geeignet. Im Norden und Nordosten (Mazedonien und Thrakien) ist die sommerliche Dürrezeit dagegen stark eingeengt, sodass im landesweiten Vergleich auch beim Trockenfeldbau erhebliche Differenzierungen bestehen. Dennoch sind Obst und Gemüse auf den großen Inseln, in Süd- und Mittelgriechenland sowie in Mazedonien die wichtigsten landwirtschaftlichen Erzeugnisse.

5.2.1 Traditionelle Wirtschaftsweise: Kombination von Getreide-, Baum- und Strauchkulturen

Die Kombination von Ackerbau und Strauch- oder Baumkulturen reicht bis in die Antike zurück. Die bäuerliche Landwirtschaft hat in diesen beiden Zweigen ihre Wurzeln; die wirtschaftlich nachrangige Haltung von Kleinvieh ergänzt die Palette der bäuerlichen Betriebszweige nur unwesentlich. Die moderne marktorientierte Landwirtschaft, die landes- und EU-weit starker Konkurrenz ausgesetzt ist, differenziert und spezialisiert sich jedoch immer mehr; die breite Produktpalette ist für solche Betriebe nicht mehr kennzeichnend. In den ungünstigen Gebirgslagen dagegen und bei kleinen Betriebsgrößen – beide fallen flächenmäßig stark ins Gewicht – ist die gemischtwirtschaftliche Betriebsführung der Regelfall. Doch auch hier ist der Strukturwandel unübersehbar: Die zunehmende Polarisierung zwischen moderner und traditioneller Bewirtschaftung kennzeichnet die aktuelle Entwicklung. Infolge der andauernden Marginalisierung der Gebirgsländer vereinheitlicht sich auch hier die Bodennutzung zu Gunsten extensiver Anbauformen (LIENAU 1976, S. 35).

Getreide
Die Getreideproduktion erfolgt als jahreszeitlicher Trockenfeldbau mit einjährigen Feldpflanzen. Aus klimatischen Gründen dominieren in der Bodennutzung Dauersysteme, die als geregelte oder ungeregelte Formen (Fruchtwechselsysteme oder freie Wirtschaft) vorkommen; Wechselsysteme (Feldgras- und Feldwaldwirtschaft) sind unbekannt. Nur in den Gebirgen wird auf Grund der starken Besitzzersplitterung noch Zelgenwirtschaft betrieben; im Rahmen einer „*Anbauverabredung*" (LIENAU 1989a, S. 151) erfolgt die jährliche Neufestlegung von Getreidefläche und Brache (Zweizelgenbrachwirtschaft). In den mittel- und nordgriechischen Ebenen ist großflächiger Anbau auf bereinigten Fluren kennzeichnend. Dank des günstigen Klimas kann in allen Landesteilen Getreide angebaut werden; nur extreme

Ackerbau

> **Im Dschungel der Terminologie: Trocken- oder Regenfeldbau?**
> „Der jahreszeitliche Trockenfeldbau mit einjährigen Feldpflanzen hält sich an die Winter- und Frühjahrsmonate mit ihrem mehr oder weniger reichlichen Niederschlagsangebot und muss die niedrigen Temperaturen der kühlen Jahreszeit in Kauf nehmen (Regenfeldbau). Hierzu eignen sich am besten frühreifende Getreidesorten. Sie beherrschen die traditionellen Bodennutzungssysteme" (ROTHER 1993, S. 130). Trocken- oder Regenfeldbau bilden also den Gegensatz zum Bewässerungsfeldbau.

Übersicht 5.6: Im Dschungel der Terminologie: Trocken- oder Regenfeldbau

Kaltlufteinbrüche im Frühjahr – z.B. beim Einfall des kalten Nordwindes Vardarac in Mazedonien – führen zu nachhaltigen Ernteeinbußen (BREUER/JÜRGENS 1998).

Die verbreitetsten Getreidesorten sind Weizen (¾ Hartweizen, ¼ Weichweizen) und Gerste. Sie werden schwerpunktmäßig in den Kornkammern des Landes, in den großen Ebenen und Becken Thessaliens, Mazedoniens, Thrakiens und Böotiens, angebaut. Die seit den 1960er Jahren aus der Statistik erkennbare Schrumpfung des Ackerlandes (SAUERWEIN 1976, S. 61) hat sich in den 90er Jahren deutlich verlangsamt; der Anteil des Ackerlandes an der landwirtschaftlich genutzten Fläche betrug 1992 nur noch 21,4% (Statistisches Bundesamt 1996, S. 52). Bei den beiden Hauptgetreidearten hält jedoch der Rückgang der Ernteflächen an; wenn dennoch die Erntemengen – von klimatischen Ertragsschwankungen abgesehen – parallel hierzu weiter ansteigen (Tab. 5.8), so kommen darin die Verbesserung der Sorten und die gesteigerten Flächenerträge zum Ausdruck.

Der Anbau von Mais (überwiegend Körnermais) konzentriert sich auf die gleichen Räume. Er hat nach Anbauflächen und Ertrag seit den 1980er Jahren kräftig zugelegt; seine Anbaufläche übertrifft die der Gerste, erreicht aber nur ein Viertel der Weizenfläche. In der Erntemenge zeigt sich der Wandel am deutlichsten: Sie liegt – dank der großen Kolben – seit den 1990er Jahren sogar vor dem Weizen (National Statistical Service 1997). Der Boom des Maisanbaus erfasst jedoch nicht die gesamte Ackerfläche, sondern fast ausschließlich die Tiefländer und Ebenen mit modernen Betrieben. In den Bergländern nimmt der Mais traditionell hinter Weizen und Gerste den dritten Rang ein. Dass sich hier der Anbau von Grünmais, den man aus mitteleuropäischer Sicht erwartet, nicht durchsetzen kann, hat primär traditionell-betriebswirtschaftliche Gründe (Dominanz der Kleintierhaltung, betriebliche Trennung von Ackerbau und Viehwirtschaft).

Baum- und Strauchkulturen
Diese haben in der mittelmeerischen Landwirtschaft von jeher sehr große Bedeutung. Flächenmäßig stehen sie zwar hinter den einjährigen Kulturen, die hohe Anzahl der Besitzungen (Baumkulturen: 535 405, Weingärten: 200 760 [1991]) gibt aber einen ersten Hinweis darauf, dass viele landwirtschaftliche Einkommen ganz wesentlich auf diesem Zweig beruhen. Fast 50% aller landwirtschaftlichen Betriebe (1998) haben sich auf Dauerkulturen spezialisiert.

Die Aufschlüsselung nach Regionen zeigt markante Unterschiede: In den „Getreideprovinzen" Thessalien, Mazedonien und Thrakien sowie in den gebirgigen Nomi von Epirus und Zentralgriechenland haben die

Tab. 5.8: Erntemengen bei Weizen, Gerste und Mais 1963–1997 (in 1000 t)
Quelle: National Statistical Service, versch. Jg.

	Weizen	Gerste	Mais
1963	447	3	k.A.
1971	204	249	69
1977	571	213	201
1980	1266	331	850
1993	1435	428	2018
1997	1991	348	2025

Baum- und Strauchkulturen zweitrangige Bedeutung; auf dem Peloponnes, auf Kreta, den Ionischen und Ägäischen Inseln sowie in manchen küstennahen Nomi (Thesprotien, Arta, Attiká, Phokís) erreichen allein die Flächen der Baumkulturen das Mehrfache der einjährigen Kulturen – Spitzenreiter (1991) sind Lakonien (Faktor 13,3), Korfu und Sámos (je 8,4), Kreta (8,2) und Messenien (8,0).

Ölbaum
Olea europaea, ältester und wichtigster aller Fruchtbäume Griechenlands, ist an das sommertrockene Klima sehr gut angepasst. Wegen seiner geringen Frostverträglichkeit hat er auf der wintermilden Westseite die besten Wachstumsbedingungen; mit dem Anstieg der Gebirge ist rasch seine Arealgrenze erreicht, die auf dem Peloponnes bei rund 650 m liegt; in Mazedonien und Thrakien gedeiht die Olive nur noch im küstennahen Gebiet. Mit ihren tief reichenden und weit verzweigten Wurzeln können die Bäume auch bei geringem Bodenwasser bestehen. Die ledrigen, glatt geschnittenen, kleinen Blätter schränken die Verdunstung ein. Im Schatten eines Olivenhaines herrscht auch während der sommerlichen Hitze, die ganz vom Zirpen der Zikaden erfüllt ist, ein verträgliches Bestandsklima.

Unter anbautechnischem Aspekt findet man Ölbäume stets auf Trockenland. Sie gedeihen auf fast jedem Boden, auf trockenen, steinigen jedoch besser als auf tiefgründig feuchten und fetten. Ölbaumhaine sind neben der oliv-silbrigen Farbe der Blätter als Pflanzungen mit linearer Reihung der Bäume im Luftbild oder von einer erhöhten Stelle aus mühelos zu erkennen.

Die Tragfähigkeit der Bäume beginnt mit rund 15 Jahren, wobei olivenreiche- und -arme Jahre (bei fehlender Düngung) abwechseln. Die Bäume tragen bei sorgfältiger Pflege (Beschneiden und Bodenauflockerung im Frühjahr) bis ins hohe Alter, die knorrigen Stämme können mehrere hundert Jahre alt sein. Die Ernte findet in den Wintermonaten statt. Nur bei hochwertigen Sorten werden die Oliven gepflückt, sonst werden sie von den Bäumen geschüttelt oder geschlagen; auf dem Boden ausgebreitete Planen erleichtern das Sammeln.

Der Ölbaum gilt als die klassische Baumkultur. Er nimmt nicht nur traditionell sehr große Flächen ein – mehr als drei Viertel aller Baumkulturen –, sondern wird auch wegen seines langjährigen Ertrages hoch geschätzt. Die anhaltende Expansion seiner Anbauflächen (1971: 545 500 ha, 1981: 647 000 ha, 1994: 718 500 ha; alle Daten aus: National Statistical Service, versch. Jg.) hat verschiedene Ursachen. Entscheidend ist die ungebrochen hohe binnenländische und die steigende ausländische Nachfrage nach Speiseoliven und Olivenöl. Ein zweiter Grund liegt im sozio-ökonomischen Wandel des ländlichen Raumes: Trotz hoher Abwanderungsraten aus den ländlichen Gebieten (vgl. Kap. 3.2) kam es in den 1960er und 1970er Jahren nicht zum Verfall der hochwertigen Baumkulturen, da sie zumeist von den am Ort gebliebenen Verwandten gepflegt wurden. Über Weihnachten kehrten die Besitzer regelmäßig zur Ernte in den Heimatort zurück.

Am Beispiel der messenischen Mani belegt HARTLEB (1989, S. 52 ff.) den lokalen Strukturwandel. Die von starker Abwanderung betroffene Region weist unterhalb 700 m kaum noch Getreideflächen auf. Die verfallenen Mühlen mit oberschlächtigen Wasserrädern in den tiefen Kerbtälern des Taïgetos – am Kardamilibach bei Exochórion auf knapp 200 m allein acht wüstgefallene Getreidemühlen! – sind die letzten Zeugen einer inzwischen abgelösten Produktion. Statt dessen wird das Küsten- und Hügelland fast durchgehend von Olivenhainen eingenommen. Nur die Speiseoliven werden mit der Hand gepflückt, die Hauptmasse dient der Herstellung des Olivenöls.

Infolge des großflächigen Anbaus entstand in Proastion bei Stupa eine moderne Ölmühle, die als genossenschaftlicher Betrieb geführt wird. Sie besitzt sowohl einen mechanischen als auch einen hydraulischen Pressgang. Als besonders hochwertig gilt das mechanisch

> **Der Ölbaum – Symbol für mediterranen Anbau und antike Kultur**
> Griechenland, insbesondere Attika und die Ägäischen Inseln, galten in der Antike als Zentren der Ölbaumkultur. Zusammen mit Brot, Käse und Wein gehörte das Olivenöl zu den wichtigsten Nahrungsmitteln der Antike, zumal tierische Fette nicht in der Menge zur Verfügung standen wie heute. Ölbaumpflanzungen stellten seit jeher einen großen Wert dar; die bekannten Agrarschriftsteller der römischen Zeit (CATO, VARRO, COLUMELLA, PLINIUS D.Ä.) beschäftigten sich ausführlich mit ihnen (ZIEGLER 1979, Bd. 4, Sp. 244); sie nennen nicht nur die verschiedenen Sorten, sondern gehen auch im Detail auf Pflanzenaufzucht und -pflege, auf Veredelung, Ernte und Verarbeitung ein.
> Angesichts der großen wirtschaftlichen Bedeutung verwundert es nicht, dass die Vernichtung von Ölbaumbeständen im Kriegsfall zu den gängigen Praktiken der verfeindeten Parteien gehörte. Vom Peloponnesischen Krieg (431–404 v. Chr.) bis zu den Befreiungskriegen des 19. Jh. wurde immer wieder zu dieser Maßnahme gegriffen.
> In der Medizin wird das Öl zwar seit Alters her für die Produktion von Heilmitteln verwendet, es hat jedoch keine überragende Stellung. Wichtiger ist es für die Körperpflege (zum Einreiben) und als Sonnenschutz.
> In der antiken Religion und im Sport nimmt der Ölbaum einen zentralen Platz ein. Kultbilder wurden vielfach aus seinem Holz geschnitzt, die Göttin ATHENE wurde immer wieder mit Ölbäumen in Zusammenhang gebracht. Der heilige Bezirk in Olympia bestand aus einem Olivenhain, der Zweig eines Ölbaums war das Zeichen der Sieger in den Wettkämpfen. Erst in römischer Zeit steigt der Ölzweig zum Attribut des bestehenden oder ersehnten Friedens (z.B. Pax Augusta) auf; die Friedensgöttin PAX trägt ihn ebenso in der Hand wie Gesandte, die um Frieden bitten.

Übersicht 5.7: Der Ölbaum – Symbol für mediterranen Anbau und antike Kultur

kalt gepresste Öl des ersten Gangs. Die erhitzten Pressrückstände und die Fruchtkerne liefern in weiteren Arbeitsgängen zusätzliches Öl, dessen Qualität jedoch ebenso wie bei hydraulischer Pressung (rasche Gewinnung unter hohem Druck) niedriger ist.

Der Bestand an Olivenbäumen erhöhte sich auf Grund der wachsenden Anbauflächen von 122,3 Mio. (1982) auf 138,4 Mio. (1994). Von der natürlichen Schwankung des Ernteertrags sind vor allem die hochwertigen Speiseoliven betroffen (1984: 139 458 t, 1987: 112 519 t, 1994: 164 000 t); wohl den besten Ruf haben die schwarz-violetten Kalamáta-Oliven. Bei der Herstellung von Olivenöl lassen sich die unsicheren Ertragsmengen durch geringer wertiges Öl (1984: 251 000 t, 1994: 300 000 t) kompensieren.

Weintrauben, Tafeltrauben, Korinthen und Sultaninen
Die Rebkulturen befinden sich ebenfalls traditionell auf Trockenland. Infolge der starken Einstrahlung gedeihen sie im mediterranen Klima auch in ebenem Gelände; Weingärten reichen bis auf 1250 m hinauf. Allein bei den Tafeltrauben sind Beregnungsanlagen zur Ertragssteigerung verbreitet. Die größten Anbauflächen finden sich auf dem Peloponnes (besonders in den Nomi Korinth und Achaïa), auf Kreta (überwiegend im Nomos Iráklion), in Mazedonien (v.a. Nomi Kavála, Chalkidikí und Thessaloníki) sowie in Attika und auf Euböa.

Im Vergleich zu anderen europäischen Mittelmeerländern (1994, in 1000 t) ist der griechische Weinbau weniger bedeutend. Nach Italien (9 757), Frankreich (6 657) und Spanien (4 170) rangiert das Land bei der Traubenernte zusammen mit dem wesentlich kleineren Portugal (1450) auf dem letzten Platz. In der Weinerzeugung (in 1000 t) ist es sogar alleiniges Schlusslicht (Italien: 6 000, Frankreich: 5 552, Spanien: 2 329, Portugal: 436, Griechenland: 415). Vor allem beim Export sind die griechischen Weine der italienischen und französischen Konkurrenz hoffnungslos unterlegen. Die schweren, süßlichen Rotweine und der geharzte Weißwein (Retsína/Rezína) können sich nur sehr kleine Segmente des weltweiten Marktes erschließen.

	1981	1992	1997
Fläche	187 000	133 000	137 000

Tab. 5.9: Entwicklung der Weinbaufläche 1981–1997 (in ha)
Quelle: National Statistical Service, versch. Jg.

Tab. 5.10: Produktion von Tafeltrauben, Korinthen und Sultaninen 1985–1996 (in 1000 t)
Quelle: National Statistical Service, versch. Jg.

	1985	1993	1994	1996
Tafeltrauben	249	233	239	218
Korinthen und Sultaninen	177	101	89	86

Nicht retsinierte Sorten (z.B. Demestika) erreichen jedoch auch nicht den Erfolg italienischer oder französischer Massenweine.

Hinzu kommt der inländische Rückgang in der Nachfrage. Niederländische, belgische und deutsche Großbrauereien eroberten in den 1980er Jahren den griechischen Markt und beschleunigten den Rückgang des Weinverbrauchs. (Die Griechen sind längst zu einem Volk der Biertrinker geworden.) Die stark geschrumpften Rebflächen (Tab. 5.9) scheinen sich inzwischen auf niedrigem Niveau stabilisiert zu haben. Manche der ehemals renommierten Anbaugebiete (z.B. Sitsa in Epirus) bestehen heute nur noch aus kleinen Weinbauinseln.

Auch die Tafeltrauben sind durch sinkende Produktionsmengen gekennzeichnet. Die Ferne zu den Ballungsräumen der EU, der schwierige Landweg und der lange Seeweg vereinigen sich zu kumulativen Nachteilen für die griechischen Weinbauern. Hauptanbaugebiete sind der Nomos Irâklion auf Kreta und die Thessalische Ebene bei Lárisa.

Korinthen und Sultaninen sind ebenfalls in den Abwärtssog geraten. Der weggebrochene Handel mit den ehemaligen RGW-Ländern spielt in diesem Fall eine wichtigere Rolle als die Konkurrenz aus Kalifornien oder Australien.

Die kleinen, kernlosen und besonders süßen Trauben stellen hohe Anforderungen an Mensch und Umwelt: Sie benötigen einen fruchtbaren, nicht zu trockenen Boden; diese Voraussetzungen sind auf Trockenland nur entlang der Senken breiter Talzüge, in den so genannten Révmata (ρεύματα), gegeben. Weiterhin sind die Aufzucht der Pflanze, ihre regelmäßige Beschneidung, die Pflege und die Ernte (ab Mitte August) sehr arbeitsaufwändig. Hinzu kommt ein drittes Moment: Wenn die Früchte – wie es in den Anbaugebieten Messeniens um Koróni geschieht – auf ebenerdigen Planen zum Trocknen ausgebreitet werden, darf kein Niederschlag fallen; ein plötzlicher Gewitterregen führt dann zu gravierenden Ernteausfällen. Hier bietet die Trocknung auf Drahtgestellen mit zweimal acht bis zehn Reihen übereinander und einer Regenschutzfolie oben drüber, wie es z.B. auf Kreta gehandhabt wird, einen wirksamen Schutz.

Hinter all dem wird eine generelle Problematik sichtbar: Spezialisierte Produktion fährt solange hohe Gewinne ein, wie die Nachfrage ungesättigt ist. Kommt es aber zu Störungen des Marktes oder zu Krankheitsbefall der Pflanzen, so gerät die Wirtschaft schnell aus dem Gleichgewicht. Auch dafür bietet die Geschichte des Korinthenanbaus Beispiele (LIENAU 1989a, S. 148f.). Als am Ende des 19. Jh. in Frankreich neu angelegte Korinthenpflanzungen für den Markt zu produzieren begannen, geriet der griechische Export ins Stocken. Mit der Ausbreitung der Mehltaukrankheit wurde daraus um 1900 eine schwere Wirtschaftskrise (Korinthenkrise), die in den betroffenen Regionen die Auswanderung nach Übersee (vgl. Kap. 3.2) anheizte.

Tabak
Vergleichbare Beispiele liefert die Geschichte des Tabakanbaus (LIENAU 1989a, S. 143f.), dessen Einführung am Ende des 16. Jh. erfolgte. Im 19. Jh. begann der Aufstieg zur Exportkultur, sodass die Anbauflächen und die Zahlen der Beschäftigten gewaltig anwuchsen.

Diese Wachstumsphase hielt bis in die 1950er Jahre an. Infolge des hohen Arbeitskräftebedarfs – 1961 rechnete man 140 Vollarbeitstage je Hektar (SAUERWEIN 1976, S. 67) – besaßen die Hauptanbaugebiete, die Berg- und Hügelländer Mazedoniens und Thrakiens, eine hohe Bevölkerungsdichte. Hier lebten die vielen Kleinstbetriebe (ca. 1 ha) auf Böden, die für andere Zwecke ungeeignet waren, ausschließlich vom Tabakanbau. Als jedoch der europäische Markt seit den 1960er Jahren die griechischen Orienttabake nicht mehr abnahm, weil amerikanische Tabake stärker nachgefragt wurden, brach der Anbau zusammen. Der Hauptmigrationsschub der Gastarbeiter nach Deutschland fällt in diese Zeit und betrifft gerade die nordgriechischen Tabakgebiete (Nomi Sérres, Dráma, Xánthi u.a.); nur das Ventil der Arbeitsmigration konnte die hohe strukturelle Arbeitslosigkeit verdecken. Allein der Lebensbereich der Pomaken, das damalige militärische Sperrgebiet um Echínos (Nomos Xánthi) in den grenznahen Bergländern des Rhodopengebirges (vgl. Kap. 3.1.2), war von dieser Entwicklung ausgenommen; für die betroffene Bevölkerung bedeutete dies den weiteren wirtschaftlichen Abstieg.

Wie kaum ein anderer Bezirk ist der Nomos Dráma demographisch und ökonomisch von der Tabakkrise geprägt. Die Arbeitsmigration der Tabakbauern, die das Hügelland zumeist in Richtung Deutschland verließen, löste in den Dörfern massive Schrumpfungsprozesse aus. Als ab 1974 die Remigration einsetzte, kam nur ein kleiner Teil in die Heimatorte zurück. Die meisten Remigranten wählten ihren Wohnsitz in der Stadt, nahmen dort eine Beschäftigung an oder wurden selbständig.

Obwohl der Tabakanbau aus klimatischen und ökologischen Gründen über das ganze Land verteilt sein könnte, erfolgt er nur in bestimmten Regionen. Diese sind gesetzlich seit 1931 festgelegt, konnten aber den Sturz in die Tabakkrise nicht verhindern. Hinter Mazedonien und Thrakien, den größten Anbaugebieten, rangieren Ätolien, die Argolis und Phthiotis.

Während die Gesamterträge starken Schwankungen von Jahr zu Jahr unterliegen, schrumpft die Anbaufläche seit der Tabakkrise; durch gesteigerte Flächenerträge kann dies jedoch mehr als kompensiert werden (Tab. 5.11). Dass sich der griechische Tabakanbau überhaupt nach den schweren Einbrüchen wieder erholen konnte, ist der (verspäteten) Umstellung auf amerikanische Tabake (Burley und Virginia) zu verdanken. Letztere nehmen zwar nur etwas mehr als ein Drittel der Ernteflächen ein, sie sind jedoch hauptsächlich in den guten Lagen der Exportanbaugebiete Mazedoniens und Thrakiens vertreten. Dank ihrer größeren Blätter ist die Verarbeitung weniger kostenintensiv.

Der Anbau von Orienttabaken dient dagegen hauptsächlich der Inlandsnachfrage. Spezielle griechische Zigarettenmarken (z.B. Karélia/Καρέλια) verarbeiten etwa 20% der gesamten Produktion – die Griechen haben pro Kopf den höchsten Zigarettenkonsum der EU. Die Tabakbauern Ätoliens (um Agrínio) decken v.a. diesen wichtigen Sektor ab.

Dass der lohnkostenintensive Tabakanbau nach der Öffnung der albanischen, makedonischen und bulgarischen Grenze (ab 1989) auf die geänderten Bedingungen des Arbeitsmarkts reagieren musste, war klar. Zunächst waren es Scharen Arbeitsloser, die illegal nach Griechenland kamen und als billige Arbeitskräfte neben den thrakischen Türken während der

Tab. 5.11: Flächen und Erträge im Tabakanbau 1961–1996
Quelle: National Statistical Service, versch. Jg.

	1961	1971	1981	1991	1996
Fläche (1000 ha)	104	91	91	82	64
Ertrag (1000 t)	74	88	131	173	134
dt/ha	7,1	9,7	14,4	21,0	21,0

> **Tabak – das verblassende Gold des Orients**
>
> Als auf Initiative französischer Kaufleute 1574 erstmals in Mazedonien Tabak angebaut wurde, war noch nicht zu ahnen, dass diese Industriepflanze später zum Verkaufsschlager werden sollte. Die Ebene von Dráma trägt wegen des Tabakanbaus auch die Bezeichnung „Goldene Ebene".
>
> Doch vor den Erfolg haben die Götter den Schweiß gesetzt. Der Arbeitskalender der Tabakbauern ist prall gefüllt: Im März werden die Samen in Saatbeete gesetzt, die mit Netzen gegen zu starke Austrocknung geschützt sind. Anschließend werden sie von Hand auf die Felder gepflanzt – etwa 80 000–120 000 Pflanzen pro Hektar. In der Wachstumszeit muss in mehreren Durchgängen der Bestand von Unkräutern frei gehalten werden. Im Juni oder Juli beginnt die Ernte der Blätter. Es wird stufenweise von unten nach oben gepflückt, die Blätter werden in Kiepen gesammelt. In den Häusern werden sie nach der Größe sortiert und an Fäden zum Trocknen aufgehängt. Im Sommer und Herbst sind die z.T. mit Folien überdachten Trocknungsanlagen überall in den Anbaugebieten zu sehen. Erst im nächsten Arbeitsgang werden die Blätter nach Qualität sortiert, bevor sie in Ballen an Tabakhändler oder Tabakfabriken zur weiteren Verarbeitung verkauft werden.
>
> Bedeutendster Ausfuhrhafen war Kavála in Ostmazedonien. An der dortigen Platía Kapnergáti (Platz des Tabakarbeiters) steht noch heute das Gebäude des alten Tabaklagers. Verarbeitungsbetriebe wurden in allen Anbaugebieten gegründet, sie finden sich aber auch außerhalb, z.B. in Kalamáta. Heute müssen sie in einem globalisierten Markt bestehen, sodass bereits manches Unternehmen den Betrieb in Billiglohnländer verlagern musste.
>
> Seit der großen Tabakkrise in der Mitte des 20. Jh. ist der Ruhm der nikotinhaltigen Pflanze verblasst. Auch in Griechenland steht auf jeder Zigarettenschachtel der Hinweis auf die gesundheitlichen Folgen des Rauchens.

Übersicht 5.8: Tabak – das verblassende Gold des Orients

saisonalen Spitzen Beschäftigung fanden. Vor allem Kleinbetriebe, die kaum noch Gewinn abwarfen, konnten von dieser Entwicklung vorübergehend profitieren (HAVERSATH 1997). Die unterbezahlten Arbeitskräfte, die u.a. ungeschützt Pestizide ausbrachten, wurden durch beständige Razzien der Polizei aufgegriffen und in ihre Heimatländer abgeschoben. Durch weitere Sicherung der griechischen Nordgrenze, die zugleich eine EU-Außengrenze bildet, bemüht man sich um eine Eindämmung der illegalen Grenzübertritte.

Feigen, Pflaumen und Nüsse
Bei den Feigen (Tab. 5.12) ist nach der Verwendung der Früchte zwischen grünen oder frischen und getrockneten Feigen zu unterscheiden. Beide stammen vom Feigenbaum (Ficus carica L.). Er wird bis zu 10 m groß und trägt dicke, auffallend kahle Zweige, an deren Enden sich die handförmigen, fünflappigen Blätter sowie die grünen, gelben oder violetten, rd. 5 cm großen Früchte befinden.

Trockenfeigen gehen ganz überwiegend in den Export. Sie werden zu etwa 70% in Pflanzungen gezogen, bevorzugt in den Gunstgebieten Nord- und Mittelgriechenlands. Der Bestand der grünen Feigen ist dagegen über das ganze Land verteilt. In den Hausgärten, am Wegesrand, auf Ackerterrassen und an vielen anderen Stellen wachsen die genügsamen Bäume. Auch im höheren Bergland sind sie als einzelne Bäume in der Nähe der Siedlungen zu finden. Die Früchte werden nicht nur als Viehfutter, sondern auch als Nahrung für die Menschen verwendet. Ein auffallend großer Anteil grüner Feigen wächst wild.

Auch Pflaumen werden entweder getrocknet (Dörrpflaumen) oder als frische Früchte verzehrt. In den mittleren und höheren Lagen mancher Bergländer, z.B. im Piliongebirge auf der Halbinsel Magnísia, überziehen sie ganze Hänge.

Bei den verschiedenen Nussarten sind unterschiedliche Entwicklungen zu erkennen. Haselnüsse und Pistazien werden zu über 90% in großen Pflanzungen in ebenem oder

Ackerbau

Tab. 5.12:
Anzahl der Bäume und Erträge von Feigen, Pflaumen und Nüssen 1984–1994
Quelle:
National Statistical Service, versch. Jg.
[51] Anzahl der Bäume in Pflanzungen

	1984	1993	1994
Trockenfeigen			
Anzahl der Bäume (1000)	1850	1489 [971]	1393 [968]
Ertrag (1000 t)	19	13	15
Grüne Feigen			
Anzahl der Bäume (1000)	1492	1099 [52]	1040 [51]
Ertrag (1000 t)	27	20	18
Pflaumen			
Anzahl der Bäume (1000)	k. A.	128 [116]	161 [114]
Walnüsse			
Anzahl der Bäume (1000)	3134	2530 [791]	2551 [821]
Ertrag (1000 t)	27	24	23
Haselnüsse			
Anzahl der Bäume (1000)	2673	1346 [1265]	1014 [940]
Ertrag (1000 t)	10	5	5
Pistazien			
Anzahl der Bäume (1000)	954	1170 [1127]	1168 [1126]
Ertrag (1000 t)	4	5	6

hügeligem Gelände gezogen, z.B. im Sperchióstal westlich von Lamía (Pistazien). Wie schon beim Ölbaum beschrieben, expandierten auch die Nusspflanzungen in Migrantenfamilien, die sich von den Baumkulturen eine langfristige Rendite erhofften. Es liegt daher nahe, den seit den 1980er Jahren wieder feststellbaren Rückgang der Haselnusskulturen mit der Remigration in Zusammenhang zu bringen.

Walnüsse werden im ganzen Land, aus klimatischen Gründen jedoch bevorzugt im Bergland angebaut. Die zumeist in den Gärten und am Straßenrand einzeln stehenden Bäume werden im August und September geerntet; die Früchte, die zum Verzehr in den Familien bleiben, werden aus der feuchten Schale befreit und in der Sonne – oft auf der Straße – getrocknet. Nur knapp ein Drittel der Ernte stammt aus Pflanzungen und ist für den Verkauf bestimmt.

Generell gilt, dass bei Trockenobst und Nüssen die Produktion nach drastischen Ertragsrückgängen seit den 1980er Jahren inzwischen auf niedrigerem Niveau stagniert und allenfalls noch leicht rückläufig ist. Während bei den großen Pflanzungen (Trockenfeigen, Pflaumen, Haselnüsse und Pistazien) diese Entwicklung mit dem allgemeinen Strukturwandel der Landwirtschaft in Zusammenhang zu bringen ist, zeigen die überwiegend in der Hauswirtschaft genutzten grünen Feigen und Walnüsse, dass gerade in den ländlich geprägten Berggebieten die landwirtschaftliche Eigenversorgung nach wie vor eine wichtige Rolle spielt.

Kartoffel
Als letzte Feldfrucht des traditionellen Anbaus sei die Kartoffel vorgestellt. Gemessen am jährlichen Ertrag (1997: rd. 900 000 t), ist sie zwar ein wichtiges Nahrungsmittel, sie gilt jedoch nicht als besonders hochwertig. In den vielen kleinen Landwirtschaften der Bergländer dient sie der Eigenversorgung. Der verkaufsorientierte, mechanisierte Anbau zur Versorgung der städtischen Bevölkerung findet dagegen auf großen Feldern in den Gunstgebieten der Ebenen statt. Von hier stammen etwa zwei Drittel der gesamten Produktion, die zu gut einem Drittel auf die teuren, aber weniger haltbaren Frühkartoffeln entfällt.

Regional spielt der Kartoffelanbau nur in Ausnahmefällen eine wichtige Rolle. In der kretischen Lassíthi-Ebene z.B., einem 815 m hoch gelegenen Polje nördlich des Diktihauptkamms, haben sich die Bauern wie auch auf manchen Kykladeninseln auf Saatkartoffeln spezialisiert. Das früher breit gestreute Anbauspektrum, das wegen der phänologischen Verspätung mit den Küstenhöfen nie konkurrieren konnte und daher vorwiegend der Eigenversorgung diente, hat mit der Ausbreitung dieser Innovation ein völlig neues Profil erhalten.

Welche Perspektiven zeichnen sich ab?
Der Rückblick zeigt ein wirklich breites Anbauspektrum der traditionellen Landwirtschaft. Die nach den Hauptanbaufrüchten gewichtete, unvollständige Darstellung kann nur bei oberflächlicher Betrachtung den Eindruck einer Produktenkunde erwecken. Im Vordergrund stehen Aspekte des strukturellen Wandels und der regionalen Differenzierung. Erst unter diesem Blickwinkel ist eine agrargeographische Positionsbestimmung möglich. Diese führt zu folgender Bilanz:
- Formen der traditionellen Landwirtschaft findet man in allen Gebieten des Landes, von den Küstenhöfen bis ins hohe Bergland. Zwar steht die klassische mediterrane Trias längst nicht mehr im Vordergrund, auch haben sich Konsumgewohnheiten, Produktions- und Absatzformen geändert, Baumkulturen und Getreide bilden aber immer noch die wirtschaftliche Basis der meisten Betriebe.
- In den agrarischen Gunstgebieten der Ebenen und Becken ist dieser Wandel am deutlichsten. Hier sind die Formen des gemischten traditionellen Wirtschaftens weitgehend abgelöst worden.
- Die entlegenen Bergregionen gelten ganz überwiegend als Räume der Beharrung – nicht aus Gründen bestimmter agrarpolitischer Leitideen, sondern wegen fehlender Alternativen. Die überkommene unzureichende Verkehrsinfrastruktur, naturräumliche Defizite (im Bereich der Böden, des Klimas und der Geländeverhältnisse) und fehlende Initiativen der zentralen Entscheidungsträger führen zu wirtschaftspolitischer Benachteiligung und Vernachlässigung; Beharrung bedeutet in diesem Fall langfristige Schrumpfung.
- Die Analyse der aktuellen Situation weist folglich in die Richtung einer weiteren Polarisierung der landwirtschaftlichen Gunst- und Ungunstgebiete. Wenn der Strukturwandel in den Schrumpfungsregionen nicht durch andere Maßnahmen kompensiert oder zumindest aufgefangen wird, sind große Teile historischer Kulturlandschaften vom Verfall bedroht.

5.2.2 Betriebsgrößen und Eigentumsformen

Die schwierige Problematik des wirtschaftlichen Wandels findet in den Anbauflächen und der Bodennutzung für den Kenner ihren sichtbaren Ausdruck. Der prozessuale Ablauf des Wandels verbirgt sich hinter neuen Anbauformen, Feldgrößen, Besitz- oder Lebensverhältnissen. Es wird jedoch nicht der Wandel an sich konkret fassbar, sondern nur sein Ergebnis, die neue Raumstruktur.

In diesem Sinne verbergen sich auch hinter den neuen Raumstrukturen Phänomene, die nur teilweise der unmittelbaren Anschauung zugänglich sind. Sie können zur Gruppe der agrarökonomischen und agrarsozialen Faktoren zusammengefasst werden. Auch diese sind geeignet, die Folgen des landwirtschaftlichen Wandels zu verdeutlichen.

Die griechische Landwirtschaft hat (1991) 1,5 Mio. Beschäftigte, das sind 21 % der Erwerbstätigen. 52 % hiervon entfallen auf die drei Regionen Mazedonien (23 %), Peloponnes (19 %) und Thessalien (10 %), die 53 % der Fläche und 40 % der Einwohner umfassen.

Ackerbau

Obwohl es sich bei den drei Regionen um die Gebiete mit den meisten landwirtschaftlich Beschäftigten handelt, erlauben sie nur vorsichtige Schlüsse auf das ganze Land. Dies liegt sowohl an der inneren Heterogenität dieser Regionen – intensiv genutzte, ertragreiche Gebiete und rückständige, wenig profitable stehen einander gegenüber (vgl. Kap. 5.2.1) – als auch an der unterschiedlichen Struktur in Nord- und Südgriechenland. Die starke Kammerung des Landes und die erhebliche orographische Differenzierung machen in der Landwirtschaft Daten, die großräumig auf der Ebene administrativer Einheiten (Provinzen) aggregiert wurden, nur bedingt aussagekräftig.

Betriebsgrößen

Die Angaben zur Größenstruktur (Tab. 5.13) fassen die Betriebe des ganzen Landes zusammen. Dabei fällt sofort auf, dass in Griechenland der Kleinbesitz dominiert; dies gilt typischerweise auch für die anderen Länder des östlichen Mittelmeerraums mit osmanischer Vergangenheit (ROTHER 1993, S. 142).

Die Summe der Betriebe nimmt – analog zu den anderen Ländern der EU – kontinuierlich ab, von 1961 bis 1991 um 26%. Dies deutet konvergierende Entwicklungen mit den mittel- und nordeuropäischen Staaten an, wenngleich nur die Tendenz in diese Richtung weist. Die starke Präsenz kleiner und kleinster Betriebe bildet nach wie vor eine Ausnahme unter den europäischen Mittelmeerländern – 1991 besaßen 90% der Betriebe Flächen bis max. 10 ha! Der Rückgang bei den kleinsten Betrieben (<5 ha) und die Zunahme bei den größeren (>10 ha) kommen nur sehr langsam voran. Die Betriebsgrößenstruktur kann den Schatten der Vergangenheit – Aufteilung des türkischen Großgrundbesitzes im 19. Jh., traditionelle Realerbteilung und Errichtung von Kleinbauernstellen in den Reformgebieten der 1920er Jahre (vgl. Kap. 2.3 und Kap. 3.1.1) – nicht abschütteln. Aus diesem Grund bestehen selbst die kleinsten Betriebe noch aus mehreren Parzellen.

Die durchschnittliche Parzellengröße ist in 20 Jahren nur unwesentlich von 0,54 ha (1971) auf 0,72 ha (1991) gestiegen. Bei der vorherrschenden Kleinteiligkeit der Flur ist es verständlich, dass von den Landwirten und der Statistik Flächenangaben in Stremma (στρέμμα) (= $^1/_{10}$ ha, d.h. 1000 m^2) gerechnet werden.

Erst bei den Anteilen der Größenklassen an der bewirtschafteten Fläche (Tab. 5.14) zeigt es sich, dass die Betriebe über 10 ha in den 30 Jahren zwischen 1961 und 1991 massiv zulegen konnten. Sie haben ihren Flächenanteil mehr als verdoppelt. Dagegen blieb die unterste Größenklasse (<1 ha) überraschend stabil; die als Zuerwerb geführten Betriebe reagieren ganz langsam auf den Strukturwandel. Bei den 1–10 ha großen Betrieben ist ein kontinuierlicher Bedeutungsverlust festzustellen; sie stehen vielfach vor der Entscheidung, entweder zu expandieren oder aus dem Haupterwerb auszuscheiden.

Tab. 5.13:
Betriebsgrößenstruktur in der Landwirtschaft 1961–1991
Quelle: National Statistical Service, versch. Jg.

Betriebs-größe	Zahl der Betriebe							
	1961		1971		1981		1991	
	(1000)	(%)	(1000)	(%)	(1000)	(%)	(1000)	(%)
<1 ha	261,7	23,0	225,8	22,0	238,3	24,0	216,1	25,0
1–5 ha	658,4	58,0	593,9	57,0	541,3	55,0	430,7	50,0
5–10 ha	172,1	15,0	164,3	16,0	149,9	15,0	126,7	15,0
10–20 ha	38,9	3,0	42,7	4,0	46,6	5,0	56,9	7,0
>20 ha	7,2	1,0	9,6	1,0	14,0	1,0	22,0	3,0
insgesamt	1138,3	100,0	1036,3	100,0	990,1	100,0	852,4	100,0

Betriebs-größe	Fläche (1000 ha)								Tab. 5.14: Anteil der Größenklassen an der bewirtschafteten Fläche 1961–1991 Quelle: National Statistical Service, versch. Jg.
	1961		1971		1981		1991		
	(absolut)	(%)	(absolut)	(%)	(absolut)	(%)	(absolut)	(%)	
<1 ha	132	4,0	113	3,0	121	3,0	105	3,0	
1–5 ha	1658	45,0	1495	42,0	1342	38,0	1050	29,0	
5–10 ha	1143	31,0	1093	30,0	1004	28,0	858	23,0	
10–20 ha	498	14,0	553	16,0	609	18,0	771	21,0	
>20 ha	241	6,0	332	9,0	470	13,0	896	24,0	
insgesamt	3672	100,0	3586	100,0	3546	100,0	3680	100,0	

Es sei nur am Rande bemerkt, dass der eher schleichend ablaufende strukturelle Wandel von der betroffenen Bevölkerung in den meisten Fällen als deutlicher Einschnitt erlebt wird. Nur wenn die Betriebsaufgabe mit einem Generationenwechsel oder einer neuen Erwerbsmöglichkeit zusammenfällt, gestaltet sich der Ausstieg aus der Landwirtschaft sozial verträglich.

Regionalisierung

In einem zweiten Schritt müssen die Daten der Betriebsgrößen regionalisiert werden. Gehen wir zunächst auf die Ebene der Provinzen, so pausen sich die flächenhaften Anbauschwerpunkte Nordgriechenlands sofort durch. Thrakien (5,56 ha), Mazedonien (4,84 ha) und Thessalien (4,79 ha) haben die größten durchschnittlichen Flächen pro Betrieb (1991). Der Peloponnes (3,72 ha), die Ionischen Inseln (2,76 ha) und Epirus (2,65 ha) bilden das Ende der Skala, wenn der Großraum Athen (1,42 ha) außen vor bleibt.

Auf der Ebene der Bezirke (Nomi) ist eine weitere Differenzierung möglich (FRÖHLICH 1987). Wenn als Indikator für die landwirtschaftlichen Produktionsbedingungen hierbei die durchschnittliche Parzellengröße dienen soll, dann gilt folgender Vorbehalt: Die Parzellengröße spiegelt die landwirtschaftlichen Gunsträume mit einjährigen Kulturen in den Küstenhöfen und Becken sehr zuverlässig, lässt aber, wie noch gezeigt wird, keine Beurteilung der Baumkulturen zu. Mit überdurchschnittlich großem Parzellenzuschnitt (in ha) schieben sich die schon wiederholt als agrarische Gunstgebiete bezeichneten Tieflands- und Küstenregionen in den Vordergrund: die Nomi Lárisa (1,31) und Kardítsa (1,26) in Thessalien, die Kykladen (1,29) und Lésbos (1,22) in der Ägäis, Ätolien (0,98) und Phthiotis (0,95) in Zentralgriechenland, Elis (0,98) auf dem Peloponnes, Kefallinía (0,98) und Thesprotien (0,98) in Westgriechenland sowie Chaniá (0,96) auf Kreta.

Kleine durchschnittliche Parzellengrößen findet man gerade in solchen Nomi, die für ertragreiche Baumkulturen bekannt sind: Attika (0,48), Korinth (0,56), Lefkás (0,35), Sérres (0,53), Sámos (0,46) oder Chíos (0,22). Daneben greift dieses Kriterium auch in extrem peripheren, hauptsächlich in traditioneller Weise bewirtschafteten Gebieten (Evritanien: 0,45).

Die geringe Parzellengröße kann also nicht pauschal als Indikator einer strukturellen Rückständigkeit genommen werden. Die ergiebigen Baum- und Gemüsepflanzungen z.B. erlauben auch auf kleinen Flächen einkömmliches Wirtschaften. Nach deutscher Terminologie müsste man hier längst von Sonderkulturen sprechen, diese Bezeichnung ist aber den griechischen Verhältnissen völlig unangemessen (LIENAU 1989a, S. 142).

Besitzformen

Unter diesem Aspekt finden die früheren Ausführungen eine Bestätigung. Auf gesamtstaatlicher Ebene entfallen (1991) von den landwirtschaftlich genutzten Flächen 76,6% auf Privatland, 22,1% auf Pachtland, 0,6% auf Flächen mit Teilpacht sowie 0,7% auf andere

Ackerbau

Besitzformen (z.B. Gemeinschaftsbesitz, Stiftungen). Der überragende Anteil des Privatlandes ist mit der großen Zahl der Betriebe im Zusammenhang zu sehen; die Dominanz des eigenbewirtschafteten Kleinbesitzes mit Familienarbeitsverfassung (ohne fremde Arbeitskräfte) kommt so wieder zum Vorschein.

Da landesweit nur weniger als ein Viertel der Fläche als Pachtland zur Verfügung steht, wird die Anpassung in der Größenstruktur gebremst. Expansionswillige Landwirte finden vielfach keine Pachtflächen, mit denen sie ihren Betrieb aufstocken könnten. Selbst im Vergleich zu früheren Jahrzehnten (1981: 19%) stehen auf dem Bodenmarkt immer noch nicht ausreichend Flächenangebote zur Disposition; Grundbesitz gilt auf dem Land nach wie vor als beste Form der sozialen Absicherung, auf die man nicht ohne triftigen Grund verzichtet.

Die einzelnen Regionen fügen sich in das gesamtgriechische Bild nahtlos ein. Räume mit verbreiteten Baumkulturen haben bei kleinbetrieblicher Besitzstruktur überdurchschnittlich große Anteile an selbstbewirtschaftetem Privatland (Ionische Inseln: 88,8%; Peloponnes: 87,8%; Kreta: 86,4%), zugleich stehen hier auffallend geringe Pachtflächen zur Verfügung (Ionische Inseln: 8,2%; Peloponnes: 10,6%; Kreta: 12,2%). Thessalien und Thrakien (Privatland: je 75,4%; Pachtland: 23,5% bzw. 23,8%) liegen infolge ihrer landwirtschaftlichen Vielfalt sehr dicht am Durchschnitt.

Die deutlichsten Abweichungen gibt es in Mazedonien (Privatland: 61,7%; Pachtland: 37,0%). Hier weisen die Werte der einzelnen Nomi (Tab. 5.15) einen Anteil des Pachtlandes aus, der in allen Fällen über dem Landesdurchschnitt liegt. Er schwankt zwischen 22,9% (Pélla) und 56,7% (Dráma). Pieria (Kateríni) trifft mit 37,0% genau den (hohen) mazedonischen Durchschnitt. Die höchsten Werte werden in solchen Nomi erreicht, die auf Trocken- und Bewässerungsland großflächig hochwertige Kulturen tragen.

Agrarsoziale Gunst- und Ungunsträume

Als Ergebnis der Analyse der Besitzformen präsentiert sich Mazedonien als dynamischer Agrarraum. Seine Landwirtschaft ist auf Trocken- und Bewässerungsland besonders intensiv, sein Bodenmarkt entfaltet die größte Dynamik. Umfangreiche Pachtländereien, die hier auch mittel- und längerfristig zur Verfügung stehen, schaffen einen Flächenpool, dessen

Tab. 5.15:
Privat- und Pachtland in den Nomi Mazedoniens 1991
Quelle:
National Statistical Service 1994

Nomi	Privatland			Pachtland		
	Betriebe	Fläche (ha)	(%)	Betriebe	Fläche (ha)	(%)
Grevená	5 678	24 326,9	60,7	1 340	15 469,8	38,6
Dráma	7 619	19 335,8	41,3	3 598	26 547,7	56,7
Imathía	17 850	38 532,9	73,1	4 298	12 481,0	23,7
Thessaloníki	24 150	76 637,7	60,7	8 572	48 321,7	38,2
Kavála	11 736	26 585,4	61,6	4 198	15 475,4	35,9
Kastoría	4 824	16 147,4	61,7	1 278	9 368,4	35,8
Kilkís	12 466	62 607,6	63,6	4 339	34 957,6	35,5
Kozáni	16 307	51 979,1	59,3	4 066	34 952,8	39,9
Pélla	21 432	53 748,1	74,8	5 770	16 445,9	22,9
Piería	13 418	28 596,2	61,6	5 478	17 184,4	37,0
Sérres	26 078	78 352,7	53,4	12 919	66 950,1	45,6
Flórina	6 509	32 207,7	68,9	2 007	14 123,8	30,2
Chalkidikí	12 909	51 933,1	68,5	2 364	23 416,8	30,9

sich expansionwillige Betriebe bedienen können. Für die Zukunft ist daher zu erwarten, dass der Strukturwandel hier rascher ablaufen wird als in den meisten anderen Landesteilen.

Der hohe saisonale Arbeitskräftebedarf (1991: 1,2 Mio.) betrifft Kulturen wie Tabak und Wein, aber auch viele Baumpflanzungen und Gemüseflächen, die nur selten mechanisiert sind. Er kann von den kleinen Familienbetrieben nur durch zusätzliche Arbeitskräfte ausgeglichen werden. So kommen in den Wein-, Agrumen-, Korinthen- und Tomatenanbaugebieten des Peloponnes (Nomi Argolis, Acha ïa, Elis, Korinth, Lakonien und Messenien) in 59 390 Betrieben 317 111 saisonale Arbeitskräfte zum Einsatz, d.h. 5,33 pro Betrieb. Ähnliche Werte weisen die Nomi Böotien, Phthiotis, Arta, Imathía (Véria), Sérres, Xánthi, Rhodopi oder Iráklion auf. Das Heer der Saisonarbeiter besteht sowohl aus der unterbeschäftigten Landbevölkerung als auch aus Wanderarbeitern (Türken, Zigeuner) sowie aus illegal Beschäftigten.

Zusammenfassend zeigen Betriebsgrößen und Eigentumsformen genau jene Besonderheiten, welche für die griechische Landwirtschaft konstitutiv sind.

- Das vorherrschende Kleinbauerntum basiert auf Familienbetrieben ohne fremde Arbeitskräfte. Die Bewirtschaftung der meist kleinen Parzellen ist auf Trocken- und Bewässerungsland möglichst intensiv. Der wirtschaftliche und soziale Wandel schreitet nur sehr langsam voran, da an den Grundbesitz auf dem Lande immer noch hohes Sozialprestige geknüpft ist. Familiäre und verwandtschaftliche Bindungen fördern eine konservative Einstellung zum Bodenbesitz. Nur von spezialisierten Betrieben müssen v.a. in der Erntezeit saisonale Arbeitskräfte eingestellt werden.
- Nach Raumkategorien betrachtet, sind auch unter diesem Aspekt die Küstenhöfe, Ebenen und intramontanen Becken von den Bergländern zu unterscheiden. In Ersteren zeichnen sich neue Entwicklungen schon frühzeitig ab (vgl. auch Kap. 5.2.3 und Kap. 5.2.4), während Letztere ökonomisch und sozial nachhinken.

5.2.3 Bodenreform und Intensivierung

Der verbreitete Kleinbesitz erscheint aus heutiger Perspektive als Nachteil, weil Mechanisierung und Rationalisierung große Flächen benötigen. In früheren Zeiten verfolgte man jedoch andere Ziele. Als mit dem sukzessiven Verfall des Osmanischen Reiches (vgl. Kap. 2.3 und Kap. 2.4) der türkische Großgrundbesitz aufgelöst wurde, setzte ein tiefgreifender Wandel der Raumstruktur ein. Im Rahmen mehrerer Bodenreformen (1911, 1917–1920, 1923) wurden unter dem Druck der Verhältnisse – für rd. 700 000 bäuerliche Flüchtlinge mussten Stellen geschaffen werden (vgl. Kap. 3.1.1) – in großer Zahl kleinbäuerliche Anwesen gegründet. Bei diesen Maßnahmen standen sozialpolitische Ziele im Vordergrund. Auf einer durchschnittlich 4,7 ha großen Fläche mussten sich die Heimatvertriebenen so einrichten, dass sie von dem Ertrag des Bodens leben konnten (SAUERWEIN 1976, S. 60).

Bodenreform: mit agrar- oder sozialpolitischer Zielsetzung?

Die Ebene von Thessaloníki, eines der klassischen osmanischen Çiftlikgebiete, erhielt durch die Bodenreformen des 20. Jh. eine völlig neue Struktur. Die in den Überschwemmungs- und Sumpfzonen von Aliákmon, Loudias und Axios sowie im trockengelegten Sumpfsee von Jannitsá (Valtos) errichteten Flüchtlingsdörfer, z.B. Néa Alexandria, sind ein Produkt der Bodenreformen (FÜLDNER 1967, S. 29 ff.): Den einzelnen Familien wurde im Losverfahren eine Fläche von vier bis sechs Hektar zugeteilt; bei ertragreichen Intensivkulturen (z.B. Tabak) waren es sogar nur zwei Hektar. Es galt als oberstes Ziel der Bodenreform, jeder Familie gute Startchancen zu geben. Wenn wir also heute den Kleinbesitz lediglich als problematisches Erbe der Vergangenheit bezeichnen, so übersehen wir dabei die Rahmenbedingungen und Zielsetzungen der Entstehungszeit. Erst der Wechsel von der sozialpolitischen zur agrarpolitischen Perspektive führte zur negativen Bewertung des Kleinbesitzes.

Der Zwang zur Intensivierung

Von jeher verlangen die kleinen Flächen einen intensiven Anbau. Das mediterrane und submediterrane Klima kommt mit einer langen Vegetationsperiode dieser Anforderung sehr entgegen. In den Hausgärten findet sich ein sehr breites Anbauspektrum, das der Eigenversorgung dient. Kartoffeln, Gemüse, Mais und Obstbäume stehen in enger Nachbarschaft. Hier wird der Boden gärtnerisch bearbeitet, die Pflanzen werden z.T. einzeln bewässert, Arbeitsaufwand und Erträge sind sehr hoch. Gleichwohl haben sie volkswirtschaftlich nur kleine Bedeutung.

Die andauernde Intensivierung der ein- und mehrjährigen Feldkulturen ergibt sich aus dem Wettbewerbsdruck des Marktes. Der Mechanisierung, Kapitalisierung und Chemisierung der Landwirtschaft können sich moderne Agrarbetriebe nicht verschließen, wenn sie bestehen wollen. Dass auf schrumpfenden Flächen auch bei traditioneller Wirtschaftsweise immer größere Erträge erzielt werden müssen, konnte bereits für verschiedene Kulturen dargestellt werden (vgl. Kap. 5.2.1). Der biologische Anbau, der auf die Ertragssteigerung durch chemische Mittel verzichtet, nimmt nur ganz kleine Nischen ein (WURDINGER 1997).

Der genossenschaftliche Zusammenschluss ermöglicht es den Kleinbetrieben, auf der Basis der bisherigen Besitzstruktur weitere Intensivierungen zu erreichen. Mitte der 1980er Jahre waren 73,7 % der bäuerlichen Familienbetriebe in eine Kooperative integriert (STRATIGAKI 1988). Zum allergrößten Teil (70 %) handelt es sich jedoch lediglich um Kreditgenossenschaften; unter Federführung der Landwirtschaftsbank (Αγροτική Τράπεζα της Ελλάδος) schließen sich die Kleinbetriebe zusammen, damit die nötigen Investitionen in den Maschinenpark, den Wegebau, das Saatgut oder neue Anbautechniken getätigt werden können. Produktionsgenossenschaften (21 %) und Handelskooperativen (3,2 %) sind vergleichsweise unbedeutend. Es scheinen im Wesentlichen mentale Sperren bzw. wirtschaftliche Einstellungen zu sein, welche die Ausbreitung von Produktionsgenossenschaften behindern. Auch seit Jahrzehnten erfolgreich wirtschaftende Kooperativen in den Bereichen Weinbau, Ölbäume und Gemüseanbau führen nicht zum Durchbruch dieser Organisationsform.

Die Gründe hierfür sind spekulativ und liegen zumindest teilweise im subjektiven Bereich individueller Einstellungen und Bewertungen. Da Intensivierung stets Wandel bedeutet, gibt es auf lokaler Ebene nach jeder Reform Gewinner und Verlierer, die mit jeweils eigener Bilanz aus dem Wandlungsprozess hervorgehen.

Von der Bodenreform zur Intensivierung: Das Beispiel Anthili

Ein Beispiel unter vielen ist das Dorf Anthili im Nomos Phthiotis (LOULOUDIS/MARTINOS/PANAGIOTOU 1989). Es liegt wenige Kilometer südöstlich von Lamía im feuchten Deltabereich des Sperchiós. Das sumpfige, in den Maliakischen Golf wachsende Schwemmland hat eine bewegte Agrargeschichte, die bei den Betroffenen nicht in Vergessenheit geriet. Die wichtigsten Stationen sind kurz gefasst folgende:
- Die Çiftliks der osmanischen Zeit wurden ab 1846 kolonisiert; da das Interesse an dem feuchten Land nicht sehr groß war, wurden auch 60 vlachische Familien, die von ihren Schafherden lebten, angeworben. Schon nach kurzer Zeit zeigte es sich, dass zuviel Personen ansässig gemacht worden waren und dass ein tragfähiges Konzept fehlte. Soziale Konflikte zwischen den ethnischen Gruppen waren die Folge.

> **Erzeuger- und Absatzgenossenschaften – ein Muster ohne Wert?**
> Eines von vielen Beispielen ist die Betriebszweiggemeinschaft von Damassion bei Tírnavos im nördlichen Thessalischen Becken (PANAJOTOPOULOU 1984). Seit 1975 haben sich hier 101 Kleinbauern überbetrieblich zusammengeschlossen, um den Anbau und Absatz von Tafeltrauben effektiv und konkurrenzfähig zu gestalten. Da sie an die Infrastruktur bereits bestehender Tafeltraubenerzeuger anknüpfen können, profitieren sie von regionalen Synergieeffekten.
>
> Dank staatlicher Investitionen, behördlicher und politischer Unterstützung konnten die strukturellen Schwächen des kleinteiligen Besitzes überwunden werden. Infolge umfangreicher Investitionen und eines kompetenten Managements ließen sich die Bodenerträge und die Kapitalerlöse spürbar steigern, zusätzlich entstanden neue Arbeitsplätze im ländlichen Raum. Die Innovationsbereitschaft nahm vor allem bei jenen Mitgliedern zu, die größere Bodenanteile in die Gemeinschaft eingebracht hatten und auch von den Erfolgen am kräftigsten profitierten.
>
> Hier wie an anderen Orten – z.B. in den Weinbaugebieten um Archanes auf Kreta oder in der Gemüseanbauzone um Edessa in Mazedonien – arbeiten funktionierende Genossenschaften. Es handelt sich vielfach um Musterbetriebe, die wie Leuchttürme ihre Signale in die weite Umgebung senden. Ein positives Echo kommt jedoch nur selten zurück, die Multiplikatorwirkung ist weitgehend ausgeblieben. Erzeuger- und Absatzgenossenschaften finden im ganzen Land sehr begrenzte Resonanz.

Übersicht 5.9: Erzeuger- und Absatzgenossenschaften – ein Muster ohne Wert

- 1927 wurde eine Bodenreform durchgeführt, bei der einerseits durch Zuteilung kleiner Flächen der Grundbesitz fragmentiert wurde und andererseits die zuvor illegal annektierten Schwemmländer den Einheimischen zugesprochen wurden. Der soziale Dissens wurde dadurch verschärft.
- 1949 startete mit dem Reisanbau das erste Intensivierungsprogramm. Die Mitgliedschaft in einer Kooperative war Voraussetzung, um von den „Segnungen des Fortschritts" zu profitieren. Verstärkter Dünger- und Pestizideinsatz beeinträchtigten von nun an die Rastplätze der Störche, die Eutrophierung der Küstengewässer die Fanggebiete der Fischer – eine neue Gruppe von Verlierern entstand.
- Als 1972 die Bewässerung ausgebaut wurde, potenzierten sich die zuvor aufgezeigten Entwicklungen. Der Intensivierungsschub begünstigte die größeren Landeigentümer und verdrängte die Kleinen.
- Die Ausbreitung der Baumwollkultur erfolgte ab 1974. Es wurden ertragreiche Hybridsorten angebaut; sie verlangen nicht nur hohe finanzielle Aufwendungen für das Saatgut, sondern auch kapitalintensive Technologien für die Ernte. Die Gewinner früherer Strukturwandlungen stehen auch jetzt wieder auf der Sonnenseite, die Polarisierung der Bevölkerung setzt sich fort.

Da nach wie vor der Anteil an Landwirten sehr hoch ist, bleibt der Unmut der Kleinbauern über die abgelaufene Entwicklung – im Gegensatz zu Mittel- und Westeuropa, wo außerlandwirtschaftliche Einkommensmöglichkeiten die Lage der Ausscheidenden verbesserten. Die Bestätigung der lokalen Eliten wird über das Klientelsystem (vgl. Kap. 1.2) gesichert. Die Skepsis gegenüber Genossenschaften mag unter solchen Voraussetzungen in den Vorerfahrungen der Kleinbauern ihre Ursache haben.

Ungeachtet dessen ist die generelle Intensivierung des Anbaus der hervorstechendste Zug der aktuellen Entwicklung. Die Erträge (dt/ha) der meisten Pflanzen steigen weiter an.

Sektorale und regionale Folgen

Auf wesentlich niedrigerem Niveau als beim Mais (vgl. Kap. 5.2.1) stieg die mit Sonnenblumen bestellte Fläche (1980: 3 000 ha, 1992: 28 000 ha, 1994: 19 000 ha) sprunghaft an.

Ackerbau

Der Anbau erfolgt hauptsächlich in den Ebenen des Tieflands, einen Schwerpunkt bildet das Evrostal bei Orestiás im Nordosten Thrakiens. Weil der Sonnenblumenanbau von den Marktmechanismen der EU-Landwirtschaftspolitik stark beeinflusst wird, schwankt seine Fläche in den 1990er Jahren sehr stark.

Bei den wichtigsten Gemüsesorten (z.B. Kohl, Tomaten, Gurken, Mohrrüben) gab es in den 1990er Jahren trotz witterungsbedingter Schwankungen Zunahmen zwischen 20 und 50%. Ähnliche Werte werden bei Mais und Zuckerrüben erzielt. Auch der stark technisierte und vielfach beregnete Baumwollanbau, der sich in Thrakien, Mazedonien, Thessalien und Böotien konzentriert, passt gut in dieses Bild.

Im Düngemittelverbrauch kommen indes entgegengesetzte Tendenzen zum Ausdruck. Auf Grund steigender Preise geht der Austrag von Stickstoff, Phosphat und Kali seit den 1990er Jahren zurück. Der Gesamtverbrauch sank von 175,1 kg/ha (1991) auf 167,0 kg/ha (1992), während bei den Pflanzenschutzmitteln der Verbrauch noch ansteigt.

Der relativ niedrige Grad der Mechanisierung findet im Maschinenbestand seinen Niederschlag. Schlepper, Mähdrescher, Sä- und Erntemaschinen lohnen nur bei größeren Betrieben oder Genossenschaften die Anschaffung. Die steigende landwirtschaftliche Gesamterzeugung beruht daher primär auf züchterischen Erfolgen, sodann auf Mechanisierung und Chemisierung und nur nachrangig auf der betrieblichen Organisation (Statistisches Bundesamt 1996). Hier wäre noch ein größeres Potenzial zu aktivieren.

Die staatliche Agrarberatung, die in den Bezirksverwaltungen (Nomarchien) angesiedelt ist, fördert seit Jahrzehnten die Ausbreitung von Neuzüchtungen und unterstützt die Einrichtung von Musterbetrieben. Die Ausbreitung von Glashäusern, von Folientunneln und -häusern erfolgt jedoch auch durch private Initiativen (FRANK 1997).

Unter räumlichem Aspekt bedeutet Intensivierung eine Verlagerung von Anbauschwerpunkten. In einer Studie zur Argolis zeigte SAUERWEIN (1971) beispielhaft die Veränderungen des Anbaus auf: Bereits in den 1960er Jahren war der Tabakanbau aus dem Zentrum der Ebene fast völlig in die Randzone abgedrängt worden; ein ähnliches Schicksal hatten der Kartoffel- und der Baumwollanbau. Diesen Platz nahmen Gemüseflächen (Artischocken, Salate, Bohnen, Auberginen, Paprika u.a.) und Zitruspflanzungen ein. Bei den hohen Flächenerträgen wirkt sich die kleinteilige Flur weniger hinderlich aus.

Ein Landschaftsquerschnitt durch Elis (LIENAU 1976, 1989a) führt zu einem ähnlichen Befund. Die intensiven Kulturen finden sich in der Küstenzone. Gemüseanbau (Tomaten, Melonen), Weinbau (Korinthen) und Baumkulturen (Agrumen) sind hier flächenhaft bestimmend. Im Hügelland verschiebt sich die Palette zu Gunsten von Obst und Korinthen, im Bergland schließt sich der extensive Getreideanbau an, der von der Kleinviehwirtschaft in den höheren Lagen abgelöst wird.

Es liegt auf der Hand, dass die verschiedenen Formen der Intensivierung die Kleinbauern Schritt für Schritt verdrängen. Bei dünner Kapitaldecke und unzureichendem Marktzugang verschlechtern sich die wirtschaftlichen Perspektiven zusehends. Selbst in den Bereichen Schweine- und Geflügelhaltung, die früher eine Domäne der Kleinbauern waren, profitieren nur noch spezialisierte Betriebe von der größeren Nachfrage.

Agrarpolitik

Es ist Aufgabe der Politik, den Wandel sozial verträglich zu gestalten. In gewerblich und touristisch geprägten Gebieten ist dies dank neuer Erwerbsquellen leichter möglich als in ländlichen Regionen. Unter diesem Aspekt verdienen Mehrfachbeschäftigungen (EFSTRATOGLOU-TODOULOU 1989) besondere Aufmerksamkeit, da sie den langsamen Wandel unterstützen. Sie bieten den Kleinbetrieben auf Grund periodischer Unterbeschäftigung ein ideales Anpassungskonzept. Ohne die Saisonarbeit in anderen Unternehmen einzubeziehen, gehen durchschnittlich 35% aller Kleinbetriebe diesen Weg (1988). In manchen ländlichen Gemeinden haben z.B. Frauen – wie in Míthimna auf Lésbos – agrotouristische Kooperationen gebildet; hier lebt das Konzept vom „Urlaub auf dem Bauernhof" in seiner griechischen Variante auf.

Die anhaltende Intensivierung führt daher zu neuen agrarräumlichen und agrarsozialen Strukturen. Für die Kleinbauern gibt es unterschiedliche Perspektiven: Sie können sich genossenschaftlich zusammenschließen, sie können sich u.U. auf hochwertige Produkte spezialisieren, sie werden zu Nebenerwerbsbauern oder sie scheiden aus der Landwirtschaft aus. Auch an den mittleren und größeren Betrieben geht die Intensivierung nicht spurlos vorbei. Steigender Kapitaleinsatz, Risikobereitschaft und große Innovationsbereitschaft sind hier gefragt. Agrarräumlich wird der Gegensatz zwischen den Küstenhöfen und Becken auf der einen sowie den Bergländern und Gebirgen auf der anderen Seite weiter betont.

5.2.4 Bewässerungslandwirtschaft

Die mediterrane Trias – Getreide, Wein, Oliven – ist an die sommerliche Trockenheit des Mediterranklimas angepasst und gedeiht auf Trockenland. Später eingeführte Kulturpflanzen (Apfelsine, d.h. Apfel aus Sinia [China], Pfirsich, d.h. Apfel aus Persien, Aprikose [aus Armenien], Tomate [aus Südamerika], Tabak [aus Amerika], Mais [aus Südamerika], Baumwolle u.v.a.) erfüllen diese Voraussetzungen nicht und benötigen daher Bewässerung.

Das Gießen von Fruchtbäumen und Gemüsepflanzen in den Gärten ist schon in der frühen Antike belegt, die landwirtschaftliche Bewässerung hielt allerdings erst in hellenistischer Zeit Einzug (ZIEGLER 1979, Bd. 1, Sp. 53). Nach den Feldzügen ALEXANDERS DES GROSSEN kamen im 3. und 2. Jh. v.Chr. neue Nutzpflanzen (Pfirsich, Aprikose und Zitrusfrüchte) in den Ägäisraum, die ohne Bewässerung keine Früchte tragen konnten. Solange in Griechenland bewässert wird, verfolgte man hiermit also stets zwei Ziele, die Steigerung des Ertrags – in der Regel die doppelte Höhe des Trockenfeldbaus – und die Verbreiterung der Anbaupalette. Es ist dabei ebenfalls eine alte Erfahrung, dass neben der ausreichenden Wasserzufuhr die Entwässerung geregelt sein muss, um den Gefahren der Versumpfung und Versalzung zuvorzukommen.

Technische und klassifikatorische Aspekte
Nach den Techniken der Wasserzufuhr sind folgende Systeme zu unterscheiden:
- Furchenbewässerung, bei der Wasser ohne technischen Aufwand in Bodenrinnen über das Feld geleitet und durch einfache Umleitung (Sperrung des Laufs) zur gewünschten Parzelle gelenkt wird;
- halboffene Betonrinnen, in denen auf Stelzen geführt auch große Wassermassen bewegt werden können;
- Metallrohre, mit denen als Druckleitungen unterschiedlichen Durchmessers auch Steigungen zu überwinden sind, und
- flexible Kunststoffrohre, die auf Grund ihres geringen Gewichts schnell verlegt und wechselnden Zielen zugeführt werden können.

Zusätzlich wird mitunter zwischen Bewässerung und Beregnung getrennt. Letztere kann auch als Unterform der Bewässerung aufgefasst werden, wobei der kennzeichnende Unterschied in der Wasserabgabe unter Druck liegt. Die Tröpfchenbewässerung, bei der aus speziellen Schläuchen das Wasser tröpfchenweise dosiert den Pflanzen zugeführt wird, ist die wassersparendste Form der Beregnung.

Ackerbau

Unter dem Aspekt der Ressourcenherkunft unterscheidet man zwischen Flusswasser (überwiegend aus regulierten, aufgestauten Flüssen), Grund- und Quellwasser. Beim Grundwasser stellt sich das zusätzliche Problem der Beförderung an die Oberfläche; die von Tieren getriebenen Schöpfanlagen (Göpelwerke) bestehen nur noch reliкthaft, Windkraft kann bloß an geeigneten Stellen (v. a. auf den Ägäischen Inseln, besonders in der kretischen Lassíthi-Ebene) eingesetzt werden, ist aber selbst dort den allgemein verbreiteten Motorpumpen unterlegen. Die Erschließung von Quellhorizonten durch unterirdischen Stollenbau (Qanate) bildet die Ausnahme (VAVLIAKIS/SOTIRIADIS 1993). In einem natur- und kulturgeographisch so vielfältigen Land wie Griechenland kommen die verschiedenen Formen der Wasserzufuhr und -gewinnung kleinräumig nebeneinander vor.

Erschließung und Ausbau
Wegen seiner großen wirtschaftlichen Bedeutung wird der Ausbau der Bewässerungslandwirtschaft seit Jahrzehnten vorangetrieben. Die ältesten Bewässerungsflächen finden sich in den Flusstälern und Küstenebenen, die anfänglich durch Kanäle und Betonschalen erschlossen wurden; die ganz leicht geneigten Areale waren für dieses System wie geschaffen. Erst die technische Weiterentwicklung (Metallrohre, flexible Kunststoffrohre) ermöglichte die problemlose Einbeziehung der Hügelländer. Der Zuwachs an bewässerter Fläche (Tab. 5.16) fällt in die Zeit der großen Erschließungsprojekte (ab den 1950er Jahren) und der technischen Neuerungen (ab den 1970er Jahren). In den 50 Jahren bis 2000 ist der Flächenanteil von gut einem Zwanzigstel auf über ein Drittel gestiegen. Die größte absolute Zunahme fällt indes in die 1980er Jahre (+352 100 ha).

Differenziert nach Höhenstufen und technischer Ausstattung zeigt sich folgendes Bild: Die Hauptbewässerungsgebiete bilden die Ebenen (70 %); das Hügelland (17 %) und die Gebirge fallen trotz moderner Techniken, bei denen mit Druckleitungen gearbeitet werden kann, weiter zurück. In den Ebe-

	Fläche (1000 ha)	Anteil an LF (%)
1950	241,0	<6,0
1962	520,3	13,6
1972	829,5	21,2
1982	967,9	27,2
1992	1320,0	33,8
1997	1385,1	34,0

Tab. 5.16: Bewässerungslandwirtschaft 1950–1997
Quelle: National Statistical Service, versch. Jg.; SAUERWEIN 1976, 1993 und eig. Berechnungen

Tab. 5.17: Bebautes, bewässertes und bewässerbares Land 1991 (in 1000 ha, ohne Großraum Athen)
Quelle: National Statistical Service 1994

	Bebautes Land	Bewässertes Land (absolut)	(%)	Bewässerbares Land (absolut)	(%)
Zentralgriechenland	617,8	141,3	22,0	172,6	28,0
Peloponnes	685,7	118,3	17,0	142,8	21,0
Ionische Inseln	79,3	3,4	2,0	4,4	5,0
Epirus	125,0	37,8	30,0	40,5	32,0
Thessalien	503,8	190,8	37,0	232,5	46,0
Mazedonien	1110,2	291,3	26,0	342,1	30,0
Thrakien	303,7	86,2	28,0	103,1	34,0
Ägäische Inseln	202,7	13,0	6,0	17,0	8,0
Kreta	314,2	52,7	17,0	66,6	21,0
Griechenland	3943,6	938,4	24,0	1125,6	28,0

nen sind die Investitionen in Ausbau, Erhalt und Verbesserung der Anlagen deutlich größer. Die Anzahl der Diesel- und Elektropumpen stieg zwischen 1972 und 1992 um 230 200 auf 335 100; 64 % davon befinden sich in den Ebenen, bei den Sprinkleranlagen liegt der Anteil sogar bei 79 %. Die Technisierung der Landwirtschaft hat demnach in den Bewässerungsgebieten der Ebenen ihren Schwerpunkt.

Nach der Statistik (Tab. 5.17) sind der weiteren Expansion der Bewässerungskulturen enge Grenzen gesetzt. Allein in Thessalien und Thrakien scheint noch ein nennenswerter Ausbau möglich zu sein. Diese Einschätzung kann indes nur auf der Basis der Technologie von 1991 Gültigkeit haben. Dass durch technische Neuentwicklungen mehrfach plötzliche Entwicklungsschübe ausgelöst wurden, belegt die Agrargeschichte.

Räumliche Schwerpunkte

Die 15 großen Bewässerungsgebiete (Abb. 5.3) nehmen allein 50 % der gesamten bewässerten Fläche ein (SAUERWEIN 1993). Sie orientieren sich an den wasserreichen Flüssen und an einem See (Pamvotis-See, Ioánnina). Bisweilen waren auch größere hydrotechnische Eingriffe nötig, um die Irrigation zu gewährleisten. Im Rahmen des Achelóos-Projekts wurde z. B. mit einem 6 350 m langen Tunnel ein benachbarter Fluss angezapft. In der Küstenebene von Mesolóngi regeln 26 Pumpstationen die Bewässerung und acht die Drainage.

Mit 48 % bewässerter Fläche (bezogen auf das bebaute Land) gehören die Nomi Ätolien und Akarnanien sowie Arta bereits zu der Spitzengruppe. Noch höhere Anteile haben Xánthi (51 %), Kavála (52 %), Tríkala (59 %), Pélla (69 %) und Karditsa (73 %). Der Nomos Imathía (Véria) hat mit 84 % den höchsten Relativwert. Andere bekannte Bewässerungsgebiete wie Elis (29 %), die Argolis (34 %), der Untere Evros (30 %), Sérres (40 %) oder die Nomi Kretas (Lassíthi: 35 %, Iráklion: 20 %, Chaniá: 16 %) fallen flächenmäßig weniger ins Gewicht.

Nach dem Wasserangebot ist die Ebene von Thessaloníki, die Mazedonische Campania, am besten gestellt. Aliákmon, Loudias, Axios und Gallikós münden hier mit parallelen Betten in den Thermaïschen Golf; 12 Staudämme regeln allein am Axios den Wasserstand!

Die andere Hälfte des bewässerten Landes entfällt auf kleinräumige Gebiete, die eher Inselcharakter haben, sich mitunter aber auch an die großen Gebiete anlehnen. Vor allem in den Bergländern und auf den Inseln springen sie als Zentren des intensiven Anbaus ins Auge. Als schmales „grünes Band" ziehen sie sich durch Flusstäler, in den intramontanen Becken heben Motorpumpen das Grundwasser, sodass hier auf größeren Flächen gewirtschaftet werden kann.

Kulturen im Bewässerungsfeldbau

Reis

Eine Pflanze, die in der Hauptwachstumsphase unbedingt der Bewässerung bedarf, ist der Reis. Seine Anbauflächen liegen seit den 1980er Jahren bei etwa 20 000 ha (WURDINGER 1997). Die Nassreiskulturen beschränken sich auf wenige Regionen in den Mündungsdeltas einiger Flüsse. Das untere Axiostal in Mazedonien nimmt die größte Fläche ein (rd. 16 000 ha), andere liegen am unteren Aliákmon (rd. 2 500 ha) und Strimon (rd. 4 500 ha), also ebenfalls in Mazedonien. Die Anbauflächen in Mittel- und Südgriechenland (Phthiotis und Messenien) fallen wirtschaftlich nicht ins Gewicht. Die deutlichen Ertragsunterschiede zwischen den großen und kleinen Anbaugebieten (9 t/ha und 6 t/ha) spiegeln das Knowhow ebenso wie die Bodenbedingungen und die Technisierung. Die Verdoppelung des Ertrags auf nahezu konstanten Flächen zu Anfang der 1990er Jahre ist auch eine Folge der verbesserten Absatzbedingungen innerhalb der EU.

Ackerbau 163

Abb. 5.3: Großprojekte der Bewässerung
Quelle: SAUERWEIN 1993

Baumwolle
Der Anbau der Baumwolle, die zur sommerlichen Erntezeit eine trockene Witterung verlangt, ist gesetzlich geregelt. Er erfolgt – wie beim Tabak – nur in bestimmten Regionen (Thrakien, Mazedonien, Thessalien, Böotien, Límnos). Anbaufläche und -erträge stagnieren daher bei rd. 1 Mio. t/a (1993–1997). 97 % der Ernte stammen von beregneten Feldern. Der hohe Arbeits- und Kapitalaufwand (Pflückmaschine) macht für Kleinbauern eine genossenschaftliche Organisation nötig.

Ost- und Südfrüchte
Hier dient die Wasserzufuhr teils der Ertragssteigerung, teils ist sie physiologische Bedingung. Alle Agrumenpflanzungen sind auf Bewässerung angewiesen. Ihre geringe

	1993	1994	1996	1997
Agrumen	1218	1320	1248	1281
Obstbäume	1778	1839	1442	1121
Tomaten	1945	2031	2044	2013
Wassermelonen	629	655	672	671
Honigmelonen	148	155	162	158
Kohl	200	190	271	279

Tab. 5.18: Erträge bei Agrumen, Obstbäumen und ausgewählten Gemüsesorten 1993–1997 (in 1000 t)
Quelle: National Statistical Service, versch. Jg.

Frostverträglichkeit begrenzt das Areal auf die Küstenhöfe, doch selbst hier sind mitunter – z.B. am Golf von Korinth – thermogesteuerte Rotoren installiert, um die bodennahe Kaltluft zu verwirbeln und auf diese Weise Frostschäden zu vermeiden. Hauptanbaufrüchte sind die Orangen, die am Ambrakischen Golf bei Arta, in Achaïa, Korinth, Elis, Lakonien, in der Argolis, in Attika und bei Chaniá gedeihen. Zitronen und Mandarinen werden deutlich seltener kultiviert, Grapefruits spielen keine nennenswerte Rolle.

Nur an einigen Stellen Kretas bilden Bananen geschlossene Pflanzungen. In der klimatisch begünstigten, zum Libyschen Meer offenen Messará-Ebene stößt diese Pflanze bereits an ihre nördliche Verbreitungsgrenze. Der Anbau (1994: 6000 t, zurückgehend) hat lediglich regionale Bedeutung und lohnt nur bei Subventionierung.

Unter der Bezeichnung Obstbäume sind solche Sorten zusammengefasst, die auch ohne Bewässerung angebaut werden könnten. Unter ihnen haben die Pfirsiche den größten Anteil; in den mazedonischen Anbaugebieten sind sie oft die bestimmende Frucht. Äpfel und Birnen gedeihen auch im Bergland, die Bewässerung steigert die Erntemenge erheblich. Aprikosen und Kirschen nehmen zusammen nur $^{1}/_{10}$ der Pfirsichfläche ein. Gleichwohl sind sie in ihren Anbaugebieten – z.B. Sauerkirschen um Tegéa im Becken von Trípolis – wichtige Leitkulturen (KNÖDLER 1970). Bei der Vermarktung der Früchte spielen Absatzgenossenschaften eine wichtige Rolle.

Melonen, ein Kürbisgewächs, sind ebenfalls eine Frucht des bewässerten Anbaus. Da sie jedoch den Bauern nur bescheidene Gewinne einbringen, stagnieren die Erntemengen (1993–1997: um 650000 t/a). Ihren Rückzug aus den Zentren des argolischen Bewässerungsfeldbaus dokumentierte schon SAUERWEIN (1971). Im einstigen Melonendorf Kurtakion, dessen Felder 1928 zu über 50% Melonen trugen, wurden sie 40 Jahre später gar nicht mehr angebaut.

Gemüse

Die verschiedenen Gemüsearten nehmen dank hoher Nachfrage und guter Gewinne einen festen Platz innerhalb des breiten Anbauspektrums ein. Auf gleichen Flächen kann auch mehrmals im Jahr geerntet werden, sodass der Anbau sehr intensiv ist. Verschiedene Kohlsorten, Zwiebeln, Gurken, Spinat, Bohnen, Erbsen, Blattsalat, Auberginen, Paprika und andere Gemüsearten sind wichtige Produkte. Unter Folientunneln oder in Gewächshäusern reifen sie 10–14 Tage schneller als im Freiland; wenn sie bereits zu Beginn der Saison auf den Markt kommen oder nach Mitteleuropa exportiert werden, lassen sich höchste Gewinne erzielen. In der südkretischen Messará-Ebene nutzt man diesen Vorteil konsequent: Langgezogene Folienhäuser, wohldosierte Bewässerung und marktorientiertes Management sichern die Existenz der Gemüsebauern.

Die wichtigste Gemüsepflanze ist die Tomate. Die Jahresernte liegt bei gut 2 Mio. t, von denen etwa 70% auf Industrietomaten entfallen. Ihr großflächiger Anbau ist um verarbeitende Betriebe (Konservenfabriken, Ketchup- und Tomatenmarkproduktion) z.B. in der Küstenebene von Elis konzentriert. Freilandtomaten machen 20% der Erzeugung aus, Glashaustomaten nur 10%. In Gelderträge (1994) umgerechnet, hat 1 kg Tomaten den Wert von

1,55 kg Melonen, 2,3 kg Kartoffeln oder 15,5 kg dicken Bohnen. Der lukrative Vertragsanbau ist jedoch wie bei Zuckerrüben auf die Nähe der Verarbeitungsbetriebe angewiesen.

Die markante Ertragssteigerung (1980-1994: durchschnittlich 20%) gilt für alle Früchte des Bewässerungsanbaus. Intensive Bewirtschaftung, Fortschritte bei der Pflanzenzüchtung, Verbesserungen in der Irrigationstechnik, steigende Nachfrage und professionelle Vermarktung ermöglichen hohe Gewinne und machen die Bewässerungsgebiete zu profitablen Zentren der Landwirtschaft. Die Intensivierung hat jedoch auch ihre Schattenseiten: In den Küstenebenen steigt die Gefahr der Versalzung, wenn planlos die Grundwasservorräte gehoben werden; vom Meer aus dringt – wie in der Argolis – Salzwasser vor und gefährdet die Kulturen. Auf den Inseln und im Bergland fallen die terrassierten Acker- und Gartenländer brach, da sie der Konkurrenz aus den Ebenen unterlegen sind. In Abwanderungsgebieten lassen sich sogar offen gelassene Betonschalen beobachten; in manchen Regionen kam die staatlich geförderte Bewässerung ganz offenkundig zu spät.

Fazit
Obst, Gemüse und Industriepflanzen beherrschen den Bewässerungsfeldbau. Die Cash crops ermöglichen auch auf kleinen Flächen große Gewinne. Damit bildet die Bewässerung den Hauptmotor der landwirtschaftlichen Entwicklung. Die Gesamtstruktur wird hierdurch verbessert, wenngleich die Defizite nur verdeckt werden. Der Gegensatz von modernem, technisiertem, gewinnbringendem Anbau und traditioneller, extensiver Landwirtschaft ist längst zur Polarisierung zweier Lebens- und Wirtschaftsformen ausgewachsen. Dass der intensive Anbau aber auch den Boden belastet, das Grundwasser gefährdet, Flora und Fauna beeinträchtigt, rückt erst allmählich ins allgemeine Bewusstsein.

5.3 EU-Agrarpolitik: Vertiefung der Polarisierung oder Kohäsion?

Griechenland, seit 1961 assoziiertes Mitglied der EWG, trat zum 1.1.1981 als damals zehnter Staat der Gemeinschaft als Vollmitglied bei. Während der 20-jährigen Assoziierung stand – von der Phase der Militärdiktatur (1967-1974) abgesehen – die schrittweise Angleichung der nationalen an die europäische Agrarpolitik im Vordergrund. Gleichwohl schwankte in den 1970er und 1980er Jahren die Position der jeweiligen Regierung zwischen EU-freundlicher und -distanzierter Einstellung (TSAKALIDIS 1995).

Wettbewerb auf dem Europäischen Markt
Folgende Ziele wurden seit 1961 angestrebt (ZIEGLER 1962, S. 39 ff.): Steigerung der Flächenerträge im Getreideanbau, Erweiterung und Intensivierung bei Baumwolle, Tabak und Futterpflanzen, Steigerung der Obst- und Gemüseerzeugung sowie Aufbau der eigenen Zuckerrübenproduktion. In begleitenden Studien wurde kontinuierlich das neue Profil der Landwirtschaft dokumentiert (Bank of Greece 1976, 1978), wobei insbesondere die strukturellen Schwächen herausgestellt wurden. Die Betriebsgrößenstruktur (vgl. Kap. 5.2.2) und die erheblichen regionalen Disparitäten wurden bereits zu Beginn der 1970er Jahre angeprangert (OECD 1973, S. 25 ff.). Bereits am Ende dieses Jahrzehnts (MAVROYANNIS 1979, S. 187 ff., GIANNAROS 1981, PARRIS 1981, DAMIANOS/DIMARA/HASSAPOYANNES/SKURAS 1998, ZIOGANAS 1993) sticht die deutlich gestiegene Produktivität ins Auge, sodass bestimmten Bereichen der Landwirtschaft (v.a. Oliven, Tabak, Obst, Gemüse) gute Startpositionen in der EU attestiert werden.

Dennoch bleiben neben zahlreichen Problemen in verschiedenen Teilmärkten (Getreide, Tabak, Obst und Gemüse, Olivenöl, Milch, Fleisch, Wein u.a.) bestimmte strukturelle Defi-

> **Pfirsiche aus Mazedonien: Der große Erfolg lässt auf sich warten**
> Der Pfirsichanbau im mazedonischen Nomos Pélla spiegelt den agrarsozialen Wandel auf staatlicher und europäischer Ebene (MANTZARIS 1986). In den bewässerten Gebieten der Eparchien Almopía, Jannitsá und Edessa konzentriert sich die Produktion, die sich seit 1950 stark ausbreiten konnte. Pélla und der benachbarte Nomos Imathía stellten 1982 ca. 90 % der landesweiten Pfirsichernte.
> Die auffallende Ertragssteigerung, die im letzten Dezennium vor dem EU-Beitritt bei jährlich 32 % lag, weist den Pfirsichanbau als dynamische Kultur aus. Investitionen von Remigranten untermauern diesen Eindruck. Die genaue Analyse deckt jedoch gravierende strukturelle Mängel auf (MANTZARIS 1986, S. 260 ff.), die für die schwache Position auf dem EU-Markt verantwortlich sind:
> - Wie im Gemüsesektor hängt auch bei Pfirsichen die Höhe des Ertrags entscheidend von der Sortenstruktur ab. Die stärkste Nachfrage besteht nach frühen Sorten, hier werden die höchsten Gewinne erzielt. Bei den Tafelpfirsichen, die im Nomos Pélla über $^2/_3$ der Ernte ausmachen, ist die Sortenverteilung so ungünstig, dass mehr als die Hälfte im August, der Haupterntezeit, auf den Markt kommt.
> - Eine weitere Schwachstelle bildet der Absatz. Etwa ein Viertel der Produktion steht für den Binnenmarkt zur Verfügung, wobei die Hauptmasse über die Großmärkte von Thessaloníki und Athen vertrieben wird, während schwer erreichbare Regionen wie Epirus, Thrakien und einige Inseln überhaupt nicht bedient werden. Die Verarbeitung von Industriepfirsichen erfolgt in (kleinen) Konservierungsbetrieben, die nur in der kurzen Saison ausgelastet sind. Bis Ende der 1980er Jahre gab es keinen Betrieb zur Marmeladen- oder Saftherstellung.
> - Die Ausfuhr unterliegt nicht nur großen jährlichen Schwankungen, sondern ist in entscheidendem Maß von den Ernten in Frankreich und Italien abhängig. Nur wenn hier Engpässe auftreten, werden griechische Pfirsiche von den Märkten der EU in größeren Mengen geordert. Die einseitige Ausrichtung Péllas auf den Großmarkt von München (60–70 %) festigt diese problematische Situation.
> - Semiprofessionelle Sortenpflege – die Baumschulen werden nicht von Fachleuten geleitet – und unzureichende staatliche Beratung der Landwirte schränken die Konkurrenzfähigkeit weiter ein.
> - Defizite bei den Trägern der Vermarktung runden das Bild ab. Der Vertrieb für den Binnenmarkt erfolgt zu 95 % über private Händler und Zwischenhändler; in diesen Fällen erhalten die Erzeuger nur 20–30 % der Verbraucherpreise. Beim Export wird immerhin fast die Hälfte über Genossenschaften und Interessenverbände abgesetzt.

Übersicht 5.10: Pfirsiche aus Mazedonien: Der große Erfolg lässt auf sich warten

zite erhalten. Die Mängel in der Verkehrs- und Telekommunikationsinfrastruktur werden mit Hilfe der EU-Strukturfonds zwar systematisch und zügig beseitigt, die Eigentumsformen (vgl. Kap. 5.2.2) lassen sich aber nur langfristig an die neuen Erfordernisse anpassen.

Die gesamteuropäische Konkurrenz versetzt die griechischen Agrarproduzenten in eine schwierige Situation. Im Südosten der EU gelegen, haben sie die längsten Wege zu den nachfragestarken west- und mitteleuropäischen Ballungsräumen. Strukturelle, betriebswirtschaftliche und organisatorische Mängel verschlechtern die Lage zusätzlich.

Obwohl seit 1981 die Agrareinkommen deutlich gestiegen sind, bleiben die generellen Probleme der Landwirtschaft (TSAKALIDIS 1995, S. 104 f.; DAMIANOS/DIMARA/HASSAPOYANNES/ SKURAS 1998, S. 135) bestehen: niedrige Produktivität, schlechte Konkurrenzfähigkeit und unzureichende Verarbeitung und Vermarktung.

Die Gemeinsame Agrarpolitik (GAP)

Mit der Übernahme der Gemeinsamen Agrarpolitik der EU (1986) beginnt eine neue Phase der griechischen Landwirtschaft. Die EU hat seitdem die Rolle inne, welche zuvor dem griechischen Staat zufiel. Die Kosten für die Umsetzung der GAP werden vom Europäischen Ausrichtungs- und Garantiefonds für die Landwirtschaft (EAGFL) übernommen.

Damit beschleunigt sich das Tempo des Strukturwandels (TSAKALIDIS 1995, S. 118). Der landwirtschaftliche Export steigt zwar an, erreicht aber auf Grund der bekannten Defizite nicht das gewünschte Niveau; trotz klientelistischer Verflechtungen (TSIOUBOS 1992) kommen die Preis- und Absatzgarantien bei Hartweizen, Olivenöl, Tabak, Obst und Gemüse den Erzeugern zugute. Im Gegenzug wachsen aber auch die Agrarimporte (v.a. bei tierischen Produkten) aus anderen EU-Staaten beträchtlich, sodass das Handelsbilanzdefizit zunimmt.

Die GAP übt auf die Landwirtschaft und die ländlichen Räume erheblichen Einfluss aus. Die starke finanzielle Förderung sichert vielen Landwirten die weitere Existenz. Auch auf kleinen Flächen kann unter mediterranen Bedingungen erfolgreich bäuerliche Landwirtschaft betrieben werden (vgl. Kap. 5.2). Gleichwohl wird in Zukunft verstärkt die Frage nach Effektivierung der Agrarproduktion gestellt. In diesem Sinn dient die GAP einer langfristigen Verbesserung der Agrarstruktur.

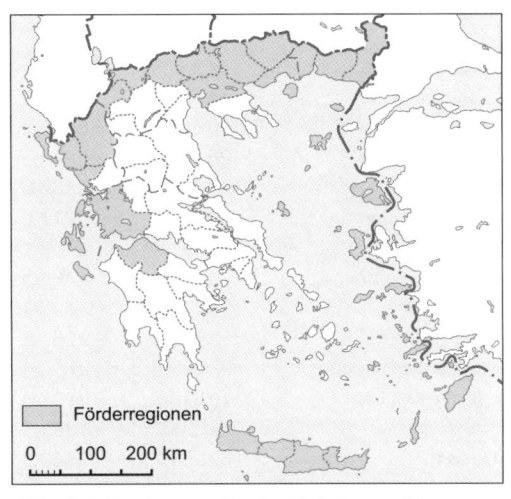

Abb. 5.4: Regionen, die durch Interreg II (1994–1999) gefördert wurden
Quelle: Europäische Kommission 1998

Ein Beispiel hierfür ist der rezente Wandel des Anbaus auf den Kykladen (RIEDL 1997). Auf den Inseln Tínos, Mýkonos und Síros breiten sich, gefördert durch EU-Prämien, Feld- und Grünfutterbau auf ehemaligen Brachflächen aus. Dies ermöglicht eine Zunahme der Tierbestände (bes. Schweine, Kleinvieh und Geflügel) und zieht weitere Intensivierungen (etwa im Erwerbsgartenbau) nach sich. An peripheren Standorten schreitet dagegen die Extensivierung voran, wie BERGMEIER (1999) am Beispiel der Insel Gávdos (südl. Kreta) aufzeigt.

Im Rahmen der Gemeinschaftsinitiativen der EU ist nach den Strukturfonds grundsätzlich die wirtschaftliche Anpassung aller Regionen des Landes förderungsfähig, weil sie erheblichen Entwicklungsrückstand aufweisen (Europäische Kommission 1994ff.). Im Einzelnen sind es verschiedene Programme, die den primären Sektor schwerpunktmäßig unterstützen. Die von Interreg II (1994–1999) geförderten Regionen (Abb. 5.4) liegen an den Binnen- und Außengrenzen der EU; in den Regionen wird die grenzüberschreitende Zusammenarbeit z.B. zwischen Apulien, Epirus und den Ionischen Inseln finanziell unterstützt.

Ziel der Programme ist die allgemeine Förderung der ländlichen Entwicklung, aber auch die Unterstützung von Innovationen im ländlichen Raum. Hierzu zählen besonders Maßnahmen, die die Vermarktung von Erzeugnissen aus der örtlichen Land- und Forstwirtschaft vorantreiben, die Situation von Frauen und Jugendlichen verbessern sowie den Agrotourismus fördern. Thessalien, die südliche Ägäis, Kreta, Ostmazedonien und Thrakien profitierten von den Strukturfonds der 1990er Jahre erheblich, während Epirus und die Nordägäis zurückfielen.

Der Fischereisektor
Eine spezifische Thematik bildet der Fischereisektor. Verschiedene Teilprogramme des Fonds Pesca zielen auf eine Gesundung der angeschlagenen Branche:
- Die Überkapazitäten bei der Fischereiflotte müssen stillgelegt werden, die Überschuldung gilt es abzubauen.

	1993	1994	1995	1996
Fische davon:	131 366,8	121 564,3	119 501,3	117 525,7
Sardellen	14 604,0	17 338,8	13 874,4	15 071,7
Makrelen	20 816,0	26 995,2	15 487,8	15 443,1
Sardinen	20 701,9	20 272,8	20 413,0	18 896,2
Thunfisch	1 868,5	1 838,5	1 726,5	1 404,7
Cephalopoden davon:	9 131,6	10 277,6	9 741,5	7 992,5
Kalamaria	1 711,0	1 369,1	998,7	886,0
Krustentiere davon:	5 766,4	4 460,8	4 445,6	4 350,2
Hummer	291,6	330,4	522,2	211,7
Garnelen	2 906,1	2 250,2	1 864,1	2 279,8
Schalentiere davon:	23 693,3	19 633,0	25 183,0	26 907,3
Miesmuscheln	19 618,5	16 801,3	21 649,6	22 819,3
Austern	1 691,0	1 093,1	1 128,2	1 012,5
Gesamt	169 958,2	190 960,8	158 871,6	156 775,8

Tab. 5.19: Angelandete Fischereierträge 1993–1996 (in t) Quelle: National Statistical Service, versch. Jg.

- Die Verarbeitung und Vermarktung der Erzeugnisse soll durch Umstrukturierung und Technologietransfer gefördert werden.
- Aquakulturen tragen im überfischten Mittelmeer zur Stabilisierung der Einkommen bei. Die buchtenreiche Ägäisküste bietet beste Bedingungen für diese Haltungsform, sodass das Land gegenüber Frankreich, Spanien, Portugal und Italien hier im Vorteil ist.
- Umschulungen und eine Diversifizierung der Arbeitsplätze (insbesondere Umstellung auf Tourismus) dienen der Abfederung des strukturellen Wandels.

Im wirtschaftlichen Vergleich spielt die Fischerei allerdings eine ganz untergeordnete Rolle; in der Dekade 1980–1990 trug sie durchschnittlich 0,27 % zum BIP und 2 % zum Bruttoagrarprodukt bei (TSAKALIDIS 1995, S. 121). In den größten Fischereihäfen (Piräus, Alexandroúpolis, Kavála, Thessaloníki, Chíos, Chalkís und Pátras) werden trotz Ausweitung der Fanggebiete auf das gesamte Mittelmeer und den Atlantikbereich vor Westafrika rückläufige Fangmengen angelandet (Tab. 5.19). Der Fischimport – v.a. aus nordeuropäischen Ländern – macht bereits den doppelten Wert des Exports aus. Eine lukrative Marktnische bildet indes die Aufzucht von Goldbrassen und Meerteufeln, die seit den 1990er Jahren in großen Mengen exportiert werden (Statistisches Bundesamt 1996).

Die hohen Preise, die Einheimische und Touristen für Fischgerichte bezahlen, sind aus dieser Situation zu erklären. Die vielen Fischer, die allabendlich in kleinen Booten auf die Küstengewässer hinausfahren und dort mit hellen Gaslampen die Fische anlocken, machen nur unbedeutende Fänge, mit denen sie in der Regel ihr Einkommen aufbessern, aber nicht sichern können.

Wirtschaftlich unbedeutend, aber weithin bekannt ist die Schwammfischerei. Die abgeernteten Meeresgründe der Ägäis und die Ausbreitung einer Schwammkrankheit

Tab. 5.20: Schwammfischerei 1928–1998
Quelle: National Statistical Service 1998, Naval Intelligence Division 1944, S. 100

	Schwämme (t)	Anzahl der Schiffe	Anzahl der Beschäftigten
1984	29,0	55	233
1986	33,0	56	224
1988	15,5	45	180
1990	10,0	56	187
1992	2,5	11	33
1994	7,0	17	31
1996	10,0	23	66
1998	10,0	18	54
Vergleich:			
1928	k. A.	59	675
1937	64,5	83	854

EU-Agrarpolitik: Vertiefung der Polarisierung oder Kohäsion?

seit Ende der 1980er Jahre sind für die phasenweise extrem rückläufigen Mengen verantwortlich (Tab. 5.20). Bereits vor dem Zweiten Weltkrieg schwankten die Erträge stark und die Bestände galten als dezimiert, sodass man auf das südliche Mittelmeer vor den Küsten Ägyptens, Libyens und Tunesiens auswich (Naval Intelligence Divison 1944, S. 101). Die Zahl der Schwammfischer, deren wichtigstes Zentrum die Insel Kálimnos war, schrumpfte daher erheblich.

Die weitere Entwicklung

Eine rein sektorale Förderungspolitik wie das Mittelmeerpaket von 1979 zur Entwicklung der Landwirtschaft erreicht rasch ihre Grenzen. Auf massives Drängen der griechischen Regierung wurden daher in den 1980er und 1990er Jahren Integrierte Mittelmeerprogramme (IMP) aufgelegt (1985–1993). Sie zielen auf einen Kohäsionsprozess, in dem alle ökonomischen Aktivitäten zusammengefasst sind.

Mit 50% verfügte Griechenland über den Hauptanteil an den IMP, der von den Strukturfonds (58%) und dem Etat der EU (42%) getragen wird. Hauptnutznießer dieser Maßnahmen waren die bevölkerungsreichen und wirtschaftlich starken Regionen Zentral- und Ostgriechenland, Nordgriechenland und Kreta (Tab. 5.21). Dass ungefähr ein Drittel der Mittel nicht abgerufen wurde, hat im Wesentlichen verwaltungsinterne Ursachen.

Der agrarstrukturelle Wandel erhält durch die GAP eine bisher unbekannte Dimension. Die Landwirtschaft ist nur ein Sektor in der gesamtwirtschaftlichen Transformation. Mit den anderen EU-Partnern steht das Land im Wettbewerb um Finanzmittel; mittel- und langfristig werden hierdurch die entscheidenden Weichenstellungen eingeleitet. Ob die Entwicklung eher in Richtung Polarisierung oder Kohäsion geht, kann nur die Zukunft erweisen. In jedem Fall aber kommt den EU-Fördermitteln zentrale Bedeutung zu. Damit diese effektiv eingesetzt werden, müssen die Planungen auf lokaler, regionaler, staatlicher und europäischer Ebene abgestimmt sein. Dass dabei auch makroökonomische, globale Transformationsprozesse wie Globalisierung und Liberalisierung des Welthandels eine wichtige Rolle spielen, muss nicht eigens betont werden.

Betrachtet man die Entwicklung der sozio-ökonomischen Disparitäten innerhalb der EU, so diagnostiziert Vorauer (1997) eine Zunahme der Zentrum-Peripherie-Gegensätze und des Nord-Süd-Gefälles. Dieses Szenario ist für Griechenland wenig günstig. Es positioniert das Land auf einen hinteren Rangplatz und schreibt seine Chancen mittelfristig fest. Dem widerspricht die positive Perspektive einer gateway-Position (vgl. Kap. 6.4), die Griechenland bereits heute für die nördlich benachbarten Transformationsländer besitzt und die im Falle eines EU-Beitritts von Zypern und der Türkei noch an Bedeutung gewänne.

Tab. 5.21:
Regionale Aufteilung der EU-Förderung nach den Integrierten Mittelmeerprogrammen
Quelle:
Tsakalidis 1995, S. 143

	Geplante Ausgaben (Mio. ECU)	Tatsächliche Ausgaben (Mio. ECU)	Ausführung (%)
Kreta	287,2	187,0	65,0
Westgriechenland/Peloponnes	229,1	123,4	54,0
Nordgriechenland	288,8	192,8	67,0
Zentral- und Ostgriechenland	137,9	122,6	94,0
Attika	144,4	79,6	55,0
Ägäis	132,5	81,9	62,0
Gesamt	1219,9	787,3	64,0

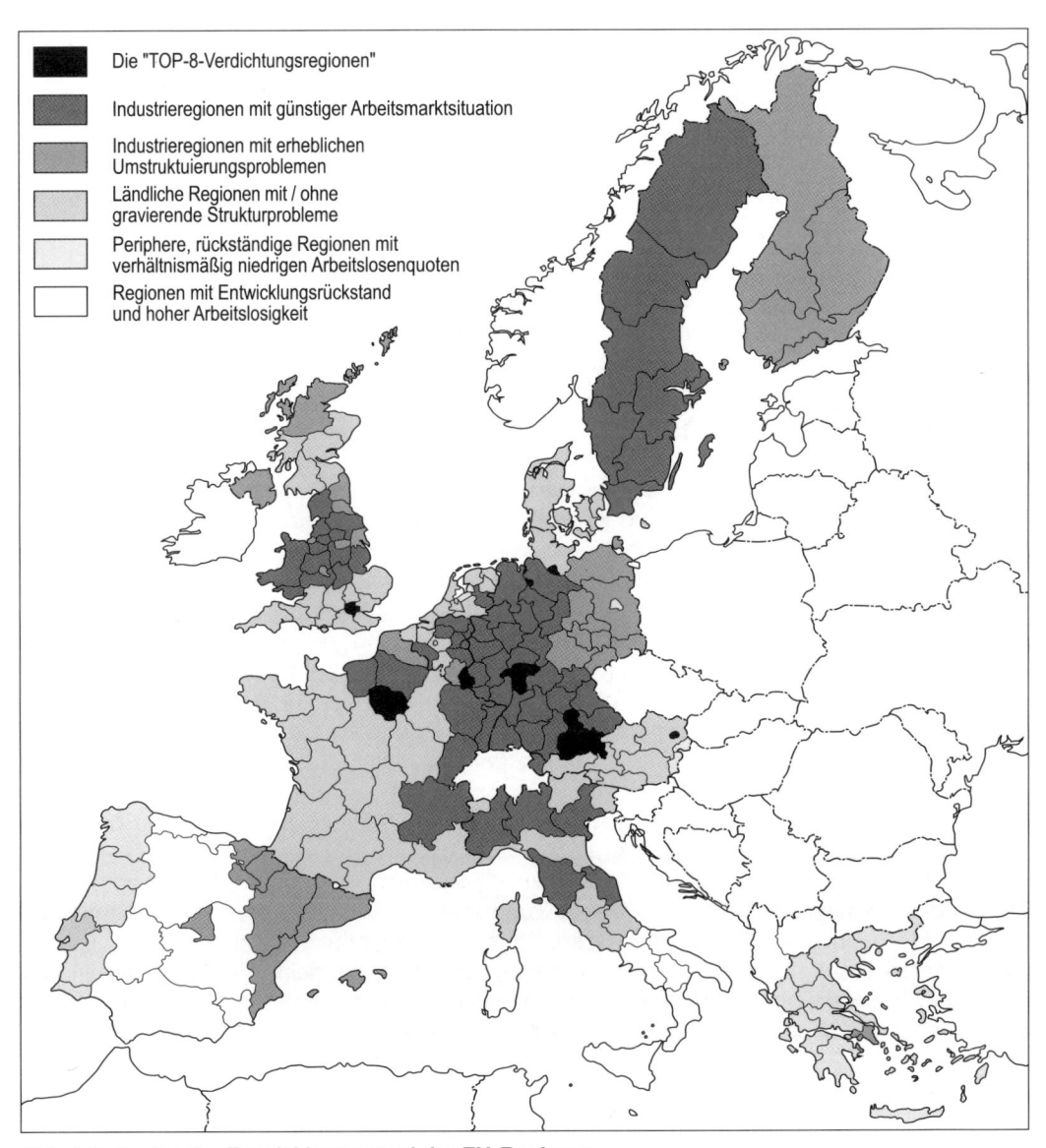

Die "TOP-8-Verdichtungsregionen"
Industrieregionen mit günstiger Arbeitsmarktsituation
Industrieregionen mit erheblichen Umstrukturierungsproblemen
Ländliche Regionen mit / ohne gravierende Strukturprobleme
Periphere, rückständige Regionen mit verhältnismäßig niedrigen Arbeitslosenquoten
Regionen mit Entwicklungsrückstand und hoher Arbeitslosigkeit

Abb. 5.5: Regionaler Entwicklungsstand der EU-Regionen
Quelle: VORAUER 1997, S. 124

6 Gewerbe, Industrie und Handel: Entwicklung seit dem 19. Jh.

Die Industrialisierung des 19. Jh. führte in ganz Europa zu tiefen Einschnitten in Wirtschaft, Gesellschaft und Raumstrukturen. So genannte Basisinnovationen (Dampfmaschine, Eisenindustrie u.a.) ermöglichten „lange Wellen" der Entwicklung; hiervon profitierten besonders Staaten wie England, Deutschland, Belgien oder Frankreich, welche die neue Entwicklung einleiteten bzw. frühzeitig übernahmen (SCHÄTZL 1992, S. 201 ff.). Den europäischen Süden erreichten die Innovationen erst mit starker zeitlicher Verzögerung, sodass sich die Schere der Entwicklungsunterschiede im 19. und 20. Jh. immer weiter öffnete.

Für Griechenland bedeutet dies, dass die Abschnitte der gewerblichen und industriellen Entwicklung (vgl. Kap. 6.1 und Kap. 6.2) eine vollkommen andere Ausprägung haben, als wir es aus Deutschland kennen. Doch nicht nur der Ablauf, auch die Dimension der Industrialisierung und ihre räumlichen Konsequenzen können mit den Ländern West- und Mitteleuropas nicht verglichen werden. Die heutigen Strukturprobleme eines unausgewogenen Branchenprofils und sehr ungleicher regionaler Verteilung (vgl. Kap. 6.3) sind aus dieser besonderen Situation zu erklären.

6.1 Handwerk und Gewerbe in vorindustrieller Zeit

In osmanischer Zeit erleben Handwerk und Gewerbe eine Blüte, solange die Zentralgewalt der Hohen Pforte in Istanbul unumstritten ist, die den Bestand der Gewerbe garantiert. Mit dem allmählichen Machtverlust des Sultans lösen sich jedoch die gewerblichen Strukturen auf bzw. verlieren massiv an Bedeutung.

Der wirtschaftsgeschichtliche Überblick über diese Epoche beschränkt sich auf Standorte in den Bergländern. Sie dienen der christlich-griechischen Bevölkerung als Rückzugsgebiete, in denen eine Nischenexistenz auf gewerblicher Grundlage möglich ist (vgl. Kap. 2.3).

In Ambelákia im thessalischen Ossagebirge und in Tírnavos am Nordrand der Thessalischen Ebene entwickeln sich aus handwerklichen Unternehmen blühende Manufakturen. Die Baumwollfärbereien von Ambelákia basieren ursprünglich auf der Produktion von Pflanzenfarben, verdanken ihren wirtschaftlichen Erfolg aber der genossenschaftlichen Zusammenfassung aller Produzenten und dem gemeinsamen Handel.

Es ist ein Kennzeichen der Manufakturen osmanischer Zeit, dass sie in den Berg- und Gebirgsländern lokalisiert sind. Die Gründe hierfür liegen im Milletsystem und in den Prinzipien der Raumorganisation dieser Epoche (vgl. Kap. 2.3). Damit ist bereits für die gewerbliche Zeit der steuernde Einfluss staatlicher Maßnahmen zu erkennen.

Im Piliongebirge östlich von Vólos entfaltet sich analog auf der Grundlage von Maulbeerkulturen die Seidenweberei, im nördlichen Pindosgebirge leben die Bewohner der sog. Zagoriádörfer vom Fernhandel, Kastoría und Siátista im äußersten Westen Mazedoniens erlangen in den Bereichen Pelze und Leder überregionale Bedeutung.

Der Seehandel bildet eine ähnliche Nische, die bei günstiger politischer Machtkonstellation einträgliche Geschäfte ermöglicht. Im 18. Jh. profitieren hiervon zunächst die Seefahrer der Inseln Chíos, Psará, Idra (Hydra) und Spetsä, zu Beginn des 19. Jh. verlagert sich der Schwerpunkt nach Ermoúpolis auf Síros.

Die Raumstruktur der Gewerbegebiete ist generell dispers und ohne wechselseitige Vernetzung der Standortgruppen. Dies ist eine Folge der damaligen Standortfaktoren; sie orientieren sich in osmanischer Zeit nicht primär an den Ressourcen oder der Verkehrslage, sondern sind eine Konsequenz der Normen des Milletsystems. Es sind demnach produktions- und vertriebsferne Aspekte, welche die Allokation der Manufakturen in den Bergländern veranlassen. Allein beim Seehandel ist die Koppelung an Hafenstandorte unausweichlich.

Die Gründe für den Niedergang der Manufakturen liegen bei den Textilbetrieben des Ossa- und Piliongebirges im politischen und wirtschaftlichen Bereich. Das militärisch zerfallende und wirtschaftlich schwache Osmanische Reich vergab gegen Bezahlung Handelsprivilegien, sog. Kapitulationen, an ausländische Mächte. So sicherte sich England, dessen boomende Textilindustrie dringend große Absatzgebiete benötigte, den exklusiven Zugriff auf einen riesigen Markt. Die einheimischen Produzenten waren der billigen Importmassenware hoffnungslos unterlegen und blieben auf der Strecke.

Aus dieser Situation ergibt es sich fast zwangsläufig, dass die ehemaligen Manufakturen keine gewerblichen oder industriellen Nachfolger haben. Wenn man heute durch Ambelákia geht, stößt man auf die musealen Zeugen der gewerblichen Zeit, die funktionale Lücke ist bis heute ungeschlossen. Im Piliongebirge greift der Tourismus – Urlauber und Tagesausflügler von Kreuzfahrtschiffen, die in Vólos vor Anker gehen – die Kulisse der einstigen Gewerbedörfer auf, die Fernhandelsdörfer im nördlichen Pindos um Monodéndrion können auf Grund ihrer schlechten Erreichbarkeit aus dem Tourismus nur geringen Nutzen ziehen.

Im Gegensatz hierzu hat das Rauchwarengewerbe in Kastoría und Siátista bis heute Bestand. Die kostenintensive Fertigung prägt noch in der Gegenwart den lokalen Arbeitsmarkt. Hier sind bekannte griechische Firmen ansässig, die im An- und Verkauf auf dem internationalen Markt tätig sind. Besonders intensiv ist das Geschäft von und nach Russland.

Die Bedeutung der vorindustriellen Epoche für die heutige Zeit ist – von den Rauchwaren abgesehen – gleich null. Die alten Standorte der Textilherstellung und des Fernhandels haben ihre Funktionen abgegeben, weil sie gegen die Konkurrenz ausländischer Industrieprodukte hilflos waren. Die in anderen Ländern praktizierte Politik der Schutzzölle konnte im Osmanischen Reich nicht greifen. Die Kapitulationen unterliefen ja genau diesen Ansatz. Die Weiterentwicklung der gewerblichen zu industriellen Standorten ist aus diesem Grund ausgeblieben. Die Ansatzpunkte der Industrialisierung sind in Griechenland und England oder Deutschland folglich ganz unterschiedlich.

6.2 Die Zeit der Industrialisierung (ab 1870)

Der neugriechische Staat, der sich seit 1821 territorial in einzelnen Schritten entwickelte (vgl. Kap. 2.4), hatte in den ersten Jahrzehnten nicht das Kapital, die Industrialisierung voranzutreiben. Hohe Ausgaben zur Beseitigung der Kriegsfolgen führten 1833 und 1843 zum zweimaligen Staatsbankrott. England und Frankreich, die politisch das junge Land stützten, hatten zudem kein Interesse daran, ihrer eigenen Industrie einen wichtigen Absatzmarkt zu entziehen.

6.2.1 Unplanmäßige Aufbauphase (1870–1950)

Das junge Land verpasste folglich den Anschluss an die Entwicklung der west- und mitteleuropäischen Staaten. Die Defizite dieser frühen Phase sind ein entscheidendes Handicap und ziehen sich wie ein roter Faden durch die Industriegeschichte. Nach den Befreiungskriegen verstrichen noch weitere vier Jahrzehnte, ehe erste industrielle Ansätze in Gang

Die Zeit der Industrialisierung (ab 1870)

kamen. Aus heutiger Perspektive zeigt es sich, dass bereits am Ende des 19. Jh. die Lücke zu den Industriestaaten so groß war, dass das Ziel einer nachholenden Entwicklung nicht erreicht werden konnte.

Der Eisenbahnbau

Abgesehen von der 8,5 km langen Strecke Athen–Piräus, die 1869 eröffnet wurde, beginnt das Zeitalter der Eisenbahn in Griechenland erst 1881. Französische und englische Gesellschaften errichten mehrere Linien, die anfänglich kein zusammenhängendes Netz bilden (Abb. 6.1). Die Attische Eisenbahn führt von Athen nach Lávrion und in Richtung Chalkís (Euböa), die thessalischen Linien verbinden Lárisa, Vólos, Kardítsa und Kalampáka, die Nordwest-Eisenbahn verbindet Agrínio mit Krionéri am Golf von Pátras. Den nördlichen Liniensternbildet – bis 1913/14 noch im Osmanischen Reich – Thessaloníki mit Verbindungen nach Kateríni, Idoméni, Orestiás und Flórina sowie in die benachbarten Länder. Den Süden des Landes erschließt die Peloponnes-Bahn; sie verläuft von Athen über Mégara nach Korinth und verbindet von dort in einem großen Kreis über Pátras, Pírgos, Kalamáta, Trípolis und Argos die Städte der Halbinsel.

Die in verschiedenen Spurbreiten errichteten Verbindungen bilden bis zum Ersten Weltkrieg ein System von Stichbahnen, das erst 1916 zu einem Netz verbunden wird. Schwierige Geländeverhältnisse erfordern den Bau zahlreicher Brücken und einiger Tunnel, in Mittelgriechenland wechseln Steigungs- und Gefällestrecken einander ab, bevor mit dem Abstieg zum Thermaïschen Golf durch das Tempetal eine günstigere Trassenführung möglich ist.

Abb. 6.1:
Griechisches Eisenbahnnetz 1941
Quelle:
Naval Intelligence Division 1944, S. 341 und S. 354

Für die 482 km lange Strecke von Piräus nach Platí (bei Thessaloníki) benötigt 1939 ein Schnellzug 10 h 39 min, d.h. er erreicht hier ebenso wie auf der Peloponnesstrecke eine Durchschnittsgeschwindigkeit von 45 km/h. Enge Kurven, lange Brücken, steile Anstiege (bis 20‰) und ein wenig solider Unterbau drosseln das Tempo erheblich (Naval Intelligence Division 1944, S. 341). 2003 dauert die Fahrt im Intercity von Athen nach Thessaloníki auf dem abschnittsweise verbesserten Gleiskörper 6 h 9 min (Ø 75 km/h).

Der Eisenbahnbau löst – im Gegensatz zur Entwicklung in Deutschland oder England – keine Industrialisierungswelle aus. Obwohl insgesamt 42 Betriebswerke gebaut und erhebliche Investitionen in die Infrastruktur und den Fahrbetrieb getätigt werden, entfalten sich keine Anstoßeffekte oder Initialzündungen zum weiteren Ausbau des sekundären Sektors.

Dies liegt nicht primär am unvollkommenen Streckennetz, das erst spät zusammengefügt wird und zahlreiche Stichbahnen (auf dem Peloponnes und in Zentralgriechenland) enthält. Letztere spiegeln vielmehr beispielhaft die ursprüngliche Absicht der Linien, auf denen im Stile einer Kolonialbahn die Güter des Landesinnern zur Küste befördert werden sollen, ohne im Land weiter verarbeitet zu werden. So erklärt es sich auch, dass beim Bau der Strecken die Schienen nicht im Land produziert, sondern von den Baufirmen importiert werden. Der Aufbau eines Eisenbahnnetzes und die Entwicklung der Eisen- und Stahlindustrie gehen nicht parallel. Damit fehlt im Land genau jene Basisinnovation, die für die erste „lange Welle" des Industriezeitalters entscheidende Bedeutung hat (SCHÄTZL 1992, S. 203).

Die großräumige Wahl der Trassenführung entlang der ägäischen Seite folgt den traditionellen Schwerpunkten von Wirtschaft und Bevölkerung; die Personen- und Warenströme ließen hier die größte Rentabilität des neuen Verkehrsmittels erwarten. Seit der Antike lässt es sich über die Epochen hinweg verfolgen, dass die Ostseite des Festlands den „*Lebensschauplatz des griechischen Volkes*" bildet (PHILIPPSON 1947a, S. 146). Der Eisenbahnbau greift diese Entwicklungslinie auf und festigt sie.

Bergbau und Energie

Bergbaulich nutzbare Lagerstätten sind als Folge der Orogenese der Helleniden über das ganze Land verstreut (vgl. Kap. 4.4). Ob sie allerdings für die Industrialisierung eine geeignete Grundlage bilden, hängt von anderen Faktoren ab. Die weit gestreuten Vorkommen der zumeist wenig ergiebigen Fundorte, die schlechte Erreichbarkeit der entlegenen Standorte und der Mangel an einheimischen Fachkräften sowie an Kapital verzögern die bergbauliche Entwicklung deutlich. Erst die Reaktivierung der bereits aus der Antike bekannten Silbergruben im attischen Lávrion (Laurion) durch einen Geschäftsmann aus Sardinien im Jahre 1873 löst einen Entwicklungsimpuls aus; 20 Jahre später sind rund 500 Konzessionen vergeben (Naval Intelligence Division 1944, S. 112). Die Gruben liegen zwischen Messenien im Süden und Mazedonien im Norden; die Lagerstätten reichen von Buntmetallen, Eisenerzen und Braunkohle bis zu Schwerspat und Phosphat (Abb. 6.2). In den 303 Minen, die 1930 in Betrieb sind, arbeiten lediglich 8305 Personen; die Erzeugnisse gehen zumeist ohne weitere Aufarbeitung in den Export.

Um mit dem bergbaulichen Potenzial eine industrielle Entwicklung einzuleiten, wären in der damaligen Zeit bestimmte Voraussetzungen nötig gewesen: ausreichende Vorkommen an Steinkohle und Eisenerz. Bis Mitte des 20. Jh. galten diese als Säulen der Industrialisierung.

Steinkohle, die Hauptenergiebasis der Schwerindustrie, ist im Land nicht vorhanden. Die geringwertigen Braunkohlevorkommen (Lignite) Attikas, Euböas, Mazedoniens und des Peloponnes können bei Heizwerten zwischen 3000 und 1400 kcal/kg diese Lücke nicht schließen. Es sind folglich kleine Unternehmen (Glas- und Zementindustrie, chemische Betriebe) in der Nähe der Abbaugebiete sowie die staatlichen Eisenbahnen, welche auf diese Energie- und

Die Zeit der Industrialisierung (ab 1870)

Abb. 6.2:
Nutzbare
Lagerstätten 1986
Quelle:
JACOBSHAGEN 1986,
Abb. 106

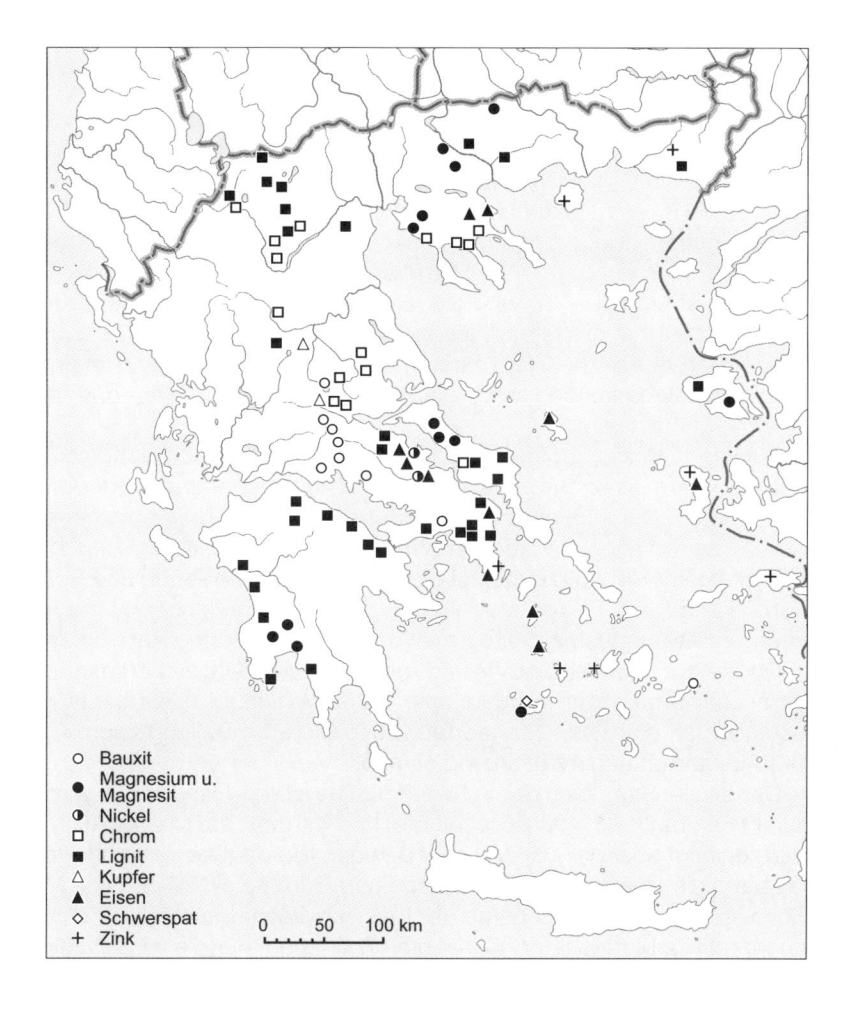

○ Bauxit
● Magnesium u. Magnesit
◐ Nickel
□ Chrom
■ Lignit
△ Kupfer
▲ Eisen
◇ Schwerspat
+ Zink

Übersicht 6.1: Alexis Sorbas und sein Bergwerk auf Kreta: Industrielle Aktivitäten als Gegenstand der Literatur

Alexis Sorbas und sein Bergwerk auf Kreta: Industrielle Aktivitäten als Gegenstand der Literatur
In seinem berühmten Roman Alexis Sorbas beschreibt der Autor NIKOS KAZANTZAKIS auch den vergeblichen Versuch seines Protagonisten, mit unzulänglichen Mitteln ein verfallenes Bergwerk auf Kreta zu reaktivieren. Der Erzählung liegt ein realer, teilweise autobiographischer Kern zu Grunde, die Geschichte einer kleinen Braunkohlegrube in der messenischen Mani bei Kalamáta. Im Roman wird vor dieser Kulisse die Handlung nach Kreta verlagert. HARTLEB (1989) hat die Einzelheiten recherchiert und gibt folgendes Bild:

„Im Bereich der Gemarkungsgrenze Proastion/Stoupa existierte im Gewann Prastova (...) ein Braunkohlebergwerk. In mehreren Abbauphasen – wobei bis zu 70 Arbeiter Beschäftigung fanden – wurde im Untertagebau Kohle gewonnen und mit Booten nach Kalamata, Piräus, Volos gebracht. Die Abbauversuche des zeitweiligen Bergwerkpächters KAZANTZAKIS scheiterten 1917, letzte Anstrengungen zur Kohlegewinnung sind aus dem Jahr 1940 bekannt. Heute gibt es nur noch zwei unbefahrbare, wassergefüllte Stollenmundlöcher, die (...) der Wasserversorgung (Bewässerung, Hausanschluß) dienen. Das ehemalige Bergwerksbüro gehört einem deutschen Maler. Auf den im letzten Jahrzehnt planierten Abraumhalden pflanzte man Olivenbäume" (HARTLEB 1989, S. 59).

Rohstoffquelle zurückgreifen. Nur die Abbaugebiete von Oropós in Attika und Kími auf Euböa erreichen überregionale Bedeutung: In den Gruben von Kími fördern rund 300 Arbeiter täglich 80 t, die mit Schiffen hauptsächlich in den Großraum Athen transportiert werden (Naval Intelligence Division 1944, S. 138). Das Maximum der Produktion (218 000 t) wurde 1918 erreicht.

Dem stehen ungleich größere Steinkohlenimporte (1938: 897 000 t) gegenüber. Sie kommen zu 70 % aus Deutschland, dann aus Großbritannien, der UdSSR, der Türkei, Polen und Bulgarien. Gliedert man diese nach Hauptabnehmern auf – Eisenbahn 17 %, Schifffahrt 17 %, Stromerzeugung 14 %, Haushalte 11 %, Zementwerke 9 %, Gaserzeugung 2 % restliche Industrie 28 % –, so wird die niedrige Rate der Industrialisierung sehr deutlich.

Es sind nur die großen städtischen Ballungsgebiete von Thessaloníki, Pátras und Vólos, allen voran aber Athen und Piräus, die aus Kohle Gas gewinnen. In diesen Städten versorgen lokale Leitungen auch die Privathaushalte mit Gas, das für die Heizung und zum Kochen genutzt wird.

Auch die Stromproduktion erschließt in dieser Zeit noch nicht die Fläche. 1939 bestehen in gut 400 Orten lokale Stromnetze, die von Dieselgeneratoren oder Wärmekraftwerken betrieben werden. Nur vereinzelt (Véria, Edessa, Náoussa u.a.) entstehen Wasserkraftwerke. Der Aufbau eines flächendeckenden Stromverbundnetzes erfolgt erst in einer nächsten Etappe.

Wichtigster Stromerzeuger ist die Gesellschaft von Athen und Piräus, die zwei Kraftwerke (Piräus und Neon Fáliron) betreibt; auch in diesem Fall belegt die Aufschlüsselung der Abnehmer (50 % Industrie, 50 % Privatkunden) die niedrige Rate der Industrialisierung.

Der Sektor Energierohstoffe und -gewinnung schafft zusammenfassend nur ungenügende Voraussetzungen zum Aufbau einer Industrie. Hauptdefizit bildet die fehlende Steinkohle. Lediglich an einzelnen Standorten, besonders im Ballungsraum Athen und Piräus, ist die Betriebsansiedlung möglich und sinnvoll.

Das zweite Standbein der Schwerindustrie ist das Eisenerz. Es wird zwar auf den Kykladeninseln Sérifos (1938: 400 Beschäftigte) und Kíthnos, auf Chalkidikí, in Attika und Phokís gefördert, gelangt aber ganz überwiegend in den Export (Deutschland, Polen, Tschechoslowakei). Da auch die Gewinnung anderer Erze und Buntmetalle (Blei, Zink, Magnesit, Bauxit, Chrom, Schwerspat u.a.) auf die bergbaulichen Aktivitäten begrenzt ist, bleibt das industrielle Branchenprofil im Metallsektor höchst unvollkommen. Für die wirtschaftliche und technologische Situation ist es – mit Ausnahme des Bauxitabbaus – kennzeichnend, dass ausländische Firmen (Compagnie Française des Mines du Laurium, S.A. d'Exploitation des Mines de Barytine Argentifère, Anglo-Greek Marble Company u.a.) die Erschließung der Bodenschätze leiten. Die hohe Staatsverschuldung verhindert die nötigen Investitionen zum gezielten Aufbau einer Eisen- und Stahlindustrie. Erst 1938 wird in Piräus das erste Eisen- und Stahlwerk gegründet, dessen Erzeugung im Wesentlichen auf den Schiffbau ausgerichtet ist.

Textilindustrie

Als Folge des griechisch-türkischen Bevölkerungsaustauschs (vgl. Kap. 3.1.1) kommen in den 1920er Jahren über 1 Mio. Flüchtlinge ins Land. Viele von diesen waren zuvor in Smírni (Smyrna/Izmir) als Teppichweber tätig gewesen und bauen nun dieses Gewerbe in Griechenland neu auf. Vor allem in den ersten Jahren nach der Übersiedlung blüht die Branche, die vorwiegend aus kleinen und mittleren Unternehmen besteht (Tab. 6.1). Mit steigenden Löhnen bricht jedoch bereits Ende der 1930er Jahre der Umsatz stark ein. Dennoch gehen von der Teppichweberei positive Impulse auf die Entwicklung des Textilsektors aus.

Das textile Heimgewerbe profitiert von den Flüchtlingen aus Kleinasien gewaltig. Mit billigen weiblichen Arbeitskräften (1935: 11 551 weibliche und 5 282 männliche Arbeitnehmer) wird eine neue Branche aufgebaut, welche die heimischen Rohstoffe (Baumwolle und

Die Zeit der Industrialisierung (ab 1870)

Tab. 6.1:
Teppichweberei 1938
Quelle:
Naval Intelligence
Division 1944, S. 123

	Anzahl der Webstühle	Anzahl der Arbeiter	Anzahl der Unternehmen
Attika davon:	884	1233	52
Athen	178	210	15
Néa Ionia	134	172	4
Piräus	246	392	8
Néa Kokkiniá	326	459	25
Mazedonien davon:	394	685	25
Thessaloníki	195	352	11
Véria	73	131	9
Edessa	126	202	5
andere Gebiete	454	868	22
Gesamt	1732	2786	99

Seide) in einer kompletten Produktionsreihe (Spinnen, Weben, Färben) bis zum Endprodukt verarbeitet. Einschließlich der Teppichwebereien sind 1938 in über 300 Fabriken rund 24000 Arbeitskräfte beschäftigt. Auch bei der Baumwollindustrie liegt der Schwerpunkt in Attika (Athen und Piräus), gefolgt von Thessaloníki, verschiedenen Städten Mazedoniens und Mittelgriechenlands sowie Pátras, Argos und den Inseln Síros und Lésbos.

Ohne an die vorindustriellen Ansätze anzuknüpfen, entsteht binnen weniger Jahre in den Zentren der Zuwanderung ein neuer Industriezweig. Er hat in schwieriger Zeit für die wirtschaftliche Entwicklung große Bedeutung, da einerseits viele Flüchtlinge Arbeit finden und andererseits die Industrialisierung in dieser Branche erkennbar voranschreitet.

Eine derartige Entwicklung ist in der chemischen Industrie nicht zu erkennen. In der Gründungsphase handelt es sich primär um Düngemittelfabriken, die eingeführte Rohstoffe (hauptsächlich Phosphate aus Tunesien) verarbeiten. Die Fabriken liegen hafennah in Piräus und Eléfsis, das später (vgl. Kap. 6.2.2) zum Zentrum der Erdölverarbeitung aufsteigt.

Landwirtschaftliche Aufbereitungsindustrien

Die Hauptmasse der industriellen Erzeugnisse stammt aus der Landwirtschaft. Die Verarbeitung und Veredlung agrarischer Produkte bleibt jedoch weit hinter den Möglichkeiten der Zeit zurück.

Die Ölproduktion ist ein beredtes Beispiel hierfür. 1920 gibt es nur 250 moderne Ölmühlen mit maschinellem Antrieb; technisierte, dampfgetriebene Anlagen bestehen nur in Kalamáta, Kalanéra und Eléfsis. Dagegen verkörpern die 5120 von Tieren und von Menschenhand bewegten Quetschmühlen, die in den Anbaugebieten zwischen Kreta und Thrakien verbreitet sind, noch den vorindustriellen Standard. Die einfachen Methoden der Aufbereitung befriedigen fast ausschließlich die starke inländische Nachfrage und beschränken den Export ins Ausland, v.a. nach Italien und in die USA, auf Halbfertigprodukte, die dann im Zielland verfeinert werden (MAULL 1926, S. 894 f.). An die großen Ölmühlen schließt die Kerzen- und Seifenfabrikation an. Wichtigste Standorte sind Piräus, Thessaloníki, Kavála, Korfu und Lésbos.

Tabak (vgl. Kap. 5.2.1) ist die wichtigste Industriepflanze. Sein Ausfuhrwert übertrifft 1938 z.B. Sultaninen und Korinthen, das zweitwichtigste Exportprodukt, um das Sechsfache, Wolle um das Hundertfünfzigfache und Schwämme um das Zweihundertdreißigfache. Die Zigarettenfabrikation ist in verschiedenen Hafenstädten (v.a. Piräus, Thessaloníki, Pátras, Vólos, Kalamáta, Kavála, Pírgos, Mitilíni, Zákinthos) ansässig; zwei große Gesellschaften (Gebr. Papastratos in Piräus, Fa. Karavassili in Pírgos) kontrollieren das Geschäft.

Ausbau des Straßennetzes

Die Konzentration der Industrie auf einzelne Standorte, insbesondere auf Häfen, ist auch eine Folge des unzureichenden Straßennetzes. Der gebirgige Charakter des Binnenlands, der wenig standfeste Untergrund der Flyschgebiete und die starke Kammerung des Landes machen die Trassenführung schwierig und teuer. Das Pindosgebirge teilt das Land in zwei Hälften, die vor dem Zweiten Weltkrieg mit nur wenigen Straßen verbunden sind. Auf den Ägäischen Inseln ist der Straßenbau ebenfalls sehr lückenhaft, während die Ionischen Inseln von den Straßenbauten der britischen Zeit profitieren. Um Athen, Thessaloníki, Sérres, Xánthi, Komotiní, Kozáni, Lárisa, Ioánnina, Arta oder Trípolis bilden sich dichtere Netze, deren Verknüpfung jedoch völlig unzureichend ist.

Um so größer ist die strategische Bedeutung der einzelnen Linien, die von den Militärs detailliert beschrieben wurden (Naval Intelligence Division 1944). Dieser Aspekt tritt indes im Folgenden zu Gunsten ihrer ökonomischen Funktion in den Hintergrund.

Hauptader des Straßenverkehrs ist die Nord-Süd-Achse von Athen nach Thessaloníki. Sie ist durchgehend mit einer Spurbreite von mindestens 6 m ausgebaut, nimmt aber einen anderen Weg als die heute vierspurig geführte Nationalstraße 1, die mit Ausnahme der Passage von Velestinon (bei Vólos) über Lárisa zum Tempetal stets meernah verläuft. Die alte Straße bevorzugt die direkten Verbindungen über das Bergland und tritt z.B. nördlich von Lamía über den Fourkapass in das Thessalische Becken ein und wählt von Lárisa aus den Weg über den Sarandóporospass und Kozáni (und nicht über Kateríni) nach Thessaloníki. Bergrutsche, Straßenabbrüche, Brückenschäden und Schneefälle schränken die Leistungsfähigkeit dieser Verbindung stark ein.

Die Pindosüberquerungen lassen nur wenig Verkehr zu. Von Dezember bis März sind sie wegen Schneefalls zeitweilig unpassierbar, in den wärmeren Jahreszeiten bremst der mangelhafte Ausbau den Durchgangsverkehr. So ist die Strecke Ioánnina–Kalampáka, die bei Métsovon die Passhöhe erreicht, nur einspurig befahrbar, sehr kurvenreich und steil; sie ist die einzige Straßenverbindung zwischen Epirus und Mazedonien! Die südliche Querung folgt von Lamía aus zunächst dem Sperchióstal und steigt mit kurvenreicher Streckenfüh-

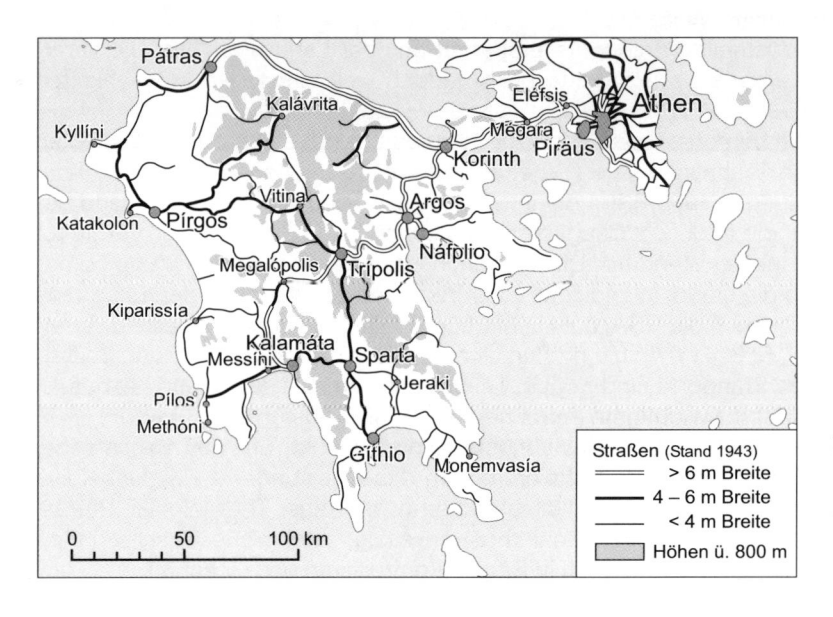

Abb. 6.3:
Straßennetz des Peloponnes 1943
Quelle: Naval Intelligence Division 1944, S. 333

rung zum Timfrístospass auf; wie die heutige Nationalstraße 38 nimmt sie den Abstieg über Karpenísi, die weitere Verbindung nach Agrínio steht jedoch noch aus. Damit koppelt die Gebirgsbarriere des Pindos de facto die Westhälfte vom wirtschaftlichen Austausch mit dem entwickelteren Osten ab.

Das Straßennetz des Peloponnes lehnt sich zwar an die Linienführung der ringförmigen Bahntrasse an, erreicht jedoch nicht deren Geschlossenheit. Vor allem der westliche Abschnitt zwischen Pátras, Pírgos und Methóni liegt im Schatten der Entwicklung. Wichtigster Verkehrsknoten ist die alte Verwaltungsstadt Trípolis in Arkadien. Die aus dem intramontanen Becken führenden Straßen müssen alle in engen Serpentinen die umrahmenden Bergländer überwinden; besonders schwierig ist der Weg nach Norden durch das im Winter verschneite Mänalongebirge. Es ist daher nicht verwunderlich, dass die Eisenbahn mit ihren zahlreichen Stichbahnen (vgl. Abb. 6.1) in den landwirtschaftlichen Produktionsräumen der nördlichen und westlichen Küstenebene damals das wichtigste Verkehrsmittel war.

Seehandel
Griechische Schiffe befuhren bereits in osmanischer Zeit die Ägäis, das Schwarze Meer und das Mittelmeer. Die Reeder verstanden sich darauf, zwischen den konkurrierenden Mächten zum eigenen Vorteil zu agieren. Die russisch-osmanischen Handelsvereinbarungen von 1783 gelten förmlich als Beginn der griechischen Handelsmarine, die nun einen erweiterten Aktionsradius hat.

Mit der Jahrzehnte dauernden Ausbreitung dampfgetriebener Schiffe nehmen Geschwindigkeit und Seeverkehr im 19. Jh. allmählich, nach dem Ersten Weltkrieg deutlich zu (1905: 214, 1938: 638 Dampfer). Dass Dampfschiffe in Griechenland nicht gebaut werden, ist vorerst kein Nachteil, weil griechische Reeder kostengünstig ältere, im Ausland gebaute Schiffe erwerben.

Das heutige Image griechischer Schiffe, die als überaltert, vernachlässigt und wenig sicher gelten, leitet sich aus der Geschichte der Handelsmarine ab. Bereits 1939 entfällt ein Tonnageanteil von 77,6 % auf Schiffe, die 20 Jahre und älter sind. Bei mehr als ¾ des Bestandes handelt es sich um Fahrzeuge, die in Großbritannien gebaut wurden. Sie kommen zu günstigen Konditionen in griechische Hände, weil sie den technischen Standards oder den betrieblichen Anforderungen im Herstellungsland nicht mehr entsprechen.

Dank einer offensiven und risikofreudigen Marktstrategie gelingt es der Handelsflotte, die Tonnage stetig zu steigern. 1939 rangiert sie bereits auf Platz 9 der Weltrangliste. Die Hauptmasse der Schiffe ist im internationalen Trampverkehr unterwegs, sodass die Handelsbilanzen griechischer Häfen diesen Verkehr nicht spiegeln. Als typische Routen galten z.B. der Kohletransport von Polen, Deutschland oder Großbritannien in die La-Plata-Länder bzw. den Mittelmeerraum und der Rückweg mit Getreide aus Südamerika oder Phosphaten aus Nordafrika (Naval Intelligence Division 1944, S. 220). Das Phänomen der Fluchttonnage, dass also aus Kostengründen Billigflaggen (hauptsächlich Panama) gewählt werden, betrifft nur 6 % der Schiffe.

Unter den Häfen des Landes sticht die herausragende Stellung von Piräus ins Auge. Als Zentrum der Industrie, der Schiffsreparatur, des Handels und der Logistik bildet dieser Platz auch den Mittelpunkt der Küstenschifffahrt. Die vielen kleinen Häfen der Ägäischen und Ionischen Inseln, des Peloponnes, Mittel- und Nordgriechenlands verfügen alle über eine Verbindung nach Piräus. Dagegen nehmen die wichtigen Handelshäfen Thessaloníki, Pátras und Vólos in Tabelle 6.2 eine ganz nachrangige Position ein, Iráklion auf Kreta, Kavála oder Alexandroúpolis fehlen ganz und gar. Auch die wichtige Versorgungsfunktion der westgriechischen Häfen Igoumenítsa, Párga und Préveza kommt in dieser Tabelle nicht zum Ausdruck. Dass gerade

	Frachtschiffe		Passagierschiffe		Gesamt	
	Anzahl	BRT	Anzahl	BRT	Anzahl	BRT
Piräus	214	717358	61	48528	322	769330
Andros	89	370569	–	–	89	370569
Chíos	55	230268	–	–	55	230268
Síros	45	185897	2	1282	47	187179
Itháki	26	109690	–	–	26	109690
Argostólion	23	98059	–	–	23	89059
Idra	5	20610	–	–	5	20610
Sámos	2	5982	3	3762	5	9744
Thessaloníki	3	3476	–	–	4	3526
Mitilíni	2	1454	–	–	2	1454
Pátras	1	99	2	482	3	581
Vólos	–	–	4	943	4	943
Kalamáta	1	98	1	78	2	176
Chalkís	1	5253	–	–	1	5253
Spetsä	1	2171	1	176	2	2347
Chaniá	1	724	–	–	1	724
Zákinthos	1	223	–	–	1	223
Lávrion	1	1476	–	–	1	1476
Kérkira	1	2709	–	–	1	2709
Gesamt	472	1756116	74	55251	594	1805861

Tab. 6.2:
In griechischen Häfen registrierte Schiffe 1938
Quelle:
Naval Intelligence Division 1944, S. 203

in den ägäischen Häfen (Andros, Chíos, Síros und Idra/Hydra) sowie in Itháki und Argostólion (Ionische Inseln) so viele Schiffe registriert sind, ist eine griechische Besonderheit; aus lokalpatriotischen Gründen lassen die Eigner die Schiffe in ihrer Heimatregion registrieren.

Die weltweit präsente und leistungsfähige Handelsmarine fährt in den 1930er Jahren vor allem auf den Südamerika-Strecken erhebliche Gewinne ein, doch auch der Charterverkehr für die Sowjetunion ist ein lukratives Geschäft. Niedrige Personalkosten – 1928 waren 34029 Personen in Diensten – und (zaghafte) staatliche Subventionen zur schrittweisen Erneuerung des Schiffsbestands machen die Branche zu einer wichtigen Säule der griechischen Wirtschaft.

Ergebnisse der ersten Industrialisierungsphase

Ohne jeden Zweifel bildet der Ballungsraum Athen–Piräus vor dem Zweiten Weltkrieg den einzigen Industriebezirk von nennenswerter Größe. Hier sind auf der Basis importierter Steinkohle industrielle Betriebe verschiedener Branchen entstanden, da die Verkehrslage, die Versorgung mit Rohstoffen und die Marktnähe beste Bedingungen bieten. Thessaloníki, Pátras, Vólos und die Mittelstädte Nordgriechenlands folgen erst mit weitem Abstand.

Die industrielle Erzeugung übertrifft zwar schon in den 1920er Jahren den industriellen Import, die Ausfuhr der Industrieprodukte erreicht jedoch kaum ein Zehntel des Einfuhrwertes (FELS 1941, S. 64). Die Handelsbilanz bleibt daher trotz Jahrzehnte langer Industrialisierungsbemühungen negativ. Vor allem die Importe von Getreide, Kohle, Textilstoffen, Maschinen, Erdöl und Düngemitteln sind hierfür verantwortlich.

Die Stabilisierung der Währung, die Neuordnung der Staatsfinanzen (1928) und die unverkennbaren Fortschritte beim Aufbau einer Industrie verbessern zwar die wirtschaftliche Lage, führen aber zu keiner entscheidenden Trendwende. Der Abstand zu den Ländern

Die Zeit der Industrialisierung (ab 1870)

West- und Mitteleuropas bleibt erhalten. Die Interessen und Aktivitäten der entwickelten Industrieländer sind hierfür ebenso verantwortlich wie die inländische Kapitalknappheit, fehlende Rohstoffe und fehlendes Know-how.

In einer zeitgenössischen Einschätzung wird die Problematik der genetischen und strukturellen Defizite nicht gesehen: *„Bei dieser Lage muß sich das Bestreben des Staates darauf richten, die Eigenerzeugung und damit die Ausfuhr zu heben und die nicht lebensnotwendige Einfuhr einzuschränken. (...) Die Zahlungsbilanz freilich ist günstiger, da der Fremdenverkehr Geld einbringt, die Handelsflotte sehr guten Verdienst hat und die Auslandsgriechen große Summen in die Heimat senden"* (Fels 1941, S. 65).

6.2.2 Ausbau nach Plan und „Griechisches Wirtschaftswunder" (1950–1990)

Am Ende des Zweiten Weltkriegs beklagt das Land nicht nur erhebliche Verluste bei der Handelsmarine, sondern auch ein Andauern der Auseinandersetzungen im Bürgerkrieg (1945–1949) (Tzermias 1993). Die weitere Industrialisierung wird auf diese Weise trotz Unterstützung nach dem Marshallplan deutlich verzögert. Es gelingt nicht, aus der Neuordnung industrieräumlicher Strukturen in Europa nach der Niederlage Deutschlands Vorteile zu ziehen.

Von den Basisinnovationen der 3. langen Welle (Automobilbau, Chemische Industrie, Elektrizität) wird das Land ebenso wie von der 4. langen Welle (Elektronik, Petrochemie), die um 1940 einsetzt (Schätzl 1992, S. 203), nur teilweise und zudem verspätet erreicht. Infolge politischer Instabilität, klientelistischer gesellschaftlicher Strukturen und chronischen Kapitalmangels bleiben zukunftsweisende Weichenstellungen in der Wirtschaftspolitik und Raumplanung vorerst aus. Während das Nachbarland Italien unter großen finanziellen Anstrengungen über die gelenkte Industrialisierung den unterentwickelten Süden (Mezzogiorno) seit den 1950er Jahren systematisch fördert (Rother/Tichy 2000, S. 255), kommt in Griechenland keine der regionalen Wachstums- und Entwicklungstheorien zur Anwendung. Im internationalen Ranking nimmt das Land stets hintere Plätze ein.

Stagnation und Fortschritt in den 1950er und 1960er Jahren
Die späte und unvollkommene Übernahme neuer Industriezweige ist wie ein roter Faden durch die griechische Industriegeschichte zu verfolgen. In der Terminologie der Produktzyklenhypothese (Schätzl 1992, S. 194ff.) werden neue Branchen erst dann angesiedelt, wenn ihr Lebenszyklus bereits die Reifephase erreicht hat. Standardisierte Produktionsverfahren ermöglichen zwar die Massenproduktion, verlangen aber Rationalisierungen, sodass die Gewinne im Vergleich zur Wachstumsphase stark rückläufig sind. Die Hoffnungen auf eine nachholende Entwicklung, wie man sie vielfach erwartete, gehen nur dann in Erfüllung, wenn es gelingt, den Lebenszyklus durch Produktmodifikationen oder durch Substitution zu verlängern. *„Ungünstig hingegen sind die Zukunftsaussichten von Unternehmen, die vorrangig ‚ältere' Güter produzieren, die sich bereits in der Reifephase befinden. Für Regionen, in denen sich ‚ältere' Güter bzw. Branchen konzentrieren, besteht die Gefahr, daß sie in ihrer wirtschaftlichen Entwicklung stagnieren und einen relativen Bedeutungsverlust erleiden"* (Schätzl 1992, S. 197).

Auf alle Branchen und die einzelnen Produkte kann im Folgenden nicht eingegangen werden. Der Schwerpunkt liegt an Stelle dessen auf einem strukturellen Überblick (Germidis/Negreponti-Delivanis 1975) und auf dem räumlichen Prozess der Industrialisierung.

Auf die Wandlungen in der Hüttenproduktion, die von der weltweit starken Nachfrage nach Leichtmetallen, besonders nach Aluminium, geprägt sind, reagiert die griechische Wirtschaft unzureichend. Die Bauxitförderung steigt deutlich an (1938: 180 000 t, 1960:

883 700 t), das Land exportiert jedoch weiterhin nur den Rohstoff. Die Verladeanlagen bei Itéa am Golf von Korinth werden ausgebaut, um eine zügige Abfertigung der Transportschiffe zu gewährleisten. Während die Aluminiumproduktion z.B. in Deutschland, Frankreich, Italien, Österreich und Norwegen zwischen 1950 und 1960 bis um das Zwanzigfache zunimmt (OBST 1965, S. 402), kann der Rohstoffproduzent selber an dieser Entwicklung nur relativ wenig partizipieren.

Vergleichbare Entwicklungen zeigen die anderen Nichteisen-Metalle Kupfer, Zink, Zinn und Blei. Der Produktionsanstieg von raffiniertem Blei hält mit der Steigerung der Bleiförderung (+50 % von 1955 bis 1960) nicht Schritt. Selbst die Baumwollindustrie, welche die steigende inländische Ernte verarbeitet, bleibt hinter der allgemeinen technologischen Entwicklung zurück. Nur 22 % der 8 100 Webmaschinen sind automatisch; angesichts des fortgeschrittenen Lebenszyklus' (Reifephase) dieser Branche stellt sich schon bald die Frage nach ihrer Rentabilität.

Die zeitgleich boomende Roheisen- und Rohstahlproduktion stützt sich vor allem auf Maschinenbau, Rüstungsgüter und Fahrzeugbau. In fast allen europäischen Ländern wird der Ausbau dieser Branche vorangetrieben. Die geringen eigenen Erzlagerstätten, die bis auf den Standort Piräus fehlende industrielle Tradition, vor allem aber die industriepolitische Tatenlosigkeit der Regierung lassen auch die Rohstahlerzeugung stagnieren. Mit einer Produktion von 70 000 t (1960) liegt der Staat am Ende der europäischen Länderliste, nur von Portugal und Irland (je 40 000 t) unterboten. Auch im Schiffbausektor (Handels- und Passagierschiffe) gelingt den Werften in Piräus, Eléfsis und Ermoúpolis der Durchbruch nicht (OBST 1965, S. 502).

Die wichtigste europäische Wachstumsindustrie der ersten Nachkriegsjahrzehnte ist die Chemie. Sie ist als Kali-, Karbo- oder Petrochemie stark rohstoffgebunden. Da die Braunkohle im Wesentlichen verstromt wird, müssen die Grundstoffe importiert werden. Raffinerien in Eléfsis, Korinth und Thessaloníki nutzen die unmittelbare Nähe zu den Importhäfen. Firmen der Reifen- und Waschmittelherstellung, pharmazeutische und kosmetische Betriebe erweitern das industrielle Spektrum. Als Zweigbetriebe („verlängerte Werkbänke") englischer, deutscher oder amerikanischer Unternehmen achten sie vorrangig auf betriebswirtschaftlich günstige Konditionen zur Ansiedlung und nutzen im verschärften Kampf um Absatzmärkte die Chancen multinationaler Aktivitäten (MEDRISCH 1985). Die starke Spezialisierung der chemischen Industrie in den einzelnen Ländern und der daher notwendige Austauschhandel (OBST 1965, S. 462) fördern die frühe Dezentralisierung in der Branche und begünstigen die weltweite Errichtung von Zweigwerken.

Zur Verbesserung der landesweiten Energieversorgung dienen die Braunkohlevorräte. An Standorten, die wie Alivérion (Euböa), Ptolemaïda (Mazedonien) oder Megalópolis (Peloponnes) über umfangreiche Vorkommen verfügen, wird der Abbau vorangetrieben (1938: 108, 1955: 900, 1960: 2 200, 1965: 5 080 [in 1000 t]). Wärmekraftwerke, die (1960) 75 % des Stroms liefern, lösen die unzureichenden Dieselgeneratoren Schritt für Schritt ab und beschleunigen die Elektrifizierung. Sie gilt 1969 als abgeschlossen (SAUERWEIN 1976, S. 74).

Die Ausbreitung in den 1970er und 1980er Jahren

Die weitere Industrialisierung steht ganz im Zeichen der nun Erfolg zeigenden EWG-Assoziierung und des Beitritts zur Gemeinschaft (1981). Bereits in den 1960er Jahren setzt ein Industrialisierungsschub ein, der bisweilen als „griechisches Wirtschaftswunder" (LIENAU 1989a, S. 174) bezeichnet wird. Seit den 1970er Jahren rangieren unter den Ausfuhrgütern erstmals Industrieprodukte (Erze und Metalle) vor landwirtschaftlichen Erzeugnissen (Tabak, Korinthen, Sultaninen, Baumwolle, Olivenöl, Zitrusfrüchte) und Textilien.

Die Zeit der Industrialisierung (ab 1870)

Die staatliche Planung (ALEXANDER/DEMOPOULOS 1989) beginnt in diesen Jahrzehnten eine zunehmende Rolle zu spielen. Die seit 1960 erstellten Fünfjahrespläne haben jedoch keine Verbindlichkeit, sie präsentieren nur bestimmte „Visionen", sie sind – auf staatlicher, regionaler und lokaler Ebene – vorerst nur der Tätigkeitsnachweis einer aufgeblähten Bürokratie. Der erste Regionalentwicklungsplan z.B. wurde 1960 für Epirus, Griechenlands unterentwickelten Nordwesten, erstellt, offiziell aber nicht akzeptiert (MARKOPOULOS 1991, S. 177). Nach der Gründung des Zentrums für Planung und Wirtschaftsforschung (KEPE) 1961, der Gewährung von Steuererleichterungen und der Bereitstellung von Investitionskrediten durch die Bank für Industrielle Entwicklung (ETVA, 1964) beginnen die Bemühungen um eine planmäßige Industrialisierung ab den 1970er Jahren zu wirken.

Das Entwicklungskonzept lehnt sich an die Vorstellungen von PERROUX (1964) über die Erzeugung von sektoralen Polarisationskernen an, wie es in mustergültiger Form mit verschiedenen Wachstumspolen in Italiens Süden (ROTHER/TICHY 2000) umgesetzt wurde. Ausgewählte Branchen mit hoher innovatorischer Bedeutung setzen – so die Modellvorstellung – durch Vorwärts- und Rückwärtskopplungseffekte eine sich selbst tragende wirtschaftliche Entwicklung in Gang.

Auf der Grundlage dieses Modells wird in den 1970er Jahren eine Gebietsgliederung beschlossen, welche vier regionale Förderungsstufen und die Errichtung neuer Industriegebiete festlegt (HELLER 1979) (Abb. 6.4). Dabei wird ausdrücklich das Ziel verfolgt, im Rahmen einer Dezentralisierung und Regionalisierung die überragende Position des Großraums

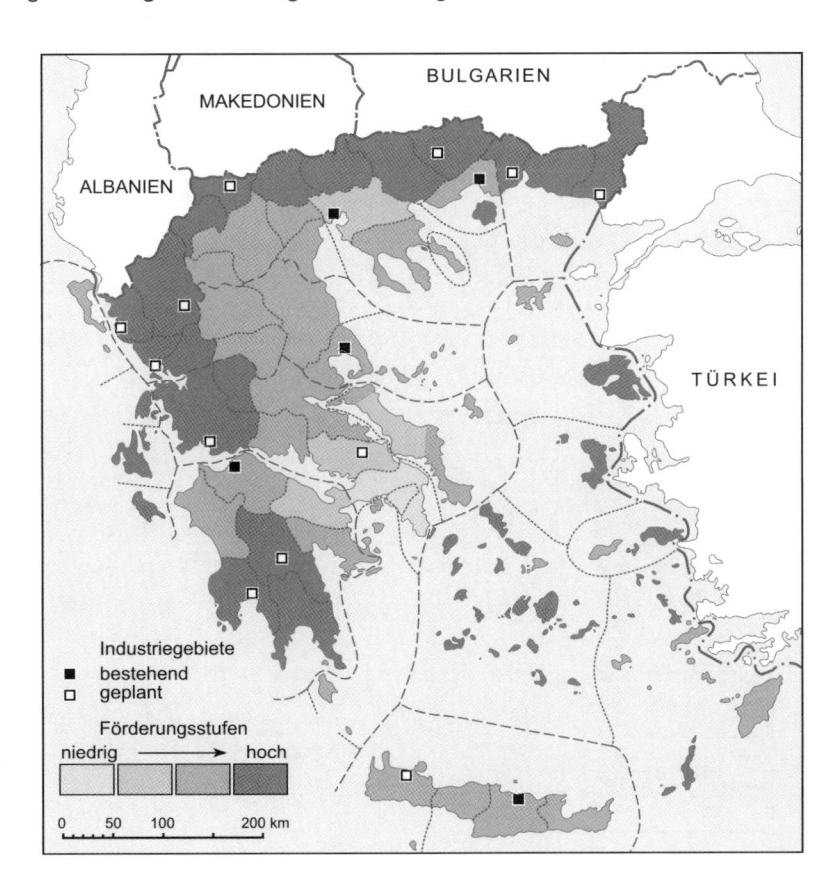

Abb. 6.4:
Plan zur regionalen Förderung und industriellen Entwicklung von 1978
Quelle: HELLER 1979, Abb. 1

Athen abzubauen (KOMNINIDIS 1985) und durch Investitionen in die Infrastruktur die peripheren Gebiete zu begünstigen (LOURI 1989). Mit dem Oberziel der Schaffung gleichwertiger Bedingungen in allen Landesteilen wird ein gesamteuropäischer Grundsatz verankert.

Die Bemühungen zeigen insofern Erfolge, als die Dynamik in der Region Attika leicht gebremst wird, während die meisten anderen, besonders aber die peripheren Gebiete (Epirus, Ostmazedonien und Thrakien) spürbar zulegen (Abb. 6.5).

Noch wichtiger ist die Entwicklung der Wachstumspole, zu denen in dieser Phase nur die Groß- und größeren Mittelstädte (Pátras, Vólos, Iráklion und Kavála) zählen. In einem zweiten Schritt entstehen Ende der 1970er Jahre in zahlreichen anderen Orten (hauptsächlich Nomos-Hauptorte zwischen Alexandroúpolis und Kalamáta sowie zwischen Rhódos und Igoumenítsa) 29 zusätzliche Industrieparks (LIENAU 1989a, S. 171), von denen 1985

Abb. 6.5: Entwicklung des Bruttoregionalprodukts 1970–1979
Quelle: MARKOPOULOS 1991, S. 180

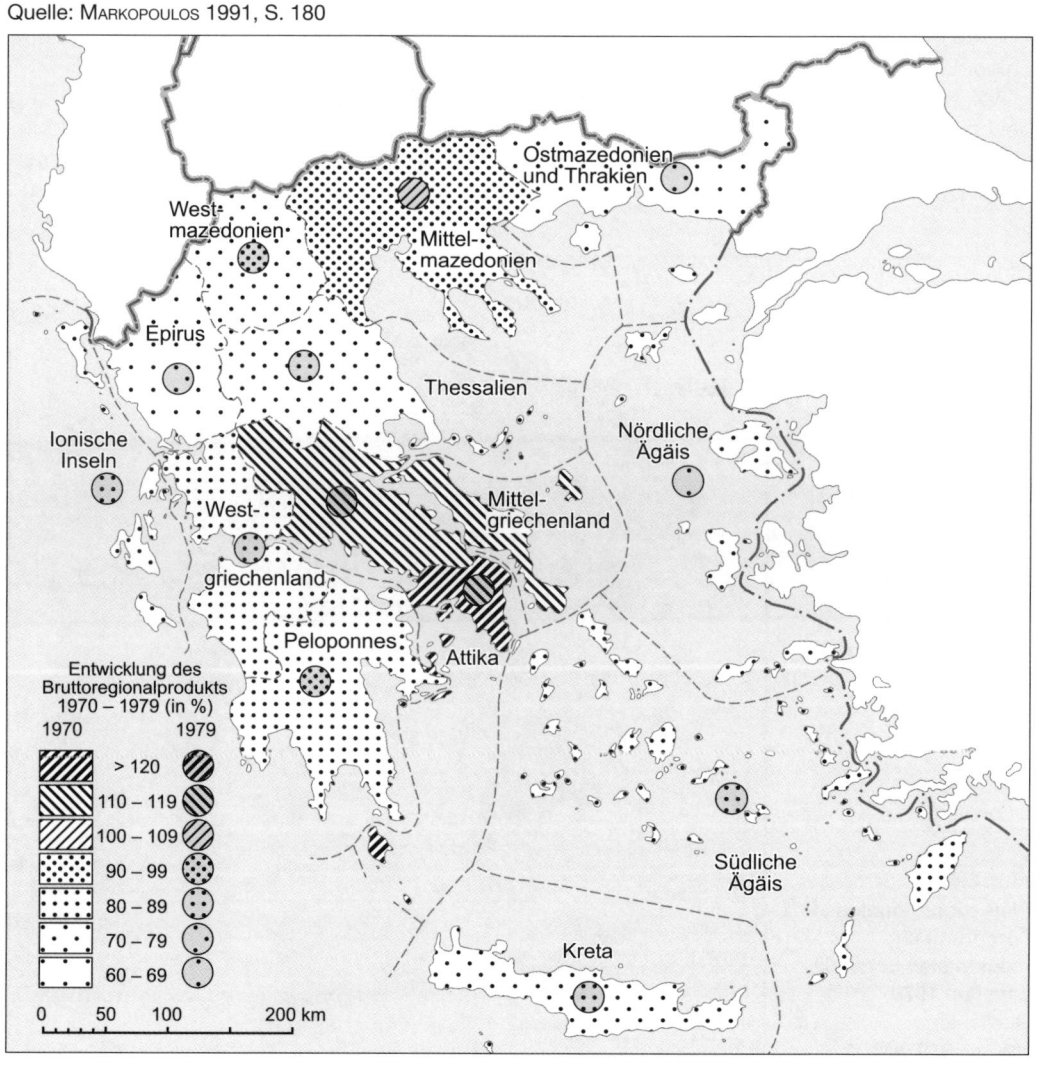

Die Zeit der Industrialisierung (ab 1870)

> **Von der Planung zur Umsetzung – ein besonderes Kapitel**
> Staatliche Planung bestimmt in einem zentralistischen Land den behördlichen Alltag. Wohnungswesen, Verkehrslinien, Gewerbe und Industrie, Infrastruktur, Krankenhäuser, Häfen oder Schulen – für alles gibt es einen Plan: το σχέδιο. Im Landwirtschafts-, Industrie- oder Wohnungsbauministerium wird man mit Plänen förmlich überschüttet. Der aufmerksame Beobachter stellt indes schnell fest, dass die Planvorgaben nur selten umgesetzt werden. Planung und Realität klaffen unübersehbar auseinander.
> Dieses Phänomen ist schwer zu erklären. Bürgerproteste, Widersprüche oder alternative Konzepte sind hierfür nur in seltenen Fällen verantwortlich zu machen. Planung scheint nach griechischem Verständnis bisweilen eine rein bürokratische Erscheinung zu sein, ein Gegenbild zur Realität. Es ist eine Tatsache, dass Pläne existieren, an ihre Umsetzung aber niemals gedacht wird.
> EICHHEIM (1999, S. 62) nennt als Gegenpol zur Planung den Begriff πρόχειρος, d.h. unvorbereitet, leicht erreichbar, notdürftig. „Weil es mühsam und oft vergeblich ist, etwas zu planen und alle Eventualitäten mit einzubeziehen, läßt man die Ereignisse in Griechenland gerne auf sich zukommen und handelt im letzten Moment. (...) Autos werden nur notdürftig repariert, Häuser notdürftig gebaut, Informationen notdürftig zusammengestellt und verbreitet, Müll wird notdürftig aus dem Blickfeld gebracht, Siedlungen entstehen notdürftig und die Wasserleitung dahin wird ebenfalls notdürftig gelegt."

Übersicht 6.2: Von der Planung zur Umsetzung – ein besonderes Kapitel

bereits 16 den Betrieb aufgenommen haben (FUNCK 1986, S. 40). Die restlichen werden erst in einem dritten Schritt ab den 1990er Jahren aufgebaut; das Perroux'sche Konzept der Wachstumspole wird dadurch verwässert und verliert an raumordnerischer Bedeutung.

Die Analyse der 1989 genehmigten Privatinvestitionen (MARKOPOULOS 1991, S. 182) deckt auf, dass (von Mittelmazedonien und den touristisch geprägten Inseln der südlichen Ägäis abgesehen) Attika die führende Position keineswegs aufgegeben hat. Die Maxime der Dezentralisierung wird daher revidiert und als Kontrolle des weiteren Athener Wachstums bzw. als passive Deglomeration umformuliert. Auch das Konzept der sechs Kontrazonen (Kavála, Ptolemaïda/Kozáni, Ioánnina, Lárisa/Vólos, Pátras/Äjion und Iráklion) von 1979 ist im Wesentlichen eine planerische Kreation, die in der Praxis wenig Bedeutung hat. Die Aufwertung des Städte- und Gewerbebandes entlang der festländischen Ostküste, das „Große S" von Kavála über Thessaloníki, Lárisa, Vólos, Lamía, Athen und Korinth nach Pátras, ist ein fraglicher Erfolg der raumordnerischen Maßnahmen. Einen Beitrag zum Abbau von Disparitäten kann man darin nicht erkennen.

Der staatliche Ausbau der Infrastruktur favorisiert in dieser Phase den Straßenbau (KEPE 1983). Die wichtigste Nord-Süd-Achse, die Nationalstraße 1 von der mazedonischen Grenze bei Idoméni bis nach Athen, wird auf weiten Abschnitten als Autobahn oder autobahnähnlich errichtet. Auch die regionalen und lokalen Verbindungen werden auf dem Festland und den Inseln spürbar verbessert. In entlegenen Gebieten wie z.B. der Halbinsel Mani (Peloponnes) werden erst jetzt ehemalige Maultierpfade und unbefestigte Verbindungswege als Asphaltstraßen angelegt. Ein dichtes Netz befestigter Straßen überzieht das Land und reicht bis in seine äußersten Spitzen.

Die Schwachstellen des Straßennetzes sind die vielen Gebirgsüberquerungen; eine schrittweise Verbreiterung und Begradigung der Trassen ist auch hier festzustellen, wenngleich die Maßnahmen rasch an ihre geländebedingten Grenzen stoßen. Das Pindosgebirge wird an drei Stellen (Nationalstraßen 20, 6 und 38) auf windungsreichen Pisten überquert. Teure Brücken- und Tunnelbauten, wie sie Anfang der 1990er Jahre im Zuge der neuen Direktverbindung Korinth–Trípolis (Europastraße 65) errichtet wurden, sind die Ausnahme.

In den 1990er Jahren wird nach dem Auseinanderfallen Jugoslawiens eine leistungsfähige Querverbindung für den internationalen Verkehr von Igoumenítsa über Ioánnina nach

Thessaloníki und weiter nach Istanbul immer dringender. Unter der lateinischen Bezeichnung Via Egnatia wird das Projekt mit EU-Mitteln vorangetrieben. Der teuerste Abschnitt ist auch hier die Pindosüberquerung.

Güter- und Personenverkehr auf der Eisenbahn gehen infolge der schnelleren Straßenverbindung und des Ausbaus des landesinternen Flugnetzes drastisch zurück. Der Personenverkehr kann sich nur durch Modernisierung der wichtigsten Strecken (Unterbau, rollendes Material, Elektrifizierung) (KEPE 1983) behaupten, die Stichbahnen – mit Ausnahme der touristisch relevanten Zahnradstrecke Diakoptó-Kalávrita auf dem Peloponnes – werden stillgelegt (vgl. Abb. 6.1). Per LKW kommen nun die landwirtschaftlichen und gewerblichen Güter an ihren Bestimmungsort. Ein sehr gut ausgebautes Busnetz mit Schnellverbindungen von den meisten Nomos-Hauptorten nach Athen erschließt alle Teile des Landes.

Die Bereiche Energieversorgung und Kommunikationstechnik erhalten in den 1970er Jahren, bei unveränderter Schwerpunktsetzung der Energieerzeugung auf Wärmekraftwerke, die größten Investitionsvolumina unter den öffentlichen Unternehmen (ALEXOPOULOS 1981). Der flächenhafte Ausbau der technischen Infrastruktur kommt dadurch rasch voran.

Die Indizes des produzierenden Gewerbes (Tab. 6.3) zeigen einen deutlichen Anstieg. Den niedrigsten Wert erreicht der Bergbau, da er auf reinem Abbau von Rohstoffen basiert; die Konsumgüterindustrie verdankt den Wertzuwachs vor allem den steigenden Preisen für hochwertige Produkte; bei den Textilien, der chemischen Industrie und den mineralischen Erzeugnissen ist diese Tendenz noch stärker. Tabak und Nahrungsmittel können dagegen an einer solchen Entwicklung nicht partizipieren.

Auch andere Parameter wie das Pro-Kopf-Bruttoinlandsprodukt, die Zuwachsraten des BIP, die branchenspezifische Entwicklung der Ein- und Ausfuhren, die Produktivitätsentwicklung der einzelnen Zweige oder der Anteil der Wirtschaftssektoren am BIP belegen den kontinuierlichen Bedeutungszuwachs des sekundären Sektors (ALEXOPOULOS 1981, MAVROYANNIS 1979, Statistisches Bundesamt 1986) im Rahmen des „griechischen Wirtschaftswunders". Unter dem Aspekt der flächenmäßigen Ausbreitung industrieller und gewerblicher Standorte erhalten die Darlehensgewährungen der Bank für Industrielle Entwicklung (ETVA) besondere Aussagekraft (Tab. 6.4). Hier fällt den industriellen Betrieben ausnahmslos der Löwenanteil zu, gefolgt vom Tourismus und/oder dem Schiffbau.

	1970	1973	1976	1978
Bergbau	100	133	143	145
Nahrungsmittel, Getränke, Tabak davon:	100	119	136	162
Tabak	100	117	141	148
Nahrungsmittel	100	114	130	156
Textilien	100	147	200	208
Chemische Erzeugnisse	100	148	177	207
Mineralische Erzeugnisse	100	137	168	205
Metallherstellung	100	161	169	177
Metallwaren	100	155	157	175
Konsumgüter	100	139	168	186
Kapitalgüter	100	150	161	171
Gesamt	100	147	166	183

Tab. 6.3:
Indizes der Industrieproduktion 1970–1978
Quelle:
ALEXOPOULOS 1981,
S. 221

Die Zeit der Industrialisierung (ab 1870)

	1970		1972		1974		1976		1978	
	(Mio. Drs.)	(%)	(Mio. Drs.)	(%)	(Mio. Drs.)	(%)	(Mio. Drs.)	(%)	(Mio. Drs.)	(%)
Industrie	4110,6	44,5	5405,2	38,4	8163,6	43,2	10037,5	44,7	13413,7	49,5
Tourismus	1955,7	21,2	3420,6	24,3	5428,8	28,8	7301,6	32,6	9302,4	34,3
Bergbau	513,1	5,6	202,2	1,4	181,7	1,0	163,3	0,7	145,8	0,5
Handwerk	146,8	1,6	133,4	1,0	116,1	0,6	143,4	0,6	131,7	0,5
Schifffahrt	1848,5	20,0	3964,7	28,2	4179,1	22,1	4295,9	19,2	3691,6	13,6
Elektrizität	163,7	1,8	106,6	0,8	49,7	0,3	20,1	0,1	27,5	0,1
Fischerei	134,2	1,4	126,8	0,9	106,6	0,6	74,9	0,3	69,2	0,3
Verkehr	269,9	2,9	240,5	1,7	217,9	1,1	31,5	0,1	12,7	0,0
Anderes	92,3	1,0	470,1	3,3	429,9	2,3	369,8	1,7	319,5	1,2
Gesamt	9234,8	100,0	14070,1	100,0	18873,4	100,0	22438,0	100,0	27114,1	100,0

Tab. 6.4: Darlehensgewährungen der Bank für Industrielle Entwicklung (ETVA) 1970–1978
Quelle: ALEXOPOULOS 1981, S. 223

Ein besonderes Problem des produzierenden Sektors ist die Aufgliederung nach Betriebsgrößen, gemessen an der Anzahl der Beschäftigten (Tab. 6.5). Der ganz überwiegende Teil (1978: fast 85%) besteht aus Klein- und Kleinstbetrieben mit weniger als fünf Mitarbeitern. Nur 2% der Betriebe haben mehr als 30 Mitarbeiter. Im Vergleich zu 1973 hat es an dieser Struktur keine nennenswerten Verschiebungen gegeben; die Zweigwerke ausländischer Firmen üben also keinen nachhaltigen Einfluss auf die Größenstruktur des Verarbeitenden Gewerbes aus.

Tab. 6.5: Größenstruktur der Betriebe des Verarbeitenden Gewerbes 1973 und 1978
Quelle: Statistisches Bundesamt 1986

Beschäftigte	1973		1978	
	Betriebe	(%)	Betriebe	(%)
1–4	102359	84,3	109291	84,7
5–9	11120	9,2	11030	8,5
10–19	4240	3,5	4579	3,6
20–29	1416	1,2	1388	1,1
>30	2222	1,8	2700	2,1
Gesamt	121357	100,0	128988	100,0

Das Baugewerbe, das den flächenhaften Expansionsprozess technisch ermöglicht, zeigt entsprechende Zuwächse (1971–1983: +28,2%); infolge verbreiteter Hilfe von Freunden, Verwandten und Nachbarn beim Hausbau drückt dieser Wert den tatsächlichen Bauboom nur unzureichend aus.

Neue Schubkraft durch die EU: Das Beispiel Nordostgriechenland

Die Spezifika des Prozesses der Industrialisierung, die durch die EU-Mitgliedschaft ab 1981 weitere Dynamik erhält, kommen in regionalen Fallstudien deutlich zum Ausdruck. Mit Beispielen aus Thrakien, dem peripheren Nordosten mit unzureichender Anbindung an die Zentren, agrarischer Struktur und starken Migrationsverlusten (KEPE 1983), belegt ANDRIKOPOULOU (1987) den Einfluss von Regionalpolitik und lokaler Entwicklung auf einen Peripherraum.

Dank staatlicher Initiativen weitet sich das Produktions- und Branchenprofil allmählich; dass nur wenige große Firmen an diesem Prozess beteiligt sind, ist kein grundsätzlicher Mangel, da die vielen kleinen und wenigen mittleren Betriebe in der Region verankert sind und einen Beitrag zur Entwicklung „von unten" leisten. Nur die lokalen Unternehmerpersönlichkeiten können auf Grund ihrer Beziehungen und Kenntnisse die Besonderheiten der Region optimal nutzen. Der ethnisch fragmentierte Arbeitsmarkt (Griechen, Türken, Pomaken, Zigeuner; vgl. Kap. 3.1.2) bietet nur den Kundigen Ersparnisse bei den Arbeitslöhnen. Die vielen ungelernten, weiblichen Arbeitskräfte, die auch von ergänzender Landwirtschaft und anderen Einkommen leben, bilden ein sehr mobiles Element im Überschneidungsbereich von geschlechtsspezifisch, ethnisch und rural segmentiertem Arbeitsmarkt (FASSMANN/MEUS-BURGER 1997); seine vorteilhafte Nutzung ist eine Domäne einheimischer Unternehmer. Diese Situation ermöglicht es den kleinen Firmen, konkurrenzfähig zu produzieren (ANDRIKOPOULOU 1987, S. 20f.).

Von den Fördermaßnahmen profitieren aber auch neu errichtete Unternehmen, die vor allem von Remigranten gegründet werden; sie erweitern das Firmenspektrum um einen völlig neuen Typus. Die in Deutschland erworbenen Kenntnisse werden ebenso genutzt wie die in der Fremde aufgebauten Kontakte. Durch Abnahme- und Lieferverträge sind die Betriebe, die allesamt zum Bekleidungssektor zählen, eng an deutsche Firmen gebunden (ANDRIKOPOULOU 1987, S. 18). Den Transport der Waren besorgt ein regionales Logistikunternehmen. Thrakien erhält hierdurch einerseits Industriebetriebe, die modern geführt, am europäischen Markt orientiert und überregional vernetzt sind, die aber andererseits auch von Entscheidungen abhängig sind, die außerhalb des Landes getroffen werden. Daneben investieren hier wie andernorts Remigranten vielfach unproduktiv in Konsumgüter oder Prestigeobjekte (UNGER 1982, LIENAU 1983, vgl. Kap. 3.2).

In Ostmazedonien, das ebenfalls seit der Krise des Tabakanbaus von starker Abwanderung betroffen war, konzentrieren sich die industriellen Bemühungen um den Industriepark von Kavála (KEPE 1983). Mit Werken aus verschiedenen Branchen (Chemie, Metallverarbeitung, Kunststoffe, Steine, Getränke u.a.), die aber keineswegs positive Sickereffekte im Sinne der Polarisationstheorie ausstrahlen, strebt man eine Erweiterung des Industrieprofils an.

Die Industrialisierung der Insel Euböa, ein anderes Fallbeispiel, besteht im Wesentlichen aus dem großflächigen Industriegebiet des Hauptortes Chalkís (Metallbau, Zement, Getränke, Nahrungsmittel u.a. dies- und jenseits der Meerenge), dem Wärmekraftwerk Alivérion im Südteil, dem Nickel- und Erzabbau um Pagontas sowie dem Magnesitabbau von Mantoudion im Nordteil der Insel. Letzterer ist der wichtigste Arbeitgeber in einem sonst agrarisch geprägten Raum (FISCHER 1981). In den 1970er Jahren kommt es hier zu erheblicher Ausweitung des Abbaus. Neben dem Tagebau erfolgt die Weiterverarbeitung und Veredlung vor Ort; im Abbau, dem Hochofenbetrieb und der Verladung sind über 4000 Personen beschäftigt. *„Das in unmittelbarer Nähe der Minen gelegene Pagontas hat sich in den letzten zehn Jahren völlig zum Bergarbeiter-Dorf verwandelt. Hier werden die Felder nicht einmal mehr zur Eigenversorgung bestellt. Die früher in der Wirtschaft dominante Waldnutzung in Form des Harzsammelns und der Köhlerei sowie die Holzausfuhr wird nur mehr als Nebenerwerb ausgeführt"* (FISCHER 1981, S. 274).

Bilanz: Transformation, aber keine Trendumkehr

Die ständige Reproduktion ererbter Raumstrukturen ist ein Phänomen, dessen Existenz schwer zu leugnen ist. Für die neugriechische Zeit erweist der Rückblick trotz massiver Industrialisierungsbemühungen eine erstaunliche Konstanz wirtschaftlich aktiver und passiver Räume. Die vier langen Wellen der Industrialisierung verursachen zwar wiederholte Transformationen, führen aber in keiner Phase zu einer kompletten Trendumkehr. Nicht nur die defizitäre sektorale Struktur mit unausgewogenem Branchenprofil, mangelnder Vernetzung und Problemen der Marktzugänglichkeit bleibt erhalten, sondern auch die sehr ungleiche räumliche Verteilung. Industrielle Innovationen verlangen immer neue Anpassungsformen, unternehmerische Investitionen und zahlreiche Vorleistungen in Infrastruktur, Vermarktung und Personal, um eine weitere Öffnung der Entwicklungsschere zu verhindern.

Die industrielle Entwicklung der 1980er Jahre konzentriert sich wie bereits im Dezennium davor (HELLER/SAUERWEIN 1979) auf die Branchen Nahrungsmittel, Getränke, Tabak, Textilien

Abb. 6.6:
Industrielle und gewerbliche Raumstrukturen
Quelle: eigener Entwurf

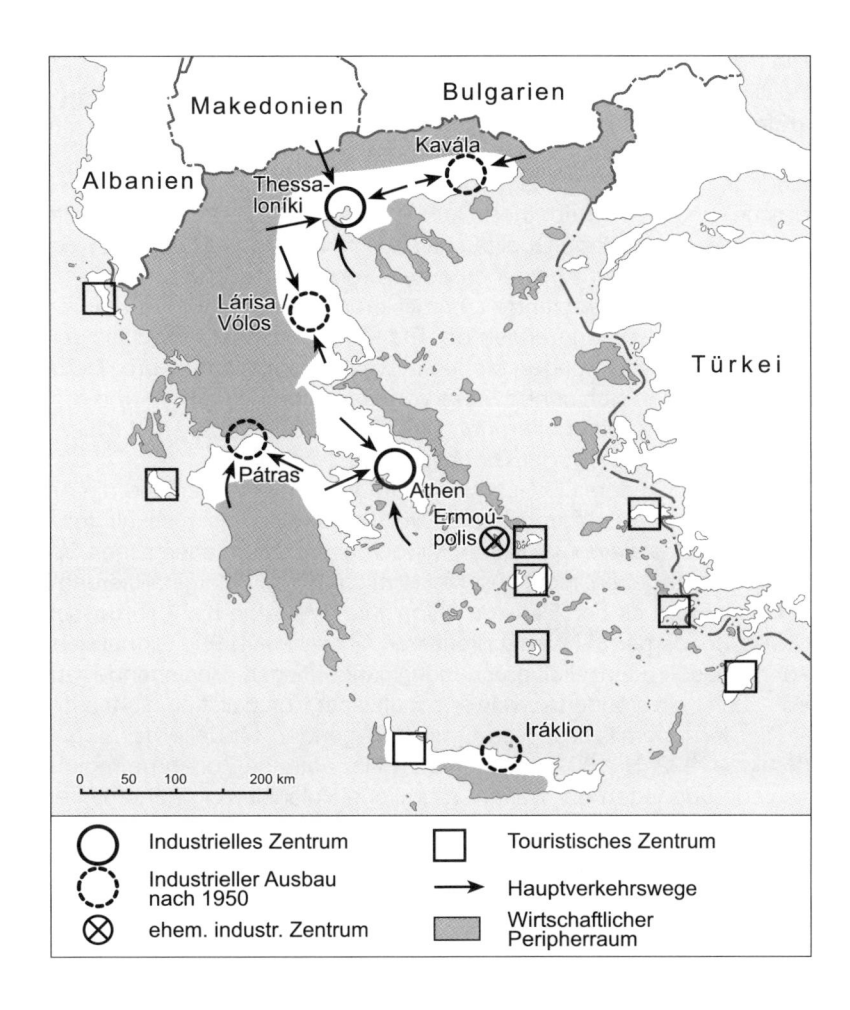

und Bekleidung. Die sinkenden Investitionsraten zeigen das Ende des „Wirtschaftswunders" an, das auf niedrigen Arbeitslöhnen, Protektionismus und (mäßiger) Entwicklung beruht (KOMNINOS/SEFERTZI 1998). Der gemeinsame Markt der EU entzieht ihm die Basis.

Räumliche Disparitäten lassen sich in Zeiten großzügiger Förderung zwar teilweise kaschieren oder relativieren, aber nicht wirklich überwinden. Ihre wirtschaftlichen, gesellschaftlichen, kulturellen und politischen Struktureffekte (IKONOMOU 1990) sind für das Profil von Räumen prägend.

6.3 Postindustrielle Zeit: Produktion und Handel

Mit dem Zusammenbruch des sozialistischen Lagers ändern sich ab 1990 die Beziehungen zu den „neuen" Nachbarn in Albanien, Makedonien und Bulgarien; dass sich auch die Kontakte zur Türkei am Ende der 1990er Jahre verbessern, hat andere Ursachen. Die Konsequenzen dieser politisch verursachten Bewegungen übertreffen den früheren Strukturwandel in Tempo und Ausmaß.

Die Transformation wirkt sich auf alle Wirtschaftssektoren, auf die Gesellschaft und die Politik aus. Einerseits strömen über die nördliche Landesgrenze nun viele illegale Arbeitskräfte, hauptsächlich Albaner, ins Land, die zwischen Epirus und Gávdos (südlich von Kreta) größtenteils in der Landwirtschaft unterkommen (HAVERSATH 1997). Andererseits führen die niedrigen Löhne Bulgariens zu anfänglich bedeutender Auslagerung arbeitsintensiver Industrie- und Gewerbebetriebe aus Thrakien (LIENAU 1998), bevor die instabile wirtschaftliche Lage und das niedrige Qualitätsniveau im Nachbarland noch vor dem neuen Jahrtausend in manchen Branchen zu einer erneuten Trendwende führen.

Die verstärkt einsetzende Liberalisierung der Weltmärkte macht im Zuge der Globalisierung auch die Außengrenzen der EU für den Handel durchlässiger. Produktion, Warenverkehr und Dienstleistungen stehen in weltweitem Wettbewerb. Der nationale, aber auch der EU-Markt lösen sich schrittweise von staatlichen Vorgaben und öffnen sich den Kräften der Wirtschaft (sog. Deregulierung). Die Triade USA–Japan–EU (NUHN 1997) zählt dabei generell zu den Gewinnern der Globalisierung.

Wie in den anderen EU-Ländern zeigt auch in Griechenland die Analyse auf regionaler und lokaler Ebene ein differenziertes Bild. Im peripheren, multikulturellen Thrakien können sich beispielsweise die pomakischen Minderheiten, die im ehemaligen Sperrgebiet um Echínos im Nomos Xánthi leben, nicht aus ihrer wirtschaftlichen Marginalisierung (vgl. Kap. 3.1.2) befreien. Unter dem Druck der Transformation wird ihre Lage nicht verbessert, da sie selbst von den Strukturfonds der EU wenig profitieren (HAVERSATH 1998). Globalisierung und Fragmentierung können also im Einzelfall nah nebeneinander liegen. Bestehende räumliche Disparitäten werden auch bei veränderter weltwirtschaftlicher Konstellation nicht automatisch aufgehoben.

Die der Liberalisierung zu Grunde liegenden Modelle der sog. neoklassischen Theorie (SCHÄTZL 1992, S. 130 ff.) deuten sehr klar auf eine Zunahme regionaler Entwicklungsunterschiede und legen die weitere räumliche Polarisierung nahe. Unter dem verstärkten Wettbewerbsdruck haben allgemein periphere Regionen stärker zu leiden als die dynamischen Zentren (VORAUER 1997).

6.3.1 Das Produktionsprofil

Die industrielle Entwicklung Griechenlands tritt damit in eine neue Phase ein. Ein bunt gewürfeltes Mosaik von Regionen mit Fortschritt, Stagnation und Regression im Produzierenden und Verarbeitenden Gewerbe löst die traditionelle, fast monolithische Zentrum-Peripherie-Struktur ab. Wie die folgenden Ausführungen erweisen, ist dieser Wandel nicht primär das Ergebnis einer gezielten Landesentwicklung, die mit der Politik der Dezentralisierung (Industrieparks, Gewerbezentren u.a.) eine landesweite Aufwertung der Randgebiete erreichte (vgl. Kap. 6.2.2). Es handelt sich vielmehr um eine hauptsächlich vom freien Markt induzierte Neuordnung industrieller Strukturen, die durch politische Instrumentarien lediglich flankiert werden. Da die Wertschöpfung aus dem sekundären Sektor jetzt merklich zurückgeht (TSAKALIDIS 1995) – der Anteil des Produzierenden Gewerbes am BIP sinkt von 35,5 % (1980) auf 31,8 % (1992) –, heißt dieser Abschnitt postindustrielle Zeit. Unter sozioökonomischem Aspekt ist der Beginn der Tertiärisierung erreicht.

Grundzüge der industriellen Struktur
Auf dem Niveau der Planungsebenen zeigt die Entwicklung des BIP und der Beschäftigten im sekundären Sektor ein neues Bild der Industriestruktur (KOMNINOS/SEFERTZI 1998, S. 40) (vgl. Abb. 6.6):

- Das traditionelle industrielle Herz, der Großraum Athen, erleidet deutliche Verluste, die vor allem eine Folge der überalterten Anlagen sind. Viele Betriebe sind nicht mehr konkurrenzfähig; da die staatliche Protektion fehlt, erobern finanzkräftige ausländische Firmen den griechischen Markt. Die technische Überalterung führt auch in Teilen Zentral- und Südgriechenlands zur Deindustrialisierung.
- Die Ionischen und Ägäischen Inseln sowie Kreta entwickeln eine wirtschaftliche Dynamik, die primär auf Handel und Tourismus beruht. Die langjährige Förderung, die diese Räume seit den 1970er Jahren genießen, scheint sich nun auszuzahlen. Epirus, Thessalien und Westgriechenland bleiben hiervon ausgeschlossen.
- In den nordgriechischen Regionen Zentralmazedonien sowie Ostmazedonien und Thrakien entstehen neue, international wettbewerbsfähige industrielle Zentren mit ganz spezifischer Struktur. Den deindustrialisierten Zentren steht – so KOMNINOS/SEFERTZI (1998) – ein neo-industrialisierter Raum gegenüber.

Es rückt folglich ein Gebiet in den Blickpunkt, das zuvor noch als peripher und rückständig etikettiert worden war und von den Fördermaßnahmen besonders bedacht wurde. Sein neues Profil baut zwar auf den Impulsen der 1980er Jahre (vgl. Kap. 6.2.2) auf, erhält aber erst im Rahmen der Globalisierung der Weltwirtschaft besondere Dynamik (LAGOPOULOS/LIENAU 1997, LIENAU 1998).

Internationale Kooperation und lokale Netzwerke

Die „Neo-Industrialisierung" in Ostmazedonien und Thrakien fügt sich nicht in das aus anderen Ländern bekannte Bild mit boomenden Unternehmen der Mikroelektronik, der Bio- und Gentechnologie. Auch flexible Spezialisierung mit firmenübergreifenden Netzwerken kleiner und mittlerer Unternehmen, wie sie für das „Dritte Italien" kennzeichnend sind (BATHELT 1998), gibt es hier nicht. Die traditionellen Branchen entfalten kein innovatives Milieu, sie basieren vielmehr auf internationaler Kooperation, kleinen lokalen Netzwerken und Exportorientierung.

Die Spezifika der wichtigsten Branchen zeigen ein weites Variationsmuster (HADJIMICHALIS/VAIOU 1990). Der Bereich Nahrungsmittel und Getränke verlangt keine besondere Produktionstechnologie, wohl aber neue Produktstrategien (Verkaufskonzept, Schutzmarke, Distribution usw.), um im regionalen Wettbewerb zu bestehen. Durch Zulieferer ist die Branche eng mit dem primären Sektor Nordostgriechenlands verbunden. Internationale Kontakte spielen jedoch keine Rolle.

Auch die Textilindustrie setzt nicht auf Automatisierung, Hochtechnologie oder Flexibilität. Sie ist auf Export ausgerichtet, profitiert von der Kooperation mit bedeutenden ausländischen Firmen und steht mit anderen Regionen, in denen billig produziert wird, im Wettbewerb (Ägypten, Malta, Marokko, Bulgarien, SO-Asien). Die hohe Produktqualität ist in Verbindung mit niedrigen Löhnen der entscheidende Standortvorteil in einer allgemein stark internationalisierten Branche. Die fehlende vertikale Verankerung in der Region bleibt als strukturelles Problem erhalten (LIENAU 1998).

Der Bereich Schuhe und Bekleidung ist ebenfalls über Kontrakte an ausländische Firmen gekoppelt. Die mittelständischen Betriebe konzentrieren sich auf die Verarbeitung; Qualitätskontrolle spielt eine wichtige Rolle. Durch Automatisierung soll die billigere Konkurrenz (z.B. in Bulgarien) abgewehrt werden. Forschung und Entwicklung, Marketing und Vertrieb spielen infolge der Kontrakte keine Rolle.

Boom oder Fata Morgana?

Eine Welle der Industrialisierung schuf in der Region über 10 000 neue Arbeitsplätze in herkömmlichen Branchen. Gleichwohl gibt sie den vorhandenen Betrieben nur vorübergehend bessere Produktionsaussichten. Neue Organisationsformen (z.B. Just-in-time, Total-quality-management) oder Unternehmensstrategien (wie Verschlankung oder Outsourcing), die in West- und Mitteleuropa zur Sicherung industrieller Standorte entwickelt wurden (KULKE 1998), finden erst mit deutlicher Verzögerung Einzug (KOMNINOS/SEFERTZI 1998).

Die weiteren Aussichten sind trotz aller Erfolge durch Defizite auf verschiedenen Ebenen getrübt: Es gibt weder Technologiezentren noch eine ausreichende berufliche Weiterbildung. Die regionalen Handelskammern füllen diese Lücke nicht. Den momentanen Erfolg verdankt die Region damit einerseits dem niedrigen Ausgangsniveau, andererseits den Initiativen einzelner Firmen und günstigen Marktbedingungen.

Der postmoderne Boom in Ostmazedonien und Thrakien steht auf tönernen Füßen. Er basiert nur begrenzt auf endogenem Potenzial; eine Aufwertung der Region durch Neo-Industrialisierung ist sensu stricto nicht zu erkennen. Man profitiert lediglich von modifizierten Rahmenbedingungen, ohne die untergeordnete weltwirtschaftliche Position verlassen zu haben.

Im gesamtgriechischen Vergleich werden folgende aktuelle Entwicklungen deutlich (National Statistical Service):

- Die Betriebsgrößenstruktur hat nach wie vor den Schwerpunkt bei den Klein- und Kleinstbetrieben unter 10 Personen. Weniger als 2% aller Betriebe haben 20 und mehr Beschäftigte.
- Die Branchen Bekleidung, Transport, Nahrungsmittel sowie Metallverarbeitung und Holz sind die wichtigsten Arbeitgeber. Sie sind in der Volkswirtschaft kaum vertikal verankert, haben eine ungenügende Arbeitsproduktivität und bedeutende strukturelle Defizite, da sie selten über eigene Forschungs- und Marketingabteilungen verfügen. Die Wettbewerbsfähigkeit mit anderen EU-Ländern ist daher eingeschränkt.
- Die Indexwerte des produzierenden Gewerbes haben sich in den 1990er Jahren unterschiedlich entwickelt (Tab. 6.6). Manche der für die Beschäftigung wichtigen Branchen zeigen eine überdurchschnittliche Entwicklung (Nahrungsgüter, Getränke, Tabak), werden aber von der Chemischen Industrie und dem Elektromaschinenbau deutlich übertroffen. Die Branchen Textilien, Bekleidung, Holz und Möbel können dem allgemeinen Trend nicht folgen.
- Der Erdölsektor, auf den sich seit den Bohrerfolgen im Umkreis der Insel Thásos (1973) die Hoffnungen der Griechen richteten und der zugleich auf Grund möglicher Lagerstätten in der Ägäis den Konflikt mit den türkischen Nachbarn schürte (SAUERWEIN 1980), kann die in ihn

	1993	1994	1995	1996	1997	1998
Nahrungsgüter	131,6	130,2	132,8	132,7	128,1	133,2
Getränke	155,9	168,1	174,6	164,2	160,8	168,7
Tabak	107,2	124,0	137,4	135,7	134,7	127,8
Textilien	74,3	73,9	69,9	66,7	67,6	67,1
Bekleidung	69,5	61,3	55,3	48,7	47,2	41,0
Holz	67,3	61,3	71,7	70,3	62,2	57,0
Möbel	77,9	79,8	76,0	75,9	75,9	73,2
Papier	152,8	163,3	169,4	160,8	153,1	148,1
Gummi und Plastik	126,3	138,2	120,7	122,0	121,6	133,3
Chem. Erzeugnisse	127,4	129,9	144,0	155,3	158,4	174,7
Erdölderivate	119,3	133,9	139,7	149,4	148,6	151,6
Elektromaschinen	105,2	103,7	106,8	114,0	128,5	158,0
Gesamt	97,1	98,2	100,3	100,9	101,9	105,4

Tab. 6.6:
Indexwerte ausgewählter Branchen des Produzierenden Gewerbes 1993–1998 (1980 = 100,0)
Quelle: National Statistical Service 1999

gesetzten Erwartungen nicht erfüllen. Zwischen 1990 und 1995 schrumpfte die Rohölproduktion von über 6 Mio. auf rund 3 Mio. Barrel (National Statistical Service 1999, S. 242).
- Die Konzentration der gewerblichen und industriellen Aktivitäten auf die Großräume Athen und Thessaloníki besteht unverändert weiter. Großbetriebliche Unternehmen, aber auch neu errichtete Firmen findet man hier überproportional häufig; so entfallen 1997 z.B. 67% aller Neugründungen auf die Regionen Attika und Mazedonien.

Strukturfonds der EU

Der industrielle Wandel wird durch verschiedene Gemeinschaftsinitiativen aus dem Strukturfonds der EU begleitet, damit ein wirtschafts- und sozialverträglicher Übergang erfolgt. Das Programm ADAPT (1994–1999) erleichtert durch Ausbildungs- und Beratungsmaßnahmen den Übergang zur Informationsgesellschaft. BESCHÄFTIGUNG (1994–1999) hat seinen Schwerpunkt im Kampf gegen die soziale Ausgrenzung, LEADER II (1994–1999) fördert Innovationen im ländlichen Raum, den Erwerb von Fachwissen und die transnationale Zusammenarbeit, KMU stärkt die Position der kleinen und mittleren Unternehmen im internationalen Wettbewerb. Für städtebauliche Maßnahmen in Vierteln, die von hoher Arbeitslosigkeit, baulichem Verfall und schlechten Wohnbedingungen gekennzeichnet sind, stellt die Initiative URBAN Mittel bereit; die Athener Stadtteile Keratsini und Peristeri sowie die Städte Ermoúpolis auf Síros, Pátras, Thessaloníki und Vólos nehmen diese Mittel in Anspruch. KONVER fördert die Diversifizierung von Regionen, die stark vom Rüstungssektor abhängig sind; die Nomi Iráklion (Kreta), Magnísia, Thessaloníki und Xánthi sind hierin eingebunden. RETEX zielt auf eine Diversifizierung der vom Textil- und Bekleidungssektor stark abhängigen Regionen; mit Ausnahme mehrerer Nomi des Peloponnes und der Ionischen Inseln sowie von Evritanien ist das Land flächendeckend in diese Initiative eingebunden. RESIDER schließlich flankiert die wirtschaftliche und soziale Umstellung von Eisen- und Stahlstandorten in den Nomi Magnísia und Thessaloníki.

Trotz massiver Stützungsmaßnahmen steigt in den 1990er Jahren die Arbeitslosigkeit an (1991: 8,0%; 1993: 9,6%; 1995: 9,9%; 1997: 10,2%; 1999: 11,8%; 2001: 10,0%). Ungeachtet des besseren Arbeitsplatzangebots in den Städten ist in den ländlichen Gebieten die Arbeitslosenquote niedriger; das Ausmaß der Unterbeschäftigung und der nicht gemeldeten Arbeitslosigkeit bleiben in der Statistik unberücksichtigt.

In mehrfacher Hinsicht ist die Situation mit den anderen Ländern der EU vergleichbar (FASSMANN/MEUSBURGER 1997): In den Ballungsgebieten gibt es neben dem großen Angebot an Arbeitsplätzen eine überdurchschnittlich hohe Arbeitslosigkeit, weil sich zwischen besonders hoch und niedrig qualifizierten Arbeitsplätzen eine weite Schere auftut. Die hohe Arbeitslosigkeit bei Jugendlichen und Frauen wird durch den wirtschaftlichen Wandel sogar noch gesteigert, da die Gesamtzahl der Arbeitsplätze leicht zurückgeht.

6.3.2 Handel

Mit der weltweiten Öffnung der Märkte verändert sich der Handel. Staatliche Schranken und Restriktionen werden beseitigt, neue Formen der internationalen Zusammenarbeit werden immer wichtiger. Doch auch dank des gestiegenen Lebensstandards gewinnen Groß- und Einzelhandel ein bisher ungekanntes Gewicht. Im sekundären Sektor abgebaute Arbeitsplätze werden allerdings nur volkswirtschaftlich durch neue Stellen im Handel kompensiert, im Einzelfall kann z.B. ein Arbeitsloser der Werftindustrie nicht ohne Umschulung in ein Logistik- und Distributionsunternehmen wechseln.

Einzelhandel

Die private Nachfrage nach Lebensmitteln, Getränken und Gütern des Non-Foodbereichs wird traditionell von kleinen Ladengeschäften im Nahbereich der Wohnungen gedeckt. Die griechische Bezeichnung Pantopolíon (Παντοπωλείον), d.h. Kramladen, findet sich jedoch nur noch vereinzelt, vornehmlich in ländlichen Regionen. In den Städten sind Bezeichnungen wie Mini-Market und Super-Market üblich, ohne dass sich jedoch der Charakter der kleinflächigen Läden mit geringer Sortimentstiefe, aber erstaunlicher -breite ändert. Das Angebot reicht von der Ananas bis zur Zahnpasta. Die enge Verkaufsfläche wird durch kompakte Nutzung (hohe Regale, dichte Verbauung) sowie durch Einbeziehung des Gehweges erweitert. Der Inhaber kennt den Großteil seiner Kundschaft persönlich, das Gespräch und die individuelle Bedienung sind regelmäßige Bestandteile des Einkaufs. In den Städten und Dörfern stellen derartige Einzelhandelsgeschäfte die wohnungsnahe Versorgung mit Gütern des täglichen Bedarfs sicher.

In den Städten kommen als traditionelle Einzelhandelsformen noch zwei besondere Geschäftsarten hinzu: Der Kiosk, griech. Perípteron (περίπτερον), d.h. der rundum mit Flügeln (Markisen) umgebene Stand, ist auf ein bestimmtes Angebot (Zeitungen, Sonnenbrillen o.a.) spezialisiert, verfügt aber fast immer über ein Telefon und eine Tiefkühltruhe; auch Briefmarken, Aspirin, Zigaretten, Spielwaren oder Getränke gehören zum regelmäßigen Angebot. Sein Standort ist auf den Gehsteigen der Hauptgeschäftsstraßen, bevorzugt an Straßeneinmündungen, sowie im Bereich der abendlichen „Flaniermeile". Die wöchentlichen oder täglichen Märkte (Λαϊκή αγορά), auf denen die Bauern der Umgebung ihre Produkte (Obst, Gemüse, Eier, Honig, Kleintiere usw.) anbieten, gibt es ebenfalls in jeder Stadt.

Ambulante Händler – vielfach Zigeuner –, die von ihren Fahrzeugen aus über Lautsprecher diverse Waren anbieten, sind vor allem in unterversorgten ländlichen Gebieten anzutreffen. Sie ermöglichen in peripheren Gebieten in unregelmäßigen Abständen den bequemen Einkauf von Gütern des mittel- und langfristigen Bedarfs (Stühle, Töpfe u.a.).

Übersicht 6.3: Καφεπαντοπωλείον: Gemischtwaren, Kafeníon und Informationsbörse in Einem

> **Καφεπαντοπωλείον: Gemischtwaren, Kafeníon und Informationsbörse in Einem**
>
> Ein Kramladen mit integriertem Kafeníon und öffentlichem Telefon, also Branchenmix en miniature – das gibt es in dieser Form nur in Griechenland. Er bildet neben der Kirche den Mittelpunkt des dörflichen Lebens. Brot, Zucker, Streichhölzer, Zigaretten, Getränke, Waschmittel, Eis und Erdnüsse – (fast) alles gibt es im Pantopolíon, dem „Dorfkaufhaus". Im und vor dem Haus treffen sich Männer, Frauen und Kinder.
>
> Was für das Kafepantopolíon („Café" und Kramladen) gilt, trifft auch für das Kafeníon zu: Es steht der ganzen Bevölkerung offen, Männer und Frauen bilden seine Kundschaft, wenngleich sicher die Anzahl der (älteren) Männer überwiegt. Gleichwohl halten manche Reiseführer noch an der klischeehaften Darstellung als „frauenfreie Zone" (SENNE 1990, S. 61) fest.
>
> In sachlicherem Ton charakterisieren FOHRER u.a. (1992, S. 85) diese Institution: „Das Kafeníon ist eine der wichtigsten Einrichtungen des sozialen Lebens in Griechenland. Es ist Dorfparlament, Stammlokal, Treffpunkt für Geschäftsleute, das zweite Zuhause. Das Kaffeehaus ist selbst noch im kleinsten Bergdörfchen Hocharkadiens anzutreffen. Es besteht meist nur aus wenigen Tischen in einem kargen Innenraum und ein paar Tischen auf der Straße. Vorwiegend die Männer treffen sich hier und schlürfen auf kahlen Holzstühlen und an billigen, zumeist wackligen Tischen ihren Kaffee mit einem großen Glas Wasser oder ihren Ouzo. Während nicht selten der Fernseher ohne Unterbrechung läuft, wird diskutiert und beobachtet, man streitet und freut sich, bringt Geschäfte zum Abschluss, spielt Tavli (bei uns als „Backgammon" bekannt) und läßt einfach nur die Kugeln der „Kombolía" durch die Finger gleiten. Frauen ist der Zutritt keineswegs versperrt, aber man will unter sich bleiben."

Filialisten auf dem Vormarsch

Bei generell steigenden Indexwerten (1988 = 100,0) des Einzelhandels (1995: 241,8; 1996: 264,2; 1997: 285,8; 1998: 303,8) sind die traditionellen Vertriebsformen der Konkurrenz großer ausländischer Einzelhandelsunternehmen ausgesetzt (KULKE 1997). Nach wie vor hat Griechenland zwar mit 184 Verkaufsstellen pro 10 000 Ew. neben Portugal (192) die höchste Verkaufsstellendichte (D: 85, GB: 81, NL: 80), weil die Bedienungsläden und kleinen SB-Geschäfte die Masse der Läden stellen; es zeichnet sich aber ein langsames Vordringen der großflächigen Supermärkte ab.

Gerade weil im Lebensmitteleinzelhandel und im Non-Foodhandel die Betriebsformen der Verbraucher- und Fachmärkte erst am Beginn der Einführungsphase stehen, während sie in England, Frankreich oder Deutschland bereits die Stufe der Reife im Lebenszyklus-modell erreicht haben (SCHRÖDER 1997), drängen ausländische Unternehmen mit Macht auf den griechischen Markt. Bei schrumpfenden Gewinnen auf den gesättigten Märkten der Herkunftsländer ist der griechische Markt doppelt attraktiv. Die Diffusion des großflächigen Einzelhandels folgt der Siedlungshierarchie. In den Metropolen entstehen seit Mitte der 1990er Jahre in nicht-integrierten Lagen Einzelhandelsgeschäfte dieses neuen Typs; hier findet auch die firmeninterne Logistik und Distribution ihren Standort. In einem zweiten und dritten Schritt werden die Groß- und Mittelstädte von dieser Innovation erfasst. Die klimatisierten Supermärkte lassen sich vom Image der Modernität tragen und können dank ihrer Finanzkraft auch die anfängliche Flaute überwinden; eine Kette (Panemporikó, d.h. Allkauf) nummeriert sogar ihre Filialen und dokumentiert so die räumliche Diffusion bzw. das „Modernitätsgefälle". Namen wie Vassilópoulos, Verópoulos oder Sklavenítis belegen, dass es auch inländische kapitalkräftige Unternehmen gibt, die der ausländischen Konkurrenz Paroli bieten. Doch auch sie sind vor Übernahmen durch ausländische Filialisten nicht sicher (z.B. Verópoulos/Hellasspar).

Damit zeichnet sich eine Entwicklung ab, die zu Lasten der traditionellen Vertriebsformen an den wohnungsnahen Standorten der Innenstädte geht. Noch kann natürlich von einer Verödung oder einem erkennbaren Attraktivitätsverlust der Innenstädte keine Rede sein. Die Entwicklung im Brauereisektor – hier drangen in den 1980er Jahren besonders niederländische Firmen ein, die seither den Markt beherrschen – zeigt aber, dass sich eine Umorientierung (Europäisierung) im Einzelhandel durchaus ankündigt.

Außenhandel

Die griechische Handelsbilanz (Import minus Export) schreibt traditionell rote Zahlen. Das in den 1990er Jahren sogar kräftig ansteigende Handelsbilanzdefizit belastet zwar die gesamtwirtschaftliche Entwicklung, das reale Austauschverhältnis (Terms of Trade) hat sich aber während dieses Zeitraums nicht verschlechtert; nimmt man das Bezugsjahr 1991 (100,0), so stieg die Austauschrelation auf günstige 110,7 (1994) bzw. 109,6 (1997) an. Den wertmäßig Jahr für Jahr steigenden Importüberschüssen würde damit die volkswirtschaftliche Brisanz genommen, wenn nicht eine Tendenz zu sinkenden Exportanteilen erkennbar wäre (Tab. 6.7). Dies unterstreicht das bereits betonte unausgewogene industrielle und gewerbliche Branchenprofil.

Die wichtigsten Einfuhrgruppen sind der Maschinenbau, elektrotechnische Erzeugnisse und Fahrzeuge, auf welche zusammen über ein Drittel des gesamten Importwerts entfällt. Ihnen folgen verschiedene bearbeitete Waren (Garne, Gewebe, Spinnstoffe) mit knapp einem Siebtel sowie Nahrungsmittel und chemische Erzeugnisse (medizinisch-pharmazeutische Produkte, Brennstoffe, Schmiermittel u.a.) mit je einem Zehntel des Importwerts (Statistisches Bundesamt 1996). Da diese Gruppen zugleich die größten Handelsbilanz-

	Import	Export	Handelsbilanz	Exportanteil (%)
1979	356820	144238	-212582	40,4
1981	493764	237928	-255836	48,2
1983	848295	392652	-455643	46,3
1985	1412797	692085	-783712	44,5
1987	1867354	955070	-912284	51,1
1989	2625714	1230942	-1394772	46,9
1991	3921522	1579967	-2341555	40,3
1993	5050531	1933422	-3117109	38,3
1995	5908368	2540891	-3367477	43,0
1997	7385191	3038579	-4346612	41,1

Tab. 6.7:
Entwicklung der Handelsbilanz 1979-1997 (in Mio. DRS)
Quelle: National Statistical Service 1999

defizite aufweisen, bestimmen sie das Profil des Außenhandels. Die geringen Exportüberschüsse der Gruppen Getränke, Tabak, (pflanzliche und tierische) Öle und Fette können hier keinen Ausgleich schaffen.

Der größte Teil des Außenhandels läuft bei den Im- und Exporten über die EU-Länder (1997: 65,8% der Importe, 52,5% der Exporte). Wichtigster Handelspartner ist Deutschland, mit dem 14,1% der Importe und 18,6% der Exporte (1997) abgewickelt werden. Da beim Import hochpreisige Gruppen (Maschinenbau, Elektrotechnik, Fahrzeuge) deutlich gegenüber den Exportbranchen (Bekleidung, Schuhe, Leder, Gemüse und Früchte) dominieren, ist auch mit diesem Partner die griechische Handelsbilanz negativ. Zweitwichtigster EU-Partner ist Italien (16,8% der Importe, 12,7% der Exporte), gefolgt von Frankreich (8,9%, 4,3%) und Großbritannien (6,5%, 6,4%).

Die balkanischen Nachbarländer Bulgarien (1,5%, 2,9%) und Albanien (0,1%, 2,3%) erreichen (1997) ein wesentlich niedrigeres Handelsvolumen, das wie beim Austausch mit der Türkei (1,1%, 3,9%) durch ein Plus der griechischen Exporte charakterisiert ist. Die traditionelle Verbundenheit mit Zypern kommt in einem vergleichsweise hohen Exportanteil (3,3%) zum Ausdruck.

Der Konzentration von industriellen und gewerblichen Produktionsstätten sowie Wohnstandorten der Verbraucher entsprechend, haben die Regionen Großraum Athen und Mazedonien einen Anteil (1997) von 88% am Import und 75% am Export. Die Fokussierung der Handelsaktivitäten auf die beiden größten Ballungsräume des Landes wird nicht nur durch die Infrastruktur (Seehäfen, Flugplätze, Autobahnknoten) gefördert, sondern auch durch die Logistik- und Distributionsunternehmen, die hier ihre Zentralen haben.

Die schwachen Exportwerte sind dabei weniger eine Folge der peripheren Lage innerhalb der EU als vielmehr das Erbe der verspäteten und unvollkommenen Industrialisierung. Sollte es dem Land gelingen, bei der aktuellen Restrukturierung der benachbarten Balkanländer eine führende Rolle zu spielen, dann werden auch die Exportquoten steigen; dies kann dann als Ausdruck der internationalen Wettbewerbsfähigkeit gelten.

6.4 Positionsbestimmung im EU-Vergleich

Im neuen Jahrtausend zeigen die landesinternen Reformen und die EU-Fördermaßnahmen positive Wirkungen auf politischer Ebene. Die Senkung der Zinsen, der Neuverschuldung und der Inflation (1995: 8,9%; 2001: 2,2%) sowie der Abbau des Defizits beim Staatshaushalt (1998: <3%) gelten als Zeichen einer wirtschaftlichen Stabilisierung. Dank einer boomenden Börse wächst die Wirtschaft um die Jahrtausendwende zwar überdurchschnittlich, kann aber den Abstand zu den EU-Partnern im sekundären Sektor nicht verringern (Tab. 6.8); das Bruttoinlandsprodukt liegt seit Anfang der 1990er Jahre oberhalb des EU-Durchschnitts (VORAUER 1997, S. 136); das Land fährt einen klaren EU-Kurs und baut dabei alte Entwicklungsrückstände ab. Obwohl sich auch bei den Exporten eine dynamischere Entwicklung abzeichnet, bleibt das Leistungsbilanzdefizit trotz absoluter Erfolge und kräftig fließender EU-Mittel aus dem Kohäsionsfonds erhalten. Hauptgrund hierfür ist die weiterhin bestehende negative Handelsbilanz.

Ein differenzierteres Bild gewinnt man aus Spezialuntersuchungen. In einer Studie über die räumlichen Auswirkungen der europäischen Regionalpolitik gelangt VORAUER (1997, S. 67 und S. 160) zu der Erkenntnis, dass die bestehenden großräumigen Disparitäten zwischen den EU-Ländern nicht abgebaut werden und dass infolge des verstärkten internationalen Wettbewerbsdrucks die räumliche Polarisierung zunehme. Das EU-weite Nord-Süd-Gefälle, das seit dem Beitritt von Portugal, Spanien und Griechenland Anfang der 1980er Jahre bei zahlreichen Indikatoren besteht, konnte bislang kaum abgebaut werden. Es zeigt sich in der Bevölkerungsstruktur, den regionalen Wachstumstendenzen und der sektoralen Beschäftigungsstruktur.

Im Bereich der Arbeitslosigkeit schert Griechenland jedoch anfänglich aus der Reihe der Mittelmeerländer aus (1983: 5,3%); während sich unter den 10 Regionen mit höchster Arbeitslosigkeit allein sieben spanische (Andalusien, Katalonien, Baskenland, Kanaren, Extremadura, Murcia, Valencia) befinden, ist Griechenland hier gar nicht vertreten. Die handwerkliche, kleinbetriebliche und bäuerliche Erwerbsstruktur mit einem hohen Anteil Selbständiger sowie die gesellschaftlichen Zustände mit einem niedrigen Anteil weiblicher Erwerbstätiger werden hierfür verantwortlich gemacht (VORAUER 1997, S. 107 ff.).

Die europaweite Entkoppelung von Wirtschaftswachstum und Arbeitskräftenachfrage führt jedoch auch in Griechenland zu einem Anwachsen der Zahl der Arbeitslosen (1999: 10,7%). Der hohe Anteil Jugendlicher und verstärkt ins Berufsleben drängende qualifizierte Frauen erklären diesen Prozess ebenso wie strukturelle Wandlungen in den Dienstleistungsberufen mit ungeahntem Rationalisierungspotenzial.

Ganz folgerichtig charakterisiert VORAUER (1997) die Regionen des Landes – mit Ausnahme von Attika, der Industrieregion mit erheblichen Umstrukturierungsproblemen – als ökonomisch peripher und rückständig, allerdings bei niedrigen Arbeitslosenquoten (vgl. Abb. 5.5). Infolge der dynamischen Wirtschaftsentwicklung seit Mitte der 1990er Jahre kommt es jedoch zu steigenden Arbeitslosenzahlen.

Damit stellt sich die Frage nach dem Erfolg der aufwändigen EU-Strukturhilfe. Wenn trotz europäischer Integration die räumliche Polarisierung peripheren Regionen die Trendumkehr erschwert, dann ist Griechenland davon besonders betroffen. Wenn sich weiterhin das Ranking der stärksten und schwächsten europäischen Regionen trotz Regionalförderung und Integrierter Mittelmeerprogramme nicht generell gewandelt hat, dann steht auch die bisherige Strukturpolitik zur Diskussion.

Tab. 6.8: Index der industriellen Produktion ausgewählter EU-Länder 1993–1997 (1990 = 100,0)
Quelle: National Statistical Service 1999

	1993	1994	1995	1996	1997
Dänemark	101	111	116	117	122
Deutschland	91	94	96	96	100
Frankreich	94	98	100	100	104
Großbritannien	99	105	107	108	110
Griechenland	95	96	98	99	100
Irland	119	133	159	171	197
Niederlande	100	105	108	111	113
Österreich	93	94	112	113	120
Portugal	95	95	99	101	103
Spanien	92	98	103	102	109

Die Kritik bemängelt dabei längst nicht mehr die bloße Stagnation beim Wettbewerb der Regionen, sondern betont die negativen Effekte der bisherigen Bemühungen: die einseitige Branchenorientierung, die mangelnde Förderung innovativer Investitionen, die Außenabhängigkeit der Peripherie, die Subventionsmentalität sowie die Auflösung regionaler Wirtschaftskreisläufe (VORAUER 1997, S. 170).

Im Gegensatz zu den positiven Einschätzungen mancher Fachleute (z.B. KOMNINOS/ SEFERTZI 1998) erweist die Regionalanalyse selbst des wirtschaftlich starken Verdichtungsraums Thessaloníki (GERICKE 2001), dass der Netzwerkansatz mit kreativen Milieus und lernenden Regionen (KULKE 1998, S. 110ff.) nicht greift. Die ererbte strukturelle Rückständigkeit scheint die frühe Aufnahme neuer Entwicklungen zu erschweren.

Darüber hinaus wird es immer deutlicher, dass traditionelle Erklärungsansätze an Stringenz verlieren: Das gesellschaftliche Phasenmodell (von der Agrar- über die Industrie- zur Dienstleistungsgesellschaft) trifft für Griechenland nicht zu, wie der historische Rückblick (vgl. Kap. 6.2 und Kap. 6.3) erweist; eine Industriegesellschaft hat es im strengen Sinn in diesem Land nie gegeben. Auch das fordistische Wachstumsmodell wird den aktuellen und zukünftigen Entwicklungen nicht mehr gerecht. Die dem Wachstumsparadigma verpflichtete Produktzyklus-Hypothese (SCHÄTZL 1992) kann die neue Realität nur noch begrenzt erfassen, nicht erklärbare Widersprüche häufen sich, wie KAGERMEIER und POPP (2000) am Beispiel des Tourismus nachweisen.

Die Bemühungen um Modernisierung der institutionellen, organisatorischen und funktionalen Rahmenbedingungen der griechischen Wirtschaft sind die Antwort des Landes auf diese Situation (TSAKALIDIS 1995). Auf zwei Ebenen sind bemerkenswerte Neuerungen zu konstatieren. Als Folge einer neoliberalen Wirtschaftspolitik werden – wie in anderen EU-Ländern – große Staatsbetriebe (Banken, Werften, Sozialversicherungen, Stromversorger, Rundfunk und Fernsehen, Post, Telefon u.a.) privatisiert, der staatliche Einfluss wird auf breiter Linie zurückgefahren (Deregulierung). Die parallel hierzu erfolgende schrittweise Einführung der regionalen Selbstverwaltung zielt auf einen Rückbau der zentralistischen Behördenstruktur, die als Inbegriff protektionistischer Abschirmung und klientelistischer

Übersicht 6.4: Die Griechen und der Staat – ein nahezu unerschöpfliches Thema

> **Die Griechen und der Staat – ein nahezu unerschöpfliches Thema**
> Sport und Politik sind die Themen mit dem größten öffentlichen Interesse. In den Kafenía und in der Presse nehmen sie breiten Raum ein. Πολιτικός bedeutet sowohl „das Gemeinwohl betreffend" als auch „Politiker", zwei Bedeutungen, die nach der Überzeugung vieler Bürger nicht recht zusammen passen. „Es ist einer der großen Widersprüche der griechischen Gesellschaft, daß jeder dem Staat bis zur Feindschaft mißtraut, aber sofort nach dessen Eingreifen schreit, wenn etwas schiefgeht. Daran krankt die griechische Wirtschaft bis heute. Dem Staat blieb oft nichts anderes übrig, als selber die Industrieproduktion in die Hand zu nehmen, weil die meisten Unternehmer auf den ihnen vertrauten und hochrentablen Handel setzten und die Produktion auch von einfachen Konsumartikeln so zurückblieb, daß die meisten nur eingeführt werden konnten und damit die Handelsbilanz belasteten. Die Politiker haben bei der Verstaatlichung auch deshalb gerne mitgeholfen, weil sie ihnen Gelegenheit gab, ihre zahlreiche Klientel zu bedienen. Der Staat und die (überwiegend staatlichen) Banken haben in der Vergangenheit viel dazu beigetragen, daß die Wirtschaft nicht vom Fleck kam. Bürokratie, unüberwindliche Auflagen, die an Kredite gebunden waren, haben viele Initiativen im Keim erstickt. (...) Die Privatwirtschaft hat sich bereits auf den Weg in die Zukunft gemacht. (...) Der neue Aufschwung ist auch an den eleganten Boutiquen in den Nobelvierteln von Athen und Thessaloniki zu erkennen, ganz zu schweigen von den postmodernen Bürokomplexen, Hotels und Geschäftszentren, die in Windeseile an den Ausfallstraßen der Großstädte entstanden sind" (EICHHEIM 1999, S. 171 und S. 175).

Personalpolitik gilt; die aufgeblähte und z.T. inkompetente Bürokratie ist den heutigen landes- und EU-weiten Anforderungen nicht mehr gewachsen. Die Stärkung der Regionen und Nomi ist ein wichtiger Schritt beim Umbau der zentralistischen Staatsverwaltung.

Beim Restrukturierungs- und Transformationsprozess der Balkanländer spielen griechische Unternehmen eine wichtige Rolle. Ausländische Investoren arbeiten bevorzugt mit griechischen Firmen zusammen, um deren Erfahrungen, Geschäftsverbindungen und Management zu nutzen. Dabei gewinnen Mazedonien und Thrakien, insbesondere der Raum Thessaloníki, als logistische Basis immer größeres Gewicht. Dank seiner modernen Infrastruktur eröffnen sich den nördlichen Landesteilen nach 50 Jahren mit geschlossener Grenze völlig neue Perspektiven.

Die Hypothese einer langfristigen Nivellierung räumlicher Disparitäten als Folge der EU-Regionalpolitik muss ohne Frage als überholt gelten. Räumliche Ungleichgewichte werden immer wieder neu geschaffen oder tradiert, ein homogenes Griechenland oder Europa wird es nie geben. In der aktuellen Dichotomie von Globalisierung und Regionalisierung müssen und werden gerade ökonomisch schwächere Länder auf die Regionalisierung setzen. Dieser Entwicklungspfad zeichnet sich auch für Griechenland ab. Ob er wirklich zu einer wirtschaftlichen und politischen *„Entsolidarisierung zwischen den Mitgliedsländern"* (VORAUER 1997, S. 175) führt, kann nur die Zukunft erweisen.

7 Tourismus und Freizeit

Touristische Aktivitäten sind dann in hohem Maße raumwirksam, wenn sie von vielen Menschen ausgeübt werden und große Flächen beanspruchen. Der Massentourismus, wie er sich in Griechenland seit den 1970er Jahren entwickelt hat, ist ein besonders instruktives Beispiel hierfür. Mit dem Flugzeug sind auch große Entfernungen leicht zu überwinden, sodass auch entlegene Inseln am Südende der Balkanhalbinsel von sonnenhungrigen Touristen aus nördlicheren Gefilden problemlos erreicht und förmlich überrannt werden.

Dies ist für das Land eine ganz neue Entwicklung. Als sich im 19. Jh. mit den Winteraufenthalten wohlhabender Engländer an den Küsten des Mittelmeers erste touristische Ansätze zeigten (KULINAT 1991), waren davon nur Teile der westlichen Mediterraneïs (Riviera, Côte d'Azur, Costa del Sol) betroffen. Der östliche Mittelmeerraum lag zu weit abseits und galt als politisch instabil. In neugriechischer Zeit waren es zunächst nur ausländische Berater, die als Förderer und Helfer ins Land kamen, um den Aufbau des jungen Königreichs zu unterstützen. Wissenschaftler (z.B. Archäologen, Historiker, Philologen, Geographen), Techniker (v.a. Architekten) und begüterte Bildungsreisende stellten stets nur ein kleines Kontingent. Noch in den 1960er Jahren galt in Deutschland ein Aufenthalt im Land der Hellenen als etwas ganz Besonderes.

In den früheren Epochen, in osmanischer und in antiker Zeit, waren Reisen ausschließlich privilegierten, wohlhabenden Gruppen vorbehalten. Sie reisten zu bestimmten Zwecken und mit besonderen Aufträgen, aber auch aus Neugier durch das Land und notierten akribisch das Gesehene und Erlebte. Orte, die auf Grund ihrer Geschichte allgemein bekannt sind, werden wiederholt aufgesucht und in ihrem jeweiligen Zustand genau dokumentiert.

Die Entwicklung Korinths in osmanischer Zeit rekonstruiert z.B. MOSER (1980) aus den Reisebeschreibungen von CELEBÎ (1667), SPON und WHELER (1682), AKERHJELM (1687), POUQUEVILLE (1800) und LEAKE (1805). Für die Antike liegt gar mit dem Werk des PAUSANIAS, der Περιήγησις τῆς Ἑλλάδος aus dem 2. Jh. n.Chr. (ECKSTEIN 1986, JONES 1978), eine

Übersicht 7.1: Achaïa Clauss – Betriebserkundung eines frühen Reisenden

Achaïa Clauss – Betriebserkundung eines frühen Reisenden
Neben den historischen Stätten interessierten sich die Reisenden des 19. Jh. auch für den Aufbau des jungen Königreichs. Das 1861 bei Pátras gegründete Weingut Achaïa Clauss stand schon bald in dem Ruf, edle Tropfen zu produzieren. Viele Prominente besuchten später die Kellerei (JEAN-PAUL BELMONDO, JEANNE MOREAU, LEOPOLD SENGHOR), einer der ersten war der deutsche Forschungsreisende FAUCHER (1876, S. 91ff.).

Er schreibt in seinem Bericht: „Dieser Tag war ganz der Kenntnißnahme des Wein-Exportgeschäfts von Patras gewidmet. (...) Die Kellerei und Weinpresse der Deutschen Actiengesellschaft für Achajischen Weinbau und Weinexport befindet sich (...) auf einer Anhöhe am Fuße des Panachaikon. (...) Die Herren CLAUS und HAMBURGER, Begründer des Weinbaus für den Export und des Wein-Exportgeschäfts für Patras, führten uns selbst. (...) Die Herren CLAUS und HAMBURGER, resp. aus Lindau und aus Konstanz am Bodensee stammend, waren früher der eine Bairischer, der andere Preußischer Consul. (...) Zur Kelterung der besten Weine werden Zwergtrauben verwendet, deren großer Zuckergehalt es ermöglicht, süße Malvasier für den Damenverbrauch ohne Zuthat von Zucker herzustellen. Doch werden auch Weine in der Art des Xeres, des Canarienweins und des Marsala hergestellt, wie sie sich besonders für den Verbrauch in England und Amerika eignen, endlich Weine aus Deutschen und Französischen Traubenarten, die sich den Pfälzerweinen und sogar den Rheingauweinen nähern. (...) Von den Einheimischen wird der für den Export bestimmte Wein, als zu theuer und nicht durch Zusatz von Harz für den nationalen Geschmack zusagend gemacht, niemals getrunken."

Abb. 7.1:
Titelblatt eines
Reiseberichts aus
dem frühen 19. Jh.
Quelle:
MÜLLER 1805

> Pouqueville's
>
> # Reise
>
> durch
>
> ## Morea und Albanien
>
> nach
>
> ### Constantinopel
>
> und
>
> in mehrere andere Theile
>
> des
>
> ### ottomanischen Reichs
>
> in den Jahren 1798. 1799. 1800 und 1801.
>
> ---
>
> Aus dem Französischen übersetzt
>
> von
>
> K. L. M. Müller.
>
> ---
>
> Zweyter Band.
> Mit Kupfern und Charten.
>
> ---
>
> Leipzig, 1805.
> bey Johann Conrad Hinrichs.

Quelle vor, die unter der Bezeichnung „Baedeker des Altertums" die *„wichtigsten und bemerkenswertesten Sehenswürdigkeiten und Erzählungen der Landschaften und Orte Griechenlands"* (ECKSTEIN 1986, S. 25) zusammenstellt. *„Mit Pausanias durchwandern wir* *alle Landschaften des eigentlichen Griechenland zum Teil bis in ihre entlegensten Winkel, lernen neben den großen Städten und Heiligtümern auch die mittleren, kleinen und zum Teil kleinsten Orte kennen"* (ECKSTEIN 1986, S. 10). PAUSANIAS' Werk, das wie heutige Reiseführer einer bestimmten Route folgt, ist in der Tat das älteste erhaltene Handbuch für Reisende in Griechenland.

Die zahlreichen Reisebeschreibungen, die von Engländern, Franzosen, Deutschen u.a. im 18. und 19. Jh. erstellt wurden (z.B. CHANDLER 1777, MÜLLER 1805, HOLLAND 1815, GELL 1829, STEPHANI 1843, LEAKE 1835 und 1846, ROSS 1848, UNGER 1862, FAUCHER 1876), spiegeln das politische, wirtschaftliche und wissenschaftliche, nicht das touristische Interesse am Land (Abb. 7.1). Zu den frühen geographischen Monographien zählen Studien über die Inseln Korfu (PARTSCH 1887), Lefkás (PARTSCH 1889) und Kíthira (LEONHARD 1899). Die ersten für ein allgemeineres Publikum geschriebenen Reiseführer erschienen nur wenig früher (BAEDEKER 1883).

Mit den modernen Formen des Tourismus haben jedoch die antiken und neuzeitlichen Vorläufer nichts zu tun. Reise und Reiseliteratur sind nur einem auserwählten Kreis vorbehalten. Sie sind Luxus und Privileg zugleich, ohne jedoch im Selbstverständnis ihrer Zeit zur Kategorie „Freizeit" zu zählen.

7.1 Touristisches Potenzial

Erst in unserer Zeit bilden Freizeit und Erholung ein wichtiges Segment des Tourismus. In den Handbüchern, die vor 1950 erschienen (z.B. OBERHUMMER 1931, Naval Intelligence Service 1944), fehlt das entsprechende Kapitel noch ganz und gar. Das Rekreationspotenzial einer Landschaft, das sich aus naturräumlichen und – im weitesten Sinn – kulturräumlichen sowie artifiziellen Elementen zusammensetzt, prägt das heutige Image (massen-)touristischer Regionen maßgeblich. Dass andere, z.T. alternative Formen (Wandern, Trekking, Städte- oder Bildungstourismus) ein spezifisches Potenzial erfordern, versteht sich von selbst.

7.1.1 Natürliche, historische und touristische Attraktionen

Die Kleinteiligkeit und Vielfalt des Naturraums (vgl. Kap. 4) ist eine Folge des (geologisch) jugendlichen Alters der südlichen Balkanhalbinsel. Steil aufragende, schwer passierbare Gebirgszüge, tiefe, manchmal schluchtartige Taleinschnitte, intramontane Becken, Steil- und Flachküsten im Wechsel sowie eine ausgeprägte Welt aus Inseln und Halbinseln sind die herausragenden morphologischen Kennzeichen.

Das mazedonische Grammos- und Vermiongebirge, die Rhodopen Thrakiens, der Timfristos in Evritanien, das Taïgetos- und Mänalongebirge auf dem Peloponnes, nicht zu vergessen der Athos, der Heilige Berg, und der Olymp (2917m), die höchste Erhebung, sie alle versinnbildlichen das gebirgige Festland. Die Wasserfälle von Edessa, die Durchbruchstäler nordgriechischer Flüsse oder morphologische Besonderheiten wie die Metéorafelsen sind nur ausgewählte Glanzpunkte des festländischen Naturraums. Sie sind zu ergänzen um die großen natürlichen Seen von Mazedonien und Epirus, um die ausgetrockneten Senken Mittel- und Südgriechenlands, um die vielen Poljen, um die Mündungsdeltas der großen Flüsse usw.

Nicht minder vielfältig ist die Naturausstattung der Inseln. Sie besteht nicht nur aus dem Gegensatz von Küste und gebirgigem Binnenland, sondern sie kennt auch die morphologischen Besonderheiten vulkanischer Inseln (Thíra, Nísiros, Mílos, Antímilos, Poliägos u.a.) und weitere landschaftliche Reize (z.B. Samariá-Schlucht auf Kreta, Karsthöhlen auf Kalkinseln, Vegetation der Ionischen Inseln; HAVERSATH 2002).

Der landschaftliche Gegensatz, d.h. die kleinräumige natürliche Vielfalt, bildet einen wichtigen Bestandteil des touristischen Potenzials (BENTHIEN 1997, S. 26f.). Zu ihm gehört auch die Höhendifferenzierung von Klima und Vegetation. Sie hat als „naturkundlicher Anschauungsunterricht" kaum touristische Bedeutung, sehr wohl aber bei der Auswahl von Erholungsstandorten in klimatisch bevorzugten, küstennahen Zonen, und zwar bei den traditionellen Sommerfrischen der einheimischen Bevölkerung ebenso wie bei den Hotelanlagen für zahlungskräftige Gäste.

Der bedeutendste naturgeographische Faktor ist ohne Frage das sommertrockene und warme Klima, das jährlich in den Sommermonaten Millionen ausländischer Touristen anzieht. Die hohe Sonnenscheindauer (z.B.: Sámos: 1079h [Juni–August]; dagegen Gießen: 641h [Juni–August]) und die beständige Hochdruckwetterlage in den Sommermonaten bilden das primäre Urlaubsmotiv für die meisten Gäste aus den nördlicheren Ländern Europas. Die enge Verzahnung von Land und Meer, die große Zahl der bewohnten Inseln (169) und die weitläufigen Küstenabschnitte (>15000km) machen das Ägäisland für Badeurlauber sehr attraktiv. Sonne, Sand und Meer gehen eine für den Tourismussektor vorteilhafte Verbindung ein. Es kommen viele Gäste ins Land, die mit ihrem Aufenthalt keine spezifischen Interessen jenseits von Erholung, Inszenierung und Sonnetanken verfolgen (KIEFL 2000).

Das kulturgeographische Potenzial besteht im Wesentlichen aus den zahlreichen Kulturdenkmälern, Ausgrabungsstätten und Relikten seit prähistorischer Zeit. Es umfasst so berühmte Orte wie Athen, Delphi, Olympia, Epidaurus, Korinth, Delos, Mykene, Tiryns, Knossos, Mistras oder Dodona, Vergína, Philippi und Olynthos. Archäologische Fundstätten sind ein wichtiger Zielpunkt des sog. Kultur- und Bildungstourismus. Kulturlandschaftliche Relikte wie Ackerterrassen (RIEDL 1997) oder Wirtschafts- und Ortsformen finden dagegen nur selten die Aufmerksamkeit von Touristen. Generell erregen aktuelle kulturlandschaftliche Prozesse nur die Aufmerksamkeit kleiner Kreise.

Sehr schwer greifbar ist die sprichwörtliche Gastfreundschaft (φιλοξενία) als touristischer Faktor. Sie wird von der Tourismusbranche in Reiseprospekten und -führern gerne als landestypisch herausgestellt; gleichwohl hat sie in den Zentren des Massentourismus nur als Imagefaktor Bedeutung.

Als speziell touristische Attraktionen werden hier solche Einrichtungen verstanden, die eigens zur Belebung des Fremdenverkehrs geschaffen wurden. Die Gästeunterkünfte, die Hotellerie und die Parahotellerie bilden ihren Kern. Mit den Ansprüchen der Kunden und der Konkurrenz durch verschiedene Anbieter nimmt die touristische Infrastruktur ein immer größeres Ausmaß an. Waren es früher nur kleine Gaststätten und Herbergen, in denen die Urlaubsgäste Unterkunft fanden, so sind es heute große Hotelkomplexe mit integrierten Lokalen, Shops und Freizeitanlagen. Je eindeutiger der Geschmack der Touristen getroffen wird, um so größer ist der wirtschaftliche Erfolg.

7.1.2 Präsentation in Reiseführern

Geographische Landeskunden und Reiseführer haben einen klaren thematischen Überschneidungsbereich, doch scheinbar keine Berührungspunkte. Beide Gattungen nehmen einander kaum wahr, POPP (1997) spricht sogar von wechselseitiger Betriebsblindheit. Die funktionale Reiseführer-Typologie von STEINECKE (1994) unterstreicht diese Diagnose: Reiseführer dienen als Wegweiser, als Animateure, als Organisatoren und als Interpreten. Gerade die zuletzt genannte Ebene spricht die Gemeinsamkeiten von Reiseführern und Landeskunden an. Die Auswahl der Sehenswürdigkeiten, die Vermittlung von Hintergrundwissen über den Raum und seine Bewohner („Land und Leute"), aber auch Detailkenntnisse aus den Bereichen Gesellschaft und Wirtschaft sind Gegenstand beider Gattungen. Außerhalb der Betrachtung stehen kulturgeschichtliche, politische oder andere Reisebücher (z.B. CHOISI 1988, EICHHEIM 1999), da sie weder Reiseführer im funktionalen Sinn noch geographische Landeskunden sind. Auch die Präsentation des Landes in Reiseprospekten, die ganz vordergründig auf die Vermarktung des Produktes zielt (HAVERSATH 2000), findet hier keine Berücksichtigung.

Die unterschiedliche Art der Aufmachung beider Gattungen in Text (Fachsprache – Umgangssprache) und Bild (kaum bebildert – reichlich bebildert), die spezifische Zielgruppenorientierung der Reiseführer (für Familien, für Wanderer, für Kunstfreunde, für Biker usw.) sowie ihr günstiger Preis haben auf dem Buchmarkt längst die Weichen zu Ungunsten der geographischen Landeskunden gestellt. Gleichwohl steht die inhaltliche Analyse zu den Reiseführern eines Landes (z.B. für Norwegen: PINKAU 1997) erst in den Anfängen, für Griechenland gibt es keine derartige Untersuchung.

Ganz nach Konzeption der Bände und Reihen – auf bestimmte Zielgruppen (z.B. Segler), auf ausgewählte Räume (z.B. Korfu), auf den knappen Überblick oder auf die ausführliche Darstellung orientiert – fallen die einzelnen Werke unterschiedlich aus. Schmale Heftchen, die nur mit Strichzeichnungen und wenigen Karten illustriert und ausgesprochen preisgünstig sind, stehen dicken „Schmökern" mit über 1000 Seiten gegenüber.

Es ist das Ziel der folgenden Untersuchung, an ausgewählten Beispielen die Darbietung geographischer Informationen zu analysieren, also den Überschneidungsbereich beider Gattungen kritisch zu sichten. Dabei werden bewusst Reiseführer, die das ganze Land betrachten, und regional sowie thematisch spezialisierte nebeneinander gestellt. Die Auswahl kann allerdings weder die Fülle der Reiseführerliteratur zu Griechenland noch den nach Sparten und Räumen spezialisierten Markt spiegeln.

Es ist die Absicht der knappen Analyse, auf bestimmte Defizite von Reiseführern aufmerksam zu machen, ohne die Werke an den Pranger zu stellen. Bewusst werden Bücher unterschiedlicher Entstehungszeit präsentiert, um damit das generelle Anliegen zu unterstreichen.

Der Auswertung liegen die in Tabelle 7.1 aufgeführten Werke zu Grunde. Sie stehen stellvertretend für folgende Arten von Reiseführern: touristische Reiseführer, die das ganze Land (1) oder bestimmte Regionen (2, 4, 7, 8) vorstellen, und Spartenführer zu Archäologie und Geschichte (3), zu Natur und Landschaft (5) sowie zum Thema Wandern (6).

Die Erwartung, dass gerade knapp gefasste, kürzere Ausgaben geographische Informationen besonders plakativ und klischeehaft präsentieren, wird auf den ersten Blick nicht bestätigt. Bei allen Bänden ist der Anteil geographischer Aspekte sehr eingeschränkt. Wenn es einführende landeskundliche Kapitel gibt, dann fallen diese bei den touristischen Führern sehr knapp aus. Lediglich der Spartenführer zu Natur und Landschaft (5) bietet einen differenzierten Überblick über Naturraum und Wirtschaft.

Abgesehen von dem Kurzführer (2), präsentieren die regional untergliederten Reiseführer spezielle landeskundliche Übersichten zu einzelnen Räumen; die rein textlichen Darstellungen fallen unterschiedlich lang aus (zumeist deutlich weniger als 1 Seite) und sind über den ganzen Band verteilt. In allen Fällen bleiben sie deskriptiv, stellen die Toponymie in den Mittelpunkt und erwecken mit der gelegentlichen Nennung von Fachbegriffen den Eindruck der Kompetenz.

Nr.	Titel; sachlicher Schwerpunkt	geographische Aspekte
1	FOHRER u. a. (1992): Reisehandbuch Griechenland; touristischer Reiseführer (726 S.)	geographische Aspekte in die Regionalteile (Thrakien, Epirus, Thessalien ...) integriert
2	BURIAN (1988): Polyglott Reiseführer Peloponnes; touristischer Regionalführer (64 S.)	„Land und Leute" (3 S.)
3	MERLIER u. a. (1962): Nagels Enzyklopädie Reiseführer Griechenland; archäologisch-historischer Führer (1 030 S.)	„Allgemeines Landschaftsbild" (7 S.), „Bevölkerung und Wirtschaft" (12 S.), regionale Überblicke
4	SPERLICH (1986): Peloponnes selbst entdecken; touristischer Regionalführer (160 S.)	„Wasser" ($^1/_2$ S.), „Erdbeben" ($^1/_2$ S.), regionale Überblicke
5	KRETZSCHMAR (1994): Griechenland; Führer über Tiere, Pflanzen und Landschaften (148 S.)	„Kleine Landeskunde" ($7^1/_2$ S.)
6	HIRNER (1989): Wanderungen auf dem Peloponnes; touristischer Wanderführer (192 S.)	„Gliederung, Pflanzen und Tiere, Bevölkerung, Wirtschaft" (3 S.)
7	SIEBENHAAR (1999): Korfu, Ionische Inseln; touristischer Regionalführer (400 S.)	„Landeskunde" (3 S.), regionale Überblicke
8	MACRAKIS u. a. (1996): Kreta; touristischer Regionalführer (256 S.)	„Porträt" (3 S.), regionale Überblicke

Tab. 7.1: Ausgewählte Reiseführer

Da der Reiseführermarkt wirtschaftlich lukrativ ist, werben die Verlage zielgruppenorientiert mit der Nützlichkeit ihrer Produkte. „Insider-Tipps", „Hätten Sie es gewusst?" oder „Highlights" sind Abschnittsbezeichnungen, die in den neueren Führern unverzichtbar sind. Nur die seriösen Ausgaben betonen ausdrücklich, dass ihre Hit-Liste subjektiv und lediglich als Anregung gedacht sei (SIEBENHAAR 1999, S. 11f.), während besonders manche Kurzreiseführer bei dieser Gelegenheit einen Superlativ an den anderen reihen. Diese Art der Präsentation ist deshalb problematisch, weil sie zu Überzeichnungen und zur Klischeebildung ver-

Übersicht 7.2: Der Peloponnes: Gebirge, Karst und Tektonik

Der Peloponnes: Gebirge, Karst und Tektonik
Kaum ein Reisender ist heutzutage ohne Reiseführer unterwegs. Alles Wichtige, so hofft man, werde man in diesem Buch finden. Doch die Gewichte sind ungleich verteilt. Die obligatorischen Kapitel zur Geographie und Landeskunde können die Erwartungen von Fachleuten nur selten erfüllen.
„Eine Vielzahl von Bergmassiven durchzieht den Peloponnes, mit Gipfeln bis zu 2 400 Metern, zumeist in Nord-Süd-Richtung. Die wichtigsten sind im Norden das Panahaïkon-Gebirge (1926 m) bei Patras, das Aroánia-Gebirge mit dem Hélmos (2355 m), das Massiv des Killíni (2221 m) und die Erímanthos-Kette. Südlich davon (...)
Eine Besonderheit bilden auch die Kathavotren, Karsterscheinungen im Felsen, in denen das Wasser spurlos verschwindet, um an anderer, weit entfernter Stelle wieder hervorzusprudeln. So ergaben Messungen Athener Geologen mit radioaktiv markiertem Wasser, daß das bei Kivéri ins Meer sprudelnde Süßwasser aus der sogenannten Faulebene unterhalb des Artemísio-Gebirges nahe Tripolis stammt.
Der Peloponnes liegt entlang einer Platte, die vom Balkan herab über Kíthira und Kreta bis zum Taurusgebirge in Kleinasien und weiter verläuft (Eurasische Platte). So ist es in der Geschichte des Peloponnes keine Seltenheit, wenn die Erde einmal wackelt" (HIRNER 1989, S. 12f.).
Das Zitat zeigt das Dilemma: Die rein topographische Auflistung von Gebirgen bringt keine Erkenntnis, die Vorstellung der Karstphänomene (vgl. Kap. 4.1.4) ist unzureichend und falsch (richtig: Katavothren; nicht radioaktive Markierung, sondern Färbeversuche), die tektonischen Erläuterungen schließlich sind vollkommen unzureichend und irreführend (vgl. Kap. 4).

leitet. Reiseführer, die ihre Aufgabe als Interpreten, als Kultur- und als Landschaftsvermittler ernst nehmen, müssen sich um eine differenzierte, facettenreiche Darstellung bemühen. Plakative, fast stereotype Formulierungen sind kontraproduktiv.

Der diachrone Vergleich der Reiseführer aus Tabelle 7.1 (1962–1999) zeigt jedoch, dass eine einseitige Abwertung aktueller Führer nicht gerechtfertigt ist. Dank einer aufwändigen und umfangreichen Bebilderung vermitteln sie ein authentisches Bild. Landschaftsformen, Wirtschaftsbetriebe, Städteansichten u.v.a. werden fotografisch dokumentiert und geben z.T. treffliche Einsichten. Straßen-, Geschäfts- und Strandszenen fügen sich mitunter zu einem Gesamteindruck, der vielfältig und nuancenreich ist – wenn man die Bilder lesen kann.

Unter diesem Aspekt bleibt der Spartenführer zu Archäologie und Geschichte (3) deutlich zurück. Die gut 50 Karten (ausschließlich zu Grabungsstätten und historischen Übersichten) genügen heutigen Anforderungen nicht mehr. Der sehr umfangreiche Textteil wirkt stilistisch antiquiert; viele Metaphern und eine zu Übertreibungen und vorschnellen Bewertungen neigende Sprache machen die Aussagen unscharf und verzerren sie. So heißt es z.B. zu Nordwestmazedonien: *„Die Berglandschaften (...) atmen einen malerischen Zauber, der nichts Klassisches und nichts Mittelmeerländisches hat"* (MERLIER u.a. 1962, S. 3). Derartigen Einschätzungen liegt eine Favorisierung früherer Epochen und bestimmter Räume zu Grunde; sie ist auch bei vielen modernen Reiseführern anzutreffen. Hier scheint es fast ein Stereotyp zu sein, über die heutigen Städte ohne monumentale historische Relikte vernichtende Urteile abzugeben (s.a. FOHRER 1992, S. 93 (zu Grevená), S. 288 (zu Trípolis).

Zusammenfassend sind bei der Präsentation geographischer Inhalte klare Defizite zu konstatieren. Zwar werden die Touristen zu markanten natur- und kulturräumlichen Punkten geführt, zum Durchbruchstal des Piniós (vgl. Kap. 4), zu den Metéorafelsen (vgl. Kap. 4.1.4), zu den vulkanischen Inseln der Ägäis (vgl. Kap. 4.1.3), in die mediterrane Agrarlandschaft (vgl. Kap. 5), durch die modernen Städte (vgl. Kap. 8), in stagnierende oder pulsierende Dörfer (vgl. Kap. 3.2 und Kap. 8.2) – und natürlich auch zu den Zentren des Tourismus (vgl. Kap. 7.2). (Um industrielle und gewerbliche Anlagen machen die meisten Reiseführer allerdings einen weiten Bogen.) Die Erklärung der jeweiligen Phänomene bleibt leider – wie bereits in Kapitel 4.1.3 am Beispiel des Vulkanausbruchs auf Santorin gezeigt – in den meisten Fällen äußerst dürftig, oft ist sie ausgesprochen fehlerhaft.

7.2   Formen des Fremdenverkehrs

Seit Mitte der 1970er Jahre expandiert der Tourismussektor. 1978 überstieg die Zahl der ausländischen Gäste gerade die 5-Mio.-Grenze, bis 1994 hatte sie sich bereits verdoppelt. Der Tourismus ist damit zu einem wichtigen Wirtschaftszweig geworden, dessen Anteil an den Nettoeinnahmen der Dienstleistungs- und Übertragungsbilanz bei 20% liegt (Statistisches Bundesamt 1996); der Anteil des Tourismus am Bruttoinlandsprodukt liegt (1997) bei 4%. Er hat damit einerseits die wichtige Funktion, das Defizit der Handelsbilanz zu mindern, andererseits bildet er den zeitverschobenen Gegenpol zur jahrzehntelangen Auswanderung (LIENAU 1989a, S. 177).

Trotz weiterhin steigender Besucherzahlen gehen seit Mitte der 1990er Jahre die Deviseneinnahmen relativ zurück. Dies ist eine Folge des zunehmenden Massentourismus, der mit Pauschalangeboten einkommensschwächere Touristen begünstigt. Mit einem breit gefächerten Angebot, das aktuelle Trends in Freizeit und Tourismus aufgreift und auf Abwechslung, Aktivitäten sowie Qualität setzt, versucht die Griechische Fremdenverkehrsorganisation (EOT) diesen Trend wieder umzukehren (LENNARTZ 1999).

Man ist deshalb bestrebt, die Grenzen zwischen den verschiedenen Formen des Fremdenverkehrs (Kultur-, Bade-, Wandertourismus usw. von in- und ausländischen Gästen) zu verwischen. Die 1994 erfolgte Lizenzvergabe für 10 Spielkasinos ist vor diesem Hintergrund zu sehen. Als weitere Möglichkeit bietet sich die Kombination von Rundreise und stationärem Aufenthalt an, allerdings bevorzugt bei den Gästen des festländischen Griechenlands und bei Kreuzfahrtteilnehmern. Wer einen Badeurlaub in den massentouristischen Zentren der kleineren Inseln gebucht hat, ist dagegen schwerer auf ein Angebot mit kombinierten Urlaubsformen umzulenken; hier ergänzen Tagesausflüge das Programm. Wenn im Folgenden dennoch nach o.a. Kategorien unterteilt wird, so geschieht das unter systematischem Gesichtspunkt und aus Gründen der unterschiedlichen Raumwirksamkeit.

Die ökonomisch bedeutungslosen und sozial nicht immer verträglichen Formen, die von manchen Rucksacktouristen, Aussteigern oder Alternativen gepflegt werden, finden bei der griechischen Bevölkerung kein Verständnis. Als Sonderfall, der zudem einer hohen modebedingten Fluktuation unterliegt, bleiben sie an dieser Stelle unberücksichtigt, obwohl sie auf manchen Inseln räumlich durchaus in Erscheinung treten.

7.2.1 Klassischer Bildungstourismus

Die Vielzahl der über 3000 Jahre alten kulturellen Monumente und Hinterlassenschaften sind die Grundlage des Bildungs- und Kulturtourismus. Bei vielen ausländischen Gästen, aber auch bei etlichen Griechen steht die Gegenwart des Landes bisweilen *„im Schatten der leuchtenden und oft kritiklos idealisierten Vergangenheit"* (TZERMIAS 1993, S. 7), vornehmlich der Klassischen Antike und des Byzantinismus. Die Relikte aus osmanischer Zeit finden dagegen nur untergeordnete Beachtung (vgl. Kap. 2.3). Das moderne Griechenland *„ohne Säulen"* (GAITANIDIS 1962) wird nur ganz oberflächlich wahrgenommen.

Die Besucher archäologischer Stätten (Tab. 7.2) werden im Folgenden als Repräsentanten des Bildungstourismus herangezogen. Ihnen steht eine breite Palette von Ausgrabungsplätzen zur Auswahl, die von der Minoischen bis in die Byzantinische Zeit reichen und sich über das gesamte Festland und die Inselwelt erstrecken. Gemessen am Besucherstrom, liegt der Schwerpunkt der Ziele in Attika, auf dem östlichen Peloponnes (Argolis) und auf bestimmten Inseln der Ägäis. Es muss zusätzlich betont werden, dass sich in dieser Gruppe in- und ausländische Touristen vereinigen. Für griechische Schulklassen und in vielen Familien gilt der Besuch bedeutender antiker Stätten als Muss.

Athen und Attika: Zentren des Kulturtourismus

Ergänzt man die Angaben aus Tabelle 7.2 um die Besucherzahlen der großen Museen, dann sticht die überragende Dominanz des attischen Zentralraums für den Bildungs- und Kulturtourismus ins Auge. Die kultischen Bauten auf dem Fels- und Schuttkomplex der Akropolis (vgl. Abb. 4.9) bilden den wichtigsten Besuchermagneten, besonders der Parthenon, das Erechtheion, der Niketempel und die Propyläen (Abb. 7.2), die unter PERIKLES ab 447 v.Chr. von bekannten Baumeistern (PHIDIAS, KALLIKRATES, PHILOKLES u.a.) errichtet und entscheidend durch die Explosion eines osmanischen Pulvermagazins im Parthenon (1640) zerstört wurden. Erst in neugriechischer Zeit begann man mit der allmählichen Wiederherstellung.

Für historisch, architektur- und kunstgeschichtlich Interessierte bietet allein Athen eine Fülle weiterer Besichtigungspunkte: Das Odeon des Herodes Atticus, das Dionysos-Theater, der Areopaghügel, die Agorá (mit dem Theseion und der Stoá des Attalos), der Turm der Winde, das Hadrianstor sowie zahlreiche Museen befinden sich in unmittelbarer Nähe der Akropolis.

	1980	1990	1997
Attika und Mittelgriechenland:			
Akropolis Athen	1409	1402	1200
Theseion Athen	155	123	92
Eleusis	18	8	7
Apollontempel Ägina	8	11	6
Olympieion Athen	60	55	49
Poseidontempel Kap Sounion	404	275	200
Delphi	519	590	377
Peloponnes:			
Alt-Korinth	k. A.	193	133
Olympia	367	404	316
Epidaurus	527	540	385
Mykene	532	507	346
Tiryns	64	43	21
Mistras	124	154	123
Ägäische Inseln:			
Knossos (Kreta)	528	706	684
Phaistos (Kreta)	131	177	128
Malliá (Kreta)	k. A.	89	48
Delos	81	86	101
Líndos (Rhódos)	333	419	487
Kamiros (Rhódos)	119	153	155
Akrotiri (Santorin)	63	139	203
Míthimna (Lésbos)	–	–	26
Epirus, Mazedonien, Ionische Inseln:			
Dodona	22	20	30
Vergína	–	–	46
Philippi	19	29	31
Pélla	21	21	19
Olynthos	k. A.	k. A.	6
Altes Fort (Korfu)	k. A.	k. A.	107
Zitadelle (Zákinthos)	7	14	17
Gesamtgriechenland	6480	7343	6439

Tab. 7.2:
**Besucherströme zu ausgewählten archäologischen Stätten 1980–1997
(in 1000 Pers.)**
Quelle:
National Statistical Service, versch. Jg.

Um den starken Besucherandrang zu bewältigen und an ihm zu partizipieren, haben entlang der Straßen und Wege touristisch orientierte, ambulante Dienstleister (Eis, Getränke, Bücher, Filme, CDs, Sonnenbrillen usw.) ihre Stände aufgebaut. Ihr Angebot wird von den zahlreichen Souvenirshops, Restaurants, Tavernen und Ladengeschäften in der nahen Plaka ergänzt.

Das Nationalmuseum mit rund 40 Sälen, in denen prähistorische, antike und hellenistische Fundstücke aus ganz Griechenland ausgestellt sind, befindet sich in der nördlichen Innenstadt. Mit rund 300 000 Besuchern (1997) nimmt es hinter dem Museum von Iráklion (333 000 Besucher) den zweiten Platz vor den Museen von Delphi, Olympia und Thessaloníki ein. Das weitere attische Umland wertet den Standort Athen als Mekka der Bildungstouristen auf; gleichwohl werden der Poseidontempel am Kap Sounion, das Artemis-Heiligtum von Vravróna, das Museum von Marathon, der Apollon- und der Aphaia-Tempel auf Ägina oder das Heiligtum von Eleusis nur von einer relativ kleinen Besuchergruppe angefahren.

Formen des Fremdenverkehrs 209

Abb. 7.2:
Die Athener Akropolis mit ihren touristisch bedeutsamen Bauwerken
Quelle:
SENNE 1991, S. 344

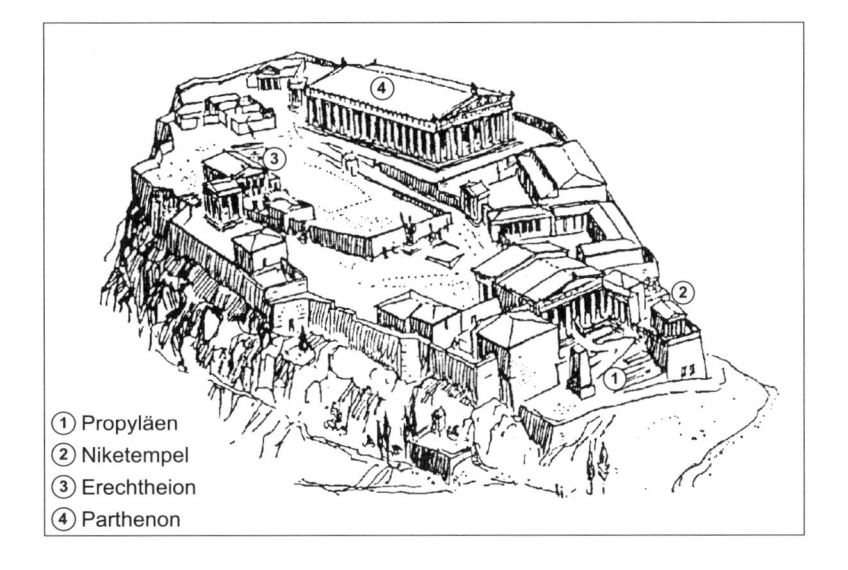

① Propyläen
② Niketempel
③ Erechtheion
④ Parthenon

Delphi, Olympia, Mykene: Stätten europäischen Ranges
Im Elikongebirge bildet das Museum des Klosters Osios Loukas einen besonderen Anziehungspunkt für die orthodoxe Bevölkerung und an Sakralbauten interessierte Touristen. Nur gut 30 km weiter liegt Delphi, dessen antikes Orakel als Nabel der Welt bezeichnet wurde. Mit seinen zahlreichen Hotels und Pensionen ist es ein überregional bedeutender, sehr stark frequentierter Fremdenverkehrsort. Neben Individualtouristen sind es vor allem Busrundreisen und -tagestouren (ab Athen oder Piräus), die den mittelgriechischen Ort in ihrem Programm haben. Wenn der Strom der Bildungstouristen hier im Spätherbst abreißt, schließen viele Hotels. Die im Winter nachrückenden Skitouristen, die an den Hängen des verschneiten Parnassos Sport treiben, können diese Lücke nicht füllen.

Besonders Zielpunkte in ungünstiger Lage wie die Stätten des antiken Olympia (bei Pírgos), das byzantinische Mistras oder das venezianisch geprägte Monemvasía (beide in Lakonien) sowie die thessalischen Metéora-Klöster sind stark an die Routen von Busrundreisen gebunden. Die zugehörigen Hotels befinden sich meistens abseits der historischen Stätten in größeren Siedlungen (z.B. Kalampáka als Etappenort für Besucher der Metéora-Klöster). Standorte, die jenseits der festländischen Rundreiserouten liegen, bleiben dem Individualtourismus vorbehalten. Hierzu zählen z.B. in Messenien die venezianischen Festungen von Methóni und Koróni sowie zahlreiche Plätze in Nordgriechenland (Abb. 7.3).

Die antiken Ziele der Argolis werfen ein Licht auf die Entwicklung der Besucherströme. Der östliche Peloponnes ist einerseits von Athen aus leicht erreichbar, andererseits verfügt er am Argolischen und am Saronischen Golf über eigene Touristenzentren, sodass mit einem besonders intensiven Besucherandrang in Epidaurus, Mykene oder Tiryns zu rechnen wäre. Die stark rückläufigen Zahlen (Tab. 7.2) zeigen jedoch, dass der Bildungstourismus an Bedeutung verliert.

Plätze wie Tiryns, dessen mykenische Burganlage mit der so genannten Zyklopenmauer zwar eindrucksvoll ist, von der benachbarten Burg des Agamemnon in Mykene aber überschattet wird, geraten offensichtlich ins Abseits. Es werden – von einer abnehmenden Besucherzahl – nur noch jene Stellen aufgesucht, die als besondere „Highlights" gelten. Für stark überlaufene Ziele wie die Akropolis in Athen oder die Tempelanlage von Delphi mag

Abb. 7.3:
Ziele des Kulturtourismus und Badestrände

die Trendumkehr aus konservatorischen Gründen vorteilhaft sein, die allgemein rückläufige Tendenz beim Bildungstourismus kann jedoch nicht befriedigen. Die über das Binnenland verstreuten Standorte bieten ein ausgezeichnetes Potenzial, um auch nicht küstenorientierte Plätze am Tourismus partizipieren zu lassen.

Das besondere Profil der Inseln: Rhódos und Kreta

Ganz anders verläuft die Entwicklung auf jenen Inseln, die auch Zentren des Massentourismus sind. Die Besucherzahlen steigen deutlich an, getragen von den organisierten Tagestouren für Strandurlauber (HAVERSATH 2002). Auch hier folgen die Busse festen Routen, auf denen die Besichtigung von Kirchen, Museen oder Grabungsstätten mit Einkaufsmöglichkeiten und einem Tavernenbesuch verbunden werden.

Auf Rhódos z.B. gibt es keine organisierte Rundfahrt, die nicht in Líndos Station macht. Ähnlich wie in Athen konzentriert sich auch hier das touristische Interesse auf die Akropolis mit den Resten eines Athenetempels. Den Aufgang zur Oberstadt säumen Souvenirshops und Tavernen, die ganz auf die Laufkundschaft eingestellt sind. Analoge Organisationsmuster findet man auf vielen Inseln (z.B. Sámos, Dílos, Náxos, Korfu, Zákinthos), jedoch nicht auf Kefallinía oder Inoússes, die sich dem Tourismus nur begrenzt geöffnet haben.

Obwohl die Touristen auf Kreta räumlich und thematisch eine große Auswahl haben, konzentriert sich auch hier das Gros der Besuche auf eine Grabungsstätte, den Palast des Minos in Knossos. Die bereits während der Ausgrabungen um 1900 rekonstruierten Häuser lassen die Anlage lebendig erscheinen und geben zugleich der Phantasie Raum. Die Nähe zu den touristischen Zentren der kretischen Nordküste zwischen Iráklion und Agios Nikólaos begünstigt den Besucherzustrom, der allerdings ebenso wie im Museum von Iráklion leicht rückläufig ist. Dass jedoch gerade dieses Museum das am meisten frequentierte des ganzen Landes ist, kann nur mit dem steigenden Inseltourismus erklärt werden.

Domäne des Binnentourismus: Nordgriechenland
Dass Nordgriechenland abseits der Hauptrouten von Bildungstouristen liegt, zeigt Tabelle 7.2. Dies hat seine Ursache weder in dem stark eingeschränkten Zugang zu den berühmten Klöstern der Athos-Halbinsel noch in fehlenden Sehenswürdigkeiten. Das Image der attischen und peloponnesischen Ausgrabungsorte erreichen epirotische, mazedonische oder thrakische Plätze einfach nicht. Obwohl das Theater von Dodona (bei Ioánnina) ebenso groß ist wie das von Epidaurus und zudem unmittelbar neben dem Heiligtum und der Orakelstätte des Pelasgischen Zeus liegt, rangiert es nach Bekanntheitsgrad und Besucherfrequenz auf einem hinteren Platz. Vergína (bei Véria), der Fundort einer Truhe mit mazedonischem Sonnenstern und eines Marmorsarkophags, der PHILIPP II. zugeschrieben wird, wird vornehmlich von Griechen besucht. Selbst das reichhaltige Erbe mazedonischer und thrakischer Städte (Véria, Thessaloníki, Kavála oder Komotiní) mit antiken, byzantinischen und osmanischen Denkmälern findet bei Bildungsreisenden keinen großen Zuspruch.

Die Sehnsucht nach der Graecia aeterna, nach der edlen Einfalt und stillen Größe, die im 19. Jh. viele Gebildete erfüllte (MERLIER u.a. 1962, S. VII), konnte nur in Ausnahmefällen mit einem Besuch des Landes befriedigt werden, selbst WINCKELMANN oder HÖLDERLIN betraten nie den Boden des alten Hellas. Als Bildungstourismus entwickeln sich hieraus die Anfänge des modernen Fremdenverkehrs. Bis heute hat sich seine Struktur stark gewandelt: Seine Träger sind die in- und ausländische Bevölkerung, eine klare Trennlinie von Erholungs- und Bildungstourismus ist vielfach nicht mehr auszumachen, doch scheint der Wunsch nach dem Besuch klassischer Ziele eher abzunehmen. Im Zeitalter des Massentourismus werden von den großen Hotelanlagen aus neue Besucherströme zu den historischen Stätten geleitet. Küstenferne Standorte in touristisch unerschlossenen Regionen und manche Inseln (z.B. Lésbos) bleiben jedoch überwiegend im Abseits, auch wenn sie über ein beträchtliches Potenzial verfügen.

7.2.2 Bade- und Erholungstourismus

Der sommerliche Fremdenverkehr zu den Seebädern des Mittelmeers, der sich an der Adria und dem Tyrrhenischen Meer seit Ende der 1950er Jahre zum Massentourismus wandelte und heute 70–90% der Ausländeraufenthalte umfasst (ROTHER 1993, S. 174), erreichte Griechenland erst in den 1970er Jahren. Für die wichtigsten Herkunftsländer in Mittel- und Westeuropa wird der massenhafte Zugang zu den Stränden der Ägäis erst durch den Flugverkehr ermöglicht. Die numerische Erfassung der Gästeankünfte mag noch so unzuverlässig sein – manche Autoren rechnen mit einer Dunkelziffer von 100% (KERN 1995) –, als Grundlage kann auch im Folgenden nur die amtliche Statistik (National Statistical Service) dienen.

Kreuzfahrer, Segler und Badeurlauber
Unter den Erholungsurlaubern bilden die Kreuzfahrtteilnehmer eine zwar kleine, aber zahlungskräftige Gruppe (1991: 235 131 Pers., 1997: 518 164 Pers.). Bei ihren Fahrten ist Griechenland mitunter nur Teil eines größeren Mittelmeerprogramms. Auf den unterschiedlich konzipierten Touren werden Häfen der Inseln und/oder des Festlands angesteuert. Ein bevorzugter Haltepunkt ist Rhódos; die Stadt, die von den Kreuzrittern (Großmeisterpalast),

	1938		1964		1970		1980		1991		1997	
	(1000)	(%)	(1000)	(%)	(1000)	(%)	(1000)	(%)	(1000)	(%)	(1000)	(%)
Touristen	131		1068		2069		6656		8036		10070	
Flugzeug	9	6,8	403	37,7	1020	49,3	3888	58,4	5772	71,8	8148	80,9
Eisenbahn	24	18,3	215	20,1	233	11,4	264	4,0	145	2,0	37	0,4
Schiff	91	69,4	294	27,5	463	22,3	1125	16,9	898	11,1	565	5,6
Straße	7	5,5	156	14,7	353	17,0	1379	20,7	1221	15,1	1320	13,1

Tab. 7.3: Entwicklung des Fremdenverkehrs: Anzahl der Touristen (in 1000 Pers.) und Art der Einreise 1938-1997
Quelle: National Statistical Service 1999

den Osmanen (Moscheen) und den Griechen geprägt ist (EGGELING 1984), bildet eine attraktive Kulisse (vgl. Abb. 3.6) und die ausgezeichnete Möglichkeit zum Landgang. Von den festländischen Häfen aus können auch Busfahrten ins Hinterland unternommen werden. Von Vólos ist es nicht weit zur Halbinsel Magnísia mit den bekannten Dörfern des Piliongebirges (bes. Makrinítsa und Zagora, vgl. Kap. 3.2), beim Halt in Pátras oder Náfplion lädt der Peloponnes förmlich zu einer Rundfahrt ein.

Die Gruppe der Segler, die mit einem gemieteten Schiff zumeist in der Ägäis unterwegs sind, wird in der Statistik nicht erfasst. Das differenzierte Angebot an unterschiedlichen Schiffsgrößen und -typen in den Häfen der Kykladen, Sporaden und des Dodekanes zeigt jedoch, dass es sich auch in diesem Fall um ein lukratives Segment der Tourismusbranche handelt.

Die große Mehrzahl der Bade- und Erholungstouristen wohnt in küstennahen Hotel- und Ferienanlagen. Der seit den 1970er Jahren einsetzende Boom steht mit dem Ausbau der Flughäfen auf den Inseln in direktem Zusammenhang. Der kontinuierlich steigende Anteil der Fluggäste (Tab. 7.3) täuscht allerdings eine Stetigkeit vor, die generell für den Tourismus nicht gilt. Hierauf deuten die schwankenden Zahlen bei den Einreisen per Schiff oder auf der Straße hin. Der Bedeutungsverlust der Eisenbahn als touristisches Transportmedium fügt sich in den gesamteuropäischen Trend.

Strukturelle und konjunkturelle Probleme

Die starke Krisenanfälligkeit des internationalen Tourismus zeigt sich dann, wenn plötzlich – z.B. infolge politischer Spannungen – der Zustrom aus bestimmten Ländern ausbleibt oder stark schrumpft; ein instruktives Beispiel hierfür ist Jugoslawien (1978: 514000 Pers., 1991: 518000 Pers., 1997: 199000 Pers.). Zusätzlich ist der moderne Massentourismus der weltweiten Konkurrenz ausgesetzt. Internationale Tourismuskonzerne bieten globale Ziele an, die untereinander über den Preis-Leistungsvergleich im Wettbewerb stehen. Einer der schärfsten Konkurrenten Griechenlands ist sein Nachbar Türkei.

Der Ausbau eines engmaschigen Netzes an Flugplätzen war die wichtigste Vorleistung für die Belebung des Inseltourismus. Die Flughäfen der Ägäischen und Ionischen Inseln wickeln längst die Masse der Charterflüge ab, während der Athener Flughafen die Drehscheibe im nationalen und internationalen Linienverkehr bildet (Tab. 7.4). Die Verteilung der Ankünfte im Charterverkehr, mit dem 62 % der Touristen das Ägäisland 1997 erreichten, zeigt an, in welchem Maß sich durch den Massentourismus der Schwerpunkt von Attika auf die Inseln, besonders nach Kreta, Rhódos und Korfu, verlagert hat.

Das ebenfalls dichte festländische Flughafennetz, das von Ioánnina bis Kalamáta und von Préveza bis Alexandroúpolis reicht, hat aber mit Ausnahme von Thessaloníki kaum touristische Bedeutung; es stellt in den meisten Fällen nur die Verbindung zur Landeshauptstadt her.

Die Quellgebiete konzentrieren sich mit der Vergrößerung der EU immer mehr auf ihre Mitgliedsländer (1991: 65,0%; 1997: 90,8%). Unter ihnen stammt der größte Besucherstrom aus Deutschland (21,8%), gefolgt von Großbritannien (18,7%), Italien (5,8%), Schweden (5,1%) und den Niederlanden (5,0%). Die USA und Japan erreichen deutlich niedrigere Werte.

Die Saisonalität des Besucherzustroms ist ein weiteres Kennzeichen des Tourismusgewerbes. Infolge der sommerlichen Hauptferienzeit, an die Familien mit schulpflichtigen Kindern gebunden sind, liegt das Gästeaufkommen (1980–1997) in den Monaten Juni bis September bei 60–67%, die Wintermonate Dezember bis März (1997) erreichen dagegen gerade 7%. Von den Badegästen wird die Problematik der eingipfligen Saison in der Regel nicht bedacht.

	1995	1996	1997
Athen	660	589	490
Iráklion (Kreta)	1502	1430	1643
Thessaloníki	388	441	421
Kérkira (Korfu)	751	601	677
Kos	505	454	527
Rhódos	903	873	1017
Chaniá (Kreta)	308	289	331
Gesamt	6184	5735	6243

Tab. 7.4: **Entwicklung des Charterverkehrs ausgewählter Flughäfen 1995–1997 (in 1000 Pers.)**
Quelle: National Statistical Service 1999

Für die einheimische Bevölkerung hingegen sind die positiven und negativen Konsequenzen unübersehbar. Einerseits schafft die Betriebsspitze in den Sommermonaten zahlreiche saisonale Arbeitsplätze und neue Verdienstmöglichkeiten für Personen, die aus der Landwirtschaft ausscheiden oder sonst keinen Erwerb hätten, andererseits führt sie in den Fremdenverkehrsgebieten zu starker Lärmbelästigung und zu Engpässen in der Wasserversorgung. Weil der touristische Bedarf Vorrang hat, die Wasservorräte jedoch begrenzt sind, leidet v.a. die Bewässerungslandwirtschaft unter der knappen Ressource. Die Folge ist ein vielfältig verursachter, nun jedoch beschleunigter Rückgang der landwirtschaftlichen Produktion im Umkreis vieler touristischer Zentren, wie ihn Kern (1995) für Tínos und Mýkonos beschreibt. Dies führt zu einer einseitigen Orientierung der regionalen Wirtschaft an den Bedürfnissen des Tourismusgewerbes.

Die Umgestaltung der Küstenzone
Die räumlichen Auswirkungen des Massentourismus kulminieren in der Küstenzone; generell unterscheidet sich Griechenland in dieser Beziehung nicht von den anderen Anrainerstaaten des Mittelmeers (Rother 1993, Wagner 2001). In den touristischen Zentren besetzen Hotelanlagen, Ferienhaussiedlungen, Freizeitanlagen und Campingplätze die strandnahen Areale. Ohne Bebauungsplan entstehen unkoordiniert ganze Siedlungsbänder, die vor allem auf den Inseln zu einer Umwertung großer Räume führen.

Für Kreta dokumentiert Born (1984) den Prozess der Siedlungsexpansion und der konkurrierenden Flächenansprüche am Beispiel der Gemeinde Gouves, ca. 15 km östlich von Iráklion unweit des Flughafens gelegen. In unmittelbarer Nachbarschaft zur infrastrukturell gut erschlossenen Siedlung Limani Chersonisos entstand hier auf spekulativer Grundlage (Nutzung der Einrichtungen in der Nachbargemeinde) und ohne baurechtliche Regelung seit 1971 eine neue Feriensiedlung. Bereits 1982 besteht der Káto Gouves (Unter-Gouves) genannte Ort aus 7 großen Hotels, 31 Bungalows und 369 Ferienhäusern, denen nur 153 Dauerwohnsiedlungen gegenüberstehen.

Die innere Struktur des Ortes spiegelt die Abfolge der Bebauung wider: Die großen Hotels befinden sich in Strandlage, die Bungalows liegen weiter landeinwärts, die Ferienhäuser sind zwischen den Hotels platziert, die Wohnsiedlungen der Bevölkerung haben an der Durchgangsstraße (E 75) ihren Platz. Die neu entstandenen Arbeitsplätze locken einerseits

Zuwanderer nach Káto Gouves, das nach 10 Jahren bereits 770 Einwohner hat; andererseits nimmt die Bevölkerung des alten Ortes Epano Gouves (Ober-Gouves) merklich ab (1971: 513 Ew., 1981: 373 Ew.). Hinter diesen kartierbaren Prozessen verbirgt sich die generelle ökonomische Aufwertung der strandnahen Zone. Dies führt zu einem galoppierenden Anstieg der Baulandpreise an der gesamten kretischen Nordküste (1971: 100 Drs./m², 1976: 300 Drs./m²; 1981: 3000 Drs./m², 1982: 10000 Drs./m²). Hiervon profitiert primär die bäuerliche Bevölkerung aus Epano Gouves, welche die Verkaufserlöse teilweise in prestigeträchtige Neubauten, teilweise in die Ausbildung der Kinder steckt.

Im Zuge der Abwertung des bäuerlichen Hinterlands verstärkt sich die Marginalität dieses Raumes, der vom Touristenstrom nicht berührt wird. Die einseitige Aufwertung der Küstenzone führt zu einer Konzentration aller Aktivitäten. Wohnen, Arbeiten, Erholung und Verkehr bündeln sich in einem schmalen Streifen.

Uniforme Raummuster: Boomende Küste, verödendes Hinterland

Analoge Raummuster findet man vielfach. Auf den Kykladeninseln Sérifos (KERN 1986b) oder Síros (KATSIKIS/KERN 1981) fällt die einseitige Bevorzugung der Küstenräume ebenso ins Auge wie z.B. auf Rhódos; hier entstanden die massentouristischen Unterkünfte zwischen der Hauptstraße und der Küstenlinie (z.B. in Falirakion, Afandu, Kolimbia). Auf den anderen Ägäischen oder Ionischen Inseln ist diese Struktur ebenso wie auf Kassándra (Chalkidikí) oder in weiteren festländischen Tourismusgebieten verbreitet. Es ist dabei durchgehend festzustellen, dass sich die Touristen im tageszeitlichen Wechsel im Strandbereich (Baden, Erholen, Spielen, Sport usw.) oder entlang der am Abend sehr belebten Hauptstraße (Geschäfte, Restaurants, Flanierbereich, Bars usw.) aufhalten. Die Durchgangsstraße von Argássion auf Zákinthos steht stellvertretend für den Typus einer touristisch geprägten Geschäftsstraße (Abb. 7.4). Die vorwiegend eingeschossigen Gebäude unterstreichen das geringe Alter der gesamten Anlage; die Hotels sind aus einsichtigen Gründen mehrge-

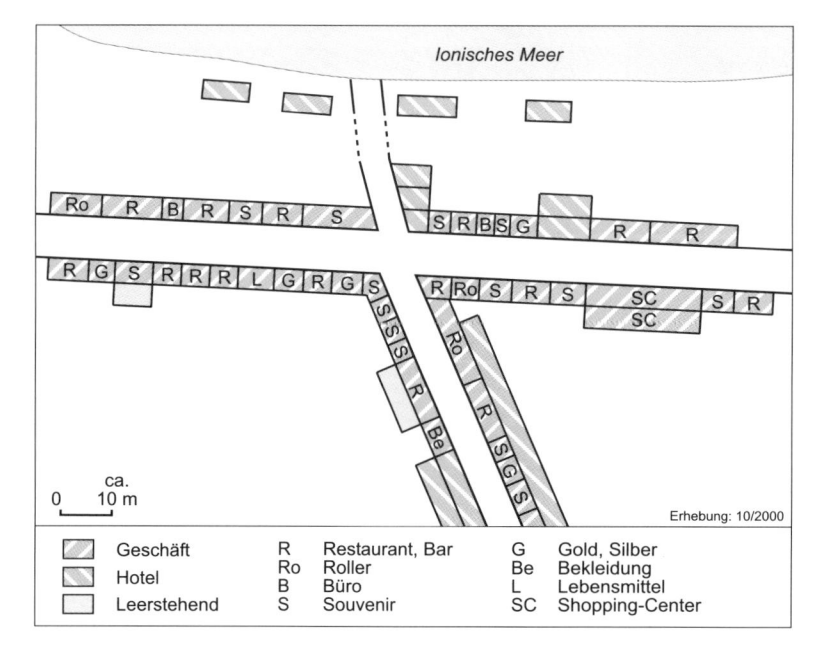

Abb. 7.4:
Gebäudenutzung im Zentrum von Argássion/Zákinthos
Quelle: eigene Erhebungen

Den jungen Badeorten an der Küste fehlt die sonst für das Land so kennzeichnende Individualität. Die Orientierung an den Gästewünschen und das Streben nach raschem Profit sind für die Zweckarchitektur sowie für das einheitliche touristische Angebot verantwortlich.

schossig, während die Ladenlokale nur vereinzelt ein zweites Stockwerk benötigen. Dauerwohnungen gibt es in diesem Bereich nicht.

Für Náxos weist STIBOREK (1990) nach, dass in den „Gründungsjahren" seit 1971 durch Abzug aus dem Inselinnern 15 neue Küstensiedlungen entstanden. Eine derartige siedlungs- und wirtschaftsgeographische Verlagerung des Schwerpunkts ist die markanteste räumliche Konsequenz des Massentourismus (für Sámos: RIEDL 1994). Wie die Beispiele Paralía Katerínis (LIENAU 1983), die Insel Thásos (RIEDL 1994) oder Neos Pantelimon am Fuß des Olymp (HERMANNS/LIENAU 1981) belegen, sind es auch Gastarbeiter und Remigranten, die in die neuen Anlagen investieren.

Die Bevölkerungsverlagerung vom Landesinnern zur Küste, die plakativ in dem Etikett „von der Chora zur Skala" zum Ausdruck kommt, gilt jedoch nur für die Inseln, die wie Náxos, Kreta oder Rhódos vom Massentourismus geprägt sind. Die neun Skala-Orte auf Lésbos (vgl. Abb. 8.10) dagegen sind funktional Hafen- und Fischerorte geblieben. Touristische Ansätze gibt es nur in Skala Kallonís sowie in Skala Eresoú, dem Mekka der Lesben.

Im Gegensatz zu den schmucklosen, einförmigen Neubauten, die in Betonskelettbauweise errichtet sind, profitieren ältere Siedlungen von ihrem historischen Flair. Die touristische Nutzung, die in den Hafenstädten die Wasserfront, aber auch verschiedene Geschäftsstraßen prägt, ist gerade in Vierteln mit „typischer" (türkischer, venezianischer, klassizistischer) Architektur präsent; die quirligen, lauten und lebendigen Städte bilden einen wichtigen Zielpunkt für abendliches Flanieren, Einkaufen oder für einen Restaurantbesuch. Im mittelalterlichen Stadtbereich von Mýkonos z.B. reihen sich die fremdenverkehrsorientierten Geschäftsfunktionen entlang der Hafenstraße und der historischen Fronten der Altstadt dicht an dicht (KERN 1980). Analog ist die Situation auf Samothráki (VOLKGENANNT 1994) und andernorts.

Welche Zukunft hat der Massentourismus an der Küste?
Die Differenzierung der Gästegruppen nach Lebenszyklus, Einkommen oder Urlaubsabsichten bietet Ansätze für eine Verlängerung der Saison (KIEFL 2000). Der gezielte Ausbau der Wintersaison durch Langzeitgäste steckt allerdings noch in den Anfängen; stärker sind die Bemühungen um eine bessere Auslastung der Hotels in der Vor- und Nachsaison. Alters- und familienstandsspezifische Angebote sollen die Belegungsquote und die Bettenzahlen, die sich immer noch im Ausbau befinden, verbessern (Tab. 7.5, LENNARTZ 1999). Es zeigen sich klare strukturelle Mängel: Die unteren Klassen (D und E) werden von den großen Reiseveranstaltern kaum nachgefragt, bei den drei oberen Klassen, die 1997 knapp 50 % der Betten anbieten, reicht der Bestand nicht aus. Doch ohne die genaue Kenntnis der Motive von Strandurlaubern sowie ihrer bevorzugten Aktivitäten (KIEFL 2000, S. 24 ff.) sind rasche Erfolge nicht möglich.

Folgt man bei der Definition des Massentourismus bei WAGNER (2001, S. 284 f.), der aus der Sicht der Reisenden einen zeitlich begrenzten Erholungsurlaub in einer exotisch gewünschten Welt mit einer Beibehaltung gewohnter Konsumniveaus, mit vorübergehend geändertem Lebensstil und abweichenden sozialen Erlebnissen zugrunde legt, so kann das Land diese Bedingungen leicht erfüllen. Zusätzliche Einrichtungen des Sports (z.B. Golf- oder Tennisplätze) und der Freizeitgestaltung (z.B. Wandern, Trekking, Töpfern, Tanzen) erhöhen einerseits die Attraktivität des Angebots, andererseits sind sie kein Spezifikum des griechischen Tourismusprofils.

Da der massentouristisch organisierte Badeurlaub darüber hinaus nicht in einer einzigen Region verortet ist, sondern grundsätzlich eine Ubiquität warmer Regionen darstellt, da die Wahl des Ortes oder Landes somit austauschbar ist und der Wunsch nach einer Begegnung

Kategorie	1980		1990		1997	
	Hotels	Betten	Hotels	Betten	Hotels	Betten
Luxus	37	15 991	45	20 011	67	30 423
A-Klasse	189	57 428	279	87 399	430	125 466
B-Klasse	428	63 125	782	101 427	1079	130 479
C-Klasse	1301	77 150	2 002	119 242	2 991	169 549
D-Klasse	901	27 436	929	29 872	839	28 685
E-Klasse	445	10 320	701	16 954	693	18 993
Gesamt	3 944	276 498	6 713	438 355	7 850	577 259

Tab. 7.5:
Entwicklung des Hotelbestands 1980–1997
Quelle: National Statistical Service, versch. Jg.

mit den Landesbewohnern vielfach nicht besteht, zielt er – zumindest in diesem Segment – weder auf eine differenzierte Wahrnehmung der vielgestaltigen Umwelt des Gastlandes noch auf eine emotionale Bindung des Gastes an sein Urlaubsland. Die Trennung einheimischer und touristischer Sphären führt zu einem Ghetto- oder Oasentourismus, die einheimische Bevölkerung und die Urlauber leben eher neben- als miteinander. Ökonomisch erfüllt der Massentourismus die in ihn gesetzten Erwartungen (Minderung des Handelsbilanzdefizits, Schaffung von Arbeitsplätzen, Regionalförderung der Inselwelt) durchaus, unter sozialen und ökologischen Aspekten (vgl. Kap. 7.3) ist er jedoch alles andere als problemfrei.

7.2.3 Innergriechischer Reiseverkehr

Parallel hierzu, teilweise sogar in direkter räumlicher Nachbarschaft zu den großen Hotelkomplexen entwickelt sich der innergriechische Reise- und Erholungsverkehr. Er hat seine Wurzeln in den Sommerfrischen der einheimischen Bevölkerung im Gebirge und in der Küstenzone. Vereinzelt bestehen noch heute die aus Bambus und Schilf errichteten, z.T. mit festen Materialien verstärkten, selbst gebauten Hütten mit einfachen Schlaf- und Kochgelegenheiten in peripheren Küstenabschnitten. So verbringen die Bewohner küstennaher ländlicher Siedlungen die drückend-heiße Sommerzeit bei Bedarf und Möglichkeit in der klimatisch angenehmeren Küstenzone. Der geringe Abstand zum Heimatort – meist nur wenige Kilometer – ermöglicht auch ohne installierte Infrastruktur einen angenehmen Aufenthalt.

Zweitwohnsitze an der Küste

Aus derartigen Schilfhütten, wie sie z.B. am Pagassitischen Golf südlich von Vólos stellenweise heute noch existieren, entwickelten sich mit steigendem Einkommen, vor allem aber mit wachsender Nachfrage aus den Ballungsräumen feste Wochenend- und Ferienhäuser. Am Golf von Korinth und am Saronischen Golf bilden die Zweitwohnsitze längst ein küstenparalleles Siedlungsband; besonders luxuriös und prächtig sind die Villen der Attischen Riviera südöstlich von Athen. In ähnlicher Weise wirkt Thessaloníki auf etliche Siedlungen am Thermaïschen Golf, z.B. Néa Kallikrátia (VIELWEIB 1988). Die Bevölkerung des festländischen Westgriechenlands bevorzugt die Küstenabschnitte um Párga, Préveza und den Ambrakischen Golf sowie die Insel Lefkás. Generell gilt, dass die zu Ferienhäusern ausgebauten Hütten bzw. die neu errichteten Bauten sowohl dem in- wie dem ausländischen Tourismus zuzuordnen sind. Sie wurden fast ausnahmslos ohne Genehmigung erstellt und stehen planlos verstreut in den meernahen Olivenhainen oder Pinienwäldern. Vielfach sind sie nur über unbefestigte Wege erreichbar, was in den trockenen Sommermonaten jedoch

Formen des Fremdenverkehrs 217

kein Nachteil ist. Die Stromversorgung ist in allen Fällen gewährleistet. Das Wasser kommt vielfach aus Hausbrunnen, die sommerliche Versorgung ist also problematisch; eine geordnete Abwasserbeseitigung gibt es nicht. An den Küsten Thesprotiens und des Ambrakischen Golfs, rund um den Golf von Korinth, entlang der Nord-, West- und Südküste des Peloponnes, auf den Halbinseln Magnísia und Chalkidikí, aber auch auf Inseln wie Euböa oder Kreta (Abb. 7.5) dominieren die Ferienhäuser und Zweitwohnsitze inzwischen die touristische Bebauung.

Eine Chance für die Peripherie?

Im Gegensatz hierzu nutzt selbst der inländische Tourismus die Sommerfrischen im Gebirge kaum, für ausländische Touristen werden diese küstenfernen Bereiche erst gar nicht in Betracht gezogen (RIEDL 1994, S. 235). Nur ausgewählte Plätze mit besonderem Bekanntheitsgrad wie Métsovon in Epirus oder Ambelákia in Thessalien bilden eine Ausnahme.

Die schützenswerte traditionelle Bausubstanz in Abwanderungsgebieten erfährt nach Jahrzehnten der Geringschätzung wieder besondere Aufmerksamkeit. Was zuvor dem

Abb. 7.5: Touristische Überprägung an der kretischen Nordküste von Káto Gouves am Ende der ersten Ausbaudekade
Quelle: BORN 1984, S. 181

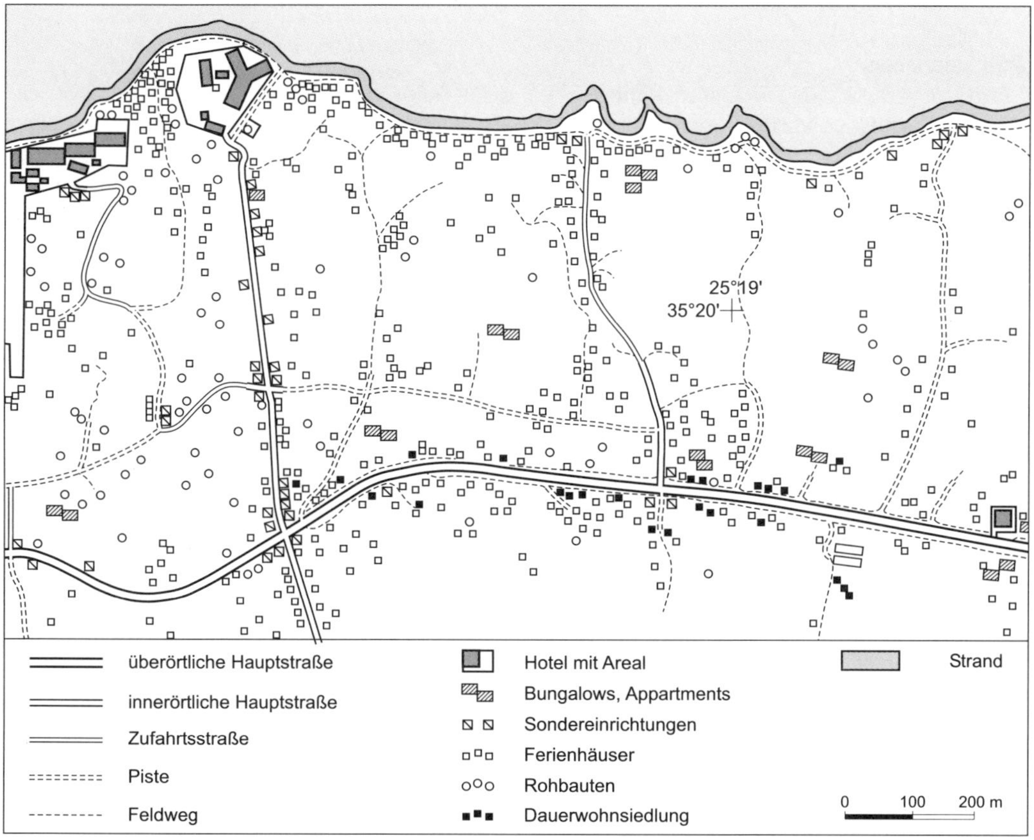

Verfall preisgegeben wurde bzw. unter Angabe einer Telefonnummer in Athen zum Verkauf stand, wird nun renoviert. Váthia, auf der Südspitze der Mani-Halbinsel (Peloponnes) gelegen und durch Abwanderung beinahe ganz entvölkert, erfährt durch in- und ausländischen Tourismus seit den 1990er Jahren eine Renaissance. Auch Anávatos, ein fast vollständig verlassenes Bergdorf auf Chíos, erhält durch Zweitwohnsitze neue Impulse. Ein anderes, allerdings weniger spektakuläres Beispiel ist Parthénon auf Sithoniá (Chalkidikí); der Bevölkerungsabzug in die Küstenebene, nach Neos Marmarás, leitete einen kontinuierlichen Verfall des Bergdorfes ein, der erst in den 1990er Jahren gestoppt wurde. Nicht minder attraktive Siedlungen wie Dimitsána in Arkadien (PETRONOTIS 1986) oder Monodéndrion in Epirus (STAMATOPOULOU 1988) können hier nicht mithalten; sie liegen zu tief im Binnenland und damit abseits der aktuellen touristischen Brennpunkte.

Wie aus anderen mediterranen Urlaubsgebieten bekannt ist, übernimmt die einheimische Bevölkerung in ihrem Freizeitverhalten rasch die Präferenzen der ausländischen Gäste (WAGNER 2001, S. 294), sodass der Nutzungsdruck auf den Küstenraum weiter zunimmt. Die besonders von griechischen Touristen frequentierte Bucht von Vari auf Síros z.B. gleicht in Platzwahl und Ausstattung (Sommerhäuser, Diskos, Restaurants, Appartements usw.) den massentouristischen Zentren (RIEDL 1994, S. 226). Auf Thásos (RIEDL 1994) sind die Sommer- und Appartementhäuser wie in anderen Teilen des Landes abseits der Dörfer in Olivenhainen errichtet, während sich die Infrastruktur (Geschäfte, Tavernen, Autovermietung, Fahrradverleih) um die Platía des Dorfes gruppiert; griechische und ausländische Bevölkerung nutzen die Einrichtungen gemeinsam.

Städtetourismus

Städtetouren zu ausgewählten historischen oder religiösen Plätzen werden nur von der griechischen Bevölkerung unternommen. Die Palette der Ziele ist sehr breit und statistisch nicht festgehalten. Sie reicht vom sommerlichen Tagesausflug zu bekannten regionalen Ausflugszielen wie der Vorbergzone der Rhodopen bei Komotiní (KANDLER 1997) oder den lichten Laubwäldern des Vermiongebirges um Seli bei Náoussa über bekannte Hafenstädte wie Galaxídion am Golf von Korinth und berühmte Klöster, Heiligtümer oder Kirchen bis zu historischen Plätzen wie den Thermopylen in Mittelgriechenland oder der Insel im See von Ioánnina mit dem Haus des legendären und gefürchteten ALI PASCHA.

Die Koppelung mehrerer Ziele und Aktivitäten im nahen Umkreis entscheidet über die Akzeptanz derartiger Unternehmungen. In Nordwestgriechenland z.B. gelten Fahrten nach Ioánnina als sehr attraktiv, weil historische Aspekte (Palast des ALI PASCHA), architektonische Besonderheiten (Kastro von Ioánnina), Einkauf (aromunischer Silberschmuck) und Entspannung (Schifffahrt über den See, Flanieren an der „Riviera") zu einer guten Mischung verbunden werden.

Bädertourismus

Kuraufenthalte spielen in Griechenland nur eine untergeordnete Rolle. Nicht einmal 100 000 Personen besuchten 1997 die 17 Bäder (λουτρόν, Plural: λουτρά) des Landes. Die mineralischen Quellen häufen sich aus tektonischen Gründen in Phthiotis (Thermopylen, Kaména Vourla, Platístomo, Ipáti) und Elis (Zacharo, Killíni, Manolas), ihre heilende Wirkung wird jedoch nur begrenzt vor Ort genutzt. An mehreren Stellen – z.B. in Loutrá Polichnítou auf Lésbos – wird die therapeutische und wirtschaftliche Nutzung heißer mineralischer Quellen offensichtlich gar nicht ernsthaft in Betracht gezogen.

Sehr großen Zulauf besitzen Loutrá Edipsós auf Euböa und Vouliagméni in Attika. Von größerer wirtschaftlicher Bedeutung ist die Abfüllung des Trinkwassers; der Orts- und Markenname Loutráki (bei Korinth) ist – wie Selters in Deutschland – längst zum Synonym für Mineralwasser geworden.

Der innergriechische Reiseverkehr und Tourismus präferiert zusammenfassend jene Orte, die auch von den ausländischen Badegästen aufgesucht werden. In Ausstattung, Infrastruktur und bevorzugten Standorten gibt es keinen Unterschied zwischen beiden Gruppen, sodass die räumliche Konzentration in der Küstenzone und die Nutzungskonkurrenzen erhöht werden. Mit steigendem Wohlstand gleicht sich das Freizeitverhalten der inländischen Bevölkerung dem der ausländischen Gäste an.

7.3 Tourismus und Umwelt

Das zu Beginn der Entwicklung von den Urlaubern so sehr geschätzte natürliche Potenzial Griechenlands, insbesondere die attraktive und abwechslungsreiche Küstenlandschaft, droht durch die zunehmende Verbauung und Kommerzialisierung an Bedeutung zu verlieren. Der Ausbau der touristischen Infrastruktur führt entlang der Küsten von Ägäis und Ionischem Meer zu baulicher Uniformierung und zu einem Verlust traditioneller Kulturlandschaften. Der Tourismus sägt – bildlich gesprochen – den Ast ab, auf dem er sitzt.

Der weitere Umgang mit der Umwelt, mit den natürlichen Ressourcen und dem kulturlandschaftlichen Erbe sowie die Einstellung hierzu spielen bei wachsender Umweltwahrnehmung durch die Urlauber eine wichtige Rolle. Wenn der Tourismus im internationalen Wettbewerb bestehen will, dürfen einerseits die Spezifika des Landes nicht verwischt werden und muss andererseits der Schutz der natürlichen Umwelt vorangetrieben werden. Hier sind jedoch noch deutliche Defizite auszumachen (vgl. Kap. 3.3).

Die starke Nutzungskonkurrenz in der Küstenzone (SAUERWEIN 1985) macht den Tourismus in bestimmten Abschnitten unmöglich, besonders in den industriell und gewerblich geprägten Bereichen des Saronischen Golfes. Fehlende bzw. unzureichend ausgestattete Kläranlagen machen selbst an der „Attischen Riviera" das Baden zur Gesundheitsgefährdung. Die unmittelbare Nachbarschaft von Kraftwerken, dichter Bebauung und Stränden wie z.B. bei Pátras, Chalkís, Vólos oder an der Bucht von Iráklion führen zu starken Beeinträchtigungen des Tourismus. *„Besonders in den (...) ohne Planung getätigten touristischen Strandverbauungen wird weder auf die Wasserversorgung der Betriebe noch auf die Abwasserentsorgung besonderes Augenmerk gelegt. Detergentienreiche Abwässer versickern oft unmittelbar in den Gemüseanbaugebieten und gefährden das Grundwasser der Küstenhöfe. Für die Wasserqualität der Küstengewässer der jungen Fremdenverkehrsgebiete ist verhängnisvoll, daß die ungeklärten kommunalen Abwässer mit zu kurzen Rohrstrecken eingeleitet werden und damit die Gefahr des Eintrags pathogener Mikroorganismen wächst"* (RIEDL 1994, S. 231). Erst offenkundige Missstände führen zu einer kritischeren Umweltwahrnehmung bei Touristen und Einheimischen.

Seit den 1990er Jahren zeichnen sich schrittweise Verbesserungen ab. Ungeregelte Deponien, die unweit der Touristenzentren errichtet wurden und nur durch einen Berg oder einfachen Sichtschutz verdeckt waren, werden allmählich geschlossen und durch technisch bessere Einrichtungen ersetzt; die Verschmutzung der Strände durch Abfälle und Abwassereinleitungen wird als geschäfts- und umweltschädigend erkannt und besonders an den stark frequentierten Abschnitten behoben; begleitet und gefördert werden die Maßnahmen durch die schulische Umwelterziehung, die nicht zuletzt im Fach Geographie (Γεωγραφία) verankert ist.

Als besonders schädlich erweist sich die Luftbelastung in den großen Städten. Der Athener Sommersmog (νέφος) ist wegen der Beckenlage der Stadt mitunter sehr stabil; er stellt nicht nur ein hohes Gesundheitsrisiko für die Bevölkerung dar, sondern greift mit seinen aggressiven Stoffen auch die archäologischen Denkmäler an. Viele Skulpturen auf der Akropolis, z.B. die berühmten Karyatiden des Erechtheions, sind in situ durch Kopien ersetzt, die Originale stehen in verschiedenen Museen. Die Drosselung des Touristenstroms in die Stadt und das Fahrverbot für PKW in der Innenstadt an geraden bzw. ungeraden Tagen ist vor diesem Hintergrund verständlich, wenn auch wenig effektiv. Der zügig betriebene Ausbau des 100-jährigen U-Bahn-Systems zu einem modernen, verzweigten Netz eröffnet die Chance, einen leistungsfähigen und umweltverträglichen öffentlichen Personennahverkehr zu installieren.

Für Nordostgriechenland sieht LIENAU (1997) Chancen im Ausbau des Sanften Tourismus. Abseits der Hauptziele des Massentourismus könnten z.B. im Umkreis des Néstosdeltas die Vielfältigkeit der Natur, die Verschiedenartigkeit der Kulturlandschaften und die ethnischen Besonderheiten (vgl. Kap. 3.1) spezifische Besuchergruppen ansprechen. Durch attraktive Routenvorschläge auf Erlebnis- und Lehrpfaden (LIENAU 1997, S. 116f.) werden Natur und Kultur in den Verständnishorizont der Touristen gerückt; auch auf Samothráki greift man diesen Ansatz vorsichtig auf (VOLKGENANNT 1994). Doch ein derartiges Angebot, bei dem die negativen Folgen des Tourismus auf die Umwelt gering sind, findet nur bei einer kleinen Klientel Zuspruch.

Übersicht 7.3: Oasen- kontra Sanfter Tourismus: Was sagen die Reiseführer dazu

Oasen- kontra Sanfter Tourismus: Was sagen die Reiseführer dazu?
Die meisten Reisehandbücher und -führer haben ihre inhaltlichen Schwerpunkte in den Bereichen Geschichte, Archäologie, Kunst und Orientierung (Essen & Trinken, Tipps usw.); mitunter werfen sie auch einen kurzen, zumeist abwertenden Blick auf den Massentourismus und auf die „wilden" Camper. Sie leiten damit zwar zu kritischer Sichtweise an, kommen jedoch über den „mahnenden Zeigefinger" nicht hinaus.
So schreiben FOHRER u.a. (1992, S. 125): „Obwohl in den letzten Jahren mehrere Küstenabschnitte durch den Bau von Hotelanlagen, aber auch durch Zeltplätze mehr und mehr für die Urlauber erschlossen wurden, besitzt Kassandra immer noch eine Vielzahl von Stränden, die zum freien Zelten einladen. Aber mit dieser Art zu übernachten sind auch eine Menge Probleme verbunden. Einerseits sind jene Buchten in den Sommermonaten überlaufen. (...) Ferner ergeben sich große Schwierigkeiten bei der Beseitigung der Abfälle und Fäkalien. (...) War Kassandra vor Jahren noch als Geheimtip für einsame Sandstrände bekannt, so ist es heute mit dieser Idylle vorbei."
Spartenführer bedienen dagegen ein unterschiedlich spezialisiertes Publikum (vgl. Kap. 7.1.2): Wanderer, Segler oder Naturfreunde gehen Interessen nach, die u.U. mit den Kriterien des Sanften Tourismus (niedriges Tempo, Lernfreude, leise, aktiv, kleine Gruppen usw.) übereinstimmen.
Ein Führer mit dem Untertitel „Tiere, Pflanzen, Landschaften" (KRETZSCHMAR 1994) bietet z.B. ausführliche Sachinformationen, sodass die Reisenden einen systematischen Überblick erlangen. Bei derart klar vorgegebener Zielgruppe beschränkt sich der Text auf biologische und geographische Informationen. Werden heterogene Gruppen wie Bergsteiger und Wanderer (HIRNER 1989) bedient, dann sind eingestreute Glanzpunkte nötig, um die unterschiedlichen Interessen anzusprechen. Die Wortwahl unterscheidet sich kaum von den oft verkürzten und verzerrten Darstellungen der touristischen Reiseführer: „Vor der Kulisse der wildzerklüfteten Berge geben die turmartigen Häuser der Maniaten ein skurriles Bild. Hier konnten sie ihre Beute verstecken, denn wovon sollten sie in einer Landschaft, die von drei Seiten von Meer umschlossen ist und wo alles aus Stein ist, leben? So waren die Vorfahren der heutigen Maniaten Seeräuber, die die Schiffe vor Kap Ténaro aufbrachten" (HIRNER 1989, S. 176).
Die Debatte um die Wahl der Tourismusform wird in den Reiseführern nicht aufgegriffen. Dies geschieht vielleicht deshalb, weil sich der Käufer bereits lange (?) vor Antritt der Reise für Harten oder Sanften Tourismus entschieden hat. Jetzt sucht er nur noch den passenden Führer. Die Diskussion muss also an anderer Stelle geführt werden.

Tourismus und Umwelt sind daher bislang nur in Ausnahmefällen verträglich. Massentouristische Einrichtungen nehmen auf die Belange der Umwelt zumeist erst dann Rücksicht, wenn die ökonomische Bilanz gefährdet wird. Das Argument, der „Oasentourismus" schone bereits durch seine Konzentration vieler Menschen auf einzelne Standorte weitere Flächen vor der Umgestaltung, verliert allerdings durch die Expansion der Unterkünfte und touristischen Einrichtungen auf den Ionischen und Ägäischen Inseln an Durchschlagskraft. Ein Ende der baulichen und infrastrukturellen Verdichtung sowie eine Zunahme der Nutzungskonkurrenzen in der Küstenzone ist derzeit nicht absehbar. Neuartige Zentren mit Flanier- und Einkaufsmeilen, Freizeit- und Sporteinrichtungen werden gebaut, um der Nachfrage und neuen Trends gerecht zu werden. Die Bilanz geht in den allermeisten Fällen zu Lasten der Umwelt.

8 Stadt und Land im Wandel

In mehreren Etappen erlebten die Städte Griechenlands ein markantes Bevölkerungswachstum: Zunächst waren es in den 1920er Jahren die Flüchtlinge vom Balkan und aus der Türkei, die massenhaft in die Städte strömten (vgl. Kap. 3.1.1). Ein zweiter Schub wurde Ende der 1940er Jahre im Bürgerkrieg ausgelöst; aus der umkämpften Bergwelt Nordgriechenlands wanderte ein großer Teil der Bevölkerung ab. In einem dritten Abschnitt folgte mit steigendem Wohlstand seit den 1960er Jahren die weitere Entleerung des Berglands und der Ägäischen Inseln. In den 1980er Jahren schließlich führte die Rückwanderung der Gastarbeiter in Nordgriechenland zu einem Anwachsen der zuvor stagnierenden oder schrumpfenden Mittelstädte (vgl. Kap. 3.2). Die auch durch die Schattenwirtschaft stimulierte Zuwanderung lässt den Anteil der Stadtbevölkerung kontinuierlich wachsen; von 38% (1950) stieg der Anteil auf 65% (1997), für 2030 rechnet man mit 79%. Vergleichbare Entwicklungen zeichnen sich in den anderen Mittelmeerländern ab (WAGNER 2001, S. 141).

Allgemein lässt die rege Bautätigkeit seit den 1970er Jahren den Häuserbestand ansteigen und führt zur weiteren, meist planlosen Verdichtung der Innenstädte. Ohne Einhaltung stadtplanerischer Vorgaben werden eigenmächtig – αυθαίρετα (afthäreta), d.h. nach Willkür – Häuser und ganze Stadtviertel errichtet, die allerdings bei einem weitgehend amorphen Stadtbild nicht sonderlich ins Auge fallen. Es handelt sich hierbei ebenfalls um Entwicklungstendenzen, die zirkummediterran zu beobachten sind (WAGNER 2001, S. 147).

Im Gegensatz zur deutschen Bezeichnung „Landflucht", welche die negativen Folgen in den Herkunftsgebieten betont, hebt der griechische Name „Stadtliebe" (αστυφιλία) die Konsequenzen für das Zielgebiet hervor. Die besondere Wertschätzung städtischer Siedlungen und der städtischen Lebensweise, der Urbanität (DIRSCHERL 1989), kommt in diesem Begriff zum Ausdruck. Doch in den lauten und stark von Abgasen oder vom Sommersmog belasteten Innenbereichen der großen Städte empfinden es inzwischen auch Griechen als problematisch, immer noch von Stadtliebe zu sprechen.

Neben der nur angedeuteten, im Mittelmeerraum verbreiteten besonderen Wertschätzung des Städtischen unterliegen Stadt und Land aber auch großräumigen Veränderungen, wie sie europa- und weltweit zu beobachten sind. Allgemeingeographische und landestypische Entwicklungen verbinden sich zu einer speziellen Mischung, der im Folgenden die besondere Aufmerksamkeit gilt.

8.1 Städte

„In den Städten des Landes drückt sich dessen historische Entwicklung in besonderer Weise aus. Daraus erklärt es sich, daß die griechischen Städte nicht jene historische Tiefe, architektonische Vielfalt und Dichte aufweisen wie die Städte Italiens, Frankreichs oder Spaniens" (LIENAU 1989a, S. 223). Die diskontinuierliche Kulturlandschaftsgenese (vgl. Kap. 2), die schroffen Zäsuren am Ende der byzantinischen, insbesondere aber der osmanischen Zeit unterbinden eine Entwicklung, an deren Ende sonst polygenetische Städte stehen könnten. So kommt es zu der beinahe paradoxen Situation, dass zwar die antike griechische Stadtkultur mit ihren Poleis als paradigmatisch für das klassische Altertum steht (vgl. Kap. 2.2), dass auch antike und byzantinische Relikte in vielen Städten ergraben sind, dass schließlich die Kontinuität der Namen bei Athen, Korinth, Sparta, Theben, Delphi oder Thessaloníki unübersehbar ist, dass jedoch der funktionale, oft auch der räumliche Zusammenhang über die Grenzen der Epochen hinweg nicht gegeben ist. Die heutigen Städte reichen in ihrer Physiognomie nur zu kleinen Teilen in die osmanische Epoche zurück, in vielen Fällen handelt es sich um Neugründungen oder Umgestaltungen aus dem 19. Jh. Exemplarisch hierfür stehen das moderne Sparta, der Hauptort Lakoniens, eine planmäßige Gründung von 1834 (POTYKA 1981), oder das arkadische Trípolis, dessen Straßenführung im 19. Jh. weitgehend geändert wurde (vgl. Abb. 2.11). In den nordgriechischen Städten spielen indes auf Grund der späteren Angliederung an das Land (vgl. Kap. 2.4) osmanische Relikte eine größere Rolle.

Die wichtigsten demographischen Bewegungen des 20. Jh. spiegeln sich in der Rangordnung der Städte (Abb. 8.1). Während die drei größten Siedlungen ihr Ranking (nach Einwohnern) über die Dekaden hinweg behaupten und bei den weiteren Großstädten über 100 000 Einwohner (1991: Nr. 4–6) nur die Rangpositionen getauscht werden, gibt es bei den Mittelstädten auffallende Verschiebungen.

In den Bewegungen kommen unterschiedliche Entwicklungen zum Ausdruck. Diese werden aus dem speziellen Verlauf der Ranglinien erkannt und lassen folgende Klassifizierung zu:

Abb. 8.1: Rangordnung griechischer Städte über 20 000 Einwohner 1940–1991
Quelle: National Statistical Service, versch. Jg.

1940		1991	
Athen	1	1	Athen
Thessaloníki	2	2	Thessaloníki
Pátras	3	3	Pátras
Vólos	4	4	Iráklion
Kavála	5	5	Vólos
Iráklion	6	6	Lárisa
Kalamáta	7	7	Acharnés
Sérres	8	8	Ioánnina
Lárisa	9	9	Kavála
Chíos	10	10	Chalkís
Komotiní	11	11	Chaniá
Dráma	12	12	Sérres
Chaniá	13	13	Kateríni
Xánthi	14	14	Tríkala
Mitilíni	15	15	Lamía
Ioánnina	16	16	Kalamáta
Rhódos	17	17	Rhódos
Ermoúpolis	18	18	Agrínio
Kateríni	19	19	Véria
Agrínio	20	20	Dráma
Kérkira	21	21	Komotiní
Chalkís	22	22	Kérkira
Ägion	23	23	Alexandroúpolis
Tríkala	24	24	Xánthi
Pírgos	25	25	Kozáni
Véria	26	26	Kardítsa
Lamía	27	27	Pírgos
Alexandroúpolis	28	28	Korinth
Trípolis	29	29	Ptolemaïs
Amaliás	30	30	Réthimnon
Kardítsa	31	31	Mitilíni
Kozáni	32	32	Salamis
Jannitsá	33	33	Chíos
Korinth	34	34	Eléfsis
Flórina	35	35	Jannitsá
Náoussa	36	36	Trípolis
Edessa	37	37	Ägion
Mégara	38	38	Argos
Theben	39	39	Ano Liosia

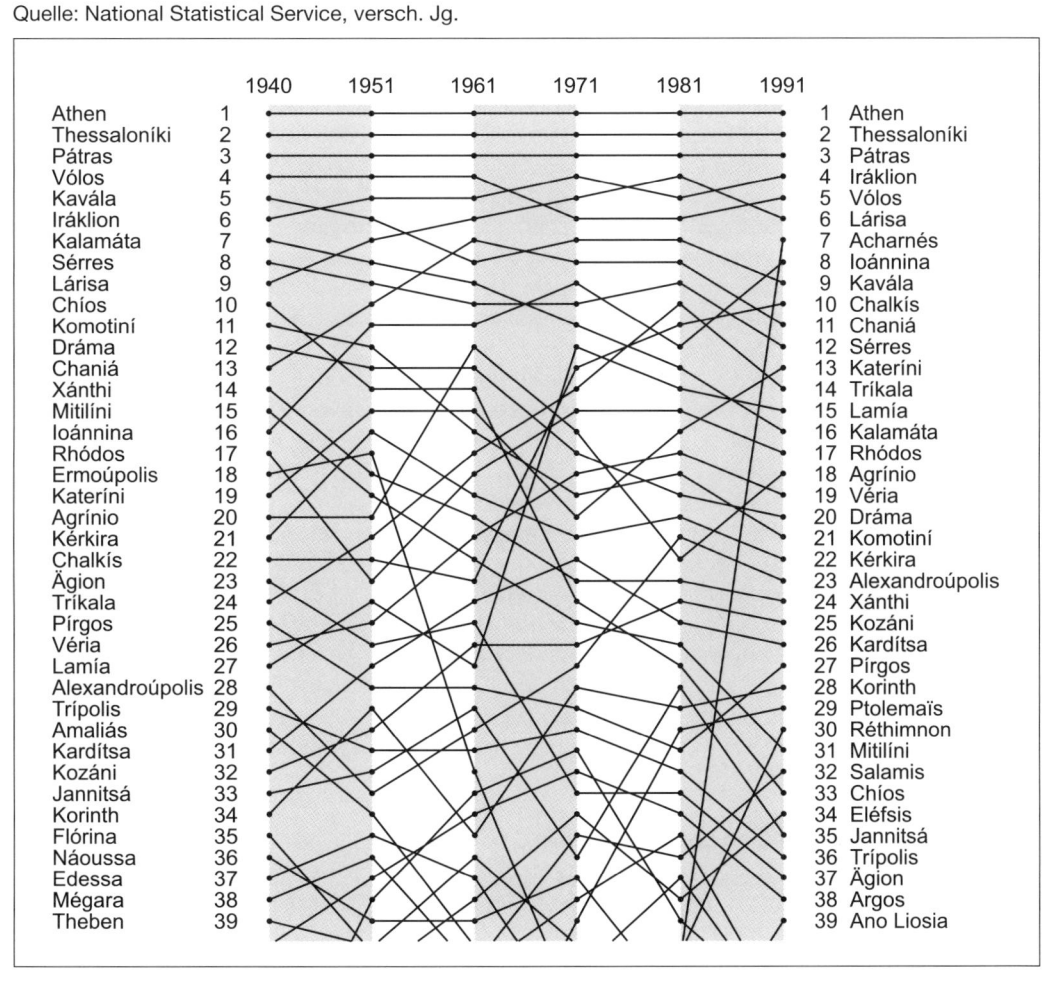

- Beispiel für einen „Sturz in die Versenkung" ist Ermoúpolis. 1940 und 1951 noch in der oberen Hälfte gelegen, gibt die einst so wichtige Hafenstadt der Kykladen ihre Funktion als Drehscheibe des Handels an Piräus ab. Infolge des Funktionsverlustes kann sie am allgemeinen Städtewachstum nicht partizipieren und fällt relativ und absolut weit zurück. Ebenfalls kontinuierlich, wenn auch nicht so stark, verliert Kalamáta von Dekade zu Dekade Rangpositionen (von Rang 7 auf 16). Auch Komotiní (von Rang 11 auf 21) oder Ägion (von Rang 23 auf 37) fallen deutlich ab.
- Mitilíni (von Rang 15 auf 31) und Chíos (von Rang 10 auf 33) belegen, wie problematisch die Position ins Abseits geratener Inselhauptorte ist. Lediglich Rhódos (1940 und 1991 auf Rang 17) und Kérkira (1940/1991 auf Rang 21/22) sowie die Hauptorte Kretas (Iráklion, Chaniá und Réthimnon) weisen in eine andere Richtung.
- Das Gegenstück zu Ermoúpolis ist Acharnés im Norden des Großraums Athen. Im Ranking taucht der boomende Ort erstmals 1991 auf und nimmt bereits Position 7 ein. Er profitiert von dem randstädtischen Wachstum Athens, bildet aber insofern eine Besonderheit, als er rechtlich nicht zur Agglomeration Athen (Πολεοδομικό συγκρότημα Αθηνών) zählt.
- Die Masse der Mittelstädte zeigt von Dekade zu Dekade stark schwankende Positionen. Dabei wechseln sich Auf- und Abstieg in der Skala ab (z.B. Tríkala: 24, 21, 18, 14, 10, 14 oder Korinth: 34, 29, 35, 28, 29, 28). Dies ist jedoch kein Kennzeichen einer ausgeprägten Dynamik innerhalb des Städtesystems. Dagegen spricht bereits der alternierende Verlauf der Ranglinien. Es ist primär die Folge des geringen Abstands der absoluten Einwohnerzahlen. Zwischen Lárisa (118 000 Ew., Position 6) und Acharnés (59 000 Ew., Position 7) klafft noch eine große Lücke, doch bereits zwischen Platz 10 und 18 sind die Positionen sehr dicht besetzt. Zwischen Platz 30 und 39 (1991) liegt die absolute Differenz bei nur 3000 Einwohnern. So erklärt sich auch, dass z.B. Trípolis trotz absoluter Zunahme um rd. 3000 Einwohner zwischen 1940 und 1991 von Rang 29 auf Rang 36 zurückfällt. Die zentral-periphere Abnahme des Bevölkerungswachstums führt bei dieser Konstellation sekundär zu einem Rangverlust vieler Städte in randlicher Lage (deutliche Ausnahme: Ioánnina) (DESLONDES 1995).
- Die thrakischen Städte, die über Jahrzehnte infolge der Gastarbeiterwanderungen schrumpften, konnten im Rahmen der Remigration nur vorübergehend 1981 ihre Rangposition verbessern; mit dem Auslaufen dieses Impulses fallen Sérres, Xánthi, Komotiní und Alexandroúpolis wieder zurück; im Fall von Dráma hält der Abwärtstrend seit Jahrzehnten an. Auch in diesen Fällen gilt jedoch, dass mit dem absteigenden Ranking eine positive Bevölkerungsentwicklung zusammenfällt.

Die nach Einwohnerzahlen geordnete Reihenfolge der Städte lässt bereits erkennen, dass Athen und Thessaloníki sowie die vier Großstädte Pátras, Iráklion, Vólos und Lárisa eine noch genauer zu erklärende Sonderstellung einnehmen (vgl. Kap. 8.1.1 und Kap. 8.1.2). Die Gruppe der Mittelstädte setzt erst nach einem deutlichen Hiat zwischen Platz 6 und 7 ein. Hier liegen die Positionen sehr dicht beieinander, sodass die Rangpositionen einem häufigen Wechsel mit z.T. mehrfacher Trendumkehr unterliegen und für ein funktionales Ranking keine Aussagekraft haben. Lediglich die ersten 6 Positionen drücken – mit weitem Abstand (primacy index) zwischen den Plätzen 1 bis 3 – eine klare Hierarchie im Städtesystem aus (HAVERSATH 1991).

8.1.1 Die Metropolen Athen und Thessaloníki

Beide Städte nehmen im Einwohnerranking seit Jahrzehnten unverändert die erste bzw. zweite Position ein. Die Sonderstellung Athens ist nur indirekt auf die große Einwohnerzahl – 30 % aller Griechen leben in dieser Stadt – zurückzuführen. Primär ist sie eine Folge der zentralistischen Verwaltungsstruktur (ALLEN 1986); infolgedessen konzentrieren sich im Großraum Athen auf 0,3% der Landesfläche z.B. 68% der gewerblichen Betriebe, 66% des Steueraufkommens, 62% der Fachärzte, 58% der im Großhandel Beschäftigten und 47% der Industriebeschäftigten (HAVERSATH 1993). Als Landeshauptstadt, als überragendes Zentrum des Handels und Gewerbes, der Kultur, Wissenschaft und Kunst sowie als mit weitem Abstand größte Bevölkerungsagglomeration – vier Mal so groß wie die nächst kleinere Stadt – erfüllt Athen alle Kennzeichen einer Primatstadt (ALLEN 1986, PETSIMERIS 1986, KATOCHIANOU 1992). Da auch Thessaloníki in Abweichung von der Rang-Größe-Regel vier Mal so groß ist wie Pátras auf Position 3 (vgl. Abb. 8.1), wird das (ungleiche) metropolitane Profil beider Städte, welche die Siedlungshierarchie des Landes anführen (LAGOPOULOS 1986), rasch sichtbar. Strukturelle Ähnlichkeit und Verschiedenheit beider Städte kommen in dem wertenden Slogan „Der Moloch und seine kleine Schwester" gut zum Ausdruck. Athen und Thessaloníki sind die beiden Städte, hinter denen der Rest des Landes „im Schatten" steht (KATOCHIANOU 1992).

Athen – der Moloch?

In der Tat sind die Assoziationen mit der Stadt Athen zumeist ambivalent, oft sogar skeptisch. *„Griechenlands Hauptstadt Athen, heute zu einer 3,5 Millionen Stadt gewachsen, leidet zunehmend unter den Folgen eines ungezügelten Wachstums und der planlosen Niederlassung eines großen Teils der Industrie des Landes in den von Bergen umschlossenen Becken von Athen und Eleusis. Unannehmbar hohe Bebauungsdichte (bis zum dreifachen der in Deutschland zulässigen), völlig unzureichende Ausstattung an öffentlichen Verkehrsmitteln und Mangel an städtischen Grünflächen schaffen nicht nur eine städtebauliche, sondern sogar eine biologische Notlage: Rapider Zerfall der Lebensqualität in dieser selten schön gelegenen Stadt und bedrohliche Umweltverschmutzung belasten das Leben ihrer Bewohner und verschleiern sogar allmählich den Nimbus ihrer Historie"* (PAPAGEORGIOU-VENETAS 1994/95, S. 162). Zu Recht wird die Umweltproblematik (vgl. Kap. 3.3, 4.6 und 7.3) stark betont. Der Sommersmog, die unzureichende Kanalisation und Abwasserklärung, die Hausmüllbeseitigung, der hohe Lärmpegel u.v.a. beeinträchtigen das Leben in der Stadt erheblich. Unter diesen Umständen ist es geradezu erstaunlich, dass das Bevölkerungswachstum im Großraum Athen immer noch nicht zum Stillstand gekommen ist. *„Die alte Doppelstadt Athen-Piraeus [ist] mit ihren ehemaligen Vororten zusammengewachsen und bedeckt in der attischen Ebene eine fast geschlossen bebaute Fläche von ca. 15x30km, die bis an die Flanken der Randgebirge Hymettos, Penteli und Parnis vorstößt"* (SAUERWEIN 1985, S. 143). Neben den geschilderten negativen Aspekten muss es folglich auch positive geben, die für eine anhaltende städtische Dynamik sorgen.

Das Wachstum der Metropole
Das hauptstädtische Wachstum ist ein Prozess, der in der ersten Hälfte des 19. Jh. einsetzt. Charakteristisch für diese Entwicklung ist der sprunghafte Verlauf, der an bestimmte epochale Ereignisse gekoppelt ist. Die Ernennung zur Landeshauptstadt 1833, der massenhafte Zustrom von Flüchtlingen aus Kleinasien in den 1920er Jahren und von Bürgerkriegsflüchtlingen nach dem Zweiten Weltkrieg lösen die wichtigsten Bevölkerungsgewinne aus (KERN 1986a). Zwischen den demographischen Boomphasen liegen Abschnitte mit gemäßigtem, aber kontinuierlichem Anstieg. Mit knapp 2000 Einwohnern (1832) beginnt ein Expansionsprozess, der rasch die administrativen Grenzen der Stadt überschreitet; bereits 1848 gibt es in der Statistik den Agglomerationsraum Athen, der beim Zensus 1889 fast 150000 Einwohner zählt. Er wächst mit der galoppierenden Bevölkerungszunahme auch flächenmäßig

	Einwohner			Entwicklung (absolut)		Entwicklung (%)	
	1971	1981	1991	1971–1981	1981–1991	1971–1981	1981–1991
Athen	867 023	885 737	772 072	18 714	–113 665	2,2	–12,8
Ag. Varvára	26 409	29 259	28 706	2 850	–553	10,8	–1,9
Ag. Paraskevi	18 345	32 904	47 463	14 559	14 559	79,4	44,2
Ag. Dimitrios	40 968	51 421	57 574	10 453	6 153	25,5	12,0
Ag. Ioannis Rendis	17 560	16 276	14 218	–1 284	–2 058	–7,3	–12,6
Ag. Anargiri	26 094	30 320	30 739	4 226	419	16,2	1,4
Egaleon	79 961	81 906	78 563	1 945	–3 343	2,4	–4,1
Alimos	18 102	27 036	32 024	8 934	4 988	49,4	18,4
Amarousion	27 112	48 151	64 092	21 039	15 941	77,6	33,1
Argiroupolis	13 956	26 108	31 530	12 152	5 422	87,1	20,8
Vari	2 108	4 211	8 488	2 103	4 277	99,8	101,6
Voula	5 575	10 539	17 998	4 964	7 459	89,0	70,8
Vouliagméni	1 469	2 743	3 450	1 274	707	86,7	25,8
Vrilissia	3 841	7 587	16 571	3 746	8 984	97,5	118,4
Vironas	47 335	57 880	58 523	10 545	643	22,3	1,1
Galatsi	27 240	50 096	57 230	22 856	7 134	83,9	14,2
Gerakas	5 716	6 703	8 512	987	1 809	17,3	27,0
Glifáda	23 449	44 018	63 306	20 569	19 288	87,7	43,8
Dafni	26 608	26 887	24 152	279	–2 735	1,0	–10,2
Drapetsona	14 586	14 767	13 094	181	–1 673	1,2	–11,3
Ellínikon	8 855	11 498	13 517	2 643	2 019	29,8	17,6
Zografos	56 722	84 548	80 492	27 826	–4 056	49,1	–4,8
Ilioúpolis	49 215	69 560	75 037	20 345	5 477	41,3	7,9
Iraklio	24 302	37 833	42 905	13 531	5 072	55,7	13,4
Käsariani	26 915	28 972	26 803	2 057	–2 169	7,6	–7,5
Kallithea	82 438	117 319	114 233	34 881	–3 086	42,3	–2,6
Kamatero	11 382	15 593	17 410	4 211	1 817	37,0	11,7
Keratsini	67 672	74 179	71 982	6 507	–2 197	9,6	–3,0
Kifisia	20 082	31 876	39 166	11 794	7 290	58,7	22,9
Koridalos	47 335	61 313	63 184	13 978	1 871	29,5	3,1
Melissia	5 374	8 639	13 469	3 265	4 830	60,8	55,9
Metamórfosis	16 880	17 840	21 052	960	3 212	5,7	18,0
Moscháto	22 138	21 138	22 039	–1 000	901	–4,5	4,3
Néa Erithrea	7 583	10 100	12 993	2 517	2 893	33,2	28,6
Néa Ionia	54 906	59 202	60 635	4 296	1 433	7,8	2,4
Néa Smírni	42 512	67 408	69 749	24 896	2 341	58,6	3,5
Néa Filadelfia	19 639	25 320	25 261	5 681	–59	28,9	–0,2
Néa Chalkidona	8 768	10 533	9 953	1 765	–580	20,1	–5,5
Néo Psichiko	9 139	11 467	12 023	2 328	556	25,5	4,8
Néa Liosia	56 217	72 427	78 326	16 210	5 899	28,8	8,1
Nikäa	86 269	90 368	87 597	4 099	–2 771	4,8	–3,1
Paläo Faliro	35 066	53 273	61 371	18 207	8 098	51,9	15,2
Papagos	8 083	12 553	13 974	4 470	1 421	55,3	11,3
Piräus	187 458	196 389	182 671	8 931	–13 718	4,8	–7,0
Perama	18 258	23 012	24 119	4 754	1 107	26,0	4,8
Peristeri	118 413	140 858	137 288	22 445	–3 570	19,0	–2,5
Petroúpolis	18 631	27 902	38 278	9 271	10 376	49,8	37,2
Pefki	4 906	10 863	17 987	5 957	7 124	121,4	65,6
Tavros	15 795	16 514	15 456	719	–1 058	4,6	–6,4
Imíttos	13 717	12 491	11 671	–1 226	–820	–8,9	–6,6
Filothei	4 087	6 749	8 396	2 662	1 647	65,1	24,4
Chaïdari	38 121	47 396	47 437	9 275	41	24,3	0,1

Städte

Chalandri	35 944	54 320	66 285	18 376	11 965	51,1	22,0
Cholargos	14 904	31 703	33 691	16 799	1988	112,7	6,3
Psichiko	9053	10 775	10 592	1722	-183	19,0	-1,7
Ekáli	1292	2319	4081	1027	1762	79,5	76,0
Likovrisi	3213	4437	5965	1224	1528	38,1	34,4
Néa Pendéli	1453	2723	4332	1270	1609	87,4	59,1
Pendéli	1871	2286	3197	415	911	22,2	39,9
Gesamt	2 548 065	3 038 245	3 072 922	490 180	34 677	19,2	1,1

Tab. 8.1: Groß-Athen – Bevölkerungsentwicklung und administrative Gliederung 1971–1991
Quelle: National Statistical Service, versch. Jg.

an und umfasst gegenwärtig 457 km^2 (1951: 401 km^2). Unter der Bezeichnung Groß-Athen (Πολεοδομικό συνκρότημα Αθηνών) leben hier (1991) 3 072 922 Einwohner. 59 kommunale Einheiten, deren größte Athen, Piräus, Peristeri und Kallithea sind, füllen die Senke des Kifisos und Ilisos zwischen den umgebenden Gebirgen und dem Saronischen Golf (Tab. 8.1).

Typisierung der Gemeinden
Die Bevölkerungsentwicklung der letzten Dekaden (Tab. 8.1) lässt Tendenzen erkennen, die noch deutlicher werden, wenn die Zeitreihe weiter rückwärts verfolgt wird (KERN 1986a). Nach dem Einwohnersaldo können drei Gemeindetypen (Abb. 8.2) unterschieden werden:
- In den letzten Dekaden zunehmendes Wachstum verzeichnen solche Gemeinden, die wie Vari, Vouliagméni, Vrilissia oder Pendéli am äußeren Rand der Agglomeration liegen. Bei niedriger Bevölkerungszahl gibt es in Vari und Vrilissia die höchsten relativen Zuwächse. Mit nur sieben Vertretern ist diese Gruppe sehr klein; 1991 umfasst dieser Typ 2,5 % der Einwohner.
- Ein gebremstes Wachstum, das in der letzten Dekade deutlich reduziert ist, kennzeichnet 34 Gemeinden; sie machen 38,7 % der Bevölkerung aus. Sie leiden zumeist unter fehlendem Bauland, nicht unter mangelnder Zuzugswilligkeit. Nicht nur im Athener Becken (Galatsi, Néa Smírni, Néa Psichiko), sondern auch in den Randbereichen (Argiroupolis, Glifáda, Ilioúpolis, Kamatero, Koridalos, Néa Erithrea, Petroúpolis u.a.) sind die Wohnareale bereits soweit aufgefüllt, dass sich ein Ende des Wachstums abzeichnet. Bei generell hoher Bebauungsdichte steuert primär die Gemarkungsgröße die Einwohnerzahl. Nur wenige Vertreter dieses Typs sind statistische Kleinstädte (<20 000 Ew.) (z.B. Papagos, Pefki, Kamatero, Ellínikon, Ekáli), die meisten zählen statistisch als Mittelstädte, von denen etliche mehr als 50 000 Einw. haben (z.B. Amarousion, Galatsi, Glifáda, Ilioúpolis, Néa Liosia, Paläo Faliro, Chalandri).
- Der Hauptanteil mit 58,8 % der Einwohner entfällt auf den Typ der schrumpfenden Städte. Der Dimos Athen (Δῆμος Ἀθηναιών, d.h. Stadt der Athener) ist mit 42,8 % der Einwohner die dominierende Verwaltungseinheit dieser Gruppe, gefolgt von den Dimi Piräus, Peristeri und Kallithea mit zusammen 24 %. Alle befinden sich in zentraler Beckenlage mit generell höchster Nutzungskonkurrenz (Wohnen, Arbeiten, Verkehr). Gleichwohl ist in den meisten Fällen erst in der Dekade 1981–1991 eine abnehmende Bevölkerungszahl zu beobachten. Dabei überrascht im internationalen Vergleich vor allem, dass selbst im Dimos Athen das Ende des Bevölkerungswachstums erst so spät einsetzt. Expandierende tertiäre Funktionen sind die Auslöser einer Trendwende; von einer immer weiter um sich greifenden Entleerung der Innenstadt kann allerdings nicht die Rede sein. Es ist ebenfalls unangemessen, aus dem leichten Rückgang der Einwohnerzahl von Groß-Athen ein Polarization-Reversal (SCHÄTZL 1992, S. 171) abzuleiten. Nach wie vor bildet auch der

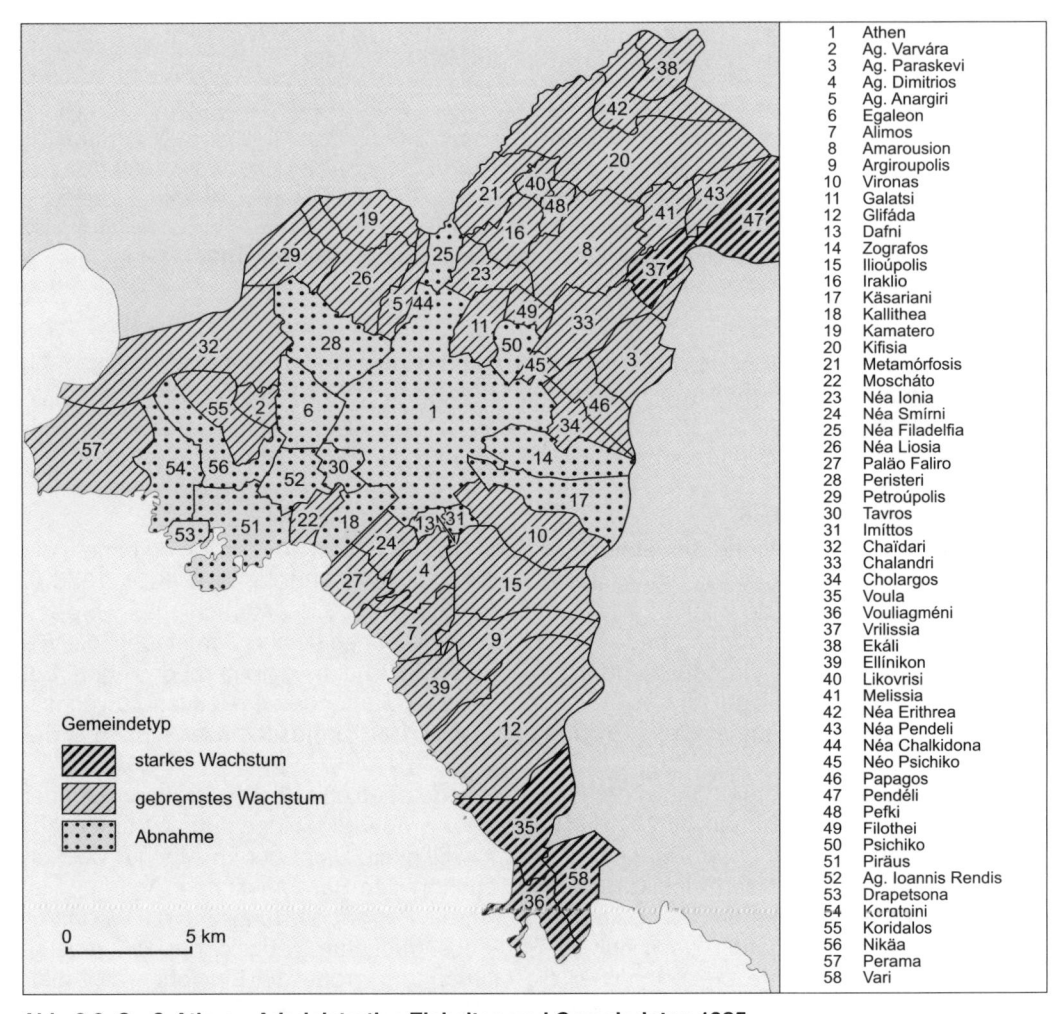

Abb. 8.2: Groß-Athen – Administrative Einheiten und Gemeindetyp 1985
Quelle: KERN 1986a, National Statistical Service, versch. Jg.

Innenraum der Agglomeration ein wichtiges Wohngebiet. Neben der Expansion gewerblich genutzter Flächen sind zusätzlich steigende Wohnflächenansprüche für die sinkende Einwohnerzahl in Rechnung zu stellen. Unter diesem Aspekt findet auch die Abnahme in randstädtischen Dimi (Keratsini, Nikäa, Zografos u.a.) eine plausible Erklärung.

Wo liegen die Grenzen des Wachstums?
Das Athener Becken ist längst an die Grenzen seiner Siedlungskapazität gestoßen. Die zumeist eng bebauten Wohn- und Gewerbeflächen füllen die Senke des Kifisos- und Ilisos-Flusses fast komplett aus und reichen sogar die Hänge der Randgebirge hinauf. Die dichte Wohnbebauung endet mit vier- bis sechsgeschossigen Häusern unvermittelt an den kahlen Felshängen. Längst hat die Suburbanisierung auf Gemeinden jenseits von Groß-Athen übergegriffen. Acharnés und Ano Liosia (vgl. Abb. 8.1) sind zwei Beispiele aus dem Athener

Norden; östlich des Imíttosgebirges, in der attischen Mesógia um Spata, Päanía, Koropíon und Markópoulon, erfasst die Suburbanisierung weite Räume, die sich über Keratéa und entlang der Küstenlinien bis nach Marathon, Rafína und Lávrion ziehen.

Gelenkte und spontane Entwicklung
Seit den 1960er Jahren begünstigt die enorme Nachfrage nach Wohnraum den boomenden spekulativen Bausektor. Hierbei fördert einerseits das System der Antiparochí (αντιπαροχή, d.h. Gegenleistung), eine besondere Form des Bauherrenmodells (vgl. Kap. 8.1.2), die Bautätigkeit, andererseits entstehen gerade bei knappen Baulandreserven und zunehmenden staatlichen Restriktionen zahlreiche Formen der illegalen Bautätigkeit (PATTON/SOPHOULIS 1989). Nicht nur im Großraum Athen ist die Errichtung ganzer Wohngebiete ohne behördliche Genehmigung verbreitete Praxis, die nur in seltenen Fällen mit dem Abriss der Gebäude bestraft wird – so 1967 in Ilíssos, einer Gemeinde im Nordosten der Agglomeration –, auch in den Mittel- und Kleinstädten folgt man vielfach diesem „Modell". Am Beispiel von Amarousion belegt APFL (1990) das Nebeneinander von staatlich gelenkter und spontaner Entwicklung (Abb. 8.3). Durch nachträgliche Legalisierung im Vorfeld von Wahlen oder durch neue Gesetze (z.B. Gesetz 1337 von 1983) wird ihm zwar das Odium des Ungesetzlichen genommen, die Unterlaufung der Stadtplanung bleibt jedoch mit ihren negativen Folgen erhalten. Der amorphe Baukörper griechischer Städte (HAVERSATH 1991) ist eine Konsequenz des ungeregelten Wachstums.

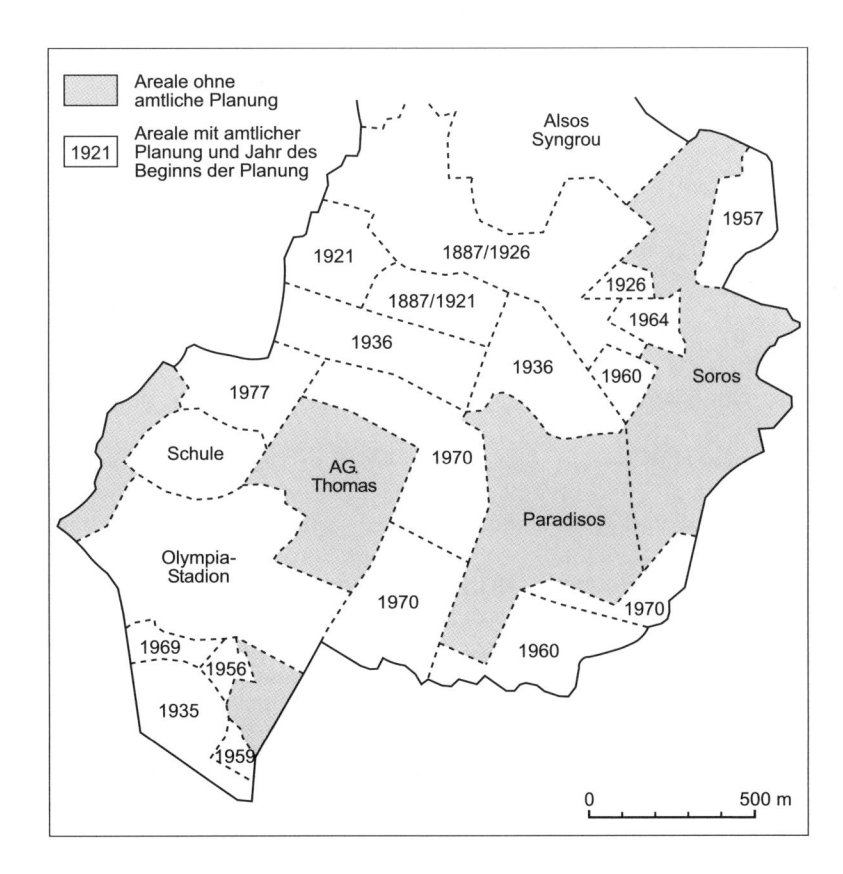

Abb. 8.3:
Staatlich gelenkte und spontane Stadtentwicklung im Dimos Amarousion
Quelle:
APFL 1990, S. 77

> **Not macht erfinderisch – mit List und Tücke umgeht man die amtlichen Vorgaben**
> Die enorme Baulandnachfrage führt in den Ballungsräumen zu Flächennutzungskonkurrenzen, die ohne staatliche Planung und lenkende Eingriffe nicht zu bewältigen sind. Doch eine weit verbreitete Skepsis gegenüber administrativen Stellen und ihren Tätigkeiten (vgl. Kap. 6.3), die tatsächliche Baulandknappheit und die mangelnde Kontrolle während der Bauphase ermöglichen immer wieder die Umgehung behördlicher Beschränkungen.
> PATTON und SOPHOULIS (1989) belegen an konkreten Beispielen, wie die staatlichen Gesetze durch findige Bauherren umgangen werden. Wenn es nur darum geht, die maximale Stockwerkzahl nicht zu überschreiten, verlegt man das Aufstocken auf einen Termin nach der Abnahme. Erfindungsreicher muss man sein, wenn außerhalb von Baugebieten ein Haus errichtet werden soll. Hier ist schrittweises Vorgehen erfolgreich, indem z.B. auf landwirtschaftlichem Grund zunächst ein genehmigungsfreier Geräteschuppen errichtet wird, der dann peu à peu in ein Wohnhaus „mutiert". Andere Möglichkeiten sind auf dem Grundstück abgestellte Anhänger oder Wohnwagen, die zunächst mit einem Dach versehen werden, dann eine Haustür und schließlich Wände bekommen, bis sie nach Jahren, wenn sich jeder an den Anblick gewöhnt hat, zum richtigen Haus ausgebaut werden. Auch unter großen Zeltdächern, deren Errichtung keiner behördlichen Erlaubnis bedarf, kann im Laufe der Zeit unbemerkt von Nachbarn und Behörden ein Haus entstehen, das erst nach Fertigstellung sichtbar wird. Die infrastrukturelle Anbindung derartiger Wohngebiete erfolgt stets nach ihrer Legalisierung.

Übersicht 8.1: Not macht erfinderisch – mit List und Tücke umgeht man die amtlichen Vorgaben

In den ausgewiesenen Bebauungsgebieten beschränkte sich während des Flächenwachstums der Stadtregion die staatliche Vorgabe zumeist auf die Ausweisung des Straßennetzes – radial-konzentrisch z.B. in Psichiko, Ilioúpolis und Néa Filadelfia, schachbrettförmig in Néa Ionia, Kalamaki, Néa Smírni oder Nikäa – und die Geschosshöhe; letztere lässt sich durch Aufstockung jedoch leicht ändern, sodass schon vorsorglich das Moniereisen aus der Betondecke in den Himmel ragt – die griechische Bezeichnung hierfür lautet αναμονή, d.h. Erwartung.

Funktionale Heterogenität
Obwohl oder weil die tatsächliche Entwicklung im Gegensatz zur Planung mehr nach pragmatischen Gesichtspunkten verlief, haben sich viele formale und funktionale Strukturen vom 19. Jh. bis heute erhalten. Die funktionale Heterogenität der Innenstadt, ein umgebender Ring mit überwiegend Dienstleistungsfunktionen sowie der polyfunktionale Charakter der peripheren Stadtteile zieht sich wie ein roter Faden durch die Stadtgeschichte (KERN 1986a, S. 216).

Ungeachtet dessen zeigen die einzelnen Dimi bisweilen einen auffallenden Strukturwandel (APFL 1990). Kifisia z.B., ein gründerzeitliches Villenviertel im Norden, ist längst durch Verdichtung zu einem modernen Wohnstandort geworden, der von großflächigen Shopping-Centers umgeben ist. Westlich vorgelagert, bildet Ag. Kiriaki einen Schwerpunkt des Erwerbsgartenbaus, in dessen Folien- und Glashäusern für den Athener Obst- und Gemüsemarkt produziert wird. Im südlich benachbarten Amarousion ist zur Entlastung der Innenstadt ein neues kommerzielles Zentrum entstanden.

In seiner Analyse des Dimos Athen nach Aufrisstyp der Gebäude, Bauzustand, Nutzung und sozialer Differenzierung kommt KERN (1986a, S. 101 ff.) zu folgender Gruppierung (Abb. 8.4):

Abb. 8.4: Dimos Athen – Wachstumsphasen und funktional-soziale Differenzierung der Stadtteile
Quelle: KERN 1986a ⟶

Städte

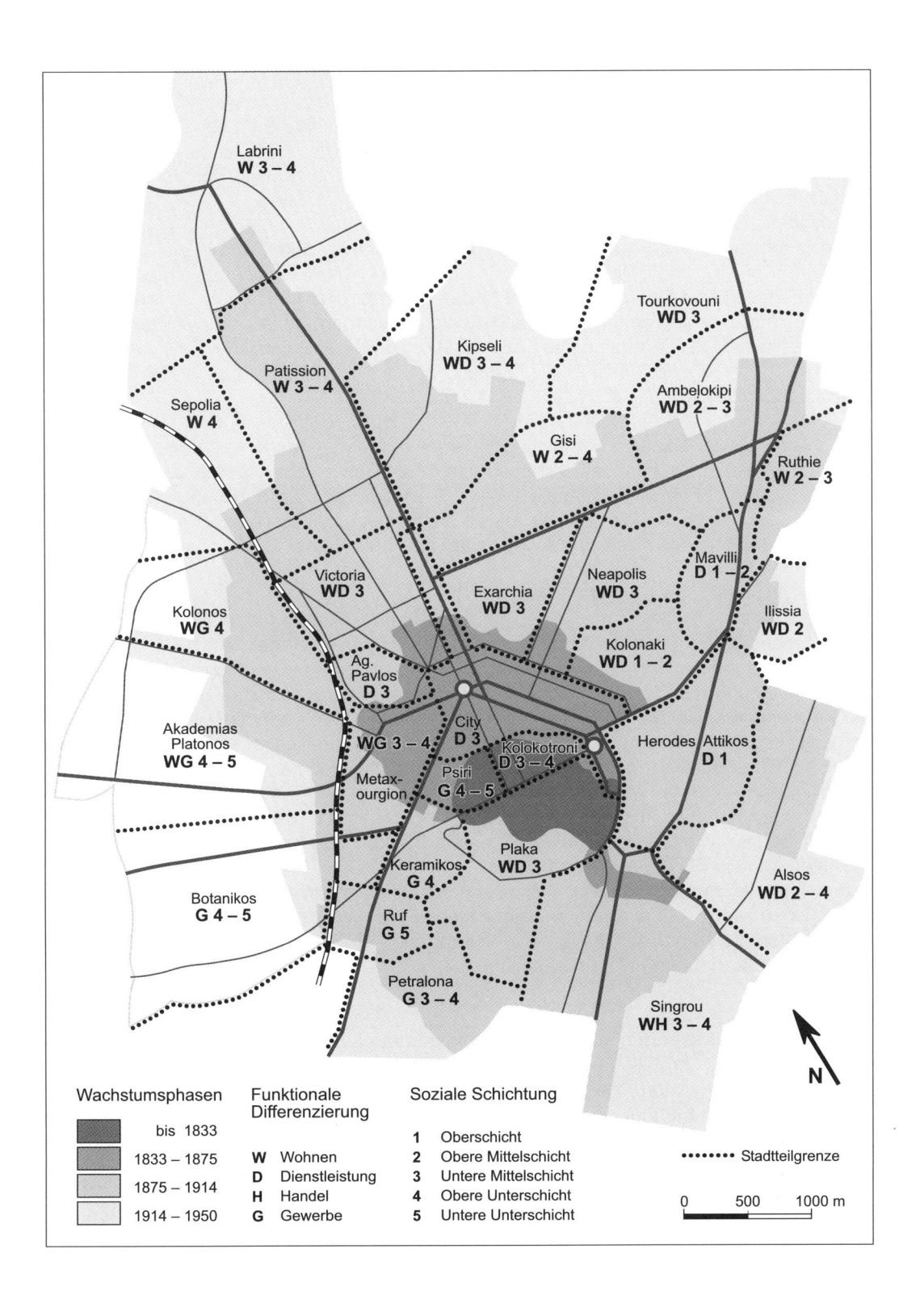

Athen

Wachstumsphasen
- bis 1833
- 1833 – 1875
- 1875 – 1914
- 1914 – 1950

Funktionale Differenzierung
- W Wohnen
- D Dienstleistung
- H Handel
- G Gewerbe

Soziale Schichtung
1. Oberschicht
2. Obere Mittelschicht
3. Untere Mittelschicht
4. Obere Unterschicht
5. Untere Unterschicht

········ Stadtteilgrenze

Stadtteile:
- Labrini W 3–4
- Tourkovouni WD 3
- Kipseli WD 3–4
- Patission W 3–4
- Sepolia W 4
- Ambelokipi WD 2–3
- Gisi W 2–4
- Ruthie W 2–3
- Victoria WD 3
- Exarchia WD 3
- Neapolis WD 3
- Mavilli D 1–2
- Kolonos WG 4
- Kolonaki WD 1–2
- Ilissia WD 2
- Ag. Pavlos D 3
- Akademias Platonos WG 4–5
- City D 3
- WG 3–4
- Kolokotroni D 3–4
- Herodes Attikos D 1
- Metaxourgion
- Psiri G 4–5
- Botanikos G 4–5
- Keramikos G 4
- Plaka WD 3
- Alsos WD 2–4
- Ruf G 5
- Petralona G 3–4
- Singrou WH 3–4

0   500   1000 m

- Die Stadtteile des Nordwestens (Labrini, Sepolia, Patission, Kipseli, Kolonos) sind Wohnbezirke der unteren sozialen Gruppen. Sie haben u.a. wegen der Nähe zu den westlich anschließenden Gewerbegebieten ein schlechtes Image, das auch von der dichten Verbauung und der starken Smog-Beeinträchtigung herrührt.
- Der Südwesten und Süden (Akademias Platonos, Botanikos, Ruf, Petralona) sind sehr stark industriell-gewerblich genutzt und gelten als Wohnbezirke der untersten sozialen Schichten.
- Die Innenstadt (City, Keramikos, Metaxourgion, Psiri) ist durch dominante tertiäre und gewerbliche Nutzung gekennzeichnet. In Psiri ist der Anteil illegaler Ausländer sehr groß, das Viertel ist von Degradierung und Verfall geprägt. Das funktionale Zentrum hat dagegen nicht nur eine sehr hohe Geschäftsdichte, sondern es ist vor allem der Standort für höchstrangige Funktionen des tertiären Sektors (Banken, Versicherungen, Agenturen, Kanzleien, Ämter); allein hier ist die Entleerungstendenz, der so genannte Bevölkerungskrater, offenkundig.
- Die Wohnviertel des Nordostens (Tourkovouni, Gisi, Ambelokipi, Ruthie) werden hauptsächlich von der sozialen Mittel- und Oberschicht eingenommen. Sie sind mit Dienstleistungsfunktionen durchsetzt, aber wegen ihrer Nähe zu Grünflächen und Freiräumen sowie wegen der teilweise klimatisch sehr günstigen Lage (an den Hängen des Imíttos) bevorzugte und teure Wohngebiete. In den Stadtteilen Mavilli und Herodes Attikos häufen sich die Botschaften, Ilissia und Alsos gelten als noble Viertel.

Zelluläre Funktions- und Sozialstruktur
Der Dimos Athen ist also trotz seiner höchstrangigen tertiären Funktionen nach wie vor ein wichtiges Wohngebiet, wenngleich nur in den östlichen Vierteln ein bevorzugtes. Die Stadtteile, die von der Unterschicht bewohnt werden, überwiegen deutlich (60%). Die zellenartige Anhäufung der einzelnen Funktionseinheiten zu übergeordneten Branchengruppen, die so genannte zelluläre Funktions- und Sozialstruktur, erklärt KERN (1986a, S. 175) als osmanisches Relikt; es leite sich aus der traditionellen orientalischen Bazarstruktur ab und stehe im Gegensatz zu mitteleuropäischen Funktionssystemen. Seit den 1990er Jahren zelchnen sich allerdings verstärkt konvergente Entwicklungen mit den Ländern Mitteleuropas ab. Die strukturelle Angleichung innerhalb der EU führt zu wachsender räumlicher Konformität, sodass sich das Zentrum der Primatstadt formal und funktional kaum von anderen Hauptstädten der EU unterscheidet.

Die Umstrukturierung einzelner Viertel, wie sie für die Plaka von ANTE (1988) ausführlich beschrieben wurde, erweist sich als allgemeines Phänomen, das auch in den Zentren anderer Weltstädte zu beobachten ist. Die Austragung der Olympischen Spiele 2004 fördert diesen Prozess in Athen nicht unerheblich.

Problemfall Verkehr
In einer derart pulsierenden und intensiv genutzten Agglomeration ist es aus Platzgründen kaum möglich, die chronisch verstopften Straßen durch zusätzliche Stadtautobahnen oder Umgehungsstraßen wirkungsvoll zu entlasten. Der Ausbau des U-Bahnnetzes, der neu gebaute Flughafen Elefthérios Venizélos im Osten des Ballungsraums (eröffnet 2001) und der weitere Ausbau des Öffentlichen Nahverkehrs im Zusammenhang mit den Olympischen Spielen 2004 stellen die Weichen für die zukünftige Stadtentwicklung.

Dass die heutige Metropole Athen ein vielfach differenzierter städtischer Raum ist mit individuellen und globalen Kennzeichen, mit historischen und modernen Elementen, mit Hektik und Stille, mit Armut und Reichtum usw., braucht hier nicht eigens betont zu werden.

> **Grün in der Stadt – Ansichtssache oder ökologische Notwendigkeit?**
> Die Problematik der Grünflächenplanung ist für Groß-Athen von grundlegender Bedeutung. Sie zielt nicht nur auf die Schaffung von Naherholungsräumen, sondern hat die primäre Aufgabe des nächtlichen Luftaustauschs. Dieser ist jedoch nur über komplette Grünschneisen zu erreichen, die von den Gebirgsrändern bis ins innere Becken reichen. Teil eines solchen Konzepts ist der Athener Kulturpark (PAPAGEORGIOU-VENETAS 1994/95), der sich als 350 ha großes Gelände sichelförmig über 6 km im Bereich der antiken Stadt erstreckt. Er bildet indes erst den Anfang eines großräumigen Ansatzes, der nur bei ausreichender Vernetzung die erhofften stadtklimatischen Effekte schafft.
>
> So sehr die Notwendigkeit einer geregelten Frischluftzufuhr auch anerkannt und allgemein befürwortet wird, der Stellenwert der städtischen Grünanlagen ist in Griechenland ein ganz anderer als in Mittel- oder Westeuropa. Der Maler JANNIS TSAROUCHIS bezeichnet es in dem Essay „Die Hysterie des Grün" als Nationalkomplex und Neurose der Griechen, den Städten nach fremden Vorbildern ein grünes Gesicht geben zu wollen: „(...) Sicherlich eine achtbare Neurose, diese Manie für das Grün, jedoch nicht in Gegenden, in denen naturgemäß der große Herrscher der griechischen Landschaften regiert: der Fels. Die griechischen Wälder sind die griechischen Felsen. Das Grün sollte dort gepflanzt werden, wo es die Felsen nicht stört. Dies sind die unsterblichen Plastiken der Natur, die ewig unserer Landschaft ihren Charakter verleihen. Das Grün gehört woanders hin. Neben Felsen oder antiken Ruinen sollte kein Grün gepflanzt werden" (PAPAGEORGIOU-VENETAS 1994/95, S. 169).

Übersicht 8.2: Grün in der Stadt – Ansichtssache oder ökologische Notwendigkeit

Die Mannigfaltigkeit der Stadt ist evident, ihr weiterer Nachweis käme dem sprichwörtlichen Bemühen gleich, Eulen nach Athen zu tragen. Die Etikettierung der Stadt als Moloch kann daher die facettenreiche Wirklichkeit nicht spiegeln.

Lebenswerte Metropole? – Das griechische Paradoxon
Ohne Frage ist die Umweltproblematik derjenige Bereich, der das Negativimage am stärksten steuert. Täglich sind während der Rushhour die Ein- und Ausfallstraßen hoffnungslos verstopft, der Lärm- und Abgaspegel steigt an, Polizisten und Ampeln vermögen es nicht, diesen Gordischen Knoten zu lösen. Daneben gibt es aber auch positive Aspekte, die ALLEN (1986) als griechisches Paradoxon bezeichnet: Trotz deutlicher sozialer Differenzierung gebe es kaum innerstädtische Slums; die einfachen Flüchtlingssiedlungen der 1920er Jahre (Néa Smírni, Néa Ionia u.a.) haben sich längst zu Wohngebieten der Mittelklasse entwickelt. Vom Wirtschaftswunder nach dem Zweiten Weltkrieg profitierte besonders die städtische Bevölkerung, sodass soziale Polarisierungen ausblieben. Die niedrige Kriminalitätsrate sei ein weiteres Spezifikum. Dies sei im Einzelnen schwer zu erklären; der Zusammenhang mit einer traditionell-dörflichen Familienstruktur und enger sozialer Kontrolle wird wiederholt als Erklärung angeführt (ALLEN 1986, S. 190). Sicherlich spielt es aber auch eine Rolle, dass die Zuwanderer zumeist gut vorbereitet, sozial und finanziell abgesichert in den Ballungsraum zogen. „*To most Greeks the city is a familiar place where one has relatives and friends. (...) In Athens there are hundreds of regional associations made up of people from individual villages, islands, provinces, etc. but almost are all concerned with assisting the towns and regions from where they come not with helping urban migrants, a service that is not really needed*" (ALLEN 1986, S. 192).

Im Zuge des gesellschaftlichen Wandels und der weiteren Säkularisierung des Alltags verlieren allerdings die familiären Bindungen an Gewicht. Durch zunehmende Internationalisierung und Globalisierung, vor allem aber infolge des Zustroms illegaler Einwanderer machen sich seit Mitte der 1990er Jahre vermehrt neue Einflüsse und Lebensformen breit. Drogen- und Waffenkriminalität sind nun auch in Athen zu einem Problem geworden.

Als Stadt der Kunst, Kultur und Geschichte, als Stadt mit antikem und mediterranem Flair ist die Kapitale ein Imageträger, der auf das ganze Land ausstrahlt. Das Prestige der Athener Universitäten z.B. gilt landesweit als unübertroffen, der „Akropolis-Komplex" wirkt sich auch auf sportlichem und kulturellem Gebiet aus. Die Diagnose „Atem beraubend" (FOHRER 1992, S. 220) enthält also auch positive Aspekte.

... und Thessaloníki – die kleine Schwester?

Unter dem Namen Selanik ist Thessaloníki eine wichtige Provinzhauptstadt des Osmanischen Reiches, die dank ihrer politischen und kommerziellen Funktionen am Ende dieser Periode stark anwächst (1865: 50 000 Ew., 1895: 120 000 Ew.). Um die Jahrhundertwende werden die Grenzen der alten Befestigungsanlagen übersprungen. Nun setzt sektorales Wachstum entlang der Küste und Hauptverbindungswege ein (DIMITRIADIS 1986). Die neugriechische Stadtentwicklung (ab 1912) beginnt folglich unter ganz anderen Bedingungen als in Athen, obwohl durch einen Großbrand in der Innenstadt im August 1917 ein Großteil des osmanischen Erbes zerstört wird.

Der auf dem Chortiatishügel gelegene Stadtteil Eptapírgion, d.h. sieben Türme, vermittelt mit der Zitadelle und den traditionellen, teilweise restaurierten Häusern noch heute einen Eindruck früherer Zeiten. Nur wenig unterhalb der Oberstadt befindet sich in der Straße des Apostels PAULUS das Geburtshaus MUSTAFA KEMAL PASCHAS, der 1881 hier zur Welt kam und als Begründer der modernen Türkei den Beinamen ATATÜRK erhielt.

Die über die Altstadt verteilten Monumente aus der römischen, byzantinischen und osmanischen Epoche bilden kein zusammenhängendes Ensemble, sie sind räumlich isoliert. Gleichwohl gelten einige von ihnen, z.B. der Galeriusbogen an der Egnatia Straße oder der Weiße Turm am Hafenbecken, als wichtige stadtbildprägende Elemente. Eine die Epochen übergreifende funktionale Kontinuität repräsentieren dagegen die vielen christlichen Sakralgebäude, die mit ihren Anfängen sogar bis in die römische Zeit zurückreichen. Auch der alte Bazar, die überdachten Markthallen „Bezesteni", konnte seine ursprüngliche Funktion bis heute erhalten.

Dem städtischen Ausbau in neugriechischer Zeit liegt ein regelmäßiger Grundriss zu Grunde, der auch auf die 1917 niedergebrannten Abschnitte der Altstadt übertragen wurde. Hier befindet sich das urbane Zentrum der Stadt. Kulturelle Institutionen (Theater, Bibliotheken, Museen), Sakralbauten, Praxen, Kanzleien, Banken, Verbände, Börse und andere citytypische Einrichtungen treten in diesem Bereich gehäuft auf (GERICKE 2001, S. 73). Entlang der Hafenstraße dominieren die Straßencafés. Weil die oberen Stockwerke nach wie vor zu Wohnzwecken genutzt werden, besetzt auch der (kleinflächige) Lebensmitteleinzelhandel zahlreiche Standorte der Innenstadt. Universität und Messegelände schließen östlich an die Altstadt an, Handelshafen und Industriezonen westlich.

Funktionale Gliederung
Jenseits dieser Anlagen befinden sich gemischte Wohn- und Gewerbegebiete (z.B. in Anagennisis, Kallithea, Malakopis, Ano und Káto Toumpa); entlang der großen Ausfallstraßen reihen sich oft Kilometer lange Gewerbezeilen mit großflächigen Einzelhandelsbetrieben, Standorten des Baugewerbes, Kfz-Handel, Hotels, Freizeiteinrichtungen usw.

Im Gegensatz zur Agglomeration (Tab. 8.2) umfasst der Verdichtungsraum Thessaloníki (1991: 946 864 Ew.) nahezu die gesamte geschlossen überbaute Zone an der Küste (GERICKE 2001, S. 59). Diese reicht von Kalochóri im Westen über Efkarpía (N), Kalamária (S) und den Flughafen bis in die anschließende suburbane Zone. Großräumig lassen sich folgende Bereiche unterscheiden:

Städte

- Die Struktur des Westens wird von Industrie- und Gewerbezonen geprägt. Diese beginnen mit dem zollfreien Gebiet des Handelshafens, erstrecken sich entlang der Ausfallstraße bis Sindos im Westen und dehnen sich über Evosmo bis nach Oreókastro (NW) aus. *„Dieser sog. ‚westliche Bogen' ist auf Grund seiner Nähe zu Industrie- und Bahnanlagen sowie wichtigen Verkehrsachsen und den daraus resultierenden Umweltproblemen Wohnstandort der niedrigen Einkommensgruppen bis hin zu sozialen Randgruppen: etwa 4500 Roma, 16 000 ‚Schwarzmeergriechen', Albaner und aus Albanien stammende Griechen, Armenier und Zeitarbeiter aus Thrakien leben dort"* (GERICKE 2001, S. 58).
- In der südlichen Hälfte befinden sich großflächige Wohngebiete der Mittel- und Oberklasse (Kalamaría, Pilea, Thermi, Panorama u.a.). Es handelt sich – vor allem bei den neueren Anlagen – ganz überwiegend um Geschosswohnungsbauweise mit gehobener bis guter Ausstattung; trotz der baulichen Uniformität, die oft ganze Straßenzüge prägt, gibt es im Sinn der zellulären Sozialstruktur (vgl. Kap. 8.1.2) einen kleinräumigen Wechsel zwischen den gesellschaftlichen Gruppen. Die randstädtischen Wohngebiete leiten zu den suburbanen Gemeinden des äußeren Umlands am Meer über (Peräa, Néa Epivátes, Ajia Triáda), die als Badeorte bereits hohe Anteile an Zweitwohnsitzen haben (VIELWEIB 1988).
- Ausgelagerte Bürostandorte von gewerblichen Firmen und Banken findet man bevorzugt an den Hauptverkehrslinien im Osten und Süden der Agglomeration. Forschungszentren, Technologieparks und Bürokomplexe internationaler Organisationen führten seit den 1990er Jahren zu einer Aufwertung dieser Stadthälfte.
- Infolge des randstädtischen Wachstums befindet sich der Flughafen „Makedonía" inzwischen längst in der Siedlungszone. Im Bereich der Einflugschneise stehen (noch) illegal errichtete ältere Wohnhäuser. Eine neue Entwicklung spiegeln die Handels-, Logistik- und Dienstleistungsunternehmen, die sich im Umkreis des nordgriechischen Luftkreuzes

Tab. 8.2: Agglomeration Thessaloníki – Bevölkerungsentwicklung und administrative Gliederung 1971–1991
Quelle: National Statistical Service 1991

	Einwohner			Entwicklung (absolut)		Entwicklung (%)	
	1971	1981	1991	1971–1981	1981–1991	1971–1981	1981–1991
Thessaloníki	345 799	406 413	383 967	60 614	−22 446	17,5	−5,5
Ag. Pavlos	6 370	7 169	7 221	799	52	12,5	0,7
Ambelokipi	24 892	40 033	40 093	15 141	60	60,8	0,1
Eleftherio	9 159	12 595	16 549	3 436	3 954	37,5	31,4
Evosmo	22 390	26 528	28 821	4 138	2 293	18,5	8,6
Kalamaría	36 978	51 676	80 698	14 698	29 022	39,7	56,2
Menemeni	8 352	12 141	12 932	3 789	791	45,4	6,5
Neápolis	21 903	31 464	30 568	9 561	−896	43,7	−2,8
Polichni	19 382	22 597	27 894	3 215	5 297	16,6	23,4
Pilea	7 793	12 015	20 785	4 222	8 770	54,2	73,0
Stavoúpolis	21 595	32 225	37 596	10 630	5 371	49,2	16,7
Sikies	24 473	33 789	36 347	9 316	2 558	38,1	7,6
Triandria	4 569	10 637	11 822	6 068	1 185	132,8	11,1
Efkarpía	2 124	2 705	3 480	581	775	27,4	28,7
Panorama	1 581	4 193	10 275	2 612	6 082	165,2	145,1
Gesamt	557 360	706 180	749 048	148 820	42 868	26,7	6,1

niedergelassen haben. Der regionale und internationale Bedeutungszuwachs des Großraums Thessaloníki seit dem Ende des West-Ost-Konflikts ist hier räumlich greifbar.

Sektoraler Wandel
Gleichwohl bildet der funktionale Abstand Thessaloníkis zu Athen ein unübersehbares Faktum. Trotz genereller Bevölkerungszunahme, die in den randstädtischen Dimi besonders hoch ausfällt, während für den Kern der Agglomeration bereits Schrumpfungsprozesse zu erkennen sind (Tab. 8.2), gibt es keine Anzeichen einer aufholenden oder gar überholenden Entwicklung. Obwohl die administrative Stellung der Regionen gestärkt wurde und obwohl Thessaloníki im Rahmen der EU-Erweiterung eine zentrale Position für die Balkanländer einnimmt, gelang es nicht, hieraus z.B. im Rahmen der „New Economies" entscheidende Vorteile zu gewinnen. Der traditionelle Rückstand von Stadt und Agglomeration beim sektoralen Wandel der Wirtschaft (LEONTIDOU 1990) konnte auch durch den politischen Wandel der 1990er Jahre nicht kompensiert werden. Der Ausbau der Infrastruktur (Ringautobahn, Flughafen, Bahnhof), die Förderung von moderner Technologie und Forschungseinrichtungen (Technologiepark) sowie kulturelle Akzente (Kulturhauptstadt Europas 1997) konnten den Abstand zur Landeshauptstadt nicht verringern. Es sind im Wesentlichen die Interessen der Zentralregierung in Athen, die eine Beibehaltung des status quo fördern (GERICKE 2001).

Mit Blick auf die nächstkleinere Größenklasse (vgl. Kap. 8.1.2) können Stadt und Agglomeration dagegen ihre Position festigen. Der seit Jahrzehnten gesicherte zweite Platz im Einwohnerranking (vgl. Abb. 8.1) findet eine mehrfache Bestätigung in der städtischen Dynamik. So nehmen die Arbeitsplätze im Bereich Forschung und Entwicklung (FuE) sowie auf der Managementebene überproportional zu (LEONTIDOU 1990), der starke Einfluss internationaler Entwicklungen zeigt sich in Architektur, funktionaler und sozialer Viertelsbildung. Für Nordgriechenland bildet die Stadt den bedeutendsten demographischen, ökonomischen, infrastrukturellen und kulturellen Schwerpunkt.

Die weiteren Großstädte
Die vier Großstädte Pátras, Iráklion, Vólos und Lárisa, die im Ranking auf den Plätzen 3–6 folgen, erreichen lediglich regionale Bedeutung. Physiognomisch handelt es sich bei ihnen um größere Mittelstädte, die allein wegen der höheren Einwohnerzahl eine größere Stadtfläche und ausgedehntere Geschäfts- und Gewerbeviertel besitzen. Die Parallelität von Alt und Neu, von zwei- und vielgeschossigen Bauwerken unterschiedlichen Alters sowie die zelluläre Sozialstruktur (vgl. Kap. 8.1.2) betonen den Abstand zu den Metropolen. Ganz plastisch heißt es zu Iráklion: *„Neben der feinen Villa gammelt eine Baracke, neben der liebevoll restaurierten klassizistischen Fassade plustert sich neugriechischer Kitsch, neben dem Luxushotel flattern die zerrissenen Markisen einer Souvlaki-Bude"* (LENNARTZ 1999, S. 67).

Ihre aktuelle Größe verdanken sie bestimmten Funktionen: Pátras, Iráklion und Vólos sind wichtige Hafenstädte, die im Fähr- und Handelsverkehr hinter Piräus rangieren. Lárisa bündelt seit osmanischer Zeit als Binnenstadt die zentralörtlichen und Handelsfunktionen in Thessalien, ähnliche Aufgaben nehmen Pátras für den Peloponnes und Iráklion für Kreta wahr. Da alle Großstädte (Ausnahme: Iráklion) auf der S-förmigen Hauptentwicklungsachse liegen, profitieren sie zusätzlich von den staatlichen Investitionen in die Infrastruktur. Bedeutende zentralörtliche, demographische und regionalwirtschaftliche Effekte erhoffte man sich von den seit den 1980er Jahren gegründeten Universitäten. Sie sind ein Beitrag zur landesweiten Dezentralisierung und stärken das wirtschaftliche und kulturelle Profil. Wenn auch der Abstand zu den Metropolen nicht verringert werden konnte, so tragen die strukturfördernden Maßnahmen doch zu einer Aufwertung der einzelnen Landesteile und ihrer Hauptorte bei.

Städte

8.1.2 Mittel- und Kleinstädte

Die Klein- und Mittelstädte stehen funktional im Schatten der Metropolen und Großstädte. Obwohl seit den 1990er Jahren die mittlere Verwaltungsebene gestärkt wurde (GERICKE 2001) und weitere Maßnahmen der Regionalförderung z.T. seit Jahrzehnten eingeleitet und unterstützt werden (vgl. Kap. 6.2.2), konnte die Lücke zwischen den Groß- und Mittelstädten nicht geschlossen werden (vgl. Abb. 8.1). Thrakien, das westliche Griechenland sowie die Ionischen und ein großer Teil der Ägäischen Inseln bilden Regionen, in denen das komplette Städtenetz von der Größenklasse der Mittel- und Kleinstädte gebildet wird.

Der aktuelle Forschungsstand ist sehr lückenhaft. Nur zu ausgewählten Mittelstädten liegen unterschiedlich konzipierte Analysen vor, z.B. zu Sparta (POTYKA 1981), zu Trípolis (BEUERMANN 1957, HAVERSATH 1991), zu den Städten Ätoliens und Akarnaniens (BOUILLET 1993), zu Ioánnina (HAVERSATH 1991), zu den kretischen Städten (BEUERMANN 1972 und 1987) oder zu manchen Städten der Ägäischen Inselwelt (EGGELING 1984, KATSIKIS/KERN 1981, KERN 1980a und 1980b, PUSCH 1980). Eine deutschsprachige Monographie gibt es zu diesem Thema nicht, wohl aber griechischsprachige (TSOUGIOPOULOS 1984, MALOUTAS 2000).

Amorphes Stadtbild

Unter formalem Aspekt fallen die Unterschiede zwischen den Größenklassen auf den ersten Blick weniger ins Auge. Die landesweit verbreitete Betonskelettbauweise führt auch in den Mittelstädten zu vertikaler Expansion und innerer Verdichtung. So kommt es einerseits zu städtebaulicher Nivellierung und Monotonie (WAGNER 2001, S. 139), andererseits aber auch zu rascher Adaption neuer Stilformen (z.B. Postmoderne). Das Ergebnis ist eine ausgeprägte Heterogenität – Hochhäuser stehen neben ebenerdigen Gebäuden, alte Häuser neben neuen, Wohn- neben Geschäftshäusern usw. Die Neubauten entstehen jedoch nur an einzelnen Stellen je nach individuellen Möglichkeiten und Entscheidungen, nur in Ausnahmefällen sind mehrere Parzellen einheitlich gestaltet. Ein ungeregeltes Nebeneinander in Nutzung, Grund- und Aufriss ist bestimmend. Eine wirksame Bebauungsplanung, die stadtplanerischen

Übersicht 8.3: Antiparochí: Ein Bauherrenmodell griechischer Art

Antiparochí: Ein Bauherrenmodell griechischer Art
„Gegenleistung" ist die wörtliche Übersetzung für Antiparochí (αντιπαροχή), ein Zweckbündnis zwischen finanzkräftigen Baufirmen und bauwilligen Eigentümern in guter städtischer Lage (RIEDL 1993a, VIELWEIB 1988). Der Grundbesitzer übergibt seine Parzelle als Einlage dem Bauherrn bzw. der Baufirma, die anstelle des alten ein- oder zweigeschossigen Anwesens ein vier- oder fünfgeschossiges Gebäude errichten. Der alte Eigentümer erhält – je nach Abmachung – ein Stockwerk des Neubaus oder einen bestimmten Prozentsatz der Baumasse. Meistens wählt der Eigentümer die oberste Etage, weil er in diesem Fall die Möglichkeit der späteren Expansion durch Aufstockung hat. Die Baufirma ihrerseits ist bestrebt, möglichst viele Stockwerke zu errichten, um über den Verkauf der einzelnen Etagen die Unkosten zu decken und Gewinn zu erzielen. Dieser besitzrechtliche Mechanismus hat maßgeblich zur städtebaulichen Verdichtung der 1970er und 1980er Jahre beigetragen. Er erklärt das uneinheitliche Erscheinungsbild der Städte und ist für die amorphe Stadtgestalt teilweise verantwortlich. Er verursacht das heterogene Nebeneinander von alten und neuen, von ein- und vielstöckigen Gebäuden. Zudem liefert er den Schlüssel für die sonst nur schwer erklärbare Erscheinung von unfertigen Zwischenetagen, die den Eindruck von „ewigen Baustellen" erwecken. Erst nach dem Verkauf einer Etage erfolgt nämlich der Ausbau nach den Wünschen des neuen Eigentümers. Teilweise dauert es Jahre, bis das Betonskelett komplett verkauft und ausgebaut ist.

Leitbildern folgt, gibt es kaum – von den Zonen des Denkmalschutzes abgesehen. Das amorphe Erscheinungsbild der Mittelstädte (HAVERSATH 1991) spiegelt die Probleme dieser Größenklasse: die funktionale Lücke zu den Großstädten und Metropolen, die schwächere wirtschaftliche Entwicklung sowie den verzögerten Einzug neuer Bau- und Nutzungsformen. Von den großen Mittelstädten wie Ioánnina oder Kavála bis zu Kleinstädten wie Néa Kallikrátia in Mazedonien (VIELWEIB 1988) gelten die gleichen Rahmenbedingungen.

Das rapide Wachstum der Mittelstädte seit den 1960er Jahren lässt sich mit vielen Einzelfällen belegen (HAVERSATH 1991). Von Jahrzehnt zu Jahrzehnt wachsen sie ringförmig in die Fläche, um den anhaltenden Strom der Zuwanderer aufzunehmen – nicht nur im Bereich des „Großen S" von Kavála entlang der Ägäisseite über Athen und Korinth bis Pátras, sondern ganz allgemein in den Nomos-Hauptorten des Landes. Während der Boomphase in den 1970er und 1980er Jahren ist auch in dieser Größenklasse der Anteil an Schwarzbauten besonders hoch (VIELWEIB 1988).

Quantitatives und qualitatives Wachstum

Neben dem quantitativen Wachstum ist seit den 1970er Jahren auch ein qualitatives Wachstum festzustellen. Steigender Lebensstandard führt zu größeren Wohnraumansprüchen, die das weitere städtische Wachstum induzieren. Auch bei stagnierender Einwohnerzahl dehnen sich die Städte baulich aus, expandieren vertikal (innere Verdichtung) und horizontal (Flächenzunahme). Dabei müssen vor allem in attraktiven Geschäftslagen Altbauten weichen. Da die Pflege und Erhaltung älterer Häuser wenig verbreitet ist, befinden sich diese vielfach in einem schlechten Zustand; erst seit den 1990er Jahren achtet man verstärkt darauf, ältere Häuser zu erhalten oder zu restaurieren. In den Groß- und Mittelstädten erkennt man seit einiger Zeit, dass nicht nur Neubauten, sondern auch ältere Häuser eine Zierde der Stadt und einen Gewinn für die Eigentümer bilden. Die Antiparochí bedroht in derart restaurierten Wohngebieten die zweigeschossige Bausubstanz nur begrenzt.

Damit ist die dauernde bauliche Überformung der Wohngebiete zumindest an einem vorläufigen Endpunkt angelangt. In Iráklion (Kreta) wird z.B. die Bausubstanz der Neustadt (1930er und 1940er Jahre) nicht weiter dem Verfall preisgegeben, sondern von neuen Eigentümern liebevoll restauriert, in Véria (Mazedonien) erscheinen alte Gewerbegassen in neuem Glanz, in Mitilíni (Lésbos) bemüht man sich um die Erhaltung der überkommenen baulichen Struktur der Hauptgeschäftsstraße. Allgemein ist zu erkennen, dass die Wertschätzung des Bestands an Altbauten langsam an Bedeutung gewinnt.

Vorreiter dieser Entwicklung sind kapitalkräftige Eigentümer (Banken, Handelsgesellschaften u.a.), die alte Gebäude der Innenstädte einer repräsentativen Nutzung zuführen und als Vorbilder dienen. In diese Reihe gehören auch Behörden und Gesellschaften, die klassizistische Bauwerke oder denkmalgeschützte Gebäude besitzen und diese in ihrem historischen Zustand erhalten. Der Tourismus hat insbesondere auf den Inseln dazu beigetragen, dass die Altstädte ihr polygenetisches Erscheinungsbild – soweit noch vorhanden – nicht weiter verloren. Auf den Ionischen und Ägäischen Inseln bilden die Straßenzüge mit traditioneller Bausubstanz vielfach die Anziehungspunkte des Besichtigungstourismus. Seit Mitte der 1990er Jahre kann man beobachten, dass eine systematische Aufwertung von touristisch nutzbaren Stadtvierteln mit älterer Bausubstanz Platz greift.

Modernisierung vor Erhaltung

Dagegen wurden die Häuserfronten entlang der Hafenlinie und der wichtigsten Durchgangsstraßen bereits vor Jahrzehnten modernisiert. Hier ist die wenig gepflegte ältere Bausubstanz zum größten Teil durch neue Häuser ersetzt worden. Wenn touristische und

Städte 239

Handelsfunktionen zusammenkamen, sind entlang der Wasserfront auch geschlossene Neubaufronten entstanden, wie z.B. in Kalamáta.

Der ausgeprägte Modernisierungsschub seit dem Ende des Zweiten Weltkriegs führt zu einem deutlichen Verlust an architektonischer Individualität und zu einer formalen Nivellierung der Städte. Damit werden Entwicklungen abgeschlossen, die mit der Beseitigung des osmanischen Erbes während und nach den Befreiungskriegen eingeleitet (vgl. Abb. 2.8 und Abb. 2.11) und durch Neuaufbau nach Erdbeben fortgeführt wurden. Die fehlende historische Tiefe neugriechischer Städte (LIENAU 1989a) stellt fast alle Mittel- und Kleinstädte des Landes auf ein genetisch nahezu einheitliches Fundament; auch Städte, die wie Néa Kallikrátia in Mazedonien aus Flüchtlingssiedlungen hervorgingen, passen in dieses Bild (VIELWEIB 1988). Trotz amorpher Gestalt sind die Parallelen in der Silhouette, im Nebeneinander sich ablösender Baumoden sowie in der engen Verzahnung von Wohnen und Arbeiten unübersehbar. Diese Besonderheit lässt es sinnvoll erscheinen, die Merkmale der Mittel- und Kleinstädte in einem deskriptiven Modell (Abb. 8.5) zusammenzufassen.

Deskriptives Stadtmodell

Die Platía (πλατεία) bildet das funktionale Zentrum. Hier bündeln sich administrative, geschäftliche und gewerbliche Einrichtungen. Ämter, Kanzleien, Praxen, Büros, Hotels, Restaurants und Einzelhandelsgeschäfte erreichen in diesem Stadtteil die höchste Dichte. Nur einzelne Gebäude werden vollständig gewerblich genutzt, im Regelfall dienen die oberen Stockwerke zu Wohnzwecken. Der zentrale Bereich ist nicht nur das ökonomische, sondern auch das religiöse und gesellschaftliche Herz der Stadt. Hier befinden sich die Mitrópolis, die Bischofskirche, wichtige kulturelle Einrichtungen (Theater, Kino, Säle u.a.) sowie zahlreiche Kafenía. Dieser Ort lädt zum abendlichen Flanieren ein. Sofern die Hauptgeschäftsstraße noch nicht zur Fußgängerzone umgebaut wurde, erfolgt am Abend eine Sperrung für den Durchgangsverkehr; jetzt wird der ganze Straßenraum von Fußgängern (und Zweirädern) genutzt.

Entlang der Ausfall- und Hauptgeschäftsstraßen bleibt die Mischung von Gewerbe- und Wohnraum das bestimmende Moment. Abseits davon dehnen sich dicht bebaute Wohngebiete aus. Das etappenweise Wachstum ist infolge der massiven baulichen Erneuerung und der Aufstockung nur mit geübtem Auge zu erkennen. Kleine Einzelhandelsgeschäfte decken die wohnungsnahe Versorgung mit Lebensmitteln, Grund- und Sekundarschulen sind ebenfalls wohnungsnah errichtet. Die weitgehende funktionale Homogenität dieses Bereichs wird durch moderne Hochbauten kaum gestört. Die dichte und kompakte Wohnbebauung entspricht den Bedürfnissen und Gewohnheiten einer urbanen Gesellschaft.

Abb. 8.5: Funktional-genetisches Modell griechischer Mittel- und Kleinstädte
Quelle: eigene Erhebungen

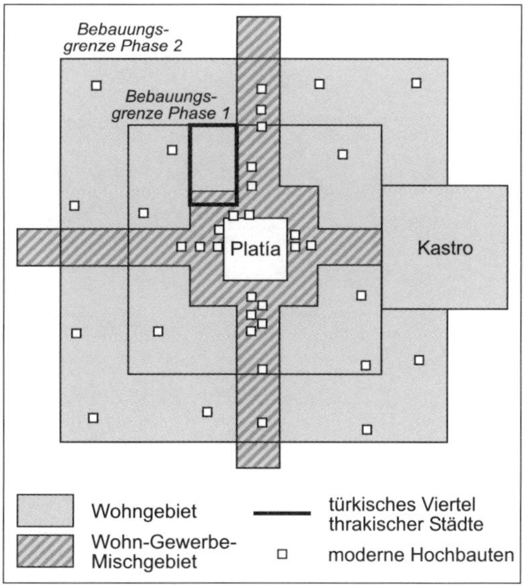

Allein in den Städten Thrakiens, die vom Bevölkerungsaustausch nach dem Ersten Weltkrieg nicht betroffen waren (vgl. Kap. 3.1), gibt es ethnisch-religiöse Viertel. Die muslimische, türkischsprachige Bevölkerung lebt in geschlossenen Wohnbezirken mit teilweise eigener Infrastruktur (Moschee, Schule, Zeitung, Radio o.Ä.). Hierdurch erhielten Städte wie Xánthi oder Komotiní (Abb. 8.6) eine kleingliedrige ethno-soziale Differenzierung, die bis zum Ende der osmanischen Epoche Gültigkeit hatte. Heute sind derartige genetisch-ethnische Viertel noch an den Straßennetzen (Sackgassen), z.T. auch an Art und Zustand der Bebauung zu erkennen (KOUTSOUKOS 2000). Sofern jedoch türkische Viertelsbezeichnungen (z.B. „Machale" in Abb. 8.6) noch erhalten sind, erlauben sie den Rückschluss auf türkisch-muslimische Bevölkerung.

Am Stadtrand endet die Bebauung jäh mit mehrgeschossigen Häusern, die eben so dicht stehen wie in der Innenstadt. Einfamilienhäuser im Grünen, wie sie uns aus Mittel- und Westeuropa vertraut sind, gibt es in nennenswertem Umfang nur in den Villenvierteln großer Städte. Es gibt keinen allmählichen Übergang in das städtische Umland mit abnehmender Wohndichte, sondern anstelle dessen ein abruptes Ende der geschlossenen Bebauung. Suburbanisierung im Sinne einer immer weiteren Verlagerung von Wohn- und Arbeitsstellen in Richtung Stadtrand spielt bei den Mittelstädten keine nennenswerte Rolle, von der bandartigen Gewerbeansiedlung entlang der Ausfallstraßen (hauptsächlich Autoreparatur und Bauhandel) einmal abgesehen.

Nach wie vor gilt eine zelluläre Sozialstruktur für die Wohngebiete. Es ist dabei kennzeichnend, dass die einzelnen Sozialgruppen nicht geschlossene Viertel bewohnen, sondern über das Stadtgebiet verstreut sind. Analog zur baulichen Heterogenität der Mittelstädte residieren die kapitalkräftigsten Gruppen zumeist in luxuriösen, modernen Häusern, die punkthaft über das Stadtgebiet verteilt sind. Sie sind von den einfacheren und älteren Quartieren niedrigerer Sozialgruppen umgeben.

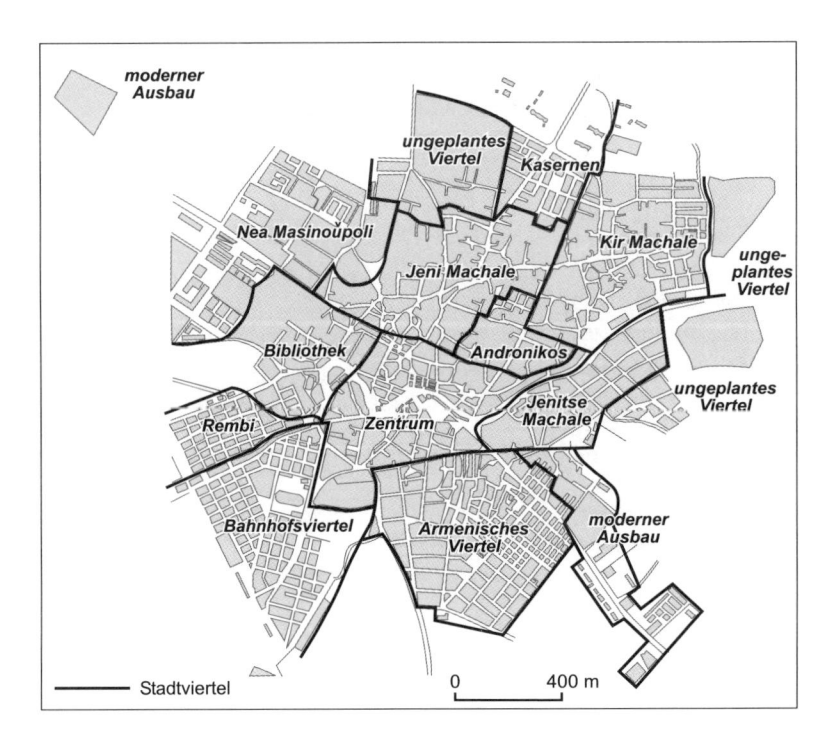

Abb. 8.6:
Genetisch-ethnische Viertel in Komotiní
Quelle:
KOUTSOUKOS 2000

Das Kastro befindet sich in so genannter Akropolislage. Dieser Stadtteil reicht erkennbar in frühere Epochen zurück. Osmanische, auf den Inseln auch venezianische und genuesische Einflüsse überlagern sich hier. Vielfach besteht es ohne Wohngebäude aus einer einzigen Befestigungsanlage, die zum Museum umgebaut wurde bzw. in Teilen militärisch und/oder kirchlich genutzt ist. Die Inselhauptorte, aber auch viele weitere Städte (z.B. Míthimna auf Lésbos oder Anávatos und Volissos auf Chíos) werden von einer derartigen Zitadelle überragt. Auch die festländischen Nomos-Hauptorte (Lamía, Korinth, Argos, Sérres, Kastoría oder Arta) liegen vielfach unterhalb einer Burg. In Ioánnina gehört ein dicht bebautes Wohngebiet mit unregelmäßigem Straßengrundriss und Tunnelgassen zum Kastro; es bildet neben den Relikten der Burg ALI PASCHAS einen wichtigen Anziehungspunkt des modernen Städtetourismus. In Monemvasía in Südostlakonien, einer mal osmanischen, mal venezianischen Festung, fiel das Kastro wegen der schwierigen Geländeverhältnisse fast vollständig wüst; als Sehenswürdigkeit ist seine Anziehungskraft dagegen ungebrochen. Auch Kleinstädte wie Methóni und Koróni in Südmessenien verdanken der alten Fortifikationstechnik ihre stadtgeschichtliche Individualität. In anderen Orten dagegen sind – wie in Trípolis (Arkadien) – die Reste der alten Burganlage längst beseitigt worden.

Trotz des amorphen und baulich heterogenen Stadtkörpers, trotz ausgeprägter regionaler Identitäten (BEUERMANN 1972) und ungeachtet eines dauernden Wandels (LEONTIDOU 1990) sind regelhafte Raumstrukturen das hervorstechende Kennzeichen der Mittelstädte. Dies liegt einerseits an der kurzen, das Stadtbild prägenden Phase der neugriechischen Zeit, andererseits an den nivellierenden Einflüssen eines an weltweiten Vorbildern orientierten Modernitätsstrebens. Als „Klein-Athen" bezeichnen viele Griechen die Mittel- und Kleinstädte zwischen Korfu und Rhódos, zwischen Kreta und Thrakien; sie bewundern und verspotten damit – je nach persönlicher Einstellung – das rasante Höhenwachstum dieser Städtegruppe, das pulsierende Leben an der zentralen Platía und die „ewige Baustelle" der Wohn- und Geschäftsgebiete.

Der zentralörtliche Einzugsbereich ist bei der gebundenen Zentralität staatlicher Einrichtungen (Ämter, Gerichte u.a.) auf den Nomos beschränkt. Aber auch bei den Gütern des mittel- und langfristigen Bedarfs lehnt er sich stark an die Verwaltungsgrenzen an. Das liegt einerseits an traditionellen räumlichen Bindungen, ererbten und verfestigten Raumstrukturen, andererseits wird es durch die starke Kammerung des Festlands bzw. die Isolierung der Inseln unterstützt. Im Bereich der Hochschulen hat diese Zuordnung keine Gültigkeit. Die Anziehungskraft von Athen ist ungebrochen, obwohl viele Neugründungen in allen Landesteilen zu einer Dekonzentration führten. Allein im Großraum Athen und seinem weiteren Umland (Chalkís, Livádia, Korinth, Lávrion) ist die Primatstadt so „erdrückend", dass die funktionale und zentralörtliche Ausstattung der Mittelstädte hierunter leidet.

8.1.3 Perspektiven

Die aktuelle Stadtentwicklung steht unter dem Einfluss gegensätzlicher Kräfte. Globalisierung und Internationalisierung kommen in der postmodernen Architektur von Bürogebäuden, in zunehmender Filialisierung des Einzelhandels, in der wachsenden Bedeutung des Dienstleistungssektors (Tertiärisierung) oder in der Gestaltung von Fußgängerzonen zum Ausdruck. Regionale und lokale Spezifika zeigen sich in der traditionellen Bauweise älterer Viertel, in bazarähnlichen, kleinflächigen Geschäften, in der starken Präsenz bestimmter Laden- und Verkaufsformen (Kiosk, ambulanter Handel) sowie in der Rolle der Innenstädte als Wohnstandorte.

Die Determinanten stadträumlicher Strukturen und Prozesse (LICHTENBERGER 1991) haben folglich im Ägäisland eine besondere Ausprägung. Generell sind die Parallelen zu anderen Mittelmeerländern (WAGNER 2001) deutlicher ausgebildet als zu den Ländern Mittel- und Westeuropas.
- In der Gruppe der politisch-administrativen Determinanten ist in Griechenland z.B. das Segment des genossenschaftlichen und sozialen Wohnungsmarktes kaum ausgebildet. Insbesondere in den Mittel- und Kleinstädten spielt es keine Rolle. In der Bodenpolitik werden Bauvorschriften nicht mit der Konsequenz durchgesetzt, wie wir es in Mitteleuropa gewohnt sind. Wegen mangelnder Abstimmung zwischen den einzelnen Ämtern, aber auch aus anderen Gründen (z.B. illegale Bebauung) ist insbesondere in der Agglomeration Athen die technische Infrastruktur unzureichend. Weiterhin spielen die öffentlichen Grünflächen (vgl. Kap. 8.1.1) eine ganz andere Rolle als in Deutschland.
- Unter den normativen Prinzipien dominiert der Urbanismus. Dichte Bebauung, verbreiteter Geschosswohnungsbau, die Betonung der Vertikalen auch in den Mittelstädten und die hohe Wertschätzung der Innenstadt als Lebensraum sind Ausdruck einer allgemeinen „Stadtliebe" (αστυφιλία), die nur in den Metropolen an ihre Grenzen stößt.
- Bei den technologischen Determinanten gibt es im Bereich der Infrastruktur („unterirdischer Städtebau") und in der Verkehrstechnologie klare Defizite. Der schienengebundene ÖPNV spielt von Athen abgesehen keine Rolle, und auch dort ist er nur rudimentär ausgebildet und stark überaltert. Erst im Zuge der Olympischen Spiele 2004 kam es zum spürbaren Ausbau des Netzes. Die Innovation der Betonskelettbauweise hat unverkennbare Auswirkungen auf die Silhouette der Städte. Erst hierdurch wurde der vertikale Wachstumsprozess der festländischen Mittelstädte beschleunigt, peripher gelegene Inselhauptorte (z.B. Argostólion auf Kefallinía oder Mitilíni auf Lésbos) konnten dabei nicht mithalten.
- Auch ökonomische Determinanten haben auf städtebauliche Entwicklungen Einfluss. Die räumliche Aufspaltung von Funktionen (z.B. Büroflächen, Einzelhandelsstandorte, Gewerbeparks) folgt auch in Griechenland den Bodenpreisen, wie das Beispiel der Innenstadt von Athen zeigt. Die Bodenpreise führen jedoch zumindest in den Mittelstädten nicht zur Verdrängung der Wohnbevölkerung aus den Innenstädten. Spezifische Wertvorstellungen, die sich unter dem Begriff αστυφιλία (s.o.) zusammenfassen lassen, schränken den Einfluss der wirtschaftlichen, rein monetären Kräfte ein. So kommt es, dass auch die Palette des Einzelhandels in den Hauptgeschäftsstraßen nicht von der Textilbranche beherrscht wird und die Filialisierung noch gering ausgeprägt ist. Ob dieser Zustand als Entwicklungsrückstand gegenüber Mittel- und Westeuropa oder als griechisches Spezifikum zu bezeichnen ist, kann nur die Zukunft erweisen.
- Segregationsprozesse sind Ausdruck einer vielfältigen inneren Differenzierung. Ethnische Viertel gibt es aus historischen Gründen nur in den Städten Thrakiens. Die demographische Segregation ist dagegen eine verbreitete Erscheinung. Die Verkleinerung der Haushalte führt zu einer Zunahme der Einpersonenhaushalte; zusammen mit den steigenden Wohnraumansprüchen lösen beide das quantitative und das qualitative Stadtwachstum der Gegenwart aus. Die soziale Segregation ist in den Mittelstädten infolge der zellulären Sozialstruktur nur gering ausgebildet. Auch hier ist zu fragen, ob nicht in Zukunft die traditionelle Sozialstruktur abgelöst wird und sich wie in Mitteleuropa zentrifugale Sozialgradienten ausbilden.

Es ergeben sich daher unterschiedliche Perspektiven für die griechischen Städte, da sie sowohl für exogene als auch für endogene Einflüsse offen sind. Die weltweite Angleichung in Architektur, funktionaler Gliederung und sozialer Differenzierung (städtebauliche Globalisierung) betrifft vor allem die Metropolen. In den Mittelstädten hat trotz aller Modernisierungen das regionale Erbe, das aus der jeweiligen Stadtgeschichte abzuleiten ist, in der Gegenwart wieder steigende Bedeutung. Folgt man diesem Ansatz, dann ist es wahrscheinlich, dass auch in Zukunft landestypische, aus der Geschichte zu erklärende Besonderheiten erhalten bleiben und auf weltweite Entwicklungen eigene Antworten geben.

Wichtigste Probleme der näheren und mittleren Zukunft sind die Transformation des Wohnungsbestands infolge sich weiter wandelnder Lebens- und Konsumgewohnheiten, Erneuerung und Ausbau der technischen Infrastruktur sowie die schrittweise Lösung der städtischen Umweltprobleme.

8.2 Ländliche Siedlungen

Nach den Kriterien der griechischen Statistik gelten Siedlungen über 10 000 Einwohner als Städte, sonst (9 999 – 2 000 Ew.) als halbstädtische oder (< 2 000 Ew.) als ländliche Siedlungen (vgl. Kap. 3.2). Zur Erfassung ihrer räumlichen Spezifika werden im Folgenden die Gruppen der halbstädtischen und ländlichen Siedlungen zusammengezogen; damit wird dem gleitenden Übergang von Stadt und Land Rechnung getragen, wie er ebenso für den gegenwärtigen Siedlungsraum Mitteleuropas kennzeichnend ist (HENKEL 1999). Die Dichotomie Stadt – Land wird dabei lediglich aus heuristischen Gründen beibehalten; dass in der Realität eine eindeutige Zuordnung zu einer der beiden Kategorien oft nicht möglich ist, bedarf keiner weiteren Erörterung.

Die Zweiteilung des Landes in einen städtereichen, wirtschaftlich aktiven Raum entlang des „Großen S" von Kavála über Thessaloníki, Lárisa, Vólos, Athen und Korinth nach Pátras und einen demographisch schrumpfenden, überalterten und von ländlichen Siedlungen geprägten Gürtel von den Ionischen Inseln über die südliche Ägäis bis nach Thrakien, das „Große Hufeisen" (KANAROGLOU/BALOURDAS 2001), lässt o.a. Kategorienbildung sinnvoll erscheinen. Die hohen Bevölkerungsanteile von ländlichen Siedlungen in Epirus (59,4%), auf den Ionischen Inseln (62,6%), auf den Ägäischen Inseln (47,0%) sowie in Thrakien (46,6%) (vgl. Tab. 3.6) lassen keinen Zweifel an der Notwendigkeit aufkommen, auch die siedlungsräumlichen Verhältnisse dieser Regionen vorzustellen.

8.2.1 Siedlungstypen

Der Typisierung liegt eine Terminologie zu Grunde, wie sie bei den ländlichen Siedlungen Mitteleuropas ebenfalls Anwendung findet (UHLIG/LIENAU 1972). Da jedoch auch im ländlichen Raum die fehlende historische Tiefe kennzeichnend ist, dürfen die Begriffe lediglich formal-deskriptiv verstanden werden. Alle genetischen Assoziationen sind erst nach eingehender Prüfung zulässig.

Die für die Entwicklung der Kulturlandschaft entscheidenden Diskontinuitäten (vgl. Kap. 2) machen die Unterschiede zu Mitteleuropa deutlich. So ist es zu erklären, dass der aktuelle Ortsnamensbestand keine Möglichkeiten zur Datierung bietet. Am Beispiel des Peloponnes weist SAUERWEIN (1969) nach, dass Übertragungsfehler beim Umschreiben von griechischen in lateinische Buchstaben in venezianischer Zeit, Wüstungsprozesse, Umsiedlungen und massenhafte Umbenennungen einer genetischen Interpretation von heutigen Ortsnamen den Boden entziehen. Auch in neugriechischer Zeit war es gängige Praxis, türkische oder albanische Ortsnamen nach Abzug der früheren Bevölkerung mit griechischen Namen zu versehen (HAVERSATH 1997). Die Quintessenz aller historisch-geographischen Untersuchungen zum ländlichen Raum (BEUERMANN 1956, HÖPER 1983, KIEL/SAUERWEIN 1994, SAUERWEIN 1969) ist die Erkenntnis, dass die Hauptepochen der Kulturlandschaft (vgl. Kap. 2.2 bis Kap. 2.4) durch einen deutlichen Hiat getrennt sind. Griechische Dörfer sind also im Wesentlichen neuzeitliche Dörfer.

In seiner Typologie ländlicher Siedlungen betont BEUERMANN (1956) die weite Verbreitung der Haufendörfer. Als Formen mit regellosem Grundriss befinden sie sich in Ebenen, in Hanglage oder auf Kuppen, sie können kompakt bebaut oder auf Grund der Geländeverhältnisse langgezogen sein. *„In keinem dieser Dörfer fehlt der Zentralplatz, die sog. Platía. Die Wohnhäuser stehen dicht gedrängt, oft so dicht, dass entlang der Hauptstraße geschlossene Fassadenkomplexe im Aufriss einen kleinstädtischen Charakter vermuten lassen"* (BEUERMANN 1956, S. 279).

Zu den Plansiedlungen zählen das Straßen-, Reihen- und Kolonisationsdorf. Es handelt sich um schematische Dorfanlagen, die infolge des Zustroms an Flüchtlingen (vgl. Kap. 3.1.1) in den 1920er Jahren auf zuvor nicht besiedeltem Land errichtet wurden. In den intramontanen Becken, Flussniederungen und Küstenhöfen Mazedoniens und Thrakiens (vgl. Abb. 3.3) sind sie besonders verbreitet. Das Néa-Präfix in Verbindung mit dem Namen des ostthrakischen, anatolischen oder pontischen Herkunftsortes ist ein zusätzliches Kennzeichen dieses formalen und genetischen Typs.

Einzelsiedlungen haben eine traditionell geringe, heute allerdings wachsende Verbreitung. Ihre überkommene Seltenheit erklärt sich primär aus den langen Phasen politischer Instabilität, die bis ins 20. Jh. reichten. In der Vergangenheit befanden sich daher nur Klöster und bestimmte gewerbliche Standorte – z.B. Ölmühlen (HARTLEB 1989) – in isolierter Lage. Seit der Trockenlegung der fruchtbaren Küstenhöfe und ihrer touristischen Nutzung nehmen sie jedoch wachsende Areale ein. Insbesondere auf den Ionischen und Ägäischen Inseln ist die Küstenzone mit zahllosen Ferienhäusern und Hotelanlagen, die bevorzugt in Olivenhainen errichtet wurden, besetzt.

Dagegen finden sich saisonale Siedlungen, die BEUERMANN (1956, S. 284) noch als eigenständigen Typus ausweist, kaum mehr. Aus den Bedürfnissen der Fernweidewirtschaft (vgl. Kap. 5.1) hervorgegangen, haben sie sich in den allermeisten Fällen zu Dauersiedlungen entwickelt und zählen formal zu den Haufendörfern. Die aus Reisig oder Schilf errichteten Kegeldachhütten der Aromunen und Sarakatsanen trifft man nur noch in Museen an.

Das aus der osmanischen Epoche stammende Çiftlik-Dorf (HÖPER 1984) ist eine gänzlich historische Ortsform, die für die Gegenwart keine Bedeutung hat. Seit der Bodenreform von 1920 ist dieser Typus nicht mehr vorhanden; das geschlossene Haufendorf hat sein Erbe angetreten.

8.2.2 Beharrung und Fluktuation

Unter den Folgen der ausgesprochen bewegten Geschichte, die insbesondere im 19. Jh. die südliche Balkanhalbinsel mit wiederholten Kriegen heimsuchte, litt die ländliche Bevölkerung der Gebirgsregionen und mancher Inseln in hohem Maße. Das schwer zugängliche Bergland galt als Heimat von Klephten, Partisanen und Banden; in den Befreiungskriegen des 19. Jh. wurden daher viele Bergdörfer Süd- und Mittelgriechenlands zerstört, im Zweiten Weltkrieg war vor allem der Norden des Landes betroffen.

Diese besonderen Umstände erklären es, dass selbst in peripheren Regionen das kulturlandschaftliche und siedlungsräumliche Erbe nicht bewahrt, sondern weitgehend zerstört

Ländliche Siedlungen

wurde. Die Ausweisung der bulgarischen und türkischen Bewohner in den 1920er Jahren (vgl. Kap. 3.1.1) bildete einen weiteren Schritt in die gleiche Richtung.

Auf diese Weise kommt es zu der sonst schwer erklärbaren Situation, dass selbst extrem periphere ländliche Regionen nicht das erwartete siedlungsräumliche Beharrungsvermögen mit überkommener Flur-, Siedlungs- und Sozialstruktur zeigen. Trotz großer Entlegenheit und naturräumlicher Ungunst ist das kulturlandschaftliche Inventar der früheren (osmanischen) Epoche fast vollständig verschwunden – von Thrakien natürlich abgesehen, wo es nach wie vor Haufendörfer mit ethnischer Differenzierung bzw. Sippenvierteln gibt, die so genannten Machalidörfer (BEUERMANN 1956, S. 279).

Die Frage nach Beharrung und Fluktuation der ländlichen Siedlungen stellt sich daher unter siedlungsräumlichem, demographischem und gesellschaftlichem Aspekt. Damit wird zugleich ein Themenkreis angeschnitten, der bestimmte Spezifika des Ägäislandes herausstellt und eine Übertragung auf andere Länder nicht zulässt.

Kephalochorion und Neochorion
Die längste kontinuierliche Entwicklung verzeichnen bestimmte Gebirgsdörfer. In osmanischer Zeit gegründet, genossen sie als Freidörfer eine gewisse rechtliche und kulturelle Eigenständigkeit (vgl. Kap. 2.3), sodass sie als Refugium geschätzt waren. Im Bergland Arkadiens zählen Dimitsána, Stemnítsa oder Karítena zu dieser Kategorie (PETRONOTIS 1986); sie befinden sich in heute ungünstiger Kuppen- bzw. Hanglage, sodass die infrastrukturelle Erschließung und das Siedlungswachstum Probleme bereiten. Derartige Dörfer werden im Griechischen als Kephalochoría bezeichnet, d.h. als Haupt- oder Kopfdörfer. Als Rückzugsgebiete bildeten sie für die griechisch-orthodoxe Bevölkerung Sammelpunkte in naturräumlichen Ungunstgebieten; insgesamt waren sie während der osmanischen Epoche in ihrem Bestand nicht gefährdet. Kleinviehzucht, Getreide-, Wein- und Olivenanbau sowie gewerbliche Aktivitäten sicherten die Existenz der Einwohner, wenngleich auf oft sehr niedrigem Niveau.

In neugriechischer Zeit begann der etappenweise Exodus aus diesen Dörfern, weil von den Bewohnern nun auch die agrarökologisch günstigeren Standorte der Täler und Ebenen bezogen werden konnten. Formal, funktional und genetisch ist die Bandbreite der Kephalochoría, die allesamt dem Typus des Haufendorfs zuzurechnen sind, sehr groß.

Koumousta, ein Bergdorf im Innern des peloponnesischen Taïgetosgebirges, ist ein Freidorf, das vermutlich nach dem Fall des byzantinischen Mistras in 700 m Höhenlage gegründet wurde (HÖPER 1983). 50–60 Familien lebten hier von Viehwirtschaft, Jagd, Getreide- und Weinanbau sowie von verschiedenen Dauerkulturen (Oliven, Granatäpfel, Feigen, Nüsse usw.). Dank ausgezeichneter Verteidigungsmöglichkeiten war seine Existenz bis zum Ende der osmanischen Epoche gesichert. Nach zwei Phasen der Höhenflucht (1821–1834 und 1945–1970) kommt es erst nach 1970 zu einer Trendumkehr. Ehemalige Abwanderer kehren in ihre alte Heimat zurück, renovieren die verfallenen Häuser und bauen die örtliche Gastronomie aus, die sich im Wesentlichen auf die Soldaten einer nahe gelegenen Kaserne stützt.

Sippenbäuerliche Dörfer der Mani
Analoge Entwicklungen kennzeichnen die ländlichen Siedlungen der südlich anschließenden lakonischen Mani. Die dortigen Wehrsiedlungen sind formal besonders verdichtete und gesicherte Haufendörfer, die in der Regel auf Kuppen oder Anhöhen errichtet sind; es gibt auch Kleingruppensiedlungen und von Wehrbauten geprägte Einzelsiedlungen. Sie sind in allen Fällen von dichten Opuntienhecken umgeben und werden von ursprünglich fensterlosen Turmhäusern überragt (Abb. 8.7), deren Entstehung früher allgemein mit der Abwehr äußerer Feinde (Franken, Araber, Osmanen) erklärt wurde (BEUERMANN 1956, S. 283).

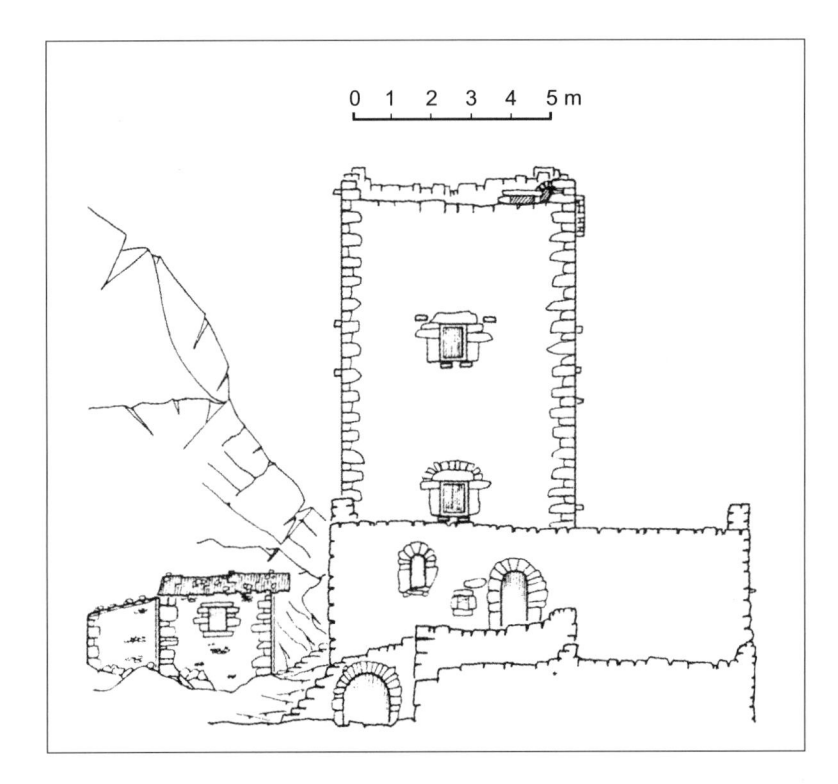

Abb. 8.7:
Turmhaus in Váthia (Mani)
Quelle:
SAÏTAS 1987, S. 147

Die genauere Analyse erweist, dass in diesem extrem peripheren, bis in die 1960er Jahre nur für Maultiere und Esel zugänglichen Gebiet sich ferne Herrschaftsträger nie durchsetzen konnten. Die in sich streng hierarchisch gegliederte maniatische Gesellschaft prägte den Raum nach ihren Vorstellungen; die tonangebenden Nyklianoi-Familien übten in den einzelnen Orten bzw. in Teilen davon die Herrschaft aus. *„Da es eine große Anzahl etwa gleich starker Familien der Oberschicht in der inneren Mani gab, bedeutete dies, dass jede zur Oberschicht gehörende Familie in ihrem Dorf eigene Wehrbauten errichtete. Die Anzahl der Türme einer Siedlung entsprach so der Anzahl der Nyklianoi-Familien. Sie richteten sich v.a. gegen den Gegner im Inneren und waren erst in zweiter Linie Schutzbauten gegen Überfälle äußerer Feinde"* (LIENAU 1995, S. 188).

SAÏTAS (1987) belegt am Beispiel verschiedener Dörfer der inneren und äußeren Mani, wie sich der Einfluss der Oberschicht auf einzelne Dorfteile beschränkt, die sich jeweils um die Turmbauten ordnen. Das Fallbeispiel Exo Nífi (Abb. 8.8) zeigt, dass kleinräumige Zuordnungen entstanden, welche die Sozialstruktur spiegeln und die Bezeichnung Zellenhaufendorf rechtfertigen.

Mit der Konsolidierung des neugriechischen Staates ging der Einfluss der sippenbäuerlichen Gesellschaft und ihrer Anführer schrittweise zurück. Nachdem die Turmbauten ihre Wehrfunktion verloren hatten, verfielen sie. Durch starke Wanderungsverluste wird der Schrumpfungs- und Verfallsprozess seit den 1950er Jahren beschleunigt.

Erst ab der Zeit um 1980 beginnt unter dem Vorzeichen touristischer Nutzung eine schrittweise Restaurierung der architektonisch interessanten Häuser. Orte wie Váthia, in denen nur noch wenige alte Leute lebten und deren Bausubstanz stark heruntergekommen war, erleben mit dem sommerlichen Touristenstrom eine neue Blüte: Teile des Dorfes wer-

Ländliche Siedlungen 247

Abb. 8.8:
Sippenbäuerliche
Struktur von
Exo Nífi (Mani)
Quelle:
SAÏTAS 1987, S. 119

Einflussbereiche der Oberschicht-Familien

1 Christodoulakos
2 Mousoulis
3 Bourikos
4 Tetradakis
5 Ventikos
6 Manousos
7 Tsingakos
8 Klapatsiari

den den touristischen Anforderungen baulich angepasst, das Beherbergungs- und Gastronomiewesen entwickelt sich; zu einer dauerhaften demographischen Trendumkehr kommt es indes nicht, die Effekte bleiben saisonal begrenzt. Es sind die Anmutungsqualitäten der Turmsiedlungen, die landschaftlichen Reize der extrem kargen und massentouristisch nicht

> **Die Turmsiedlungen der Mani: Zwischen martialischer Vergangenheit und Touristenidylle**
> Der architektonischen Faszination der Wehrtürme kann sich kaum ein Forscher oder Reisender entziehen. In der Fachliteratur (BEUERMANN 1956, LIENAU 1989a) werden immer wieder Parallelen zu ähnlichen Turmhäusern auf Korsika, in der Toskana, in Montenegro, in Albanien oder im Kaukasus gezogen. In (fast) allen Fällen scheint das geringe Durchsetzungsvermögen der staatlichen Zentralgewalt eine wichtige Rolle zu spielen. Mit Ausnahme der Toskana gelten diese Gebiete als politisch wenig konsolidiert.
> Reiseführer können ein derart schillerndes Thema nicht ausblenden. Es ist deshalb um so erfreulicher, wenn nicht in jedem Fall alle Register des Staunens und Schauderns gezogen werden, sondern die Sachinformation obenan steht. Hierzu gehört auch der Hinweis, dass die Türme wegen der zahlreichen Kämpfe nicht besonders alt sind, sondern hauptsächlich aus dem 18. und 19. Jh. stammen.
> „So bildete sich hier in spätbyzantinischer Zeit, vor allem aber unter der türkischen Herrschaft, die an der Máni nur geringes Interesse zeigte, eine von Sklavenhandel und dem Kapern von Handelsschiffen profitierende Clan-Aristokratie: religiös ultra-konservativ, streng patriarchalisch organisiert und in ständige Machtkämpfe untereinander verwickelt. Kaum ein Wehrgehöft oder Turm, um den sich nicht Erzählungen von erbitterten Fehden und generationenlanger Blutrache rankten. (...) Die Máni war quasi-rechtsfreie Zone, >regiert< von einem einheimischen Clan-Oberhaupt, das von der türkischen Administration pro forma als Bey, d.h. Gouverneur, bestätigt wurde. So blieb der Landstrich lange Zeit eine urtümliche Welt für sich. ... Die Máni lebt heute von Fremden. Charakteristisch: In Kardamýli beherrschte jahrhundertelang die venezianische Burg das kleine Dorf, heute dominiert eine Appartmentanlage in >maniotischem Stil< Burgruine und Dorf zugleich" (SCHNEIDER 2001, S. 269 ff.).

Übersicht 8.4: Die Turmsiedlungen der Mani: Zwischen martialischer Vergangenheit und Touristenidylle

erschlossenen Mani, aber sicherlich auch das Image eines „wilden" Landstrichs, in dem bis vor wenigen Jahrzehnten noch die Blutrache herrschte, die auf eine spezifische Touristengruppe große Anziehungskraft ausüben und die moderne Entwicklung tragen.

Vom Zellenhaufendorf zur Kleinstadt
Im westlichen Hügelland der Halbinsel Chalkidikí liegt Epanomí (VIELWEIB 1988), nur wenige Kilometer vom Thermaïschen Golf entfernt. Wie andere Kephalochoría war es in osmanischer Zeit ein Freidorf. Im Gefolge des Aufstands der Griechen von Kassándra wurden die 150–200 Anwesen des Ortes im Jahre 1821 zerstört, viele Einwohner kamen um; andere flohen, kamen aber nach wenigen Jahren zurück und bauten das Dorf wieder auf. Trotz einer Entwicklung, die quellenmäßig bis ins 14. Jh. Rückschlüsse erlaubt (VIELWEIB 1988, S. 20), reißt der Faden der Entwicklung an der epochalen Wende zur neugriechischen Zeit mehr oder weniger ab. Die Kontinuität des Ortsnamens und der Gemarkung – erst 1918 wird Epanomí eine eigene Gemeinde – täuscht eine Stetigkeit vor, die in dieser Form nicht vorhanden ist.

Dank qualitativ hochwertiger Böden, ausreichender Feuchtigkeit, einer guten Verkehrsanbindung sowie der Nähe zum Verdichtungsraum Thessaloníki hat der Ort gute Aussichten, als agrarische Gemeinde sich weiter zu entwickeln (VIELWEIB 1988, S. 158). Von den Problemen der baulichen und funktionalen Stagnation oder Schrumpfung, wie sie für periphere Räume kennzeichnend ist, spürt man hier nichts.

Formal handelt es sich um ein regelloses Haufendorf. Es zerfällt in drei Ortsteile, an deren Nahtstelle sich die zentrale Platía befindet. Eine Besonderheit stellen die insgesamt 67 Namensviertel dar. Gruppen benachbarter Anwesen, deren Bewohner den gleichen Familiennamen tragen, bilden zusammenhängende Areale, die mitunter von sackgassenähnlichen Zufahrtswegen erschlossen sind. Diese Komplexe spiegeln die dynamische Entwicklung Epanomís in neugriechischer Zeit. Infolge der Agrarreform von 1920, der verbesserten Anbaumethoden, der Fortschritte beim Saatgut und des nahen Marktes von Thessaloníki konnte der Ort durch innere Verdichtung über Jahrzehnte hinweg wachsen. Auf der geteilten elterlichen Parzelle bauten die Kinder eigene Häuser.

Doch bereits jetzt zeichnet sich die langsame Auflösung der Namensviertel ab. Die Räume sind inzwischen so eng, dass die weitere Verbauung und Teilung der Parzellen schwierig ist. Der steigende Platzbedarf (für mehr Wohn- und Wirtschaftsgebäude) kann auf den kleinen Hofreiten nicht mehr befriedigt werden. Außerlandwirtschaftliche Berufe der Kinder, die Individualisierung der Lebensstile und Fortzüge aus dem Heimatort führen auch zum Verkauf einzelner Parzellen, sodass die Struktur des Zellenhaufendorfs Schritt für Schritt verloren geht.

Diese Entwicklung darf jedoch nicht als Stagnation oder Rückschritt missgedeutet werden. Als Folge des anhaltenden Zuzugs differenzieren sich Einzelhandel, Gewerbe und Dienstleistungen, sodass aus dem „großen Dorf" eine funktionale Kleinstadt mit agrarischer Prägung wird (VIELWEIB 1988, S. 159).

Die angedeutete Entwicklungspalette der Haufendörfer reicht also von prosperierenden über museale bis zu schrumpfenden und wüst gefallenen Siedlungen. Determinanten der Entwicklung sind einerseits Lagefaktoren (die ehemalige Schutzlage in der Höhe entlegener Gebirge hat sich längst zum Nachteil entwickelt), andererseits die gesellschaftliche Bewertung des naturräumlichen und touristischen Potenzials. Ebenes Gelände mit fruchtbaren Böden und gutem Wasserhaushalt (in den intramontanen Becken und Küstenhöfen) sind die notwendigen Voraussetzungen für eine landwirtschaftliche Entwicklung, Meernähe (und historische Monumente) für eine touristische.

Planmäßige Gründungen: Neochoría
Die Sammelbezeichnung Neochorion gilt für alle die Dörfer, die als planmäßige Gründungen auf zuvor siedlungsfreiem Areal seit den 1920er Jahren errichtet wurden. Sie wurden als lineare Anlagen (Reihen- und Straßendörfer) oder mit regelmäßigem flächenhaften Grundriss (Schachbrettdörfer) von Siedlungsplanern gestaltet (vgl. Kap. 3.1.1). Damit stehen sie bereits formal zu den regellosen Haufendörfern in deutlichem Kontrast.

Der häufige Siedlungsname Neochoríon (Νεοχωρίον, d.h. Neudorf) hat als Individualname mit der o.a. Sammelbezeichnung nichts zu tun. Er findet sich in nahezu allen Landesteilen. In den meisten Fällen handelt es sich hierbei um behördlich seit den 1950er Jahren umbenannte ältere Orte, die früher vielfach nicht-griechische Mehrheiten besaßen und daher slawische oder albanische Bezeichnungen trugen. Eine genetische Einordnung lassen diese Individualnamen nicht zu.

Ihr Verbreitungsgebiet ist aus nachvollziehbaren Gründen auf bestimmte Gebiete konzentriert: Nur in den vernässten Küstenebenen, auf Ödland, auf verlassenen Gutsbezirken oder eingezogenem Kirchenland stand großflächig unbesiedeltes Land zur Disposition. Durch den erzwungenen Abzug der türkischen und bulgarischen Bevölkerung standen in Nordgriechenland zusätzlich weite Landstriche leer, sodass in Mazedonien besonders viele Neochoría angelegt wurden. In Thrakien, dem zweiten Schwerpunkt der Plansiedlungen, dienten sie auch zur Gräzisierung dieser Provinz, aus der die muslimischen Bevölkerungsgruppen (Türken, Pomaken, Roma u.a.; vgl. Kap. 3.1) nicht ausgewiesen worden waren.

Die Westseite der Halbinsel Chalkidikí ist ein solches Gebiet, in dem sich die Plansiedlungen häufen. In der malariagefährdeten Küstenzone entstehen auf Ländereien (Metochien), die zuvor verschiedenen Athos-Klöstern gehört hatten, sechs neue Dörfer für Flüchtlinge aus Ostthrakien und Kleinasien: Néa Michanióna, Néa Iráklia, Néa Kallikrátia, Néa Plágia, Néa Moudaniá und Néa Potídea. Im küstennahen Hinterland entstehen Siedlungen des gleichen Typs (Néa Goniá, Néa Sílata, Néa Ténedos, Néa Tríglia), die ebenfalls der geregelten Unterbringung des Flüchtlingsstroms dienten.

Als Beispiel sei Néa Kallikrátia (Νέα Καλλικράτεια) (Abb. 8.9) herausgegriffen (VIELWEIB 1988). Der Grundriss besteht aus einem Quadrat, dem im Norden wegen eines Geländeanstiegs ein trapezförmiges Gebiet angefügt ist. In der Mitte des Ortes befinden sich an der breiteren Hauptstraße kommunale Einrichtungen (Schule, Kirche, Gemeindeverwaltung), im Süden sind zwei Straßengevierte als Grünflächen von der Verbauung ausgenommen. Die Symmetrie der Gründungszeit ging durch zwei Erweiterungen (1964) verloren; die Struktur der geometrischen Anlage wird hierdurch aber nicht beeinträchtigt.

Die hier 1924 angesiedelten 321 Familien stammten aus Kallikrátia, einem ostthrakischen Dorf an der Nordküste des Marmarameeres (VIELWEIB 1988, S. 23). Sie lebten dort von der Küstenschifffahrt, von spezialisierter Landwirtschaft (Weintrauben, Wasser- und Zuckermelonen), als Händler und Handwerker.

In ihrer neuen Heimat mussten sie als Landwirte und Fischer ihr Einkommen zu sichern versuchen. Sobald sich ihnen neue Erwerbsmöglichkeiten eröffneten, griffen sie diese mit großem Elan auf. Néa Kallikrátia wandelt sich daher vom bäuerlich geprägten Dorf zum Bade- und Erholungsort, der vor allem von Bewohnern aus dem Verdichtungsraum Thessaloníki aufgesucht wird. Die sehr flexible und anpassungsfähige Bevölkerung greift neue Trends frühzeitig auf und verschafft sich so zusätzliche Einkommensquellen. Die alten Häuser werden aufgestockt und als Ferienwohnungen ausgebaut. Die Zahl der illegal errichteten Bauten schnellt ab etwa 1960 in die Höhe. Innerhalb des Neochoríons verdichtet sich

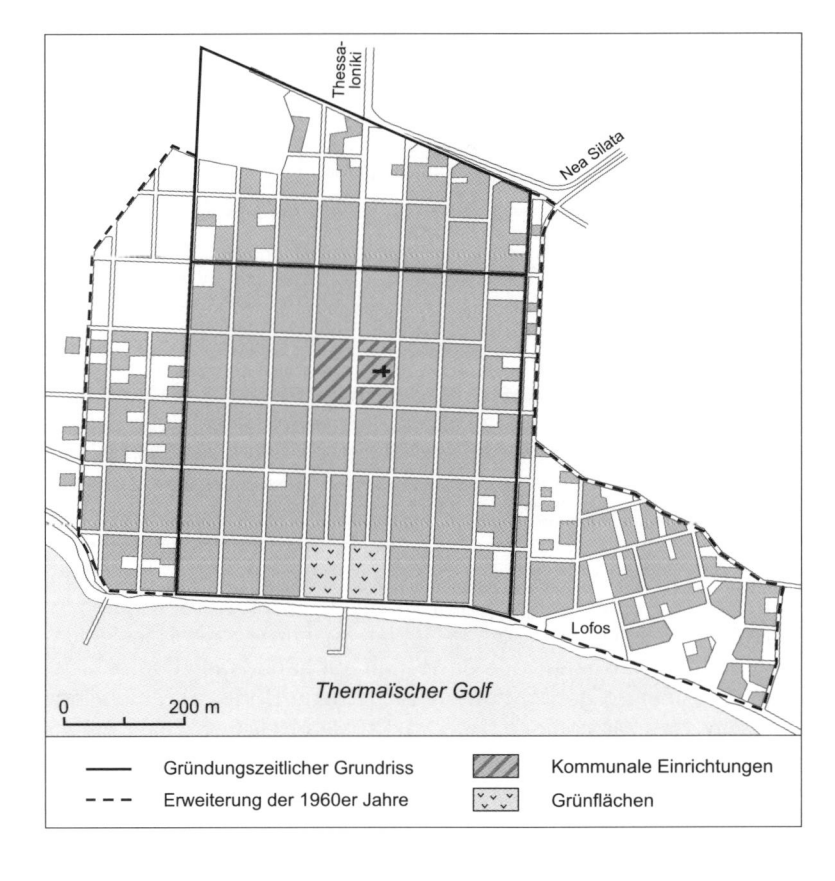

**Abb. 8.9:
Néa Kallikrátia
– Grundriss eines planmäßig angelegten Neochoríons**
Quelle: VIELWEIB 1988

Ländliche Siedlungen

der Baubestand, indem zunächst auch die Hausgärten überbaut werden. In einem zweiten Schritt setzt ab 1970 auch das vertikale Wachstum ein (VIELWEIB 1988, S. 42) – die Parallelität zu den städtischen Siedlungen (vgl. Kap. 8.1.2) ist offenkundig.

Vergleichbare Entwicklungen nehmen andere Flüchtlingsdörfer in ähnlicher Position. Nea Anchíalos am Pagassitischen Golf hat sich zu einem Badeort entwickelt, der einerseits von der Nähe zu Vólos, andererseits von der günstigen Erreichbarkeit über die Nationalstraße 1 (Athen–Lárisa) profitiert. Auch Néa Chíos am Argolischen Golf oder Neos Marmarás auf Sithonía können ihre meernahe Lage erfolgreich nutzen.

Natürlich folgen nicht alle Plansiedlungen dem hier präsentierten Entwicklungspfad. Wenn sie abseits des Meeres und tief im Hinterland der Nomos-Hauptorte liegen – z.B. Néa Santa in Thrakien –, sind ihre wirtschaftlichen und räumlichen Entwicklungsmöglichkeiten trotz aller Findigkeit der Bewohner deutlich eingeschränkt. So konnte Kappadokikó bei Karditsa, eine Flüchtlingssiedlung am Rand des Thessalischen Beckens, bis heute nicht über das Areal der Gründungszeit hinauswachsen; gleichwohl wurde der Hausbestand grundlegend erneuert, aufgestockt und an moderne Wohnansprüche angepasst – es bestehen nur noch zwei Häuser, die in Grund- und Aufriss das Erscheinungsbild ihrer Erbauungszeit bewahrt haben.

Das Begriffspaar Beharrung und Fluktuation lenkt den Blick auf räumliche Prozesse, die für bäuerliche Haufendörfer ebenso gelten wie für junge Plansiedlungen. Ob sie sich dynamisch entwickeln, stagnieren oder schrumpfen, hängt nicht primär vom Siedlungstyp ab. Die aktuelle Bewertung des Raumpotenzials und das weitere wirtschaftliche Umfeld sind die entscheidenden Größen dafür, ob das Pendel mehr in die eine oder andere Richtung ausschlägt.

Von der Chora zur Skala: Die Entleerung der Inseln

Die siedlungsräumliche Dynamik der 169 bewohnten Inseln wird häufig auf den Slogan „Von der Chora zur Skala" reduziert. Diese Aussage reflektiert die bekannte Erscheinung, dass die landwirtschaftlich geprägten Dörfer des Inselinneren, die oft den Namen Chora (Χώρα, d.h. Platz, Flecken) tragen – z.B. auf Samothráki, Sérifos, Sámos, Kálimnos oder Tílos –, von starken Bevölkerungsverlusten betroffen sind, während die mit dem Namenszusatz Skala (Σκάλα, d.h. Kai, Anlegeplatz) gekennzeichneten Küstenorte Einwohner gewinnen (FRANK 1992).

Das bereits für das Festland nachgewiesene Leitmotiv der Höhenflucht (LIENAU 1982) hat in der Tat auch für die Inselwelt Gültigkeit. Es wird jedoch von einem zweiten Wanderungsmuster, der Inselflucht, überlagert; die kleinen Inseln des Dodekanes (Léros, Lípsi, Pátmos, Astipálaa, Sími, Kastellórizo u.a.) sind seit Jahrzehnten von diesem doppelten „Aderlass" betroffen (vgl. Abb. 3.10). Die mit dem Modell der Etappenwanderung (vom Binnenland der Insel über die Küstenzone zum Festland) zu veranschaulichende Migration erklärt den Befund, dass trotz allgemeinen Bevölkerungsrückgangs die meernahen Orte einen Bevölkerungszuwachs verzeichnen. Die generelle siedlungsräumliche Entwicklung ist folglich durch Verlagerung und Abzug gekennzeichnet.

Auf der Kykladeninsel Sérifos bildete der Eisenerzbergbau bis 1967 die wichtigste Einkommensquelle. Mit der Schließung der Minen setzt der Bevölkerungsabzug aus dem Inselinneren und der Verfall der Siedlungen ein (LACKNER/REITSPERGER 1986); die Bergwerkssiedlungen Koutalas und Mega Livadion schrumpfen zwischen 1961 und 1971 um 51% bzw. 89,5% (KERN 1986b, S. 103). Im Hauptort Chora Sérifos (1961–1971: –39,2%) sind bereits 20 Jahre später von den 854 Häusern nur noch 604 bewohnbar, lediglich 182 sind aber tatsächlich dauernd bewohnt. Der auf einer Bergkuppe gelegene Ortsteil Epano Chora fällt flächenhaft wüst. Die jüngere Unterstadt (Káto Chora) verliert ebenfalls stark an Bevölkerung und Bausubstanz. Extreme Überalterung, Funktionsverlust, Hausruinen und Brachen im Kulturland sind die Folgen. Analoge Entwicklungen laufen in den anderen ländlichen Siedlungen des Inselinneren ab (KERN 1986 b, S. 126 f.).

Kulturlandschaftlicher Verfall
Der Substanz- und Bedeutungsverlust der Chora führt zu neuartigen Raumstrukturen. Das gebirgige Inselinnere verfällt in einen Dornröschenschlaf, die aufgelassenen Siedlungen erhalten museale Züge; zu Sommerhäusern umgebaute Wohnungen vermögen den Abwärtstrend nicht zu überdecken. Der gleichzeitig einsetzende Küstentourismus akzentuiert den Gegensatz Binnenland–Küste zusätzlich.

KERN (1995) weist in einer Analyse der Inseln Tínos und Mýkonos nach, dass alle abseits gelegenen, landwirtschaftlich orientierten Siedlungen eine negative Entwicklungstendenz zeigen. Selbst günstiger platzierte Gemeindehauptorte mit aktivem dörflichen Gefüge und produktiver Landwirtschaft stagnieren bestenfalls bei der Siedlungsentwicklung. Untersuchungen zu weiteren Inseln kommen zum gleichen Ergebnis (Kefallinía: AALEN 1985, Samothráki: VOLKGENANNT 1994, Gávdos: BERGMEIER 1999).

Der Abzug aus den Ungunstgebieten des Binnenlandes stellt eine verspätete Reaktion auf die veränderte Raumbewertung seit neugriechischer Zeit dar. Die vor fremden Mächten und Piraten geschützte Position in schwer zugänglichem Gelände verliert in Zeiten sicherer politischer Verhältnisse an Bedeutung. Spätestens nach den Wirren des Bürgerkriegs wird die isolierte Lage zum offenkundigen Nachteil. Die moderne technische Infrastruktur erreicht solche Räume verspätet, kulturelle, medizinische und soziale Einrichtungen fehlen mitunter vollständig. Es setzt ein sich selbst verstärkender Abwanderungsprozess ein.

Verlagerung zur Küste
Orte wie Anávatos (Chíos), dessen 400 Häuser in steiler Hanglage am Fuß einer Fliehburg stehen und nur über Fußwege zu erreichen sind, werden von den Bewohnern Zug um Zug verlassen. Auch an Durchgangsstraßen gelegene Dörfer können der Sogwirkung prosperierender Küstenorte nicht widerstehen. Mustergültig kommt der Gegensatz zwischen schrumpfenden Dörfern des Berglands und dynamischen Siedlungen des Tieflands auf Zákinthos zum Ausdruck. Im Vrachíonasgebirge der westlichen Inselhälfte bietet die karge Landwirtschaft schlechte Perspektiven, während das neogene Hügel- und holozäne Schwemmland des Ostens für ertragreichen Bewässerungsanbau und touristische Erschließung beste Bedingungen bieten (HAVERSATH 2002).

Dass dennoch die Gebirgsräume nicht vollständig aufgegeben werden, liegt an dem Beharrungsvermögen und der lokalen Verbundenheit der Bewohner; die de-iure-Bevölkerung ist gerade auf den kleineren Inseln (und hier besonders in den Gebirgsdörfern) z.T. erheblich größer als die de-facto-Bevölkerung, weil sich nicht alle Abwanderer am neuen Wohnort registrieren lassen (Tab. 8.3). Da jedoch die Überalterung zunimmt, wird der Zeitpunkt der Siedlungsaufgabe eventuell nur hinausgeschoben.

Die Folgen von Erdbeben beschleunigen den Rückzug aus den Bergdörfern in unterschiedlichem Maße. Auf Santorin z.B. zerstörte 1956 ein Beben rund ein Drittel der Häuser von Oia, einer Siedlung im NW der Insel, vollständig. Der Abwanderungstrend verstärkte sich in diesem ohnehin stark schrumpfenden Ort in der laufenden Dekade indes nur um 5% auf 33,4% (RIEDL 1980). 1881 wurden die so genannten Mastixdörfer auf Chíos von einem Erdbeben schwer getroffen (KETTERMANN 2001, S. 108). Ganze Straßenzüge des engen und verwinkelten Pirgí wurden zerstört und von der Bevölkerung verlassen. Am 12. August 1953 suchte ein schweres Erdbeben die Ionischen Inseln heim. Auf Itháki, Kefallinía und Zákinthos sind massive Schäden zu verzeichnen; besonders auf Kefallinía kommt es ent-

Ländliche Siedlungen

Tab. 8.3:
De-facto- und
De-iure-Bevölkerung
in den Nomi der
Ionischen und
Ägäischen Inseln
Quelle:
National Statistical
Service 1999

	De-facto-Bevölkerung	De-iure-Bevölkerung	Differenz (%)
Ionische Inseln:			
Zákinthos	32 557	37 827	+16,1
Korfu	107 592	108 238	+0,6
Kefallinía	32 474	42 774	+31,7
Lefkás	21 111	28 650	+35,7
Ägäische Inseln:			
Dodekanes	163 476	150 374	−8,1
Kykladen	94 005	111 518	+18,6
Lésbos	105 082	116 621	+10,9
Sámos	41 965	45 894	+9,3
Chíos	52 184	56 869	+8,9
Iráklion	264 906	268 330	+1,3
Lassíthi	71 279	79 730	+11,8
Réthimnon	70 095	81 157	+15,8
Chaniá	133 774	139 409	+4,2

lang der Bucht von Argostólion zu großen Schadensfällen, die eine gesteigerte Abwanderung auslösen (BANCO 1976, S. 161). Während in den Ebenen und Küstenhöfen der Wiederaufbau einsetzt, werden übermäßig betroffene Bergdörfer aufgegeben und in Küstennähe neu errichtet.

Wachstum der Skala-Siedlungen
Die Küstenzone bildet den Schwerpunkt des Bade- und Erholungstourismus, der verstärkt seit etwa 1970 einsetzt und eine rege siedlungsräumliche Dynamik auslöst (vgl. Kap. 7.2.2). Korfu, Kreta, Rhódos, Mýkonos, Kos und andere Inseln lenken dank ihrer Flughäfen den

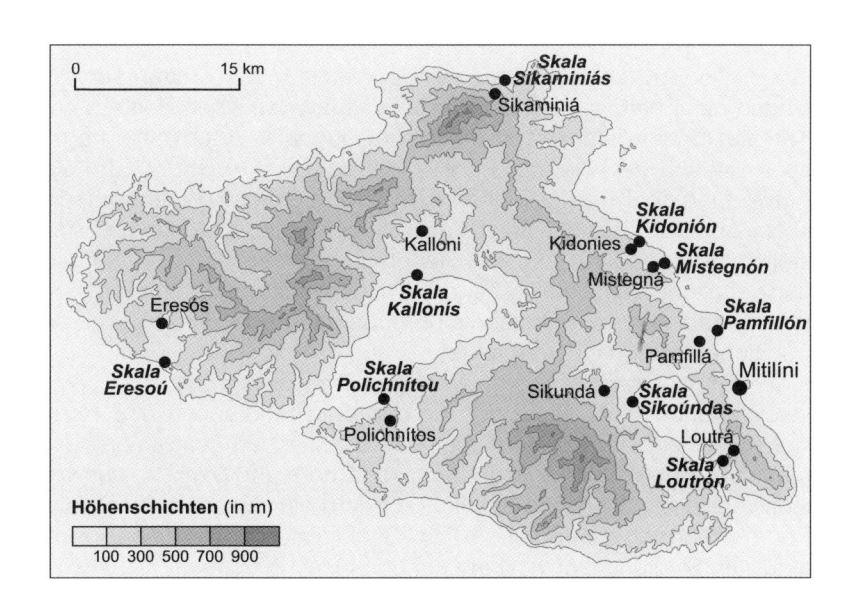

Abb. 8.10:
Skala-Siedlungen
auf Lésbos
Quelle:
eigene Erhebungen

> **Skala-Siedlungen auf Lésbos – eine kleine Fallstudie**
> An die kleinen Häfen wurden zunächst vereinzelte gewerbliche Betriebe angegliedert. Skala Pamfillón, Skala Sikoúndas und Skala Loutrón gingen mit jeweils einem Oliven verarbeitenden Werk (Öl, Seife usw.) diesen Weg. Die Aufnahme einer touristischen Komponente – ursprünglich Sommerfrischen der einheimischen Bevölkerung, später Hotels, Ferienhäuser, Apartments und Campingplätze – setzt einen Badestrand voraus; in Skala Mistegnón, Skala Kidonión, Skala Sikaminiás, Skala Eresoú, Skala Kallonís und Skala Polichnítou waren die Voraussetzung hierfür erfüllt. Die entlegenen Badeorte sind jedoch nur über lange Anfahrtswege zu erreichen, sodass ihre Akzeptanz bei ausländischen Gästen trotz herrlicher Lage (z.B. Skala Sikaminiás) gering bleibt.
>
> Allein Skala Eresoú hat den Sprung zum stark frequentierten Badeort geschafft. Seine Beliebtheit verdankt der Platz dem nahen Eresós, das als Geburtsort der Dichterin SAPPHO (um 600 v.Chr.) gilt. In Skala Loutrón, das nur über einen schmalen Strand verfügt, wählte man einen anderen Weg. Die Maschinenhalle der stillgelegten Olivenpresse von 1909 ist zu einem Restaurant ausgebaut worden, die Nebengebäude dienen als Gästeunterkünfte. Außer den Übernachtungsgästen setzt man auf Segler, die hier vor Anker gehen und die Gastronomie in Anspruch nehmen.

Übersicht 8.5: Skala-Siedlungen auf Lésbos – eine kleine Fallstudie

internationalen Massentourismus in die neuen Hotel- und Apartmentanlagen. Der hierdurch ausgelösten großflächigen Küstenverbauung gehen Entwicklungen voraus, die zu einer ersten Verlagerung des Siedlungsschwerpunkts an die Inselränder führen. Nur vordergründig können endogene Ursachen für diesen Prozess verantwortlich gemacht werden, den eigentlichen Motor bildet die Sogwirkung der Städte mit ihren besseren Lebensbedingungen, allen voran die Kapitale Athen („Akropolis-Komplex").

Seit dem 20. Jh. entstehen viele Skala-Siedlungen. Die zweiteiligen Ortsnamen (z.B. auf Lésbos: Skala Mistegnón) erweisen sie rasch als Filialgründungen älterer Siedlungen mit gleichem Namen (hier: Mistegná), in deren Gemarkung sie auch liegen (Abb. 8.10). Erst als die Küste sicher und die Seuchengefahr gebannt war, entstanden die neuen Orte. Ausgangspunkt ist jeweils ein kleiner Fischerhafen. Ihre weitere Entwicklung verlief durchaus unterschiedlich.

Skala und Paralía
Ihre anfänglich führende Rolle bei der Nutzung des Küstenraums können die Skala-Siedlungen nicht halten. Die Wahl der massentouristischen Zentren richtet sich nach anderen Kriterien (breiter Sandstrand, Nähe zum Flughafen u.a.); daher tragen diese in ihrem Namen auch vielfach den Zusatz „Paralía" (Παραλία, d.h. Strand). Im Rahmen der allgemeinen Aufwertung der Küste gewinnen auch solche Orte an Bedeutung, die als historische Stätten einen Anziehungspunkt darstellen. Wenn im binnenländischen Anávatos (vgl. S. 252) die steilen Wege und die extreme Hanglage noch als Abwanderungsgrund galten, so führen ganz ähnliche Verhältnisse bei der Küstensiedlung Míthimna (Lésbos) zu positiver Bewertung: Was zuvor als rückständig und überaltert galt, wird hier mit dem Etikett pittoresk und traditionell erfolgreich vermarktet.

Der Gegensatz von binnenländischer Entleerung und randlicher Aufsiedlung ist für die Inseln grundlegend. Nicht nur die größeren Siedlungen und Nomos-Hauptorte befinden sich in Küstennähe, sondern auch die touristischen Zentren und dynamische ländliche Gemeinden. Wenn man die Bedeutung von Chora und Skala so ausweitet, dass sie nicht mehr individuelle Siedlungsnamen sind, sondern als Synonym für Siedlungen unterschiedlicher Raumkategorien stehen (Chora-Typ, Skala-Typ), dann können sie in der Tat als Symbole der aktuellen Siedlungsentwicklung auf den Inseln fungieren.

Ländlicher Exodus: Höhen-, Insel- und Landflucht

Jahrzehntelange Höhen- und Inselflucht haben die Gewichte zu Ungunsten des ländlichen Raums verschoben (Tab. 8.4). Es kommen verschiedene Entwicklungen zusammen, die den demographischen und siedlungsräumlichen Wandel erklären.

	Städtische Siedlung	Halbstädtische Siedlung	Ländliche Siedlung
1920	22,9	15,2	61,9
1928	31,1	14,5	54,4
1940	32,8	14,8	52,4
1951	37,7	14,8	47,5
1961	43,3	12,9	43,8
1971	53,2	11,6	35,2
1981	58,1	11,6	30,3
1991	58,8	12,8	28,4

Tab. 8.4: Bevölkerungsentwicklung nach Siedlungskategorien 1920–1991 (in %)
Quelle: National Statistical Service 1999

- Historisch gesehen wird der aus osmanischer Zeit ererbte Bevölkerungsüberhang der Gebirgsregionen in mehreren Schritten abgebaut. Erst nach dem Zweiten Weltkrieg kommt es jedoch zu einer rasanten Entleerung des Berglands, in dem 1971 nur noch 12% und 1991 lediglich 9,2% der Gesamtbevölkerung leben. In der Dekade 1971–1981 verliert das Bergland 10,1% seiner Bewohner (Riedl 1994, S. 224). Im Gegenzug füllt sich das Tiefland auf, der Bevölkerungsanteil der städtischen Siedlungen steigt konsequenter Weise rasch an.
- Ökonomisch schwächt der Strukturwandel in der Landwirtschaft die Position der ländlichen Räume. Unter dem zunehmenden Wettbewerbsdruck leiden vor allem die Kleinbetriebe in ungünstiger Lage. Die junge Generation führt die elterlichen Betriebe nicht mehr fort. Neue Arbeitsmöglichkeiten im Dienstleistungssektor der Städte forcieren den Wegzug vom Land.
- Ländlicher Exodus und neue berufliche Tätigkeiten in anderer Umgebung sind die Wegbereiter eines gesamtgesellschaftlichen Wertewandels. Trotz aller Bindungen an die Herkunftsgebiete, die über die Verwandtschaft, das Ferienhaus oder den Grundbesitz erhalten bleiben, schätzt man die Vorzüge des städtischen Lebens höher ein.

Der Anteil der Stadtbewohner steigt landesweit kontinuierlich an und wächst (1920–1991) auf mehr als den doppelten Wert, während sich der Anteil der ländlichen Bevölkerung im gleichen Zeitraum mehr als halbiert. Kulturlandschaftlicher und baulicher Verfall sind die erkennbaren Zeichen einer schrittweisen Abwertung. Der räumliche, wirtschaftliche und soziale Gegensatz zwischen Stadt und Land verschärft sich weiter (Lienau 1982). Es ist Aufgabe der Politik, den ländlichen Schrumpfungsprozess auf der Grundlage sachgerechter Konzepte zu bewerten und die weitere Entwicklung zu steuern. Regionale Förderprogramme im Bereich des ländlichen Wohnens und Arbeitens, des Verkehrs, der schulischen und medizinischen Versorgung oder der Kulturlandschaftspflege können u.U. manche Probleme der verbliebenen Bevölkerung auffangen.

Aufwertung durch Tourismus?

Der Tourismus gilt als wichtiger Stabilisator der ökonomisch, sozial und baulich stark vom Exodus betroffenen ländlichen Gebiete. Gezielte Fördermaßnahmen haben z.B. dazu beigetragen, die vom Verfall bedrohten Dörfer der Ägäischen Inseln in Stand zu halten und für Gäste attraktiv zu machen. Wie in Deutschland (Henkel 1999, S. 190ff.) vertraut man auch in Griechenland den positiven Effekten des Tourismus. Dem verbreiteten Befund der demographischen „Aushöhlung" der inneren Archipellandschaften und der festländischen Gebirge (Riedl 1994) versucht man mit der Tourismusförderung entgegenzuwirken. Hierbei wird seine generell ambivalente Wirkung leicht zu Gunsten der positiven Effekte übersehen.

Zweifellos sind die ökonomischen Auswirkungen ein Hoffnungsträger für den ländlichen Raum. Durch Kaufkraftverlagerung in die Zielgebiete des Fremdenverkehrs wird die Abwanderung gebremst, die Einkommen steigen, regionale und lokale Defizite werden gemindert. Der Ausbau der Infrastruktur begünstigt die weitere Entwicklung. Neue Erwerbsmöglichkeiten schaffen der verbliebenen Bevölkerung unerwartete Perspektiven. Die Bereitstellung von Gästeunterkünften stoppt den baulichen Verfall (VOLKGENANNT 1994). Doch diese Aspekte gelten einerseits nur für die weitere Küstenzone, andererseits blenden sie die Kehrseiten aus.

Beim massentouristisch organisierten Bade- und Erholungstourismus (vgl. Kap. 7.2.2) kommt es zu vielfachen Nutzungskonkurrenzen und -konflikten im Küstenbereich. Die ungeplant errichteten Großanlagen sind ungenügend in die regionale Ver- und Entsorgung eingebunden. Der hohe Wasserverbrauch der ausländischen Touristen macht z.B. im Bereich der sommertrockenen Kykladen einen saisonalen Wasserimport über Tankschiffe nötig (RIEDL 1994, S. 231), der anfänglich nicht bedacht wurde. Die Bauspekulation in der Küstenebene führt zu tourismusbedingter Rodung der schütteren Wälder und zu Brandstiftung, um weiteres Bauland zu gewinnen. Die starke Konzentration der räumlichen Aktivitäten in bestimmten Zentren verstärkt die bestehenden Ungleichgewichte. Der individuelle, kleinräumige Bau von Sommerhäusern ist keineswegs als mögliche Lösung anzusehen. Auch er verläuft meistens ungeplant und führt zu ähnlichen Massierungen und Konkurrenzen wie Großprojekte. Da bereits weite Teile der touristisch nutzbaren Küstenabschnitte verbaut sind, relativiert sich die Frage nach dem Wie.

Die ländlichen Regionen im Landesinneren, die eigentlichen Abwanderungsräume, sind von diesen Entwicklungen weitgehend ausgespart. Die Mehrzahl der Sommerhäuser ist hier im Besitz von Migranten, die sich in dieser Form ein Stück Heimat erhalten möchten. Die Ansätze eines in- und ausländischen Gebirgstourismus sind indes kaum zu erkennen. RIEDL (1994, S. 235) entwirft deshalb eine eher zurückhaltende Perspektive: *„Die touristische Erschließung der peripheren Gebirgsregionen durch einen ausländischen Sommerfrischefremdenverkehr würde eine wesentliche Entlastung der Küstenbereiche nach sich ziehen, vorausgesetzt, daß bei den europäischen Urlaubern eine Gesinnungsänderung von den ausschließlichen ‚Meer-Aktivitäten' zur mediterranen Gebirgssommerfrische hin erzielt werden kann"*.

Die Zukunft des ländlichen Raumes
Die Lebensverhältnisse haben sich in Stadt und Land trotz bestehender Unterschiede immer weiter angeglichen; auch die anfänglich wenig attraktiven, monoton wirkenden Flüchtlingsdörfer haben sich längst durch Ausbau und Verdichtung zu „unauffälligen" Dörfern oder Kleinstädten weiterentwickelt. Die technische Infrastruktur hat auch die entferntesten Gebirgsdörfer erreicht. Gleichwohl sind die Unterschiede zwischen den ländlichen Siedlungen heute größer geworden. Haufendörfer und Plansiedlungen der Ebenen mit guter Verkehrsanbindung, komplettem Schulangebot, ausreichenden medizinischen und sozialen Einrichtungen sowie einem breiten Einzelhandels- und Dienstleistungssektor stehen „sterbenden" Dörfern des Berglands gegenüber. Der Rückzug aus der Höhe hinterließ zahlreiche Wüstungen. Orte, die sich früher in mittlerer Höhenlage befanden, liegen nun an der Siedlungsgrenze. Die abnehmende Bedeutung der Landwirtschaft verbessert ihre Zukunftsaussichten nicht. Alle Fördermaßnahmen, die natürlich an siedlungsstrukturellen Leitbildern orientiert sein müssen, können bei begrenzten Steuerungs- und Umverteilungspotenzialen nur auf Minderung und Abfederung negativer Effekte zielen.

8.3 Urbaner und ruraler Lebensraum

Mit dem „Großen S" und dem „Großen Hufeisen" stehen sich in generalisierter Betrachtung urbane und rurale Lebensräume gegenüber. Die alte, von PHILIPPSON (1947a) entwickelte und auf naturgeographischen Kriterien aufbauende Gegenüberstellung von West- und Ostseite hat im Verlaufe eines halben Jahrhunderts an Aussagekraft verloren. Sozio-ökonomische Wandlungen, die u. a. über die abnehmenden Haushaltsgrößen (Tab. 8.5) greifbar werden, führen zu neuen Polarisierungen und zu stärkerer räumlicher Fragmentierung. Dies kommt im Siedlungssystem nicht unmittelbar zum Ausdruck. Während die Anzahl der Mitglieder in den Haushalten auf Grund genereller Bevölkerungszunahme von Dekade zu Dekade steigt, sinkt die durchschnittliche Haushaltsgröße im gleichen Zeitraum.

Auf Nomos-Ebene werden jedoch große Unterschiede sichtbar. Genau den Landesdurchschnitt trifft der Bezirk Iráklion, der als wirtschaftlich gut entwickelt und demographisch prosperierend gilt. Die höchsten Durchschnittswerte weisen erwartungsgemäß ländliche Nomi auf: Elis (3,45), Ätolien und Akarnanien (3,40), Imathía (3,27), Zákinthos und Kastoría (je 3,23) sowie Xánthi (3,21). Die beiden Metropolen Athen (2,78) und Thessaloníki (2,89) verfügen – u. a. infolge der Universitäten – über zahlreiche (junge) Einpersonenhaushalte, sodass der Durchschnittswert gedrückt wird. Die niedrigste durchschnittliche Haushaltsgröße weisen jedoch die ostägäischen Nomi Chíos (2,76), Lésbos (2,62) und Sámos (2,54) auf. Hier ist wie im Bereich der Ionischen Inseln (Lefkás: 2,90; Kefallinía: 2,85) die Überalterung für die vielen kleinen Haushalte verantwortlich.

Ungeachtet der erheblichen regionalen Abweichungen und Besonderheiten ist der urbane Raum bei den aktuellen Entwicklungen der klare Gewinner. Trotz stark verdichteter Bauweise, amorpher Stadtgestalt und teilweise enormer Beeinträchtigung der natürlichen Umwelt wachsen die meisten Städte horizontal und vertikal. Die Nomos-Hauptorte, vor allem aber die Großstädte und die beiden Metropolen ziehen immer größere Bevölkerungsanteile auf sich. Infrastruktur, Arbeitsplatzangebot, soziale, medizinische und kulturelle Einrichtungen sind hier konzentriert. Die Migrationsverluste nordgriechischer Städte sind durch die steigende Rückwanderung ab Mitte der 1980er Jahre längst kompensiert. Der zentral-periphere Gegensatz wird immer ausgeprägter.

Der Strom der Binnenwanderer richtet sich seit Jahrzehnten auf die Städte und besonders die beiden Metropolen. Hiermit werden die besser bewerteten Lebensbedingungen des urbanen Raumes honoriert und für die weitere Entwicklung festgeschrieben. Vor allem im Bereich des Gesundheitswesens und der weiterführenden Ausbildung (Tertiärbereich) manifestiert sich die Divergenz zwischen Stadt und Land, wobei die Primatstadt Athen das „Maß aller Dinge" bildet.

Die ländlichen Räume teilen sich in zwei Kategorien auf. Die fruchtbaren Ebenen und Beckenlandschaften sind einerseits agrarische Kernräume mit vielseitigem Marktfruchtanbau auf der Grundlage von Bewässerungswirtschaft und mechanisierter Produktion, andererseits Zielgebiete des in- und ausländischen Tourismus. Dank enger wirtschaftlicher, verkehrlicher und kommunikativer Vernetzung entwickeln sich die Haufendörfer und Plansiedlungen dieser Raumkategorie dynamisch. Die abgelege-

Tab. 8.5: Entwicklung der Haushalte 1920–1991
Quelle: National Statistical Service 1999

	Anzahl	Mitglieder	Durchschnitt
1920	1 113 340	4 777 109	4,29
1940	1 676 937	7 124 213	4,25
1951	1 778 470	7 309 198	4,11
1961	2 142 968	8 104 386	3,78
1971	2 491 916	8 440 292	3,39
1981	2 974 450	9 290 160	3,12
1991	3 203 834	9 531 128	2,97

nen Gebirgsdörfer und Chora-Siedlungen der Inseln schrumpfen seit Jahrzehnten. Sie liegen zum großen Teil in solchen Gebieten, die selbst auf Nomos-Ebene einen Bevölkerungsrückgang verzeichnen (Evros, Rhodopi, Xánthi, Kastoría, Grevená, Límnos, Lésbos, Chíos, Sámos u.a.). Überalterung, eingeengte berufliche Perspektiven, Defizite bei der staatlichen und privaten Versorgung führen zu unterschiedlich starkem Substanzverlust. Aus der Sicht der betroffenen Restbevölkerung ist die Lebenssituation in den verfallenden und vom Puls der Zeit mitunter abgeschnittenen Orten alles andere als idyllisch oder romantisch.

Siedlungsräumlich und demographisch ordnet sich das Land in gesamteuropäische Trends ein. Abnehmende Geburtenhäufigkeiten, steigende Überalterung und das zunehmende Gewicht von Migrationsbewegungen steuern die Zukunft der Siedlungen. Hinzu treten als landesspezifische Besonderheiten das Kriterienbündel der αστυφιλία (d.h. Stadtliebe, vgl. Kap. 8.1.3) und die Beschränkung des siedlungsräumlich wirksamen historischen Erbes auf die neugriechische Zeit. Legt man folglich als Prognoseannahme stabile Kennzeichen der Bevölkerungsdynamik (Alterung, beginnende Sterbeüberschüsse, internationale Wanderungsgewinne, anhaltende Konzentrations- und Entleerungsprozesse) zu Grunde (vgl. Tab. 3.8), dann deutet alles auf eine Festschreibung der aktuellen siedlungsräumlichen Strukturen hin. Das „Große S" und das „Große Hufeisen" werden weiter an Konturen gewinnen, die Polarisierung nimmt zu. Gebiete, die von Land-, Höhen- und Inselflucht betroffen sind, stehen auf der Verliererseite.

Unter den Parametern, die ein bedeutendes Veränderungspotenzial enthalten, ragt das Prinzip des staatlichen Zentralismus heraus. Sollten tatsächlich im Rahmen einer Stärkung der Regionen vermehrt föderale Strukturen mit dezentralen Standorten aufgebaut werden, dann könnten die Disparitäten vermindert und ausgeglichenere Siedlungsstrukturen aufgebaut werden. Ein solcher Prozess zieht sich indes über Dekaden hin, bevor er im Siedlungssystem wirksam wird und beim Einwohnerranking Athens Position als Primatstadt überwindet. Momentan ist nicht zu erkennen, ob das zentralstaatliche Leitbild überhaupt nur vorsichtig in Frage gestellt wird.

9 Chancen und Hemmnisse der weiteren Entwicklung

Zu Beginn des 21. Jh. orientiert man sich auf der südlichen Balkanhalbinsel wieder einmal neu (TZERMIAS 1995). Der politische Zusammenbruch der benachbarten sozialistischen Staaten hat alte, das jeweilige Selbstverständnis berührende Fragen, die längst beantwortet und vergessen schienen, wieder zur Disposition gestellt. Der Zerfall Jugoslawiens, das neue Nachbarland Makedonien, die postkommunistischen Anrainer Albanien und Bulgarien sowie eine „Klimaverbesserung" bei den Beziehungen zur Türkei machen deutlich, dass vieles im Fluss ist, dass Lagepositionen neu bewertet und Raumstrukturen einer Transformation unterzogen werden. Nicht nur das Ägäisland sieht sich den Herausforderungen neuer Machtstrukturen gegenüber, auch die anderen Balkanländer bestimmen ihre Position unter veränderten Voraussetzungen. Die aktuellen Probleme werden unter nationalistischem, ethnozentrischem Blickwinkel präsentiert und gedeutet; Makedonien z.B. beschreibt seine Position mit der Metapher „zwischen vier Feuern". Eine derartige Bewertung drückt manche Probleme des jungen Staates aus (BÜSCHENFELD 1995) und gibt zugleich einen Hinweis auf die unheilvollen Konsequenzen nationalistischer Lösungsversuche. Parallelen zur Zeit des frühen 20. Jh. mit dem Verfall des Osmanischen Reiches drängen sich förmlich auf, doch Lehren aus der Geschichte zieht man nicht, die Erfahrungen früherer Generationen (Naval Intelligence Division 1944, S. 368) finden keine Beachtung. Die wenig stabilisierten Machtverhältnisse begünstigen die weitere Polarisierung.

Geopolitische Neuorientierung
Den positiven Errungenschaften des politischen Wandels in den nördlich angrenzenden Staaten stehen neue Ängste auf griechischer Seite gegenüber, während die Sorgen um das *„Spannungsfeld Ägäis"* (SAUERWEIN 1980) mehr oder weniger verklungen sind. Der Zustrom von billigen, zumeist illegalen Arbeitskräften bringt alte Ordnungen ins Wanken, die neu erwachten Nationalismen schließen ein hohes Risiko zur weiter ausgreifenden Destabilisierung ein. Die territoriale Zerstückelung, die schwer überschaubare, kleinteilige politische Landschaft, die Fragen der Bedeutung von Minderheiten und des Neben- oder Gegeneinanders menschlicher Gruppen, kurz: die Balkanisierung schreitet in den Nachbarländern momentan voran. Welche Konsequenzen hat das für Griechenland? Kann die Politik das Land vor bedrohlichen Einflüssen von außen schützen?

Historiker und Soziologen, aber auch viele Griechinnen und Griechen bemängeln in dieser Situation die Schwächen der eigenen politischen Kultur (TZERMIAS 1993). Nur nach Abschüttelung des Klientelsystems und des verbreiteten Paternalismus, nach der Distanzierung von wirklichen oder vermeintlichen Charismatikern und der Überwindung des Staatszentralismus seien substanzielle Fortschritte erreichbar. Der bislang erfolgte Rückbau des Staatssektors, der in der öffentlichen Meinung seit langem als überdimensioniert, ineffizient und parasitär gilt, kann unter den neuen regionalen und globalen Bedingungen nur den ersten Schritt auf einem langen Weg bilden. Die nationale Perspektive steht indes nur für das eine Bein der Politik; die europäische Integration ist der andere Bezugspunkt.

Das EU-Mitglied Griechenland, das nach dem Zweiten Weltkrieg die Auseinandersetzungen des Bürgerkriegs (1945–1949) und die dunklen Zeiten der Militärdiktatur (1967–1974) überstehen musste, hat sich dank eigener Anstrengungen und gemeinsamer EU-Bemühungen zu einem stabilen Land in der östlichen Mediterraneïs und auf der Balkanhalbinsel entwickelt (KALLIS 1999). Gleichwohl befindet es sich geopolitisch in einer besonderen Situation. Alle seine festländischen Nachbarn stehen außerhalb dieser Staatengemeinschaft. Migrationsdruck von außen, Betriebsverlagerungen in kostengünstigere Länder, aber auch Gateway-Funktionen nordgriechischer Städte, insbesondere Thessaloníkis („Tor zum Balkan"), umreißen die neue ambivalente Position.

Neue Raumstrukturen zeichnen sich ab

In die geographische Forschung haben die neuen Raumbeziehungen über die früher geschlossenen Grenzen hinweg erst vereinzelt Eingang gefunden. Vergleichende zwischenstaatliche Studien aus der Zeit vor 1990 (z.B. HOFFMANN 1986, HELLER 1979) können aktuelle Fragestellungen naturgemäß nicht beantworten. Es liegt an der Kürze der Zeit, die seit dem Systembruch vergangen ist, und den mitunter schwierigen Verhältnissen in den Transformationsländern, dass der Kenntnisstand über manche Räume und Raumprozesse noch sehr dürftig ist. Dagegen gelingt die Einordnung in den Kreis der Mittelmeerländer auf Grund jüngerer Monographien (ROTHER 1993, WAGNER 2001), welche die zahlreichen Einzelstudien zusammenfassen, sehr leicht.

Es ist nicht verwunderlich, dass insbesondere Nordgriechenland auf die großräumige Veränderung der Lagebeziehungen rasch reagiert. Epirus, Mazedonien und vor allem Thrakien sehen nun eine Chance, aus der Abseitslage herauszukommen und als Durchgangsregionen von der neuen Konstellation zu profitieren. Der Ausbau der großen West-Ost-Verbindung zwischen Igoumenítsa und Istanbul (Via Egnatia) dient einerseits dem internationalen Fernverkehr, andererseits verbessert sich mit der ausgebauten Pindospassage auch die regionale und lokale Verkehrssituation zwischen Ioánnina und Kalampáka; die bisherige kurvenreiche, steile Gebirgsstrecke wirkt wie ein Nadelöhr und kann die Verkehrsbarriere des Gebirges nur mit erheblichem Zeitverlust überwinden. Die Drehscheibenfunktion von Thessaloníki, dem wichtigen Schnittpunkt im Nord-Süd- und West-Ost-Verkehr, gewinnt nach der Fertigstellung der neuen Strecke an Bedeutung, der periphere Raum Ostmazedonien–Thrakien (LIENAU 1998) hofft ebenfalls auf neue Perspektiven.

Die Abschätzungen der tatsächlichen Folgen gehen indes weit auseinander. Positiven Entwicklungseinflüssen infolge neuer, dynamischer Industriezweige (KOMNINOS/SEFERTZI 1998) stehen zurückhaltende Beurteilungen (LIENAU 1998) gegenüber, die ein nach wie vor defizitäres Branchenprofil, mangelhafte Wettbewerbsfähigkeit und ein geringes endogenes Potenzial bilanzieren. Die räumlichen Effekte kumulieren lediglich an ausgewählten Standorten, insbesondere den größeren Städten. Die ländlichen Regionen der Rhodopen und des nördlichen Pindos partizipieren an dieser Entwicklung nicht.

„Großes U" und „Großes S"

Der Ausbau des Autobahnnetzes ist in weiten Landesteilen infolge des bewegten Reliefs sehr schwierig. Die größten Netzlücken gibt es auf der Westseite des Festlands; schräg zur Küstenlinie verlaufende Gebirgszüge mit steilen Anstiegen und starker Hangrutschungsgefahr (Franarutschungen) in den Schichten des westhellenischen Flysches verteuern den Straßenbau ungemein. Der Brückenschlag über den Golf von Pátras zwischen Río̱n und Antírrion schafft deshalb vorerst nur für Ätolien deutliche Verbesserungen. Die von Korinth nach Trípolis verlaufende Schnellstraße umgeht mit Brücken- und Tunnelbauten das dauernde Auf und Ab, sie verbessert die Anbindung Arkadiens, Lakoniens und Messeniens an den Athener Zentralraum spürbar. Analog zur wirtschaftlichen und demographischen Konzentration bündelt sich das moderne Schnellverkehrsnetz (Straße und Schiene) im Bereich des „Großen S" zwischen Pátras, Athen und Thessaloníki.

Die 3054 Ionischen und Ägäischen Inseln sind nur in zwei Ausnahmefällen (Euböa und Lefkás) über Brücken mit dem Festland verbunden. Dank verschiedener EU-Förderprogramme und militärischer Investitionen (v.a. auf den Ostägäischen Inseln) ist ihr Straßennetz gut ausgebaut. Die interinsulare Vernetzung und die Anbindung an das Festland erfolgt indes über Fährschiffe und Flugzeuge. Große und massentouristisch erschlossene Inseln wie Rhódos, Kreta, Korfu, Mýkonos, Santorin oder Sámos werden während der Saison (April – Oktober) regelmäßig und in dichten Abständen angesteuert. Die innergriechischen Verbindungen sind dabei auf den attischen Zentralraum ausgerichtet. Im Schiffslinienverkehr sind auch die vielen kleinen Inseln erreichbar, wenngleich oft nur von bestimmten Knotenpunkten aus. Auf den Kykladen haben z.B. Páros und Mýkonos eine solche Funktion inne.

Die räumlichen Disparitäten sind hier besonders ausgeprägt. Prosperierenden Inseln wie Kreta, Rhódos, Mýkonos oder Korfu stehen wirtschaftlich und demographisch schrumpfende Eilande (Límnos, Lésbos, Kastellorizo, Gávdos u.a.) gegenüber. Die Bevölkerung dieser letzten Gruppe überaltert von Dekade zu Dekade; infolge des Strukturwandels in der Landwirtschaft und vielen Zweigen der gewerblichen Wirtschaft zog die jüngere, wirtschaftlich aktive Bevölkerung ab. Längst nicht auf allen Inseln konnte die so entstandene Lücke vom Tourismusgewerbe geschlossen werden. Die Entwicklungsaussichten sind also von Fall zu Fall unterschiedlich.

Im Bereich der Siedlungsentwicklung stehen sich landesweit unterschiedlich stark wachsende sowie stagnierende und schrumpfende Regionen gegenüber. Wieder geben das „Große S" und das „Große U" die grobe Verteilung beider Gruppen vor. Bevölkerungs-, Verkehrs- und Wirtschaftsentwicklung sowie naturräumliche Lagegunst (Becken, Küstenhöfe) konvergieren im Bereich des „Großen S" und schaffen einen Raum mit besten Entwick-

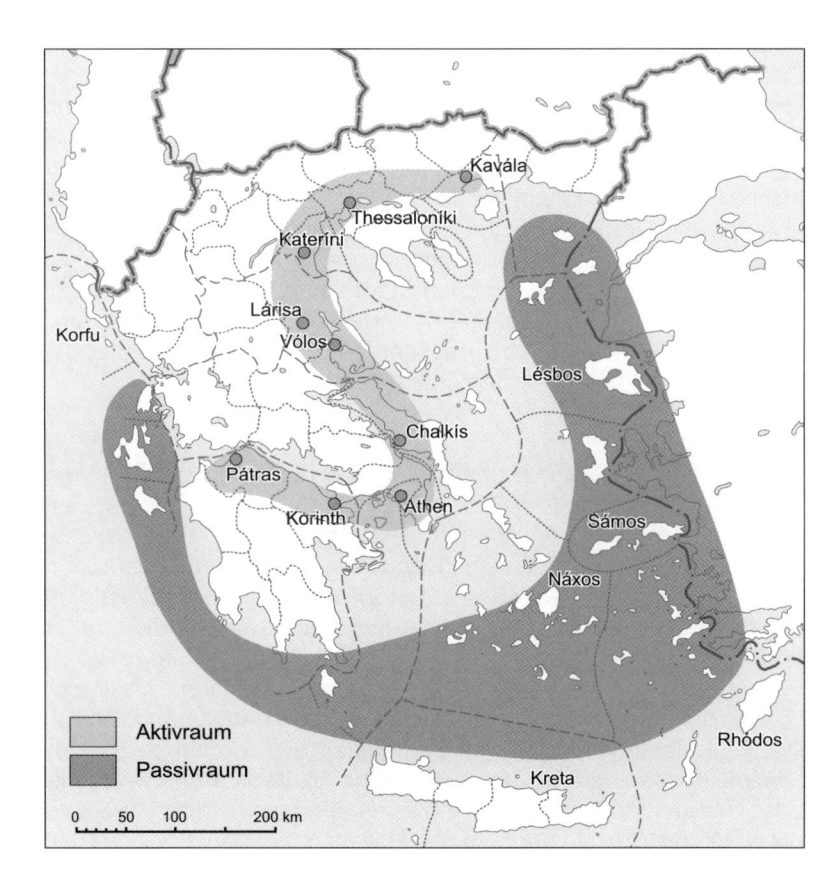

Abb. 9.1:
„Großes S" und „Großes U" – Generalisierte Gegenüberstellung räumlicher Disparitäten
Quelle: eigener Entwurf

lungsaussichten. Die festländische Ostseite bildet eine durchgehende Zone überdurchschnittlicher Entwicklung. Dabei ist festzustellen, dass auch die vielen Mittelstädte entlang dieser Achse an dem Aufwärtstrend teilhaben und dass der Korridor an seinen Enden über Pátras bzw. Thessaloníki hinaus weiter wächst. Es ist bemerkenswert, dass sich separat hiervon mit der Insel Kreta ein zweiter Aktivraum bilden konnte.

Von der ausgeprägten intraregionalen Wanderung, die im und nach dem Zweiten Weltkrieg einsetzt, profitieren die Nomos-Hauptorte. Sie wachsen zwischen 1960 und 1980 infolge der Land- und Höhenflucht an, sind aber selber vielfach nur Durchgangsstationen einer auf Athen gerichteten Etappenwanderung. Dank der allgemeinen Verbesserung des Lebensstandards wachsen auch die Wohnraumansprüche, sodass selbst demographisch stagnierende Siedlungen baulich expandieren. Der graduelle Entwicklungsunterschied zwischen Städten im „Großen S" und „Großen U", z.B. zwischen Kateríni und Mitilíni, kommt bereits im Erscheinungsbild zum Ausdruck.

Tourismus und Umwelt
Die unterschiedlichen Entwicklungsperspektiven ländlicher Gebiete lassen sich ebenfalls mit den Raumkategorien parallelisieren. In den Schrumpfungs- und Stagnationsregionen kommt heutzutage dem Tourismus eine wichtige Bedeutung zu. Er belebt – unter bestimmten Voraussetzungen – die Wirtschaft, steigert die Kaufkraft, löst sekundäre und tertiäre Effekte aus und schafft so neue Existenzmöglichkeiten. Dabei sind es jedoch weniger die landschaftlichen Reize und das spezifische Lokalkolorit, die hier den Ausschlag geben – das alles kann in „künstlichen Welten" ersetzt werden –, als vielmehr die wirkungsvolle Vermarktung als internationaler Badeort. So kommt es, dass massentouristische Zentren mit breitem Erholungspotenzial als Erfolgsmodell gelten, während andere Segmente dieser Branche (hochpreisiger Luxustourismus ebenso wie einfache Sommerfrische am Meer und im Gebirge) unterrepräsentiert sind. In den Höhenlagen der Gebirge, auf den Inseln und in Peripherräumen nehmen die Wüstungserscheinungen in Siedlung und Flur zu, die räumliche Polarisierung wird akzentuiert.

Natur und Umwelt erhalten bei den aktuellen Entwicklungen weniger Beachtung als in Mitteleuropa. Erst allmählich lässt sich eine kritischere Wahrnehmung beobachten; den Ausgangspunkt bilden die großen Städte, in denen die Belastungen teilweise unerträgliche Formen angenommen haben, es kommen aber auch Einflüsse aus anderen Ländern hinzu. Der rasche Aufholprozess der letzten Jahre legt auch für diesen Bereich konvergierende Entwicklungen mit den anderen EU-Staaten nahe.

Historisches Erbe
Beim räumlichen Wandel überlagern sich landesspezifische Elemente und internationale Einflüsse. Das besondere Profil des Landes hängt von der jeweiligen Kombination der verschiedenen Faktoren ab. Hierbei spielt das historische Erbe eine herausragende Rolle. Es ist von einer diskontinuierlichen Entwicklung geprägt. Das kulturlandschaftliche Inventar beschränkt sich im Bereich des materiellen Erbes – von bestimmten Räumen abgesehen – auf die derzeitige Epoche, die neugriechische Zeit. Relikte der osmanischen und byzantinischen Epoche sind zum größten Teil Sakralbauten (Kirchen, Klöster, Moscheen) oder herrschaftliche Anlagen (Burgen, Festungen, Paläste), das bauliche Erbe der Antike ist vollständig museal. Geistig-ideell sind dagegen Antike und Byzantinismus überall präsent. Der antikisierende Baustil der Gründerzeit des modernen Staates, Statuen auf zentralen Plätzen, archäologische und historische Museen, Personennamen und Straßen-, Schul- oder Universitätsbezeichnungen zeigen ebenso wie die ausgelaufenen Drachmen-Scheine die geistigen Wurzeln der heutigen Hellenen.

Für den Alltag hat diese Dimension indes nur eingeschränkte Bedeutung. So ist z.B. die „reine", archaisierende Schriftsprache (καθαρεύουσα) offiziell seit 1982 von der Volkssprache (δημοτική) zurückgedrängt, real schon viel länger. Fußball, Basketball oder Skandale sorgen für Schlagzeilen in der Presse, nicht HOMER, SAPPHO oder PLATON. Die Koiné, die „gemeinsame Sprache" der antiken Händler und Seefahrer im Mittelmeerraum und im Gebiet des Schwarzen Meeres, ist längst vergessen, wenngleich noch jeder Grieche den Anfang der Odyssee ("Ἄνδρα μοι ἔννεπε, μοῦσα..., d.h. Nenne mir, Muse, den Mann ...) problemlos versteht.

Die regionale Identität besitzt einen hohen Stellenwert, der im Einzelnen jedoch schwer fassbar ist. Das kretische, epirotische, thrakische oder lakonische Selbstverständnis wird im persönlichen Gespräch oft in den Vordergrund gestellt. In der heutigen Zeit der schnellen Wege und kommunikativen Vernetzung, des global village, bereitet es Schwierigkeiten, die Landesnatur dafür verantwortlich zu machen. Es sind die lokalen Spezifika, die eigene Geschichte, die örtlichen Traditionen und auch die hohe Wertschätzung der Individualität, die in einem stark gekammerten Land und in der vielgliedrigen Inselwelt in besonderem, fast übersteigertem Maße zum Ausdruck kommen.

Determinanten der weiteren Entwicklung
Der in Kapitel 1 gesteckte weite Rahmen gibt den Hintergrund für die Entwicklungsperspektiven ab:
- Als Wiege der abendländischen Kultur ist das Ägäisland integraler Bestandteil Europas, auch wenn die neugriechische Identität die regionalen Spezifika mehr als das Verbindende betont.
- Als Staat der Balkanhalbinsel hat es unmittelbare Berührung zu den wenig konsolidierten nördlichen Transformationsländern; es besteht die Chance, dass historische, kulturelle und kirchliche Gemeinsamkeiten genutzt werden, um stabilisierend auf manche Nachbarländer einzuwirken.
- In dem naturräumlich stark untergliederten und mit einer äußerst vielfältigen Inselwelt ausgestatteten Land bereiten die Verkehrserschließung und die wirtschaftliche Inwertsetzung große Schwierigkeiten. Erdbebenrisiko und Rutschungsgefahr machen den Ausbau der technischen Infrastruktur aufwändig und erklären manchen Modernisierungsrückstand.
- Dank eines gut ausgebauten Flug- und Schiffsnetzes ist dies aber für den Tourismus kein Hindernis; neben dem sommertrockenen Klima bilden gerade die landschaftliche Vielfalt, die enge Verzahnung von Land und Meer, der Wechsel von Steil- und Flachküsten sowie das antike Erbe seine wichtigsten Fundamente.
- Die straffe zentralistische Organisation der staatlichen Verwaltung festigt die überragende Bedeutung der Hauptstadtregion. Bestehende Disparitäten und räumliche Polarisierungen könnten durch Stärkung der lokalen und regionalen Ebene gemindert werden. Ob hier das Europa der Regionen weitere Verbesserungen bringt, bleibt abzuwarten.
- Als Staat an der europäischen Südperipherie gewinnt das Land im Rahmen der Erweiterung der EU zusätzliche Bedeutung. Bislang befindet es sich auf der südlichen Balkanhalbinsel noch in isolierter Position, mit der Aufnahme neuer Beitrittsländer kann sich das ändern.
- Trotz mancher ungelöster Probleme im Bereich der Ägäischen Inselwelt hat sich die Lage in diesem Teil des Landes wieder beruhigt. Die Erdölprospektion konnte die wirtschaftlichen Erwartungen nicht erfüllen, aber auch in anderer Beziehung ist das Konfliktpotenzial zurückgegangen. Die Nahtstelle zwischen Europa und Asien, zwischen christlicher und islamischer Welt ist zwar nach wie vor sensibel, hat aber an Explosivität – hoffentlich! – eingebüßt.

Literatur

Aalen, F.M.A. (1985):
Formes traditionelles d'architecture à Céphalonie (Grèce). In: Méditerranée, 47, S. 47–50

Alexander, V./Demopoulos, G.D. (1989):
Stabilization Policies in Greece in the Context of Modern Macroeconomic Theory. Schriften zu internationalen Wirtschaftsfragen, 10, Berlin

Alexopoulos, N. (1981):
Wirtschafts- und wettbewerbspolitische Probleme des griechischen EG-Beitritts. Das Beispiel der öffentlichen Unternehmen. Wirtschaftspolitische Studien, 59, Göttingen

Allen, P.S. (1986):
Positive Aspects of Greek Urbanization: The Case of Athens by 1980. In: Ekistics 53, No. 318/9, S. 187–194

Andrikopoulou, E. (1987):
Regional Policy and Local Development Prospects in a Greek Peripheral Region: The Case of Thraki. In: Antipode, 19, H. 1, S. 7–24

Androulidakis, S./Oktay, E./Thimm, H.-U. [Eds.] (1994):
Greece and Turkey – Extension Improvement for Fruit Production and Export. Schriften des Zentrums für regionale Entwicklungsforschung der Justus-Liebig-Universität Gießen, Bd. 56, Gießen

Ante, U. (1988):
Zu jüngeren Entwicklungsproblemen in der Athener Altstadt. In: Würzburger Geographische Arbeiten, 70, S. 135–160

Apfl, G. (1990):
Raumentwicklungsstrukturen und -systeme im attischen Zentralraum. Salzburger Geographische Arbeiten, 20, Salzburg

Ardaillon, E. (1897):
Les Mines du Laurion dans l'antiquité, Paris

Baedeker, K. (1883):
Griechenland. Handbuch für Reisende, Leipzig

Banco, I. (1976):
Studien zur Verteilung und Entwicklung der Bevölkerung von Griechenland. Bonner Geographische Abhandlungen, 54, Bonn

Bank of Greece [Hrsg.] (1976):
Greece in the European Community. Papers and Lectures, 33, Athen

Bank of Greece [Hrsg.] (1978):
The Positive Contribution of Greece to the European Community. Papers and Lectures, 40, Athen

Baratta, M. v. [Hrsg.] (1995):
Der Fischer Weltalmanach 1996, Frankfurt/Main

Bartels, G. (1991):
Karstmorphologische Untersuchungen auf Kreta. In: Erdkunde, 45, H. 1, S. 27–37

Bathelt, H. (1998):
Regionales Wachstum in vernetzten Strukturen: Konzeptioneller Überblick und kritische Bewertung des Phänomens „Drittes Italien". In: Die Erde, 129, H. 3, S. 247–271

Benthien, B. (1997):
Geographie der Erholung und des Tourismus, Gotha

Bergmeier, E. (1999):
Gavdos – Europe's Southernmost Island between Stability and Change. In: Geoökodynamik, 20, S. 87–96

Berve, H. (1966):
Gestaltende Kräfte der Antike, München

Beuermann, A. (1956):
Typen ländlicher Siedlungen in Griechenland. In: Petermanns Geographische Mitteilungen, 100, H. 4, S. 278–285

Beuermann, A. (1957):
Tripolis und seine Umwelt. Ein Beitrag zur Landeskunde des Peloponnes. In: Die Erde, 88, S. 255–274

Beuermann, A. (1967):
Fernweidewirtschaft in Südosteuropa, Braunschweig

Beuermann, A. (1972):
Die Städte Kretas. Ein Arbeitsbericht. In: Südosteuropa-Studien, Bd. 19, München, S. 55–65

Beuermann, A. (1987):
Iráklion. Strukturprobleme einer griechischen Stadt auf Kreta. In: Köhler, E./Wein, N. [Hrsg.]: Natur- und Kulturräume. Münstersche Geographische Arbeiten, 27, S. 233–246

Bintliff, J. (1977):
Natural Environment and Human Settlement in Prehistoric Greece, Oxford

BOENZI, F./PALMENTOLA, G. (1997):
Glacial Features and Snow-line Trend during the Last Glacial Age in the Southern Apennines (Italy) and on Albanian and Greek Mountains. In: Zeitschrift für Geomorphologie, N.F. 41, S. 21–29

BÖHM, H./MEHMEL, A. [Hrsg.] (1996):
Alfred Philippson: Wie ich zum Geographen wurde. Aufgezeichnet im Konzentrationslager Theresienstadt zwischen 1942 und 1945, Bonn

BÖHLING, N./GEROLD, G. (1995):
Post-fire Regeneration Patterns and Variations of Soil Properties in Mediterranean Phrygana-areas of Naxos/Greece. In: Geoökodynamik, 16, S. 333–345

BÖHN, D./HAVERSATH, J.-B./SCHÄFER, T. (1995):
Krisenregionen im südöstlichen Europa. Cornelsen aktuelle Landkarte 10/95, Braunschweig

BORBEIN, A.H. (1995):
Das alte Griechenland. Geschichte und Kultur der Hellenen, Gütersloh

BORN, V. (1984):
Kreta – Gouves: Wandel einer Agrarlandschaft in ein Fremdenverkehrsgebiet. In: HEMPEL, L. [Hrsg.]: Geographische Beiträge zur Landeskunde Griechenlands. Münstersche Geographische Arbeiten, 18, S. 121–214

BOUILLET, M. (1993):
De la croissance urbaine à la formation d'un espace périurbain: le cas de l'Etolie-Acarnanie (Grèce). In: Méditerranée, 55, S. 41–44

BREUER, T./JÜRGENS, C. (1998):
Fernerkundung von Frostschäden an landwirtschaftlichen Kulturen in Makedonien (Griechenland). In: Geographische Rundschau, 50, H. 2, S. 99–105

BRÖCKER, M. (1990):
Die metamorphe vulkanosedimentäre Abfolge der Insel Tinos (Kykladen, Griechenland) – Geologie, Petrographie und Mineralchemie einer grünschieferfaziell überprägten Hochdruck-/Niedrigtemperatur-Abfolge. Geotektonische Forschungen, 74, Stuttgart

BRÜCKNER, H. (1986):
Man's Impact on the Evolution of the Physical Environment in the Mediterranean Region in Historical Times. In: GeoJournal, 13, S. 7–17

BRÜCKNER, H. (1996):
Geoarchäologie an der türkischen Ägäisküste. Landschaftswandel im Spiegel geologischer und archäologischer Zeugnisse. In: Geographische Rundschau, 48, H. 10, S. 568–574

BRÜCKNER, H./HOFFMANN, G. (1992):
Human-induced Erosion Processes in Mediterranean Countries. Evidences from Archeology, Pedology and Geology. In: Geoökoplus, Bd. 3, S. 97–110

BRUNNACKER, K./ALTEMÜLLER, H.-J./BEUG, H.-J. (1969):
Das Profil von Kitros in Nord-Griechenland als Typusprofil einer mediterranen Lößprovinz. In: Eiszeitalter und Gegenwart, 20, S. 90–110

BÜDEL, J. (1965):
Aufbau und Verschüttung Olympias. Mediterrane Flußtätigkeit seit der Frühantike. In: Verhandlungen des Deutschen Geographentags Heidelberg 1963, Wiesbaden, S. 179–183

BÜRKNER, H.-J./HELLER, W./UNRAU, J. (1988):
Die erfolgreiche Rückkehr von Arbeitsemigranten – Mythos oder Wirklichkeit? In: Die Erde, 119, H. 1, S. 15–24

BÜSCHENFELD, H. (1995):
Makedonien – jüngster europäischer Staat. In: Geographische Rundschau, 47, H. 3, S. 162–167

BURIAN, F. (1988):
Peloponnes. Polyglott-Reiseführer, München

BUSCHOR, E. (1969):
Griechische Vasen, München/Zürich

CAPIDAN, T. (1941):
Die Mazedo-Rumänen, Bukarest

CHANDLER, R. (1777):
Reisen in Griechenland. Unternommen auf Kosten der Gesellschaft der Dilettanti, Leipzig

CHARISIS, V.A. (1989):
Metsovo. Greek Traditional Architecture, Athen

CHATZIS, D. (1983):
Das doppelte Buch – Το διπλό βιβλίο, Köln

CHOISI, J. [Hrsg.] (1988):
Griechenland. Ein politisches Reisebuch, Hamburg

CLEWING, K. (1995):
Zwischen Instrumentalisierung und Brückenfunktion. Die griechische Minderheit in Südalbanien als Faktor in der Albanienpolitik Athens. In: Südosteuropa, 44, S. 411–432

Cvijić, J. (1913):
Die ethnographische Abgrenzung der Völker auf der Balkanhalbinsel. In: Petermanns Geographische Mitteilungen, 59, S. 113–118

Damianos, D./Dimara, E./Hassapoyannes, K./Skuras, D. (1998):
Greek Agriculture in a Changing International Environment, Aldershot

Deslondes, O. (1995):
L' évolution de la population grecque (1981–1991): vers le „modèle" européen? In: Méditerranée, 57, S. 53–62

Dimitriadis, E.P. (1986):
Thessaloniki: 2300 Years of Continuous Urban Life. In: Ekistics, 53, No. 316/7, S. 111–120

Dirscherl, K. [Hrsg.] (1989):
Die italienische Stadt als Paradigma der Urbanität. Passauer Mittelmeerstudien, Bd. 1, Passau

Djurić, R./Becken, J./Bengsch, A.B. (1996):
Ohne Heim – Ohne Grab. Die Geschichte der Roma und Sinti, Berlin

Duttlinger, I. (1977):
Moderne Wandlungen im Kulturlandschaftsbild der Peloponnes (Unveröff. Hausarbeit zur Ersten Staatsprüfung für das Lehramt an Gymnasien), Köln

Echtinger, H. (1995):
Eine Analyse der Hochwassersituation vom Oktober 1994 in Athen. In: Riedl, H./Kern, W. [Hrsg.]: Beiträge zur Landeskunde von Griechenland V. Salzburger Geographische Arbeiten, 29, S. 327–345

Eckstein, F. [Hrsg.] (1986):
Pausanias. Reisen in Griechenland, Darmstadt

Efstratoglou-Todoulou, S. (1989):
Mehrfachbeschäftigung: Neuere Erfahrungen aus Griechenland. In: Agrarsoziale Gesellschaft e.V. [Hrsg.]: Mehrfachbeschäftigung in ländlichen Familien – Nebenerwerbslandwirtschaft. Schriftenreihe für ländliche Sozialfragen, H. 106, S. 77–86

Eggeling, W.J. (1984):
Rhodos, Naxos, Syros. Die heutige Kulturlandschaft der Südlichen Ägäis als Resultat anthropogeographischer Wandlungen unter besonderer Berücksichtigung ethnischer Gegensätze. Wuppertaler Geographische Studien, 4, Wuppertal

Eichheim, H. (1999):
Griechenland. Beck'sche Reihe Länder, 877, München

Eitel, B. (1998):
Bodengeographie, Braunschweig

Embleton, C./Embleton-Hamann, C. (1997):
Geomorphological Hazards of Europe, Amsterdam

Endrös, A. (1914):
Zum Problem des Euripus. In: Sitzungsberichte der Königlich Bayerischen Akademie der Wissenschaften, Mathematisch-physikalische Klasse, München, S. 99–139

Endrös, A. (1915):
Die Gezeiten, Seiches und Strömungen bei Aristoteles. In: Sitzungsberichte der Königlich Bayerischen Akademie der Wissenschaften, Mathematisch-physikalische Klasse, München, S. 355–385

Europäische Kommission [Hrsg.] (versch. Jg.):
Strukturfonds der Gemeinschaft. Leitfaden der Gemeinschaftsinitiativen, Luxemburg

Fakiolas, R./Voß, W. (1989):
Wanderungsbewegungen aus und nach Griechenland seit 1973. Schriften des Instituts für Entwicklungsforschung, Wirtschafts- und Sozialplanung GmbH, 3, Saarbrücken/Fort Lauderdale

Fassmann, H./Meusburger, P. (1997):
Arbeitsmarktgeographie. Erwerbstätigkeit und Arbeitslosigkeit im räumlichen Kontext, Stuttgart

Faucher, J. (1876):
Ein Winter in Italien, Griechenland und Konstantinopel, Magdeburg

Fels, E. (1941):
Griechenlands wirtschaftliche und politische Lage. In: Geographische Zeitschrift, 47, H. 2, S. 57–71

Fels, E. (1957):
Der Ioánnina-See in Griechenland. Stuttgarter Geographische Studien, 69, S. 247–252

Filges, R./Hattwig, M. [Red.] (1993):
Colloquium Nordost-Griechenland, 2, Münster

Filges, R./Katsaros, G. [Red.] (1995):
Colloquium Nordost-Griechenland, 3, Münster

Finke, L. (1996):
Landschaftsökologie, Braunschweig

Fischer, U. (1981):
Untersuchung zur Wirtschafts- und Sozialstruktur Nordeuböas und deren Wandlung in neuester Zeit. In: Arbeiten aus dem Institut für Geographie der Universität Salzburg, 8, S. 225–288

Földes-Papp, K. (1966):
Vom Felsbild zum Alphabet. Die Geschichte der Schrift von ihren frühesten Vorstufen bis zur modernen lateinischen Schreibschrift, Stuttgart

Fohrer, E. u.a. (1992):
Reisehandbuch Griechenland, Erlangen

Frank, F. (1992):
Griechische Inseln. Von der Chora zur Skala, München

Frank, F. (1997):
Landwirtschaft auf Kreta. Von der Selbstversorgung zum Marktfruchtanbau. In: Geographie heute, H. 151, S. 8–11

Frisch, W./Loeschke, J. (1986):
Plattentektonik, Darmstadt

Fröhlich, M. (1987):
Westkreta. Zur Geographie der Agrarlandschaft, Berlin/Vilseck

Füldner, E. (1967):
Agrargeographische Untersuchungen in der Ebene von Thessaloniki. Frankfurter Geographische Hefte, 14, Frankfurt

Funck, G. (1986):
Griechenland. Investitionsführer. Ausländisches Wirtschafts- und Steuerrecht, 62, Köln

Gage, N. (1987):
Eleni, München

Gaitanidis, J. (1962):
Griechenland ohne Säulen, München

Galanopoulos, A.G. (1955):
Erdbebengeographie von Griechenland. In: Annales géologiques des pays helléniques, 6, S. 83–121

Galanopoulos, A.G. (1981):
The damaging shocks and the earthquake potential of Greece. In: Annales géologiques des pays helléniques, 30, S. 647–724

Gell, W. (1829):
Reisebericht von Morea oder Beschreibung der Straßen dieser Halbinsel, Karlsruhe

Georgiadis, N.V. (1989):
Mistra, Athen

Gericke, M. (2001):
Wirtschaftsentwicklung im Verdichtungsraum Thessaloniki: Aktuelle Tendenzen und Einfluß lokaler Akteure. Arbeitsmaterialien zur Raumordnung und Raumplanung, H. 198, Bayreuth

Germidis, D.A./Negreponti-Delivanis, M. (1975):
Industrialisation, Employment and Income Distribution in Greece. A Case Study. Employment Series, No. 12, Paris

Giannaros, D. (1981):
An Economy-wide Econometric Model of Greece with Estimation of Structural Changes Resulting from the Integration with the E.E.C. (Ph.D.), Boston

Giessner, K. (1995):
Das morphodynamische System des Mediterranraums. In: Geoökodynamik, 16, S. 105–108

Grabner, S./Griehser, B./Heiselmayer, P. (1995):
Vegetationsmuster in Erosionsrinnen der Phrygana auf den Kykladeninseln Mykonos und Tinos. In: Riedl, H./Kern, W. [Hrsg.]: Beiträge zur Landeskunde von Griechenland V. Salzburger Geographische Arbeiten, 29, S. 267–306

Gradmann, R. (1901):
Das mitteleuropäische Landschaftsbild nach seiner geschichtlichen Entwicklung. In: Geographische Zeitschrift, 7, S. 435–447

Griehser, B./Grabner, S./Heiselmayer, P. (1995):
Vegetationsentwicklung nach Brandrodung der Phrygana auf den Kykladen. Mykonos und Tinos. In: Riedl, H./Kern, W. [Hrsg.]: Beiträge zur Landeskunde von Griechenland V. Salzburger Geographische Arbeiten, 29, S. 307–326

Gronemeyer, R. (1983):
Zigeuner in Osteuropa. Eine Bibliographie zu den Ländern Polen, Tschechoslowakei und Ungarn, München

Gronemeyer, R./Rakelmann, G.A. (1988):
Die Zigeuner. Reisende in Europa; Roma, Sinti, Manouches, Gitanos, Gypsies, Kalderasch, Vlach und andere, Köln

Hadjimichalis, C./Vaiou, D. (1990):
Flexible Labour Markets and Regional Development in Northern Greece. In: International Journal of Urban and Regional Research, 14, Nr. 1, S. 1–24

HAFEMANN, D. (1960):
Die Frage des eustatischen Meeresspiegelanstiegs in historischer Zeit. In: Deutscher Geographentag Berlin, Tagungsbericht und wissenschaftliche Abhandlungen, Wiesbaden, S. 218–231

HAFEMANN, D. (1965):
Die Niveauveränderungen an den Küsten Kretas seit dem Altertum nebst einigen Bemerkungen über ältere Strandbildungen auf Westkreta. In: Abhandlungen der Akademie der Wissenschaften und der Literatur in Mainz, Mathematisch-Naturwissenschaftliche Klasse, 12, S. 607–688

HAGEDORN, J./LEONTARIS, S. (1979):
Endogene und exogene Einflüsse im morphologischen Gefügemuster von Nordwest-Epirus (Griechenland). In: HAGEDORN, J./HÖVERMANN, J./NITZ, H.-J. [Hrsg.]: Gefügemuster der Erdoberfläche, Göttingen, S. 153–184

HALL, T. (1986):
Planung europäischer Hauptstädte. Zur Entwicklung des Städtebaus im 19. Jahrhundert, Stockholm

HARTLEB, P. (1989):
Die Messenische Mani. Eine Studie zum Wandel in der Peripherie Griechenlands. Abhandlungen Anthropogeographie, Institut für Geographische Wissenschaften, 45, Berlin

HAVERSATH, J.-B. (1989):
Stadtentwicklung in Griechenland. In: Nachrichten und Berichte der Universität Passau, Nr. 58, S. 24–27

HAVERSATH, J.-B. (1991):
Modernes Stadtwachstum im Mittelmeerraum. Das Beispiel griechischer Mittelstädte. In: Geographische Rundschau, 43, H. 7–8, S. 417–423

HAVERSATH, J.-B. (1993):
Stadtentwicklung in Griechenland. Wandel, Strukturen und Probleme der gegenwärtigen Groß- und Mittelstädte. In: STRUCK, E. [Hrsg.]: Aktuelle Strukturen und Entwicklungen im Mittelmeerraum. Passauer Kontaktstudium Erdkunde, 3, S. 101–110

HAVERSATH, J.-B. (1997):
Zwischen Skylla und Charybdis: Probleme der Staatenbildung und Raumentwicklung in Nordgriechenland. In: BREUER, T. [Hrsg.]: Geographische Forschung im Mittelmeerraum und in der Neuen Welt. Passauer Schriften zur Geographie, 15, S. 63–74

HAVERSATH, J.-B. (1998):
Minderheiten in Nordgriechenland. Fachdidaktische Überlegungen zum Fragenkreis Globalisierung/Regionalisierung. In: RINSCHEDE, G./GAREIS, J. [Hrsg.]: Global denken – Lokal handeln: Geographieunterricht! Regensburger Beiträge zur Didaktik der Geographie, 4, S. 249–254

HAVERSATH, J.-B. (2000):
Bilder in Reiseprospekten. Griechenland in vier Aufnahmen. In: Geographie heute, H. 185, S. 10–13

HAVERSATH, J.-B. (2002):
Griechische Inseln. Strukturelle, funktionale und genetische Vielfalt. In: Geographische Rundschau, 54, H. 4, S. 34–39

HEIBERG, I.L. (1960):
Geschichte der Mathematik und der Naturwissenschaften im Altertum, München

HEISELMAYER, P./GRABNER, S./GRIEHSER, B. (1995):
Vegetation und Vegetationsentwicklung der Phrygana in Mykonos und Tinos. In: RIEDL, H./KERN, W. [Hrsg.]: Beiträge zur Landeskunde von Griechenland V. Salzburger Geographische Arbeiten, 29, S. 233–266

HEJL, E./RIEDL, H./WEINGARTNER, H. (1999):
Cretaceous Palaeokarst and Cenozoic Erosion of the North Sporades (Greece): Results from Geomorphological Studies and Fission-Track Analysis. In: Mitteilungen der Österreichischen Geologischen Gesellschaft, 90, 1997, S. 67–82

HELLER, W. (1979):
Aspekte eines Vergleichs von regionalen Disparitäten in zwei Ländern unterschiedlicher sozialökonomischer Ordnung: Griechenland und Rumänien. In: WEBER, P. [Hrsg.]: Periphere Räume. Strukturen und Entwicklungen in europäischen Problemgebieten. Münstersche Geographische Arbeiten, 4, Paderborn, S. 37–50

HELLER, W./SAUERWEIN, F. (1979):
Industrialisierung Griechenlands. Geographische Situationsanalyse vor dem Beitritt zur EG. In: Zeitschrift für Wirtschaftsgeographie, 23, S. 1–10

HEMPEL, L. (1984a):
Beobachtungen und Betrachtungen zur jungquartären Reliefgestalt der Insel Kreta. In: HEMPEL, L. [Hrsg.]: Geographische Beiträge zur Landeskunde Griechenlands. Münstersche Geographische Arbeiten, 18, S. 9–40

HEMPEL, L. (1984b):
Geoökodynamik im Mittelmeerraum während des Jungquartärs. Beobachtungen zur Frage „Mensch und/oder Klima?" in Südgriechenland und auf Kreta.
In: Geoökodynamik, 5, S. 99–140

HEMPEL, L. (1992):
Natürliche Höhenstufen und Siedelplätze in griechischen Hochgebirgen. Berichte aus dem Arbeitsgebiet Entwicklungsforschung, 21, Münster

HEMPEL, L. (1995):
Die Hochgebirge Kretas als Wirtschaftsraum: physiogeographische Voraussetzungen, Formen und Veränderungen der Wanderviehhaltung.
In: Petermanns Geographische Mitteilungen, 139, H. 4, S. 215–238

HEMPEL, L. (1997):
Schneefall und Tauen in Kretas Hochgebirgen – klimatologische, hydrologische und geomorphologische Effekte. In: Petermanns Geographische Mitteilungen, 141, H. 1, S. 17–34

HENKEL, G. (1999):
Der ländliche Raum. Gegenwart und Wandlungsprozesse seit dem 19. Jahrhundert in Deutschland, Stuttgart/Leipzig

HERMANNS, H./LIENAU, C. (1981):
Siedlungsentwicklung in Peripherräumen Griechenlands. Außengesteuerte Wiederbelebung in Abhängigkeit von Tourismus und Arbeitsintegration. In: Marburger Geographische Schriften, 84, S. 133–154

HIGGINS, M.D./HIGGINS, R. (1996):
A Geological Companion to Greece and the Aegean, London

HILL, J. (1998):
Neue Wege zur geowissenschaftlichen Auswertung multispektraler Fernerkundungsdaten.
In: Geographische Rundschau, 50, H. 2, S. 113–119

HIRNER, G. (1989):
Wanderungen auf dem Peloponnes, München

HÖHFELD, V. (1995):
Türkei. Schwellenland der Gegensätze, Gotha

HÖPER, H.-J. (1983):
Jüngere Entwicklungen bereits in der Antike besiedelter Bergdörfer in Griechenland.
In: Boreas, 6, S. 238–252

HÖPER, H.-J. (1984):
Beobachtungen über den Wandel von Siedlungen und Behausungen in Ostthessalien (Griechenland). In: HEMPEL, L. [Hrsg.]: Geographische Beiträge zur Landeskunde Griechenlands. Münstersche Geographische Arbeiten, 18, Paderborn, S. 41–120

HÖPER, H.-J. (1987):
Der Ostthessalische und der Böotische See. Anmerkungen zur Geschichte zweier ehemaliger Seen in Ostgriechenland. In: KÖHLER, E./WEIN, N. [Hrsg.]: Natur- und Kulturräume. Münstersche Geographische Arbeiten, 27, S. 175–187

HOFFMAN, G.W. (1986):
The Transformation of the Urban Landscape in Southeastern Europe. In: Research Paper. University of Chicago, Department of Geography, No. 217/218, S. 129–150

HOLLAND, H. (1815):
Travels in the Ionian Isles, Albania, Thessaly, Macedonia during the Years 1812 and 1813, London

HOSTERT, P./HILL, J. (1997):
Die kombinierte Anwendung von Spektraler Entmischung und GIS als Ansatz zum Monitoring mediterranen Städtewachstums. Fallstudie Athen. In: Regensburger Geographische Schriften, 28, S. 111–121

IBBEKEN, H./SCHLEYER, R. (1979):
The Morphology of the Aegean Sea: A Discussion of Morphometrical Data. In: Zeitschrift für Geomorphologie, N.F. 23, S. 396–414

IKONOMOU, T.P. (1990):
Neugriechische Regionalproblematik. Europäische Hochschulschriften, Reihe XXII, Bd. 148, Frankfurt/Main

ISCHIRKOFF, A. (1915):
Ethnographische Karte des Bulgarentums auf der Balkanhalbinsel im Jahre 1912.
In: Petermanns Geographische Mitteilungen, 61, S. 339–343

JACOB, W. (1931):
Die makedonische Frage. Ein politisch-geographischer Versuch, Langensalza

JACOBSHAGEN, V. (1986):
Geologie von Griechenland, Berlin/Stuttgart

JERRENTRUP, H. (1997):
Naturschutzprobleme am Nestos – ein Erfahrungsbericht. In: LIENAU, C./MATTES, H. [Hrsg.]: Natur und Wirtschaft in Nordost-Griechenland. Berichte aus dem Arbeitsgebiet Entwicklungsforschung, 27, Münster, S. 82–91

JONES, W.H.S. (1978):
Pausanias. Description of Greece, London

JUX, U./ZYGOJANNIS, N. (1986):
Isotopische Milieu-Indikationen sowie spät- und postglaziale Seestände im Kopais-Becken (Böotien, Griechenland). In: Zeitschrift für Geomorphologie, N.F. 30, S. 461–476

KAGERMEIER, A./POPP, H. (2000):
Strukturen und Perspektiven der Tourismuswirtschaft im Mittelmeerraum. In: Petermanns Geographische Mitteilungen, 144, H. 6, S. 64–77

KAHL, T. (1995):
Muslime in Nordostgriechenland. In: FILGES, R./KATSAROS, G. [Red.]: Colloquium Nordost-Griechenland, Bd. 3, Münster, S. 113–121

KAHL, T. (1999):
Ethnizität und räumliche Verbreitung der Aromunen in Südosteuropa. Münstersche Geographische Arbeiten, 43

KAHL, T. (2001):
Feldforschungen zur Ethnizität von Aromunen und meglenitischen Vlachen. In: FREUND, B./JAHNKE, H. [Hrsg.]: Der Mediterrane Raum an der Schwelle des 21. Jahrhunderts. Berliner Geographische Arbeiten, 91, S. 65–72

KALLIS, I. (1999):
Griechenlands Weg nach Europa. Das Ringen um demokratische Strukturen im 20. Jahrhundert, Münster

KANAROGLOU, P.S./BALOURDAS, D. (2001):
Geographical Inequalities of Aging in Greece. In: 97th Meeting of the Association of American Geographers, New York

KANDLER, H. (1997):
Der „Europapark" – ein Naherholungsziel Thrakiens? Gedanken zum Umwelt- und Freizeitverständnis der einheimischen Bevölkerung. In: LIENAU, C./MATTES, H. [Hrsg.]: Natur und Wirtschaft in Nordost-Griechenland. Berichte aus dem Arbeitsgebiet Entwicklungsforschung, 27, Münster, S. 122–127

KATOCHIANOU, D. (1992):
The Greek System of Cities. In: Ekistics, 59, No. 352/3, S. 56–60

KATSIKIS, A. (1992):
Physische Geographie des Beckens von Ioannina, Ioannina

KATSIKIS, A./KERN, W. (1981):
Ermoupolis – eine junge Inselhauptstadt mit großer Vergangenheit. In: RIEDL, H. [Hrsg.]: Geographische Studien auf Syros. Salzburger Exkursionsberichte, H. 7, S. 65–79

KAYSER, B. u.a. (1971):
Exode rurale et attraction urbaine en Grèce, Athen

KELLETAT, D. (1974):
Beiträge zur regionalen Küstenmorphologie des Mittelmeerraumes. Gargano/Italien und Peloponnes/Griechenland. In: Zeitschrift für Geomorphologie, Supplementband 19, Berlin/Stuttgart

KELLETAT, D. (1996):
Perspectives in Coastal Geomorphology of Western Crete, Greece. In: Zeitschrift für Geomorphologie, Supplementband 102, Berlin/Stuttgart, S. 1–19

KELLETAT, D./GASSERT, D. (1975):
Quartärmorphologische Untersuchungen im Küstenraum der Mani-Halbinsel, Peloponnes. In: Zeitschrift für Geomorphologie, Supplementband 22, Berlin/Stuttgart, S. 8–56

KEPE (Centre of Planning and Economic Research) [Ed.] (1983):
Greece. The Five-Year Economic and Social Development Plan 1983–87. Summary, Athen

KERAUDREN, B./SOREL, D. (1987):
The Terraces of Corinth (Greece) – A Detailed Record of Eustatic Sea-Level Variations during the Last 500,000 Years. In: Marine Geology, 77, S. 99–107

KERN, W. (1980a):
Mykonos – eine siedlungsgeographische Skizze. In: RIEDL, H./KERN, W. [Hrsg.]: Geographische Studien im Bereich der Kykladen. Santorin und Mykonos, mit einem Beitrag über Karpathos. Exkursionsberichte des Instituts für Geographie der Universität Salzburg, 6, S. 155–162

KERN, W. (1980b):
Thira – eine siedlungsgeographische Skizze. In: RIEDL, H./KERN, W. [Hrsg.]: Geographische Studien im Bereich der Kykladen. Santorin und Mykonos, mit einem Beitrag über Karpathos. Exkursionsberichte des Instituts für Geographie der Universität Salzburg, 6, S. 87–97

KERN, W. (1986a):
Athen. Studien zur Physiognomie und Funktionalität der Agglomeration, des Dimos und der Innenstadt. Salzburger Geographische Arbeiten, 14

KERN, W. (1986b):
Die junge Entwicklung der Insel Seriphos. In: RIEDL, H./KERN, W. [Hrsg.]: Geographische Studien auf Seriphos. Salzburger Exkursionsberichte, H. 10, S. 99–128

KERN, W. (1995):
Kulturlandschaftliche Aspekte der Inseln Tinos und Mykonos. In: RIEDL, H./KERN, W. [Hrsg.]: Beiträge zur Landeskunde von Griechenland V. Salzburger Geographische Arbeiten, 29, S. 135–160

KETTERMANN, G. (2001):
Atlas zur Geschichte des Islam, Darmstadt

KIEFL, W. (2000):
Strandurlaub zwischen Erholung, Inszenierung und Ventil. Eine Beobachtungsstudie an der Lutania Beach bei Kolymbia (Rhodos). Eichstätter Materialien zur Tourismusforschung, 1, Eichstätt

KIEL, M./SAUERWEIN, F. (1994):
Ost-Lokris in türkischer und neugriechischer Zeit (1460–1981). Passauer Mittelmeerstudien, 6, Passau

KILADI, K./KOULVAKIS, T. u.a. (1994):
Καταγραφή νεωτερών μνημείων Ηρακλείου. (Verzeichnis der neueren Denkmäler von Iraklion), Iraklion

KIRSTEN, E. (1956):
Die griechische Polis als historisch-geographisches Problem des Mittelmeerraumes. Colloquium Geographicum, 5, Bonn

KIRSTEN, E./OPELT, I. (1985):
Die Entstehung der Kampania von Thessalonike durch die Mündungsveränderungen von Haliakmon, Loudias und Axios im Altertum und Mittelalter. In: Byzantion, 13, S. 216–235

KLEBELSBERG, R.v. (1931):
Vom Westhang des Taygetos. In: Zeitschrift der Gesellschaft für Erdkunde zu Berlin, 9/10, S. 366–372

KLOHN, W./WINDHORST, H.-W. (1999):
Die Landwirtschaft in Europa. Vechtaer Materialien zum Geographieunterricht, 7, Vechta

KNÖDLER, O. (1970):
Der Bewässerungsfeldbau in Mittelgriechenland und im Peloponnes. Stuttgarter Geographische Studien, 81, Stuttgart

KODER, J. (1984):
Der Lebensraum der Byzantiner. Historisch-geographischer Abriß ihres mittelalterlichen Staates im östlichen Mittelmeerraum, Darmstadt

KODER, J. (1995a):
Mönchtum und Kloster als Faktoren der byzantinischen Siedlungsgeographie. In: GOTHÓNI, R. [Ed.]: Byzantium and the North. Acta Byzantina Fennica, Vol. VII, Helsinki, S. 7–44

KODER, J. (1995b):
Zur Siedlungsentwicklung der Ägäis-Inseln im Mittelalter. Die Beispiele Lesbos und Chios. In: MATSCHKE, K.-P. [Hrsg.]: Die byzantinische Stadt im Rahmen der allgemeinen Stadtentwicklung, Leipzig, S. 75–91

KOLODNY, E.Y. (1974):
La population des îles de la Grèce, Aix-en-Provence

KOMNINIDIS, N. (1985):
Raumordnung und Raumplanung in Griechenland. In: Akademie für Raumforschung und Landesplanung [Hrsg.]: Raumordnung und Regionalplanung in europäischen Ländern. 3. Teil: Südosteuropäische Länder, Beiträge 86, Hannover

KOMNINOS, N./SEFERTZI, E. (1998):
Neo-industrialisation and Peripherality. Evidence from Regions of Northern Greece. In: Geoforum, 29, No. 1, S. 37–49

KONSTANTINOU, E. [Hrsg.] (2000):
Griechische Migration in Europa. Geschichte und Gegenwart. Philhellenische Studien, Bd. 8, Frankfurt/Main

KOSACK, H.-P. (1949):
Epirus. Beitrag zur Kenntnis einer nordgriechischen Landschaft. In: Geographica Helvetica, 4, S. 78–92

Koussouris, T. u.a. (1991):
Evaluating Trophic Status and Restoration Procedures of a Polluted Lake, Lake Kastoria, Greece. In: GeoJournal, 23, H. 2, S. 153–161

Koutsoukos, V. (2000):
Εθνοτικός ανταγωνισμός και χώρος στην πολυπολιτισμική Κομοτηνή. (Ethnischer Konflikt und Raum im multikulturellen Komotini), (unveröff. Dipl.-Arbeit), Mitilini

Kraft, E. (1996):
Die griechisch-türkische Krise um die Felseninsel Imia Ende Januar 1996. In: Südosteuropa, 45, S. 765–767

Kretzschmar, E. (1994):
Griechenland. Tiere, Pflanzen, Landschaften, Hannover

Krüger, E. (1984):
Die Siedlungsnamen Griechisch-Makedoniens nach amtlichen Verzeichnissen und Kartenwerken. Islamkundliche Untersuchungen, Bd. 96, Berlin

Kulinat, K. (1991):
Fremdenverkehr in den Mittelmeerländern. Konkurrenten mit gemeinsamen Umweltproblemen. In: Geographische Rundschau, 43, H. 7–8, S. 430–436

Kulke, E. (1997):
Einzelhandel in Europa. Merkmale und Entwicklungstrends des Standortsystems. In: Geographische Rundschau, 49, H. 9, S. 478–483

Kulke, E. [Hrsg.] (1998):
Wirtschaftsgeographie Deutschlands, Gotha

Lackner, F./Reitsperger, W. (1986):
Koutalas – Bergbau und Strukturwandel. In: Riedl, H./Kern, W. [Hrsg.]: Geographische Studien auf Seriphos. Salzburger Exkursionsberichte, H. 10, S. 129–132

Lagopoulos, A.Ph. (1986):
Social Formation and Settlement Network in Greece. In: Geoforum, 17, No. 1, S. 39–56

Lagopoulos, A.Ph./Lienau, C. (1997):
Single European Market and Regional Development in East Macedonia and Thrace. Berichte aus dem Arbeitsgebiet Entwicklungsforschung, H. 28, Münster

Launey, M.L. de (1899):
Les mines du Laurion dans l'antiquité, Paris

Leake, W.M. (1835):
Travels in Northern Greece, London

Leake, W.M. (1846):
Peloponnesiaca. A Supplement to Travels in the Moréa, London

Lehmann, H. (1929):
Zur Flüchtlingsansiedlung in Griechenland. In: Zeitschrift der Gesellschaft für Erdkunde zu Berlin, 64, S. 113–122

Lennartz, S. [Red.] (1999):
Tourismus auf Kreta. Bilanz, Gefahren, Perspektiven. Zu den Grenzen touristischen Wachstums. Bensberger Protokolle, 93, Bensberg

Leonhard, R. (1899):
Die Insel Kythera. Eine geographische Monographie. Ergänzungsheft 128 zu Petermanns Geographische Mitteilungen, Gotha

Leontidou, L. (1990):
The Mediterranean City in Transition. Social Change and Development, Cambridge

Lichtenberger, E. (1991):
Stadtgeographie. Bd. 1: Begriffe, Konzepte, Modelle, Prozesse, Stuttgart

Lienau, C. (1976):
Bevölkerungsabwanderung, demographische Struktur und Landwirtschaftsform im W-Peloponnes. Gießener Geographische Schriften, 37

Lienau, C. (1982):
Beobachtungen zur Siedlungsentwicklung in ländlichen Räumen Griechenlands. In: Geographische Zeitschrift, 70, H. 3, S. 230–236

Lienau, C. (1983):
Remigration – was danach? Das Beispiel Griechenland. In: Geographische Rundschau, 35, S. 67–72

Lienau, C. (1986):
Das Klima des Peloponnes. In: Hellenika, Jahrbuch für die Freunde Griechenlands, S. 134–146

Lienau, C. (1987a):
Die Ägäis – kulturelle Brücke, politisches Spannungsfeld. In: Hellenika. Jahrbuch für die Freunde Griechenlands, S. 94–105

Lienau, C. (1987b):
150 Jahre Athen Hauptstadt des neuen Griechenland. In: Köhler, E./Wein, N. [Hrsg.]: Natur- und Kulturräume. Münstersche Geographische Arbeiten, 27, S. 219–232

LIENAU, C. (1987c):
Rückkehr oder Verbleib? Die Struktur griechischer Remigrationsgebiete als Faktor für die Rückkehrentscheidung von Gastarbeitern. In: MAYR, A./WEBER, P. [Hrsg.]: 100 Jahre Geographie an der Westfälischen Wilhelms-Universität Münster. Münstersche Geographische Arbeiten, 26, S. 239–249

LIENAU, C. (1989a):
Griechenland. Geographie eines Staates der europäischen Südperipherie, Darmstadt

LIENAU, C. [Hrsg.] (1989b):
„Europapark" in Nordost-Griechenland? Berichte aus dem Arbeitsgebiet Entwicklungsforschung, 15, Münster

LIENAU, C. (1992):
Die Bevölkerungsentwicklung Griechenlands im Dekennium 1981–1991. In: Hellenika. Jahrbuch für die Freunde Griechenlands, S. 111–125

LIENAU, C. (1995):
Die Siedlungen des ländlichen Raumes, Braunschweig

LIENAU, C. (1997):
Tourismus und Regionalentwicklung im Nestosgebiet. In: LIENAU, C./MATTES, H. [Hrsg.]: Natur und Wirtschaft in Nordost-Griechenland. Berichte aus dem Arbeitsgebiet Entwicklungsforschung, 27, Münster, S. 111–121

LIENAU, C. (1998):
Ostmakedonien und Thrakien (Griechenland). Entwicklungsprobleme eines ländlichen Raumes an der europäischen Südperipherie. In: Geographie und Schule, H. 111, S. 16–21

LIENAU, C./MATTES, H. [Hrsg.] (1997):
Natur und Wirtschaft in Nordost-Griechenland. Berichte aus dem Arbeitsgebiet Entwicklungsforschung, 27, Münster

LOULOUDIS, L./MARTINOS, N./PANAGIOTOU, A. (1989):
Patterns of Agrarian Change in East Central Greece. The Case of Anthili Community. Sociologia Ruralis, 29, S. 49–66

LOURI, H. (1989):
Regional Policy and Investment Behaviour: The Case of Greece, 1971–1982. In: Regional Studies, Vol. 23, n. 3, S. 231–239

MACRAKIS, M. u.a. (1996):
Kreta, (Nelles Guide) München

MACKRIDGE, P./YANNAKAKIS, E. [Eds.] (1997):
Ourselves and Others. The Development of Greek Macedonian Cultural Identity since 1912, Berlin

MALOUTAS, T. [Ed.] (2000):
Η Πόλις. Κοινωνικός και οικονομικός άτλας της Ελλάδος. (Die Stadt. Gesellschaftlicher und wirtschaftlicher Atlas von Griechenland), Athen/Volos

MANTZARIS, I. (1986):
Strukturentwicklung der griechischen Landwirtschaft nach dem Beitritt in die EG: Probleme und Perspektiven, Krefeld

MARIOLOPOULOS, E. (1961):
An Outline of the Climate of Greece. Publications of the Meteorological Institute of the University of Athens, 6, Athen

MARKOPOULOS, D. (1991):
Die Förderung der Regionalentwicklung, dargestellt am Beispiel Griechenlands und der EG. In: Petermanns Geographische Mitteilungen, 135, H. 3, S. 177–185

MATTES, H./LIENAU, C. [Hrsg.] (1996):
Das Aladjagiola im Nestosdelta in Nordost-Griechenland. Berichte aus dem Arbeitsgebiet Entwicklungsforschung, 25, Münster

MATUZ, J. (1994):
Das Osmanische Reich. Grundlinien seiner Geschichte, Darmstadt

MAULL, O. (1926):
Griechenland. In: ANDREE, K./HEIDERICH, F./SIEGER, R. [Hrsg.]: Geographie des Welthandels. Bd. I: Europa, Wien, S. 879–900

MAULL, O. (1942):
Griechische Nachlese. In: Mitteilungen der Geographischen Gesellschaft Wien, 85, S. 100–116

MAVROYANNIS, D. (1979):
Greece and the European Economic Community: The Entry's Economic Advantages and Disadvantages for the Greek Community, (Diss.) San Diego

MAZAL, O. (1997):
Handbuch der Byzantinistik. Geschichte, Religion, Sprache, Kunst, Wiesbaden

MEDRISCH, R. (1985):
Industrielle Direktinvestitionen, Standortorientierung und Regionalpolitik. Volkswirtschaftliche Forschungsbeiträge, 1, München

MERLIER, O., u.a. (1962):
Griechenland (Nagels Reiseführer), Genf
MORKOT, R. (1996):
The Penguin Historical Atlas of Ancient Greece, London
MOSER, B. (1980):
Korinth und Akrokorinth in osmanischer Zeit, Teil I. In: Münchner Zeitschrift für Balkankunde, 3, S. 67–82
MOSER-WEITHMANN, B. (1991):
Korinth und Akrokorinth in osmanischer Zeit, Teil II. In: Münchner Zeitschrift für Balkankunde, 7/8, S. 277–309
MÜLLER, K.L.M. (1805):
Pouqueville's Reise durch Morea und Albanien nach Constantinopel und in mehrere andere Theile des ottomanischen Reichs in den Jahren 1798, 1799, 1800 und 1801, Leipzig
MÜLLER, M.J. (1996):
Handbuch ausgewählter Klimastationen der Erde, Trier
MÜLLER-BALLIN, G. [Hrsg.] (1996):
Ξενιτιά – Fremde. Griechinnen und Griechen in Nürnberg 1960–1996, Nürnberg
MÜLLER-HOHENSTEIN, K. (1991):
Der Mittelmeerraum. Ein vegetationsgeographischer Überblick. In: Geographische Rundschau, 43, H. 7–8, S. 408–416

NADOLNY, S. (1995):
Hot Spot Santorin. Die Geburt des Mythos aus der Vulkankatastrophe. In: Merian, 48, H. 5, S. 58–63
National Statistical Service of Greece (versch. Jg.):
Statistical Yearbook of Greece, Athen
Naval Intelligence Division [Ed.] (1944/1945):
Greece. Geographical Handbook Series, vol. 1 (1944), vol. 2 (1944a), vol. 3 (1945), o.O.
NESTROY, O. (1995):
Bodengeographische Studien auf der Kykladeninsel Mykonos. In: RIEDL, H./KERN, W. [Hrsg.]: Beiträge zur Landeskunde von Griechenland V. Salzburger Geograph. Arbeiten, 29, S. 161–231
NEWIG, J. (1997):
Die Kulturerdteile. Zur Arbeit mit der Wandkarte und dem Poster der Kulturerdteile, Gotha
NIKA, F. (1999):
Kalavrita 1943. Augenzeugenbericht, Köln

NUHN, H. (1997):
Globalisierung und Regionalisierung im Weltwirtschaftsraum. In: Geographische Rundschau, 49, H. 3, S. 136–143

OBERHUMMER, E. (1931):
Griechenland. In: KLUTE, F. [Hrsg.]: Handbuch der Geographischen Wissenschaft. Südost- und Südeuropa, Potsdam, S. 220–288
OBST, E. (1965):
Allgemeine Wirtschafts- und Verkehrsgeographie. Lehrbuch der Allgemeinen Geographie, Bd. VII, Berlin
OECD (Organisation for Economic Co-Operation and Development) [g.] (1973):
Agricultural Policy in Greece, Paris
ÖZGUR, Ö.A. (1996):
The Greco-Turkish Disputes over the Aegean Sea. In: Südosteuropa, 45, S. 615–638
OLSHAUSEN, E. (1991):
Einführung in die Historische Geographie der Alten Welt, Darmstadt
OSTROGORSKY, G. (1965):
Byzantinische Geschichte (324–1453), München

PAESLER, R. (1993):
Südosteuropa – zwischen traditionellen Strukturen und Neubeginn. In: RUPPERT, K. [Hrsg.]: Europa. Neue Konturen eines Kontinents, München, S. 202–212
PANAJOTOPOULOU, K. (1984):
Der Einfluss der Bodenbesitzstruktur auf Einkommen und Innovationsbereitschaft in der griechischen Landwirtschaft. Dargestellt am Beispiel eines thessalischen Dorfes. Europäische Hochschulschriften, Reihe V, Bd. 487, Frankfurt/Bern/New York
PANOVA, S. (1997):
Die Juden zwischen Toleranz und Völkerrecht im Osmanischen Reich. Die Wirtschaftstätigkeit der Juden vom 15. bis zum 18. Jahrhundert. Europäische Hochschulschriften, Reihe 3, Bd. 752, Frankfurt/Main
PAPAGEORGIOU-VENETAS, A. (1994/1995):
Der Athener Kulturpark: Eine Chance für die Wiederaufwertung der griechischen Hauptstadt. In: Hellenika. Jahrbuch für die Freunde Griechenlands, S. 162–178

PAPANASTASSOPOULOS, I. (1989):
Die Luftverschmutzung in Athen als Problem der Umweltpolitik, (Diss. Techn. Univ.) Berlin

PAPENHUSEN, F. (1933):
Die Neubesiedlung Griechenlands. In: Zeitschrift der Gesellschaft für Erdkunde zu Berlin, 68, S. 34–52

PARRIS, A. (1981):
The Effect of Foreign Direct Investment on Greek Economic Development: 1954–1976, (Diss.) New York

PARTSCH, J. (1887):
Die Insel Korfu. Eine geographische Monographie. Ergänzungsheft 88 zu Petermanns Geographische Mitteilungen, Gotha

PARTSCH, J. (1889):
Die Insel Leukas. Eine geographische Monographie. Ergänzungsheft 95 zu Petermanns Geographische Mitteilungen, Gotha

PATTON, C.V./SOPHOULIS, C.M. (1989):
Unauthorized Suburban Housing Production in Greece. In: Urban Geography, 10, S. 138–156

PERROUX, F. (1964):
L'économie du XXème siècle, Paris

PETEREK, A./SCHWARZE, J. (2002):
Ruheloses Kreta. Hebungsgeschichte und Seismizität im Quartär und heute. In: Geographische Rundschau, 54, H. 4, S. 4–10

PETRONOTIS, A. (1986):
Arcadia. Greek Traditional Architecture, Athen

PETSIMERIS, P. (1986):
Growth, Distribution and Rank Stability of Urban Settlements in Greek. In: Ekistics, 53, No. 316/7, S. 54–62

PHILIPPSON, A. (1890):
Der Wald in Griechenland. In: Naturwissenschaftliche Wochenschrift, Nr. 34, S. 334–336

PHILIPPSON, A. (1895):
Reisen und Forschungen in Nord-Griechenland. In: Zeitschrift der Gesellschaft für Erdkunde zu Berlin, 30, S. 135–226, S. 417–498

PHILIPPSON, A. (1896):
Reisen und Forschungen in Nord-Griechenland. In: Zeitschrift der Gesellschaft für Erdkunde zu Berlin, 31, S. 193–294, S. 385–450

PHILIPPSON, A. (1897):
Reisen und Forschungen in Nord-Griechenland. In: Zeitschrift der Gesellschaft für Erdkunde zu Berlin, 32, S. 244–302

PHILIPPSON, A. (1898):
La Tectonique de l'Égéide. In: Annales de Géographie, 7, S. 112–141

PHILIPPSON, A. (1947a):
Griechenlands zwei Seiten. In: Erdkunde, 1, S. 144–162

PHILIPPSON, A. (1947b):
Land und See der Griechen, Bonn

PHILIPPSON, A. [Hrsg.] (1950–1952):
Die Griechischen Landschaften, Bd. I, Frankfurt/Main

PHILIPPSON, A./KIRSTEN, E. (1956–1959):
Die Griechischen Landschaften, Bd. II, Frankfurt/Main

PINKAU, G. (1997):
Norwegen-Reiseliteratur in der Kritik. In: Geographische Rundschau, 49, H. 3, S. 180–184

PIPER, D.J.W./PANAGOS, A.G./KONTOPOULOS, N./SPILIOTOPOULOU, M. (1982):
Coastal Processes and Morphology, Gulf of Patras, Greece. In: Zeitschrift für Geomorphologie, N.F. 26, S. 365–374

PIPER, D.J.W./STAMATOPOULOS, L. u.a. (1990):
Quarternary History of the Gulfs of Patras und Corinth, Greece. In: Zeitschrift für Geomorphologie, N.F. 34, S. 451–458

POPP, H. (1997):
Reiseführer-Literatur und geographische Landeskunde. In: Geographische Rundschau, 49, H. 3, S. 173–179

POTYKA, J. (1981):
Die Stadt Sparta. Entwicklung, Aufriß, Funktionen. In: Arbeiten aus dem Institut für Geographie der Universität Salzburg, 8, S. 161–223

POUNDS, N.J.G. (1973):
An Historical and Political Geography of Europe 450 B.C. – A.D. 1330, Cambridge

POULOS, E./COLLINS, M./EVANS, G. (1996):
Water-sediment Fluxes of Greek Rivers, Southeastern Alpine Europe: Annual Yields, Seasonal Variability, Delta Formation and Human Impact. In: Zeitschrift für Geomorphologie, N.F. 40, S. 243–261

PSILOVIKOS, A.A. (1993):
The Role of Coastal-Deltaic Processes in the Evolution of the Ancient City of Avdira, Thrace, Greece. In: Salzburger Geographische Arbeiten, 25, S. 129–136

PUSCH, G. (1980):
Pyrgos – eine physiognomisch-funktionelle Siedlungsskizze. In: RIEDL, H./KERN, W. [Hrsg.]: Geographische Studien im Bereich der Kykladen. Santorin und Mykonos, mit einem Beitrag über Karpathos. Exkursionsberichte des Instituts für Geographie der Universität Salzburg, 6, S. 106–115

RENZ, C. (1955):
Die vorneogene Stratigraphie der normalsedimentären Formationen Griechenlands, Athen

REUTERN, G.v. (1969):
Hellas. Ein Führer durch Griechenland aus antiken Quellenstücken, München

RIEDEL, S. (1996):
Sprachpolitik in Griechenland: Ein Rückblick auf die Sprachreform von 1976.
In: Südosteuropa, 45, S. 719–729

RIEDEL, S. (1997):
Bulgariens Verhältnis zu Griechenland im Wechselspiel zwischen Innen-, Außen- und Sicherheitspolitik.
In: Südosteuropa, 46, S. 170–183

RIEDL, H. (1976):
Beiträge zur regionalen Geographie des Beckens von Sparta und seiner Nachbarräume unter besonderer Berücksichtigung der geomorphologischen Verhältnisse. In: Arbeiten aus dem Geographischen Institut der Universität Salzburg, Bd. 6, S. 283–408

RIEDL, H. (1980):
Oia – die durch Abwanderung und das Erdbeben 1956 geprägte Siedlung. In: RIEDL, H./KERN, W. [Hrsg.]: Geographische Studien im Bereich der Kykladen. Santorin und Mykonos. Salzburger Exkursionsberichte, H. 6, S. 51–58

RIEDL, H. (1981 a):
Das Ossa-Bergland, eine landschaftskundliche Studie zur regionalen Geographie der ostthessalischen Gebirgsschwelle. In: RIEDL, H. [Hrsg.]: Beiträge zur Landeskunde von Griechenland II. Arbeiten aus dem Institut für Geographie der Universität Salzburg, Bd. 8, S. 79–159

RIEDL, H. (1981 b):
Vergleichende Untersuchungen zur Geomorphologie der Kykladen. In: RIEDL, H./KERN, W. [Hrsg.]: Geographische Studien auf Naxos. Salzburger Exkursionsberichte, H. 8, S. 9–53

RIEDL, H. (1986 a):
Die Kykladen als zentraler und peripherer Lebensraum in Vorgeschichte und Antike. In: Arbeiten aus dem Institut für Geographie der Karl-Franzens-Universität Graz, 27, S. 165–176

RIEDL, H. (1986 b):
Beiträge zur Beziehung Mythos – Geographie und zur historischen Geographie von Seriphos (Kykladen). In: RIEDL, H./KERN, W. [Hrsg.]: Geographische Studien auf Seriphos. Salzburger Exkursionsberichte, H. 10, S. 7–50

RIEDL, H. (1986 c):
Geomorphologie der Insel Seriphos (Kykladen). In: RIEDL, H./KERN, W. [Hrsg.]: Geographische Studien auf Seriphos. Salzburger Exkursionsberichte, H. 10, S. 51–97

RIEDL, H. (1989):
Beiträge zur Landschaftsstruktur und Morphogenese von Samos und Ikaria (Ostägäische Inseln). In: RIEDL, H. [Hrsg.]: Beiträge zur Landeskunde von Griechenland III. Salzburger Geographische Arbeiten, 18, S. 143–243

RIEDL, H. (1990):
Geomorphological Sequences in the Attic-Cycladic Region. In: Geographica Rhodopica, 2, S. 87–94

RIEDL, H. (1991):
Problems of Geomorphological Research in Greece. In: Bulletin of the Geological Society of Greece, 25, Nr. 4, S. 19–23

RIEDL, H. (1993 a):
20 Jahre Griechenland-Forschung des Instituts für Geographie.
In: Jahrbuch der Universität Salzburg 1989–1991, Salzburg, S. 365–390

RIEDL, H. (1993 b):
Die Karstreliefgenerationen Griechenlands und das Problem anthropogeographischer Steuerungen.
In: Wissenschaftliche Beihefte zur Zeitschrift „Die Höhle", 42, S. 57–70

RIEDL, H. (1994):
Fremdenverkehrsgeographische Prozesse in Griechenland und ihre Beziehung zu Raumdisparitäten. In: PÖTTLER, B. [Hrsg.]: Tourismus und Regionalkultur. Österreichische Zeitschrift für Volkskunde, Neue Serie, Bd. 12, S. 221–238

RIEDL, H. (1995):
Beiträge zur regionalen Geographie der Insel Tinos (Kykladen) mit besonderer Berücksichtigung des quasinatürlichen Formenschatzes. In: RIEDL, H./KERN, W. [Hrsg.]: Beiträge zur Landeskunde von Griechenland V. Salzburger Geographische Arbeiten, 29, S. 11–82

RIEDL, H. (1997):
Agrargeographische Strukturwandelerscheinungen im Bereiche des ägäischen Archipels. In: Salzburger Geographische Arbeiten, 31, S. 139–147

RIEDL, H. (2000a):
Beiträge zur neogenen und pleistozänen Morphogenese im Bereich des ägäischen Archipels mit besonderer Berücksichtigung der Insel Pholegandros. In: Klagenfurter Geographische Schriften, 18, S. 151–166

RIEDL, H. (2000b):
Beiträge zur Kenntnis des miozänen Paläokarstes der ostägäischen Insel Chios (Griechenland). In: Die Höhle. Zeitschrift für Karst- und Höhlenkunde, 51, S. 81–93

RIEDL, H./PAPADOPOULOU-VRYNIOTI, K. (2001):
Comparative investigations on Karst generations mainly in the Aegean Archipelago. In: Mitteilungen des naturwissenschaftlichen Vereins der Steiermark, 131, Graz, S. 23–39

ROGOTI-KIRIOPOULOU, D. (1988):
Γιάννινα. Ελληνική παραδοσιακή αρχιτεκτονική (Ioannina. Traditionelle griechische Architektur), Athen

ROITHINGER, G./SPRINGER, G./WEINGARTNER, H. (1989):
Ein vegetationsgeographisches Profil durch die Insel Thasos. In: RIEDL, H. [Hrsg.]: Beiträge zur Landeskunde von Griechenland III. Salzburger Geographische Arbeiten, 18, S. 99–105

ROSS, L. (1848):
Reisen des Königs Otto und der Königin Amalia in Griechenland, Bd. 2, Halle

ROTHER, K. (1984):
Mediterrane Subtropen, Braunschweig

ROTHER, K. (1989):
Italienische Tabakfarmer in Victoria und Queensland (Australien). In: Passauer Schriften zur Geographie, 7, S. 125–134

ROTHER, K. (1993):
Der Mittelmeerraum, Stuttgart

ROTHER, K./TICHY, F. (2000):
Italien, Darmstadt

RUISINGER, M.M. (1997):
Das griechische Gesundheitswesen unter König Otto (1833–1862). Philhellenische Studien, 5, Frankfurt/Berlin

RUWE, G. (1990):
Griechische Bürgerkriegsflüchtlinge. Vertreibung und Rückkehr. Berichte aus dem Arbeitsgebiet Entwicklungsforschung, 16, Münster

SAÏTAS, J. (1987):
Μάνη. Ελληνική παραδοσιακή αρχιτεκτονική (Mani. Traditionelle griechische Architektur), Athen

SARIDES, E. (1989):
Minderheiten und Europapark in Nordost-Griechenland. In: LIENAU, C.: „Europapark" in Nordost-Griechenland? Berichte aus dem Arbeitsgebiet Entwicklungsforschung, Münster, H. 15, S. 57–62

SAUERWEIN, F. (1969):
Das Siedlungsbild der Peloponnes um das Jahr 1700. In: Erdkunde, 23, S. 237–244

SAUERWEIN, F. (1971):
Die moderne Argolis. Probleme des Strukturwandels in einer griechischen Landschaft. Frankfurter Wirtschafts- und Sozialgeographische Schriften, H. 9

SAUERWEIN, F. (1976):
Griechenland. Land, Volk, Wirtschaft in Stichworten, Wien

SAUERWEIN, F. (1980):
Spannungsfeld Ägäis. Informationen, Hintergründe, Ursachen des griechisch-türkischen Konfliktes um Cypern und die Ägäis, Frankfurt

SAUERWEIN, F. (1985):
Ursachen, Formen und Folgen eines räumlichen Umwertungsprozesses in den Küstenregionen Griechenlands. In: POPP, H./TICHY, F. [Hrsg.]: Möglichkeiten, Grenzen und Schäden der Entwicklung in den Küstenräumen des Mittelmeergebietes. Erlanger Geographische Arbeiten (Sonderbände), Bd. 17, S. 125–147

SAUERWEIN, F. (1987):
Ein Karstphänomen im Heiligtum von Delphi (Griechenland). In: Erdkunde, 41, H. 4, S. 326–332

SAUERWEIN, F. (1988):
Zur Trinkwasserversorgung der Stadt Athen. In: Würzburger Geographische Arbeiten, 70, S. 161–174

SAUERWEIN, F. (1993):
Der Bewässerungsfeldbau in Griechenland – Entwicklung, Formen und Probleme. In: POPP, H./ROTHER, K. [Hrsg.]: Die Bewässerungsgebiete im Mittelmeerraum. Passauer Schriften zur Geographie, 13, S. 113–116

SAUERWEIN, F. (1995):
Historisch-Geographische Methoden zur Wüstungsforschung in Griechenland. Ihre Realisierung am Beispiel von Ost-Lokris, rückschreibend bis 1466. In: Orbis Terrarum, 1, S. 91–108

SCHÄTZL, L. (1992):
Wirtschaftsgeographie 1. Theorie, Paderborn

SCHALLER, H.W. (1998):
Die makedonische Sprache in Geschichte und Gegenwart. In: LUKAN, W./JORDEN, P. [Hrsg.]: Makedonien. Geographie – Ethnische Struktur – Geschichte – Sprache und Kultur – Politik – Wirtschaft – Recht. Österreichische Osthefte 40, Wien, H. 1/2, S. 283–298

SCHMINCKE, H.-U. (2000):
Vulkanismus, Darmstadt

SCHNEIDER, C. (1987):
Studien zur jüngeren Talgeschichte im Becken von Sparta (Peloponnes). In: KÖHLER, E./WEIN, N. [Hrsg.]: Natur- und Kulturräume. Münstersche Geographische Arbeiten, 27, S. 189–198

SCHNEIDER, L. (2001):
Peloponnes. Mykenische Paläste, antike Heiligtümer und venezianische Kastelle in Griechenlands Süden, Köln

SCHRADER, K. (1995):
Die griechische Insel Naxos. Eine bedrohte Landschaft. In: Die Erde, 126, H. 1, S. 73–86

SCHRÖDER, F. (1997):
Gemeinsamer Markt – einheitlicher Markt? Internationalisierungstendenzen im europäischen Einzelhandel. In: Geographische Rundschau, 49, H. 9, S. 511–515

SCHULTZE, J.H. (1934):
Die neugriechische Kolonisation Ostmakedoniens. Ihre geographischen Erfolge und Fehlschläge. In: Geographischer Anzeiger, 35, S. 457–466

SCHULTZE, J.H. (1937):
Neugriechenland. Eine Landeskunde Ostmakedoniens und Westthrakiens mit besonderer Berücksichtigung der Geomorphologie, Kolonistensiedlung und Wirtschaftsgeographie. Ergänzungsheft 233 zu Petermanns Geographische Mitteilungen, Gotha

SEEBACH, K.v. (1867):
Über den Vulkan von Santorin und die Eruption von 1866. Abhandlungen der Königlichen Gesellschaft der Wissenschaften zu Göttingen, Bd. 13, Göttingen

SENNE, L. (1990):
Inseln, Wein und Altertümer. Reisehandbuch Nord-, Mittelgriechenland, Dormagen

SIEBENHAAR, H.-P. (1999):
Korfu, Ionische Inseln, Erlangen

SIFAKIS, N.I. (1991):
Air Pollution in Athens: Similarities of Findings with Remote Sensing Methods in 1967 and 1987. In: Ekistics, 58, S. 164–166

SKARLATOS, D./DRAKATOS, P. (1988):
Environmental Noise-annoyance in Patras, Greece. In: Environmental Monitoring and Assessment, 11, Amsterdam, S. 171–182

SNELL, B. (1946):
Arkadien, die Entdeckung einer geistigen Landschaft. In: SNELL, B.: Die Entdeckung des Geistes. Studien zur Entstehung des europäischen Denkens bei den Griechen, Hamburg, S. 233–258

Social Sciences Centre u.a. [Eds.] (1964):
Economic and Social Atlas of Greece, Athen

Social Sciences Centre [Ed.] (1967):
Essays on Greek Migration, Athen

SPERLICH, W. (1986):
Peloponnes selbst erleben, Zürich

STADELBAUER, J. (1996):
Die Nachfolgestaaten der Sowjetunion. Großraum zwischen Dauer und Wandel, Darmstadt

STAMATOPOULOU, C. (1988):
Zagori. Greek Traditional Architecture, Athen

Statistisches Bundesamt [Hrsg.] (1986/96):
Länderbericht Griechenland, Wiesbaden

STEINECKE, A. (1994):
Der bundesdeutsche Reiseführer-Markt. Ein Überblick unter besonderer Berücksichtigung der Mallorca-Reiseführer. In: POPP, H. [Hrsg.]: Das Bild der Mittelmeerländer in der Reiseführer-Literatur. Passauer Mittelmeerstudien, 5, Passau, S. 11–34

STEPHANI, L. (1843):
Reise durch einige Gegenden des nördlichen Griechenlandes, Leipzig

STIBOREK, R. (1990):
Die Bevölkerungsentwicklung der Kykladen unter besonderer Berücksichtigung der Volkszählung 1961–1981, Salzburg (Dipl.-Arb.)

STRATIGAKI, M. (1988):
Agricultural Modernization and Gender Division of Labour. The case of Heraklion, Greece. In: Sociologia Ruralis, 28, S. 248–262

SZIJJ, J./DETSIS, V./WÜST, P./WAGNER, H.-J. (1997):
Das Nestosdelta in Nordost-Griechenland. Forschungen zur Ökologie und naturschützerische Wertanalyse. Berichte aus dem Arbeitsgebiet Entwicklungsforschung, 26, Münster

THIEM, W. (1981):
Untersuchungen an Schwemmfächern auf der Peloponnes sowie in Epirus. Ein Beitrag zur Klärung von Geomorphodynamik und Lithostratigraphie des Würm in Griechenland. In: GIEẞNER, K./WAGNER, H.-G. [Hrsg.]: Geographische Probleme in Trockenräumen der Erde. Würzburger Geographische Arbeiten, 53, S. 269–312

THOMMERET, Y./THOMMERET, J. u.a. (1981):
Late Holocene Shoreline Changes and Seismo-Tectonic Displacements in Western Crete (Greece). In: Zeitschrift für Geomorphologie, Supplementband 40, Berlin/Stuttgart, S. 127–149

TOLLNER, H. (1981):
Die Etesien der Ägäis, ein niederschlagsarmer Sommermonsun. In: RIEDL, H. [Hrsg.]: Beiträge zur Landeskunde von Griechenland II. Arbeiten aus dem Institut für Geographie der Universität Salzburg, 8, S. 49–61

TONG, D. (1995):
Gypsies. A Multidisciplinary Annotated Bibliography, New York/London

TRUBETA, S. (1996):
Zigeuner in Griechenland. Geschichte und Gegenwart. In: Südosteuropa, 45, S. 730–752

TSAKALIDIS, G. (1995):
Die Integration Griechenlands in die Europäische Union. Studien zur interdisziplinären Deutschland- und Europaforschung, Bd. 11, Münster

TSAKONAS, D. (1965):
Geist und Gesellschaft in Griechenland, Bonn

TSELEPIDAKI, I./ASIMAKOPOULOS, D./MELITSIOTIS, D. (1991):
Frequency Analysis of the High SO_2 and Smoke Concentrations over Athens. In: Atmospheric Research, 26, Amsterdam, S. 55–74

TSIGAKOU, F.M. (1982):
Das wiederentdeckte Griechenland in Reiseberichten und Gemälden der Romantik, Bergisch Gladbach

TSIOUBOS, G. (1992):
Politique Agricole Commune (P.A.C.) et clientélisme politique en Epire (Grèce du Nord-Ouest). In: Revue des Géographie Alpine, No. 4, S. 129–144

TSOUGIOPOULOS, G. (1984):
Το ελληνικό αστικό κέντρο. Τόμος I: Μεθοδολογική προσέγγιση (Das Stadtzentrum in Griechenland. Bd. I: Methodologische Annäherung.), Athen

TZERMIAS, P. (1993):
Neugriechische Geschichte. Eine Einführung, Tübingen

TZERMIAS, P. (1995):
Griechenland und die „Balkan-Idee". In: Hellenika. Jahrbuch für die Freunde Griechenlands 1994/95, o.O., S. 135–152

UHLIG, H./LIENAU, C. (1972):
Die Siedlungen des ländlichen Raumes. Materialien zur Terminologie der Agrarlandschaft, Bd. II, Gießen

UNGER, F. (1862):
Wissenschaftliche Ergebnisse einer Reise in Griechenland und in den jonischen Inseln, Wien

UNGER, K. (1982):
Arbeitskräfterückwanderung nach Griechenland. Struktur, Bedingungsfaktoren und Auswirkungen eines Migrationsprozesses, Bielefeld

VALTINÓS, T. (1982):
Die Legende des Andreas Kordopátis, Köln

VASDRAVELLIS, J. (1970):
Piracy on the Macedonian Coast during the Rule of the Turks. Μακεδονική Βιβλιοθήκη, 30, Thessaloniki

Vavliakis, E./Haristos, D.A./Balafoutis, C. (1990):
Indirect Influence of Man-made Factors on the Dissolution Rate of Dolomitic Marble in Thessaloniki Area (Northern Greece). In: Zeitschrift für Geomorphologie, N.F. 34, S. 475–480

Vavliakis, E./Sotiriadis, L. (1993):
Die aktiven Qanatsysteme in Griechenland. In: Salzburger Geographische Arbeiten, 25, S. 193–206

Vielweib, H. (1988):
Epanomi – Nea Kallikrateia. Ein siedlungs- und sozialgeographischer Vergleich zweier nordgriechischer Gemeinden. Salzburger Geographische Arbeiten, 16, Salzburg

Volkgenannt, U. (1994):
Samothraki: Aktuelle Entwicklungstendenzen einer peripheren griechischen Insel. In: Geoökodynamik, XV, S. 187–195

Vorauer, K. (1997):
Europäische Regionalpolitik – Regionale Disparitäten. Theoretische Fundierung, empirische Befunde und politische Entwürfe. Münchener Geographische Hefte, 77, Passau

Wachendorf, H./Gralla, P. u.a. (1980):
Geodynamik des mittelkretischen Deckenstapels (nördliches Dikti-Gebirge). Geotektonische Forschungen, 59, Stuttgart

Wagner, H.-G. (2001):
Mittelmeerraum, Darmstadt

Weeber, K.-W. (1990):
Smog über Attika. Umweltverhalten im Altertum, Zürich/München

Weingartner, H. (1980):
Der östliche Profitis Ilias und seine nähere Umgebung. In: Riedl, H./Kern, W. [Hrsg.]: Geographische Studien im Bereich der Kykladen. Santorin und Mykonos, mit einem Beitrag über Karpathos. Exkursionsberichte des Instituts für Geographie der Universität Salzburg, H. 6, S. 122–129

Weingartner, H. (1994):
Thasos. Eine physisch-geographische Synthese. Salzburger Geographische Arbeiten, 24, Salzburg

Weischet, W./Endlicher, W. (2000):
Regionale Klimatologie. Teil 2: Die Alte Welt, Stuttgart/Leipzig

Weithmann, M.W. (1991):
Osmanisch-türkische Baudenkmäler auf der Halbinsel Morea. In: Münchner Zeitschrift für Balkankunde, H. 7/8, S. 219–275

Weithmann, M.W. (1994):
Griechenland. Vom Frühmittelalter bis zur Gegenwart, Regensburg

Wiedenbein, F.W. (1993):
Die geogenen Ressourcen der Kykladeninsel Milos und die Geschichte ihrer Nutzung. In: Riedl, H. [Hrsg.]: Beiträge zur Landeskunde von Griechenland IV. Salzburger Geographische Arbeiten, 22, S. 117–143

Wieland, C. (1997):
Ein Makedonien mit drei Gesichtern. Innenpolitische Debatten und Nationskonzepte. In: Südosteuropa, 46, S. 265–283

Wurdinger, M. (1997):
Naßreisbau auf organisch-biologischer Grundlage unter Verwendung von Azolla filiculoides L. im westlichen Nestosdelta/Nordost-Griechenland. In: Lienau, C./Mattes, H. [Hrsg.]: Natur und Wirtschaft in Nordost-Griechenland. Berichte aus dem Arbeitsgebiet Entwicklungsforschung, 27, Münster, S. 63–69

Yaalon, D.H. (1997):
Soils in the Mediterranean Region: What Makes them Different? In: Catena, 28, S. 157–169

Yassoglou, N./Kosmas, C./Moustakas, N. (1997): The Red Soils, their Origin, Properties, Use and Management in Greece. In: Catena, 28, S. 261–278

Yeager, R.M. (1979):
Refugee Settlement and Village Change in the District of Serres, Greece, 1912–1940, (Diss.) Berkeley

Ziegler, G. (1962):
Griechenland in der Europäischen Wirtschaftsgemeinschaft. Südosteuropa-Studien, 4, München

Ziegler, K. u.a. [Hrsg.] (1979):
Der Kleine Pauly. Lexikon der Antike in 5 Bänden, München

Zioganas, C.M. (1993):
Structure and Development of Greek Agriculture before and after Accession to the E.C. In: Quarterly Journal of International Agriculture, 32, S. 147–159

Verzeichnis der Abbildungen

Abb. 1.1:	Weltkarte des Hekataios von Milet (6./5. Jh.)	8
Abb. 1.2:	Geologische Strukturen im Hellenidenbogen	12
Abb. 2.1:	Frühe Kulturen und Sprachen im Ägäischen Raum	21
Abb. 2.2:	Poleis der klassischen Antike auf dem Nordost-Peloponnes	23
Abb. 2.3:	Siedlungsstruktur Attikas um 490 v. Chr.	24
Abb. 2.4:	Athen in der klassischen Antike	25
Abb. 2.5:	Athos-Kloster Simonos Petra mit terrassierten Anbauflächen 1744	31
Abb. 2.6:	Archontenhaus vom Beginn des 19. Jh. aus Ioánnina	35
Abb. 2.7:	Gewerbebürgerhaus des Zagoriágebirges	38
Abb. 2.8:	Lárisa um die Mitte des 19. Jh.	39
Abb. 2.9:	Rekonstruierter Moscheekomplex des 16. Jh. aus Arta (Südepirus)	40
Abb. 2.10:	Siedlungen in Ostlokris 1466–1642	41
Abb. 2.11:	Trípolis (Arkadien) in osmanischer und neugriechischer Zeit	43
Abb. 2.12:	Territoriale Entwicklung Neugriechenlands	44
Abb. 2.13:	Leo von Klenze (1834): Stadtentwicklungsplan Athen	45
Abb. 3.1:	Sprachen im Ägäisraum um 1930	48
Abb. 3.2:	Flüchtlingssiedlung Néa Chíos	53
Abb. 3.3:	Grund- und Aufriss zweier Typen von Flüchtlingshäusern	53
Abb. 3.4:	Flüchtlingssiedlungen in Nordgriechenland 1923–1926	54
Abb. 3.5:	Entwicklung des griechisch-albanischen Grenzverlaufs	60
Abb. 3.6:	Grundriss der türkischen Altstadt von Rhódos	63
Abb. 3.7:	Altersaufbau der Bevölkerung Griechenlands und Deutschlands 1993 im Vergleich	65
Abb. 3.8:	Bevölkerungsentwicklung in den Nomi 1971–1981	69
Abb. 3.9:	Binnenwanderungen 1961	70
Abb. 3.10:	Wanderungsströme zwischen den Inseln des Dodekanes 1947	72
Abb. 3.11:	Alterspyramiden der Migranten aus Samothráki 1961	74
Abb. 3.12:	Regionale Wanderungsbilanz 1960–1971	75
Abb. 4.1:	Schematischer Querschnitt durch Nordgriechenland vor der Aufwölbung der Helleniden und aktuelles geologisches Profil	85
Abb. 4.2:	Geologische Übersichtskarte der Kykladen	86
Abb. 4.3:	Geotektonisches Schema der Helleniden Nordgriechenlands	87
Abb. 4.4:	Aktuelle geodynamische Situation des zirkumägäischen Raums	88
Abb. 4.5:	Erdbeben, Vulkanismus und Stationen des griechischen seismologischen Dienstes	90
Abb. 4.6:	Tektonische Situation der südlichen und zentralen Ägäis	91
Abb. 4.7:	Geologie von Santorin (Thíra)	92
Abb. 4.8:	Geologische Profile durch Thesprotien (1) und Epirus (2)	95
Abb. 4.9:	Profil der Athener Akropolis	99
Abb. 4.10:	Hochwürmzeitliche Schneegrenze in Griechenland	101
Abb. 4.11:	Morphologisches Profil mit der Formenfolge Felsburg – glatter Hang – Flachmulde	102
Abb. 4.12:	Verbreitung des Mediterranklimas im Mittelmeerraum	102

Abb. 4.13:	Niederschlags- und Temperaturverteilung in Griechenland	104
Abb. 4.14:	Durchschnittlicher Wasserabfluss (Qw) und Sedimenttransport (Qs) von Aliákmon und Arachthos	111
Abb. 4.15:	Degradations- und Regenerationsstadien mediterraner Wälder	119
Abb. 4.16:	Höhenstufung der Vegetation im Ossagebirge	120
Abb. 5.1:	Aus Kalíwiasiedlungen entstandene Dörfer um Káto Achaïa im Nomos Achaïa (Pátras)	129
Abb. 5.2:	Jahreszeitliche Wanderungen der Aromunen 1959/60	134
Abb. 5.3:	Großprojekte der Bewässerung	163
Abb. 5.4:	Regionen, die durch Interreg II (1994–1999) gefördert wurden	167
Abb. 5.5:	Regionaler Entwicklungsstand der EU-Regionen	170
Abb. 6.1:	Griechisches Eisenbahnnetz 1941	173
Abb. 6.2:	Nutzbare Lagerstätten 1986	175
Abb. 6.3:	Straßennetz des Peloponnes 1943	178
Abb. 6.4:	Plan zur regionalen Förderung und industriellen Entwicklung von 1978	183
Abb. 6.5:	Entwicklung des Bruttoregionalprodukts 1970–1979	184
Abb. 6.6:	Industrielle und gewerbliche Raumstrukturen	189
Abb. 7.1:	Titelblatt eines Reiseberichts aus dem frühen 19. Jh.	201
Abb. 7.2:	Die Athener Akropolis mit ihren touristisch bedeutsamen Bauwerken	209
Abb. 7.3:	Ziele des Kulturtourismus und Badestrände	210
Abb. 7.4:	Gebäudenutzung im Zentrum von Argássion/Zákinthos	214
Abb. 7.5:	Touristische Überprägung an der kretischen Nordküste von Káto Gouves am Ende der ersten Ausbaudekade	217
Abb. 8.1:	Rangordnung griechischer Städte über 20 000 Einwohner 1940–1991	223
Abb. 8.2:	Groß-Athen – Administrative Einheiten und Gemeindetyp 1985	228
Abb. 8.3:	Staatlich gelenkte und spontane Stadtentwicklung im Dimos Amarousion	229
Abb. 8.4:	Dimos Athen – Wachstumsphasen und funktional-soziale Differenzierung der Stadtteile	231
Abb. 8.5:	Funktional-genetisches Modell griechischer Mittel- und Kleinstädte	239
Abb. 8.6:	Genetisch-ethnische Viertel in Komotiní	240
Abb. 8.7:	Turmhaus in Váthia (Mani)	246
Abb. 8.8:	Sippenbäuerliche Struktur von Exo Nífi (Mani)	247
Abb. 8.9:	Néa Kallikrátia – Grundriss eines planmäßig angelegten Neochoríons	250
Abb. 8.10:	Skala-Siedlungen auf Lésbos	253
Abb. 9.1:	„Großes S" und „Großes U" – Generalisierte Gegenüberstellung räumlicher Disparitäten	261

Vorderes Vorsatz
        Griechenland und seine Nachbarstaaten, 1:4 000 000
Hinteres Vorsatz
        links: Griechenland um 431 v. Chr., 1:5 000 000
        rechts: Verwaltungsgliederung Griechenlands (Nomi, Regionen)

Verzeichnis der Tabellen

Tab.	1.1:	Liste ausgewählter Erdbeben	13
Tab.	3.1:	Muttersprachen in Griechenland 1928–1951	47
Tab.	3.2:	Ausgewählte Wanderungsbewegungen von und nach Mazedonien, Thrakien und Ostthrakien (europäische Türkei) 1912–1924	50
Tab.	3.3:	Flüchtlingsansiedlungen in den einzelnen Provinzen 1928	52
Tab.	3.4:	Gesamtbevölkerung und Muslime in Thrakien 1991	60
Tab.	3.5:	Entwicklung von Bevölkerung, Fläche und Bevölkerungsdichte 1821–2001	64
Tab.	3.6:	Regionale Bevölkerungsverteilung nach Siedlungskategorien und orographischer Lage 1995	67
Tab.	3.7:	Bevölkerungsentwicklung in den Nomi der Ägäischen Inseln zwischen 1971 und 1991	68
Tab.	3.8:	Prognose zur Bevölkerungsentwicklung 2005–2030	78
Tab.	4.1:	Durch Erdbeben ausgelöste Flutwellen (Tsunamis)	93
Tab.	4.2:	Die längsten Flüsse Griechenlands	109
Tab.	4.3:	Monatliche Wasserführung ausgewählter größerer Flüsse	110
Tab.	4.4:	Sedimenttransport und Deltabildung ausgewählter Flüsse	110
Tab.	4.5:	Die größten natürlichen Seen Griechenlands	112
Tab.	5.1:	Entwicklung ausgewählter Groß- und Kleinviehbestände 1928–1993	125
Tab.	5.2:	Bevölkerungsverlagerung im Nomos Achaïa infolge erlöschender Kalíwiawirtschaft 1920–1981	130
Tab.	5.3:	Bevölkerungsentwicklung in ausgewählten Höhensiedlungen des Mänalongebirges (Arkadien) 1920–1981	131
Tab.	5.4:	Bestandsentwicklung der kretischen Ziegen und Schafe 1936–1986	139
Tab.	5.5:	Formen der Schaf- und Ziegenhaltung 1986	140
Tab.	5.6:	Jährliche Milchkuhleistung und Kuhmilchproduktion in ausgewählten EU-Ländern 1975–1997	142
Tab.	5.7:	Durchschnittliche Bestandsgrößen in der Milchkuhhaltung und Molkereistruktur in ausgewählten EU-Ländern 1997	143
Tab.	5.8:	Erntemengen bei Weizen, Gerste und Mais 1963–1997	145
Tab.	5.9:	Entwicklung der Weinbaufläche 1981–1997	148
Tab.	5.10:	Produktion von Tafeltrauben, Korinthen und Sultaninen 1985–1996	148
Tab.	5.11:	Flächen und Erträge im Tabakanbau 1961–1996	149

Tab.	5.12:	Anzahl der Bäume und Erträge von Feigen, Pflaumen und Nüssen 1984–1994	151
Tab.	5.13:	Betriebsgrößenstruktur in der Landwirtschaft 1961–1991	153
Tab.	5.14:	Anteil der Größenklassen an der bewirtschafteten Fläche 1961–1991	154
Tab.	5.15:	Privat- und Pachtland in den Nomi Mazedoniens 1991	155
Tab.	5.16:	Bewässerungslandwirtschaft 1950–1997	161
Tab.	5.17:	Bebautes, bewässertes und bewässerbares Land 1991 (ohne Großraum Athen)	161
Tab.	5.18:	Erträge bei Agrumen, Obstbäumen und ausgewählten Gemüsesorten 1993–1997	164
Tab.	5.19:	Angelandete Fischereierträge 1993–1996	168
Tab.	5.20:	Schwammfischerei 1928–1998	168
Tab.	5.21:	Regionale Aufteilung der EU-Förderung nach den Integrierten Mittelmeerprogrammen	169
Tab.	6.1:	Teppichweberei 1938	177
Tab.	6.2:	In griechischen Häfen registrierte Schiffe 1938	180
Tab.	6.3:	Indizes der Industrieproduktion 1970–1978	186
Tab.	6.4:	Darlehensgewährungen der Bank für Industrielle Entwicklung (ETVA) 1970–1978	187
Tab.	6.5:	Größenstruktur der Betriebe des Verarbeitenden Gewerbes 1973 und 1978	187
Tab.	6.6:	Indexwerte ausgewählter Branchen des Produzierenden Gewerbes 1993–1998	192
Tab.	6.7:	Entwicklung der Handelsbilanz 1979–1997	196
Tab.	6.8:	Index der industriellen Produktion ausgewählter EU-Länder 1993–1997	197
Tab.	7.1:	Ausgewählte Reiseführer	205
Tab.	7.2:	Besucherströme zu ausgewählten archäologischen Stätten 1980–1997	208
Tab.	7.3:	Entwicklung des Fremdenverkehrs: Anzahl der Touristen und Art der Einreise 1938–1997	212
Tab.	7.4:	Entwicklung des Charterverkehrs ausgewählter Flughäfen 1995–1997	213
Tab.	7.5:	Entwicklung des Hotelbestands 1980–1997	216
Tab.	8.1:	Groß-Athen – Bevölkerungsentwicklung und administrative Gliederung 1971–1991	226–227
Tab.	8.2:	Agglomeration Thessaloníki – Bevölkerungsentwicklung und administrative Gliederung 1971–1991	235
Tab.	8.3:	De-facto- und De-iure-Bevölkerung in den Nomi der Ionischen und Ägäischen Inseln	253
Tab.	8.4:	Bevölkerungsentwicklung nach Siedlungskategorien 1920–1991	255
Tab.	8.5:	Entwicklung der Haushalte 1920–1991	257

Anhang

Tab. A 1.1:	Fläche und Bevölkerung nach Regionen 1971–1991	299
Tab. A 1.2:	Fläche und Bevölkerung nach Regionen 2001	300
Tab. A 2.1:	Klimadaten ausgewählter Stationen	302
Tab. A 4.1:	Bevölkerungsverteilung nach Siedlungskategorien und orographischer Lage auf Nomos-Ebene 1991	308–309
Tab. A 4.2:	Bevölkerungsstruktur nach Altersgruppen und Lastquotienten 1971–1997	309
Tab. A 5.1:	Erwerbspersonen, Erwerbstätige und Arbeitslose 1981–2000	311
Tab. A 5.2:	Erwerbstätige nach Wirtschaftsbereichen 1981 und 1992	311
Tab. A 5.3:	Erwerbstätige nach Berufsgruppen und Stellung 1981 und 1992	311
Tab. A 5.4:	Bestand an Fruchtbäumen und -sträuchern 1987–1998	312
Tab. A 5.5:	Indexwerte der landwirtschaftlichen Produktion 1990–1994	312
Tab. A 5.6:	Kraftwerke, Elektrizitätserzeugung und Elektrizitätsverbrauch 1980–1999	312
Tab. A 5.7:	Ausgewählte Indexwerte der Produktion im Verarbeitenden Gewerbe 1990–1994	313
Tab. A 5.8:	Außenhandelsentwicklung Griechenlands 1985–1993	313
Tab. A 5.9:	Touristen ausgewählter Herkunftsländer 1980–2000	313
Tab. A 6.1:	Klassifizierte Straßen 1990–1994	315
Tab. A 6.2:	Anzahl der Tanker, Handels- und Passagierschiffe 1990–1997	315
Tab. A 7.1:	Staatliche Aufwendungen für Pensionen, Sozialhilfe und Krankenhausaufenthalte 1992–1999	317
Tab. A 7.2:	Regionale Verteilung der Krankenhäuser und Ärzte 1995	317
Tab. A 7.3:	Privatrechtliche Urteile in erster Instanz nach Gerichtsbezirken 1992–1996	317
Tab. A 7.4:	Studenten- und Dozentenzahlen der Universitäten 1994/1995	318
Tab. A 7.5:	Verkaufte Exemplare Athener und Thessaloníker Zeitungen 1994 und 2000	318

Verzeichnis der Übersichten

Übs. 2.1:	Das neugriechische Alphabet	20
Übs. 2.2:	Athen in der Antike – Beschreibung aus der Sicht von Zeitgenossen	26
Übs. 2.3:	Umweltzerstörung durch wirtschaftliche Nutzung – Beobachtungen eines antiken Philosophen	29
Übs. 2.4:	Das Türkenjoch: Die Ursache aller Übel	33
Übs. 2.5:	Landwirtschaft im Wandel: Vom Bauernhof zum Landgut	42

Übs. 3.1:	Trockenlegung von Feuchtgebieten: Groß- oder Untat	55
Übs. 3.2:	Die Vlachen: Name, Sprache und Lebensweise	57
Übs. 3.3:	Bevölkerungsbewegungen – historische Wurzeln und aktuelle Ausprägung	71
Übs. 3.4:	Gastarbeiter: Rückkehr nach Hause oder Verbleib in der Fremde	77
Übs. 4.1:	Antiker Deutungsversuch zur Morphogenese Thessaliens	82
Übs. 4.2:	Alfred Philippson: Geographische Forschung trotz rassistischer Unterdrückung	83
Übs. 4.3:	Geologie der Kykladen – tertiäre Metamorphose und quartärer Vulkanismus	86
Übs. 4.4:	Die Katastrophe, die zum Mythos wurde: Hot Spot Santorin	93
Übs. 4.5:	Die Vikos-Schlucht: Das tiefste Durchbruchstal des Epirus	94
Übs. 4.6:	Hochsommer in Attika	105
Übs. 4.7:	Entwaldung und Wiederaufforstung: Schädigung und Wiedergutmachung	118
Übs. 4.8:	Macchie und Phrygana im Wechsel der Jahreszeiten	119
Übs. 5.1:	Nationalstaaten leiten den Untergang der Fernweidewirtschaft ein	126
Übs. 5.2:	Kalávrita – Mahn- und Gedenkstätte für den Frieden	133
Übs. 5.3:	Aromunen ziehen zu den Winterweiden	134
Übs. 5.4:	Zwischen Dichtung und Wahrheit: Arkadien als Topos und Realität	136
Übs. 5.5:	Weidewirtschaftliche Nebennutzungen – eine Nische mit Zukunft	137
Übs. 5.6:	Im Dschungel der Terminologie: Trocken- oder Regenfeldbau	145
Übs. 5.7:	Der Ölbaum – Symbol für mediterranen Anbau und antike Kultur	147
Übs. 5.8:	Tabak – das verblassende Gold des Orients	150
Übs. 5.9:	Erzeuger- und Absatzgenossenschaften – ein Muster ohne Wert	158
Übs. 5.10:	Pfirsiche aus Mazedonien: Der große Erfolg lässt auf sich warten	166
Übs. 6.1:	Alexis Sorbas und sein Bergwerk auf Kreta: Industrielle Aktivitäten als Gegenstand der Literatur	175
Übs. 6.2:	Von der Planung zur Umsetzung – ein besonderes Kapitel	185
Übs. 6.3:	Καφεπαντοπωλεῖον: Gemischtwaren, Kafeníon und Informationsbörse in Einem	194
Übs. 6.4:	Die Griechen und der Staat – ein nahezu unerschöpfliches Thema	198
Übs. 7.1:	Achaïa Clauss – Betriebserkundung eines frühen Reisenden	200
Übs. 7.2:	Der Peloponnes: Gebirge, Karst und Tektonik	205
Übs. 7.3:	Oasen- kontra Sanfter Tourismus: Was sagen die Reiseführer dazu	220
Übs. 8.1:	Not macht erfinderisch – mit List und Tücke umgeht man die amtlichen Vorgaben	230
Übs. 8.2:	Grün in der Stadt – Ansichtssache oder ökologische Notwendigkeit	233
Übs. 8.3:	Antiparochí: Ein Bauherrenmodell griechischer Art	237
Übs. 8.4:	Die Turmsiedlungen der Mani: Zwischen martialischer Vergangenheit und Touristenidylle	248
Übs. 8.5:	Skala-Siedlungen auf Lésbos – eine kleine Fallstudie	254

Register

Abflusstyp 109f.
Abrasionsküste 113
Abwanderung 70, 252
Achaïa 128f.
Achaïa Clauss 200
Acharnés 224, 228
Ackerbau 144
Affodill 119
Ägäis 15, 211
Ägäisches Becken 87
Agave 120
Agrarberatung 159
Agrarpolitik 123f., 159
    Gemeinsame 166f., 169. Siehe auch Gemeinsame Agrarpolitik (GAP)
Agrotourismus 167
Agrumen 120, 159, 163f.
Äjion 130
Akarnanien 56
Akkumulation(s-) 96f., 99
    -küste 113
Akrokorinth 31
Akropolis 25, 98
Akropolis-Komplex 70f., 254
Albaner 11, 32, 48, 59, 63, 190
Aleppokiefer 118
Alexandroúpolis 62, 224
Aliákmon 109f., 162
Alivérion 182
Alluvialboden 115
Alluvionen, mediterrane 96
Alphabet 19
Altersaufbau 65
Ambelákia 35, 171f., 217
Ambrakischer Golf 30, 216. Siehe auch Golf
Amfípolis 22
Amorgós 28
amorphe Stadtgestalt 237. Siehe auch Stadtgestalt
Anáfi 28
Anávatos 218, 252, 254
Anaximander 7f.
Anaximenes 7
Andros 12
Anthili 157
Antike 262
    klassische 18, 22

Antiparochí 229, 237f.
Antirrion 43
Aprikosen 164
Aquakultur 168
Aráchova 138
Arbeitskräfte 190
    saisonale 156
Arbeitslosigkeit 149, 193, 197
Arbeitsmarkt 14
    segmentierter 188. Siehe auch segmentierter Arbeitsmarkt
Arbeitsmigration 60, 149
Archanes 158
Archontenhaus 35
Argolis 54, 73, 159
Argos 22, 52
Aridität 108, 110, 121
Aristoteles 8
Arkadien 100, 129, 131, 136
Armenier 58
Aromunen 32, 38, 57f., 133ff., 138f., 141, 244
Arta 40
Atatürk 234
Athen 14, 52, 55f., 62f., 71, 79, 166, 173, 193, 207ff., 213, 224f., 227f., 230, 232f., 241f.
Athene 147
Athos 15, 118
Athos-Halbinsel 211
Ätolien 22, 25, 56, 149
Attika 22, 96, 105, 147, 207f., 218
Attische Riviera 216, 219. Siehe auch Riviera
Auelehm 97
Ausgleichsküste 113
Ausgrabungsstätte 203
Auslagerung 190
Ausländerverschuldung 16
Außenabhängigkeit 198
Auswanderung 73, 78
Axios 107, 109ff., 162

Badestrand 210
Balkan(-) 10
    -halbinsel 11, 263
    -länder 10, 259
Balkanisierung 259
Bananen 164

Basisinnovation 171
Baugewerbe 187
Baumkultur 145f., 152, 155
Baumwolle 158f., 163, 165
Baumwollfärberei 171
Baumwollindustrie 177
Bausektor 229
Bauxit 116f., 176, 181
Bazar 61, 234
Bebauungsdichte 227
   -planung 237
Becken(-)
   -landschaft 257
   Ägäisches 87
   intramontane 84, 87, 94, 100, 106ff., 112, 115, 117, 144, 179, 244, 249
   Thessalisches 98
Beregnung 160
Bergbau 26, 186
Bergdorf 71
Bestechung 34
Betonskelettbauweise 242
Betriebsgröße 187
Betriebsgrößenstruktur 165
Bevölkerungsaustausch 10
   -bewegung 71
   -dynamik 258
   -entwicklung 64f., 76, 78
   -krater 232
   -wachstum 222
Bewässerung(s-) 158, 160ff., 165
   -anbau 252
   -feldbau 145
   -land 155f.
   -wirtschaft 257
Bildungstourismus 203, 209ff.
   Siehe auch Tourismus
Binnenkolonisation 56f.
   -migration 73
   -wanderer 257
Blei 116
Bodenbildung 114f.
   -erosion 97, 99, 115, 119, 122
   -nutzung 144
   -preis 242
   -reform 135, 156ff., 244
   -typ 114f.
Bogen, südägäischer 91

Böotien 22, 98, 145
Branchenprofil 171, 176, 187f., 195
Braunkohle 117, 174f., 182
Bruchscholle 13
Bruchtektonik 12
Bulgaren 11, 50f., 56, 63
Bürostandort 235
Busnetz 186
Byzantinismus 18, 262

Caldera 92f.
cash crops 165
Chálki 25
Chalkidikí 12, 15, 248
Chalkís 25, 30, 58, 113, 116
Chemie 182
Chemische Industrie 177. Siehe auch Industrie
Chemisierung 157, 159
Chíos 14, 68f., 71, 100, 224
Chora 251f., 258
Çiftlik 36, 52, 156f.
Çiftlik-Dorf 244
Çiftlikisierung 42

Damassion 158
Dauerkultur 145
Dauersystem 144
Deckenbau 83
Deckenüberschiebung 11
Deglomeration, passive 185.
   Siehe auch passive Deglomeration
Degradation 119, 121f.
Degradierung 118
Deindustrialisierung 191
Dekonzentration 241
Delos 18, 28
Delphi 18, 27, 138, 208f.
Delta 111ff.
demographischer Wandel 65
Deregulierung 190, 198
Destabilisierung 259
Devastierung 28
Dezentralisierung 14f., 183, 185, 190, 236
Diakoptó 130
Didimótichon 62
Dimitsána 45, 218, 245
Dinariden 11, 126f.
Diskontinuität 29, 243

Disparität 9, 185, 189f., 197, 261, 263
   regionale 165. Siehe auch regionale Disparität
Dodekanes 16, 46, 62, 68f., 72
Dodona 30, 211
Doline 115
Dorische Wanderung 20
Dráma 51, 55, 149f., 224
Dung 137
Düngemittel 159
dunkles Zeitalter 22
Durchschnittsalter 66

Echínos 62
Edessa 56, 158, 166
Eigenversorgung 157
Einpersonenhaushalt 242
Einzelhandel(s-) 194
   -unternehmen 195
Einzelsiedlung 244
Eisenbahn 173f., 176, 179
Elassón 58
Elis 25, 113, 128f., 132, 159, 164
endogenes Potenzial 260. Siehe auch Potenzial
Entleerung der Gebirge 46
Entmischung 59
Entwaldung 118
Entwicklungsrückstand 167
Epanomí 248
Eparchie 14
Epidaurus 30, 208f.
Epirus 14, 25, 51, 68, 94ff., 102, 260
Erdbeben(-) 90f., 93
   -herd 90
Erdgasvorkommen 117
Erdölvorkommen 117
Erétria 22
Ermoúpolis 14, 38, 71, 224
Erzlinse 116
Etappenwanderung 73, 251
Etesienklima 103, 106ff.
Ethnie 47
ethnisches Viertel 242. Siehe auch Viertel
Euböa 22, 113, 116, 147
Eukalyptus 120
Euripusproblem 112
Europäisierung 44
Eutrophierung 158
Evros 28, 60, 62, 109f.

Evrótas 46
Exodus, ländlicher 255.
   Siehe auch ländlicher Exodus
Expansion, vertikale 237.
   Siehe auch vertikale Expansion
Exportbranche 196

Fachmarkt 195
Familienbetrieb 156
Feigen 27, 150f.
Feigenkaktus 120
Felsburg 101
Ferienhaus 216f.
Fernhandel(s-) 27, 171
   -dorf 172
Fernwasserversorgung 111
Fernweidewirtschaft 57, 126f., 132ff., 137f., 141
Feta-Herstellung 141
Filialisierung 241f.
Filialist 195
Fischerei(-) 167, 168
   -hafen 168
   Schwamm- 168.
      Siehe auch Schwammfischerei
Flexibilität 191
Flórina 54, 56, 103
Flüchtlingsdorf 156, 251
Flugnetz 186
Flysch 95, 97, 113
Folégandros 28
Folientunnel 164
Fragmentierung 190, 257
Freidorf 35, 245, 248
Fremdenverkehr 203
Fußfläche 100
Fußgängerzone 239, 241

Galaxídion 218
Gallikós 28
Gastarbeiter(-) 222
   -wanderung 74
Gateway-Funktion 260
Gávdos 46
Geburtenüberschuss 61
Gemeindetyp 227
Gemeinsame Agrarpolitik (GAP) 166f., 169.
   Siehe auch Agrarpolitik
Gemüse 27, 159, 164f.

Genossenschaft 36, 158, 166
Genua 31
Geschlechterproportion 65
Getreide 144f., 152
Gewächshaus 164
Gewerbe(-) 171
   -dorf 172
Gewitter 107
Gezeiten 112f.
Globalisierung 169, 190f., 199, 241
Globalstrahlung 108
Gold 116
Golf, Ambrakischer 30, 216.
   Siehe auch Ambrakischer Golf
   Pagassitischer 37, 216.
   Siehe auch Pagassitischer Golf
   Thermaïscher 216.
   Siehe auch Thermaïscher Golf
Göpelwerk 161
Grammos 58f.
Gräzisierung 56f., 249
Grenzverschiebung 11
Größenstruktur 153
Großer Prespasee 112
Großes Hufeisen 257f.
Großes S 185, 238, 243, 257f., 260ff.
Großes U 261f.
Großgrundbesitz 156
Großviehhaltung 142f.
Grundwasserspeicher 111
Grünflächenplanung 233

Handel(s-) 193
   -bilanz 180
   -bilanzdefizit 167, 195
   -flotte 179
   -marine 181
   -privilegien 37
Handwerk 136, 171
Hangabspülung 115
Hangschuttdecke 101
Hartlaubgewächse 118, 120, 126
Harzgewinnung 137
Haufendorf 244f., 248f., 251, 256f.
Hauptgeschäftsstraße 61, 239, 242
Haushaltsgröße 78, 257
Hausmülldeponie 80
Hekataios von Milet 8

Helikongebirge 30
Helladikum 18
Helleniden 11, 82, 84ff., 89, 94, 126f., 135
Hellenismus 25
Helmberg 97f., 100
Heraklit von Ephesus 7
Herdenwanderung 126
Hippodamos von Milet 8
Hirtenbauer 138
Hirtentum 136
Hochtechnologie 191
Hochwasser 111
Hoheitsgewässer 16
Höhenflucht 69ff., 132, 251, 255, 258
Höhenstufe 66, 120
Honigproduktion 137
Hopliten 27
Hydra 35, 71. Siehe auch Idra

Identität 9, 263
Idra 35, 71. Siehe auch Hydra
Igoumenítsa 111
Imathía 162, 166
Imkerei 137
Individualisierung 249
Individualität 263
Individualtourismus 15
Industrialisierung 171f., 174, 176, 181ff., 187f., 196
Industrie(-)
   Chemische 177. Siehe auch Chemische Industrie
   -park 184
Inflation 16
Infrastruktur 185, 196, 242f., 256f., 263
innere Verdichtung 237.
   Siehe auch Verdichtung
innovatives Milieu 191. Siehe auch Milieu
Inselflucht 70f., 251, 255, 258
Inseln, Ionische 22, 90, 144.
   Siehe auch Ionische Inseln
   Karische 92.
   Siehe auch Karische Inseln
   Saronische 92.
   Siehe auch Saronische Inseln
Inseltourismus 212. Siehe auch Tourismus
Integrierte Mittelmeerprogramme 169.
   Siehe auch Mittelmeerprogramme
Intensivierung 157ff., 165
Internationalisierung 241

intramontane Becken 22, 84, 87, 94, 100, 106 ff.,
    112, 115, 117, 144, 179, 244, 249.
    Siehe auch Becken
Intrusion 92
Ioánnina 30, 57, 136, 218, 224, 237 f., 241
Ionische Inseln 22, 90, 144
Iráklion 15, 19, 211, 213, 224, 236, 238
Islamisierung 42
Itéa 182
Itháki 252

Jaros 28
Johannesbrotbaum 118
Juden 49, 58

Kafenía 239
Kafeníon 194
Kalamás 109 ff. Siehe auch Thíamis
Kalamáta 224, 239
Kalávrita 31
Kálimnos 169
Kalíwia(-) 130
    -wirtschaft 127 f., 131 f., 137 f., 141
Kaltluftsee 106
Kammerung 241
Kapitalisierung 157
Kapitulation 37, 172
Kappadokikó 251
Kap Tänaron 12
Kardítsa 52, 58
Karische Inseln 92
Karítena 245
Kárpathos 12, 25, 72
Karren 100
Karst(-) 101 f.
    -tasche 116
    -wasserspiegel 112
    -wasserstand 110
Kartoffel 151 f.
Kassándra 214, 220
Kastellórizo 17
Kastoría 30
Kastro 241
Katarapass 10
Katavothren 98
Kavála 34, 71, 150, 211, 238
Kefallinía 31, 77, 252
Kephalochoríon 245

Kerameikos 27
Kérkira 30, 80. Siehe auch Korfu
Kermeseiche 118
Kilkís 49 ff., 54, 56
Kími 176
Kinuría 131 f.
Kiparissía 30
Kirschen 164
Kíthira 12, 31
klassizistischer Stil 44
Kleanthes 44
Kleinbauer 158
Kleinbesitz 153, 156
Kleinbetrieb 157
Kleintierhaltung 139
Kleinvieh(-) 124 f., 133, 144
    -haltung 137 f., 140
Klenze, Leo von 44
Klientelismus 9
Klientelsystem 158, 259
Kliffküste 113
Klimaänderung 114, 121
    -provinz 108
    Etesien- 103, 106 ff. Siehe auch Etesienklima
    Mediterran- 102. Siehe auch Mediterranklima
Knossos 18 f., 208
Kohäsion 169
Kolonisation(s-) 22
    -dorf 52
Komotiní 40, 52 f., 61, 80, 211, 224, 240
kompakte Wohnbebauung 239.
    Siehe auch Wohnbebauung
Konstantinopel 30
Konsumgewohnheit 143, 152
    -güterindustrie 186
Kontinentalität 106
Kontinuität(s-) 222, 234
    -abbruch 46
    -bruch 80
Kooperation 160
Kooperative 157
Kopaïs-See 112
Kopaïs-Senke 98
Korfu 22, 146, 210, 212. Siehe auch Kérkira
Korinth 27, 58, 71, 130, 224
Korinthen 148, 159, 177
Korinthenkrise 148
Koróni 31, 209, 241

Kos 25, 63, 72
Kreta 12, 16, 18, 22, 54, 63, 68, 80, 96, 114, 137, 139f., 146ff., 210, 212f., 215
Kreuzfahrer 211
Kultur(-), minoische 18
   mykenische 19
   -landschaftsgenese 222
   -landschaftsgeschichte 78, 80
   -landschaftspflege 255
   -tourismus 207. Siehe auch Tourismus
Kupfer 116
Küstenmorphologie 113
   -schifffahrt 179
   -ebene 55
   -hof 23, 115, 244, 249
   -tourismus 252. Siehe auch Tourismus
Kykladen 11, 14, 28, 68f., 73, 86
Ladengeschäft 194
Lagerstätte 116, 174
Lagune 112ff.
Lakedämonien 24
Lakonien 22, 46, 100, 102, 131, 146
Lamía 23
Landflucht 70f., 222, 258
ländlicher Exodus 255. Siehe auch Exodus
Landwirtschaft 26
Lárisa 15, 30, 39, 71, 98, 224, 236
Lassíthi 19
Lassíthi-Ebene 100, 106, 152
Lateritisierung 116
Laubmischwald 120
Lávrion 28, 116, 229
Lebenserwartung 66
   -mitteleinzelhandel 234
   -qualität 14
   -standard 141, 193
   -zyklus 181f.
Leder 171
Leistungsbilanzdefizit 197
Lésbos 14, 25, 63, 68f., 211, 215, 253f.
Liberalisierung 169, 190
Límnos 31, 63
Líndos 208
Loutráki 219

Macchie 36, 53, 118ff., 141
Magnísia 25, 37, 150
Mais 145, 159

Makedonien 28, 55
Makedonier 11
Makedoslawen 49, 56, 59
Mallia 19
Mandarinen 164
Mangan 116
Mani 15, 72, 114, 141, 146, 248
Manteldiapir 88, 93
Mantineia 23
Manufaktur 171f.
Marathon 79, 229
Marginalisierung 30
Maritimität 108
Marmor 117
Massentourismus 15, 200, 206, 210ff., 215f., 220, 254. Siehe auch Tourismus
Mastixdorf 32
Mastixstrauch 119
Mataderozersatz 115
Mavrovoúni 37
Mazedonien 29, 54, 56, 68, 128, 142ff., 147, 149f., 155, 260
Mazedonische Campania 162
Mechanisierung 141, 156f., 159
mediterrane Trias 144, 152, 160
mediterrane Alluvionen 96
Mediterranklima 102
Meeresspiegel(-) 112
   -schwankung 113f.
Megalópolis 182
Mégara 22
Melonen 164
Meloration 54f., 98, 112, 122
Meltémi 103, 106
Mesógia 79
Messará-Ebene 19, 164
Messenien 22, 146, 148
Metamorphose 86
Metéora-Felsen 97
Metéora-Kloster 209
Methóni 31, 209, 241
Metochie 52f.
Métsovon 32, 57, 217
Milchkuhhaltung 143
   -marktordnung 142
   -wirtschaft 142
Milieu, innovatives 191. Siehe auch innovatives Milieu

Milletsystem 34, 171 f.
Minderheit 259
Misswirtschaft 34
Mistras 208 f.
Míthimna 254
Mitilíni 224, 238
Mitrópolis 239
Mittelmeerprogramme, Integrierte 169.
   Siehe auch Integrierte Mittelmeerprograme
Modernisierungsrückstand 263
Molkereiunternehmen 142
   -wesen 143
Molybdän 116
Monemvasía 30, 209, 241
Monodéndrion 37, 218
Mühle 146
Mündungsdelta 110
Muslime 51 f., 54, 60, 62
Mutterstadt 22
Mykene 18, 208 f.
Mýkonos 12, 215, 252

Náfplion 31, 212
Namensviertel 248 f.
Náoussa 54, 218
Nationalismus 49
Navarino 44
Náxos 28, 68, 100, 215
Néa Kallikrátia 239, 250
Néa Kerdília 138
Nehrung 113 f.
Neo-Industrialisierung 191 f.
Neochoríon 249 f.
neoklassische Theorie 190.
   Siehe auch Theorie
neoliberale Wirtschaftspolitik 198.
   Siehe auch Wirtschaftspolitik
Neophyten 120
Neos Marmarás 218
Nepotismus 9
Néstos(-) 109 ff., 122
   -delta 220
Nettoreproduktionsziffer 65
Netzwerk(-) 191
   -ansatz 198
New Economies 236
Nichteisen-Metall 182
Nickel 116

Nikópolis 30
Nísiros 13
Nomadismus 127, 133
Nomos 14
Nordepiros 33
Nordgriechenland 211
Nüsse 150 f.
Nutzpflanzen 160
Nutzungskonflikt 256
   -konkurrenz 227
Oasentourismus 216, 221. Siehe auch Tourismus
Obst 27, 165
Obstbaum 164
Ökosystem 121
Ölbaum 103, 118 f., 146 f.
Oliven(-) 27, 165
   -öl 146 f.
   -grenze 120
Ölmühle 177
Olymp 11, 84
Olympia 27, 96, 208 f.
Olynthos 22
Opuntienhecke 245
Orangen 164
Orchidee 119
Orchómenos 23
Orestiás 46, 159
Orogenese 10, 82, 84 ff., 89, 94
Orthodoxie 16
Osmanen 34
Osmanisches Reich 16, 126, 172 f., 259
Ossa(-) 11
   -gebirge 35
Ostlokris 33
Ostmazedonien 192
Ozeanität 108

Pachtland 154 f.
Pagassitischer Golf 216. Siehe auch Golf
Paläokarst 100
Paläologen 32
Pantopolíon 194
Paralía 254
Paralía Katerínis 76, 215
Parnassos(-) 135, 138
   -gebirge 138
Parnongebirge 137
Páros 28, 100

Parthénon 218
Parzellengröße 154
Pascha, Ali 218, 241
Pascha, Mustafa Kemal 234
passive Deglomeration 185.
 Siehe auch Deglomeration
Paternalismus 259
Pátras 15, 71, 212, 224, 236
Patriarchat 35
Pausanias 26, 200 ff.
Pax Ottomanica 42
Pedogenese 114 f.
Pélla 166
Peloponnes 15, 22, 30, 44, 68, 128, 137, 147
Peloponnes-Bahn 173
Pelz 171
Perikles 207
Peripherraum 15
Periplous 9
Perípteron 194
Pfirsiche 164, 166
Pflaumen 150 f.
Phaistos 19
Pharsalos 30
Philhellenen 44
Philippson, Alfred 45
Phosphat 116
Phrygana 53, 118 ff., 122, 137, 141
Phthiotis 22
Pilion(-) 11
 -gebirge 35
Pindos(-) 32, 57 f., 71, 107, 139
 -gebirge 10
 -überquerung 178
Pinie 118
Piniós 98, 109 f.
Piräus 8, 179
Pirgí 252
Pírgos 68, 72
Pistazie 119, 150 f.
Plansiedlung 256 f.
Platía 239, 241, 244, 248
Platon 29
Plattentektonik 85
Plinius d. Ä. 147
Polarisierung 152, 158, 165, 169, 190, 197, 257 f., 259, 262 f.
Polis 22

Polje 10, 23, 95, 98, 100, 106
Pomaken 11, 60 ff., 74, 149, 249
Potenzial, endogenes 260.
 Siehe auch endogenes Potenzial
Prespasee, Großer 112
Primatstadt 14, 225, 241, 257 f.
Privatland 154 f.
Produktstrategie 191
Protagoras von Abdera 7
Protektionismus 189
Prozess, quasinatürlicher 97
Ptolemaïda 182
Pylos 19

Qanat(-) 161
 -system 111
qualitatives Wachstum 238. Siehe auch Wachstum
quasinatürlicher Prozess 97

Rafína 229
Rationalisierung 156
Rauchwarengewerbe 172
Realerbteilung 153
Rebkultur 147
Regionalentwicklungsplan 183
regionale Disparität 165. Siehe auch Disparität
Regionalförderung 237
Regionalisierung 183, 199
Regräzisierung 30
Reis 162
Reisebeschreibung 200, 202
 -führer 202 ff.
Reliefenergie 10, 110
Remigrant 76, 78, 166, 215
Remigration 149, 151
Restrukturierung 196
Réthimnon 40
Rhodope-Kristallin 11
Rhodopen(-) 57, 61, 107, 135
 -gebirge 28
Rhodopi 60 f.
Rhódos 8, 12, 58, 62, 68 f., 72, 80, 210 ff., 214 f.
Rimesse 74, 76
Rinderhaltung 124
Rion 43
Riviera, Attische 216, 219.
 Siehe auch Attische Riviera
Rodiá 139, 141

Roma 49, 60, 62, 249
Rotlehm 100
Rubefizierung 115
Rückwanderer 77
Rückwanderung 257
Rumpffläche 99
   -treppe 100
Ruralisierung 30

Sackgasse 240
saisonale Arbeitskräfte 156
saisonale Siedlung 244.
   Siehe auch Siedlung
Saisonalität 213
Sammelwirtschaft 137, 141
Sámos 31, 68, 100, 146, 210, 215
Samothráki 17, 74, 215, 220
Sanfter Tourismus 220. Siehe auch Tourismus
Santorin 13, 92 f., 252. Siehe auch Thíra
Sarakatsanen 38, 57 f., 133, 135 f., 138 f., 141, 244
Saronische Inseln 92. Siehe auch Inseln
Saumhandel 135
Schachbrettdorf 249
Schafe 140
Schattenwirtschaft 16, 222
Schaubert 44
Schelfsockel 16
Schiffbau 176, 182
Schlucht von Samariá 114
Schrumpfungsphase 21
   -prozess 255
Schwamm(-) 177
   -fischerei 168. Siehe auch Fischerei
Schwemmfächer 113
Schwerspat 117
Sedimentation 111
Sedimentfracht 110 f.
Seehandel 171 f.
segmentierter Arbeitsmarkt 188.
   Siehe auch Arbeitsmarkt
Segregation(s-) 61 f.
   -prozess 242
Seidenweberei 171
Seifenfabrikation 177
Seismizität 91
Selbstversorgung 27
Serben 11
Sérifos 28, 214, 251

Sérres 30, 51 f., 54 f., 224
Shopping-Center 230
Siátista 38
Siedlung, saisonale 244.
   Siehe auch saisonale Siedlung
Siedlungsgenese 39
Sífnos 28
Silber(-) 116
   -grube 174
Síros 68, 71, 80, 214, 218
Skala 251
Skala-Siedlung 253 f.
Skigebiet 107
Smolikas 58
Sokrates 7
Solifluktion 101
Sommerfrische 216 f.
   -haus 256
   -smog 219, 222, 225
Sonnenblume 158 f.
Sonnenscheindauer 203
Sozialstruktur, zelluläre 232, 235 f., 240, 242.
   Siehe auch zelluläre Sozialstruktur
Sparta 22, 96, 223, 237
Speiseoliven 146 f.
Sperchiós-Transversale 87
Spetsä 38, 71
Sporaden, Nördliche 44
Stadtautobahn 232
   -gestalt, amorphe 237.
      Siehe auch amorphe Stadtgestalt
   -liebe 222, 242
Stallhaltung 140
   -viehhaltung 141
Starkregen 115
Staudamm 111
   -see 112
Steilküste 113
Steineiche 118
Steinkohleimport 176
Stemnítsa 245
Strabon von Amaseia 82
Straßendorf 249
Straßennetz 178
Strauchkultur 145 f.
Strimon 22, 54, 109 f., 112, 138
Stromproduktion 176
Strukturwandel 144, 146, 151 ff., 156, 167, 189

Stymphalische Sümpfe 23
Subduktion 84, 88f., 91f., 112
Suburbanisierung 228f., 240
Subventionsmentalität 198
südägäischer Bogen 91. Siehe auch Bogen
Sudanesen 62
Sultaninen 148, 177
Sumpf 113
Supermarkt 195
Synergieeffekt 158
Synoikismus 24

Tabak 148ff., 156, 165, 177
   -krise 149
Tafeltrauben 147f., 158
Tafonierung 101
Taïgetos 22, 146
Taka-See 98, 112
Talgenese 96
Talsediment 96
Tauriden 11
Technisierung 162
Technologiepark 236
Tegéa 23
Teilpacht 154
tektonische Mélange 85f.
Tempetal 25
Teppichweber 176
   -weberei 177
Terrasse 101, 113
Terra fusca 115
Tertiärisierung 190, 241
Tethysmeer 84
Textilindustrie 191
Thales von Milet 7, 103
Thásos 16, 215, 218
Theben 25
Theokrit 136
Theorie, neoklassische 190.
   Siehe auch neoklassische Theorie
Thermaïscher Golf 216. Siehe auch Golf
Thesprotien 59
Thessalien 46, 55f., 58, 68, 82, 100, 143, 145
Thessalisches Becken 98. Siehe auch Becken
Thessaloníki 15, 30, 47, 52ff., 58, 71, 80, 166, 173, 193, 211, 213, 224f., 234f., 260
Thíamis 109. Siehe auch Kalamás
Thíra 13, 92. Siehe auch Santorin

Thrakien 11, 14, 28, 47, 50ff., 55, 60, 62, 68, 143ff., 149, 187f., 192, 260
Thrakische Masse 11
Thymian 119
Tiefseegraben 89ff.
Tílos 25
Timarsystem 34
Tínos 12, 97, 252
Tírnavos 38, 58, 158, 171
Tiryns 22, 209
Tomaten 164
Töpferei 27
Tourismus 206, 210, 212, 219, 221, 238, 255, 257, 262f.
   Bildungs- 203, 209ff.
     Siehe auch Bildungstourismus
   Insel- 212. Siehe auch Inseltourismus
   Kultur- 207. Siehe auch Kulturtourismus
   Küsten- 252. Siehe auch Küstentourismus
   Massen- 200, 206, 210ff., 215f., 220, 254.
     Siehe auch Massentourismus
   Oasen- 216, 221. Siehe auch Oasentourismus
   Sanfter 220. Siehe auch Sanfter Tourismus
Touristen 15
Transformation(s-) 123, 259
   -land 260, 263
Transhumanz 127, 133
Tríkala 30, 58, 224
Trípolis 23, 72, 131, 144, 179, 223f., 237, 241
Trockenfeldbau 144f.
   -land 146f., 155f.
Tsukaládes 138, 141
Tsunami 93
Türken 11, 49, 60f., 249
Turkokratía 33
Turmbauten 246
   -haus 245
   -siedlung 72, 247f.

Überalterung 74, 251, 257f.
Überflutungsschaden 111
Umgehungsstraße 232
Umwelt(-) 79, 219, 221, 262
   -bewusstsein 80
   -erziehung 219
   -forschung 18
   -problem 243
   -schutz 122

-verhalten 10
-verträglichkeit 79
Urbanismus 242
Urbanität 222

Vardarac 107, 145
Váthia 15, 218, 246
Venedig 30
Verbrauchermarkt 195
Verbraunung 115
Verdichtung, innere 237. Siehe auch innere Verdichtung
Vergil 136
Vergína 18, 211
Vergletscherung 101
Véria 40, 54 ff., 80, 211, 238
Verödung 29
Versalzung 165
Versiegelung 111
vertikale Expansion 237. Siehe auch Expansion
Vertragsanbau 165
Via Egnatia 30, 186, 260
Viehtriftweg 141
Viertel, ethnisches 242. Siehe auch ethnisches Viertel
Viertelsbildung 40
Vikos-Aóos-Nationalpark 94
Vikos-Schlucht 37, 94
Villenviertel 230
Viviis-See 98, 112
Vlachen 32, 49, 56 f., 133
Vólos 25, 52 f., 71, 212, 224, 236
Vulkanismus 13, 86, 90 ff.

Wachstum, qualitatives 238. Siehe auch qualitatives Wachstum
Wachstumspol 183 ff.
Waldbrand 80
Wanderungsstrom 71
Wanderviehhaltung 136, 139 f.
-weidewirtschaft 38, 141
Wasserfront 239
-führung 109
-kraftwerk 176

Wehrsiedlung 245
Weichlaubgewächse 118
Wein(-) 27, 156, 165
-baufläche 148
Wiederaufforstung 118
Wildtulpe 119
Windpark 107
-rad 106
Fall- 107
Föhn- 107
Winterfluss 110
Wirtschaftspolitik, neoliberale 198. Siehe auch neoliberale Wirtschaftspolitik
Witterungsablauf 105, 108
Wohnbebauung, kompakte 239. Siehe auch kompakte Wohnbebauung
Wohnflächenanspruch 228
Wohnraumanspruch 242
Wohnungsmarkt 242
Wollsackverwitterung 101
Wollweberei 138
Wüstung(s-) 256
-phase 42

Xánthi 52 f., 60 ff., 224, 240

Zagoriádorf 35, 37
-gebirge 35, 94
Zákinthos 31, 214, 252
Zellenhaufendorf 246, 249
zelluläre Sozialstruktur 232, 235 f., 240, 242. Siehe auch Sozialstruktur
Zentralgriechenland 52, 68
Zentralismus 258
Ziegen 140
Zigeuner 49. Siehe auch Roma
Zitronen 164
Zuckerrübe 159, 165
Zuwanderung 78
Zweigbetrieb 182
Zweigwerk 187
Zweitwohnsitz 216 ff., 235
Zypresse 118

Griechenland

Fakten, Zahlen, Übersichten

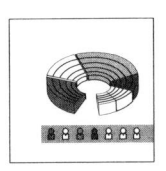

1 Staat und Territorium

Name: Griechenland – Ellinikí Dimokratía (Ελληνική Δημοκρατεία),
Kurzform: Elláda (Ελλάδα)

Amtliche Sprache: Griechisch

Fläche: 131957 km² (Weltrang 95), Festland: 106777 km² (81 %), Inseln: 25180 km² (19 %)

Größte Inseln: Kreta (8259 km²), Euböa (3654 km²), Lésbos (1630 km²), Rhódos (1398 km²), Chíos (842 km²), Kefallinía (781 km²), Korfu (592 km²)

Bevölkerungszahl: 10939771 (Volkszählung 2001)

Hauptstadt: Athen

Lage: südlicher Teil der Balkanhalbinsel
Nördlichster Punkt:
    bei Orménion im Nomos Evros: 41°45'01" n. Br.
Südlichster Punkt:
    Insel Gávdos: 34°48'11" n. Br. (= südlichster Punkt Europas)
Westlichster Punkt:
    Insel Othóni: 19°22'41" ö. L.
Östlichster Punkt:
    Insel Strongili: 29°38'39" ö. L.

Maximale Distanzen:
West-Nord: 615 km   Nord-Ost: 693 km
West-Süd: 700 km   West-Ost: 992 km
Süd-Ost: 523 km   Nord-Süd: 793 km

Meerfernste Stelle: 140 km am Kleinen Prespasee in Westmazedonien, 45 km im Arkadischen Bergland auf dem Peloponnes; keine Insel ist mehr als 40 km von der Nachbarinsel entfernt.

Landgrenzen zu den Nachbarstaaten:
    Albanien: 246,7 km   Bulgarien: 474,7 km
    Makedonien: 256,3 km   Türkei: 203,0 km

Meer-/Landengen (Breite in m): Evripos (Golf von Euböa): 40 m; Rion-Antirrion (Golf von Pátras): 1920 m; Isthmus von Korinth: 6300 m

Höchste Berge: Olymp (2917 m), Smolikas (2631 m), Grammos (2521 m), Voras (2519 m), Giona (2507 m), Timfi (2499 m), Parnassos (2455 m), Idi (2454 m)

Längste Flüsse (auf griech. Territorium): Aliákmon (297 km), Acheloós (220 km), Piniós (205 km), Evros (204 km), Néstos (130 km), Strimon (118 km), Thíamis (115 km), Alfiós (110 km)

Größte Seen (auf griech. Territorium): Trichonís (95,8 km²), Vólvi (70,4 km²), Vergorítis (54,3 km²), Vistonís (45,0 km²), Korónia (42,8 km²), Kleiner Prespasee (42,5 km²), Großer Prespasee (39,0 km²), Kerkinísee (37,7 km²), See von Kastoría (28,7 km²), See von Ioánnina (19,5 km²), Ilíkisee (19,1 km²)

Staatsform und Verwaltungsgliederung
Parlamentarische Republik seit Juni 1973, unabhängiger Staat seit 1830, gegründet als Monarchie; Staatspräsident als Staatsoberhaupt, Wahl durch das Parlament für fünf Jahre; Einkammerparlament (Nationalversammlung) mit 300 Abgeordneten; Sitzverteilung nach den Wahlen vom 7.3.2004: Neue Demokratie/ND: 165 Sitze, Panhellenische Sozialistische Bewegung/PASOK: 117 Sitze, Kommunistische Partei/KKE: 12 Sitze, Koalition der Linken und des Fortschritts/SYN: 6 Sitze.

13 Regionen:
Ostmazedonien und Thrakien, Zentralmazedonien, Westmazedonien, Epirus, Thessalien, Westgriechenland, Mittelgriechenland, Peloponnes, Attika, Ionische Inseln, Nördliche Ägäis, Südliche Ägäis sowie Kreta
   53 Nomi (Bezirke), 149 Eparchien (Kreise), 5359 Gemeinden, Mönchsrepublik Athos mit autonomem Status

Unabhängigkeit: Proklamation am 13.1.1822, nominell am 3.2.1830 (Londoner Protokoll) Unabhängigkeitstag: 25.3. (Beginn des Freiheitskampfes gegen das Osmanische Reich 1821)

Tab. A 1.1:
Fläche und Bevölkerung nach Regionen 1971–1991
Quelle: National Statistical Service 1999

Region	Fläche (km²)	Bevölkerung (1000)			Ew./km²	
		1971	1981	1991	1971	1991
Groß-Athen	457	2540	3027	3073	5558	6724
Mittelgriechenland	24361	991	1100	1261	41	52
Peloponnes	21379	987	1013	1087	46	51
Ionische Inseln	2307	184	183	194	80	84
Epirus	9203	310	325	340	34	37
Thessalien	14037	661	696	735	47	52
Mazedonien	34177	1891	2122	2236	55	65
Thrakien	8578	330	345	338	39	39
Ägäische Inseln	9122	418	429	457	46	50
Kreta	8336	457	502	540	55	65

Region	Fläche (km²)	Bevölkerung (1000)	E/km²
Ostmazedonien und Thrakien	14 157	604	42,7
Zentralmazedonien	19 147	1 863	97,3
Westmazedonien	9 451	303	32,1
Thessalien	14 037	755	53,8
Epirus	9 203	352	38,2
Ionische Inseln	2 307	214	92,8
Westgriechenland	11 296	742	65,7
Mittelgriechenland	15 549	609	39,2
Peloponnes	15 490	633	40,9
Attika	3 862	3 764	974,6
Nördliche Ägäis	3 836	200	52,1
Südliche Ägäis	5 286	299	56,6
Kreta	8 336	601	72,1
Gesamt	131 957	10 939	82,9

Internationale Mitgliedschaften (Auswahl): Vereinte Nationen, UN-Sonderorganisationen, Organisation für Wirtschaftliche Zusammenarbeit und Entwicklung (OECD), Europarat, Europäische Union, Balkanpakt

Tab. A 1.2: Fläche und Bevölkerung nach Regionen 2001
Quelle: National Statistical Service 2003

2 Landesnatur

Griechenland ist ein Gebirgsland. Die Faltengebirgsketten der Helleniden sind der beherrschende Höhenzug des Festlands. Sie bilden zusammen mit den Dinariden einen Gebirgszug, der in NW-SE-Richtung durch die Balkanhalbinsel streicht und in der südlichen Ägäis in die WSW-ENE-Richtung der kleinasiatischen Orogenzüge (Taurus, Pontisches Gebirge) umbiegt.

Das Pindosgebirge, das von der albanischen Grenze bis an den Golf von Korinth reicht, bildet eine heute noch wirksame Verkehrsbarriere. Es kann im Fernverkehr nur auf zwei Strecken überquert werden. Seine höchsten Stellen bilden das Grammosgebirge im Norden, der Timfristos in der Mitte und das Parnassosmassiv im Süden. Das Olympmassiv, mit 2917 m die höchste Erhebung, liegt auf der festländischen Ostseite.

Die Helleniden sind ein junges Gebirge, das im Rahmen der Alpidischen Faltung in der Kreidezeit und im Tertiär (141–2,5 Mio. Jahre) entstand. Der häufige petrographische Wechsel von Massenkalken, gebankten Kalken, Hornsteinen, Schiefern und Flyschbändern bereitet den Geologen durch zusätzliche Deckenüberschiebungen und Faltenabrisse oft erhebliche Erklärungsprobleme. Die vielfach chaotischen Lagerungsverhältnisse werden unter der Bezeichnung „tektonische Mélange" subsummiert.

Als die Gebirgsbildung in der jungalpidischen Phase (Miozän–Pliozän, ca. 20–3 Mio. Jahre) zu Ende ging, wurde das bereits herausgehobene Gebirge durch bruchtektonische Veränderungen entscheidend umgestaltet: Gräben brachen ein, Horste wurden herausgehoben, der Bereich der Ägäis sank ab – manche „Inselketten" zeichnen die Streichrichtung der Gebirge deutlich nach: Euböa – Andros – Tínos – Mýkonos oder Kíthira – Kreta – Kárpathos – Rhódos. Auch ältere kristalline Massive wie die thrakisch-mazedonischen Rhodopen wurden in diese Veränderungen einbezogen und tektonisch beansprucht. Für den heutigen zerlappten Küstenverlauf (15021 km!) mit den 3054 Ionischen und Ägäischen Inseln, mit den vielen Halbinseln (z.B. die „Finger" des Peloponnes oder der Chalkidikí) und den charakteristischen Meeresbuchten (Ambrakischer Golf, Golfe von Pátras und Korinth, Messenischer, Lakonischer, Argolischer, Pagassitischer oder Thermaïscher Golf) waren diese jungalpidischen Überformungen grundlegend. Dass heute pro Jahr über 250 Beben registriert werden, macht deutlich, dass die Orogenese ganz langsam ausklingt.

Die großen und kleinen intramontanen Becken, die für Mazedonien, Thessalien, Phthiotis, Böotien, Arkadien, Lakonien, Ätolien, die Argolis oder Kreta so kennzeichnend sind, haben ebenfalls ein geologisch junges Alter. Limnische Sedimente und fluviatile Aufschüttungen verebneten ihren Grund. Im edaphisch benachteiligten, verkarsteten Gebirge stellen sie seit der Antike bevorzugt aufgesuchte Siedlungs- und Wirtschaftsräume dar. Die starke kulturlandschaftliche Differenzierung der frühen Poleis nimmt auf diesen klein gekammerten morphologischen Rahmen Bezug.

Der Meeresboden ist ebenfalls in Becken und Schwellen gegliedert. Die tiefsten Stellen befinden sich in Subduktionszonen: im Ptolemäus-Graben (5121 m) unweit der westpeloponnesischen und südkretischen Küste sowie im Strabo-Graben östlich von Rhódos (4486 m).

Kürzere Flüsse führen in der Regel nur im Winter Wasser, im Sommer liegen ihre breiten Schotterbetten trocken. Ganzjährig fließende (perennierende) Flüsse werden entweder aus dem Karstwasserkörper gespeist oder sie reichen in sommerfeuchte Zonen (Gebirge, dauerfeuchte Gebiete) hinein. Ihre Täler fungieren, sofern sie breit genug sind, als Leitlinien für Siedlung und Verkehr, die Mündungen sind vielfach deltaförmig verbreitert (Kalamás, Acheloós, Sperchiós, Néstos u.a.); durch künstlichen Aufstau wurde die weitere Aufschüttung in jüngster Zeit, z.B. am Aliákmon, gestoppt.

Das Mediterranklima ist wechselfeucht. Es besteht aus trockenen, heißen Sommern, die ganz unter dem Einfluss der subtropischen Hochdruckzone stehen, und feuchten, milden Wintern unter der Regie von Tiefs der außertropischen Westwindzone. Im strengen Sinn ist es nur in der küstennahen Zone ausgebildet. In dieser so genannten mediterranen Fußstufe (bis ca. 800 m) dominieren die immergrünen, xeromorphen Hartlaubgewächse. Hierzu zählen immergrüne Eichen (Kermes-, Steineiche u.a.), Ölbaum, Johannisbrotbaum, Aleppokiefer, aber auch viele Sträucher und Zwergsträucher. Als Leitkultur gilt der Ölbaum, dessen Bestände auf den Inseln und im Süden des Festlands große Areale einnehmen. Die weite Verbreitung von knie- bis mannshoher Macchie bzw. Phrygana (Thymian, Wacholder, Wolfsmilch, Zistrosen u.a.) ist mit anthropogener Deformation des Bewuchses zu erklären.

Eine mehrfache Modifizierung der atmosphärischen Verhältnisse fällt ins Auge: Mit der Höhe (1) ändern sich Temperaturen und Niederschlagsverteilung; die Gebirgswälder (rd. 800–2000 m) bestehen – in Nordgriechenland ab ca. 300 m – aus sommergrünen Laubmischwäldern (Eiche, Buche, Kastanie, Ulme, Ahorn, Platane). Von West nach Ost (2) vermindern sich die Niederschläge erheblich; die Extrema bilden Korfu im NW (1352 mm) und Náxos (Kykladen) (368 mm). Von Nord nach Süd (3) kommt die planetarische Komponente dazu, sodass im Einzelfall beträchtliche thermische und hygrische Unterschiede in Rechnung zu stellen sind. Kleinräumig (4) spielen Lage und Exposition eine erhebliche Rolle.

Station	Höhe ü.N.N. (m)	Mitteltemperatur (°C)			Niederschlag (mm)
		Januar	Juli	Jahr	
Athen	107	8,7	28,3	17,7	397,7
Alexandroúpolis	7	5,1	25,8	14,9	455,2
Iráklion	29	12,0	25,9	18,6	486,3
Thessaloníki	2	6,0	26,6	15,8	413,9
Ioánnina	466	5,3	25,0	14,4	935,0
Korfu	25	9,8	26,9	17,7	1352,0
Náxos	3	12,2	24,8	18,2	368,0
Rhódos	5	12,5	26,7	19,2	629,9

Tab. A 2.1: Klimadaten ausgewählter Stationen
Quelle: National Statistical Service 1999

3 Landesgeschichte

Minoisch-mykenische Zeit
Zu Beginn des 3. Jahrtausend entsteht die bronzezeitliche minoische Kultur auf Kreta. Es handelt sich um eine Epoche, die besonders in den Palästen von Phaistos, Knossos und Mallia greifbar ist, aber auch auf den Kykladen (Akrotiri auf Santorin) Spuren hinterlassen hat. Verbindungslinien führen nach Kleinasien und Ägypten. Im 16. Jh., dem Späthelladikum, wird sie durch mykenischen Einfluss zurückgedrängt. Die Königspaläste von Tiryns, Pylos, Mykene und die Burgen von Midea, Theben, Orchómenos oder Philakopi sind die bekanntesten Relikte dieser neuen Zeit.

Archaische Zeit
Trotz fehlender politischer Einheit entwickelte sich in der archaischen Zeit (1100–500 v. Chr.) eine kulturelle Einheit. Die griechische Schrift, die Ausbildung der Polis, die Epen HOMERS und die Kolonisation an den europäischen und afrikanischen Küsten des Mittelmeers und rund um das Schwarze Meer sind Ausdruck bestimmter gemeinsamer Entwicklungen.

11. Jh. v. Chr.: Die Dorische Wanderung erreicht den Peloponnes
um 950 v. Chr.: Synoikismos (Einigung) Attikas unter Athener Führung
um 750 v. Chr.: langsame Ausbreitung der spartanischen Macht in Lakonien
um 720 v. Chr.: Ausbreitung der korinthischen Keramik; Kolonisation der Korinther entlang der festländischen Westseite
594 v. Chr.: „Solonische Gesetzgebung" mit allgemeinem Schuldenerlass, Aufhebung der Schuldknechtschaft, Neuordnung von Gesellschaft (Einteilung der Bürger nach dem Grundbesitz in vier Klassen, sog. Timokratie) und Verfassung (Areopag, Rat der 400, Volksversammlung, Volksgericht)
510–404 v. Chr.: So genannte Blütezeit der Polis; während einer 50-jährigen Friedenszeit („Pentekontaëtie") steigt Athen zur politisch und kulturell führenden Kraft auf.
508/507 v. Chr.: Reformen des KLEISTHENES; die Adelsfamilien verlieren durch die Phylenreform an Einfluss, innerhalb des Adels herrscht Isonomia (Gleichheit).
5. Jh. v. Chr.: Zeit der Perserkriege, in der die Griechen wichtige Siege bei Marathon (490), bei Salamis, an den Thermopylen (480) sowie bei Plataä (479) erringen; das westwärtige Vordringen des Perserreichs wird dauerhaft gestoppt.
448–431 v. Chr.: Zeitalter des PERIKLES; Vollendung der attischen Demokratie, Blüte von Literatur und Kunst, Neubau der Akropolis (mit Parthenon, Kultbild der Athene, Propyläen, Erechtheion, Niketempel)
431–404 v. Chr.: Peloponnesischer Krieg zwischen Athen (Attischer Seebund) und Sparta (Peloponnesischer Bund) um die Vorherrschaft; dank persischer Finanzhilfe siegt Sparta bei Aigospotamoi.
404–338 v. Chr.: „Niedergang der Poliswelt": die Schwächung der beiden führenden Städte durch den Peloponnesischen Krieg führt zu einem Machtvakuum, in dem sich staatlicher Partikularismus breit macht. PHILIPP II. von Mazedonien nutzt die Zersplitterung, um mit dem Korinthischen Bund (338) seine Hegemonie durchzusetzen und zu sichern.

Griechisch-römische Antike

336–323 v. Chr.: Unter ALEXANDER DEM GROßEN entsteht ein Imperium, das bis Indien reicht und in dem Griechenland auch räumlich eine Randposition einnimmt. Während der sechs Diadochenkriege (323–280 v. Chr.), in denen um ALEXANDERS Erbe gestritten wird, ändert sich dies nicht, wenngleich das kulturhistorische Vermächtnis des Griechentums im Hellenismus zu einem Siegeszug ansetzt. Der attisch-ionische Dialekt steigt in dieser Zeit zur Koiné, zur Amts- und Verkehrssprache der östlichen Mediterranëis und angrenzender Gebiete, auf. Alexandria, Pergamon und Rhódos sind die neuen kulturellen Zentren.

279 v. Chr.: Unter BRENNOS dringen Kelten durch Mazedonien, Thessalien und Böotien bis nach Delphi vor.

215–207 v. Chr.: Erster Mazedonisch-Römischer Krieg

200–197 v. Chr.: Zweiter Mazedonisch-Römischer Krieg

171–168 v. Chr.: Dritter Mazedonisch-Römischer Krieg

148 v. Chr.: als Provincia Macedonia Eingliederung Griechenlands ins Römische Reich

146 v. Chr.: Der Achäische Krieg endet mit der Zerstörung Korinths.

134/133 und 104/102 v. Chr.: Sklavenaufstände in den Silbergruben von Laureion

86 v. Chr.: Athen wird nach schwerer Belagerung erobert; Ende des Widerstands gegen Rom

27 v. Chr.: Errichtung der Provincia Achaïa

um 50 n. Chr.: „Thessalonicher-Briefe" des Apostels PAULUS

67 n. Chr.: Kaiser NERO erklärt zum Abschluss seiner Griechenlandreise alle Poleis der Provincia Achaïa für frei.

73 n. Chr.: Nach Unruhen stuft Kaiser VESPASIAN Achaïa wieder zur Senatsprovinz herab.

um 170 n. Chr.: PAUSANIAS verfasst seine Beschreibung Griechenlands, den so genannten Baedeker der Antike.

262 n. Chr.: erster Germaneneinfall, Belagerung von Thessaloníki

391 n. Chr.: das Christentum wird Staatsreligion

393 n. Chr.: letzte Olympische Spiele der Antike (293. Olympiade)

395 n. Chr.: Verbot der Olympischen Spiele

Byzantinische Epoche

395: Teilung des Imperium Romanum; Griechenland wird der Osthälfte zugeschlagen, aus der sich das Byzantinische Reich entwickelt.

395/396: Einfall der Westgoten unter ALARICH I. nach Thessalien, Epirus, Böotien und auf den Peloponnes

517: Kriegerische Bulgaren ziehen erstmals plündernd durch Mittel- und Südgriechenland.

580–587: Erste Phase der Slaweneinwanderung

602–626: Zweite Phase der Slaweneinwanderung

732: Die Kirchen des Landes werden dem Patriarchat von Konstantinopel unterstellt.

9. Jh.: Rückeroberung des Landes, Kolonisierung, Regräzisierung und Rechristianisierung

823–961: Kreta wird von Arabern beherrscht.

um 960: Die Mönchsgemeinschaften der Athos-Halbinsel entstehen.

976–1025: Unter BASILEIOS II. werden die Russen bekehrt und Bulgarien unterworfen; Blütezeit der byzantinischen Kunst und Literatur

1054: Schisma (Kirchenspaltung); die byzantinische Ostkirche (Orthodoxie) und die lateinische Westkirche (Katholizismus) trennen sich.

1082: Venedig übernimmt die handelspolitische Führungsrolle im Byzantinischen Reich.

1204: Der IV. Kreuzzug wendet sich gegen das orthodoxe Byzanz.

1205 Venedig erhält große Teile Griechenlands, u.a. den Peloponnes und Kreta.
1210: Gründung des Despotats Epiros
1249: Gründung von Mistras als fränkische Burg
1261: Wiederherstellung des Griechischen Kaiserreichs in Konstantinopel
1371–1393: Nord- und Mittelgriechenland unter osmanischer Herrschaft
1430: Thessaloníki wird osmanisch.
1453: KONSTANTINOS XII. PALAIOLOGOS, der letzte Kaiser des Byzantinischen Reiches, wird abgesetzt. GENNADIOS II. SCHOLARIOS (1453–1456) gilt als letzter byzantinischer Patriarch.
Die byzantinische Kultur lebt bei allen orthodoxen Völkern weiter, die Staatstradition wird von den Großfürsten von Moskau fortgeführt, die ihre Stadt von nun an als „Drittes Rom" bezeichnen.
Durch Abwanderung führender byzantinischer Gelehrter v.a. nach Florenz und Venedig kommt es zu intensiver Begegnung der griechischen Tradition mit dem Westen; hieraus erhält die Renaissance, d.h. Wiedergeburt (der klassischen Antike), entscheidende Impulse.

Osmanische Epoche

Mit dem Osmanischen Reich treten seit Beginn der Neuzeit noch zwei weitere islamische Großreiche (Reiche der Safawiden Persiens und des Großmoguls Indiens) auf den Plan. Sie sind bis ins 18. Jh. mal Gegenspieler, mal Verbündete europäischer Staaten.
1453: Eroberung Konstantinopels durch Sultan MOHAMMED II.
1456: Athen wird osmanisch.
1460: Mistras und der Peloponnes fallen an die neuen Herren; Einrichtung der osmanischen Landesverwaltung
1540: Venedig übergibt Monemvasía und Nauplion an die Osmanen.
1699: Im Frieden von Karlovitz werden die venezianischen Besitzungen auf Morea (Peloponnes) bestätigt; Kreta wird wieder osmanisch.
1718: Im Frieden von Passarovitz wird das Ende der venezianischen Herrschaft auf Morea besiegelt; es beginnt die Zeit des griechischen Balkanhandels.
1774: Russisches Protektorat über die orthodoxen Christen im Osmanischen Reich
1800–1820: Herrschaft ALI PASCHAS von Ioannina in Nordgriechenland
1800: Einrichtung der Ionischen Republik; 1814–1863 britisch
1814: Mit dem Ziel der Beseitigung bestehender Herrschaftsverhältnisse werden Geheimbünde gegründet (z.B. Gesellschaft der Philiker in Odessa), die von griechischen Kaufleuten getragen und von der orthodoxen Kirche unterstützt werden.
Die Loslösung vom Osmanischen Reich erfolgt zunächst rein kriegerisch, erst später auch auf dem Verhandlungswege. Das materielle und geistige Erbe der Osmanen wird zum größten Teil beseitigt bzw. nicht erhalten.

Neugriechische Epoche

Das Anwachsen des griechischen Territoriums erfolgt in zahlreichen Schritten, die erst mit der Eingliederung des Dodekanes 1948 enden. Die wechselhafte Geschichte des 19. und 20. Jh. ist durch Kriege, Wirtschaftskrisen und politische Abhängigkeiten geprägt. Seit dem Ende des West-Ost-Gegensatzes verändert sich auch die Rolle der Griechen auf der Balkanhalbinsel.
1821: Beginn des Freiheitskampfes auf dem Peloponnes, schrittweise Loslösung vom Osmanischen Reich
1830: Anerkennung des griechischen Staates im Londoner Protokoll
1897: Niederlage im Krieg gegen das Osmanische Reich

1912–1913: Balkankriege; Verdoppelung des Staatsgebiets

1922: „Kleinasiatische Katastrophe": Die Vorstellung eines zirkumägäischen Staates (Μεγάλη ιδέα) ist gescheitert, die Griechen müssen Ostthrakien, Kleinasien und den Pontus verlassen.

1924: Ausrufung der Republik

1940/41–1944: Zeit der Besatzung; Griechenland wird zunächst von Italien, dann von Deutschland und Bulgarien okkupiert.

1946–1949: Bürgerkrieg zwischen Kommunisten und Nationalen

1947–1948: Italien tritt den Dodekanes an Griechenland ab.

1952: Griechenland wird NATO-Mitglied.

1967–1974: Militärdiktatur

1981: Beginn der EG-Mitgliedschaft

1992: Der Zwist zwischen Athen und Skopje um die so genannte Makedonien-Frage verschärft sich.

1993: Das Land ist Teil des europäischen Binnenmarkts, die Fördermittel des Kohäsionsfonds beginnen zu fließen.

2002: Die griechische Drachme, die Währung mit der längsten Geschichte in der EU, wird durch den Euro ersetzt.

2004: Olympische Spiele in Athen

4 Bevölkerung und Siedlungen

Seit 1828 werden in Griechenland Bevölkerungszählungen durchgeführt, ab 1951 erfolgen sie in genau 10-jährigem Abstand. Der letzte Zensus fand 2001 statt.

Die Einwohnerzahl wuchs von 753 400 (1828) auf 10 939 771 (2001). Der über die Jahre sehr ungleich verteilte Zuwachs ist auf Flächengewinne (1828: 47 516 km^2; seit 1951: 131 957 km^2), auf Zuwanderung (vor allem nach der Kleinasiatischen Katastrophe in den 1920er Jahren) und phasenweise auf Geburtenüberschüsse zurückzuführen. Nach offiziellen Schätzungen ist wohl erst nach 2010 mit einer Schrumpfung der momentan um 11 Mio. Einwohner stagnierenden Zahlen zu rechnen; die Einwohnerdichte liegt bei 80 Ew./km^2.

Die Bevölkerung ist sehr ungleich über das Land verteilt. Im Großraum Athen lebt fast ein Drittel, in Mazedonien ein Fünftel, auf den Ionischen und Ägäischen Inseln (ohne Kreta) dagegen nur ein Sechzehntel der Landesbevölkerung. Land-, Insel- und Höhenflucht, die seit Jahrzehnten andauern, sorgen für eine weitere Verstärkung der Ungleichgewichte. 72% der Bevölkerung lebt in den Küstenebenen, Tiefländern und intramontanen Becken.

Bevorzugtes innergriechisches Wanderungsziel war und ist der attische Raum; der „Akropolis-Komplex" ist das sichtbarste Zeichen des weiteren Wachstums der Kapitale. Als Primatstadt führt Athen die Städtehierarchie mit weitem Abstand vor Thessaloníki, Pátras und Iráklion an. Die weiteren Groß- und Mittelstädte stehen vollkommen im Schatten der Metropole.

Die Außenwanderung nach Übersee (Amerika, später auch Australien), die vom 19. Jh. bis in die Zeit des Zweiten Weltkriegs dominierte, wurde nach 1960 von der Gastarbeiterwanderung nach Mittel- und Westeuropa abgelöst. Als ab Mitte der 1980er Jahre ein Strom von Remigranten in die Heimat zurückkehrte, setzte auch in den Nomi Mazedoniens und Thrakiens wieder das Bevölkerungswachstum ein. Die landesweit niedrigen Wachstumsraten sind eine Folge des beschleunigten Geburtenrückgangs.

Ethnische Zugehörigkeiten werden in der griechischen Statistik nicht erhoben. Aus historischen Gründen spielen nur in Mazedonien und Thrakien ethnische Minderheiten (Makedoslawen, Türken, Pomaken, Roma) eine unterschiedlich große Rolle. Die seit 1990 über das ganze Land verteilten ca. 300 000 Albaner halten sich zumeist illegal auf.

Die großen sozio-ökonomischen Wandlungen der jüngeren Vergangenheit und der Gegenwart spiegeln sich auch in Griechenland in der Relation der Altersklassen deutlich. Der Altersaufbau zeigt keine Pyramidenform mehr, sondern infolge der schrumpfenden jungen Jahrgänge die Form eines Bienenkorbs; in ländlichen Regionen ist bereits die Urnenform erreicht. Der Jugendlastquotient (Verhältnis der unter 15-Jährigen zu den 15- bis 65-Jährigen) geht zurück, während der Altenlastquotient steigt.

Die Gruppen der Schulpflichtigen (5–15 J.), Erwerbstätigen bzw. Auszubildenden (15–60 J.) sowie Pensionäre haben sich deutlich zu Ungunsten der beiden ersten Gruppen verschoben. Geburtenrückgang, schrumpfende mittlere Altersgruppen und wachsende Überalterung sind für ländliche Gebiete in noch höherem Maße als für Städte kennzeichnend. Die wachsenden (alten) Einpersonenhaushalte gehen hiermit parallel. Bei zunehmendem Durchschnittsalter (1970: 33,4; 1980: 34,2; 1995: 37,7 J.) muss an die Anpassung der schulischen, kulturellen und medizinisch-sozialen Infrastruktur gedacht werden. Die Nettoreproduktionsrate (Zahl der Mädchengeburten je Frau am Ende ihrer Fruchtbarkeitsperiode) sank von 1,6 (1970) auf 0,7 (1995); ohne Zuwanderung könnte der aktuelle Bevölkerungsstand nicht gehalten werden.

	Siedlungskategorie			Orographische Lage		
	Städtisch	Halbstädtisch	Ländlich	Ebene	Hügelland	Bergland
Griechenland	58,8	12,8	28,4	69,0	21,8	9,2
Groß-Athen	100,0	0,0	0,0	79,2	20,8	0,0
Restl. Zentralgriechenland	35,0	31,1	33,9	48,5	39,7	11,8
Ätolien und Akarnanien	33,3	16,8	49,9	49,9	33,9	16,2
restliches Attika	48,7	40,5	10,8	41,5	57,4	1,1
Böotien	28,9	35,9	35,2	56,2	30,2	13,6
Euböa	30,1	26,9	43,0	66,0	23,5	10,5
Evritanien	0,0	25,4	74,6	0,0	0,0	100,0
Phtiotis	25,7	27,9	46,4	52,9	34,4	12,7
Phokís	0,0	31,4	68,6	17,8	37,6	44,6
Peloponnes	35,9	14,6	49,5	64,3	19,6	16,1
Argolis	35,0	13,0	52,0	63,3	18,0	18,7
Arkadien	21,3	10,9	67,8	37,9	24,5	37,6
Achaïa	66,2	3,2	30,6	80,5	5,7	13,8
Ilía	24,8	18,3	56,9	84,3	8,5	7,2
Korinth	19,3	34,9	45,8	59,0	19,5	21,5
Lakonien	16,2	16,4	67,4	48,6	37,6	13,8
Messenien	28,5	16,0	55,5	44,2	44,1	11,7
Ionische Inseln	26,2	11,2	62,6	74,1	19,7	6,2
Zákinthos	31,4	0,0	68,6	77,8	21,8	0,4
Korfu	37,6	4,0	58,4	84,6	15,4	0,0
Kefallinía	0,0	33,3	66,7	55,1	30,3	14,6
Lefkás	0,0	31,8	68,2	44,7	21,5	33,8
Epirus	30,8	9,8	59,4	47,1	19,5	33,4
Arta	27,0	6,0	67,0	59,1	11,0	29,9
Thesprotien	0,0	27,5	72,5	8,4	46,8	44,8
Ioánnina	43,0	5,1	51,9	47,2	17,2	35,6
Préveza	25,8	14,6	59,6	60,0	16,5	23,5
Thessalien	43,6	16,4	40,0	72,8	12,3	14,9
Kardítsa	23,9	16,1	60,0	76,7	5,1	18,2
Lárisa	46,3	20,2	33,5	75,2	15,3	9,5
Magnísia	58,5	15,7	25,8	75,6	9,6	14,8
Tríkala	35,2	10,1	54,7	60,5	16,9	22,6
Mazedonien	51,7	16,7	31,6	74,7	17,8	7,5
Grevená	0,0	38,8	61,2	10,4	53,9	35,7
Dráma	39,9	22,0	38,1	70,2	19,7	10,1
Imathía	51,7	10,2	38,1	78,7	2,6	18,7
Thessaloníki	79,1	12,4	8,5	91,9	7,5	0,6
Kavála	42,7	17,3	40,0	22,6	64,0	13,4
Kastoría	29,8	16,9	53,3	28,1	54,1	17,8
Kilkís	16,1	19,2	64,7	83,5	13,2	3,3
Kozáni	38,0	11,9	50,1	57,6	24,4	18,0
Pélla	31,0	22,1	46,9	81,8	5,9	12,3
Piería	40,3	21,2	38,5	72,7	21,8	5,5

Sérres	26,1	20,4	53,5	78,5	17,4	4,1
Flórina	23,7	6,4	69,9	44,5	35,6	19,9
Chalkidikí	0,0	45,2	54,8	49,0	36,9	14,1
Athos	0,0	0,0	100,0	0,0	100,0	0,0
Thrakien	38,6	14,8	46,6	66,2	22,6	11,2
Evros	36,9	19,8	43,3	89,5	7,4	3,1
Xánthi	41,2	13,8	45,0	28,1	48,3	23,6
Rhodopi	38,7	8,6	52,7	67,4	21,0	11,6
Ägäische Inseln	31,8	21,2	47,0	57,2	24,5	18,3
Dodekanes	45,3	28,1	26,6	62,8	21,3	15,9
Kykladen	17,0	18,7	64,3	51,0	36,2	12,8
Lésbos	23,8	15,8	60,4	63,3	22,3	14,4
Sámos	0,0	39,8	60,2	20,8	29,1	50,1
Chíos	57,5	0,0	42,5	67,4	14,6	18,0
Kreta	41,5	12,3	46,2	64,2	18,7	17,1
Iráklion	47,9	11,2	40,9	73,7	14,1	12,2
Lassíthi	0,0	44,0	56,0	29,2	46,4	24,4
Réthimnon	35,8	3,3	60,9	53,9	11,5	34,6
Chaniá	53,9	2,2	43,9	69,6	16,8	13,6

Tab. A 4.1: Bevölkerungsverteilung nach Siedlungskategorien und orographischer Lage auf Nomos-Ebene 1991 (in %)
Quelle: National Statistical Service 1996, S. 48 f.

Tab. A 4.2: Bevölkerungsstruktur nach Altersgruppen und Lastquotienten 1971–1997 (in %)
Quelle: National Statistical Service 1999

Alter	1971		1981		1993		1997	
	insges.	männl.	insges.	männl.	insges.	männl.	insges.	männl.
<5	9,0	4,6	7,4	3,8	5,1	2,6	4,8	2,5
5–10	8,1	4,2	7,1	3,7	5,8	3,0	5,1	2,6
10–15	8,3	4,2	7,9	4,1	7,0	3,6	6,0	3,1
15–20	7,6	3,9	7,5	3,9	7,4	3,8	7,1	3,6
20–25	7,3	3,7	7,2	3,6	7,6	3,9	7,5	3,8
25–30	5,8	2,8	6,9	3,5	7,5	3,8	7,7	3,9
30–35	6,9	3,2	6,7	3,4	7,1	3,6	7,5	3,7
35–40	7,4	3,6	6,1	3,0	6,8	3,4	7,1	3,5
40–45	7,6	3,7	6,5	3,1	6,5	3,3	6,7	3,4
45–50	5,7	2,8	7,1	3,4	6,1	3,1	6,4	3,2
50–55	5,0	2,3	6,8	3,3	5,8	2,8	6,0	2,9
55–60	5,5	2,7	5,2	2,5	6,3	3,1	5,7	2,8
60–65	5,0	2,4	4,3	2,0	6,1	3,0	6,1	2,9
65–70	4,1	1,9	4,5	2,0	5,2	2,4	5,6	2,6
70–75	3,1	1,3	3,7	1,7	3,6	1,6	4,4	2,0
75–80	1,7	0,8	2,7	1,2	2,7	1,2	2,8	1,2
80–85	1,2	0,5	1,5	0,6	2,0	0,8	1,9	0,8
>85	0,8	0,3	0,9	0,3	1,4	0,6	1,6	0,7
Jugendlastquotient	39,8		34,8		26,6		23,6	
Altenlastquotient	17,1		20,7		22,2		24,2	

5 Wirtschaft

Aus historischen Gründen, aber auch wegen ungenügender Rohstofflagerstätten besteht nicht die Möglichkeit, mit dem Aufbau der Schwerindustrie die Industrialisierung einzuleiten. Der primäre und der tertiäre Sektor haben daher traditionell große Bedeutung. Der sekundäre Sektor konnte nie zum Motor einer wirtschaftlichen und gesellschaftlichen Neuordnung aufsteigen, wie es in den Industrieländern Mittel- und Westeuropas geschehen war. Trotz großer Anstrengungen blieb das Branchenprofil unausgewogen und defizitär, gewerbliche Mittel- und Kleinbetriebe stellen die Masse der produzierenden und verarbeitenden Unternehmen.

Die aktuelle Entwicklung zeigt dennoch viele Parallelen zu Deutschland: Die Erwerbstätigkeit der Frauen nimmt zu, ebenso ihre Erwerbslosenquote. Der landwirtschaftliche Strukturwandel führt zur stetigen Abnahme der Erwerbstätigen in diesem Bereich (1999: 8,0%) bei gleichzeitig steigender Wertschöpfung.

Die überwiegenden Klein- und Kleinstbetriebe haben wegen der hohen Arbeitsintensität (z.B. bei Zitrusfrüchten, Korinthen und Tabak), aber auch des guten Ertrags vieler Kulturen (Gemüse, Wein, Baumkulturen) immer noch vertretbare Betriebsaussichten, sofern sie über Bewässerungsflächen verfügen und einen sicheren Marktzugang haben. In den Bergländern und auf entlegenen Inseln machen sich Extensivierungserscheinungen breit, das Kulturland verfällt großflächig. Die stationäre Kleinviehhaltung hat die Fernweidewirtschaft weitestgehend abgelöst.

Infolge der jahrhundertelangen Weidewirtschaft ist der Baumbestand stark degradiert. Die staatliche Forstverwaltung fördert zwar die Anlage von Nadelholzbeständen, doch nehmen sich diese flächenmäßig sehr bescheiden aus.

Die Inflation konnte spürbar gedämpft werden (1990–2000: 9,2%; 2001: 3,0%). Die Deregulierung der Wirtschaft greift Platz, der Staat zieht sich immer mehr zurück. Auf die verschärfte weltweite Konkurrenz gibt es verschiedene Antworten: z.B. Einsatz billiger Arbeitskräfte in der Landwirtschaft (z.B. illegale Zuwanderer aus Albanien), Betriebsverlagerung an kostengünstigere Standorte, Partizipation an der internationalen Arbeitsteilung oder Aufbau flexibler regionaler Netzwerke, um leistungsfähige Strukturen zu entwickeln. Handwerk, Gewerbe und Industrie konzentrieren sich in den großen Ballungsräumen. Fast alle wichtigen Industriezentren finden sich in Hafenstädten. Die Verbrauchsgüterproduktion hat größeres Gewicht als die Grundstoffindustrie.

Im Binnenhandel hat die Eisenbahn keine große Bedeutung, sie steht vollkommen im Schatten der Straße. Für die Inseln ist natürlich der Schiffsverkehr unverzichtbar. Der Außenhandel wird zum größten Teil mit den Ländern der EU abgewickelt, allen voran Deutschland, Italien und Frankreich.

Der Anteil der Selbständigen ist – bei fallender Tendenz – immer noch sehr hoch. Einpersonen-Unternehmen sind im Einzelhandel, Transportwesen und Handwerk weit verbreitet. Der Übergang zur Schattenwirtschaft (Schmuck-, Los- und Zeitungsverkäufer, Schuhputzer, ambulanter Händler usw.) ist fließend; manche schätzen ihren Anteil auf 50%.

Der Tourismus spielt seit etwa 1970 eine immer größere Rolle. Hier wird das endogene Potenzial erfolgreich vermarktet, aber nicht jede Region hat daran Anteil. Dank des sommertrockenen Klimas, der schönen Strände, der schnellen Flugverbindungen und der günstigen Unterkünfte kam es zu einem wirtschaftlichen Aufschwung, von dem insbesondere die Badeorte auf den Inseln profitieren. Die Schattenseiten sind unübersehbar: Verbauung der Küsten, Überfremdung der Siedlungen, Nutzungskonkurrenzen um Land und Wasser, zunehmender Landschaftsverbrauch sowie zunehmende Umweltbelastung. Der klassische Bildungstourismus gerät immer weiter ins Abseits.

Die räumlichen Disparitäten haben sich nur in einzelnen Segmenten gemildert. Generell hat sich die Schere zwischen Aktiv- und Passivräumen geöffnet, die Polarisierung hat zugenommen.

Tab. A 5.1: Erwerbspersonen, Erwerbstätige und Arbeitslose 1981–2000 (in 1000)
Quelle: Statistisches Bundesamt 1996, National Statistical Service 2002

	1981	1985	1990	1993	2000
Erwerbspersonen	3543,8	3893,0	3999,9	4118,4	4404,1
männlich	2584,6	2513,0	2516,5	2584,0	2625,6
weiblich	959,2	1380,0	1483,4	1534,4	1778,4
Erwerbstätige	3388,5	3589,0	3719,1	3720,2	3932,1
Arbeitslose	155,3	304,0	280,8	398,2	471,8
männlich	99,2	142,0	107,1	164,5	185,0
weiblich	56,1	162,0	173,7	233,7	286,8
Arbeitslosenquote (%)	4,4	7,8	7,0	9,7	10,7

Tab. A 5.2: Erwerbstätige nach Wirtschaftsbereichen 1981 und 1992 (in %)
Quelle: Statistisches Bundesamt 1996

	1981	1992
Land- und Forstwirtschaft, Fischerei	30,7	21,9
Produzierendes Gewerbe	29,0	27,1
Bergbau, Steine und Erden	0,5	0,5
Verarbeitung	19,3	19,0
Energie, Wasser	0,9	1,0
Bau	8,3	6,7
Dienstleistungen	40,3	51,0
Handel, Gastgewerbe	15,0	18,7
Verkehr, Nachrichten	7,8	6,8
Kredit, Versicherung, Immobilien	3,3	5,4
Öffentliche, soziale, persönliche Dienstleistungen	14,3	20,1

Tab. A 5.3: Erwerbstätige nach Berufsgruppen und Stellung 1981 und 1992 (in %)
Quelle: Statistisches Bundesamt 1996

	1981	1992
Berufsgruppen		
Wissenschaftler	9,7	13,0
Leitende Tätigkeiten in Wirtschaft und öffentlicher Verwaltung	2,1	1,9
Bürokräfte	8,9	11,3
Handelsberufe	9,7	12,2
Dienstleistungsberufe	7,8	9,9
Land- und Forstwirtschaft, Fischerei	30,7	22,0
Arbeiter	30,5	28,9
Unklassifiziert	0,7	0,7
Stellung		
Selbständig	35,7	32,6
Mithelfende Familienangehörige	11,1	10,8
Lohn- und Gehaltsempfänger	48,8	51,5
Unklassifiziert	4,3	5,2

	1987	1989	1991	1998
Apfelsinen	16 996	17 527	17 898	18 787
Mandarinen	2 907	3 253	3 245	3 375
Zitronen, Limonen	5 706	5 846	5 631	5 253
Äpfel	6 218	6 299	6 600	6 793
Birnen	7 385	6 552	5 835	5 054
Pfirsiche	15 185	18 016	19 715	18 261
Aprikosen	2 537	2 404	2 025	2 081
Kirschen	2 347	2 249	2 361	2 261
Feigen	3 117	2 888	2 755	1 369
Mandeln	12 148	11 852	11 181	8 849
Walnüsse	2 937	2 839	2 708	2 491
Haselnüsse	2 155	1 749	1 589	643
Pistazien	1 043	1 069	1 110	1 426
Esskastanien	1 520	1 438	1 526	1 768
Johannisbrot	2 718	2 490	2 283	1 737
Oliven	129 760	130 527	132 923	148 146
Mastix	2 276	2 264	2 617	1 789
Gesamt	220 813	223 449	226 158	234 815

Tab. A 5.4: Bestand an Fruchtbäumen und -sträuchern 1987–1998 (in 1000)
Quelle: Statistisches Bundesamt 1996, National Statistical Service 2002

	1990	1992	1994
Gesamterzeugung	97,1	112,8	111,4
je Einwohner	91,5	105,3	103,2
Nahrungsmittelerzeugung	93,0	106,3	103,1
je Einwohner	87,6	99,2	95,4

Tab. A 5.5: Indexwerte der landwirtschaftlichen Produktion 1990–1994 (1979/81 = 100)
Quelle: Statistisches Bundesamt 1996

	1980	1985	1990	1994	1999
Kraftwerksleistung (MW)	5 410	7 339	8 809	k. A.	9 858
Wärmekraftwerke	3 390	5 305	6 400	–	7 131
Wasserkraftwerke	1 416	2 034	2 409	–	2 726
Elektrizitätserzeugung (Mio. kWh)	22 652	27 740	35 001	37 302	44 777
Wärmekraftwerke	19 247	24 935	33 004	34 538	39 978
Wasserkraftwerke	3 405	2 805	1 997	2 764	4 799
Öffentliche Versorgung	22 409	27 324	34 126	k. A.	k. A.
Elektrizitätsverbrauch (Mio. kWh)	20 064	24 061	28 812	k. A.	36 528
Haushalte	5 656	7 685	9 074	–	–
Handel und Industrie	13 342	14 506	16 926	–	–
Landwirtschaft	400	901	1 558	–	–
Staatliche Einrichtungen	441	617	792	–	–
Straßenbeleuchtung	225	353	462	–	–

Tab. A 5.6: Kraftwerke, Elektrizitätserzeugung und Elektrizitätsverbrauch 1980–1999
Quelle: Statistisches Bundesamt 1996, National Statistical Service 2002

	1985	1989	1993
Einfuhr	10 140	16 149	22 760
Ausfuhr	4 543	7 544	8 777
Einfuhrüberschuss	5 597	8 605	13 983

Tab. A 5.8: Außenhandelsentwicklung Griechenlands 1985–1993 (in Mio. US-$)
Quelle: Statistisches Bundesamt 1996

	1990	1992	1994
Nahrungsmittel	112,6	133,0	134,1
Getränke	145,7	151,4	174,5
Tabakverarbeitung	112,3	108,3	123,8
Textil	95,4	79,4	71,4
Bekleidung, Schuhe	69,9	67,3	60,0
Leder	62,9	60,4	55,5
Holz	74,1	73,4	60,6
Möbel	89,2	78,6	75,9
Papier	149,6	164,3	161,6
Druck und Verlag	98,5	87,8	80,7
Chemie	133,3	122,5	129,7
Mineralöl- und Kohleverarbeitung	129,6	131,7	130,5
Gummi und Kunststoffe	143,0	121,7	142,9
Steine und Erden	100,0	84,5	87,4
Metallerzeugung	99,3	102,7	99,8
Metallbearbeitung	74,4	74,6	68,9
Maschinenbau	95,0	92,1	80,3
Elektrotechnik	84,1	96,5	101,0
Fahrzeugbau	86,6	94,6	70,2
Gesamt	102,6	100,4	98,2

Tab. A 5.7: Ausgewählte Indexwerte der Produktion im Verarbeitenden Gewerbe 1990–1994 (1980 = 100)
Quelle: Statistisches Bundesamt 1996

		1980	1985	1990	1993	2000
	Europa	72,7	76,7	85,9	85,5	89,0
	EU-Länder	44,4	52,8	64,0	66,9	64,3
	Schweden	4,5	3,2	2,8	3,2	3,5
	Österreich	3,6	4,0	3,1	2,9	3,4
	Schweiz	3,0	2,9	1,6	1,7	2,3
	Türkei	0,9	0,7	0,5	1,5	0,9
	Finnland	1,4	2,0	2,6	1,2	1,1
	Norwegen	1,7	2,1	1,0	1,0	2,3
	Asien	5,7	4,2	2,4	3,7	4,3
	Japan	1,5	1,3	1,2	0,9	0,8
	Afrika	2,0	1,6	0,7	0,5	0,4
	Amerika	7,8	8,8	4,1	3,5	2,2
	USA	5,5	6,6	3,0	2,6	1,6
	Ozeanien	2,5	2,0	1,2	0,6	0,4

Tab. A 5.9: Touristen ausgewählter Herkunftsländer 1980–2000 (in %)
Quelle: Statistisches Bundesamt 1996, National Statistical Service 2002

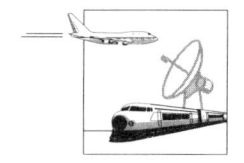

6 Verkehr und Nachrichtenwesen

Im gebirgigen und zerlappten Griechenland bereitet die Verkehrserschließung seit jeher erhebliche Probleme. Nicht nur die Halbinsel Mani, auch andere Gebiete lagen bis nach dem Zweiten Weltkrieg abseits befestigter Kunststraßen. Das Pindosgebirge bietet bis heute dem Fernverkehr lediglich zwei Passagen an, auf denen in mehr oder weniger kurvenreichem Verlauf die Höhe überwunden wird. Nur die modernen Straßen ermöglichen dank zahlreicher Baumaßnahmen (Tunnel, Brücke, Hangbrücke) eine zügige Durchquerung. Die alten Straßen, die mit vielen Serpentinen und häufigem Auf und Ab den Vorgaben des Reliefs folgen, sind inzwischen funktionslos, aber noch gut im Gelände zu erkennen. Auch die Querung des Taïgetosgebirges zwischen Sparta und Kalamáta ist zeitraubend und für LKW wegen der engen Straße und bisweilen überhängenden Felsen nicht unproblematisch. In den Gebirgen gibt es noch zahlreiche unbefestigte Straßen und Wege, obgleich in den letzten Jahrzehnten viel in den Straßenbau investiert wurde; 1994 gab es nur noch 32 km unbefestigter Nationalstraßen und 2434 km unbefestigter Provinzstraßen (1964: 7878 km). Aus strategischen Gründen ist das Straßennetz der Ostägäischen Inseln in sehr gutem Zustand. Nur die großen N-S- und W-E-Strecken des Festlands sind als Autobahnen ausgebaut.

Landesweit ist das Straßennetz im Bereich des „Großen S" am dichtesten. In den einzelnen Nomi konzentriert es sich auf die Hauptorte. Stadtbusse bedienen den innerörtlichen Verkehr und die Vororte. Sternförmig erschließen öffentliche Busse von zentralen Busbahnhöfen aus das weitere Umland; in der Regel führt auch eine Linie im Non-Stop-Verkehr nach Athen.

Der Bestand an Automobilen hat sich zwischen 1985 (2036625) und 1998 (4323118) um 112% erhöht. Bei neu zugelassenen Bussen und LKW überwiegen die gebrauchten Fahrzeuge (die Zahlungskraft der kleinen gewerblichen Unternehmen ist begrenzt), bei den PKW sind die Neuwagen in der Überzahl. Die Anzahl der Verkehrsunfälle ist im gleichen Zeitraum um 15%, die der Verkehrstoten um 11% gestiegen. Der Straßenbau konnte bei der stark ansteigenden Motorisierung nicht mithalten. Es gibt zu wenig Umgehungsstraßen, vor allem im Großraum Athen ist die Situation unter Verkehrs- und Umweltaspekten problematisch.

Das Fahrverbot für private PKW in der Athener Innenstadt an geraden bzw. ungeraden Tagen je nach Endziffer des Kennzeichens bringt keine spürbare Entlastung. Trotz großzügiger Auslegung der Halte- und Parkverbote bereitet der ruhende Verkehr immer größere Probleme. Fußgängerzonen, die in den 1990er Jahren in den meisten Städten angelegt wurden, können die chronisch verstopften Innenstädte nur scheinbar entlasten.

Das Eisenbahnnetz hatte von jeher eine untergeordnete Bedeutung; sein Ausbau hat nicht wie in Mitteleuropa die Industrialisierung entscheidend vorangetrieben. Die Metropolen Athen und Thessaloníki sind die alleinigen wichtigen Umsteigebahnhöfe mit internationalen Anschlüssen. Aus Rentabilitätsgründen wurde das Netz soweit eingeschränkt, dass heute nur noch zwei Hauptlinien (N-S, W-E, Kreuzungspunkt in Thessaloníki) mit Normalspur bestehen. Die 1 m breite Peloponnesbahn fährt einen Rundkurs. Das Frachtaufkommen ging in den letzten Jahren stark zurück, die Fahrgastzahlen stagnieren. Bei unverändert hohem Personalbestand (fast 12000 Beschäftigte) ist das Unternehmen auf staatliche Subventionen angewiesen. Mit einem Rückbau der Stellen und des Angebots ist für die nächsten Jahre zu rechnen.

Die griechische Handelsflotte rangiert im weltweiten Vergleich hinter den „Billigflaggen" Panama und Liberia auf Platz 3. Sie hat am nationalen Passagierverkehr einen Anteil von 94% (1991) und verbindet im Fährverkehr die Ionischen und Ägäischen Inseln mit dem Festland und untereinander, aber auch mit Italien, Zypern und anderen Ländern. Der innergriechische Seegüterverkehr macht nur ein Viertel der Gesamtleistung der Handelsflotte aus, die weltweit im Einsatz ist. Zahlreiche Schiffe griechischer Reeder sind ausgeflaggt.

Wichtigste Häfen sind Piräus (Haupthafen und Ag. Georgios), Chalkís, Vólos, Thessaloníki, Iráklion und Pátras. Ermoúpolis auf Síros, einst die zentrale Hafenstadt in der Ägäis, hat seine Drehscheibenfunktion an Piräus abgegeben. Die vielen kleinen Häfen des Festlands (Alexandroúpolis, Préveza, Kalamáta u.v.a.) und vor allem der Inseln haben nur regionale Bedeutung.

Das dichte Flughafennetz (36 Landeplätze) ist primär für den innergriechischen Verkehr gebaut worden. Athen, Thessaloníki, Iráklion, Rhódos und Korfu verzeichnen den intensivsten Luftverkehr. Die vielen weiteren festländischen Flughäfen sind im Linienverkehr ganz überwiegend an Athen angebunden. Im Charterverkehr sind insbesondere die Inseln direkt erreichbar, sodass eine wichtige Voraussetzung für den internationalen Tourismus erfüllt ist.

Die Telefonausstattung ist in den letzten Dekaden sprunghaft angestiegen. Von 1984 (3,5 Mio. Apparate) bis 1996 (6,5 Mio. Apparate) verdoppelte sich der Bestand beinahe. Nach wie vor ist die Telefondichte im Großraum Athen (1996: 2,8 Mio. Apparate) deutlich höher als im Rest des Landes. Seit Mitte der 1990er Jahre sind verschiedene Mobiltelefonnetze aufgebaut worden, die von staatlichen und privaten Betreibern unterhalten werden. Das Funknetz reicht bis in entlegene Täler.

Tab. A 6.1: Klassifizierte Straßen 1990–1994 (in km)
Quelle: National Statistical Service 1999

	1990	1992	1994
Nationalstraßen	9100	9255	9158
befestigt	9082	9236	9126
unbefestigt	18	19	32
Provinzstraßen	29212	29351	29107
befestigt	26042	26483	26673
unbefestigt	3170	2868	2434
Gesamt	38312	38606	38265

Tab. A 6.2: Anzahl der Tanker, Handels- und Passagierschiffe 1990–1997
Quelle: National Statistical Service 1999

	1990	1993	1997
Tanker			
Anzahl	365	435	398
Tonnage (BRT)	9953	14773	12680
Handelsschiffe			
Anzahl	867	880	667
Tonnage (BRT)	11715	13948	11831
Passagierschiffe			
Anzahl	434	495	524
Tonnage (BRT)	749	843	1100
Andere			
Anzahl	365	356	338
Tonnage (BRT)	109	108	98
Gesamt			
Anzahl	2031	2166	1927
Tonnage (BRT)	22526	29672	25708

7 Soziales, Gesundheitswesen, Bildung und Kultur

Während der ersten Regierungszeit der sozialistischen Partei PASOK unter ANDREAS PAPANDREOU (1981–1989) werden Staat und Gesellschaft tiefgreifend reformiert. Männer und Frauen werden rechtlich gleichgestellt, die Zivilehe wird eingeführt, eheliche und nicht-eheliche Kinder sind gleichberechtigt. Die Säkularisierung der Gesellschaft macht deutliche Fortschritte.

Die neu geschaffene landwirtschaftliche Rente sichert die Existenz vieler Kleinbauern. In den medizinisch unterversorgten ländlichen Regionen entstehen Gesundheitszentren. Mit der Gründung neuer Universitäten und Fachhochschulen in allen Landesteilen werden die Ausbildungschancen in den peripheren Gebieten verbessert, die Vorrangstellung und das Image Athens können jedoch nicht gebrochen werden. Ein öffentlich geförderter, sozialer Wohnungsbau mit staatlichen oder genossenschaftlichen Mietwohnungen breitet sich indes nicht aus; es ist schwierig, hierfür stichhaltige Gründe anzuführen.

Infolge der wachsenden Überalterung, steigender Staatsverschuldung und sinkender Einnahmen kommt es ab 1990 zum sozialpolitischen Kurswechsel mit spürbaren Einschränkungen bei den Gehältern im öffentlichen Dienst und den staatlichen Leistungen. Gewerkschaften und Interessenverbände laufen hiergegen wiederholt Sturm, viele Streiks beeinträchtigen die wirtschaftliche Leistungsfähigkeit zusätzlich. Auch im kulturellen Bereich gehen die Subventionen zurück, mit denen unter MELINA MERKOURI als Kulturministerin (1981–1989) u.a. die Theaterlandschaft ausgebaut worden war. Dennoch kann z.B. bei den Universitäten und Fachhochschulen die neue Struktur mit dezentralen Standorten erhalten werden. Im Großraum Athen kommen sogar private Institute dazu.

Das Schulsystem besteht aus einer sechsjährigen Grundschule, einer dreijährigen Sekundarstufe I (Gymnasium) und gleich langer Sekundarstufe II (Lyzeum). 1994/95 besuchten 706 875 Schüler die Grundschule und 709 526 die beiden Sekundarstufen, d.h. ein sehr hoher Anteil absolviert 12 Schuljahre. Da die Qualität der staatlichen Schulausbildung als nicht sehr hoch gilt, konnten sich aller Orten private Nachhilfeschulen (Frontistíria [Φροντιστήρια], jeweils auf bestimmte Fächer spezialisiert) etablieren, deren Besuch für eine erfolgreiche Schullaufbahn als unumgänglich gilt. Den Zugang zur Universität erhält man infolge des großen Andrangs erst, wenn man die zentralen Prüfungen (panellínies exétasis, πανελλήνιες εξέτασεις) bestanden hat.

Im Bereich der Museen und archäologischen Stätten, die als historisches Erbe in hohem Ansehen stehen, bleibt das dichte Netz erhalten und wird sogar noch ausgebaut. Den stärksten Zulauf haben solche Stellen, die wie Knossos auf Kreta oder Líndos auf Rhódos auch von vielen Touristen aufgesucht werden. Dagegen fallen relativ abgelegene, aber gleichwohl berühmte Ausgrabungsplätze wie Delphi oder Mykene zurück.

Die Medienlandschaft ist sehr bunt. Die lokalen Blätter, die in allen größeren Mittelstädten erscheinen, haben nur geringe Resonanz. Wichtiger sind die Zeitungen aus Athen und Thessaloníki. Politische Blätter haben die größte Käuferschaft. Die Morgenzeitungen sind größtenteils reine Parteiblätter und von untergeordneter Bedeutung. Unter den Mittagszeitungen sind Ta Néa (Das Neue) und Eleftherotipía (Freie Presse) die wichtigsten. To Víma (Die Tribüne) ist eine angesehene Wochenzeitung. Die vielen Sportmagazine bedienen besonders die zahlreichen Fußball- und Basketballfans und versuchen mit markanten Schlagzeilen und spektakulären Bildern ihre Kunden zu überzeugen.

Die staatliche Fernsehgesellschaft (ERT) strahlt neben den beiden landesweiten zahlreiche regionale Programme aus. Dazu kommen mehrere private Sender, unter denen Antenna, Mega und Skye die größten sind. Etliche Spartenkanäle runden das Fernsehangebot ab. Auch der staatliche Rundfunk bietet im Rahmen der 3. Programme mit 19 regionalen Sendeanstalten inzwischen ein fast lokales Radioprogramm an. Auch hier gibt es eine starke private Konkurrenz.

	1992	1994	1996	1999
Pensionen	423	545	676	926
Sozialhilfe	804	979	1171	890
Krankenhausaufenthalte	73	123	47	11
Gesamt	1300	1647	1894	1827

Tab. A 7.1: Staatliche Aufwendungen für Pensionen, Sozialhilfe und Krankenhausaufenthalte 1992–1999 (in Mrd. Drs.)
Quelle: National Statistical Service 1999 und 2002

	Krankenhäuser		Ärzte						
	Anzahl	Betten	Gesamt	Praktische Ärzte	Internisten	Mikrobiologen	Kardiologen	Kinderärzte	Zahnärzte
Groß-Athen	117	24400	19611	5930	1606	1618	957	1117	4958
Mittelgriechenland	26	1931	1983	675	196	168	102	137	770
Peloponnes	38	3373	2994	1235	219	213	133	163	756
Ionische Inseln	8	981	517	150	50	43	28	34	106
Epirus	9	1374	1314	604	77	72	48	69	274
Thessalien	36	2493	1779	578	211	143	90	132	576
Mazedonien	80	11662	9015	2984	659	639	386	598	2304
Thrakien	8	895	852	344	73	47	41	55	207
Ägäische Inseln	14	2168	953	366	89	65	36	58	290
Kreta	22	2950	2021	775	156	146	74	122	422
Gesamt	358	52227	41039	13641	3336	3154	1895	2485	10663

Tab. A 7.2: Regionale Verteilung der Krankenhäuser und Ärzte 1995
Quelle: National Statistical Service 1999

	1992	1994	1996
Athen	20261	22654	22285
Ägäis	1777	1292	2002
Westmazedonien	k. A.	1126	1458
Dodekanes	1454	1159	1414
Thessaloníki	12709	10933	14801
Thrakien	2816	2790	3077
Ioánnina	780	441	1074
Korfu	987	916	782
Kreta	2671	2933	3511
Lárisa	4253	3620	4089
Náfplion	3100	2477	3111
Pátras	4411	3900	4836
Piräus	4036	3406	5303
Gesamt	59255	57647	67743

Tab. A 7.3: Privatrechtliche Urteile in erster Instanz nach Gerichtsbezirken 1992–1996
Quelle: National Statistical Service 1999

	Studenten	Dozenten
Universität Athen	29 100	2 531
Universität der Ägäis	1 410	167
Universität Thessaliens	1 095	217
Universität Thessaloníki	28 542	2 555
Universität Thrakiens	4 379	450
Ionische Universität	610	71
Universität Ioánnina	5 055	525
Universität Kretas	3 758	446
Polytechnische Universität Kretas	601	79
Universität Pátras	7 316	652
Polytechnische Universität Athen	5 965	584
Wirtschaftsuniversität Athen	3 511	175
Pantio-Universität	4 592	234
Universität Piräus	4 268	213
Mazedonische Universität	2 874	122
Landwirtschaftsuniversität Athen	1 607	141
Kunstakademie Athen	542	49
Charokopias Universität	89	12
Gesamt	105 314	9 223

Tab. A 7.4:
Studenten- und Dozentenzahlen der Universitäten 1994/95
Quelle: National Statistical Service 1999

	Griechenland		Groß-Athen	
	1994	2000	1994	2000
Politische Zeitungen aus Athen	252 313	202 565	127 729	101 524
Tgl. Morgenzeitung	12 142	23 017	7 974	11 416
Tgl. Abendzeitung	175 669	115 797	91 199	59 398
Wochenzeitung	54 530	63 751	28 556	30 710
aus Thessaloníki	9 972	k. A.	k. A.	k. A.
Sportzeitungen aus Athen	55 770	65 490	23 910	27 540
Tageszeitung	41 336	55 934	20 031	23 787
Wochenzeitung	7 792	9 556	3 879	3 753
aus Thessaloníki	6 642	k. A.	k. A.	k. A.
Wirtschaftszeitungen	3 387	k. A.	2 068	10 937
Fremdsprachige Zeitungen	770	k. A.	698	503
Politisch-satirische Magazine	2 434	k. A.	1 042	462

Tab. A 7.5:
Verkaufte Exemplare Athener und Thessaloníker Zeitungen 1994 und 2000
Quelle: National Statistical Service 1999 und 2002

Perthes Länderprofile/Regionalprofile

Bayern/Jörg Maier (Hrsg.)
1. Aufl. 1998, 296 S., 3-623-00692-0
Hamburg/Ilse Möller
2., vollständig überarb. Aufl. 1999, 304 S., 3-623-00697-1
Hessen/Bodo Freund
1. Aufl. 2002, 375 S., 3-623-00670-X
Mecklenburg-Vorpommern/Wolfgang Weiß (Hrsg.)
1. Aufl. 1996, 240 S., 3-623-00685-8
Nordrhein-Westfalen/Ewald Gläßer, Martin W. Schmied und Claus-Peter Woitschützke
2., vollständig überarb. Aufl. 1997, 424 S., 3-623-00691-2
Sachsen/Hartmut Kowalke (Hrsg.)
1. Aufl. 2000, 376 S., 3-623-00672-6
Sachsen-Anhalt/Eckart Oelke (Hrsg.)
1. Aufl. 1997, 424 S., 3-623-00673-4

Australien/Heinrich Lamping
2., vollständig überarb. Aufl. 1999, 248 S., 3-623-00687-4
Deutschland/Karl Eckart (Hrsg.)
1. Aufl. 2000, 456 S., 3-623-00690-4
Finnland/Ekkehard Militz
1. Aufl. 2002, 280 S., 3-623-00698-X
Die kleinen Golfstaaten/Fred Scholz (Hrsg.)
2., vollständig überarb. Aufl. 1999, 304 S., 3-623-00695-5
Großbritannien/Heinz Heineberg
2., vollständig überarb. Aufl. 1997, 416 S., 3-623-00669-6
Indien/Dirk Bronger
1. Aufl. 1996, 526 S., 3-623-00667-X
Mexiko/Erdmann Gormsen
1. Aufl. 1995, 368 S., 3-623-00668-8
Österreich/Felix Jülg
1. Aufl. 2001, 328 S., 3-623-00666-1
Saudi-Arabien/Hans Karl Barth und Konrad Schliephake
1. Aufl. 1998, 248 S., 3-623-00689-0
Südafrika (mit Lesotho und Swasiland)/Bernd Wiese
1. Aufl. 1999, 360 S., 3-623-00694-7
USA/Roland Hahn
2. überarb. Aufl. 2002, 504 S.,
3-623-00678-5

Sibirien/Norbert Wein
1. Aufl. 2000, 248 S., 3-623-00693-9
Südliches Afrika/Jürgen Bähr und Ulrich Jürgens
1. Aufl. 2002, 384 S., 3-623-00633-5

Perthes GeographieKolleg (Auswahl)

Das Klima der Städte
Fritz Fezer: 1. Aufl. 1995, 199 S., 3-623-00841-9

Das Wasser der Erde
Joachim Marcinek/Erhard Rosenkranz: 2. Aufl. 1996,
328 S., 3-623-00836-2

Naturreccourcen der Erde und ihre Nutzung
Heiner Barsch/Klaus Bürger: 2. Aufl. 1996, 296 S., 3-623-00838-9

Geographie der Erholung und des Tourismus
Bruno Benthien: 1. Aufl. 1997, 192 S., 3-623-00845-1

Allgemeine Agrargeographie
Adolf Arnold: 1. Aufl. 1997, 248 S., 3-623-00846-X

Lehrbuch der Allgemeinen Physischen Geographie
Manfred Hendl/Herbert Liedtke (Hrsg.): 3. Aufl. 1997,
867 S., 3-623-00839-7

Wirtschaftsgeographie Deutschlands
Elmar Kulke (Hrsg.): 1. Aufl. 1998, 563 S., 3-623-00837-0

Landschaftsentwicklung in Mitteleuropa
Hans-Rudolf Bork u.a.: 1. Aufl. 1998, 328 S., 3-623-00849-4

Geographisch denken und wissenschaftlich arbeiten
Axel Borsdorf: 1. Aufl. 1999, 160 S., 3-623-00649-1

Arbeitsmethoden in Physiogeographie und Geoökologie
Heiner Barsch/Konrad Billwitz/Hans-Rudolf Bork (Hrsg.):
1. Aufl. 2000, 616 S., 3-623-00848-6

Allgemeine Industriegeographie
Jörg Maier/Rainer Beck: 1. Aufl. 2000, 295 S., 3-623-00851-6

Stadtgeographie
Klaus Zehner: 1. Aufl. 2001, 240 S., 3-623-00855-9

Vegetationszonen der Erde
Michael Richter: 1. Aufl. 2001, 448 S., 3-623-00859-1

Physische Geographie Deutschlands
Herbert Liedtke/Joachim Marcinek (Hrsg.): 3. Aufl. 2002,
788 S., 3-623-00860-5

Geographie heute – für die Welt von morgen
Eckart Ehlers/Hartmut Leser (Hrsg.): 1. Aufl. 2002,
176 S., 3-623-00830-3

Landschaftsplanung – Umweltverträglichkeitsprüfung – Eingriffsregelung
Heiner Barsch/Hans-Rudolf Bork/Rainer Söllner (Hrsg.):
1. Aufl. 2003, 540 S., 3-623-00831-1

Bildanhang

Foto 1:
Spurensuche – Relikte vergangener Epochen
Die Überreste des Poseidontempels von Kap Sounion im Südosten Attikas „begrüßen" alle Seefahrer, die von den Ägäischen Inseln nach Athen unterwegs sind. In der Antike waren sie ein wichtiger Orientierungspunkt für die Schifffahrt, heute sind sie ein Anziehungspunkt für Touristen, die vor allem die Lichtspiele des Sonnenuntergangs schätzen.

Foto 2:
Spurensuche – Relikte vergangener Epochen
Zwischen 1400 und 1150 v. Chr. war die Burg von Mykene das Zentrum eines mächtigen Fürstentums. Das weltberühmte Löwentor stammt aus der Zeit um 1250 v. Chr. Von dieser Burg brachen die Griechen unter Führung von Agamemnon in den Trojanischen Krieg auf.

Foto 3:
Spurensuche – Relikte vergangener Epochen
Moscheen und Minarette sind Relikte der Osmanischen Zeit, die in Süd- und Zentralgriechenland bereits im 19. Jh., in Nordgriechenland und auf den Inseln zumeist erst im 20. Jh. zu Ende ging. Das Bild zeigt eine Szene aus Rhódos, das mit den Inseln des Dodekanes erst nach dem Zweiten Weltkrieg zu Griechenland kam.

Foto 4:
Minderheiten und Migration – Schwierige Lebensverhältnisse: Paläo Sagiáda
Der verfallene Ort liegt im äußersten Nordosten des Festlands an der Grenze zu Albanien. Nach dem Bürgerkrieg (1949) wurde aus mehreren Grenzdörfern – wie auch hier – die albanische Bevölkerung vertrieben, die Dörfer fielen wüst.

Foto 5: Minderheiten und Migration – Schwierige Lebensverhältnisse: Váthia
Im Süden des Peloponnes bildet der „mittlere Finger", die Mani-Halbinsel, die südlichste Spitze des Festlandes. Die in osmanischer Zeit nur nominell dem Sultan unterstellten Manioten waren an den Befreiungskriegen im 19. Jh. beteiligt. Verschiedene Clans teilten sich die Machtverhältnisse in den einzelnen Dörfern, deren Ausdruck die Turmhäuser waren. Seit Jahrzehnten wandert die junge Bevölkerung in den Großraum Athen ab.

Foto 6:
Naturraum – Vielfalt und Faszination: Becken von Orchómenos (Arkadien)
Infolge der starken tektonischen Spannungen sind die Gebirgszüge von zahlreichen intramontanen Becken unterbrochen. Das Becken von Orchómenos liegt in Arkadien, in der Mitte des Peloponnes. Es handelt sich um ein tektonisches Einbruchgebiet, das durch Karstlösung weiter ausgestaltet wurde.

Bildanhang

Foto 7: Naturraum – Vielfalt und Faszination
Im nordwestgriechischen Pindosgebirge ist die Barrierewirkung der Helleniden besonders eindrucksvoll. In den tief eingeschnittenen Tälern (hier: Aóostal bei Kónitsa) kommen die natürlichen Gegensätze eben so deutlich zum Ausdruck wie auf der Gipfelflur.

Foto 8: Naturraum – Vielfalt und Faszination
Der Kanal von Korinth wurde in den Jahren 1891–1893 gebaut, nachdem frühere Versuche gescheitert waren. Er ist 6,3 km lang, 23 m breit und hat eine Wassertiefe von 8 m. Da er nur für Schiffe bis 10 000 t befahrbar ist, bleibt seine wirtschaftliche Bedeutung gering.

Foto 9: Naturraum – Vielfalt und Faszination
Jährlich werden über 100 Erdbeben registriert. Hierfür ist die großräumige Lage im Kollisionsbereich der Afrikanischen und der Ägäischen Platte verantwortlich. Als 1986 Kalamáta von einem Beben heimgesucht wurde, war der Schaden an Straßen, Gebäuden und Infrastruktur erheblich. Man brauchte mehrere Jahre, um die Folgen der nur wenige Minuten dauernden Beben zu beseitigen.

Foto 10: Naturraum – Vielfalt und Faszination
Im intramontanen Becken von Trípolis liegt der Taka-See. Nur nach den Winterregen bedeckt Wasser den Grund, wenn der Karstwasserspiegel so weit angestiegen ist, dass aus den Speilöchern das Grundwasser strömt. Bereits im Frühjahr liegt der See wieder trocken – die Risse im Boden deuten auf die starke sommerliche Einstrahlung hin. In der trockenen Jahreszeit dient der See als Schafweide.

Foto 11: Naturraum – Vielfalt und Faszination: Bucht von Navarino bei Pílos
Vor allem an der Westseite des Peloponnes sind große Aufschüttungsflächen (Küstenhöfe) verbreitet. Sie bilden das Rückgrat einer produktiven Landwirtschaft. Im Trockenland stehen Ölbäume, Wein und Getreide, im Bewässerungsland Zitrusfrüchte und Gemüse.

Foto 13: Landwirtschaft – Mediterranes Profil und weltweite Konkurrenz: Ebene von Náoussa
Die Küstenhöfe und Becken in Mazedonien bilden den wichtigsten agrarischen Produktionsraum des Landes. Hier gibt es Baum- und Strauchkulturen sowie Gemüse- und Getreideanbau. Die Vermarktung von Obst und Gemüse erfolgt über Genossenschaften.

Foto 12: Landwirtschaft – Mediterranes Profil und weltweite Konkurrenz: Agrinion
Tabakanbau gibt es um Agrinion, in Mazedonien und Thrakien. Die wirtschaftliche Existenz der Bauern war vom Weltmarkt abhängig. Viele Gastarbeiter kamen aus dem krisengeschüttelten Thrakien. Seit 1990 sorgen Albaner und Bulgaren für einen Strukturwandel.

Foto 14: Landwirtschaft – Mediterranes Profil und weltweite Konkurrenz: Iráklion (Kreta)
Wein wird im ganzen Land angebaut. Die geringsten Mengen werden gekeltert, Hauptanteil an der Produktion haben Tafeltrauben und Korinthen. Ihre Herstellung war auf das Umland von Korinth begrenzt. Heute ist sie auf Kreta und dem Peloponnes verbreitet.

Bildanhang

Foto 15:
Landwirtschaft – Mediterranes Profil und weltweite Konkurrenz:
Arachthos bei Arta
Die sommerliche Trockenheit bereitet den Landwirten große Probleme, da sie mit der Phase des Hauptwachstums zusammenfällt. Wenn in den Sommermonaten der Niederschlag ausbleibt und die Flüsse austrocknen, sind Gemüse- und Agrumenbauern auf Bewässerung angewiesen.

Foto 16:
Handel, Gewerbe und Verkehr: Vólos
Mit ihren kleinen Booten fahren die Fischer von Vólos nachts aufs Meer. Die Erträge reichen kaum, um die Existenz der Familien zu sichern: Die Konkurrenz ist groß, das Meer ist überfischt und die Vertriebsformen sind ineffektiv. Viele Fischer sind daher auch noch Landwirte, Händler oder vermieten Zimmer.

Foto 17:
Handel, Gewerbe und Verkehr: Panätolikongebirge
Der Straßenbau durch das gebirgige Festland ist teuer. Viele Steigungen müssen überwunden und Täler überbrückt werden. Immer wieder erkennt man auch mit dem bloßen Auge – wie hier in Zentralgriechenland –, welche Schwierigkeiten es bereitet, eine schmale Straße in wenig standfestem Untergrund zu bauen.

Foto 18:
Handel, Gewerbe und Verkehr: Lésbos
Die regelmäßigen, starken Nordostwinde der Ägäis, die Etesien, trieben früher ganze Ketten von Windmühlen an. Erst seit wenigen Jahren nutzt man die Windkraft zur Erzeugung elektrischer Energie. Der Windpark auf Lésbos wurde im Jahr 2001 errichtet. Die meisten Inseln verfügen inzwischen über solche Einrichtungen, die jedoch nur einen kleinen Teil der Stromversorgung sicher stellen.

Foto 19:
Handel, Gewerbe und Verkehr: Lésbos
Die Kampagne der Ölmühlen (Dípi auf Lésbos) beginnt im Dezember oder Januar und dauert bis April/Mai. Starke Rauchwolken lassen erkennen, dass hier Öl gepresst und Nebenprodukte wie Seife erzeugt werden.

Foto 20:
Tourismus – Neue Perspektiven: Finikounda
Massen- und Individualtourismus haben nahezu alle Küstenlandschaften erschlossen. Auch peripher zu den großen Flughäfen gelegene Abschnitte wie bei Finikounda in Messenien locken die Touristen an, weil die Mischung stimmt: Sonne, Sand und Meer.

Bildanhang

Foto 21:
Tourismus – Neue Perspektiven: Réthimnon (Kreta)
Kreta, Korfu, Rhódos und viele weitere Inseln sind von West- und Mitteleuropa mit Charterflugzeugen direkt zu erreichen. Sandige Strände, warmes Wasser und trockene Sommermonate sind für Viele ausreichende Gründe, um Urlaub zu machen.

Foto 22:
Tourismus – Neue Perspektiven: Zákinthos
Als besondere Attraktion auf Zákinthos (Ionische Inseln) gilt der Shipwreck Beach. Die steile Westküste der Insel verfügt nur über einzelne kleine Buchten, die nur vom Meer aus zu erreichen sind. Das macht den Besuch exklusiv – wenn auch mit Hunderten anderer Gäste.

Foto 23:
Städte – Athen als Vorbild?
In der Agglomeration Athen lebt über ein Drittel der Landesbevölkerung. Die breite Senke zwischen den Gebirgen ist inzwischen komplett überbaut. Die Stadt wächst seit dem 19. Jh. in Schüben immer weiter. Der jüngste Schub wurde durch die Olympischen Spiele 2004 ausgelöst.

Foto 24: Sparta
Das moderne Sparta, die Hauptstadt Lakoniens, ist eine Neugründung des 19. Jh. Der regelmäßige Grundriss, die kompakte Bebauung und der geschlossene Baukörper können als typisch für griechische Mittelstädte gelten.

Foto 26: Thessaloníki
Thessaloníki, Hauptstadt Mazedoniens, hat seine Schauseite entlang der Hafenlinie. Im Erdgeschoss gibt es Cafés, Bars und Servicebetriebe, in der 2. und 3. Etage befinden sich Arztpraxen, Kanzleien und Büros, die oberen Stockwerke sind Wohnungen. In den anschließenden Straßen befinden sich moderne Fußgängerzonen sowie alte, bazarähnliche Strukturen.

Foto 25: Trípolis
In allen Städten ist zu beobachten, dass nicht nur in zentraler Lage alte und neue Gebäude nebeneinander stehen, sondern auch ein- und sechsgeschossige. Die so verstandene amorphe Stadtgestalt ist ein weiteres Kennzeichen der heutigen Städte.

Foto 27: Iráklion
Die Szene aus Iráklion, der größten Stadt Kretas, zeigt drei Häuser der venezianischen Altstadt. Rechts und links stehen zwei Neubauten. Das mittlere Haus (mit den zwei Erkern) wird von ihnen förmlich erdrückt. Sollte auch dieses Gebäude der Spitzhacke zum Opfer fallen, ist die historische Struktur dieses Quartiers nicht mehr zu erkennen.

Griechenland um 431 v. Chr.

ca. 1 : 5 000 000

Machtbereich Athens
- Athen und der Attisch-Delische Seebund
- Verbündete

Machtbereich Spartas
- Sparta und der Peloponnesische Bund
- Verbündete

- neutrale griechische Staaten
- Perserreich
- Auswahl großer und kleiner Poleis (Stadtstaaten)

Akropolis und Agora von Athen

1 Parthenon (Athene-T.)
2 Propyläen (Festtor)
3 Erechtheion
4 Nike-Tempel
5 Dionysos-Theater
6 Geschworenengericht
7 Rathaus (Bouleuterion)
8 Odeion (Musikhalle)
9 Metroon (Staatsarchiv)
10 Str. d. Panathenäen

Hephaisteion (sog. Theseion)
Areopag (Adelsrat)
Pnyx (Ort der Volksversammlung)
Mauern des Themistokles
Piräus-Straße